Le droit de la guerre

Traité sur l'emploi de la force armée en droit international

Seconde édition

Volume 1

Droit comparé

Collection dirigée par Arnaud Martin

Parce que le droit ne peut plus être considéré dans sa seule dimension nationale et que son étude doit s'ouvrir aux droits étrangers, que l'analyse comparative permet de s'échapper des déterminismes qui faussent l'étude des systèmes juridiques et que l'étude des systèmes normatifs étrangers peut faciliter la recherche de réponses aux questions juridiques, la collection Droit comparé met à la disposition des chercheurs et des praticiens du droit un ensemble de travaux destinés à alimenter leur réflexion tout en donnant aux objectifs, aux méthodes et à l'utilité de l'analyse comparative une plus grande visibilité.

Elle publie des recherches en droit comparé ou accordant une place importante au comparatisme juridique, que ce soit en droit public ou en droit privé, en droit français ou en droit étranger, que celles-ci prennent la forme d'essais, d'actes de colloques ou de séminaires ou de thèses.

Elle est naturellement ouverte à toutes les écoles de pensée juridique, ainsi qu'aux recherches pluridisciplinaires dès lors qu'elles présentent une dominante juridique.

Déjà parus :

Memduh Cemil SIRIN, *L'administration de la protection de l'enfance*, 2021.

Arnaud MARTIN (dir.), *L'enfance et le droit en Amérique latine,* 2020.

Philippe CLARET et Florian SAVONITTO, *La réforme constitutionnelle sous le quinquennat d'Emmanuel Macron. Les projets de loi pour une démocratie plus représentative, responsable et efficace,* 2020.

Mohamed Ibrahim HASSAN, *Le constitutionnalisme en Europe de l'Est et dans le monde arabe*, 2019.

Anifa HASSANI, *Le long chemin vers la légalisation de l'avortement en Irlande. Analyse du 8e amendement à la Constitution irlandaise (1983-2018),* 2019.

Arnaud MARTIN, *Président et régime présidentialiste en Amérique Latine*, 2018.

Diesteffany Gil MACHADO LEÃO TORRES, *La souveraineté de la coprincipauté d'Andorre,* 2017.

David Cumin

Le droit de la guerre

Traité sur l'emploi de la force armée en droit international

Seconde édition

Volume 1

L'Harmattan

5-7, rue de l'École-Polytechnique – 75005 Paris
www.editions-harmattan.fr
ISBN : 978-2-14-026193-0
EAN : 9782140261930

« Le droit est une arène
où se livrent des batailles décisives. »
(Ariel Colonomos)

En hommage à Henri Meyrowitz,
À la mémoire d'Hervé Coutau-Bégarie,
À ma femme.

REMERCIEMENTS

Le présent *Traité* n'aurait pu voir le jour sans la recherche que m'avait suggérée M. Jean-Paul Joubert en 1998 sur *L'arme nucléaire française devant le droit constitutionnel et le droit international* : l'étude du décret du 12 juin 1996 remplaçant celui du 14 janvier 1964, de l'arrêt du Conseil d'État du 8 décembre 1995 et de l'avis consultatif de la Cour internationale de Justice du 8 juillet 1996, est à l'origine de ma découverte du droit de la guerre. L'ancien directeur de l'ancien CLESID ne m'aura ainsi pas seulement soufflé mon sujet de thèse de doctorat sur *La pensée de Carl Schmitt (1888-1985)*, soutenue en 1996 ; il m'aura ouvert l'horizon du *jus ad bellum* et du *jus in bello*. Ce livre n'aurait pas non plus vu le jour sans les enseignements en la matière — parallèlement à bien d'autres et à d'autres travaux — qui m'ont été confiés depuis 2000 à la Faculté de Droit de l'Université Jean Moulin Lyon III, de la Licence au Master, en Science politique comme en Droit public. Que soient alors remerciés M. Joubert, mais aussi M. Jean-Yves de Cara, M. Stéphane Doumbé-Billé † et Mme Mireille Couston, ainsi que tous les étudiants que j'ai initiés et qui m'ont encouragé.

SOMMAIRE

SIGLES ET ACRONYMES

ABM : *Anti-Ballistic Missiles*
ACR : Agence centrale de renseignements (CICR)
ADI : Association de droit international
ADM : arme de destruction massive
AEF : Afrique équatoriale française
AEFP : affectation exclusive à des fins pacifiques
AETNU : Autorité exécutive temporaire des Nations unies (Nouvelle Guinée occidentale)
AFDI : Annuaire français de droit international
AGG : accord de garanties généralisées
AGNU : Assemblée générale des Nations unies
AIEA : Agence internationale de l'énergie atomique
AIPB : administration internationale post-belligérante
AICMT : administration internationale civilo-militaire transitoire
AIT : administration internationale de territoire
ALPC : arme légère et de petit calibre
ALSV : Armée de libération du Sud-Vietnam
ANC : *African National Congress*
ANS : Alliance nationale somalienne
ANZUS : *Australia-New Zealand-United States*
AOF : Afrique occidentale française
APC : Autorité provisoire de la coalition (Irak)
APEC : *Asia Pacific Economic Caucus*
APODETI : Association populaire démocratique du Timor
APRONUC : Administration provisoire des Nations unies au Cambodge
AQL : *Al-Qaïda* au Levant
AQM : *Al-Qaïda* en Mésopotamie
AQMI : *Al-Qaïda* au Maghreb islamique
AQPA : *Al-Qaïda* en péninsule arabique
ASAT : antisatellite
ASE : Agence spatiale européenne
ASEAN : *Association of South-East Asia Nations*
ASM : arme à sous-munitions
ATNUSO : Administration transitoire des Nations unies pour la Slavonie orientale (Croatie)
ATNUTO : Administration transitoire des Nations unies au Timor oriental
AUE : acte unilatéral d'État
BASM : bombe à sous-munitions

BIRD : Banque internationale pour la reconstruction et le développement
C3 : commandement, contrôle, communication
CAB : Convention sur les armes biologiques
CAC : Convention sur les armes chimiques
CADHP : Charte africaine des droits de l'homme et des peuples (UA)
CAI : conflit armé international
CANI : conflit armé non international
CAT : convention antiterroriste
CCass : Cour de Cassation
CCT : Comité contre le terrorisme
CDE : Convention sur les droits de l'enfant
CDH : Commission puis Conseil des droits de l'homme (ONU)
CDI : Commission du droit international (ONU)
CE : Conseil d'État
CED : Communauté européenne de défense
CEDEAO : Communauté économique des État d'Afrique de l'Ouest
CEDH : Convention de sauvegarde des droits de l'homme et des libertés fondamentales (Conseil de l'Europe)
CEE : Communauté économique européenne
CEEA : Communauté européenne de l'énergie atomique
CEFDR : Convention sur l'élimination de toutes les formes de discrimination raciale
CEI : Communauté des États indépendants
CENMOD : Convention sur l'interdiction d'utiliser des techniques de modification de l'environnement à des fins militaires ou toutes autres fins hostiles
CENTO : *Central Treaty Organization*
CE : Communauté européenne
CES : Conseil économique et social (ONU)
CG : Convention de Genève
CGII : Conseil de gouvernement irakien intérimaire
ChADHP : Charte africaine des droits de l'homme et des peuples
CIADH : Convention interaméricaine des droits de l'homme (OEA)
CICR : Comité international de la Croix-Rouge
CIEF : Commission internationale d'établissement des faits
CIJ : Cour internationale de Justice (ONU)
CINU : Commission d'indemnisation des Nations unies (Irak)
CJM : Code de justice militaire
CLH : Convention de La Haye
COCOM : *Coordinating Committee for Multilateral Controls* (contrôle des échanges Est-Ouest)
CoCT : Convention des Nations unies contre la torture
COFACE : Compagnie française d'assurance pour le commerce extérieur
CPA : Cour permanente d'arbitrage (La Haye)

CPBC : Comité pour la protection des biens culturels en cas de conflit armé
CPI : Cour pénale internationale
CPJI : Cour permanente de justice internationale (SDN)
CPP : Code de procédure pénale
CSCE : Conférence pour la sécurité et la coopération en Europe
CSNU : Conseil de Sécurité des Nations unies
CSU : Congrès de la Somalie unifiée
CUPEEA : Comité des Nations unies pour les utilisations pacifiques de l'espace extra-atmosphérique
DCA : défense contre-avions
DCP : droits civils et politiques
DDR : désarmement, démobilisation, reconversion
DEDH : droit européen des droits de l'homme
DESC : droits économiques, sociaux et culturels
DIDH : droit international des droits de l'homme
DIE : droit international de l'environnement
DIH : droit international humanitaire
DMA : droit de la maîtrise des armements
DOMP : Département des opérations de maintien de la paix (SGNU)
DOMREP : Mission du Représentant du Secrétaire général des Nations unies en République dominicaine
DRI : droit de la responsabilité internationale
DSC : droit de la sécurité collective
DSI : droit de la sécurité internationale
DUDH : Déclaration universelle des droits de l'homme
EAU : Émirats arabes unis
ECAT : effets des conflits armés sur les traités
EDAN : État doté d'armes nucléaires
EEA : espace extra-atmosphérique
EEAN : État exempt d'armes nucléaires
EMSP : entreprises militaires et de sécurité privées
ENDAN : État non doté d'armes nucléaires
ENE : entité non étatique
ENMOD : Convention sur l'interdiction d'utiliser des techniques de modification de l'environnement à des fins militaires ou toutes autres fins hostiles
FAI : fournisseur d'accès à Internet
FANCI : Forces armées nationales de Côte d'Ivoire
FAO : *Food and Agriculture Organization* (ONU)
FARC : Forces armées révolutionnaires de Colombie
FPBC : Fonds pour la protection des biens culturels en cas de conflit armé
FCE : Forces conventionnelles en Europe (traité)
FFI : Forces françaises de l'intérieur

FIAS : Force internationale d'assistance et de sécurité en Afghanistan (OTAN)
FINU : Fonds d'indemnisation des Nations unies (Irak)
FINUL : Force intérimaire des Nations unies au Liban
FISCRCR : Fédération internationale des Sociétés de la Croix-Rouge et du Croissant-Rouge
FLN : Front de libération nationale (algérien)
FMI : Fonds monétaire international
FNI : Forces nucléaires intermédiaires (traité)
FNLA : Front national de libération de l'Angola
FNLSV : Front national de libération du Sud-Vietnam
FNU : Forces des Nations unies
FNUOD : Force des Nations unies chargées d'observer le dégagement (Israël/Syrie)
FORPRONU : Force de protection des Nations unies (ex-Yougoslavie)
FRELIMO : Front de libération du Mozambique
FRETILIN : Front révolutionnaire du Timor Leste indépendant
FSIA : *Foreign Sovereign Immunity Act*
FUNU : Force d'urgence des Nations unies
GANE : groupe armé non étatique
GANUPT : Groupe d'assistance des Nations unies pour la période de transition (Namibie)
GATT : *General Agreement on Trade and Tariffs*
GFT : gouvernement fédéral de transition (Somalie)
GIP : gouvernement irakien provisoire
GIT : gouvernement irakien transitoire
GONUL : Groupe d'observation des Nations unies au Liban
GPN : Groupe de planification nucléaire (OTAN)
HCR : Haut Commissariat pour les réfugiés (ONU)
HVO : Forces de la Communauté croate d'Herzeg-Bosna
ICNC : instrument concerté non conventionnel
IDI : Institut du droit international
IFOR : *Implementation Force* (OTAN, Bosnie-Herzégovine)
IHEDN : Institut des hautes études de défense nationale
IIDH : Institut international de droit humanitaire
ILQ : *International Law Quarterly*
INTERFET : Force internationale pour le Timor oriental
IXP : *Internet exchange points*
JO : Journal officiel
KDOM : *Kosovo Diplomatic Observation Mission*
KFOR : *Kosovo Force* (OTAN)
KGB : Comité de la sûreté d'État (URSS)
LEA : Ligue des États arabes
LTTE :*Liberation Tigers of Tamil Eelam*

MAC : mine sous-marine automatique de contact
MANUA : Mission d'assistance des Nations unies en Afghanistan
MANUI : Mission d'assistance des Nations unies en Irak
MANUTO : Mission d'appui des Nations unies au Timor oriental
MAP : mine antipersonnel
MCDA : *Military and Civil Defence Assets*
MCE : mécanismes de contrôle de l'export
MDCS : mesures de confiance et de sécurité
ME : munition explosive
MEA : munition explosive abandonnée
MINUAR : Mission des Nations unies au Rwanda
MINUHA : Mission des Nations unies en Haïti
MINUBH : Mission des Nations unies en Bosnie-Herzégovine
MINUCI : Mission des Nations unies en Côte d'Ivoire
MINUK : Mission des Nations unies au Kosovo
MINUL : Mission des Nations unies en Libye
MINURSO : Mission des Nations unies pour l'organisation d'un référendum au Sahara occidental
MINUSIL : Mission des Nations unies au Sierra Leone
MINUSCA : Mission multidimensionnelle intégrée des Nations unies pour la stabilisation en Centrafrique
MINUSMA : Mission multidimensionnelle intégrée des Nations unies pour la stabilisation au Mali
MINUSS : Mission des Nations unies au Sud-Soudan
MINUTO : Mission des Nations unies au Timor oriental
MIPRENUC : Mission préparatoire des Nations unies au Cambodge
MICRCR : Mouvement international de la Croix-Rouge et du Croissant-Rouge
MLN : mouvement de libération nationale
MNA : Mouvement des non alignés
MNE : munition non explosée
MONUIK : Mission d'observation des Nations unies entre l'Irak et le Koweït
MONUY : Mission d'observation des Nations unies au Yémen
MOU : *memorandum of understanding*
MPLA : Mouvement pour la libération de l'Angola
MRO : mouvement de résistance à l'occupation
MRS : *Mission Resolute Support* (OTAN)
MSMAC : mine sous-marine automatique de contact
MST : *Mutual Security Treaty* (nippo-américain)
MTCR : *Missile Technology Control Regime*
MTN : moyens techniques nationaux
MVK : Mission de vérification au Kosovo
NIAA : Normes internationales de l'action anti-mines

NMBC : nucléaire, mésologique, biologique, chimique
NOEI : nouvel ordre économique international
NAP : *Network access points*
NSA : *negative security assurances*
NSDAP :*National-Sozialistische Deutsche Arbeiter Partei*
NU : Nations unies
OACI : Organisation de l'aviation civile internationale
OAH : opération d'assistance humanitaire
OAS : Organisation de l'Armée secrète
OCDE : Organisation pour la coopération et le développement économiques
OCI : Organisation de la coopération islamique
OCP : opération de construction de la paix
OEA : Organisation des États américains
OIAB : Organisation pour l'interdiction des armes biologiques
OIAC : Organisation pour l'interdiction des armes chimiques
OIF : Organisation internationale de la francophonie
OIG : Organisation intergouvernementale
OIH : opération d'ingérence humanitaire
OIP : opération d'imposition de la paix
OIPC : Organisation internationale de police criminelle
OIT : Organisation internationale du travail
OLP : Organisation de libération de la Palestine
OMC : Organisation mondiale du commerce
OMI : Organisation maritime internationale
OMM : Organisation météorologique mondiale
OMP : opération de maintien de la paix
OMS : Organisation mondiale de la santé
ONG : Organisation non gouvernementale
ONU : Organisation des Nations unies
ONUC : Opération des Nations unies au Congo
ONUCI : Opération des Nations unies en Côte d'Ivoire
ONUDC : Office des Nations unies contre la drogue et le crime
ONUSOM : Opération des Nations unies en Somalie
ONUST : Organisme des Nations unies chargé de la surveillance de la trêve (Proche-Orient)
OPDV : Organisation du pacte de Varsovie
ORP : opération de rétablissement de la paix
OSCE : Organisation pour la sécurité et la coopération en Europe
OTAN : Organisation du traité de l'Atlantique Nord
OTASE : Organisation du traité de l'Asie du Sud-Est
OTICEN : Organisation du Traité d'interdiction complète des essais nucléaires
OUA : Organisation de l'Unité Africaine

P1 : Protocole additionnel I du 8 juin 1977 aux Conventions de Genève du 12 août 1949 relatif à la protection des victimes des conflits armés internationaux
P2 : Protocole additionnel II du 8 juin 1977 aux Conventions de Genève du 12 août 1949 relatif à la protection des victimes des conflits armés non internationaux
P3 : Protocole additionnel III du 8 décembre 2005 aux Conventions de Genève du 12 août 1949 relatif à l'adoption d'un signe distinctif additionnel
PA : protocole additionnel
PAC :*Panafricanist Congress*
PAIGC : Parti africain pour l'indépendance de la Guinée-Bissau et du Cap-Vert
PAM : Programme alimentaire mondial
PC : Parti communiste
PDPA : Parti démocratique populaire afghan
PFCDE : Protocole facultatif à la Convention sur les droits de l'enfant
PG : prisonnier de guerre
PIDCP : Pacte international sur les droits civils et politiques
PIDESC : Pacte international sur les droits économiques, sociaux et culturels
PKK : Parti des travailleurs du Kurdistan
PNUE : Programme des Nations unies pour l'environnement
PSA : *positive security assurances*
RAL : responsable de l'application des lois
RAU : République arabe unie (Egypte-Syrie)
RCADI : Recueil des cours de l'Académie de droit international de La Haye
R/D : recherche/développement
RDA : République démocratique allemande
RDC : République démocratique du Congo
RDE : règles d'engagement
RDGA : Règlement de discipline générale dans les armées
RDISDP : Revue de droit international, de sciences diplomatiques et politiques
RDN : Revue de défense nationale
RDPC : République démocratique populaire de Corée
RDTO : République démocratique du Timor oriental
RDV : République démocratique du Vietnam
RENAMO : Résistance nationale mozambicaine
REG : restes explosifs de guerre
RFA : République fédérale d'Allemagne
RFSY : République fédérale socialiste de Yougoslavie
RFY : République fédérale de Yougoslavie
RGDIP : Revue générale de droit international public
RLH : Règlement de La Haye
RMA : *revolution in military affairs*

RPC : République populaire de Chine
RSCDPC : Revue de science criminelle et de droit pénal comparé
RSSG : Représentant spécial du Secrétaire général des Nations unies
RTCN : République turque de Chypre du Nord
SA : *Sturm Abteilung*
SAARC : *South Asian Association of Regional Cooperation*
SALA: systèmes d'armes létaux autonomes
SALT : *Strategic Arms Limitation Talks*
SD : *Sicherheitsdienst*
SDN : Société des Nations
SFDI : Société française de droit international
SFOR : *Stabilization Force* (OTAN, Bosnie-Herzégovine)
SGM : statut général des militaires
SGNU : Secrétaire général des Nations unies
SIDPMDG : Société internationale de droit pénal militaire et de droit de la guerre
SMO : service militaire obligatoire
SMSP : services militaires et de sécurité privés
SNLE : sous-marin nucléaire lanceur d'engins
SOFA : *status of force agreement*
SPUP : *Seychelles People's United Party*
START : *Strategic Arms Reduction Treaty*
STO : Service du travail obligatoire
SWAPO : *South West African People's Organization*
TIAN : Traité sur l'interdiction des armes nucléaires
TICEN : Traité d'interdiction complète des essais nucléaires
TIDM : Tribunal international du droit de la mer
TIPEN : Traité d'interdiction partielle des essais nucléaires
TIPMF : Traité d'interdiction de production de matières fissiles à des fins militaires
TMA : Tribunal militaire américain (Nuremberg)
TMIE : Tribunal militaire international pour l'Europe
TMIEO : Tribunal militaire international pour l'Extrême-Orient
TNA : territoire non autonome
TNP : Traité sur la non-prolifération des armes nucléaires
TPIR : Tribunal pénal international pour le Rwanda
TPIY : Tribunal pénal international pour l'ex-Yougoslavie
TSI : Tribunal spécial irakien
TSSL : Tribunal spécial pour la Sierra Leone
TST : territoire sous tutelle
UA : Union africaine
UCK : Armée de libération du Kosovo
UDT : Union démocratique du Timor
UE : Union européenne

UEO : Union de l'Europe occidentale
UIT : Union internationale des télécommunications
UNAVEM : Mission de vérification des Nations unies en Angola
UNESCO : Organisation des Nations unies pour l'éducation, la science et la culture
UNFICYP : Force des Nations unies chargée du maintien de la paix à Chypre
UNGGE : *United Nations Group of Governmental Experts*
UNICEF : *United Nations International Children's Emergency Fund*
UNIDIR : Institut des Nations unies pour la recherche sur le désarmement
UNITA : Union pour l'indépendance totale de l'Angola
UNITAF : *United Task Force* (Somalie)
UNMOGIP : Groupe d'observateurs militaires des Nations unies en Inde et au Pakistan (Cachemire)
UNMOVIC : Commission de contrôle, de vérification et d'inspection des Nations unies (Irak)
UNSCOM : Commission spéciale des Nations unies (Irak)
UPU : Union postale universelle
URSS : Union des Républiques Socialistes Soviétiques
USAF : *United States of America Air Force*
UTI : Union des tribunaux islamiques (Somalie)
VRS : Forces de la République serbe d'Herzeg-Bosna
ZANU : *Zimbabwe African National Union*
ZAPU : *Zimbabwe African People's Union*
ZEAN : zone exempte d'armes nucléaires
ZEE : zone économique exclusive
ZIFM : zone internationale des fonds marins

INTRODUCTION

Il n'existe pas en langue française de traité ni — avant le nôtre — de manuel sur le droit de la guerre. À cela une raison *ab initio* : le refoulement des expressions mêmes de « guerre » et « droit de la guerre », auxquelles on préfère « conflit armé » d'une part, « droit de la sécurité internationale » et « droit international humanitaire » d'autre part. Aucun ouvrage n'embrasse l'ensemble de ce que l'on appelait autrefois le *jus ad bellum* et le *jus in bello*, et de ce que l'on pourrait ou devrait appeler aujourd'hui le droit international relatif à l'emploi de la force armée (recours et usage)[1], à côté duquel se rangent le droit de la maîtrise des armements et celui des opérations militaires non coercitives (« maintien de la paix » ou « assistance humanitaire armée »). Telle est l'ambition, constructrice ou clarificatrice, de ce livre : faire le tour du *droit international militaire*, vu de France, en le présentant comme il est (*lex lata*). Parmi les plus grands auteurs francophones contemporains du droit de la guerre figurent, en *jus ad bellum*, Olivier Corten, en *jus in bello*, Éric David, dans les deux branches[2], Robert Kolb. O. Corten et R. Kolb[3] prétendent démontrer la mutation du *jus ad bellum* en *jus contra bellum*. E. David et R. Kolb[4] ne traitent pas, ou peu, de la neutralité, de la guerre maritime et aérienne, des armements, *des combattants*. Comment exposer la réalité juridique des conflits armés sans prendre en considération les acteurs mêmes des conflits armés ?!

---

[1] De manière générale, lorsqu'on parlera d'« emploi » de la force armée, on fera référence au droit de la guerre en général, lorsqu'on parlera de « recours » à la force armée, on fera référence au *jus ad bellum*, lorsqu'on parlera d'« usage » de la force armée, on fera référence au *jus in bello*.

[2] Sur la notion de « branche » du droit ou la qualification d'un corps de règles comme « branche », cf. M. Forteau,2006, pp. 22-43. Les références complètes des livres, contributions et articles relatifs au droit international de la guerre depuis 1945 se trouvent dans la Bibliographie thématique ou alphabétique. Seules les références des autres livres, contributions et articles sont précisées en note de bas de page. De même, pour ne pas alourdir l'appareil de notation, les sources conventionnelles et autres textes pertinents, relatifs aux différents aspects du droit de la guerre, sont indiqués dans les Sources écrites thématiques ou chronologiques.

[3] Comme l'indique le titre même de leurs ouvrages respectifs : *Le droit contre la guerre. L'interdiction du recours à la force en droit international contemporain* et Ius contra bellum. *Le droit international relatif au maintien de la paix*.

[4] Est instructive la comparaison de la structure de leurs ouvrages respectifs : *Principes de droit des conflits armés* etIus in bello. *Droit international des conflits armés*, avec celles de *Guerre et neutralité* de Paul Fauchille (t. 2 du *Traité de droit international public*, Paris, A. Rousseau, 1921) et du *Droit des conflits armés* de Charles Rousseau.

Rendre compte de cette réalité juridique implique de tenir compte du système international, tel qu'il est ou tel qu'il est édifié, peu importe[5]. Or, le système international est fondamentalement caractérisé par « l'anarchie », c'est-à-dire par la pluralité des États, même réunis en OIG, et l'absence d'autorité supérieure[6] à ces États, égaux en droit mais inégaux en puissance. *Politie* modernes, les États garantissent leur sécurité en se dotant et en disposant de forces armées[7], de services secrets, de budgets de défense, en soutenant des industries d'armements, en concluant des alliances et en ayant le droit d'employer la force armée[8]. Les gouvernements comme les militaires ont intérêt à organiser cet emploi, qui n'est pas interdit, mais conditionné et limité. Tel est l'objet du droit de la guerre, en tant que branche du droit international public, créé par et pour les États, même lorsqu'il entérine une désétatisation partielle et relative. Ce droit subsistera tant que les États montreront, en entretenant des ressources militaires, qu'ils tiennent la belligérance pour possible. Le présent livre entend renouer avec la tradition du *droit politique*. Notre approche se veut « réaliste », « décisionniste » et « institutionnaliste », récusant toute « analogie » entre droit international et droit interne, tout « normativisme » et toute « théorie pure » du droit. Elle présuppose que l'ordre juridique international est structurellement différent de l'ordre juridique interne, que le droit n'est pas autonome et abstrait mais hétéronome politiquement et situé historiquement, qu'il ne se réduit pas à des règles mais qu'il repose sur des institutions[9], que les exceptions méritent autant l'attention que les règles, que l'interprétation comme l'application des normes ont besoin d'instances de décision, et qu'en son fond la connaissance du droit de la guerre implique celle de la guerre, autrement dit, est davantage liée à la stratégie ou à la polémologie qu'au droit civil ou au droit administratif. *Le droit de la guerre est le miroir*[10] — inévitablement déformé et déformant — *de la pratique de la guerre* : il en est le reflet normatif. Pour comprendre l'un, il faut comprendre l'autre.

L'analyse se heurte alors à trois obstacles : le préjugé, la rhétorique, et l'embrouillement terminologique. Ces obstacles viennent de l'emprise du pacifisme sur le droit international contemporain[11], d'où résulte la volonté ou

---

[5] On n'entrera pas dans les débats du « réalisme » ou du « constructivisme » en Relations internationales.

[6] Le CSNU est une conférence permanente où siègent des représentants d'États, qui disposent de prérogatives fixées par un traité interétatique — la Charte — donc acceptées par les autres États parties.

[7] Au sens de collectivités.

[8] Au sens d'instrument.

[9] Des institutions-personnes tels les États ou les OIG, mais aussi des institutions-choses telles l'armée ou la guerre.

[10] Pour reprendre le langage ancien du droit comme « miroir ».

[11] Cf. Christian L. Lange : « Histoire de la doctrine pacifique et de son influence sur le développement du droit international », *RCADI*, 1926 III, pp. 175-423. Nous ne discuterons

l'illusion de transformer le *jus ad bellum* en *jus contra bellum*, avec ses conséquences sur l'idée même du *jus in bello*.

1) L'expression « droit de la guerre » va à l'encontre du préjugé selon lequel le droit, c'est la paix et la guerre, le non-droit. Mais il existe bien, dans toute civilisation, un droit de la guerre, aussi ancien que la guerre elle-même. Pas plus que droit et force ne sont antinomiques, droit et guerre ne sont contradictoires. L'une des principales fonctions du droit est de maîtriser la violence, dont l'État comme l'homme en général sont capables et à laquelle l'État comme l'homme en général n'ont pas renoncé. La maîtrise juridique de la violence guerrière — qui est un type de violence politique, celle-ci n'étant à son tour qu'un type de violence — renvoie, de tout temps, à quatre questions : qui a le droit d'ordonner la guerre, et pour quels buts, qui a le droit de faire la guerre, et avec quels moyens ? Soit une quadruple limitation : *ratione auctoritas* et *ratione causae*, *ratione personae* et *ratione modi*, qui se ramène à un double système :*jus ad bellum* et *jus in bello*[12]. Cette construction du droit de la guerre autour d'une quadruple limitation se ramenant à un double système remonte aux origines de la réflexion théologique, philosophique, éthique et juridique sur Bellone. *C'est à tort que la doctrine contemporaine réduit* le jus ad bellum *à la* causa *et le* jus in bello *au* modus, *en oubliant la qualité des auteurs et des acteurs*. Comme toute activité humaine, la belligérance doit être réglée, et elle l'est, au niveau des auteurs et des buts, des acteurs et des moyens. La guerre, sa préparation ou sa prévention figurent parmi les plus importantes activités étatiques ; le droit de la guerre figure parmi les plus importantes branches du droit international public[13].

2) Le terme « guerre » fait l'objet d'usages métaphoriques ou de rhétoriques diverses, visant à nier le conflit armé alors qu'il existe ou, inversement, à faire croire au conflit armé alors qu'il n'existe pas.

3) Sous prétexte de la prétendue métamorphose du *jus ad bellum* en *jus contra bellum*, le droit international utilise un vocabulaire soit euphémisé soit exacerbé : la guerre devient « police » ou « crime », même s'il ne s'agit là que de fictions juridiques ; le *jus ad bellum*, « droit sécuritaire » ; le *jus in bello*, « droit humanitaire ». Mais on ne supprime pas les réalités « *en refusant d'utiliser les mots qui les recouvrent* » (Ch. Rousseau). La nécessité

---

pas de la question de savoir si l'abolition de la guerre est un idéal, une utopie ou un sacrilège. A cet égard, la réflexion philosophique est riche.

[12] Toute guerre soulève des problèmes juridiques de deux ordres, les uns en *jus ad bellum*, les autres en *jus in bello*.

[13] Il fut un temps où le droit international se confondait avec le droit de guerre et de la paix. Après la chute de l'Empire romain, les *Etymologies* d'Isidore de Séville donnent la première définition complète du droit des gens de l'histoire occidentale : le *jus gentium* traite essentiellement de l'ordonnancement des territoires, des guerres et de leurs conséquences sur les personnes, des alliances et des traités, du statut de la diplomatie. De nos jours encore, l'exposé du droit de la paix n'épuise pas la matière des relations internationales : pour en avoir une vue complète, il faut étudier le droit de la guerre.

première est donc de retrouver une terminologie claire, évitant les euphémisations ou les exacerbations rhétoriques[14].

Ainsi, avant d'exposer le droit de la guerre, règles primaires puis règles secondaires, ce qui impliquera d'aborder les effets de la guerre sur les traités, le problème de la dérogation en droit et le « noyau indérogeable » du DIDH, il convient de saisir notre double objet : la guerre et la guerre en droit. Cette introduction portera conséquemment, avant la présentation des deux branches du droit de la guerre dans l'ordre juridique international, sur la définition de la guerre, sur la distinction paix-guerre, sur le passage de la paix à la guerre et de la guerre à la paix, sur la typologie des conflits armés, sur le passage du conflit armé interne au conflit armé international et inversement. En effet, le *jus ad bellum* nous dit qui a le droit d'entrer en guerre ou d'en sortir, c'est-à-dire qui a le droit de faire passer un groupement humain de la paix à la guerre ou de la guerre à la paix. Quant au *jus in bello*, il s'applique par définition en temps de guerre (*ratione temporis*). Il importe donc de savoir quand commence et quand finit la guerre, autrement dit, quand est-ce qu'on sort de l'état de paix et quand est-ce qu'on y rentre. Cela revient à se demander ce qu'est la guerre et selon quels critères on la distingue de la paix. La réponse dépend-elle d'éléments factuels : le constat objectif de l'existence d'un conflit armé, ou non factuels : la reconnaissance subjective de l'existence d'un conflit armé ?

De la guerre

Comment définir le phénomène — la guerre, ce *caméléon* — qu'entend régler le droit de la guerre ? La guerre est un duel devant des tiers. De la vaste littérature polémologique, on peut tirer une définition synthétique, empruntant aussi à la méthode des éléments constitutifs en droit international. La guerre est une mise en œuvre collective et coercitive de l'hostilité, par l'emploi (réglé) de la force armée, se traduisant par des combats plus ou moins durables ou plus ou moins intenses, portant atteinte aux personnes et aux biens, donc causant des victimes[15]. Il y a donc cinq éléments constitutifs :l'hostilité, la coercition, la force armée, les combats et les victimes. Il convient d'expliciter le processus définitionnel, c'est-à-dire le raisonnement qui a mené à une telle définition, celle-ci étant valable aussi bien pour la *guerre étrangère* ou interétatique que pour la *guerre civile* ou intra-étatique.

---

[14] Il s'agit de retrouver l'état d'esprit d'un Raoul Genet qui, au lieu de proscrire le mot « guerre », s'en servit de noyau à l'élaboration de son œuvre juridique, en l'occurrence un monument sur le droit de la guerre maritime (*Précis de droit maritime pour le temps de guerre*, 2 t., Paris, E. Muller, 1939, t. 1, pp. 4-5).

[15] Ou emploi collectif, bilatéral, hostile, coercitif et destructif de la violence armée, ou encore affrontement politique organisé violent.

Antagonisme et violence

La guerre est une forme de conflit[16]. Elle est le conflit collectif qui n'est pas résolu par la négociation ou le recours à un tiers[17], mais par le recours à la force armée de part et d'autre[18]. Elle combine donc l'antagonisme et la violence : les protagonistes ont décidé d'utiliser des méthodes violentes à la place ou en plus de méthodes non violentes, aux fins de contraindre, à défaut de convaincre, l'adversaire. L'antagonisme exprime un degré extrême d'opposition, dont les motifs, causes ou enjeux peuvent être de tous ordres, religieux, racial, national, ethnique, culturel, économique, social, territorial ou idéologique. La violence a pour effet de dramatiser l'antagonisme : elle menace de mort prématurée, elle est transgressive par rapport aux normes du temps de paix, et elle amène souvent une réaction mimétique[19].

Si l'on requalifie l'antagonisme et la violence, on dira que la guerre combine état d'hostilité et action de combat. À elle seule, l'action de combat suppose l'état d'hostilité ; en revanche, l'état d'hostilité n'implique pas nécessairement l'action de combat[20]. L'hostilité ne se traduit pas nécessairement par l'emploi de la force armée : elle peut se traduire par la propagande, la course aux armements, le boycott (la suspension d'achat) ou l'embargo (la suspension de vente). L'emploi de la force armée ne signifie pas nécessairement le combat : il peut signifier la mise en place d'un blocus (l'interruption en tout ou partie des relations commerciales d'un État ou d'une entité avec les tiers) ou la mise en œuvre de la « diplomatie coercitive », c'est-à-dire la négociation associée à la menace militaire. Seul le combat permet de distinguer les opérations militaires qui relèvent de la guerre et celles qui n'en relèvent pas : secours et sécurisation en cas de catastrophe naturelle ou industrielle, démonstration armée, frappes, attentats ou mesures de police, opérations de « maintien de la paix », d'« assistance humanitaire » ou de « gestion des crises ». Il existe des actions militaires non coercitives : exemple de certaines missions de police maritime ou aérienne ;

---

16 Julien Freund (*Sociologie du conflit*, Paris, PUF, 1983) définit le conflit de la manière suivante : confrontation délibérée entre deux groupes d'une même espèce, qui manifestent l'un à l'égard de l'autre une intention hostile, en général à propos d'un droit, et qui essaient de convaincre ou de contraindre l'adversaire, éventuellement par le recours à la force, lequel peut le cas échéant tendre à la destruction physique de l'adversaire.

17 Bons offices, médiation, conciliation, cour arbitrale ou judiciaire.

18 Même s'il peut y avoir négociation en l'absence de tout conflit, et même si le recours à la force n'exclut pas nécessairement la poursuite de la négociation. À l'inverse, la négociation peut viser à préparer un conflit, et le recours à la force peut viser à obliger l'adversaire à négocier.

19 La violence frappe plusieurs fois : du côté de la victime, par la douleur qu'elle inflige, mais aussi la réaction mimétique, la peur mnésique ou l'intention vengeresse qu'elle peut provoquer ; du côté des tiers, par la peur ou la fascination qu'elle peut susciter.

20 Alors que la guerre est une mise en œuvre de l'hostilité par l'emploi direct de la violence armée, la « guerre froide » est une mise en œuvre de l'hostilité par des moyens autres que la violence armée directe.

inversement, il existe des actions coercitives non militaires : exemple du boycott ou de l'embargo.

C'est donc le recours à la violence collective et coercitive mutuelle qui transforme le conflit en guerre, c'est-à-dire le recours à des moyens matériels conçus ou utilisés pour porter atteinte[21] à la vie, à la liberté, à la propriété des personnes ennemies. Peut-il y avoir guerre sans homicide ? L'idée de la guerre à « zéro mort »*de part et d'autre* ou la perspective d'une généralisation de l'emploi d'armes non létales ou la « cyberguerre » bouleverse la notion même de belligérance. Celle-ci supposerait toujours l'hostilité, la coercition, la force armée et le combat, mais ne causerait plus de victime, du moins plus de victime directe. Autrement dit, combattre l'ennemi ne passerait pas par sa destruction physique (l'atteinte aux personnes), mais par la destruction ou la paralysie de ses matériels (l'atteinte aux biens). Mais il est clair qu'une telle destruction ou qu'une telle paralysie, y compris de réseaux informatiques, provoquerait de graves désordres et des pénuries, et causerait donc des victimes indirectes. On n'échapperait pas aux conséquences humanitaires.

Violence politique et combat collectif

Il existe différents types de violences contre les personnes : les violences contre soi (suicide) ou autrui (agression), les violences verbales ou corporelles, symboliques (dépréciatives) ou physiques (destructives), iconoclastes (sur les biens identitaires) ou matérielles (sur les biens ordinaires), rituelles ou impies, accidentelles ou délibérées, avouées ou inavouées, individuelles ou collectives, anomiques ou organisées, orgiaques ou instrumentales, meurtrières ou non meurtrières, armées ou non armées, privées ou publiques, permises (judiciaires) ou interdites (criminelles). Deux traits communs à toutes les violences : elles causent de la souffrance, définition même de la victime, laquelle n'est pas nécessairement « innocente » ; même physique, la violence provoque des dommages psychologiques aux victimes, car elle crée de la peur, due au sentiment de vulnérabilité, et de l'humiliation, due au fait de se trouver dominé brutalement.

Par opposition à la violence « crapuleuse », la violence dite « politique » est celle qui est motivée par l'hostilité, qui a pour enjeu le pouvoir public, qui est justifiée par une cause collective. Il existe cinq types de violence

---

[21] Au sens strict, la violence désigne l'usage coercitif (non consentie) de la douleur physique (pas morale) sur la personne d'autrui, la violence mesurable et incontestable étant celle qui meurtrit les corps. La violence symbolique est une atteinte douloureuse à l'estime de soi, se manifestant, en dehors de toute coercition corporelle, par la dépréciation des représentations collectives d'un groupe. Le processus de dépréciation (comportements de mépris, discours de haine, exhibition de titres de supériorité) est susceptible de favoriser ou de « justifier » l'exercice de la violence physique, soit par le groupe à prétention dominante, soit, en réaction, par le groupe stigmatisé. Cf. Philippe Braud, *Violences politiques*, Paris, Points Seuil, 2004.

politique, qui peuvent s'imbriquer : celle d'un État contre un autre État (violence interétatique), celle des individus contre le pouvoir (violence insurrectionnelle), celle du pouvoir contre les individus (violence répressive), celle qui est interne au pouvoir (violence conjuratoire), celle d'un groupe contre un autre groupe au sein de la société (violence intercommunautaire). La guerre est l'un des principaux phénomènes de violence politique[22]. Toute violence politique n'est pas la guerre. La guerre n'est pas le terrorisme, le coup d'État, l'émeute, la révolution, la persécution. Ce qui manque à ces phénomènes — où l'on retrouve le conflit, l'hostilité, la coercition, la violence — et qui est donc spécifique à *Bellone*, c'est le combat collectif entre collectivités de combattants. Lorsqu'apparaît un tel combat, alors cela signifie que le terrorisme, le coup d'État, l'émeute, la révolution, la persécution, se sont transformés en processus de *guerre civile*. La guerre n'est donc pas l'exercice unilatéral de la violence par une entité armée contre une population désarmée[23]. Elle est un affrontement, entre groupes humains, hostiles les uns aux autres, cherchant à imposer leur volonté à l'ennemi, par l'emploi, visant la victoire, de la force armée.

De la distinction paix-guerre

L'une des principales distinctions apparues dans l'histoire des États, qui est également l'un des grands progrès de la civilisation, est celle de la paix et de la guerre, de l'état de paix et de l'état de guerre, du temps de paix et du temps de guerre[24] : l'un régi par le droit ordinaire, selon lequel il est interdit

---

[22] Il s'agit d'une violence corporelle (mais aussi verbale sous l'angle de la propagande), physique et matérielle (mais elle peut avoir une dimension symbolique et iconoclaste), délibérée et avouée (même si elle peut être accidentelle dans son déclenchement et inavouée dans son déroulement, lorsque l'état de guerre est nié), collective, organisée et instrumentale (mais elle peut avoir des aspects anomiques et orgiaques), meurtrière (à moins qu'on arrive au « zéro mort » de part et d'autre), armée, dirigée contre l'ennemi (même si elle peut s'avérer suicidaire), publique lorsqu'elle émane de l'État, privée lorsqu'elle émane d'insurgés, permise si les auteurs et acteurs habilités observent les prescriptions applicables quant aux buts et moyens.

[23] Lorsque les non combattants sont délibérément visés ou excessivement touchés, l'action de guerre devient précisément « crime de guerre », *id est* violation des règles de la guerre. Comme l'écrit Martin van Creveld (*La transformation de la guerre*, Monaco, Rocher, 1991), il y a guerre lorsqu'il y a réciprocité dans l'action violente appelée combat : la guerre ne commence pas lorsque certains individus en tuent d'autres, mais lorsqu'ils sont eux-mêmes prêts à risquer leur vie.

[24] Paix et guerre forment un couple de concepts à la fois liés et opposés, dont l'un n'est pas pensable sans l'autre. Comme idéaltypes, la paix et la guerre renvoient à des univers opposés : d'un côté, l'unité, l'ordre, la sécurité, l'amitié, la rétention de la violence, l'affirmation du droit ordinaire, le droit de l'individu à la protection de sa vie, l'équilibre des tensions, la régulation des crises, la création de biens, la mort naturelle ; de l'autre, la dualité, le désordre, l'insécurité, l'hostilité, le déchainement de la violence, la suspension du droit ordinaire, le devoir du citoyen de risquer sa vie, le déséquilibre des tensions, l'escalade des crises, la destruction de biens, la mort violente. Cf. Gaston Bouthoul : *Traité de polémologie*, Paris, Payot, 1991 (1951).

de nuire à autrui, et dans lequel la seule violence autorisée est celle, réactive, qui est réglementée par le Code pénal, état ou temps de sécurité relative[25] ; l'autre régi par un droit extraordinaire, selon lequel il est permis de nuire à l'ennemi, et dans lequel la violence autorisée, proactive, est régulée par le *jus in bello*, état ou temps d'insécurité structurelle[26]. Cette distinction ne s'applique pas que dans les relations internationales, c'est-à-dire dans l'hypothèse de la *guerre étrangère*, mais aussi dans les relations intérieures, c'est-à-dire dans l'hypothèse de la *guerre civile*.

Toutefois, la distinction paix-guerre, pour fondamentale qu'elle soit, n'a rien d'évident, d'éternel et d'universel. Elle suppose une institutionnalisation et une militarisation de l'emploi de la force armée rendant applicable un ordre juridique d'exception. De nos jours, l'existence du « noyau indérogeable » du DIDH, applicable en toutes circonstances, y compris le temps de guerre donc, montre qu'il existe un « minimum de civilisation » irréductible à la distinction paix-guerre. Ce « minimum indérogeable » ne remet cependant pas en cause *l'alternance* possible de la paix et de la guerre. C'est pourquoi, du point de vue du pacifisme, ni la distinction paix-guerre ni le « minimum indérogeable » ne représentent un progrès indépassable, comme le seraient l'abolition de la guerre et le règne de la paix. S'agit-il d'un progrès irréversible ? Il existe des situations où la distinction est, même dans l'univers étatique et interétatique moderne, non seulement insuffisante ou difficile, mais délibérément brouillée.

Le problème de la « violence totalitaire »

En polémologie, la violence « totalitaire »[27] désigne la violence de masse qui ne distingue ni la paix et la guerre ni les combattants et les non-

---

[25] On ne saurait supprimer les risques d'accidents, de maladies, d'infractions…

[26] La guerre est « *un état dans lequel le meurtre n'est plus considéré comme un crime* » (Nicolas Dubos), soit une « *décriminalisation de l'homicide* » (Grégoire Chamayou). Certes, tout ce qui est pénalement interdit en temps de paix l'est également en temps de guerre, mais pasles actes licites d'hostilités contre les combattants et les objectifs militaires adverses, dommages collatéraux admis pourvu qu'ils ne soient pas inutiles ou excessifs. Ce sont les actes illicites qui deviennent, le cas échéant, pénalement répréhensibles, *id est* s'ils peuvent être qualifiés d'infractions graves au droit applicable.

[27] En politologie, on parle de régime « totalitaire » pour désigner un régime dictatorial (concentration verticale du pouvoir public avec immunité juridictionnelle et sans droit d'opposition) dans lequel, au nom d'un monopole idéologique (pas seulement une idéologie officielle) et au moyen du contrôle de l'information, un parti unique, à direction collégiale ou charismatique, incluant diverses organisations, *commande* à l'État, à l'économie et à la société, sans qu'il y ait de société civile autonome, ni politique : pas d'associations, syndicats ou partis libres, ni économique : pas de propriété, initiative ou entreprise privées (concentration horizontale du pouvoir public). Un État peut user de violence « totalitaire » sans qu'il ait un régime « totalitaire » (Empire ottoman 1895-1917, Rwanda 1994) ; un État peut avoir un régime « totalitaire » sans qu'il use de violence « totalitaire » (l'URSS après 1953). Entre violence et régime « totalitaires », le lien est néanmoins fourni par le concept de « terreur ». La « terreur » signifie l'insécurité juridique, c'est-à-dire la possibilité d'être,

combattants — soit une *indistinction* — et qui vise, à titre plus « préventif » que « répressif », tel groupe — soit un *ciblage* — du fait de ses opinions ou de son identité, vues comme des « menaces potentielles » qu'il s'agit d'anticiper ou d'éradiquer, sans qu'il y ait d'infractions commises ou d'activité matérielle hostile, autrement dit, sans dangerosité manifeste. Telle serait la différence d'avec la violence « dictatoriale », qui ne s'en prend qu'aux opposants, c'est-à-dire aux personnes qui manifestent une certaine dangerosité. Bref, on attaque ou on persécute des gens, à la fois hostilisés et criminalisés, pour ce qu'ils *sont*, pas pour ce qu'ils *font*, en leur appliquant les normes du traitement des combattants illégaux ennemis en temps de guerre[28].

En droit international, on parle de « crime contre l'humanité » ou de « crime de génocide »[29]. Certaines expériences de violences totalitaires ou de crimes de masse se sont déroulées en temps de guerre, étrangère ou civile, ou sous couvert de la guerre[30], mais pas toutes[31]. Or, la violence d'État — à laquelle répondra éventuellement une insurrection — ou celle d'un groupe non étatique, lorsqu'elle est dirigée contre une population du seul fait de ses opinions ou de son identité, n'est pas la « guerre » : la guerre supposant le combat collectif entre collectivités de combattants, il ne saurait y avoir de « guerre » entre une force armée et une population désarmée. Se trouve-t-on pour autant en paix ?! Les notions de crime contre l'humanité ou de crime de génocide, applicables en temps de guerre mais aussi en temps de « paix », permettent au droit international d'appréhender, de qualifier et de tirer les conséquences, réparatrices ou punitives, de violences graves en dehors du temps de guerre.

Les situations intermédiaires, transitoires ou incertaines

Même si les deux notions susmentionnées comblent une lacune, le droit international ne connaît que la paix ou la guerre :*inter pacem et bellum nihil est medium*. Pourtant, dans la réalité politique, la paix et la guerre ne sont pas exclusives de situations intermédiaires (« paix armée », « ni paix ni

« préventivement », arrêté, interné, jugé, condamné ou exécuté du fait de ses opinions ou de son identité, sans qu'il y ait d'infractions commises ou d'activité matérielle hostile.

28 Cf. Yves Ternon : *L'État criminel. Les génocides au XXème siècle*, Paris, Seuil, 1995 ; Jacques Sémelin : *Purifier et détruire. Usages politiques des massacres et génocides*, Paris, Seuil, 2005 ; *RSCDPC*, 2009 : « Droit pénal de l'ennemi — Droit pénal de l'inhumain », pp. 2-68.

29 Juridiquement, ces notions sont ambivalentes, puisqu'elles sont des incriminations, renvoyant aux règles secondaires de la responsabilité punitive, mais aussi des qualifications juridiques de fond, renvoyant à des faits de violence objectifs.

30 Les génocides arménien, juif, tutsi…

31 Ainsi la « dékoulakisation », les grandes purges, les déplacements forcés de populations en URSS, les violences du « Grand Bond en avant » et de la « Révolution culturelle » en RPC, les massacres au Cambodge, ou encore les expulsions/spoliations des populations germaniques d'Europe centrale (à l'est de l'Oder-Neisse-Bohême) en 1945-1948…

guerre », « guerre froide ») ou transitoires (des troubles internes à la guerre civile, des incidents de frontières à la guerre étrangère). On peut dénombrer plusieurs situations incertaines : l'exécution par un État A sur le territoire d'un État B de frappes, d'attentats ou de mesures de police ; l'imposition à un État de mesures économiques (boycott, embargo) étayées par des mesures d'appui militaire (blocus) ; l'insurrection et la contre-insurrection[32] ; la décomposition d'un État (*failed State*) ou, au contraire, la construction d'un État (*State building*), n'ayant plus ou n'ayant pas encore monopolisé la coercition physique légitime ; l'administration internationale d'un territoire et d'une population à des fins de pacification ou d'autodétermination locales (*peace building*) ; la sortie (cessez-le-feu, armistice, capitulation) des hostilités actives, mais pas de l'état de guerre (traité de paix ou équivalent), avec l'éventuelle poursuite de la violence (meurtres ou expulsions) sur les vaincus (combien de procès truqués, d'exécutions sommaires, de règlements de comptes après un conflit armé ?).

Dans les relations entre États, on distingue la guerre en tant qu'état et la guerre en tant qu'action. Le droit international classique exigeait que l'entrée en guerre soit précédée d'un avertissement : ultimatum ou déclaration. La déclaration de guerre ne se confondait ni ne se confond avec la déclaration de l'état de guerre. En effet, l'état de guerre peut viser à déclencher la mise en vigueur de dispositions internes, sans qu'il y ait nécessairement d'actes de guerre contre un autre État. Même dans les relations internationales, il peut y avoir état de guerre sans action de guerre : exemple d'une déclaration de belligérance non suivie de combats, ou d'un cessez-le-feu, d'un armistice ou d'une capitulation non suivis d'un traité de paix ou équivalent. Il s'agit là d'une guerre au sens formel, impliquant ou pouvant impliquer néanmoins une intention hostile déclarée, la rupture (ou l'inexistence) des relations diplomatiques (dans les rapports de droit public) et commerciales ou financières (dans les rapports de droit privé)[33], une affectation de la condition juridique des ressortissants ennemis s'agissant de leur liberté de circulation et de leur patrimoine[34], la suspension sinon l'abrogation des traités en vigueur en temps de paix entre les États concernés, l'applicabilité *virtuelle* du *jus in bello*. Inversement, il peut y avoir action de guerre sans

---

[32] Face à un mouvement insurrectionnel, dont la participation est une infraction politique (atteinte à la sûreté de l'État selon l'ancien Code pénal français, atteinte aux intérêts fondamentaux de la nation selon le Code pénal de 1994), la contre-insurrection, mobilisant les forces armées outre les forces de l'ordre *stricto sensu*, relève à la fois de mesures de police et de mesures de guerre.

[33] Selon la coutume et la législation, il est interdit à tout ressortissant ou résidant d'un État belligérant de nouer ou de continuer de nouer des transactions commerciales ou financières avec une personne publique ou privée, morale ou physique, de nationalité ennemie ou placée sous le contrôle de l'ennemi. C'est ainsi que l'état de guerre inclut le boycott, l'embargo et l'interdiction de prêt ou de remboursement de créances vis-à-vis de l'ennemi.

[34] Surveillance, assignation à résidence, internement, expulsion, d'une part, déclaration des avoirs, saisie, séquestre, confiscation, d'autre part.

reconnaissance de l'état de guerre : exemple d'hostilités ou de combats non précédés ou non accompagnés d'une déclaration de belligérance. Il s'agit là d'une guerre au sens matériel, impliquant l'applicabilité *réelle* du droit des conflits armés, mais pas la suspension ou l'abrogation des traités, ni la rupture des relations diplomatiques et commerciales ou financières, ni une affectation de la condition juridique des étrangers, ni une intention hostile déclarée. Au sens plénier, la guerre désigne un état d'hostilité *et* une action de combat ; à elle seule, l'action de combat suppose l'état d'hostilité ; en revanche, l'état d'hostilité n'implique pas nécessairement l'action de combat ; il n'y a pas alors de guerre au sens matériel.

Plus généralement, l'incertitude sur la paix ou la guerre tient à l'identification — objective — du passage d'un état à un autre, ainsi qu'à la reconnaissance — subjective — d'un tel passage. Le droit international fournit des critères de discernement objectifs ; toutefois ceux-ci peuvent se heurter, non seulement à l'incertitude des situations, mais aussi à des discours — souverains dans le cas des États — de dénégation, soit une violation du principe de *bonne foi*. L'existence d'un conflit armé interne ou international peut être reconnue ou non. La reconnaissance rend la situation claire : on sait quel droit s'applique, et il devrait s'appliquer même sans reconnaissance. Mais depuis 1945, voire 1919, elle devient rare. *Primo*, les gouvernements répugnent à reconnaître l'existence d'un état de guerre à l'intérieur pour éviter 1) d'élever les insurgés au rang de belligérants en tant que collectivité ou au rang de combattants en tant qu'individus, 2) d'admettre qu'ils ont perdu le contrôle d'une partie de leur territoire et de leur population. *Secundo*, les États répugnent à reconnaître l'existence d'un état de guerre à l'extérieur pour éviter 1) de mettre en cause les relations diplomatiques, commerciales, financières, personnelles ou conventionnelles du temps de paix,2) d'apparaître comme des agresseurs ou des *peace breakers*, comme si une pseudo-licéité suffisait à déterminer le caractère pacifique de leur comportement ou, inversement, comme si un caractère prétendument pacifique suffisait à déterminer le caractère licite de leur comportement[35].

Les fictions de la rhétorique

D'un côté, les (des) gouvernements refusent de parler de belligérance. Pour rassurer l'opinion, non seulement ils ne déclarent plus la guerre à d'autres États, ni ne reconnaissent la situation de guerre, sur le plan interne ou international, mais encore ils qualifient leurs actions militaires de « maintien de la paix », « sanction », « rétablissement du droit »,

[35] Mais le « droit » n'est pas *eo ipso* la « paix », de même que le « non-droit » n'est pas *eo ipso* la « guerre ».

« protection humanitaire », « pacification »[36]. De telles fictions sont provoquées par le rejet moral et culturel de la guerre. On les retrouve dans l'idée selon laquelle une OIG telle que l'ONU ne fait pas la guerre, même lorsque le Conseil de sécurité entreprend ou autorise le recours à la force armée. Les (des) gouvernements sont donc très réticents à reconnaître leurs ennemis comme des belligérants à égalité de droits, qu'il s'agisse d'États ou d'insurgés, les uns comme les autres se trouvant criminalisés, du moins discursivement. Mais d'un autre côté, les (des) gouvernements n'hésitent parfois pas à multiplier l'usage métaphorique du terme « guerre », cette fois pour mobiliser l'opinion. Ainsi, la « guerre à la mafia », la « guerre à la drogue » (années 1990), la « guerre au terrorisme » (années 2000-2010) servent à désigner la lutte, principalement judiciaire, secondairement militaire, contre un certain type de criminalité organisée, dont les suspects se voient simultanément refuser le statut de combattants. D'un côté, on euphémise, de l'autre, on exacerbe : la relation ami-ennemi se métamorphose en relation du policier à l'infracteur ou en relation du bien face au mal. Conséquence du primat de la rhétorique[37] : la réponse à la question de savoir si l'on est en paix ou en guerre, devient arbitraire, ouverte à toutes les stratégies discursives. Chaque autorité décide s'il y a paix ou guerre, et quel droit est applicable. L'incertitude rejaillit sur les tiers, qui décident, eux, si le droit de la neutralité est applicable ou non, et en quoi va consister leur « neutralité ». L'équilibre entre les droits et devoirs des belligérants et les droits et devoirs des neutres se ramènera alors purement et simplement à un rapport de force. Le droit international pertinent n'en fournit pas moins des critères de discernement objectifs.

De la guerre ou du conflit armé en droit

La définition polémologique de la guerre comme mise en œuvre collective et coercitive de l'hostilité par l'emploi de la force armée se traduisant par des combats portant atteinte aux personnes et aux biens, permet une triple décomposition en droit international.

1) Elle renvoie implicitement à la distinction, donc à l'alternance possible, de la paix et de la guerre. 2) Elle renvoie incidemment aux trois façons de considérer la guerre : comme instrument (une mise en œuvre de l'hostilité afin de contraindre l'ennemi), comme état (un état d'insécurité, réel lorsque l'emploi de la force armé est effectif, virtuel lorsqu'il est suspendu), comme action (des combats causant des victimes). 3) Elle renvoie principalement à un élément factuel objectif et à un élément non

[36] Mais la Commission chargée de mettre en harmonie le Pacte de la SDN avec le Pacte Briand-Kellog, l'avertissait déjà :« *les normes du droit de la guerre conservent leur valeur, quel que soit le nom de telles opérations* ».

[37] On lit ou on entend même les expressions de « guerre économique » ou de « guerre culturelle » pour évoquer la concurrence commerciale ou le rapport du français à l'anglais…

factuel subjectif (mais pas rhétorique) : l'existence de collectivités combattantes d'une part, animées par l'hostilité, *id est* une cause politique, pas lucrative, d'autre part. Le premier élément articule deux critères matériels : l'organisation des parties et l'intensité de la violence armée ; le second élément renvoie à un critère moral : l'intention hostile, pas crapuleuse. Si l'on suit la jurisprudence du TPIY, le *jus in bello* se fonde uniquement sur le premier élément ; on ne peut cependant écarter le second, sous peine d'ériger en « conflit armé » la criminalité organisée de droit commun et la lutte contre celle-ci[38]. Le second élément est lisible dans les textes, qui parlent de forces « *insurgées* », d'où le renvoi au mouvement insurrectionnel, donc à une infraction *politique* selon le droit pénal. *Rappelons que si le* jus in bello *s'applique, la violence proactive contre l'ennemi en armes est autorisée*, sans droit à la vie[39] ou présomption d'innocence pour les combattants adverses ; le droit pénal, lui, n'admet que la violence réactive contre l'infracteur ou le suspect, qui bénéficient du droit à la vie et de la présomption d'innocence… D'autre part, la différence entre frappes, attentats ou actes de police à l'étranger et recours à la force se mesure à l'aide de deux critères : l'un factuel et objectif, la gravité de l'action armée ; l'autre non factuel et subjectif, la volonté de contraindre un autre État par l'action armée. Pour savoir si cette dernière remplit les critères de gravité matérielle et de volonté coercitive propres à un recours à la force, il faut se demander si l'action, par hypothèse interétatique, décidée par un gouvernement A et exécutée sur un territoire B, est animée par une intention hostile de l'État A vis-à-vis de l'État B ou si elle a pour contexte une hostilité entre les États A et B, si elle requiert des moyens militaires et si elle s'accompagne d'affrontements.

La définition polémologique susmentionnée de la guerre est plus restrictive que la définition juridique. En polémologie, le recours à la force armée ne signifie pas la guerre, éventuellement au sens formel s'il y a reconnaissance d'un état de belligérance, mais pas au sens matériel puisqu'il faut en plus des combats collectifs mutuels. Au contraire, le droit international, qui pose un principe d'interdiction non seulement de la guerre mais de la force dans les relations entre États, confond les deux notions. *D'où une première équation : recours à la force armée = guerre*. Cette équivalence revêt une grande importance pour l'application du régime de l'occupation, qui est une partie du *jus in bello*. Une situation de guerre interétatique existe aussitôt une défense militaire opposée à une invasion ou à une attaque : sans défense militaire, l'invasion ou l'attaque est — si le CSNU voire l'AGNU en décide — une agression, mais pas une guerre, puisqu'il n'y a pas de combats mutuels. Il n'en reste pas moins que l'emploi

---

[38] Le brigandage ou la piraterie, même collectifs, ne sont pas la guerre, car l'*animus* n'est pas l'hostilité mais la lucrativité.

[39] Sauf *principe d'humanité*, qui est l'un des principes généraux du *jus in bello*.

de la force armée par un État A, dès lors qu'il est non consenti par l'État B, rend applicable le *jus in bello*, y compris le régime de l'occupation en cas de prise de contrôle territorial par l'État A. De même, un territoire dont la population a été privée de son droit à l'autodétermination et qui a été incorporé à un État voisin, est réputé « occupé », même s'il n'y a pas (plus) de conflit armé. *Seconde équation*, depuis 1949 *: guerre = conflit armé.* Le droit international entend par « guerre » les « conflits armés internationaux » et les « conflits armés non internationaux ». L'expression de conflit armé, plus objective, basée sur l'effectivité matérielle, a remplacé celle de guerre, plus subjective, basée sur l'intentionnalité formelle. Cette substitution a deux raisons ou deux conséquences.

1) Au contraire de la déclaration de guerre ou de la reconnaissance de l'état de guerre, l'existence d'un conflit armé international n'a pas d'effet suspensif certain, automatique ou obligatoire sur les relations diplomatiques, commerciales, financières, personnelles ou conventionnelles entre les États concernés[40]. 2) Un conflit armé interne ou international n'implique ni « guerre déclarée » ni « force militaire » étatique, mais le constat que des collectivités combattantes, régulières ou irrégulières, s'affrontent. L'organisation des parties, leur hostilité mutuelle et l'intensité de la violence armée — critères à interpréter raisonnablement et de *bonne foi* — permettent de distinguer, d'une part, conflit armé international ou non international, d'autre part, « incidents frontaliers », « troubles internes », frappes, attentats et mesures de police à l'intérieur ou l'étranger, ceux-ci relevant du temps de paix, donc du droit du temps de paix ou tout au plus du droit du temps de crise. Entre la paix et la guerre, il y a la crise, éventuellement comme troisième état politique, mais pas juridiquement, car, on l'a dit, le droit international ne connaît que deux états : la paix, fût-elle troublée, et la guerre, fût-elle de basse intensité. Quant à la différence entre conflit armé international et non international, elle réside dans l'extranéité (hors situation coloniale, postcoloniale ou d'apartheid) des parties au conflit ou, au contraire, dans leur nationalité commune (hors situation coloniale, postcoloniale ou d'apartheid).

Comme état ou comme action, la guerre ou le conflit armé est un rapport entre parties belligérantes ou parties au conflit. Ce rapport est-il spatialement ou temporellement délimité ? De prime abord, la belligérance est spatialement délimitée, car elle concerne le ou les territoires étatiques des belligérants et les espaces internationaux (mer extraterritoriale, fonds marins au-dessous et espace aérien au-dessus), à l'exclusion des territoires neutres (terre, mer, air), qui bénéficient de l'inviolabilité. Toutefois, l'existence d'une guerre entre deux États — pourvu qu'ils la reconnaissent — rend

---

[40] Selon la jurisprudence française, c'est la déclaration de guerre, non pas le conflit armé lui-même, qui produit des effets suspensifs sinon abrogatifs sur les relations conventionnelles entre pays belligérants.

applicables le droit de la neutralité pour les États tiers ainsi que l'exercice des droits de la belligérance dans les espaces maritimes ou aériens internationaux. Quant à la reconnaissance d'une insurrection ou d'une guerre civile au sein d'un État, elle rend applicable le principe de non-intervention pour les autres États. Dans les espaces internationaux, l'état de guerre entre deux États coexiste donc avec la neutralité, pas avec l'état de paix, celui-ci n'existant (hors guerre civile) que dans les espaces territoriaux des États tiers. Encore ceux-ci sont-ils concernés par de nombreuses dispositions des Conventions de La Haye ou de Genève, de l'assistance humanitaire en général à l'internement des PG en particulier en passant par l'institution des puissances protectrices. L'inclusion dans la belligérance des relations avec les tiers a donc pour conséquence que tout conflit armé a juridiquement une portée universelle, non délimité spatialement. En revanche, il y a bien une délimitation temporelle de la guerre : du début à la fin des hostilités s'applique un droit d'exception, le *jus in bello*, rapports aux tiers compris, radicalement dérogatoire par rapport au droit normal du temps de paix, le droit du temps de crise en deçà de la guerre étant, lui, modérément dérogatoire.

Le passage de la paix à la guerre ou au conflit armé et de la guerre ou du conflit armé à la paix

En polémologie, il existe deux grandes modes de passage de la paix à la guerre : le passage déclaré ou reconnu, avec ou sans avertissement ; le passage non déclaré ou non reconnu, *eo ipso* sans avertissement. Les notions de reconnaissance et d'avertissement montrent le lien et la référence au droit international. La cessation des hostilités, elle, provient *de facto* de trois types d'issue : la victoire, ou issue militaire, une partie l'emportant sur l'autre ; l'accord, ou issue politique, les deux parties parvenant à s'entendre, soit directement, soit *via* un ou des tiers ; la renonciation ou l'épuisement d'un côté ou des deux, ou issue amorphe. Avec la cessation des hostilités, le conflit est terminé ; cela ne signifie pas qu'il soit résolu. Rappelons qu'un conflit est géré lorsque les effets de la violence qu'il entraîne sont contenus ; terminé en cas de victoire, d'accord ou d'épuisement ; résolu lorsque ses causes profondes n'agissent plus. Pour qu'un conflit armé soit géré, il faut que s'y applique le droit éponyme. S'il y a reconnaissance de l'état de guerre, la chose sera aisée, plus encore s'il y a avertissement. Mais la règle de l'avertissement a été largement frappée de désuétude, cependant que la reconnaissance des faits peut se heurter à l'incertitude des situations ou à des discours de dénégation.

Le déclin de la règle de l'avertissement et les difficultés de la reconnaissance objective

Selon le droit international classique, exprimé par la IIIe CLH de 1907 sur l'ouverture des hostilités et, auparavant, par la résolution de l'IDI de 1906 sur la *Déclaration de guerre*, l'entrée en guerre devait commencer par un avertissement clair. « *Il est conforme aux exigences du droit international, à la loyauté que les nations se doivent dans leurs rapports mutuels, ainsi qu'à l'intérêt commun de tous les États, que les hostilités ne puissent commencer sans un avertissement et non équivoque* »(art. 1). « *Cet avertissement peut avoir lieu soit sous la forme d'une déclaration de guerre pure et simple, soit sous la forme d'un ultimatum, dûment notifiés à l'adversaire par l'État qui veut commencer la guerre* » (art. 2). « *Les hostilités ne pourront commencer qu'après l'expiration d'un délai suffisant pour que la règle de l'avertissement et non équivoque ne puisse être considérée comme éludée* » (art. 3).

Cette exigence sera battue en brèche par l'assimilation de la déclaration de guerre à une agression. En *jus ad bellum*, les États comme les OIG répugneront à reconnaître la belligérance. Aussi la détermination du commencement des hostilités en *jus in bello* devra-t-elle uniquement reposer sur des éléments factuels. Mais, à leur tour, ces derniers pourront être difficiles à identifier ou être niés. La volonté du pacifisme de métamorphoser le *jus ad bellum* en *jus contra bellum* aboutit ainsi à un régrès de la civilisation, car elle brouille le passage de la paix à la guerre, ce qui a pour conséquence symétrique de brouiller le passage de la guerre à la paix. *Si l'on ne reconnaît pas la guerre, on ne conclura pas de paix !* Tout comme l'absence de déclaration de guerre rend difficile le fait de savoir si l'on est en guerre, l'absence de traité de paix rendra difficile le fait de savoir si l'on est en paix. Se trouve donc compromis le principe[41] selon lequel les effets de l'éclatement des hostilités doivent rester limiter au temps de guerre et ne pas déborder sur le temps de paix. S'ajoutent deux conséquences malheureuses, l'une sous l'angle du *jus in bello* : l'inapplication du système des puissances protectrices, l'autre sous l'angle de l'État de droit : la relative désuétude[42] de

[41] Dit *principe de distinction paix-guerre*, qui est un autre principe général du *jus in bello*.

[42] Il existe des exemples de déclarations de guerre ou assimilées depuis 1945 : les États arabes vis-à-vis d'Israël (la plupart des pays arabes ont constamment affirmé l'existence d'un état de guerre avec Israël, même sans qu'il y ait déclaration au sens de la IIIe CLH de 1907, une telle déclaration impliquant la reconnaissance de l'État d'Israël) ; le Pakistan a déclaré la guerre à l'Inde en 1965 ; l'Irak et l'Iran ont revendiqué les droits de la belligérance à partir de 1980 (la Grande-Bretagne exprimant à cette occasion une déclaration de neutralité). Lors du conflit armé avec le Nord-Vietnam, le Département d'État américain a expliqué pourquoi le Président des États-Unis n'avait pas formellement déclaré la guerre, manière d'admettre que le problème de la déclaration de guerre pouvait se poser. En 2001 puis en 2003, le Président Bush a adressé un ultimatum au gouvernement taliban, pour qu'il livre Ben Laden, puis au gouvernement irakien, pour que Saddam Hussein se retire.

la déclaration de guerre, constitutionnellement autorisée par la représentation nationale. Cela signifie que, même dans les États démocratiques libéraux, le pouvoir de faire passer la nation de l'état de paix à l'état de guerre échappe au Parlement pour échoir au gouvernement.

À défaut d'un avertissement, l'emploi *de facto* de la force armée ou l'ouverture *de facto* des hostilités est le fait-condition qui rend automatiquement applicable le *jus in bello*, l'applicabilité du *jus in bello* étant à l'inverse le critère juridique de l'existence de la guerre. Peu importe que telle partie conteste la réalité de la guerre, seule cette réalité compte, autrement dit, les faits objectifs, pas la qualification donnée par tel protagoniste. La conception subjective selon laquelle « *l'état de guerre entre les Parties dépend de leurs intentions et non de leurs actes* » (G. Scelle), est dépourvue de validité. L'article 2 commun aux quatre CG de 1949 est clair : les Conventions seront applicables « *en cas de guerre déclarée ou de tout autre conflit armé surgissant entre deux ou plusieurs Hautes Parties contractantes, même si l'état de guerre n'est pas reconnu* ». Cette volonté d'objectivité se heurte néanmoins à l'incertitude des situations ou à la mauvaise foi des gouvernements[43]. Ceux-ci qualifient les faits, et de cette qualification — conflit armé ou non, conflit armé international ou interne — dépendra l'applicabilité du droit éponyme. Il existe deux types de qualification : l'auto-qualification par les parties concernées ; l'hétéro-qualification, soit par des États tiers, soit par des OIG à vocation régionale ou universelle, soit par des juridictions internationales telle la CIJ, soit par des ONG tel le CICR[44]. La détermination de l'état de guerre continue donc de dépendre des interprétations ou déclarations gouvernementales, c'est-à-dire d'éléments non factuels, dès lors que l'incertitude ou la malhonnêteté empêche de se borner à vérifier la coïncidence des critères objectifs du droit international avec la situation empirique[45].

---

[43] Les États et les OIG ne sont pas les seules entités belligérantes, ni *de facto* ni *de jure*. Mais les MLN ou les autres mouvements insurgés ne dénient pas l'état de guerre : au contraire, ils cherchent à le faire admettre, car ils veulent être reconnus comme belligérants, ce qui est pour eux la première forme de reconnaissance de leur personnalité juridique internationale.

[44] Mais celui-ci a toujours rejeté l'idée qu'il pourrait être l'instance de qualification, car il entend conserver sa qualité d'ONG neutre au service des victimes, plutôt qu'être amené à examiner, infirmer ou confirmer l'interprétation donnée par telle partie. Il est connu que l'intervention ou la présence du CICR ne préjuge pas l'existence ni la reconnaissance d'un conflit armé, le Comité pouvant de toute façon remplir ses missions humanitaires en l'absence de conflit.

[45] Le droit des assurances, qui apporte de très utiles enseignements, corrobore les critères objectifs du droit international pertinent. Les dispositions des contrats en la matière fournissent une abondante jurisprudence sur la notion d'état de guerre. La garantie d'assurance est exclue dès qu'un lien de cause à effet lie le sinistre à un conflit armé. Les compagnies refusent donc de couvrir le risque de guerre. Elles visent la belligérance en fait : leur conception matérielle est plus large qu'une conception formelle ; elle est cependant plus stricte qu'une acception assimilant la belligérance à toute violence politique. Dès lors que des forces armées se rencontrent dans des combats durables entraînant des pertes sensibles, les

La détermination* de jure *ou* de facto *du seuil d'un état à un autre

Le passage de la paix à la guerre interétatique — normalement précédé ou accompagné de la rupture des relations diplomatiques et commerciales ou financières, de l'affectation de la condition juridique des ressortissants ennemis, ainsi que de la suspension de traités en vigueur — s'effectue avec ou sans acte juridique, c'est-à-dire soit par un ultimatum[46] ou une déclaration de guerre[47] (actes unilatéraux d'État) ou une résolution du CSNU autorisant l'emploi par des États volontaires ou demandeurs de « *toutes les mesures* » ou de« *tous les moyens nécessaires* » contre telle partie, soit par l'emploi *de facto* de la force armée ou l'ouverture *de facto* des hostilités sans avertissement.

À l'instar du passage de la paix à la guerre interétatique, le passage de la guerre à la paix interétatique — normalement accompagné ou suivi du rétablissement des relations diplomatiques et commerciales ou financières, de la restauration de la condition juridique des ressortissants ennemis, ainsi que de la réapplication des traités suspendus — s'effectue avec ou sans acte juridique, c'est-à-dire soit par un cessez-le-feu (fin des hostilités actives, mais pas de l'état de guerre) ou un armistice[48] (fin des hostilités actives au bénéfice du vainqueur, mais pas de l'état de guerre) ou une capitulation[49] (fin des hostilités actives au bénéfice du vainqueur qui tient le vaincu à sa merci, mais pas de l'état de guerre) suivi d'un traité de paix[50] ou, à défaut

assureurs considèrent qu'un état de guerre existe, quels que soient les discours officiels. Dans ce cas là, c'est l'État, selon la loi, qui joue le rôle d'assureur, en conformité avec l'évolution du droit de la responsabilité administrative.

[46] Ou communication d'un État à un autre qui met un terme aux négociations relatives à un différend et formule pour la dernière fois et de façon péremptoire une demande à laquelle il doit être donné satisfaction dans un délai bref, faute de quoi des mesures de force interviendront. L'ultimatum est ainsi une déclaration de guerre conditionnelle, puisque l'état de belligérance naîtra seulement si satisfaction n'est pas donnée après la sommation adressée à l'autre État.

[47] Elle n'est pas le premier acte de belligérance, mais le dernier acte diplomatique entre des États dont elle va rompre les relations et substituer le droit de la guerre au droit de la paix.

[48] Ou convention militaire par laquelle une partie belligérante demande à son adversaire, qui l'accepte, de suspendre l'ensemble des hostilités à partir d'une date donnée et, éventuellement, pour une durée déterminée.

[49] Ou convention militaire par laquelle une partie belligérante se rend à son adversaire, avec ou sans conditions convenues. La technique de la capitulation inconditionnelle entraîne non la conclusion d'un accord conventionnel, mais l'adhésion du vaincu — donnée par un simple acte unilatéral — à l'ensemble des conditions imposées par le vainqueur.

[50] Le traité de paix peut être précédé de préliminaires dont le but est de déterminer les bases de la paix future. Bien sûr, des traités de paix séparés peuvent être conclus par certains belligérants membres d'une coalition, soit antérieurement soit postérieurement au traité de paix multilatéral (exemples du traité germano-russe du 3 mars 1918 ou du traité germano-américain du 25 août 1921).

d'un traité de paix[51], par une déclaration commune des belligérants mettant fin à l'état de guerre ou, en cas de *debellatio*, par une déclaration unilatérale de fin de l'état de guerre par le vainqueur, ou par une résolution du CSNU faisant office de traité de paix[52], soit par la cessation *de facto* de l'emploi de la force armée ou des hostilités (renonciation ou épuisement d'un côté ou des deux). Autres cas possibles : le passage de la paix à la guerre internationale, c'est-à-dire transfrontières, dû à l'emploi *de jure* ou *de facto* de la force armée ou à l'ouverture *de jure* ou *de facto* des hostilités de la part d'un groupe (n'exerçant pas de contrôle territorial) ou d'une entité (exerçant un contrôle territorial) non étatique à l'encontre d'un État étranger ou, inversement, de la part d'un État contre un groupe ou une entité non étatique à l'étranger ; inversement, le passage de la guerre à la paix internationale, par la cessation *de jure* ou *de facto* de l'emploi de la force armée ou des hostilités entre l'État et le groupe ou l'entité non étatique. La« cessation des hostilités », la « fin de la guerre », la « conclusion de la paix » se rapportent matériellement à la terminaison des hostilités effectives, indépendamment du maintien formel de l'état de guerre ; mais celui-ci peut continuer à exister, même si les opérations militaires ont depuis longtemps cessé, tant qu'il n'y a pas d'acte juridique idoine, conventionnel ou unilatéral. Entre États, de la paix à la guerre (« l'avant-guerre ») ou de la guerre à la paix (« l'après-guerre »), l'existence d'actes juridiques révèle une intentionnalité déclarée, belliqueuse ou pacifique, avec ses effets diplomatiques, commerciaux, financiers, personnels et conventionnels.

À la différence de la guerre étrangère, la guerre civile ne peut commencer par une déclaration solennelle, sauf celle d'entités fédérées[53] proclamant leur sécession[54] ou celle de forces militaires proclamant leur dissidence[55]. Quant à la violence d'État dirigée contre une population désarmée du fait de ses opinions ou de son identité, on sait qu'elle n'est pas juridiquement un « conflit armé », mais un « crime contre l'humanité » ou un « génocide »… Partie d'en bas, la guerre civile s'ouvre *de facto*, le plus souvent progressivement par la structuration des insurgés et l'amplification des actes insurrectionnels, obligeant du côté gouvernemental à « militariser » les opérations de police administrative ou judiciaire ; ou bien elle s'ouvre, toujours progressivement, par la déliquescence de l'État déchiré par des groupes armés organisés sinon territorialisés. Elle pourra donner lieu une reconnaissance d'insurrection emportant application du droit des conflits armés non internationaux, ou à une reconnaissance de belligérance

[5] » *Juridiquement… la cessation de l'état de guerre entre la France et l'Allemagne est devenue indépendante de la signature d'un traité de paix* » (Cour d'appel d'Angers, 31 octobre 1956, *Lorilleux c. Bordier*).

[52] Exemple de la résolution 687 du 3 avril 1991 à l'issue de la guerre du Golfe.

[53] Katanga 1961, Biafra 1967, Bengale 1971, ex-Yougoslavie ou Sud Caucase 1991…

[54] La sécession armée réussie transforme le conflit interne en conflit international.

[55] Espagne 1936, Libye 2011…

emportant application du droit des conflits armés internationaux. Une telle reconnaissance peut passer par la notification — exigée par le PIDCP (art. 4), la CEDH (art. 15) ou la CIADH (art. 27) — de la dérogation — rendue nécessaire par la situation — aux droits de l'homme. Mais le passage de la paix à la guerre intra-étatique s'effectue rarement à travers un acte juridique. En revanche, le passage de la guerre à la paix intra-étatique s'effectue fréquemment par le biais d'accords conclus entre les protagonistes locaux ou imposés par des puissances tierces (CSNU notamment), pas seulement par la cessation *de facto* des hostilités.

Durante bello, des trêves peuvent être conclues entre les parties ou par décision du CSNU, c'est-à-dire des suspensions d'armes localisées dans le temps et dans l'espace, notamment à finalité humanitaire, comme inhumer les morts ou évacuer les blessés, les prisonniers, les civils. Le cessez-le-feu est un accord qui généralise la suspension d'armes, soit avec retour à la situation antérieure aux hostilités, soit avec maintien de la situation présente. Il diffère de l'armistice en ce sens que ce dernier, demandé par le vaincu et accepté par le vainqueur, empêche, par ses clauses, toute reprise des hostilités de la part du vaincu, dont les forces se trouvent réduites ou contrôlées[56]. Quant à la capitulation, elle signifie que le vaincu s'en remet au

---

[56] L'armistice fait l'objet d'une réglementation dans les articles 36 à 41 du RLH de 1907 (cf. aussi les articles 92 à 98 du Manuel d'Oxford de 1913). L'armistice est conclu par les autorités militaires, habilitées par leurs gouvernements respectifs. Il arrête les hostilités sans mettre fin à l'état de guerre ni, le cas échéant, au blocus maritime ou aérien. Il stipule l'établissement d'une ligne de démarcation et d'une zone neutralisée, l'interdiction d'acheminer des renforts, la liberté de mouvement des armées à l'arrière de leurs lignes, le ravitaillement des places assiégées, le rapatriement unilatéral des prisonniers, l'évacuation de certains territoires par le belligérant vaincu et leur libération ou occupation corrélative par l'adversaire. Est généralement constituée une Commission internationale d'armistice, mixte dans sa composition, mais fonctionnant en fait sous l'autorité du vainqueur, pour surveiller l'exécution de la convention d'armistice. Le concept d'armistice, depuis 1918, a doublement évolué : d'une part, la convention doit garantir la sécurité du belligérant qui accepte l'armistice et, par là même, elle doit empêcher la partie demanderesse de reprendre le combat ; la partie qui accepte l'armistice demandé impose les conditions (les préliminaires) de paix. L'armistice a ainsi pour but« *d'assurer aux armées victorieuses une situation telle que leur supériorité soit nettement établie* » (Clémenceau), ce qui permettra à leurs gouvernements d'imposer la paix telle qu'ils l'auront décidée (Foch). La pratique des deux guerres mondiales (armistices avec la Bulgarie le 29 septembre 1918, l'Empire ottoman le 31 octobre, l'Autriche-Hongrie le 3 novembre, l'Allemagne le 11 novembre, armistices avec l'Italie le 8 septembre 1943, la Roumanie le 12 septembre 1944, la Finlande le 19 septembre, la Bulgarie le 28 octobre, la Hongrie le 20 février 1945) a imposé la technique de l'armistice-capitulation, par laquelle le vainqueur impose au vaincu des obligations qui autrefois auraient relevé du traité de paix. Comme tout acte de nature conventionnelle, l'armistice peut être rompu ou dénoncé, même si la chose est rendue improbable comme sus-indiqué. Selon l'article 36 RLH, « *si la durée n'en est pas déterminée, les parties belligérantes peuvent reprendre en tout temps les opérations, pourvu toutefois que l'ennemi soit averti en temps convenu, conformément aux conditions de l'armistice* ». S'il y a rupture, s'appliquent les principes généraux du droit des traités. Tout traité impose aux parties l'obligation de le respecter. Si l'une porte atteinte au traité, l'autre s'en trouve déliée. Ainsi la violation de

vainqueur. Globalement, le *jus in bello* s'applique dès le passage *de jure* ou *de facto* de la paix à la guerre et jusqu'au passage *de jure* ou *de facto* de la guerre à la paix[57].

La typologie juridique des conflits et le problème de l'internationalisation d'un conflit armé interne

Le *jus in bello* se découpe en droit des conflits armés internationaux et en droit des conflits armés non internationaux, sans qu'il y ait eu de réunification ou d'unification depuis 1949.

Relèvent des conflits internationaux : la guerre interétatique (que les États se reconnaissent ou non comme tels, qu'ils se partagent ou non une même nation), opposant des armées régulières à d'autres armées régulières (plus des francs-tireurs en cas de levée en masse face à l'invasion) ; la résistance organisée à l'occupation et la lutte de libération nationale (c'est-à-dire les conflits armés dans lesquels des peuples luttent contre une situation coloniale, postcoloniale ou d'apartheid), opposant des armées régulières à des forces irrégulières, soit des soldats d'un État occupant à des résistants en territoire occupé, soit des soldats d'un État colonial, postcolonial ou d'apartheid à un MLN ; le conflit entre un État A, donc une armée régulière, et une collectivité non étatique, donc une force irrégulière, du moins si celle-ci n'est pas simplement l'organe *de facto* d'un État B (sinon le conflit oppose l'État A à l'État B). Relèvent des conflits non internationaux : les conflits qui se déroulent sur le territoire d'un État entre les forces gouvernementales et des forces insurgées (civils rebelles ou militaires dissidents) « *qui, sous la conduite d'un commandement responsable, exercent sur une partie (du) territoire un contrôle tel qu'il leur permette de mener des opérations (armées) continues* » (art. 1-1 P2). Retenant l'hypothèse de l'effondrement de l'État et de l'absence de territorialisation des parties, le traité de Rome portant CPI mentionne les conflits au sein d'un État qui opposent de simples groupes armés organisés (art. 8-2). Le traité de Rome s'en tient donc au critère de l'organisation, soit la notion de groupe non étatique, alors que le P2 exige une territorialisation, soit la notion d'entité non étatique. Enfin, ne relèvent pas des conflits non internationaux : les « *situations de tensions internes, de troubles intérieurs, comme les émeutes, les actes isolés et sporadiques de violence et autres actes*

---

l'armistice par l'une des parties entraîne le droit pour l'autre de reprendre immédiatement les hostilités. Quant à la dénonciation d'un traité, elle a pour effet de rétablir l'état juridique existant avant sa conclusion. Dans le cas d'une convention d'armistice, cela signifie la reprise des hostilités. Selon l'article 40 RLH, « *toute violation grave de l'armistice par l'une des parties donne à l'autre le droit de le dénoncer et même, en cas d'urgence, de reprendre immédiatement les hostilités* ».

[57] Si la violation de l'armistice relève du *jus in bello*, celle d'une ligne d'armistice ou de cessez-le-feu établie depuis un certain temps (exemples des lignes du 27 juillet 1953 en Corée et du 20 juillet 1954 en Indochine) équivaut à une violation du *jus ad bellum*.

analogues » (art. 1-2 P2), bref, les actes de violence (attentats ou coups d'État)[58] qui n'ont pas atteint l'ampleur ou la structuration propre à la guerre civile, même s'ils peuvent y mener, et qui relèvent essentiellement de mesures de police administrative et judiciaire, l'armée fût-elle appelée en renfort.

La différence fondamentale entre le CAI et le CANI est que, dans l'un, s'opposent deux titulaires du *jus belli*, donc deux forces dont les membres ont droit au statut de combattants légaux, droit inconditionnel s'agissant des membres des forces régulières, droit conditionnel s'agissant des membres des forces irrégulières, alors que, dans l'autre, s'oppose un titulaire du *jus belli* à un non-titulaire du *jus belli*, une force dont les membres ont droit au statut de combattants légaux et une force dont les membres n'ont pas droit à un tel statut (sauf reconnaissance de belligérance), ou même, dans l'hypothèse que retient le traité de Rome, deux non-titulaires du *jus belli*. Dans le premier type de conflit, les États tiers se trouvent normalement en situation de neutralité ; dans le second type, en situation de non-intervention… On le verra, *le combattant légal, donc le PG, est le grand absent du droit des conflits armés non internationaux*, sauf reconnaissance de belligérance… qui entraîne l'applicabilité du droit des conflits armés internationaux !

Les trois niveaux de conflictualité posent des problèmes de seuil : du trouble interne au conflit armé interne, du conflit armé interne au conflit armé international ou même du trouble interne au conflit armé international. Quant au passage du conflit international au conflit interne, il s'effectue en cas de transfert de la relation d'hostilité armée : non plus avec l'étranger, en raison de la cessation de la belligérance internationale, mais avec le concitoyen, en raison du déclenchement d'une belligérance interne. Il est possible qu'un tel déclenchement se produise pendant le conflit armé international, d'autant que la propagande visant à provoquer la discorde chez l'ennemi n'est pas interdite par le *jus in bello*. On se trouve alors en présence d'un conflit armé à la fois interne et international… La notion de « campagne terroriste » (l'élévation de la fréquence et de la gravité des attentats) fournit la solution de continuité entre le « trouble interne » (l'acte isolé et sporadique de violence armée) et le « conflit armé » (la violence armée organisée et durable), y compris international si les attentats sont commis depuis un territoire extérieur. S'agissant de l'internationalisation, différents cas se présentent : l'intervention étrangère ; le lien mais aussi l'absence de lien entre un État et un ou plusieurs mouvements armés ; la sécession.

1) Il y a intervention militaire étrangère en cas d'envoi de troupes, régulières ou irrégulières, y compris à titre de volontaires ou de

[58] Les attentats ou les tentatives de coup d'État sont incriminés dans le Code pénal français sous le chef de « terrorisme » ou de « complot ».

mercenaires ; la mise à disposition du territoire, l'aide humanitaire, financière ou matérielle, le transfert d'armements, ne sont pas constitutifs d'intervention militaire ; il faut pour cela *emploi* de la force *armée* (terre, mer, air) par les *agents de jure* ou *de facto* d'un État A (par des personnes physiques agissant au nom ou pour le compte de l'État A) sur le territoire de l'État B en proie à la guerre civile, soit en faveur du gouvernement, soit en faveur des insurgés. Dans un tel cas, le conflit devient-il international et le droit applicable est-il celui des conflits internationaux ? Selon une première théorie[59], toute intervention étrangère aboutit à internationaliser le conflit, donc à rendre applicable le droit des conflits armés internationaux, y compris à l'égard des insurgés, qui deviennent des belligérants (thèse de l'internationalisation objective et obligatoire). Une seconde théorie distingue selon que l'intervention étrangère s'effectue à la demande du gouvernement ou à l'encontre du gouvernement (thèse de l'internationalisation subjective et facultative). Dans la première hypothèse, le droit des conflits armés non internationaux s'applique, entre forces gouvernementales locales et étrangères d'une part, forces insurgées d'autre part. Dans la seconde hypothèse, soit le droit des conflits armés internationaux s'applique, y compris à l'égard des insurgés, qui deviennent des belligérants (thèse de « l'unité » du conflit) ; soit le droit des conflits armés internationaux ne s'applique qu'entre l'armée étrangère et les forces gouvernementales, le droit des conflits armés non internationaux continuant de s'appliquer entre les forces gouvernementales et les insurgés (thèse de la « décomposition » du conflit). La thèse de « l'unité » du conflit aboutit à une internationalisation juridique « en bloc », alors que la thèse de la « décomposition » aboutit à une internationalisation juridique « en faisceaux bilatéraux »[60]. De manière générale, l'effet de l'intervention étrangère sur la qualification d'un conflit initialement interne ne comporte pas de réponse préétablie : la solution dépend de l'ampleur de l'intervention, du but poursuivi par la ou les puissances intervenantes, du rapport des forces militaires entre la ou les puissances intervenantes et la partie locale assistée. *Quid* en cas d'intervention de l'ONU dans un conflit interne ? Une action militaire non coercitive, donc consentie par les protagonistes locaux, ne transforme pas un conflit interne en conflit international. En revanche, une action militaire coercitive, dans laquelle les forces mandatées par le CSNU deviennent parties belligérantes (aux côtés du gouvernement ou aux côtés des insurgés), transforme le conflit interne en conflit international.2)

---

[59] Soutenue par le CICR et appliquée par le TPIY.

[60] Entre le gouvernement et les insurgés s'applique le droit des conflits internes, de même qu'entre l'État intervenant en faveur du gouvernement et les insurgés, et qu'entre deux groupes insurgés hostiles ; entre le gouvernement et l'État intervenant aux côtés des insurgés s'applique le droit des conflits internationaux, de même qu'entre un État intervenant en faveur du gouvernement et un autre en faveur des insurgés. Voilà qui est bien compliqué, donc peu réaliste !

Lorsqu'une force insurgée au sein d'un État A dépend d'un État B ou lorsque ses actions sont contrôlées par un État B, le conflit armé est internationalisé (ainsi en cas d'insurrection, de subversion ou de sécession dirigées depuis l'extérieur). 3) Il y a également conflit international lorsqu'un groupe ou une entité non étatique sur le territoire d'un État B se livre à des actes graves de violence coercitive à l'encontre d'un État A, avec ou sans imputation à l'État B. 4) Lorsqu'un mouvement sécessionniste aboutit à la création ou à la reconnaissance d'un nouvel État, le conflit armé, s'il se poursuit, devient international, et non plus interne.

Selon qu'il y ait conflit armé ou pas, les conséquences sur la situation des personnes impliquées sont les suivantes. S'il y a conflit armé international, le *jus in bello* s'applique ; les combattants légaux détenus sont PG (sauf espionnage ou mercenariat), les combattants illégaux sont passibles de poursuites pénales. S'il y a conflit armé non international avec reconnaissance de belligérance, le *jus in bello* s'applique, les combattants légaux détenus sont PG (idem), les combattants illégaux sont passibles de poursuites pénales ; en l'absence de reconnaissance de belligérance, c'est le droit des conflits armés non internationaux, outre le droit pénal interne, qui s'applique, les insurgés sont passibles de poursuites pénales. S'il n'y a pas de conflit armé ou de reconnaissance de conflit armé, s'applique le droit pénal : les insurgés, à l'intérieur, ou les membres des groupes ou entités armés, à l'extérieur, sont passibles de poursuites pénales pour atteintes à la sûreté de l'État, mouvement insurrectionnel, intelligence avec une puissance étrangère ou terrorisme.

L'ordre juridique international et le droit de la guerre

Pour certains, un ordre juridique qui n'assurerait pas le maintien de la paix ou qui admettrait la rupture de la paix serait contradictoire dans les termes. Il est alors aisé d'en déduire que le droit international comporte une imperfection essentielle. On peut en tirer deux conclusions opposées : soit nier le caractère juridique du droit international ; soit vouloir transposer en droit international les mécanismes du droit interne par des analogies fictives ou des fictions analogiques[61].

Des juristes ont contesté le caractère « juridique » du droit international parce qu'ils n'y voyaient ni législateur, ni exécutif, ni juge obligatoire, qu'ils estimaient inséparables de la notion même de « droit ». Aussi certains ont-ils

[61] Nous nous situons ici dans la ligne de Marcelo G. Kohen : « *sur le plan international, on considère avec... méfiance les tentatives de reprise par analogie de règles appartenant à l'ordre juridique interne, en invoquant la structure complètement différente des sociétés auxquelles le droit interne et le droit international sont destinés. Et pourtant les auteurs, les conseillers juridiques des États, les arbitres et les juges ont souvent tendance à scruter les droits internes — plus particulièrement le droit privé — dans l'espoir d'y trouver des règles et des institutions juridiques qui leur permettraient d'établir des analogies afin de résoudre les problèmes juridiques auxquels il doivent faire face* » (*1997*, p.69).

voulu reconstruire le droit international sur le modèle du droit interne, de manière à en faire un droit supra-étatique, qui abolirait le *jus belli* des États ou qui transformerait la guerre en « police » d'un côté, « crime » de l'autre. Mais qu'il n'y ait pas, en droit international, d'instance tierce supérieure, indépendante et impartiale disposant de la compétence pour distinguer le recours licite ou illicite à la force armée ou des moyens de contrainte pour prévenir, faire cesser, réparer ou réprimer un recours illicite à la force armée[62], ne supprime pas la juridicité du droit international. Ce dernier a un caractère juridique, mais ce caractère est déterminé par l'intersubjectivité. Le système politique international est « anarchique » ; l'ordre juridique international est lui aussi « anarchique ». Sa structure n'est pas assurée par une logique verticale, celle du modèle hiérarchique et centralisé de l'État. Elle est assurée par une logique horizontale, correspondant à un monde de sujets également souverains, dans le cadre d'une pluralité, non d'une unité, politique.

Selon le droit interne, qui interdit la violence s'agissant des particuliers (légitime défense individuelle exceptée)[63] et règle la violence s'agissant des autorités, l'État a le monopole de la coercition légale ; celle-ci est mise en œuvre, selon la loi, par des instances exécutives, police et armée, habilitées et contrôlées, y compris juridictionnellement. Précisément parce qu'il n'existe pas un État mondial, mais des États, qui détiennent ou du moins revendiquent le monopole de la coercition légale sur leur territoire, le droit international ne peut supprimer l'existence des forces armées[64] ni interdire leur emploi, à l'intérieur mais aussi à l'extérieur. Le droit international — ce droit « relativiste » dont les États sont à la fois les créateurs et les destinataires[65], même lorsqu'il entérine une certaine désétatisation — reconnaît le droit de chaque État à la sécurité et lui en laisse le choix des moyens dans la limite des obligations internationales. Les relations internationales ressemblent à « l'état de nature » selon Locke : état paisible précaire qui peut dégénérer en état de guerre du fait 1) de l'absence d'un tiers supérieur en mesure de résoudre les conflits entre sujets et 2) du

---

[62] En particulier, aucune juridiction internationale ne dispose de forces de police. Quant au CSNU ou à l'AGNU, ils ne sont pas des instances « tierces », « indépendantes » et « impartiales ». C'est pourquoi, à leur égard, nous parlerons de droit « d'allure supra-étatique ».

[63] Au sens de l'article 122-5 du Code pénal français.

[64] Les États peuvent renoncer partiellement à recourir à la force armée dans les relations internationales, ils ne peuvent renoncer à la maîtrise de la force armée à l'intérieur, même si son utilisation doit être conforme aux standards du droit international, en tout cas, au « noyau indérogeable » du DIDH.

[65] Le contenu du droit international correspond à ce que les États considèrent comme généralement acceptable à un moment donné de l'évolution des relations internationales. Le caractère souvent contradictoire ou échappatoire du droit international, avec ses notions floues ou indéterminées, révèle la marge de manœuvre qu'entendent se réserver les États pour ménager leurs intérêts, matériels ou immatériels.

pouvoir de ces sujets de défendre leurs droits par eux-mêmes, y compris en coalition[66]. L'emploi de la force armée étant une hypothèse admise dans les relations internationales et en droit international, il est plus exact de parler de réglementation du recours à la force (*jus ad bellum*) que d'interdiction (*jus contra bellum*), comme le confirme la réglementation de l'usage de la force elle-même (*jus in bello*).

Une lecture réaliste de la Charte des NU renverse complètement la lecture normativiste habituelle : la Charte, dit-on sous l'impression d'une rhétorique pacifiste, interdit le recours à la force armée dans les relations internationales ; nous montrerons que la Charte n'interdit que la guerre offensive unilatérale et qu'elle permet non seulement la guerre défensive *lato sensu* mais la guerre offensive multilatérale, c'est-à-dire autorisée par le CSNU. Les Alliés, en 1945, les Trois puis les Quatre enfin les Cinq, ont voulu, à travers la Charte et le Conseil[67], s'autoconférer le monopole mondial du recours à la force, certainement pas sa suppression[68]. Prévoyant la possibilité du dissensus au CSNU, donc la paralysie de la sécurité collective, les rédacteurs de la Charte ont réservé le « *droit naturel* » de légitime défense des États (art. 51). Somme toute, il n'y a pas eu abolition du *jus belli*, mais transfert partiel de la compétence de guerre des États à l'ONU. Telle est l'une des révolutions juridiques du XXe siècle :*l'avènement d'un nouvel auteur*, d'allure supra-étatique, *de la belligérance.* Ce que le droit international interdit, ce n'est pas la guerre, le principe du non recours à la force comprenant des exceptions, sans parler des revendications conjoncturelles, c'est l'agression et c'est la conquête, sans exception[69]. Mais l'une est une notion subjective : même si l'on est parvenu — très laborieusement — à la définir en droit international public puis en droit international pénal, l'agression est largement ce que décide le CSNU. L'autre est une notion objective : la conquête est une mutation territoriale tangible. D'où une seconde révolution juridique :*l'abolition de la conquête*, au sens du transfert de souveraineté territoriale par le biais ou à l'issue du recours interétatique à la force armée. Enfin, la décolonisation s'est accompagnée de la création, par l'AGNU, d'un nouveau *jus ad bellum*, celui des MLN, qui a transformé le *jus in bello.* Telle est la troisième révolution juridique : la reconnaissance d'autres titulaires du droit de belligérance que

---

66 La coalition est un moyen impératif pour les États petits ou moyens, un moyen facultatif pour les grands États.

67 En particulier les articles 24, 25, 27 paragraphe 3, 106 et le chapitre VII. Rappelons que dans le texte originel, il n'y avait à côté des cinq membres permanents du CSNU que six membres non permanents.

68 Globalement, depuis 1945, la reconstruction de l'Allemagne et du Japon, la multiplication des États, l'industrialisation des grands pays d'Amérique latine, d'Asie ou d'Afrique, la diffusion de l'arme balistico-nucléaire, ont déconcentré la puissance, qui était à l'époque concentrée par les vainqueurs de la Seconde Guerre mondiale, détenteurs des sièges permanents au CSNU.

69 Si l'on veut parler de *jus cogens*, c'est là que la notion trouverait à s'appliquer.

les États et les OIG en *jus ad bellum*, la reconnaissance d'autres délégataires du droit de belligérance que les militaires en *jus in bello*, soit *une désétatisation et une démilitarisation partielles et relatives du droit de la guerre*, hautement problématiques.

Les deux branches du droit de la guerre et les relations avec le droit du temps de paix

Comme indiqué, le droit de la guerre comprend deux branches : le *jus ad bellum* et le *jus in bello*. Le premier, droit de la guerre au sens large, relatif à l'état de guerre (*war*) ou droit à la guerre, traduit en « droit de la sécurité internationale », régit le recours à la force armée en déterminant qui a le droit d'ordonner la guerre et pour/quoi, autrement dit, qui sont les auteurs (les belligérants, ou titulaires du droit de guerre, personnes morales) et quels sont les causes ou les buts des conflits armés (la « justice extérieure » à la guerre ou « justice de la guerre »). Le second, droit de la guerre au sens strict, relatif à l'action de guerre (*warfare*) ou droit dans la guerre, traduit en « droit international humanitaire »[70], régit l'usage de la force armée en déterminant qui a le droit de faire la guerre et comment, autrement dit, qui sont les acteurs (les combattants, ou délégataires du droit de guerre, personnes physiques) et quels sont les instruments (les armements) et les modalités des conflits armés (la « justice intérieure » à la guerre ou « justice des actes de guerre »). L'identité entre *jus ad bellum* et DSI d'une part, *jus in bello* et DIH d'autre part, n'est toutefois pas complète car le DSI comprend le droit des alliances militaires en temps de paix et le DIH, le droit de l'aide humanitaire en temps de paix, la Croix-Rouge pouvant remplir ses missions en dehors des périodes de conflit armé.

D'autre part, les conflits armés internationaux, à la différence de la déclaration de guerre, n'abrogent ni même ne suspendent automatiquement les (des) traités en vigueur en temps de paix, ni entre États belligérants, ni *a fortiori* entre États belligérants et États neutres. S'agissant du DIDH, particulièrement concerné par le temps de guerre, les conventions internationales continuent de s'appliquer, territorialement et extraterritorialement, par les États les ayant signées et ratifiées ou y ayant adhéré, ainsi que par les OIG, sauf dérogation admise en cas de guerre. Or,

[70] Comme l'a rappelé le CICR, l'expression « droit international humanitaire » est un synonyme de « droit de la guerre » au sens du *jus in bello*. Même si l'aide aux victimes des conflits armés est prévue dans les Conventions, le *jus in bello* ou DIH ou droit des conflits armés n'a pas pour objet unique ni même principal de régler les missions humanitaires d'ONG, d'États ou d'OIG en faveur de populations en détresse. Les conférences diplomatiques qui aboutirent aux Conventions de 1864 à 1977 furent des conférences de guerre qui supposèrent l'existence de la guerre et qui s'occupèrent des questions soulevées par la guerre. Sur les ONG, cf. Johanna Siméant, Pascal Dauvin (dir.), *ONG et humanitaire*, Paris, L'Harmattan, 2004, François Rubio, *Dictionnaire pratique des organisations non gouvernementales*, Paris, Ellipses, 2004.

en temps de guerre, tout est dérogeable — même s'il ne sera pas nécessairement dérogé à tout — excepté le « noyau indérogeable » du DIDH. Celui-ci s'applique *durante bello*, d'où l'interaction avec le *jus in bello*. Il importe donc d'analyser les effets des conflits armés internationaux sur les traités, ainsi que les rapports entre *jus in bello* et DIDH, ensuite seulement les relations entre les deux branches du droit de la guerre. Quant aux rapports entre *jus ad bellum* et DIDH, ils portent sur la question de savoir s'il existe parmi les droits fondamentaux de la personne humaine un « droit à la paix » : on la traitera ultérieurement.

Les effets du conflit armé international sur les traités

Sur le problème des effets d'un CAI sur les traités, du moins en l'absence de déclaration formelle de guerre, on dispose de deux séries de travaux, ceux de l'IDI, celui de la CDI[71]. Il apparaît que, les conflits armés n'ayant pas (plus) d'effets abrogatifs ni même suspensifs sur les relations conventionnelles *ante bellum*[72], les belligérants sont tenus de continuer à respecter leurs obligations du temps de paix, sauf lorsque ces obligations sont incompatibles avec le droit pertinent du temps de guerre.

La matière est régie par le principe de l'applicabilité après examen, suivant deux approches possibles. Une approche subjective, se basant sur l'intention des parties contractantes : voulaient-elles que le traité soit applicable ou pas en temps de guerre ? Une approche objective, se basant, à défaut d'intention apparente, sur la nature des traités en question : le traité est-il compatible ou pas avec la conduite des hostilités ? Faute d'intention clairement exprimée par les États concernés, le critère de la compatibilité d'une disposition conventionnelle avec la politique nationale en période de conflit armé permet de distinguer la probabilité d'applicabilité des traités : certaine, élevée, variable, faible. Parmi les traités dont l'applicabilité est certaine figurent les conventions du DIDH, réserve faite de la dérogation en

---

[71] IDI, *Règlement concernant les effets de la guerre sur les traités*, 1912, *Les effets des conflits armés sur les traités*, 1985 ; CDI, *Les effets des conflits armés sur les traités : examen de la pratique et de la doctrine*, 2005.

[72] « *Alors que les relations entre belligérants voient le droit de la guerre substituer aux prohibitions du temps de paix les prohibitions plus lâches du temps de guerre, les relations entre belligérants et non-belligérants subissent des changements nettement moins considérables. En principe, ces relations continuent d'être régies par le droit de la paix. A ceci près, cependant, qu'il est modifié par le droit de la neutralité, qui consiste dans un ensemble de règles venant renforcer la liberté d'action des États belligérants et imposer un devoir d'abstention... aux non-belligérants. Dans le cas de traités conclus entre des États qui, par la suite, deviennent les uns des puissances belligérantes et les autres des puissances neutres, l'intention des parties est d'ordinaire que ces traités, notamment ceux qui relèvent du droit international économique, restent d'application obligatoire, sous réserve des intérêts supérieurs qui pourraient découler pour les diverses parties contractantes de leur statut d'État belligérant ou neutre* » (Georg Schwarzenberger, *A Manual of International Law*, 1967, p. 192, cité dans l'étude de la CDI de 2005, pp. 85-86).

temps de guerre. Parmi les traités dont l'applicabilité est faible figurent les conventions du DMA, qui peuvent être dénoncées du fait des « circonstances exceptionnelles » ou du « changement fondamental de circonstances », dont l'entrée en guerre. Ledit principe de l'applicabilité après examen paraît de nature coutumière, car la Convention de Vienne de 1969 sur le droit des traités est muette sur le problème de l'application des dispositions du droit de la paix au temps de guerre. L'article 73 énonce que « *les dispositions de la présente Convention ne préjugent aucune question qui pourrait se poser à propos d'un traité du fait... de l'ouverture d'hostilités entre États* », tandis que l'article 63 stipule que « *la rupture des relations diplomatiques... entre parties à un traité est sans effet sur les relations juridiques établies entre elles par le traité, sauf dans la mesure où l'existence de relations diplomatiques... est indispensable à l'application du traité* ». Quant aux articles 61 (survenance d'une situation rendant l'exécution impossible) et 62 (changement fondamental de circonstances), ils ne s'appliquent pas au conflit armé. Mais celui-ci peut constituer une circonstance excluant l'illicéité en cas d'inapplication d'un traité conclu en temps de paix.

Une chose est sûre : l'ouverture d'hostilités internationales créant une situation anormale, *dixit* la CDI, les règles qui en régissent les effets sur les traités ne font pas partie du droit international général applicable dans les relations normales entre États.

Les rapports entre le **jus in bello** *et le droit international des droits de l'homme*

Le DIDH s'applique en temps de guerre, du moins le « noyau indérogeable ». Si le DIDH ne s'appliquait qu'en temps de paix, l'établissement d'un système dérogatoire pour les situations de conflit armé serait privé de sens. Selon les deux Pactes des NU de 1966, le DIDH se subdivise en droits civils et politiques (le PIDCP) et en droits économiques, sociaux et culturels (le PIDESC). On y retrouve à chaque fois un noyau dur :« droits intangibles » d'un côté (art. 4 PIDCP, art.15 CEDH, art.27 CIADH), « conditions de vie minimales » de l'autre. Tous deux correspondent largement aux « considérations élémentaires d'humanité » du *jus in bello*, selon l'expression utilisée par la CIJ dans l'arrêt *Détroit de Corfou* de 1949 :« minimum humanitaire » d'un côté (art. 3 commun aux CG, art.75 P1, art.4-2 P2), « biens indispensables à la survie » des populations de l'autre. Plutôt que par le droit international applicable aux conflits armés dans son ensemble, le *jus cogens* serait constitué par le « noyau indérogeable » du DIDH et par les « considérations élémentaires d'humanité » du *jus in bello*, soit un « noyau élémentaire » du droit international de la personne humaine, un « ordre public humanitaire », un « minimum irréductible » ou un « standard minimum de civilisation » applicable en tout temps (paix, crise, guerre ou déliquescence d'État), dont la violation flagrante (en DIDH) ou grave (en DIH) équivaudrait à crime international.

Les conventions en vigueur du DIDH continuent donc de s'appliquer, sauf dérogation admise en cas de guerre. On sait qu'en cas de contrariété, *lex specialis derogat legi generali*. Cette formule suppose que le *jus in bello*, comme *lex specialis*, et le DIDH, comme *lex generalis*, relèvent de la même branche du droit, qui serait le droit international de la personne humaine ou la sauvegarde des droits individuels face à la puissance publique, celle d'un belligérant ou celle d'un État. Or, rien n'est moins sûr : le *jus in bello* est une branche du droit international relatif à l'emploi de la force armée ; quant au DIDH, il relève du droit du temps de paix, même s'il trouve à s'appliquer en période de conflit armé, au moins son « noyau indérogeable ». Les relations entre les deux corps de règles, autonomes l'un vis-à-vis de l'autre, font l'objet d'un ample débat doctrinal, sur lequel on reviendra. Ces relations ne seraient-elles pas du même type que celles, analysées par Mathias Forteau[73], entre le droit de la sécurité collective et le droit de la responsabilité internationale ? Autrement dit, la convergence partielle des champs d'application des deux corps, motifs de déclenchement et destinataires, et la convergence partielle des objets, fonctions et contenus des techniques juridiques, ne sauraient masquer la différence de nature et de finalité : réguler l'usage de la force armée d'un côté, protéger les droits individuels vis-à-vis de l'État de l'autre. À cet égard, est significative la différence de conception du *jus in bello* et du DIDH quant au droit à la vie[74]. Au contraire du DIDH, qui protège tous les individus, le *jus in bello* divise l'humanité en deux : les combattants et les non-combattants, même si le problème de la participation aux hostilités ou à l'effort de guerre complique cette division simple. Seuls les non-combattants sont des personnes protégées, conservant le droit à la vie, dommages collatéraux admis pourvu qu'ils ne soient pas inutiles ou excessifs. Les combattants, eux, ayant le droit de tuer l'ennemi en armes, n'ont pas droit à la vie, sauf *principe d'humanité*, c'est-à-dire lorsqu'ils sont mis hors de combat (blessés, prisonniers)…

Pour beaucoup d'auteurs, l'interaction du DIH[75] et du DIDH conduit à un élargissement et à un enrichissement du système normatif applicable en période de conflit armé. Le DIDH s'appliquerait notamment dans les situations indéterminées entre guerre et paix (entre conflit armé international et incidents frontaliers, entre conflit armé non international et troubles internes) ou dans les situations d'occupation/administration étrangère, pour former avec le DIH un régime juridique mixte. En vérité, il s'agit moins d'un élargissement ou d'un enrichissement que d'une *redondance*. Si l'on

---

[73] M. Forteau, *2006*.

[74] « *Le point de départ du (DIH) est le droit du soldat de tuer, le point de départ du (DIDH) est l'interdiction de priver arbitrairement quelqu'un de sa vie.* » (F. Hampson, I. Salama).

[75] Ces auteurs préfèrent à l'expression de *jus in bello* celle de « DIH », qui suggère, phonétiquement sinon sémantiquement, davantage la proximité avec le DIDH.

peut parler d'un renforcement du DIH grâce au DIDH, c'est par le fait, non que le DIDH ajoute des règles de fond au DIH, celui-ci étant de toute façon soit *lex specialis* soit branche autonome, mais par le fait que le DIDH ajoute des mécanismes de mise en œuvre et de contrôle plus élaborés que le DIH. Bien davantage que comme *lex specialis*, le *jus in bello* peut et doit être considéré comme une branche du droit international relatif à l'emploi de la force armée, l'autre branche étant le *jus ad bellum*. Il est clair que le droit de la guerre, dans chacune de ses composantes, outre le droit de la maîtrise des armements et celui des opérations militaires non coercitives, possède suffisamment d'ancienneté, d'homogénéité, d'autonomie institutionnelle et normative, pour être qualifié de « branche » du droit international public. On y retrouve en effet un objet central : la force armée, comme collectivité (sociale), instrument (politique), institution (juridique).

Les rapports entre les deux branches du droit de la guerre

Pour être licite, notamment pour être conforme à l'interdiction de toute privation arbitraire du droit à la vie, qui fait partie du « noyau indérogeable » du DIDH, l'emploi de la force armée doit être conforme aux deux branches du droit de la guerre, sans usurpation du côté des auteurs et acteurs, sans abus du côté des buts et moyens. Le droit de la guerre constitue le droit applicable aux relations avec l'ennemi, soit l'ennemi extérieur s'il s'agit d'un conflit armé international, soit l'ennemi intérieur s'il s'agit d'un conflit armé interne. *Le droit humanitaire s'applique à l'ennemi et l'ennemi est celui qui a droit à un traitement humanitaire, car il demeure un être humain.* Qu'on ne s'y trompe pourtant pas, le traitement humanitaire inclut bel et bien le droit, pour le combattant légal, de tuer le combattant adverse, dommages collatéraux admis pourvu qu'ils ne soient pas inutiles ou excessifs. Il n'y a là aucune privation arbitraire du droit à la vie, au moins du point de vue du *jus in bello*, sinon du point de vue du *jus ad bellum*. Le droit de la guerre détermine qui peut être tué, comment et par qui, sous quelle autorité et pour quel but, en même temps qu'il limite la compétence de mort (le *jus vitæ ac necis*) des États ou d'autres groupes ou entités. Conforme au droit de la guerre, l'homicide politique est permis : il n'entraîne aucune responsabilité, ni réparatrice ni punitive. L'examen de licéité comme l'éventuel engagement de responsabilité impliquent cependant, au préalable, de préciser les rapports entre les deux branches. Celles-ci sont à la fois 1) autonomes et 2) liées. D'autre part, elles n'ont pas connu le même destin historique. L'usage de la force armé a toujours été limité. Le recours à la force armée était en principe libre (inconditionné et incontrôlé) avant 1919 ; il est en principe interdit depuis 1945 ; mais les dérogations (conditionnées et contrôlées) au principe ou les transferts de compétence à l'ONU préservent l'idée du *jus ad bellum*, par opposition au *jus contra bellum*. En *jus in bello*, la guerre demeure une « institution » ; en *jus ad bellum*, elle est devenue une « exception ».

L'indifférence mutuelle du jus ad bellum et du jus in bello

Jus ad bellum et *jus in bello* sont indifférents l'un à l'autre. Cela signifie trois choses. 1) L'affectation pacifique des espaces internationaux maritime, aérien ou extra-atmosphérique est un principe de *jus ad bellum*, pas de *jus in bello*. 2) De même que le *jus in bello* entre en vigueur dès qu'il y a conflit armé, sans qu'importe la qualification en *jus ad bellum*, les belligérants sont à égalité devant le *jus in bello* quelle que soit leur éventuelle inégalité devant le *jus ad bellum*[76]. 3) Le respect ou la violation du *jus ad bellum* ne signifie pas le respect ou la violation du *jus in bello*, et inversement. La séparation des deux branches a des conséquences sensibles, encore que contrastées, sur l'éventuelle mise en œuvre de la responsabilité réparatrice ou punitive en cas de violation dommageable ou criminelle des règles applicables.

Le *jus ad bellum* a pour destinataires les autorités, le *jus in bello*, les combattants. Même en cas de respect du *jus in bello*, les autorités ayant ordonné la guerre contrairement au *jus ad bellum* encourent une responsabilité pour leur décision ; inversement, en cas de violation du *jus in bello*, les autorités ayant ordonné la guerre conformément au *jus ad bellum* n'encourent pas de responsabilité pour leur décision, à moins qu'elles n'aient ordonné ou planifié des crimes de guerre, des crimes contre l'humanité ou des crimes de génocide. Même en cas de respect du *jus ad bellum*, les combattants agissant contrairement au *jus in bello* encourent une responsabilité pour leurs actes ; inversement, en cas de violation du *jus ad bellum*, les combattants agissant conformément au *jus in bello* n'encourent pas de responsabilité pour leurs actes. Selon le droit positif, il n'est pas admissible de déclarer que les acteurs d'une guerre injuste commettent *ipso jure* des actions injustes : l'illicéité en *jus ad bellum* n'emporte pas illicéité en *jus in bello*, autrement dit, la responsabilité des auteurs, du fait des causes ou des buts de la guerre, n'entraîne pas responsabilité des acteurs, qui relève elle des modalités ou des moyens.

Dans l'histoire du droit de la guerre, le problème a été disputé. De nos jours, il est connu que les citoyens, les fonctionnaires, les militaires doivent désobéir aux ordres manifestement illicites ; par conséquent, le droit international faisant partie du bloc de la légalité et l'emportant sur la législation nationale en cas de contrariété, ils devraient refuser de participer à une guerre manifestement illicite, par exemple une guerre d'agression, sous peine d'encourir une responsabilité punitive. Ce raisonnement émis par certains juristes, philosophes ou théologiens, présuppose que les règles du

---

[76] L'alinéa 5 du préambule du P1 de 1977 rappelle l'obligation de respecter les dispositions des CG de 1949 « *sans aucune distinction défavorable fondée sur la nature ou l'origine du conflit armé ou sur les causes soutenues par les parties aux conflit ou attribuées à celles-ci* ».

jus ad bellum soient diffusées et qu'elles aient pour destinataires les particuliers ou les agents publics, que l'agression soit incriminée, qu'une autorité habilitée ait qualifié d'agression le recours à la force armée, et qu'une juridiction soit compétente pour poursuivre et juger non seulement les autorités mais les acteurs d'une guerre d'agression. Autant de conditions qui, on le verra, ne sont pas encore remplies. Au contraire, dans l'ensemble des États, la législation pénale réprime le refus d'obéissance, spécialement en temps de guerre, cependant qu'elle n'incrimine pas l'agression...

Si celle-ci ne peut (encore) donner lieu à répression, elle peut donner lieu à réparation, de même que la rupture de la paix. Il est tout à fait possible que des dommages licites au regard du *jus in bello* ne le soient pas au regard du *jus ad bellum*. De tels dommages ne peuvent être évalués sur la même base juridique, puisque la violation d'où procèdent lesdits dommages n'est pas celle d'obligations de *jus in bello* mais celle d'obligations de *jus ad bellum*. La distinction des deux branches ne produit alors plus d'effet, ou presque. En effet, à la suite d'un recours illicite à la force armée, aucun dommage qui en résulte ne peut être considéré comme licite, qu'il soit ou non conforme au *jus in bello*. L'État qui a violé le *jus ad bellum* ne peut qu'être astreint à réparer *tous* les dommages de guerre, qu'ils soient licites ou illicites du point de vue du *jus in bello !* Sous l'angle de la responsabilité réparatrice, le *jus ad bellum* absorbe donc le *jus in bello :* il n'y a plus autonomie, mais liaison subordonnée, de celui-ci vis-à-vis de celui-là. Il est toutefois envisageable de soustraire l'État violateur à l'obligation de réparer les dommages que l'adversaire a causés en violation du *jus in bello*. Cet État, du moins s'il est solvable et si l'indemnisation ne met pas en danger les « conditions de vie minimales » de sa population, n'aura à réparer que les dommages qu'il a provoqués, licites ou illicites en *jus in bello*, et les dommages, licites en *jus in bello*, qu'a provoqués l'adversaire[77].

Les liens entre le jus ad bellum et le jus in bello

1) Les dirigeants politiques des forces armées (le cas échéant, le chef de l'État, le chef du gouvernement, le ministre de la Défense...) sont à la fois des autorités en *jus ad bellum* et des combattants en *jus in bello*. 2) Les buts de la guerre en *jus ad bellum* conditionnent en partie le respect des modalités de la guerre en *jus in bello*. Si les buts de guerre des belligérants sont radicaux, il est possible que leurs moyens de guerre se radicalisent parallèlement à l'élargissement des *principes de nécessité* et *de proportionnalité*, autres principes généraux du *jus in bello*. 3) Certains concepts du *jus ad bellum* sont définis par le *jus in bello* (exemples de l'arme, par nature ou par destination, ou de certains éléments constitutifs de l'agression) et inversement certains concepts du *jus in bello* sont définis par

---

[77] Cf. P. d'Argent, « 2007 » et « 2009 ».

le *jus ad bellum* (exemple de l'occupation, qui renvoie aussi à l'intervention non consentie). 4) Le droit de la neutralité a un double aspect : rester neutre est un droit de l'État au sens du *jus ad bellum ;* l'institution de la neutralité au sens du *jus in bello* oblige les belligérants à respecter les droits des neutres pour autant que ces derniers respectent leurs devoirs.

5) Les combattants, agents du conflit, doivent se rattacher à une partie au conflit, c'est-à-dire à un belligérant. Le droit à l'autodétermination des peuples a bouleversé à la fois le *jus ad bellum*, en augmentant les auteurs ou titulaires du droit de belligérance (d'autres entités que les États ou les OIG), et le *jus in bello*, en augmentant les acteurs ou délégataires du droit de belligérance (d'autres individus que les militaires ou les paramilitaires).En assimilant les MLN à des parties belligérantes, le Protocole 1 de 1977 a fait œuvre de *jus ad bellum*, et pas seulement de *jus in bello*. La justification en *jus ad bellum* des luttes de libération nationale ou l'attribution aux MLN des droits de la belligérance a déterminé l'attribution en *jus in bello* du statut de combattants légaux aux membres des MLN (sous conditions). À une certaine époque, la définition et l'incrimination du mercenariat par l'OUA ou par l'AGNU utilisaient des critères issus du *jus ad bellum*, lorsqu'elles prohibaient l'engagement de mercenaires par les régimes colonialistes ou racistes ; encore de nos jours, on associe volontiers l'emploi de mercenaires avec la violation des droits de l'homme ou du droit des peuples à l'autodétermination.

6) Le droit de suite relève aussi bien du *jus ad bellum* que du régime de la neutralité ou du *jus in bello* sous l'angle du régime des combats. Incluant « l'occupation étrangère » au sens d'une « situation post-coloniale », l'*occupatio bellica*, qui est une partie du *jus in bello*, épouse certaines règles fondamentales du *jus ad bellum*, telle l'interdiction du transfert de souveraineté territoriale, du changement de Constitution ou de l'appropriation des ressources naturelles[78]. Plus avant, c'est la prohibition de l'annexion en *jus ad bellum* qui a engendré le concept d'occupation en *jus in bello* comme possession précaire et temporaire antithétique du droit de conquête. 7) Le droit d'assistance humanitaire ou la protection des civils, aspects du *jus in bello* relayant le respect des droits de l'homme, peuvent être revendiqués comme de *justes causes* d'intervention militaire en *jus ad bellum*. 8) Plus généralement, la réaction aux violations graves des droits des personnes, la répression des crimes internationaux ou l'exécution de mandats d'arrêts internationaux sont susceptibles de constituer une justification du recours à la force en *jus ad bellum*. Inversement, la violation du *jus in bello* est susceptible de délégitimer, aux yeux de l'opinion, tel recours à la force.

[78] En *jus ad bellum*, il est interdit de recourir à la force armée afin de conquérir le territoire, de renverser le régime ou de s'emparer des richesses d'un autre État. En *jus in bello*, l'occupant n'est pas investi du pouvoir de modifier les frontières, la constitution ou le droit de propriété, sauf, sur ces deux derniers points, « occupation transformative » ou « administration internationale ».

9) Les droits de l'homme peuvent aussi bien condamner la belligérance que justifier l'insurrection intérieure ou l'intervention extérieure.

10) Le droit des armements est lié au *jus in bello* pour ce qui concerne l'usage des armes en temps de guerre (en temps de paix, l'usage des armes est régi par le droit pénal). Pour ce qui concerne l'étude, la mise au point, la fabrication, l'acquisition, la possession, le transfert, l'expérimentation ou le déploiement, il constitue une branche distincte du *jus in bello*, néanmoins voisine : le droit de la maîtrise des armements *lato sensu*, qui inclut contrôle, limitation et, si l'on passe au désarmement *stricto sensu*, réduction voire interdiction, suppression des stocks et destruction des installations de fabrication. Le DMA relève du droit du temps de paix ; mais il intéresse le *jus in bello* puisqu'il porte sur les instruments du conflit armé, d'autant que les traités de maîtrise des armements peuvent être dénoncés en cas d'entrée en guerre. D'autre part, le DMA est lié au *jus ad bellum* de deux façons inverses (comme les droits de l'homme) : la maîtrise des armements viserait à prévenir la guerre, donc à consolider le principe d'interdiction du recours à la force armée dans les relations internationales[79] ; désarmer un État qui aurait violé ses obligations internationales, par exemple l'empêcher d'acquérir ou de conserver des « armes de destruction massive », constituerait une *juste cause* de recours à la force. Si la lutte contre la « prolifération » penche du côté du *jus ad bellum*, la réglementation ou l'interdiction des armements penche du côté du *jus in bello*. C'est notamment à l'aune des principes généraux du *jus in bello* que la notion d'« armes de destruction massive » peut être scientifiquement étudiée.

11) La relation *jus ad bellum-jus in bello* peut également être analysée sous l'angle (clausewitzien) de la relation politique-stratégie. Le *jus ad bellum* limite les buts *de la* guerre et le *jus in bello*, les buts *de* guerre. Le but de la guerre relève du niveau politique : il s'agit de la fin politique que le gouvernement (dans l'hypothèse étatique) assigne au moyen stratégique qu'est le recours à la force armée, lequel implique de désigner l'ennemi. Le but de guerre relève du niveau stratégique : il s'agit de l'objectif militaire que le commandement assigne aux modalités tactiques que sont les opérations de combat, lesquelles impliquent de déterminer des cibles et d'évaluer des dommages. La relation entre la fin politique et le moyen stratégique pose la question de la licéité des buts de la guerre en *jus ad bellum*. La relation entre l'objectif militaire et les moyens tactiques pose la question de la licéité des buts de guerre en *jus in bello*. Quant à la relation entre les buts de la guerre et les buts de guerre, elle renouvelle le problème des rapports entre les deux branches du droit de la guerre. Selon le *jus in bello*, la guerre vise à vaincre l'ennemi ou à affaiblir sa puissance militaire. Selon le *jus ad bellum*, la guerre vise à maintenir ou rétablir la souveraineté, l'indépendance politique et l'intégrité territoriale de l'État, à permettre

[79] Cf. l'article 8 du Pacte de la SDN et l'article 11 de la Charte de l'ONU.

l'autodétermination d'un peuple en situation coloniale, post-coloniale ou d'apartheid, à libérer les territoires palestiniens occupés, ou tout autre but conforme au droit international autorisé ou approuvé par le CSNU. La neutralité du *jus ad bellum* vis-à-vis des buts de guerre et celle du *jus in bello* vis-à-vis des buts de la guerre leur permettent de remplir leur fonction, qui est, respectivement : de limiter les buts de la guerre et les voies pour les atteindre, en déterminant le recours licite à la force armée contre l'ennemi ; de limiter les buts de guerre et les voies pour les atteindre, en déterminant les cibles licites (critère de la distinction des combattants et des non-combattants, des objectifs militaires et non militaires) et les dommages licites (critères de la nécessité et de la proportionnalité des destructions collatérales par rapport à l'avantage militaire attendu).

Le régime juridique applicable en cas de crise ou de guerre

Somme toute, le régime juridique applicable au temps de crise (troubles internes, attentats, frappes, incidents frontaliers) ou de guerre (conflit armé) se décompose en trois ensembles : les rapports entre États voire entre États et groupes ou entités non étatiques, donc le droit des conflits internationaux ; les rapports entre l'État et les personnes ennemies, c'est-à-dire des étrangers en cas de conflit international (s'applique le droit des conflits internationaux), des concitoyens en cas de conflit interne (s'applique le droit des conflits non internationaux en cas de reconnaissance d'insurrection, le droit des conflits internationaux en cas de reconnaissance de belligérance) ; les rapports entre l'État et ses ressortissants ou résidants. Ceux-ci sont déterminés par le droit interne, sous réserve de la *lex specialis* applicable en cas d'insurrection ou de belligérance internes reconnues, ainsi que par le DIDH, sous réserve des dérogations admises, plus l'article 49 paragraphe 2 P1[80]. En cas de crise ou de guerre, il existe des dispositifs d'exception[81] qui permettent d'accroître ou de concentrer les pouvoirs publics, ainsi que de restreindre ou de suspendre les libertés individuelles, soit une dérogation modérée en cas de crise, une dérogation radicale en cas de guerre, sauf, bien sûr, le « noyau indérogeable ». Quant aux militaires, quelle que soit leur nationalité, ils sont soumis au droit et à la juridiction de l'État qu'ils servent, y compris lorsqu'ils sont en mission à l'étranger avec le consentement de l'État étranger ou avec le mandat de l'ONU[82]. S'ils sont en mission hostile,

---

[80] Selon lequel « *les dispositions du présent Protocole... s'appliquent à toutes les attaques, quel que soit le territoire où elles ont lieu, y compris le territoire national appartenant à une partie au conflit mais se trouvant sous le contrôle d'une partie adverse* ».

[81] En France, l'état d'urgence, l'état d'urgence sanitaire, l'état de siège, l'état de défense, l'article 16 de la Constitution.

[82] Ce principe d'extraterritorialité normative et juridictionnelle des forces armées à l'étranger, valable même sans accord *ad hoc*, implique qu'en cas de commission d'une infraction, le militaire, même arrêté par la police locale, devra être remis à l'autorité hiérarchique dont il relève.

en temps de paix, ils pourront être appréhendés pour entrée illégale sur le territoire, espionnage ou terrorisme. En temps de guerre, s'ils sont capturés ou s'ils se rendent, ils seront, normalement, PG, sauf en cas d'espionnage ou de mercenariat.

Les sanctions des violations du droit de la guerre

La guerre met à l'épreuve le droit de la guerre. *Quid* du respect des règles et de la sanction de la violation des règles ? Le droit de la guerre a été fréquemment transgressé, la possibilité de transgression participant de la nature même du droit. Mais il a été généralement observé. En tout cas, il a toujours été invoqué, pour rendre acceptable l'emploi de la force armée. Il forme un régime international coutumier et conventionnel à la fois négocié, interprété et appliqué par les États et les OIG ou d'autres parties. Le simple fait que les États et les OIG ou d'autres parties édictent des règles ou concluent des accords en la matière montre qu'ils en reconnaissent le sens, la nécessité et l'obligation. Le droit de la guerre fait évidemment l'objet d'une lutte symbolique[83]. Plus que toute autre activité, la guerre a besoin de consentement, donc de légitimation. Les autorités peuvent difficilement employer ou continuer à employer la force armée si elles ne fournissent pas ou n'essayent pas de fournir une justification acceptable des mobiles *et* des modalités de la guerre. *Si vis bellum para communicationem*, plus encore vu l'importance contemporaine des *mass media*.

En cas de violation, dont la charge de la preuve incombe à la partie qui l'allègue, c'est-à-dire à la victime, le droit de la guerre, à l'instar du droit international en général, connaît quatre types de « sanction », à caractère dissuasif, rétributif ou expiatoire. Les règles primaires du droit de la guerre, c'est-à-dire de fond, s'accompagnent ainsi de règles secondaires, c'est-à-dire des règles établissant les conditions et les conséquences de l'engagement de la responsabilité d'un État ou de tout autre sujet de droit international (OIG,

[83] « *Le monde que créent les mots n'est qu'une symbolisation de la réalité et lorsque ces mots sont, comme ceux du droit, prescriptifs, la 'normalité' qu'ils commandent ne s'effectuent qu'à l'intermédiaire de l'action humaine. Lorsque celle-ci... est le fait d'un sujet qui se dit 'souverain', il n'y a guère à s'étonner qu'il est des cas dans lesquels celui-ci choisit de violer le droit plutôt que de le respecter, dès l'instant où sa violation lui semble plus profitable que de le respecter... Aucun système normatif n'a jamais empêché que ses prescrits fussent violés... Certains d'entre eux, mieux que d'autres, s'efforcent de sanctionner les violations dont ils font immanquablement l'objet... Tous ont cependant... pour vertu première de permettre de distinguer ce qui leur est conforme de ce qui les contrarie... L'inhibition qu'est censée induire la règle prohibitive est d'autant plus... relative... que son contenu précis est sujet à controverses, que les conséquences juridiques de sa violation pour son auteur sont incertaines et... qu'elle a peu de chance de faire l'objet d'une constatation autorisée et d'une sanction centralisée. Autant de traits caractéristiques de l'ordre juridique international... Les critiques sont connues ; on sait aussi combien elles sont fondamentalement pauvres, à défaut de saisir correctement les finalités de l'ordre juridique international et le 'terreau' sociologique qui le nourrit.* » (P. d'Argent, *2002*, p. 824).

MLN, autres groupes ou entités non étatiques) ou même de tout individu *lato sensu*, lorsqu'il viole une obligation primaire, notamment de résultat sinon de moyen. On distingue : 1) la réciprocité, ou suspension de dispositions conventionnelles en cas de violation par l'autre partie, et les rétorsions (concept du *jus ad bellum*), contre-mesures (concept du droit international de la responsabilité) ou représailles (concept du *jus in bello*), c'est-à-dire les réactions d'un État ou de toute partie aux actes illicites d'un autre État ou de toute autre partie, afin de le/la forcer à revenir au respect du droit ; 2) la mise en œuvre de la responsabilité internationale de l'État ou de tout autre sujet de droit international fautif, c'est-à-dire l'obligation de réparer les dommages illicites causés à l'ennemi ou aux tiers, sauf cause exonératoire ; 3) la mise en œuvre de la responsabilité pénale individuelle des infracteurs, c'est-à-dire l'obligation de réprimer les crimes internationaux, à savoir les « crimes contre la paix » (violations graves du *jus ad bellum*), les « crimes de guerre » (violations graves du *jus in bello*), les « crimes contre l'humanité » et les « crimes de génocide » (violations graves du DIH ou du DIDH) ; 4) la mobilisation de l'opinion grâce à la circulation de l'information. Telles seront les conséquences des violations du *jus in bello* en particulier : l'émoi des tiers ; l'exercice des représailles autorisées, *durante bello ;* la mise en œuvre de la responsabilité, plutôt *post bellum*.

La sanction 1, non seulement heurte le principe *nemo judex in sua causa*, mais elle dépend de la puissance du belligérant victime par rapport au belligérant violateur. Les sanctions 2 et 3 ne jouent qu'*ex post facto* et, généralement, à l'encontre seulement de la partie vaincue, à moins d'un accord entre les parties[84] ou d'une décision du CSNU créant des commissions ou des juridictions compétentes. La sanction 4 dépend de l'accès à l'information, de sa diffusion et de son impact. Dans la pratique, les États et les OIG appliquent relativement peu le principe de la réparation des dommages illicites ou celui de la répression des infractions graves. *Même en la matière, le droit international est dominé par la forclusion, plus que par la sanction, c'est-à-dire la renonciation à engager la responsabilité*. Après un conflit armé international, les États préfèrent rétablir des relations diplomatiques normales plutôt qu'entamer de longues et difficiles procédures réparatrices ou punitives ; après un conflit armé interne, les protagonistes préfèrent promulguer des lois d'amnistie plutôt qu'entamer de telles procédures[85]. L'ONU elle-même privilégie le rétablissement de la

[84] Exemple de la Commission des réclamations Erythrée-Ethiopie instituée par le traité de paix d'Alger du 12 décembre 2000, conclu sous les auspices de l'Algérie, des États-Unis, de l'ONU, de l'OUA et de l'UE.

[85] Concrètement, la responsabilité réparatrice ne peut être mise en œuvre que par des États ayant les structures et les moyens d'établir un inventaire complet des pertes, dommages et préjudices subis. Chose impossible dans les *failed States*, dont l'état civil, le cadastre, les titres de propriété, la tenue des comptes, l'inventaire des stocks… manquent complètement de fiabilité. Elle dépend aussi des capacités de paiement de l'État fautif, ce qui est loin d'être

paix, en préférant passer sous silence les embarrassantes questions de responsabilité réparatrice et punitive.

Parallèlement à la problématique de la « sortie de guerre », incluant la « reconstruction », les sanctions 2 et 3 feraient partie d'une troisième branche du droit de la guerre : le *jus post bellum.* Celui-ci comprendrait la restauration de la paix (le passage de la guerre à la paix) sinon la refondation des États ou la transformation des parties, le retour des prisonniers, des déplacés et des réfugiés (sauf obtention de l'asile), les procédures DDR, la « dépollution militaire » (l'enlèvement des restes matériels de guerre), la réparation et la répression des violations du droit applicable… Quoi qu'il en soit, la guerre n'est pas en dehors du droit puisqu'on y trouve la dialectique du permis et de l'interdit. Si le *jus in bello* paraît essentiellement violable, et le juge essentiellement impuissant, cela s'explique par la nature même de ce droit : il s'agit d'un droit entre ennemis, et par la nature même de l'activité : il s'agit d'une activité dans laquelle on tue et détruit délibérément. Le tournant d'une situation de paix à une situation de guerre marque le passage d'un droit ordinaire à un droit extraordinaire. Mais ce tournant peut facilement entraîner le passage de la légalité d'exception (le droit conditionnel de nuire à l'ennemi) à l'illégalité (le droit inconditionnel de nuire à l'ennemi, avec toutes sortes d'atrocités). Par définition, les violations du *jus in bello* se produisent dans un contexte favorable à des comportements illicites (l'expérience de la violence licite facilite la violence illicite) ou à la perte des repères sur les limites du licite et de l'illicite (la belligérance entraîne un tel renversement des valeurs que toute règle semble abolie). Mais de même que l'on ne confond pas commerce et escroquerie, l'on ne confondra pas actes de guerre et crimes de guerre. Une telle distinction de l'usage licite ou illicite de la force armée, rendue possible par l'existence du *jus in bello*, subsisterait, quoique rendue compliquée, même si le *jus ad bellum* se métamorphosait en *jus contra bellum.* La majorité des acteurs d'un conflit armé sont respectueux des règles applicables[86], et si

assuré au sortir d'une guerre et d'une défaite. Quant à la responsabilité punitive, elle suppose que les États aient la possibilité de rechercher, arrêter et déférer les suspects des forces armées adverses, ou bien que le CSNU, instituant ou non une juridiction *ad hoc*, diligente ou autorise des poursuites qui seraient menées par des forces d'États tiers. Le Procureur de la CPI dépend également de la coopération des États ou du CSNU pour lui fournir les moyens d'investigation et de répression.

[86] Y compris la *Wehrmacht* pendant la Seconde Guerre mondiale. L'Allemagne a mobilisé 16 millions d'hommes en 1939-1945, nationaux et étrangers. Trois millions ont péri ou ont disparu. Créé en 1958, l'Office central de l'administration judiciaire des *Länder* pour l'instruction des crimes du national-socialisme, appelé Office de Ludwigsburg, a indiqué que, à la date du 1er novembre 1978, 84 403 enquêtes avaient été ouvertes (85 000 sur 13 millions, 0,65 %, entre 6 et 7 personnes soupçonnées sur 1 000), 74 623 avaient été closes sans poursuites, 6 432 condamnations avaient été prononcées. Soit 0,05% (6500 sur 13 millions) : 1 criminel pour 2 000 soldats. Cf. Ch. Rousseau, *1983*, p. 185. On ne dispose d'aucun chiffre du côté des Alliés, puisque seuls les vaincus firent l'objet de poursuites pénales après les hostilités actives, cependant que, en vertu des Accords de Paris du 23 octobre 1954, la

certains violent ces règles, c'est en (se) donnant les meilleures justifications possibles : obéissance aux ordres, nécessité militaire, criminalisation de l'ennemi, défense de la foi, de la nation, de la révolution[87]...

Les réactions à l'illicite en droit international public[88]

Dans les relations internationales, le problème est le suivant : comment assurer le respect ou l'application d'accords lorsqu'il est impossible, en cas de violation ou de rupture alléguée, d'attraire le cocontractant devant une juridiction sans son consentement ? La règle générale, en droit interne comme en droit international, est que l'exécution des accords revient en premier lieu aux parties contractantes. La différence essentielle est qu'en droit interne, si une partie n'exécute pas ses obligations, il existe un mécanisme de pouvoirs publics et de tribunaux qui peut garantir l'application du contrat ou sanctionner sa violation. Il n'en va pas de même en droit international, en l'absence d'organes centralisés (en l'absence de police et de juge). Il existe certes d'autres mécanismes : la réciprocité, principe selon lequel si l'une des parties ne respecte pas ses obligations, l'autre peut s'en trouver déliée ; les réactions à l'illicite, selon lesquelles l'autre partie peut non seulement cesser d'appliquer le traité en cause, mais également cesser d'exécuter une autre obligation vis-à-vis de l'État n'appliquant pas le traité ; l'arbitrage ou le juge, si les deux parties y consentent. Mais, à part la saisine d'une cour arbitrale ou judiciaire, ces mécanismes sont tous fondés sur une prétention *unilatérale* de violation de la part d'autrui et de sanction de sa propre part.

En l'absence d'un dispositif centralisé de voies d'exécution, comment sanctionner par des voies autres qu'unilatérales les violations du droit international, c'est-à-dire des engagements que les États ont pris les uns vis-à-vis des autres ? Il existe des procédés collectifs : des groupes d'États, constitués ou non en OIG, réagissent à la violation par un État. Mais il ne s'agit là que de l'entreprise d'États coalisés, ne pouvant se prévaloir d'aucune autorité objective comme le serait celle d'un tiers supérieur, indépendant et impartial. Ce tiers fait défaut dans les relations internationales et le droit qui leur est coordonné : la CIJ n'a pas de compétence obligatoire et, de toute façon, en l'absence de la coopération des États, elle est impuissante (à l'instar de tout juge qui, même en droit interne, ne disposerait pas d'une police) ; le CSNU est un organe politique (restreint)

RFA renonçait à toute poursuite (et s'engageait à interdire l'exercice de toute poursuite) à l'encontre de ressortissants alliés suspects de crimes de guerre ou d'autres crimes internationaux.

[87] Cf. E. David, *Principes de droit des conflits armés*, Bruxelles, Bruylant, 2e éd., 1994, pp. 719-721.

[88] Cf. l'ouvrage de référence de Denis Alland, *Justice privée et ordre juridique international. Étude théorique des contre-mesures en droit international public*, Paris, Pedone, 1994, préf. P. M. Dupuy.

composé d'États, dont les principaux (les cinq membres permanents) sont les États reconnus comme grandes puissances ; l'AGNU est un autre organe politique (large) composé d'États. Aussi rien ne caractérise mieux la nature des voies d'exécution en droit international que le mécanisme des rétorsions, contre-mesures ou représailles, c'est-à-dire des mécanismes de réaction à l'illicite ouverts à l'État victime d'un dommage causé par les agissements illicites imputables à un autre État refusant de réparer le dommage. Autrement dit, un État, estimant ses droits atteint par le comportement illicite d'un autre, riposte par un comportement lui-même intrinsèquement illicite, mais qui s'en trouve légitimé par sa qualité de réplique, soit une « circonstance excluant l'illicéité », donc une « circonstance excluant la responsabilité ». Cette transposition du talion en droit international est déterminante, moins par son utilisation effective que par son caractère dissuasif : tout État qui viendrait à violer le droit sait qu'il peut encourir une riposte.

Un sujet poursuivant par ses propres moyens, armés ou non armés, sans intervention d'une tierce autorité, la protection ou l'exécution de ce qu'il considère comme étant son droit vis-à-vis d'un autre sujet, dont il considère simultanément qu'il a violé son droit : telle est, au rebours du principe *nemo judex in sua causa*, la « justice privée » inhérente aux relations internationales. Ainsi de la guerre classiquement[89]. En même temps, tout État est par nature membre d'une société d'États, car il n'y a pas d'État sans pluralité d'États. Parce qu'ils sont pluriels, les États doivent régler leurs relations, ne serait-ce que celles qui naissent objectivement de leur voisinage dans l'espace, ou celles qui naissent du *commercium* transfrontières de leurs ressortissants ou résidants[90]. Tout État a « *besoin d'une conduite réglée, non pas tant la sienne... que celle de ses partenaires, et il sait qu'il ne peut obtenir ce résultat qu'en réglant ses comportements propres, les obligations de chaque État trouvant leur cause juridique dans les obligations des autres ; dans ces conditions, le risque de dérèglement de leurs conduites est... un frein puissant à la tentation de s'émanciper des règles qu'il a consenti à s'imposer... Ce mécanisme de réciprocité passe nécessairement par les techniques propres à un système sans autorité centrale : la qualification de l'acte initial comme le déclenchement de l'acte en réplique résultent d'actes individuels de l'État qui se prétend lésé par une conduite prétendument illicite*[91]. » Le droit international consiste ainsi pour chaque

---

[89] « *Le recours à la guerre... correspond au droit de se faire justice à soi-même après avoir jugé soi-même de la légitimité de sa cause* » (G. Scelle).

[90] Le droit international privé est le droit interétatique des relations transfrontières entre personnes privées morales ou physiques (de nationalités différentes ou domiciliées dans des territoires étatiques différents) et entre ces personnes privées et les États.

[91] Jean Combacau, Serge Sur, *Droit international public*, Paris, Montchrestien, 2012, 10e éd., p. 28. D'après la sentence arbitrale sur l'*Accord relatif aux services aériens*, États-Unis/France, du 9 décembre 1978, « *chaque État apprécie pour lui-même sa situation*

État dans l'ensemble des restrictions qu'il consent à sa souveraineté dans la détermination de son comportement. S'il réduit sa liberté, c'est parce qu'il trouve intérêt à ce que le comportement des autres États obéisse à des règles posées en commun, et le seul moyen d'obtenir des autres États qu'ils réduisent leur liberté est de réduire réciproquement la sienne. « *Le droit international n'est rien d'autre que la somme de ces renonciations*[92]. » Tel est l'ordre objectif qui naît de l'intersubjectivité. C'est dans cet ordre intersubjectif là que se situe le droit de la guerre.

---

juridique au regard des autres États. En présence d'une situation qui comporte à son avis la violation du droit international par un autre État, il a le droit, sous la réserve des règles générales du droit relatives aux contraintes armées, de faire respecter son droit par des contre-mesures. »

[92]*Op. cit.*, p. 248.

PREMIERE PARTIE

LE *JUS AD BELLUM*

Le *jus ad bellum* répond à la double question de savoir qui a le droit de recourir à la force armée et pour/quoi a-t-on le droit de recourir à la force armée, soit la double problématique de la qualité des auteurs ou personnes morales et de la nature des causes ou buts. Le mouvement fondamental de la modernité, à partir du XVIe siècle européen, a été de faire de la guerre une activité publique à caractère politique monopolisée par *l'État*, non plus une activité privée à caractère économique, ni une activité mystique à caractère religieux[1]. Au XXe siècle, le *principe* que le recours à la force armée est un droit souverain pour chaque État a été bouleversé pour devenir une *dérogation*, sous l'effet d'une quadruple mutation : réduction du *jus ad bellum* des États en sécurité collective et en légitime défense ; désétatisation partielle et relative en raison, d'une part, du transfert de compétence à l'OIG de sécurité collective à vocation universelle[2] et, d'autre part, de la reconnaissance des luttes de libération nationale comme conséquence du droit des peuples à l'autodétermination ; discrimination des États devant le *jus ad bellum* selon qu'ils sont « dans leur droit » ou « dans leur tort » suivant l'appréciation de l'organe compétent de l'OIG susmentionnée ; illégalité formelle de la guerre hors légitime défense et hors autorisation de l'organe de l'OIG, mais légitimité matérielle revendiquée au nom des droits de l'homme, ces derniers évoluant de la condamnation de la belligérance à la justification de l'insurrection et de l'intervention. Sous l'angle de l'intervention militaire, la guerre deviendrait une activité idéologique à caractère médiatique menée par des États en coalition sous le mandat, avéré ou présumé[3], de l'ONU… Quoi qu'il en soit, une rétrospective historique s'impose en préalable à l'analyse du *jus ad bellum* contemporain, dont l'instrument conventionnel principal est la Charte des NU.

---

[1] Il est frappant de constater que, des bandes armées ou des SMP au jihadisme, la guerre redevient en partie une activité prédatrice, lucrative ou sacrée…

[2] Conseil de la SDN puis Conseil de sécurité de l'ONU.

[3] Sous les catégories de l'approbation « rétroactive », « implicite » ou « anticipée ».

TITRE PREMIER

RETROSPECTIVE HISTORIQUE

Indispensable à la compréhension du *jus ad bellum* contemporain, la rétrospective doit porter sur le droit médiéval, celui de la *Respublica christiana*, centré sur la cause matérielle (*ratione causae*), puis sur le droit classique, celui de la société des États, centré sur la qualité étatique (*ratione auctoritas*). Le *jus ad bellum* contemporain, lui, réduit le droit étatique du recours à la force armée à la sécurité collective et à la légitime défense, comme double exception et double garantie au principe d'interdiction du recours *national* à la force armée dans les relations internationales. Il a évolué vers la qualité supra-étatique, à savoir l'autorité du Conseil de la SDN puis, surtout, celle du CSNU : ce que d'aucuns prennent pour un *jus contra bellum* est en vérité un *jus ad bellum* d'allure supra-étatique. Il aboutit à discriminer les États selon le caractère licite (conforme à l'exception) ou illicite (contraire au principe) de leur recours à la force armée. Il a également évolué vers un renouveau de la *justa causa* avec les principes du droit des peuples et des droits de l'homme, consacrant l'avènement de nouveaux auteurs, non étatiques, de la belligérance : les MLN ou d'autres mouvements insurgés. La désétatisation n'est cependant que partielle et relative : sujet central des relations internationales, l'État demeure le sujet plénier du droit international public en général et du droit international militaire en particulier ; les OIG, y compris l'ONU, ne sont que sujets dérivés du droit international public, elles sont composées d'États, elles dépendent des États pour l'exécution des résolutions et la fourniture de ressources militaires ; les MLN ne sont que sujets partiels, anticipant la condition étatique, dès lors qu'ils luttent pour l'indépendance nationale ; les autres mouvements insurgés, dont la qualité de sujets partiels dépend de la reconnaissance par des États, visent soit à rejoindre un État existant si leur but est sécessionniste/rattachiste, soit à créer un nouvel État si leur but est sécessionniste/indépendantiste (se posera un problème de reconnaissance d'État), soit à renouveler l'État si leur but est radicalement révolutionnaire (se posera un problème de succession d'État), soit à le changer tout en le continuant si leur but est modérément révolutionnaire (ne se posera qu'un problème de reconnaissance de gouvernement).

Le cas des MLN est très significatif. Les MLN, avec leurs alliés étatiques, États non alignés et États socialistes, se sont opposés à des États coloniaux. Ils ont ensuite été absorbés par le *processus d'étatisation*. C'est pourquoi l'ordre étatique est sorti vainqueur des luttes de la décolonisation. Au départ, le droit international a eu de grandes difficultés à admettre le phénomène des MLN, en tant que traduction politico-militaire du droit des peuples à l'autodétermination. Mais le droit international s'est adapté : prise en considération de groupes ou d'entités non étatiques, tels les comités nationaux de la Première Guerre mondiale et les MRO de la Seconde ; caractère provisoire et international des (de certaines) situations « coloniales » selon le Pacte de la SDN et la Charte de l'ONU ; compétence autoproclamée de l'AGNU en la matière et valorisation juridique de ses résolutions ; création d'un nouveau droit des peuples et condamnation du colonialisme comme de l'apartheid ; octroi d'un statut international aux MLN, avec qualité d'observateurs à l'ONU ; octroi d'un droit de belligérance aux MLN[4], incluant la faculté de conclure des accords internationaux avec des États et celle de participer en qualité d'observateurs aux Conférences de Genève de 1974-1977, d'où sont issus les Protocoles additionnels aux Conventions de 1949 ; légitimation des guerres de libération nationale et reconnaissance conditionnelle de la qualité de combattants légaux aux membres des MLN ; adaptation du *jus in bello* à la pratique de la guérilla ; droit d'aide humanitaire et économique des États en faveur des MLN ; plus tard, droit à la souveraineté sur les ressources naturelles, au développement et à la coopération technologique. Le droit international ne s'est pas seulement adapté aux MLN ; il a adapté les MLN à la logique étatique, le MLN devenant l'embryon du futur État à constituer sur le territoire concerné[5]. La qualité de MLN était par nature transitoire, comme la reconnaissance de belligérance ou le statut d'observateur : sitôt l'indépendance acquise, le MLN perdrait sa représentativité internationale et céderait la place au nouvel État, pour éventuellement se transformer en parti politique voire en parti unique, les cadres s'assurant, ou accaparant, des fonctions publiques. C'est pourquoi le caractère révolutionnaire des résolutions de l'AGNU après 1960 ou du P1 de 1977 doit être relativisé, parce que les situations et mouvements qu'ils visent — les situations coloniales, postcoloniales ou d'apartheid et les MLN — n'étaient pas destinés à durer, mais à fonder (en situation coloniale ou postcoloniale) ou à refonder (en situation d'apartheid) des *États*. C'est ainsi que le processus de

---

[4] L'octroi du statut d'observateur et la reconnaissance de belligérance sont deux institutions différentes. Il n'en reste pas moins qu'historiquement, le statut d'observateur accordé aux MLN a coïncidé avec la reconnaissance de leur *jus belli* ou l'a précédé de peu, même si des MLN ne pratiquant pas la lutte armée ont été reconnus par l'OUA et ont bénéficié du statut d'observateurs à l'ONU.

[5] « *L'absence de prédisposition étatique chez les dirigeants des mouvements de libération aurait posé des problèmes... Le principal danger pour l'ordre établi eût sûrement résidé dans l'avènement d'une entité nouvelle... Or, c'est... l'avènement d'une telle entité qui aurait comporté non seulement un... apport original, mais et surtout... aurait été le remède idoine pour un Tiers-Monde où l'État est... plus générateur de problèmes, étant fondé sur (des frontières artificielles)* » (A. Hasbi, *1981*, pp. X-XI).

libération s'est résorbé dans l'étatisation puis la sécurisation de l'État (intégrité territoriale et indépendance politique, non-ingérence et non intervention, non recours à la force dans les relations internationales[6], coopération internationale, immunité de juridiction étrangère des représentants...) qu'offre le droit international positif[7].

[6] Sitôt indépendants, même par la voie de la lutte armée, les États nouveaux sont favorables à la règle de l'article 2 paragraphe 4 de la Charte des NU et à la limitation du recours à la force aux deux exceptions onusiennes que sont la sécurité collective et la légitime défense. Ils y sont d'autant plus favorables qu'ils sont faibles militairement !

[7] Précisément, l'indépendance fut acquise avec pour principe de délimitation territoriale : l'*uti possidetis ita possideatis* (Indes exceptées), et pour principes de succession des métropoles par les nouveaux États : la continuité patrimoniale (les biens et pouvoirs publics de la métropole passent au nouvel État) et la *tabula rasa* conventionnelle (les nouveaux États ne sont pas liés par les traités conclus par les métropoles, sauf en matière de droit des espaces et de droit humanitaire). A la phase d'indépendance politique, devait succéder une phase d'indépendance économique : le droit des peuples à disposer d'eux-mêmes va jusqu'à inclure la revendication d'un nouvel ordre économique international. Mais les États du tiers monde ne sont guère parvenus à créer ce nouvel ordre. La décolonisation n'a pas été que rupture. Elle a été reconductive : constitutions octroyées par la métropole, maintien de la législation et prolongation de la jurisprudence, continuité par l'acceptation de la succession aux traités ou par les mécanismes de l'aide et de la coopération postcoloniales, développement mimétique.

CHAPITRE PREMIER

LA DOCTRINE MEDIEVALE DE LA « GUERRE JUSTE » ET DE LA « GUERRE SAINTE »

Le droit de la guerre médiéval, tel qu'on peut le résumer *hic et nunc*[8], procède pour l'essentiel d'une construction historique de l'Église romaine visant à rendre compatible la belligérance avec les Évangiles.

Le christianisme primitif recommande l'amour du prochain, le pardon des offenses et le détachement du monde : pauvreté, chasteté, non-violence. Le chrétien n'est pas « de ce monde » : on ne naît pas chrétien, puisqu'il faut être baptisé et confirmé[9]. En même temps, le chrétien est « dans le monde » : aussi doit-il composer avec lui, y compris par rapport à la sexualité (institution du mariage monogamique) et à la guerre (institution du droit de belligérance), considérée comme l'une des expressions de la condition déchue, quoique rachetable, de l'humanité. Des origines au Moyen Âge, l'Église d'Occident, assumant la succession désarmée de l'Empire romain après le Ve siècle, est passée de la condamnation de la guerre à la « guerre juste » puis à la « guerre sainte », après avoir admis la légitimité de la fonction militaire. Les positions chrétiennes face à la belligérance peuvent ainsi être ramenées à deux : le croyant, même en tant que sujet d'un État, n'a jamais le droit de tuer[10] ; le croyant, en tant que sujet d'un État, a le droit de tuer dans le cadre de la « guerre juste »[11] ou de la « guerre sainte »[12]. Seuls les clercs — qui ont renoncé individuellement à la propriété des biens, aux relations sexuelles et au port d'armes — restent tenus par l'interdiction de

[8] Outre la rubrique pertinente en Bibliographie, cf. J. Salvioli, *Le concept de guerre juste d'après les écrivains antérieurs à Grotius*, Paris, 1918 ; A. Vanderpol, *La doctrine scolastique du droit de la guerre*, Paris, 1925 ; G. Goyau, « L'Église catholique et le droit des gens », *RCADI*, La Haye, 1925 I, pp. 127-237 ; D. Beaufort, *La guerre comme instrument de secours ou de punition*, La Haye, 1933 ; R. Regourt, *La doctrine de la guerre juste de Saint Augustin à nos jours*, Paris, 1935 ; Y. de la Brière, *Le droit de juste guerre*, Paris, 1938.

[9] Le christianisme n'est pas une religion héritée, mais choisie (au moins par les parents lorsqu'ils font baptiser leur enfant très jeune).

[10] « *Il n'y a pas la moindre exception à faire au précepte divin : tuer un homme est toujours un acte criminel* » (Lactance).

[11] « *La guerre est mauvaise ; mais il convient, puisqu'elle est inévitable, de justifier ceux qui la font pour le triomphe du bien* » (Augustin).

[12] « *Ils peuvent combattre les soldats du Christ ; qu'ils tuent ou meurent, ils n'ont à concevoir aucune crainte ; subir la mort pour le Christ ou la faire subir à ses ennemis, il n'y a là que de la gloire, et point de crime* » (Bernard de Clairvaux).

l'homicide. Leur état fait d'eux les chrétiens « parfaits », ayant droit par là même à la direction spirituelle de la Chrétienté.

Celle-ci n'était pas une somme d'États souverains détenteurs du *jus belli ac pacis*. Elle était une communauté à structure pyramidale, constituée de multiples membres liés par un réseau féodal et ecclésiastique de droits et d'obligations. Dieu était à la tête de cette *Respublica christiana*. Après Dieu, venaient le Pape, l'Empereur et le roi de France. L'Église catholique apostolique romaine, avec son réseau administratif et judiciaire, ses pouvoirs et ses biens, était la communauté et l'institution englobantes de la Chrétienté. Tous les royaumes, excepté la France (protectrice de l'Église depuis Clovis) et le Saint Empire (comprenant à son apogée les royaumes de Germanie, Bohême, Italie, Bourgogne), étaient vassaux de l'Église : leur investiture dépendait de la Papauté et ils versaient un cens à cette dernière[13]. *Des Pouvoirs armés reconnaissaient leur subordination à une Autorité désarmée.* L'œuvre civilisatrice de l'Église consista à réguler la violence pour la limiter, faute de pouvoir la supprimer, d'une part en orientant les énergies belliqueuses contre le paganisme (à l'est) ou l'islam (au sud), d'autre part en promouvant le droit de la guerre au sens du *jus ad bellum* et du *jus in bello*. À cet égard, elle soutint les politiques monarchiques[14], c'est-à-dire la reconcentration du pouvoir diplomatique et militaire, effective à partir du XIIIe siècle contre l'émiettement féodal et municipal.

Dans le cadre d'un *jus gentium* qui distingue chrétiens et non chrétiens, le problème central de l'Église, depuis la patristique jusqu'à la scolastique, est de formuler une doctrine qui concilie le christianisme et la guerre[15]. D'Augustin et Isidore de Séville à Henri de Suse, Raymond Penaforte, Honoré Bonet, Guillaume de Rennes, Jean de Legnano et Balde en passant par Gratien et Thomas d'Aquin, deux doctrines sont formulées, qui lèvent l'interdiction de l'homicide pour les laïcs mais qui entendent surtout limiter la violence. Celle-ci est admise en « dernier ressort », lorsqu'il n'y a pas d'autre solution *ante bellum* pour résoudre le différend, et s'il existe une « espérance raisonnable de succès », c'est-à-dire la probabilité d'une refondation de la paix *post bellum*. Il s'agit de la doctrine de la « guerre

---

[13] Le registre fiscal de l'Église énonçait les royaumes dont l'investiture relevait de la Papauté et qui lui versaient un cens : Castille, Aragon, Navarre, Portugal, Naples, Sicile, Sardaigne, Angleterre, Danemark (donc toute la Scandinavie puisque, selon l'Acte de Calmar, la monarchie danoise tenait la Norvège et la Suède), Pologne, Hongrie. Bref, tout l'Occident chrétien. Après Charlemagne et Otton, la Papauté aspira à la suzeraineté sur les princes chrétiens : l'autorité spirituelle et le pouvoir temporel ont Dieu pour origine, mais la première vient directement de Dieu, alors que le second vient indirectement de Dieu *via* l'Église.

[14] L'Église elle-même adopta résolument une forme monarchique au XIVe siècle, avec un gouvernement centralisé disposant d'une administration financière et judiciaire.

[15] Dans quelle mesure les puissances prirent-elles conscience des obligations du *bellum justum* ou, du moins, s'efforcèrent-elles de convaincre l'opinion de la légitimité de leurs actions guerrières ? Divers documents de propagande ainsi que les sources diplomatiques et judiciaires suggèrent une attention constante au moins à la phraséologie du *bellum justum*.

juste » et de la doctrine de la « guerre sainte », par leurs auteurs (*auctoritas*), leurs causes ou buts (*causa*), leurs acteurs (*miles*), leurs instruments ou modalités (*modi*). La définition juridique de la guerre vise d'abord à la distinguer d'autres formes de violence armée, pour en exclure la razzia, la vendetta, la rébellion.

Est « juste » la guerre (sur le plan temporel) ordonnée par l'autorité légitime, menée pour une cause légitime, y compris contre des chrétiens, par des combattants habilités. La notion ultérieure de « guerre sainte » est édifiée à partir de la notion augustinienne de « guerre juste » ; elle va au-delà en ce que la « guerre sainte », *bellum justissimum*, est réputée non seulement ne pas offenser Dieu, mais lui être agréable. Est « sainte » la guerre (sur le plan spirituel) autorisée par l'autorité religieuse, menée pour une cause religieuse, contre les païens, les infidèles ou les hérétiques, par des combattants croisés. Guerre juste et guerre sainte donnent — accessoirement — droit au butin, même si elles doivent être menées avec une intention droite (*animus*), le critère de la conscience, c'est-à-dire la sincérité, permettant de déterminer la responsabilité morale donc la destinée eschatologique des combattants. Il est significatif que l'Église n'ait jamais revendiqué pour elle-même la moindre part de butin, autrement dit, n'ait jamais voulu que le principe de la dîme s'applique aux prises de guerre. De même, le combat doit être livré selon les modalités permises, sans perfidie ni cruauté, sous peine d'être criminel au regard des hommes et de Dieu. Mais dans la guerre à mobile spirituel, les combattants gagnent la rémission de leurs péchés donc la promesse du paradis[16], le combat étant assimilé à une pénitence et la mort au combat, au martyre. Ce n'est pas le cas dans la guerre à mobile temporel : les combattants ne commettent pas un crime en y participant[17] ; mais ils ne sont pas assurés de la rémission de leurs péchés ; ils devront faire pénitence s'ils veulent espérer le salut. Ce qui différencie la « guerre juste » et la « guerre sainte » est donc la religion : autorité religieuse, cause religieuse, combattants religieux, espérance religieuse. Parmi les *justa causa belli*, citons l'application des obligations féodales d'assistance mutuelle au sein de la chaîne de vassalité, la défense du pays et celle des alliés, la sauvegarde du commerce... Parmi les *sancta causa belli*,

---

[16] Avec ou sans passage au purgatoire : lieu ou état de souffrance transitoire où l'âme attend sa délivrance, les combattants achevant l'expiation de leurs fautes avant d'être admis au paradis

[17] Que la guerre soit juste ou injuste en *jus ad bellum* n'a pas de conséquence juridique, morale ou eschatologique pour le combattant : celui-ci n'est responsable que des actes qu'il commet en *jus in bello*. Cette position, majoritaire, ne fit cependant pas l'unanimité chez les théologiens et juristes : certains soulignèrent qu'il ne saurait y avoir d'obéissance aux ordres illicites, en l'occurrence celui de participer à une guerre injuste du point de vue du *jus ad bellum*. La coutume d'infliger une punition, préalablement prévue, à tout guerrier homicide se rencontra jusqu'au XIème siècle. Mais les pénitentiels dégageaient parfois l'idée que distinction devait être faite entre les guerres injustes, où l'homicide était sévèrement puni, et les guerres justes, où la pénitence était minime.

la croisade et le soutien militaire de la mission chrétienne, c'est-à-dire la réduction de ce qui fait obstacle au pèlerinage ou à la prédication…

1) Qui a le droit d'ordonner ou d'autoriser le recours à la force armée ? Dieu, c'est-à-dire l'Église, dont les représentants sont le Pape et les évêques[18]. L'Empereur, tant que dura l'Empire romain (476), puis lorsqu'il fut rétabli en Occident par Charlemagne en 800 et par Otton en 962. Les rois, puis les seigneurs, les châtelains, les municipalités, au fur et à mesure de la fragmentation du pouvoir, du Xe au XII^{e}siècles[19]. En l'absence d'une centralisation étatique de la force armée, le cercle des autorités ayant le droit de lever des troupes était relativement large, alors que le cercle des personnes ayant le droit de porter les armes était, lui, relativement restreint. Au XIIIe puis au XIVe siècles, la doctrine des « autorités n'ayant point de supérieur », parallèlement à la recentralisation du pouvoir, tendit à réserver aux monarchies, y compris pontificale, le droit de recourir à la force armée, à l'exclusion des évêques ou des seigneurs, châtelains et municipalités, les monarchies étant autorités « publiques » et « souveraines », les autres, autorités « privées » et « non souveraines »[20].

2) Pour quels causes ou buts l'autorité a-t-elle le droit d'ordonner ou d'autoriser le recours à la force armée ? Les chrétiens font la guerre par nécessité, « en dernier ressort », alors que les païens la font par volonté, « en libre choix ». Qu'est-ce qui rend la guerre nécessaire ? L'attaque contre soi ou contre autrui, c'est-à-dire la légitime défense, mais aussi la justice pour soi ou pour autrui, c'est-à-dire le rétablissement d'un droit qui a été violé, ce qui inclut le secours aux victimes, la réparation des dommages et la punition des fautifs[21]. Il importe relativement peu de savoir si la guerre, sur le plan des opérations militaires, est défensive ou offensive : une guerre défensive peut être injuste si elle sert à maintenir une situation injuste ; une guerre offensive peut être juste si elle sert à instaurer ou à restaurer une situation juste. C'est la *causa belli* qui compte : est juste le recours à la force armée qui fait cesser, répare ou punit les injustices. La « guerre juste » s'oppose à la « paix injuste » (la *pax apparens*) pour établir ou rétablir la « paix juste » (la *vera pax*). En tant qu'autorité prétendument supérieure, indépendante et impartiale, mais désarmée, l'Église s'érigeait en juge des causes invoquées par les différentes parties au conflit. À défaut, la guerre gardait un aspect judiciaire : elle opposait deux prétentions, et l'issue de la guerre revêtait l'aspect d'un jugement divin : Dieu donne la victoire à la partie dans son droit et il inflige la défaite à la partie dans son tort. Aussi la première avait-

---

[18] La guerre ordonnée par Dieu ou autorisée par l'Église est la « guerre sainte ».

[19] La guerre concédée par Dieu ou l'Église aux autorités séculières est la » guerre juste ».

[20] « *Seul le souverain qui n'a pas de supérieur au temporel, ou l'État qui détient pareille souveraineté, peut, de droit, déclarer la guerre* »(Suarez).

[21] « *Le monde serait réduit à la pire des conditions si les tyrans pouvaient impunément commettre leurs méfaits et opprimer les innocents, sans que ceux-ci puissent de leur côté sévir contre les coupables* » (Vitoria).

elle la faculté de prélever des biens sur la seconde, à une triple fin de dédommagement, de garantie et d'expiation.

3) et 4) La conception de la guerre comme ordalie suppose que soient rigoureusement définis les acteurs et les modalités de la guerre, pour qu'elle soit un combat loyal entre combattants habilités. C'est à quoi tendirent l'institution de la chevalerie et le *jus in bello* médiéval, qui est dans une large mesure une transposition du « mouvement de la paix ». Avec les « institutions de la paix » (975-1025), l'Église s'efforça de limiter la guerre entre chrétiens en faisant œuvre de *jus in bello*. La « paix de Dieu » vise à limiter la violence *ratione personnae* et *ratione materiae :* elle prohibe l'attaque des femmes et des enfants, des clercs, des paysans, des artisans, des marchands et de leurs biens. La « trêve de Dieu » vise à limiter la violence *ratione temporis :* elle prohibe le combat durant les jours de repos (dimanche) ou de fête (Avent, Noël, Carême, Pâque, Ascension, Pentecôte, Sainte Marie…) du calendrier chrétien. Le « mouvement de la paix » — expression trompeuse — cherche donc à limiter les cibles et les périodes de conflit armé.

Ainsi, la légitimation chrétienne de la fonction militaire dépend de la subordination des soldats à l'autorité, de la cause qu'ils servent, de leur statut et de la manière dont ils exercent la force armée[22]. Comment l'Église pouvait-elle faire respecter ses prescriptions, tant en *jus ad bellum* qu'en *jus in bello* ? Elle disposait de l'anathème ou de l'excommunication, de la faculté de délier les sujets de leur devoir d'obéissance à l'autorité (le droit de déposer les autorités), du refus de l'extrême-onction ou de la sépulture chrétienne (la peur de l'enfer). Outre ces « armes spirituelles », elle pouvait lever des troupes dans les seigneuries ecclésiastiques ou employer des soldats professionnels. Surtout, l'Église tenta de créer une force armée à sa disposition[23], qui lui permette de lutter contre la violence endémique : la

---

[22] L'Église romaine a donc abandonné le pacifisme originel. Mais les critères de la guerre admise aboutissaient à condamner un grand nombre de conflits armés. De plus, le recours à l'arbitrage avait la faveur de l'Église, qui cultivait l'idéal d'une communauté chrétienne à l'intérieur de laquelle la guerre serait bannie. Cet idéal persista de Dante à Erasme. D'autre part, un certain nombre de courants « hérétiques » ont maintenu le pacifisme intégral du christianisme primitif (Pierre Damien). Pour les cathares (Jean Fournier), les lollards (Jean Wycliff) ou les hussites (Jean Huss), l'interdiction de l'homicide ne souffrait pas d'exception, ni militaire ni judiciaire (le soldat qui participe à la guerre, le juge qui prononce une sentence capitale, sont des assassins). Du XVe au XIXe siècles, l'Église romaine maintiendra sa double doctrine de la « guerre juste » et de la « guerre sainte », cette dernière tombant toutefois en désuétude après les guerres de religion (XVIe siècle). Au XXe siècle, face au risque de la « guerre totale », elle est revenue à un pacifisme presqu'intégral : plus de « guerre sainte » (« *tuer au nom de Dieu est un blasphème* », dit Jean-Paul II), ni de guerre offensive, seule est « juste » la guerre défensive (il n'y a pas collectivement à « tendre l'autre joue »), pour soi ou pour autrui, sous de strictes conditions éthico-juridiques, en *jus ad bellum* comme en *jus in bello*.

[23] Elle avait, avec la Sainte Inquisition, sa propre police.

chevalerie[24]. Effaçant l'idée selon laquelle un soldat ne saurait vivre en conformité avec la loi de Dieu, celle-ci émergea au XIe siècle, se développa aux XIIe et XIIIe siècles, déclina au XIVe siècle. Elle était une confrérie militaire chrétienne (une cavalerie chrétienne), dont les membres, guerriers initiatiques, étaient reçus après une longue préparation, suivant un certain rituel et pour lesquels l'Église avait élaboré un code d'honneur en dix commandements[25].

En conclusion, l'idée fondamentale de la doctrine médiévale du *jus ad bellum*, c'est qu'à une juste cause d'un côté, correspond de l'autre l'injustice d'une culpabilité, au sens d'une violation du droit objective, pouvant être objectivement constatée par une autorité supérieure, indépendante et impartiale : l'Église. Une telle doctrine considère la belligérance comme une voie judiciaire « extraordinaire », à défaut d'une voie judiciaire « ordinaire » praticable, pour défendre ses droits ou trancher les conflits de droits, obtenir réparation des dommages ou châtier les fautifs. La « guerre juste », *a fortiori* la « guerre sainte », oppose nécessairement une partie qui se trouve dans son droit : un « ennemi juste », et une partie qui se trouve dans son tort : un « ennemi injuste ». La doctrine médiévale suppose ainsi une conception non relativiste du droit : le « juste » n'est pas affaire de décision subjective, mais d'une connaissance objective dont le doute est susceptible d'être tranché par l'Église. Celle-ci faisait office de juridiction pouvant s'autosaisir : elle était habilitée à se prononcer sur le droit ou le non-droit des parties à un conflit armé, cependant qu'elle disposait de sanctions spirituelles et temporelles.

---

[24] « *La Force armée au service de la Vérité désarmée* » (Léon Gautier).

[25] Croire en l'enseignement de l'Église et lui obéir, protéger l'Église, respecter et défendre les faibles, aimer sa patrie, ne pas reculer devant l'ennemi, faire une guerre sans trêve et sans merci aux Infidèles, remplir les obligations féodales si elles ne sont pas contraires à la loi de Dieu, ne pas mentir et être fidèle à la parole donnée, se montrer magnanime et généreux, être toujours et partout le champion du Bien et de la Justice contre le Mal et l'Injustice. S'ajoutaient deux préceptes : « réglez votre courage » et « préférez la mort à la honte ».

CHAPITRE II

LA DOCTRINE CLASSIQUE DE LA « GUERRE LEGALE » (XVIE SIECLE-1914)

L'histoire du *jus inter gentes* classique fut inaugurée par la révolution religieuse, Grand Schisme puis Réforme protestante et Contre-Réforme catholique, qui mirent fin à la *Respublica christiana*, parallèlement à la lutte menée au nom de l'équilibre des pouvoirs par la monarchie française et les puissances protestantes contre l'Empire des Habsbourg. La doctrine de la « guerre sainte », une dernière fois mobilisée au cours des guerres civiles confessionnelles, disparut, cependant que la doctrine de la « guerre juste » était métamorphosée. L'idée de la doctrine médiévale, c'était qu'à une juste cause s'opposait une injuste cause, objectivement départageables sur le fond par l'Église[26]. Elle supposait donc la possibilité d'une discrimination entre les protagonistes opérée par une instance supérieure. Le principe de la souveraineté des États, impliquant l'égalité de statut et l'indépendance de décision, incompatible avec la doctrine médiévale, la fit voler en éclats[27].

Pour qu'une guerre soit légitime, quatre conditions sont traditionnellement requises, outre le « dernier ressort » et « l'espérance raisonnable de succès » : que les belligérants, les causes ou buts, les combattants, les instruments ou modalités, soient légitimes. À partir du XVIe siècle, l'évolution fondamentale en *jus ad bellum* est de justifier la guerre, de plus en plus à partir de l'*auctoritas* et de moins en moins à partir de la *causa*. Affranchies de toute résistance à l'intérieur, les sujets n'ayant pas le droit de désobéir au souverain, et de toute tutelle à l'extérieur, nul n'ayant le droit de commander aux souverains, les grandes monarchies devenaient seules qualifiées pour juger du droit ou du non-droit du recours à la force armée. Fondamentalement, la doctrine médiévale du *bellum justum* fut battue en

---

26 Il est cependant significatif que, durant la guerre de Cent Ans, jamais la Papauté ne prit position entre les Valois et les Plantagenêt/Lancastre : jamais elle ne déclara que telle partie était dans son droit ou dans son tort, soit qu'elle ait estimé une telle déclaration irréaliste, soit que le problème fût indécidable (la guerre étant juste, ou plutôt injuste, des deux côtés), soit qu'elle préférait s'en tenir à une position de médiateur.

27 « *Avec le déclin de la doctrine de la guerre juste, c'est (l')éventail des causes licites qui est élargi au point de précipiter... une licence générale de guerre... Si chaque État... est seul juge de la justice de sa cause, s'il n'y a plus d'oracle universel... qui puisse apprécier l'allégation unilatérale de chaque État de procéder à la guerre, cela revient à dire que... le droit de faire la guerre est inhérent à... la souveraineté* » (R. Kolb, *2005*, p.16).

brèche par une argumentation relativiste, à la fois égalitaire, agnostique et décisionniste, inhérente à la sécularisation du droit et à l'étatisation des *politie*. À cet égard, une série de conflits, d'apparence religieuse, se nouèrent aux XVIe-XVIIe siècles pour déterminer (entre autres) qui était ou n'était pas habilité à recourir à la force armée. « *Ce qui est monopolisé au cours du processus de formation de l'État moderne, ce n'est pas tant la violence que le 'droit' à l'exercer ou à en autoriser l'exercice* » (C. Colliot-Thélène). L'État est ainsi l'institution qui a enlevé le *jus vitæ ac necis* aux instances « privées » pour en investir exclusivement les instances « publiques », la loi déterminant à son tour les conditions, circonstances et modalités dans lesquelles les agents publics ont la faculté d'user de la coercition.

1) Après Alciat et Fulgose, l'Ecole de Salamanque (Vitoria, Soto, Mariana, Vasquez, Molina, Suarez) tendit à ne plus assimiler la violation objective d'un droit à une culpabilité subjective, à séparer la faute et l'intention, à considérer comme innocente l'autorité qui était convaincue de la légitimité de sa cause. La culpabilité résidant dans l'intention mauvaise, dans la volonté, non plus dans la violation matérielle du droit, dans l'acte, la guerre pouvait être juste *des deux côtés*, puisque les deux ennemis pouvaient être de bonne foi. Il devenait donc impossible de déterminer, entre deux parties subjectivement égales, laquelle des deux était objectivement dans son droit ou dans son tort. L'idée qu'une guerre pût être subjectivement juste des deux côtés à la fois, sans qu'on puisse distinguer objectivement la justice de l'injustice, se généralisa dans le contexte de la division religieuse de l'Europe. 2) Le schisme confessionnel, *id est* le conflit sur ce qui était vrai du point de vue de la foi, rendit impossible de trancher la querelle sur ce qui était juste du point de vue du droit. Comment reconnaître le caractère « juste » ou « injuste » d'une cause, demande Erasme ? Comment juger, départager et trancher sur le fond ? 3) À l'agnosticisme des humanistes, les théoriciens de la souveraineté, de Bodin à Hobbes, ajoutent leur décisionnisme. Qui est compétent pour résoudre les disputes sur la *causa belli ?* Faute de consensus sur la nature de la justice et faute d'une autorité reconnue pour l'interpréter, une seule question importe : qui décide ? L'État. Les États décident si le recours à la force armée est permis ou interdit. Confier une telle décision aux individus impliquerait la guerre civile ; aussi doivent-ils subordonner leur conscience au commandement de l'État. Remettre cette décision aux États neutres impliquerait qu'ils renoncent à leur neutralité, c'est-à-dire à leur abstention impartiale, puisqu'ils prendraient position pour ou contre tel ou tel État. Quant à l'Église romaine, divisée en clergés nationaux, nul État, même catholique, ne reconnaît plus son autorité *in temporalibus*. La guerre est un choc armé d'intérêts politiques, avait déjà déclaré Machiavel. Si tant est qu'elle reste une voie de droit, elle n'oppose plus un belligérant juste et un belligérant injuste, mais deux États disposant d'une libre et égale compétence de guerre. Le règlement arbitral ou judiciaire lui-même, comme substitut à la guerre entre États, présuppose

l'égale souveraineté des États, entre lesquels un tiers impartial, non plus une autorité supérieure, doit trancher par une voie de droit pacifique.

Malgré la persistance de la référence à Dieu et à la religion chez les catholiques comme chez les protestants[28], la *justa causa* fut expulsée du droit positif, car aucune instance ne pouvait se prononcer sur le fond de la belligérance ni s'attribuer le rôle de juge, c'est-à-dire de tiers supérieur. L'égalité de statut des États a pour corollaire leur indépendance de jugement. La guerre devient donc pour chaque État le droit de se faire justice à soi-même. C'est pourquoi le *jus ad bellum* s'intéresse principalement à l'*auctoritas :* à la qualité d'États des belligérants. À la suite d'Ayala et de Gentili, l'École du droit de la nature et des gens (Zouch, Pufendorf, Leibniz, Bynkershoek, Barbeyrac, Wolff, Vattel) réserva (Grotius excepté) aux États le *jus belli ac pacis*, attribut suprême de la souveraineté. Chaque État disposant du droit d'ordonner la guerre, celle-ci, dès lors qu'elle oppose deux États, est légale de part et d'autre. La « guerre juste » est remplacée par la « guerre légale ». La justice de la cause est résorbée dans la légalité de la décision. Le *jus ad bellum* se confond avec le *jus belli :* la question de savoir pour/quoi la guerre est licite se ramène au droit qu'ont les États de recourir à la force armée. Gentili avait exprimé le principe de l'égalité des belligérants, c'est-à-dire la conception non discriminatoire du *jus ad bellum*. Vattel systématisa ce droit égalitaire de la belligérance interétatique. « *La guerre en forme, quant à ses effets, doit être regardée comme juste de part et d'autre* », dit-il. La guerre est légale, dès lors qu'elle est déclarée et conduite

[28] À côté du « décisionnisme », subsista un « providentialisme » : la guerre fut longtemps encore considérée comme un jugement de Dieu, faisant pencher la balance en faveur de la *justorem causa*. Le sentiment patriotique, même transformé en sentiment national, gardait une coloration religieuse, avec l'idéologie du *pro Deo et patria mori*. La capacité croissante de l'État européen à faire la guerre s'explique aussi par cette sanctification du patriotisme. En Espagne, la prise de Grenade et la découverte des Indes furent interprétées de manière eschatologique : comme une occasion pour les Rois Catholiques de convertir et de conquérir au nom du Christ. Les anciennes « guerres justes » ou « saintes » furent sécularisées, faisant appel à la même ferveur, mais pour la cause du roi, de la patrie, de la nation. En France, les victoires de Louis XIII sur les Habsbourg furent interprétées comme le triomphe d'une *justa causa* contre une *injusta causa* : l'équilibre des puissances contre le dessein d'une « monarchie universelle ». Parallèlement, la guerre des propagandes accompagna toujours la guerre des armes : chaque belligérant s'efforçait de montrer la justice de sa cause et l'injustice de la cause adverse. L'argumentation politique se mêlait donc à l'argumentation religieuse, à une époque où le roi législateur était aussi le roi de droit divin (représentant de Dieu sur terre), où le roi de guerre était aussi le roi guérisseur (à l'ordalie répondait la thaumaturgie). Le discours des Bourbons eux-mêmes, dynastie pourtant plus « séculière » que celle des Habsbourg, est ainsi susceptible de deux lectures. D'un côté, l'exercice laïc du pouvoir se fixe à lui-même sa propre fin : l'intérêt de l'État. De l'autre, la Providence a accordé à la France une position géopolitique clé pour le maintien de l'équilibre des États en Europe, reflétant l'ordre pluriel du monde voulu par Dieu, les Habsbourg invoquant, eux, l'unité du monde créé par Dieu pour justifier « l'universalité » de leur politique impériale. La politique de Richelieu, face à celle d'Olivarès, se déployait ainsi entre raison d'État et raison divine, la figure charismatique du roi relevant des deux. Cf. J. Cornette, *1993*, pp. 119-149.

selon les règles par des États souverains se reconnaissant comme *hostes aequaliter justi*. Avec la formule :« *la guerre est une relation d'État à État* », Rousseau résume la doctrine. C'est également ce que firent Clausewitz en stratégie : la guerre est la continuation de la politique d'État par des moyens militaires, et Hegel en philosophie : la guerre tranche entre deux prétentions étatiques inconciliables à propos d'un intérêt ou d'un droit. Après les guerres de la Révolution et de l'Empire, le droit international classique fut restauré par le Congrès de Vienne, c'est-à-dire, en *jus ad bellum*, la concentration étatique du droit d'ordonner la guerre, en *jus in bello*, la concentration militaire du droit de faire la guerre. L'ultime question, purement interne, était de savoir qui serait compétent pour décider du passage de l'état de paix à l'état de guerre et de l'état de guerre à l'état de paix : le gouvernement ou le Parlement ?

Comment la libre et égale compétence de guerre des États pouvait-elle s'accorder avec l'ordre international ? L'usage de la force armée était régulé par le *jus in bello*. L'action de belligérance était réservée aux armées régulières. Les États se reconnaissaient mutuellement car ils partageaient un même type de régime politique, économique et social. Ces caractéristiques d'un système international homogène européocentré[29] se combinaient avec la théorie et la pratique de l'équilibre des puissances, pour limiter les effets du recours à la force armée, considéré comme un procédé licite de préservation comme de modification du *statu quo*. Tout ordre juridique international suppose pour ses membres une garantie de leur intégrité territoriale et de leur indépendance politique. Comment concilier cette garantie avec la libre et égale compétence de guerre inhérente à la souveraineté ? En raison de l'inévitable évolution des rapports de puissance, due à l'inégal dynamisme technologique, militaire, économique, démographique des États, la guerre, procédé licite de règlement des différends, aboutit à des changements politiques ou territoriaux. Comment rendre acceptables ces changements ? Dans le droit international classique, c'est le principe de l'équilibre continental, sur lequel veillait la Grande-Bretagne, première puissance maritime, qui fut le critère de légitimité aussi bien de la préservation que de la modification du *statu quo*. Ni le *statu quo* ni la guerre ne devaient rompre l'équilibre : face à un État devenant hégémonique, même s'il n'employait pas la force et *a fortiori* s'il l'employait, les autres États se coalisaient pour obtenir un rééquilibrage. L'équilibre des puissances dans le système européen fut ainsi le fondement géopolitique du *jus ad bellum* de 1659 à 1914. En cas de conflit armé, chaque État pouvait à tout moment intervenir ou rester neutre, suivant ses idéaux ou ses intérêts, y compris ceux de l'équilibre général. Tous les États étaient concernés par les changements politiques et territoriaux. Aussi ces

---

[29] Cf. Panayis A. Papaligouras, *Théorie de la société internationale*, Genève, Kundig, 1941 ; Raymond Aron, *Paix et Guerre entre les nations*, Paris, Calmann-Lévy, 2004 (1962).

changements furent-ils tous aménagés par les grands traités européens issus des grandes conférences européennes. Ceux-ci marquent les grandes étapes de l'histoire du droit international, des instruments de Westphalie (1648) à ceux de La Haye (1907), au cours desquels les États codifièrent les règles et principes du *jus in bello*, c'est-à-dire leur façon mutuelle de faire la guerre.

Il n'y avait qu'une restriction au *jus ad bellum* des États : elle était énoncée par la IIème CLH du 18 octobre 1907, dite « Convention Drago-Porter »[30]. Mais celle-ci n'inaugurait pas le tournant de la liberté principielle à l'interdiction principielle du recours interétatique à la force armée. Elle confirmait le concept de guerre comme activité à finalité politique, non pas (non plus) activité à finalité économique. Faisant suite aux opérations militaires menées cinq ans plus tôt par des puissances européennes afin de contraindre le Venezuela à s'acquitter de dettes qu'il était dans l'incapacité de rembourser, ladite Convention limite le recours à la force armée en matière de recouvrement des dettes contractuelles :« *les puissances contractantes sont convenues de ne pas avoir recours à la force armée pour le recouvrement de dettes contractuelles réclamées au gouvernement d'un pays par le gouvernement d'un autre pays comme dues à ses nationaux. Toutefois, cette stipulation ne pourra être appliquée quand l'État débiteur refuse ou laisse sans réponse une offre d'arbitrage, ou, en cas d'acceptation, rend impossible l'établissement du compromis, ou, après l'arbitrage, manque de se conformer à la sentence rendue* ». La restriction du *jus ad bellum* est donc faible. Le sens principal[31] de la « Convention Drago-Porter » n'est pas tant de promouvoir l'arbitrage que de renforcer le caractère politique et public de la guerre interétatique : même si *l'on peut se payer sur l'ennemi*, on le verra, la belligérance ne saurait avoir des *motifs économiques privés*[32]. La Convention s'inscrit dans une double évolution passée ou à

---

30 Du nom du ministre des Affaires étrangères argentin auteur de la note du 29 décembre 1902 et du général américain à qui avait été confiée la question des dettes contractuelles au sein de la première commission de la Conférence de 1907.

31 Accessoirement, la proposition Drago-Porter se rattachait à la doctrine Monroe, comme le soulignaient les délégués argentins et américains : elle était tournée contre l'intervention d'États européens dans l'hémisphère occidental.

32 L'interdiction du recours à la force armée pour des motifs économiques privés a son importance, du fait des nombreux différends relatifs aux expropriations de personnes étrangères sans indemnisation (ou spoliations). Dans le droit classique, il existait un « standard international », qui était censé garantir la sécurité des investissements ou des capitaux à l'étranger. En cas d'expropriation ou de nationalisation, ce standard exigeait le paiement d'une compensation prompte, adéquate (c'est-à-dire correspondant à la valeur totale du bien généralement déterminée par le cours du marché international) et effective. Plusieurs évènements vinrent compromettre la règle classique. En 1918, le gouvernement bolchevik confisqua la propriété privée étrangère aussi bien que russe et refusa de verser une compensation. La même année, le gouvernement mexicain prépara l'expropriation des biens étrangers, en déclarant qu'aucune règle de droit international n'imposait le paiement d'une compensation pour des mesures frappant également étrangers et nationaux. Les États issus du démembrement des puissances centrales vaincues procédèrent à des réformes agraires qui

venir : en *jus ad bellum*, la future consécration de la souveraineté permanente des États et des peuples sur leurs richesses et ressources naturelles ; en *jus in bello*, la suppression, déjà acquise, de l'esclavage (la capture d'esclaves fut longtemps un mobile de la guerre et la capture de guerre, la source principale de l'esclavage), du butin, de la rançon, de la course, et la prohibition, future, du mercenariat. *La privatisation de la guerre est récusée aussi bien par le* jus ad bellum *que par le* jus in bello.

impliquaient la redistribution de terres appartenant à des Allemands, Autrichiens ou Hongrois. Le débat s'engagea alors entre ceux qui voulaient maintenir le « standard international » et ceux qui entendaient placer étrangers et nationaux sur un même pied législatif en matière d'indemnisation. En 1930, à la Conférence de La Haye sur la codification du droit international, la doctrine selon laquelle les étrangers étaient fondés à se prévaloir du « standard international », impliquant le droit de recevoir une compensation indépendamment de la législation nationale, ne l'emporta que de justesse face à la doctrine dite de « l'égalité de traitement » entre étrangers et nationaux. La règle d'une compensation prompte, adéquate et effective perdit encore de sa force au lendemain de la Seconde Guerre mondiale, après les expropriations sans indemnisation qui eurent lieu en Europe centrale, en Iran, en Egypte, etc. Les tentatives des pays exportateurs de capitaux d'inclure dans une convention multilatérale le droit à indemnisation au cours du marché n'eurent point de succès. La doctrine de « l'égalité de traitement » se répandit dans les pays latino-américains, asiatiques et africains, prévoyant que l'expropriation des biens étrangers serait indemnisée selon la législation nationale. Au bout du compte, le « standard international », battu en brèche, perdit toute efficacité pour garantir les investissements étrangers dans les pays en développement, incapables de verser des indemnités à la hauteur de la formule de la compensation « adéquate ». La répugnance des États exportateurs de capitaux à utiliser la contrainte pour appuyer leurs réclamations contribua, elle aussi, au déclin des règles de protection de la propriété privée étrangère. Les jeunes États du tiers monde n'entendaient pas restreindre leur liberté d'action à l'égard des biens acquis par les Occidentaux durant la période coloniale. Mais l'intérêt de conserver de bonnes relations avec les pays exportateurs de capitaux et leurs entreprises poussa au règlement des différends nés d'expropriations, cependant que le besoin d'investissements étrangers eut pour conséquence que les pays du tiers monde continuèrent de reconnaître l'obligation internationale d'indemniser les propriétaires étrangers de biens expropriés.

Chapitre III

La mutation du *jus ad bellum* de 1919 a 1945

Du XVIe siècle à 1914, le *jus ad bellum* est donc à la fois circonscrit et (presque) illimité : seul l'État a le droit de recourir à la force armée ; tout État a le droit de recourir à la force armée quand il le décide[33], même si l'on s'accorde pour voir en ce recours une *ultima ratio*. Est légale la guerre ordonnée par des États également souverains, titulaires du *jus belli*, et effectuée par des armées étatiques subordonnées à leur gouvernement, délégataires du *jus belli*. *La souveraineté nationale emportait légalité internationale*. Presqu'illimité en *jus ad bellum*, l'emploi, étatique, de la force armée était cependant limité par le *jus in bello*, ainsi que par les neutres.

Mais à partir de la Première Guerre mondiale, le gouvernement allemand fut accusé par la propagande alliée d'avoir déclenché et poursuivi une guerre d'agression, outre diverses atrocités ; l'Allemagne fut à ce titre discriminée par l'exclusion de la Conférence de la paix et par les clauses du traité de Versailles fondées sur la thèse de sa responsabilité. Ce traitement des vaincus par les vainqueurs fut amplifié et aggravé après la Seconde Guerre mondiale. *La « guerre de Trente Ans » du XXe siècle est la trame de fond sur laquelle s'est érigé le nouveau régime du droit international*. En 1945 plus encore qu'en 1919, la mutation du *jus ad bellum* faisait partie des buts de guerre des Alliés, États-Unis en tête. Elle prit l'apparence rhétorique d'un *jus contra bellum ;* elle consista en réalité dans un transfert de la compétence de guerre vers le CSNU, sous l'aspect de la sécurité collective ; la légitime défense demeure réservée aux États, mais, comme exception au principe d'interdiction du recours *national* à la force armée, elle est à la fois conditionnée par l'existence d'une agression et contrôlée par le CSNU. Cette mutation obéit à des intérêts et à des idéaux politiques ayant revêtu une forme et épousé un langage juridiques : obtenir, conjoncturellement, réparation et répression des vaincus, ce qui impliquait de déclarer illicite leur

---

[33] « *Il n'est que trop vrai que le droit international... reconnaît la légalité de la guerre, que l'origine en soit juste ou injuste* », déplorait James Brown Scott. Droit régalien, la belligérance n'appelle aucune autre justification que la propre décision de l'autorité étatique. Comme disait le Code Lieber de 1863, « *le droit des gens permet à chaque État souverain de faire la guerre à un autre État souverain* ».

recours à la force armée, qualifié d'agression ; transformer, définitivement, la discrimination *ad hoc* de l'ennemi en principe d'interdiction du recours interétatique à la force armée, dont le noyau est la prohibition de l'agression, selon des modalités aboutissant pratiquement à conférer aux grands vainqueurs la monopolisation, en droit, du recours à la force armée, réserve faite de la légitime défense. C'est à partir du Pacte de la SDN, annexé aux traités de paix de 1919-1920, que le droit positif s'orienta vers la prohibition principielle du recours interétatique à la force. Cette orientation fut confirmée par le Pacte Briand-Kellog de 1928. Elle resta lacunaire[34]. Il revint aux rédacteurs de la Charte des NU en 1945 d'en tirer les leçons, de tenter d'en combler les lacunes et de poursuivre, sinon parachever, la mutation du *jus ad bellum*.

Le Pacte de 1919 garantit collectivement l'indépendance politique et l'intégrité territoriale des États membres contre toute agression (art. 10). Il considère la guerre ou la menace de guerre comme une question d'intérêt international (art. 11). La guerre est interdite entre membres de la SDN, si elle est entreprise : avant toute procédure de règlement pacifique (art. 13) ; avant l'expiration d'un délai de trois mois après la sentence arbitrale ou le rapport unanime du Conseil (art. 12-1) ; contre un membre qui se conforme à une décision arbitrale ou judiciaire (art. 13-4), ou à une recommandation prise par le Conseil à l'unanimité (art. 15-6), ou à une recommandation prise par l'Assemblée à la majorité qualifiée (art. 15-10). La guerre est interdite entre membres et non-membres si elle est entreprise par le non-membre qui, invité à soumettre son différend aux procédures du Pacte, refuse cette invitation, ou ne se conforme pas aux engagements de la SDN après l'avoir acceptée (art. 17). L'État qui a rompu la paix est considéré comme ayant commis un « *acte d'hostilité* » contre tous les membres de la SDN, qui doivent réagir par des mesures coercitives (art. 16). Soit une double tendance — conforme à la logique de la sécurité collective — à l'universalisation de la belligérance et à la discrimination entre belligérants. La guerre est permise dans tous les autres cas qui ne sont pas visés par le Pacte, c'est-à-dire lorsque les États qui y recourent ne commettent pas d'agression selon l'article 10, ni ne violent les dispositions procédurales des articles 12, 13, 15 et 17. Un État peut recourir à la force armée dans les cas suivants : après l'arbitrage ou le rapport unanime du Conseil, contre le ou les États qui ne se conforment pas à cet arbitrage ou à ce rapport, après le délai de trois mois ; lorsque l'État perdant refuse d'exécuter la décision arbitrale ou judiciaire au profit de la partie gagnante ; lorsque le Conseil ne réussit pas à faire accepter son rapport à l'unanimité, ou lorsque la décision rendue par l'Assemblée

[34] L'objet du présent livre est de traiter le droit de la guerre depuis 1945. On ne s'attardera donc pas sur l'histoire de l'entre-deux-guerres, bien que les débats, notamment entre juristes franco-anglo-américains et italo-allemands, y soient particulièrement riches et, pour tout dire, fondateurs des règles et institutions postérieures à la victoire des Alliés. On se contentera de résumer succinctement le droit posé.

n'est pas votée à la majorité qualifiée. Dans ces cas, les membres de la SDN se réservent « *le droit d'agir comme ils le jugent nécessaire pour le maintien du droit et de la justice* »(art. 15-7). Enfin, un État membre de la SDN peut recourir à la force armée contre un État non-membre qui refuse de soumettre le différend à la procédure du Pacte. Évidemment, la guerre entre États non-membres de la SDN est permise. « *En voilà bien des hypothèses de guerre licite* », s'exclamait à juste titre Louis Delbez. Malgré ses innovations, le Pacte n'a donc pas prohibé la guerre, mais seulement déclaré illicites certaines guerres[35]. Il n'y a pas d'interdiction générale ; seules certaines guerres sont interdites ; les autres sont *a contrario* permises. Mis à part l'article 10, le critère de la guerre légale est « pas de guerre sans examen préalable du différend interétatique par un organe international », autrement dit, « pas de guerre avant procédure », soit une conception formelle, non pas matérielle.

Le Pacte de 1928[36], selon lequel les États parties s'engagent à renoncer à la guerre « *en tant qu'instrument de politique nationale dans leurs relations mutuelles* », est un compromis entre les préoccupations françaises — la renonciation à la guerre ne doit pas servir aux États d'échappatoire aux obligations découlant de leur appartenance à la SDN — et les préoccupations américaines — le Pacte ne doit pas entraîner les États-Unis malgré eux dans les affaires du continent européen. Apparemment, il proscrit *Bellone*. Mais ses lacunes et les réserves gouvernementales l'ont largement vidé de son contenu. Le Pacte n'interdit pas le recours à la force en dehors de la guerre et il ne définit pas la guerre, s'en tenant implicitement à une conception de la belligérance comme emploi direct de la force armée, à l'exclusion des autres moyens de coercition. Il autorise implicitement, *a contrario*, la guerre en tant qu'*instrument de politique internationale*. Il laisse chaque État déterminer l'existence ou non d'une agression — celle-ci ne sera définie que par les Conventions de Londres des 3, 4 et 5 juillet 1933 — et décider des mesures à prendre. Il ne contient aucun mécanisme de sanction. Il n'énonce aucune modalité de changement pacifique. Les réserves ajoutées au Pacte — la réserve de la légitime défense face à une agression ou même face à toute provocation ou à toute atteinte à la sécurité

[35] Cf. notamment A.A. Fleïcher, *L'analyse juridique du Pacte de la Société des Nations* (thèse), Paris, Ed. de « la vie universitaire », 1922.

[36] Entré en vigueur le 24 juillet 1929, le Pacte général de renonciation à la guerre a pour origine un échange de notes entre le ministre français des Affaires étrangères, Briand, et le secrétaire d'État américain, Kellog, du 28 décembre 1927 au 13 avril 1928. Passant d'un plan bilatéral franco-américain à un plan multilatéral, il a été signé le 27 août 1928 par les États-Unis, la France, la Grande-Bretagne et ses Dominions, la Belgique, la Tchécoslovaquie, la Pologne, l'Allemagne, l'Italie et le Japon ; ouvert aux autres États, il verra l'adhésion de l'URSS. Bref, renoncent à la guerre les puissances qui s'affronteront dix ans plus tard ! En 1939, 63 États l'avaient ratifié ou y avaient adhéré, soit tous les États du monde sauf quatre (Argentine, Bolivie, Salvador, Uruguay), qui reconnurent cependant l'obligation de ne pas recourir à la guerre et qui adhérèrent à un traité analogue, le pacte Saavedra-Lamas de 1933.

nationale, la réserve française des engagements contractés antérieurement, la réserve britannique de la sécurité des communications de l'Empire, la réserve américaine de la doctrine Monroe ou la déclaration selon laquelle « *toute action contre la propriété ou la personne d'un citoyen américain est un acte d'hostilité* »... — réduisent la condamnation formelle de la guerre à une rhétorique. Le principe posé étant trop vague pour lier les États, ce sont les réserves, notamment celles relatives au droit de légitime défense, qui ont une précision suffisante pour avoir un caractère obligatoire. Il est significatif que les tentatives pour harmoniser le Pacte de 1919, l'interdiction partielle de la guerre à l'intérieur d'un système doté d'organes internationaux, et le Pacte de 1928, la pseudo-interdiction générale sans organe international spécifique, n'aient pas abouti[37], pas plus que les tentatives de transporter dans les constitutions nationales les règles des deux Pactes (seuls l'Espagne et le Siam introduisirent l'interdiction du recours à la force armée dans leur constitution)[38].

Des Pactes issus de la Première Guerre mondiale à la Charte issue de la Seconde, le droit international a donc vu la création, au moins en filigrane, d'un système de prévention, de cessation, de réparation et de répression de la guerre *nationale*, qualifiable d'agression. Ce tournant s'est effectué au nom d'un nouveau « progrès de la civilisation », signifiant à la fois unification de l'espèce humaine, pacification des relations internationales et justiciabilité des actes politiques, y compris la décision *nationale* de recourir à la force armée (celle-ci ne serait plus « souveraine », mais elle pourrait être déclarée « légale » ou « illégale » par une instance internationale compétente). Le mécanisme de prévention de la guerre : menacer l'agresseur d'une « action collective » suivie de réparation et de punition, s'est accompagné d'un mécanisme de répression : désigner, combattre et vaincre l'agresseur, pour le contraindre à cesser les hostilités, puis lui infliger une double procédure réparatrice et punitive, l'ensemble devant servir à dissuader tout nouveau candidat à l'agression. C'est de cette façon que la préservation de la paix et la justice (au sens de la réparation des dommages et de la répression des infractions) ont été associées en droit international. Au moins trois problèmes se posent.1) Prohiber l'agression sans prévoir de règlement diplomatique ou juridictionnel obligatoire des différends ni de modalités efficaces d'ajustement ou de révision pacifique, revient ni plus ni moins à rendre intangible le *statu quo*. Mais le *statu quo* est-il juste ? 2) A ce jour, le système de prévention, cessation, réparation et de répression de la guerre *nationale* est purement *politique :* sauf les procédures réparatrice et punitive

[37] Le Pacte de 1919 avait été renforcé normativement par le Pacte de 1928 ; le Pacte de 1928 ne fut pas renforcé institutionnellement par le Pacte de 1919. Tous deux firent naufrage de 1933 à 1941.

[38] Cf. notamment A.N. Mandelstam, « L'interprétation du pacte Briand-Kellog par les gouvernements et les parlements des États signataires », *RGDIP*, 1933, pp. 531-605, 1934, pp. 179-269.

stricto sensu, très peu mises en œuvre, il repose tout entier sur le CSNU. Il a en effet besoin d'une instance de décision, qui qualifie l'agression et qui désigne l'agresseur, même si l'exécution relève des États. Tout dépend donc du consensus entre les grandes puissances, qu'il est impossible de désigner comme agresseurs, de même que leurs alliés qu'elles couvrent. 3) Astreindre l'agresseur aux procédures judiciaires implique de remporter une victoire totale sur lui, ce qui conduira à administrer son territoire et sa population, à moins que cette victoire n'amène un changement de gouvernement local, la nouvelle équipe acceptant lesdites procédures, y compris livrer les anciens dirigeants ou les poursuivre pénalement.

Par rapport au droit médiéval et au droit classique, comment appréhender le *jus ad bellum* contemporain ? Par la discrimination qu'il opère entre les belligérants, il se rapproche du droit médiéval. Cette discrimination obéit cependant davantage à des griefs formels qu'à des motifs de fond, encore que le système de l'ONU soit moins procédurier que celui de la SDN. D'autre part, le CSNU, comme autrefois le Conseil de la SDN, n'est pas réellement une instance tierce ou supérieure, puisqu'il est composé de représentants d'États pouvant être parties à un conflit. Sa légitimité n'est pas celle de l'Église romaine au temps et dans l'espace de la *Respublica christiana*. Comme dans le droit classique, le *jus ad bellum* contemporain privilégie la qualité de l'auteur : mais il s'agit alors du CSNU, plus que des États, même si ces derniers demeurent les sujets primaires du droit international. Depuis la reconnaissance des luttes de libération nationale et l'émergence des droits de l'homme comme principe de légitimité internationale, le droit des peuples à l'autodétermination étant lui-même le premier des droits de l'homme selon les Pactes des NU de 1966, on observe toutefois une montée de la *causa* par rapport à l'*auctoritas*. C'est ce qu'expriment certaines revendications en faveur d'un « droit d'intervention » pour cause humanitaire, démocratique, autonomiste ou indépendantiste, sans qu'importe, ou de moins ou en moins, l'autorisation du CSNU. On reste cependant dans une logique dérogatoire au principe d'interdiction du recours interétatique à la force armée, puisque ce dernier demeure, sinon contrôlé par le CSNU, du moins conditionné par la violation grave du droit des peuples ou des droits de l'homme, que l'on vise à faire cesser voire à prévenir, réparer ou réprimer, au nom de la « responsabilité de protéger »[39].

Dans le système de la SDN et encore dans le droit positif de l'ONU, la discrimination des belligérants ne procède guère de la *causa belli* ou d'une culpabilité matérielle. Elle réside dans le constat de l'agression ou de la

[39] Titre du rapport publié en décembre 2001 par la « Commission internationale de l'intervention et de la souveraineté des États », créée à l'initiative du gouvernement canadien un an après la guerre du Kosovo. La France l'a intégré dans son *Livre Blanc sur la défense et la sécurité nationale* de 2013 (p. 24).

rupture de la paix, c'est-à-dire, pour l'essentiel, dans le fait de l'attaque militaire en premier d'un État contre un autre, soit une culpabilité formelle découlant de la violation de l'obligation de régler pacifiquement les différends. L'organe international de sécurité collective tend à évacuer l'arrière-plan historique et politique du conflit, c'est-à-dire ses causes de fond. Comme disait lord Robert Cecil, « *la question à trancher n'est pas de savoir où est le bon droit, mais qui a commis le premier acte d'hostilité* ». Le droit international en vigueur, lorsqu'il prohibe l'agression ou la rupture de la paix, entend garantir le *statu quo* contre toute initiative d'un recours offensif à la force armée, sans guère s'interroger sur le caractère « juste » ou « injuste » du *statu quo* ou du recours à la force armée par rapport à un principe substantiel de légitimité[40]. Or, l'attaque ou la défense militaire sont des concepts de stratégie, pas des concepts de droit. La doctrine médiévale, elle, départageant sur le fond la guerre juste et la guerre injuste, sans accorder plus d'importance au caractère « offensif » ou « défensif » des opérations militaires, reposait sur l'idée qu'il ne pouvait y avoir de paix véritable dans l'injustice. C'est à quoi tendent les revendications susmentionnées sur « l'exception d'intervention » : que l'illicéité du recours à la force armée ne dépende pas, formellement, de la violation du règlement pacifique des différends, du caractère des opérations militaires ou du vote au CSNU, c'est-à-dire d'une *arithmétique politique* ; mais que la licéité du recours à la force armée dépende, matériellement, du rapport qu'entretiennent les belligérants avec le droit des peuples ou les droits de l'homme, autrement dit, de la *cause politique* qu'ils poursuivent. De fait, la question du *bellum justum* ne peut être détachée de celle de la *justa causa*, y compris dérogatoirement.

---

[40] Une guerre « d'agression », au sens juridico-formel de l'attaque militaire en premier, n'est pas nécessairement une guerre « injuste », au sens politico-matériel de la *causa*. Une guerre « illégale » ou « formellement injuste », déclenchée en violation de l'obligation du règlement pacifique des différends, peut être une guerre « légitime » ou « matériellement juste », car la justice ou l'injustice d'une cause matérielle ne se confond pas avec la légalité ou l'illégalité d'un acte formel : l'attaque en premier. Cf. C. Schmitt, *2001* (1950).

TITRE II

QUI A LE DROIT DE RECOURIR À LA FORCE ARMEE ? LA QUESTION DES AUTEURS DES CONFLITS ARMES INTERNATIONAUX

Les auteurs des conflits armés internationaux sont bien sûr les États (sujets primaires ou pléniers de droit international public), mais aussi les OIG compétentes (sujets dérivés ou fonctionnels de droit international public), les mouvements de libération nationale et, autrefois, l'Autorité palestinienne (sujets partiels de droit international public ou sujets potentiels car ils renvoient à des État à constituer), auxquels s'ajoutent éventuellement d'autres groupes ou entités armés non étatiques[41]. L'une des révolutions juridiques du XXe siècle, on l'a dit, a été l'avènement d'autres titulaires du droit de belligérance que les États, soit une désétatisation partielle et relative ne signifiant pas, en tant que telle, abolition ni même limitation du droit de belligérance, mais création, d'une part, d'un droit d'allure supra-étatique au nom de la sécurité collective, d'autre part, d'un droit non étatique au nom de l'autodétermination des peuples, cas palestinien compris.

[41] Rappelons que, parmi les sujets non souverains de droit international public, le MLN est sujet du droit de belligérance ; le peuple, sujet du droit à l'autodétermination ; l'individu, sujet du DIDH, mais aussi du droit international pénal s'il commet une infraction internationale engageant sa responsabilité, du droit international des minorités s'il appartient et choisit d'appartenir à un groupe minoritaire reconnu par l'État de résidence (à ne pas confondre avec les étrangers), du droit international des réfugiés au cas où il quitterait son pays parce qu'il y serait persécuté pour des raisons de race, religion, groupe ethnique, groupe social ou opinion politique (à ne pas confondre avec les émigrés).

CHAPITRE PREMIER

LES ÉTATS

L'État est la forme moderne de l'unité politique[42]. Il comprend des « éléments constitutifs » : un territoire, une population, un gouvernement[43], auquel se rattachent des administrations actives et contentieuses, civiles et militaires. Il a pour « attributs spécifiques » la souveraineté et la personnalité : l'État est une personne morale de droit public ; la seule à n'avoir aucun supérieur et à avoir une compétence générale (normative, exécutive, juridictionnelle) sur son territoire et sa population (y compris les étrangers), ainsi qu'une compétence personnelle (normative, exécutive en cas de nécessité) sur ses ressortissants et leurs biens à l'étranger, permettant l'exercice de la protection diplomatique ou consulaire. Il y avait une soixantaine d'États en 1945, près de deux cents aujourd'hui. Le nombre de titulaires du droit de belligérance ou d'auteurs licites de la belligérance a donc été multiplié par trois. Cette multiplication s'explique par la décolonisation d'une part[44], la décommunisation d'autre part (la dissolution de la RFSY, de l'URSS, de la Tchécoslovaquie).

Le système international s'est élargi quantitativement avec la multiplication de nouveaux États. Mais — fait capital pour la polémologie comme pour le droit de la guerre civile et la problématique de l'intervention étrangère — seuls certains d'entre eux ont la capacité d'assurer *grosso modo* la sécurité des personnes et des biens sur leur territoire, donc de remplir leurs obligations de vigilance et de diligence dans leurs espaces de souveraineté terrestre, maritime, aérien, c'est-à-dire prévenir et réprimer toute action criminelle commise par leurs ressortissants ou résidants qui porterait atteinte aux ressortissants ou aux intérêts d'États tiers[45]. Les autres, du point de vue

---

[42] Il a existé d'autres formes d'unité politique que l'État et d'autres formes d'identité politique que la nation, au sens où l'on entend ces termes en Europe. L'État implique un minimum d'institutionnalisation et de centralisation politiques, l'individualisation des rapports sociaux, le relâchement des liens communautaires, la distinction du public et du privé, du juridique et du religieux.

[43] De ces trois composantes résultent trois grandes questions : celle des frontières, celle de la nationalité, celle du régime politique.

[44] 56 États successeurs de l'empire britannique, 22 de l'empire français.

[45] Il s'agit là d'obligations de comportement plus que de résultat : les États doivent mettre en œuvre tous les moyens qui sont raisonnablement à leur disposition en vue de prévenir ou de réprimer lesdits actes ; leur responsabilité ne saurait être engagée pour le seul motif que le résultat recherché n'a pas été atteint.

de l'effectivité des pouvoirs publics, ne sont que des « pseudo-États » : incapables de remplir les obligations susmentionnées, ils ne peuvent bénéficier totalement du principe d'immunité territoriale[46], ils s'exposent à des opérations de police étrangères sur leur territoire... Des dizaines de *politie* ont été reconnues et admises à l'ONU indépendamment de toute appréciation sur leur aptitude réelle à gouverner. Le droit international classique posait des conditions matérielles à la reconnaissance de la qualité de membre de la « communauté internationale » : c'est le modèle de l'État européen qui servait de référence[47]. Après 1945, la généralisation de la qualification d'État, accordée à des entités ne correspondant pas au type européen[48], a transformé le droit international européocentré, relativement homogène, en droit international universel, plutôt hétérogène. À l'élargissement quantitatif du système international a donc correspondu une transformation qualitative. Tout État est libre de reconnaître ou non un nouvel État, sans que cette reconnaissance soit opposable aux États n'y ayant pas procédé. Il existe deux critères objectifs pour tempérer le caractère discrétionnaire (subjectif) de la reconnaissance d'État : le critère, interne, de l'effectivité territoriale ; le critère, externe, de l'indépendance politique. 1) Le droit international attend d'un État qu'il démontre sa capacité à exercer ses prérogatives de puissance publique sur son territoire. 2) Le droit international attend d'un État qu'il démontre sa capacité à ne pas dépendre politiquement d'un ou plusieurs autres États pour son existence ou son fonctionnement[49]. Dans le contexte de la décolonisation puis de la décommunisation suivies de l'admission à l'ONU, cette double critériologie propre à la qualité d'État souverain a été supposée ou anticipée, pas réalisée et vérifiée. Beaucoup d'États, « en construction » ou « en faillite », sont des États« des Nations unies », pas des États« dans leur territoire et leur population », autrement dit, leur souveraineté est externe, pas interne.

---

[46] Le fait qu'un État revendique l'exclusivité du pouvoir sur son territoire entraine une série d'obligations portant sur la gestion du territoire et sur la régulation des activités humaines s'y déroulant, y compris la protection des intérêts étrangers s'y trouvant localisés vis-à-vis des agissements de particuliers. Même si la souveraineté territoriale et la responsabilité internationale ne se conditionnent pas de manière absolue, la simple effectivité du contrôle territorial, avec ou sans légitimité du titre, oblige l'État à la vigilance et à la diligence, y compris lorsqu'il occupe un territoire étranger.

[47] Le droit international classique n'était pas neutre politiquement et culturellement : il exprimait une vision occidentale et libérale du monde, même si « *la méthode du droit public occidental, qui s'est imposée pour l'élaboration du droit international, répugne à toute insertion d'un jugement de valeur non juridique dans le fonctionnement des règles de droit* » (F. Rigaux).

[48] Alors que, historiquement, l'État est une forme spécifique d'unité politique, il est devenu un synonyme d'unité politique.

[49] Somme toute, un État doit librement disposer d'organes propres en mesure d'agir sur tout le territoire et sa population.

Il est clair que les cent quatre-vingt-dix et quelques États qui se partagent les territoires[50] et les populations[51] du monde sont très divers en fait, s'ils sont égaux en droit. Le système international combine l'anarchie, l'oligarchie et l'évolutivité, compte tenu de l'inégal dynamisme des *politie*. La diversité géographique révèle des États géants, moyens ou exigus. Les États dont la superficie est supérieure à trois millions de km² sont la Russie, le Canada, la RPC, les États-Unis, le Brésil, l'Australie, l'Inde. La diversité démographique révèle des États très, moyennement ou peu peuplés. Les États dont la population est supérieure à cent millions d'habitants sont la RPC, l'Inde, les États-Unis, l'Indonésie, le Pakistan, le Nigéria, le Brésil, le Bangladesh, la Russie, le Mexique, le Japon, les Philippines, l'Ethiopie, l'Egypte, le Congo-Kinshasa, le Vietnam ; la moitié des États a une population inférieure à dix millions d'habitants. L'UE à 27, environ 4 millions de km² et 450 millions d'habitants. La diversité des ressources économiques révèle des États riches, moyens ou pauvres. Les États dont le PIB est supérieur à 2000 milliards de dollars sont les États-Unis, la RPC, le Japon, la RFA, l'Inde, la Grande-Bretagne, la France, l'Italie ; les trois cinquièmes des États ont un PIB inférieur à cent milliards de dollars. Sur le plan militaire, un État, l'Amérique, dépense presque autant que tous les autres, cependant qu'il est au centre du plus important, voire du seul, réseau d'alliances à l'échelle mondiale[52]. Les deux tiers des États ont un budget de défense inférieur à trois milliards de dollars[53]. *Summa divisio* en la matière : les États dotés et les États non dotés d'armes nucléaires[54]. Si l'on passe à la

[50] 131 millions de km² de terres (plus 14 millions pour l'Antarctique). Soit une moyenne de 679000 km² par État. À comparer aux 365 millions de km² de mers.

[51] Sept milliards d'individus (un milliard et demi en 1900). Soit une moyenne de 36,3 millions d'habitants par État.

[52] OEA, OTAN, ANZUS, traités bilatéraux avec les États de l'Extrême au Proche-Orient : Japon, Corée du Sud, Taïwan, Philippines, Singapour, Thaïlande, Pakistan, Arabie Saoudite, Israël.

[53] Les cinq membres permanents du CSNU réalisent 70 % des dépenses militaires mondiales (l'Amérique, 45 %), les dix autres principaux États, 20 %, le reste du monde (178 États), 10 %. Quant à l'export militaire, il est assuré à 35 % par les États-Unis, 25 % par la Russie.

[54] Parmi les EDAN, on distingue les EDAN *de jure* (ceux qui ont fabriqué et fait exploser une arme nucléaire avant le 1er janvier 1967 selon l'article IX du TNP, en l'occurrence les cinq vainqueurs de 1945, membres permanents du CSNU), les EDAN *de facto* (Inde, Pakistan, Israël, qui n'ont pas signé le TNP, Corée du Nord, qui s'en est retirée). Parmi les ENDAN, on distingue les États « dénucléarisés » (Afrique du Sud, Biélorussie, Ukraine, Kazakhstan), qui ont disposé d'armes nucléaires, mais qui les ont démontées ou transférées, tout en conservant sans doute le savoir-faire ; les États « proliférateurs »hier ou aujourd'hui (Brésil, Argentine, Libye, Irak, Iran), qui ont (eu) ou auraient (eu) l'intention politique, sans capacité technique initiale, de se doter d'armes nucléaires ou de développer des programmes en ce sens ; les États « potentiellement nucléaires » (la plupart des pays très industrialisés, notamment Japon, Corée du Sud, Taïwan, RFA, Suède, Canada, Australie), qui ont la capacité technique de se doter d'armes nucléaires ou de développer des programmes en ce sens, mais qui n'en ont pas l'intention politique, du moins en l'état actuel des choses ; les autres États. La dichotomie EDAN/ENDAN dissimule une réalité plus complexe.

composition culturelle des populations, on peut distinguer les États-nations et les États multiethniques. Sur les quatre mille langues parlées dans le monde, une centaine fait l'objet d'une éducation publique et treize sont utilisées par les deux tiers de la population mondiale : anglais, français, espagnol, portugais, allemand, russe, arabe, turc, hindi, bengali, chinois, javanais, japonais, ont chacun au moins cent millions de locuteurs. Ces États divers ne forment pas une « communauté internationale »[55] car, de civilisations elles aussi diverses, ils n'ont pas des régimes politiques similaires. Le système international évolue certes dans le sens d'une homogénéisation, puisque la démocratie tend à devenir le principe de légitimité commun ; mais celui-ci demeure diversement interprété et appliqué, d'où la persistance d'une relative hétérogénéité du système international. *Last but not least*, chaque État, même s'il est membre d'une alliance militaire ou d'une Union d'États, a sa propre politique étrangère et de défense. À cet égard, on peut relever le clivage entre les États satisfaits, dont la conduite diplomatico-stratégique est plutôt conservatrice ou favorable au maintien du *statu quo* international, et les États insatisfaits, dont la conduite diplomatico-stratégique est plutôt révisionniste ou favorable au changement du *statu quo* international…

À ce type d'auteur de la belligérance qu'est l'État — singulier trompeur ! — correspondent, par délégation, trois types d'acteurs. Les militaires ont le droit d'utiliser la force armée, conformément au *jus in bello*, dès lors que (conformément au droit constitutionnel en vigueur) le gouvernement (avec ou sans autorisation du Parlement) a ordonné le recours à la force armée ; les civils qui défendent leur État, soit pour repousser l'invasion (on les appellera francs-tireurs), soit pour résister à l'occupation (on les appellera résistants), ont également le droit d'utiliser la force armée, s'ils respectent les conditions fixées par le *jus in bello*.

[55] C'est très abusivement que l'expression « communauté internationale » se trouve utilisée par les hommes politiques, la presse ou la doctrine.

CHAPITRE II

LES ORGANISATIONS INTERGOUVERNEMENTALES COMPETENTES (ONU ET OIG REGIONALES)

S'agissant des OIG, trois questions se posent. Qu'est-ce qu'une OIG ? Une OIG peut-elle être titulaire de compétences de guerre en *jus ad bellum* ? Peut-elle être destinataire des normes internationales du *jus in bello* et responsable en cas de violation ?

Définition et classification des OIG

On définit l'OIG comme une association interétatique multilatérale, créée par un traité interétatique constitutif (droit originaire de l'OIG) qui lui confère une personnalité internationale propre[56], distincte des États membres, et qui lui attribue, de manière permanente, des instances et des compétences, pour remplir des fonctions ou atteindre des buts, sur le plan international, suivant les résolutions (droit dérivé de l'OIG) adoptées par les représentants des États membres conformément aux procédures prévues. Il existe divers types d'OIG. Suivant leur composition (critère géographique), on distingue les OIG à vocation universelle (ONU) ou régionale (LEA, OEA, OUA devenue UA, ASEAN, UE...) ; suivant leur compétence (critère matériel), les OIG à vocation générale (ONU) ou spécialisée, par exemple culturelle (UNESCO) ou économique (OMC) ; suivant leur activité (critère fonctionnel), les OIG à vocation normative (se consacrant surtout à l'édiction de règles dans leur domaine de compétence, telles l'OIT ou

[56] Dans son avis du 11 avril 1949 *Réparation des dommages subis au service des Nations unies*, demandé et rendu suite à l'assassinat du comte Bernadotte, médiateur des NU en Palestine, la CIJ a été amenée à examiner si l'ONU avait qualité pour déposer une réclamation internationale contre le gouvernement responsable afin d'obtenir réparation pour les dommages subis par elle et par les victimes ou leurs ayant-droits. La CIJ observe que les fonctions des NU présupposent que celles-ci possèdent une personnalité juridique internationale distincte des États membres. Cette personnalité découle de deux facteurs : l'existence de compétences propres, autonomes, dans le chef de l'Organisation ; la nécessité de reconnaître un degré d'autonomie formel à l'Organisation pour qu'elle puisse exercer ses compétences. Ladite personnalité n'est pas plénière : à la différence des États, qui possèdent la souveraineté, l'ONU ne dispose que de pouvoirs d'attribution. Aussi la personnalité juridique des NU se limite-t-elle aux droits et devoirs qui permettent la réalisation des buts et l'exercice des fonctions énoncés expressément dans la Charte, ou qui découlent de la Charte (pouvoirs implicites) ou qui résultent des développements de la pratique de la Charte (pouvoirs subséquents).

l'UIT), informationnelle (se consacrant surtout à la fourniture de données, telles l'OMM ou l'OMS) ou mixte (UPU, OACI, OMI). Il existe de nos jours plus de 300 OIG.

Les OIG sont nées du besoin qu'ont ressenti les États d'avoir une capacité collective et commune pour traiter de problèmes collectifs et communs, notamment dans les espaces internationaux. Par rapport aux États membres, leur autonomie organique, matérielle et fonctionnelle dépend de la latitude d'action de leurs instances propres : elle est variable, plus marginale qu'élevée. La diplomatie des OIG est de superposition, plus que de substitution (elle s'ajoute à celle des États, elle ne la remplace pas). Les OIG n'ont pas de territoire, ni de population, ni de gouvernement, ni de souveraineté. Elles ne suscitent pas d'allégeance, même lorsqu'elles ont un drapeau. Elles ont une « charte constitutive », c'est-à-dire un mode de fonctionnement fixé par traité, pour remplir leurs fonctions, atteindre leurs buts et exercer leurs compétences, ce qui inclut un système d'organes et d'agents, une procédure décisionnelle, des pouvoirs implicites, un patrimoine et un budget propres, des privilèges et immunités diplomatiques[57]. Les OIG ont la capacité juridique internationale : dans leur domaine de compétence, elles peuvent conclure des traités[58], être destinataires ou titulaires de règles applicables, ester en justice, porter réclamation pour les dommages subis par elles ou leurs agents, être responsables des agissements de leurs organes ou agents.

Les États fondateurs (les membres originaires) de l'OIG, ainsi que les États qui adhèrent[59], fournissent les buts, le siège[60], les moyens humains, matériels, financiers (personnels, locaux et biens ont un statut diplomatique). Au sein des OIG, les décisions sont prises à l'unanimité, ou à la majorité qualifiée, ou par consensus. Mais nulle OIG ne possède le pouvoir d'imposer des décisions à un État sans la participation d'autres États : que le CSNU décide de contraindre un État, il faudra bien que les États membres du

---

[57] Les instances de l'OIG sont originelles lorsqu'elles sont prévues par la charte constitutive (CSNU, AGNU, CES, CIJ, SGNU), dérivées lorsqu'elles sont créées ultérieurement par l'OIG ; elles sont interétatiques lorsqu'elles sont composées des représentants des États membres (CSNU, AGNU, CES), intégrées lorsqu'elles sont composées d'agents de l'OIG (CIJ, SGNU) ; elles sont plénières lorsqu'elles comprennent les représentants de tous les États membres (AGNU), restreintes lorsqu'elles ne comprennent qu'une partie des membres (CSNU, CES).

[58] Cf. la Convention des NU sur le droit des traités entre États et Organisations internationales ou entre Organisations internationales, signée à Vienne le 21 mars 1986.

[59] Pour les États, la participation à l'OIG est source de contraintes mais aussi d'influences : la mobilisation de l'OIG est l'un des objectifs majeurs de la diplomatie, l'OIG devenant un objet de la diplomatie en même temps qu'elle en conditionne l'exercice. La répétition de principes diplomatiques auxquels aucun État ne peut s'opposer ouvertement finit par constituer un corps de doctrines qui pèse sur la liberté de manœuvre des gouvernements (exemple des droits de l'homme).

[60] Le siège est attribué en vertu d'un accord avec l'État hôte, qui s'engage à ne pas y exercer les prérogatives de sa souveraineté (extraterritorialité).

CSNU ou les autres États mettent en œuvre cette décision. La qualité de membre de l'OIG disparaît, définitivement ou provisoirement, en cas de dissolution de l'OIG, de retrait de l'État membre, de succession d'un nouvel État à un ancien État membre[61], de suspension ou d'exclusion (pour manquement persistant au traité constitutif). S'agissant des OIG régionales, elles regroupent des États d'une même aire géographique, politique, économique ou culturelle. Elles sont fondées par des États noyaux, souvent prépondérants ; d'autres États y adhèrent, souhaitent y adhérer ou ont vocation à y adhérer ; d'autres en sont exclus implicitement ou explicitement.

L'ONU est la seule OIG à vocation générale et universelle, soit un forum public mondial général. Élargie à tous les États du monde, elle est en outre devenue un système d'OIG, agrégeant des Organisations créées avant l'ONU, avec l'ONU et après l'ONU. La dénomination « Organisation des Nations unies » n'en est pas moins trompeuse. Ce ne sont pas des « nations » qui sont représentées, mais des États, et ces États, divers et relativement hétérogènes, satisfaits ou insatisfaits, n'ont rien d'« unis ». L'ONU n'est évidemment pas une Fédération, ni un super-État reproduisant le schéma de la distinction des pouvoirs. Le CSNU n'est pas un « exécutif », mais une conférence diplomatique qui siège en permanence ; l'AGNU n'est pas un « corps législatif », mais une conférence diplomatique qui siège par session ; le Secrétariat général est l'organe administratif de l'OIG et le Secrétaire général, un haut fonctionnaire international. Quant à la CIJ, sa compétence contentieuse dépend, sous une forme ou sous une autre, de l'acceptation préalable et facultative par les États, qui ne peuvent être attraits malgré eux à La Haye. Il n'y a de « supra-étatique » que les décisions prises par le CSNU au titre du chapitre VII : celles-ci s'imposent à tous les États, y compris non-membres (art. 2-6). La Charte déroge à cet égard au principe de la relativité des traités, selon lequel les traités n'obligent que les États les ayant signés et ratifiés. L'article 102 oblige à enregistrer au Secrétariat de New York tout traité conclu par un État membre de l'ONU, tandis que l'article 103 stipule que la Charte des NU est supérieure à tout autre traité, y compris créant une OIG régionale (art. 52-1) : la Charte déroge ici au principe de l'autonomie et de l'égalité des traités. Les cinq membres permanents du CSNU ont un droit de veto (art. 27-3, 108 et 109) : cette fois, la Charte déroge au principe de l'égalité des États. Pour le reste, l'ONU, Organisation interétatique, n'est ni indépendante des États ni supérieure à eux, d'autant que les États peuvent s'en retirer (exemple de l'Indonésie en 1965) et qu'il leur revient d'exécuter — ou non — les résolutions du Conseil ou de l'Assemblée.

[61] La continuité de la RFSY et de la RFY réduite à la Serbie-Monténégro n'ayant pas été reconnue, la nouvelle RFY n'a pas été autorisée à occuper le siège de l'ancienne RFSY, mais a dû passer par une nouvelle procédure d'admission.

Les compétences de guerre des OIG

Les OIG ayant des compétences militaires ont le droit de recourir à la force armée conformément à leurs traités constitutifs respectifs (éventuellement modifiés) et, s'agissant des OIG régionales, conformément à la Charte des NU.

Les OIG régionales pertinentes sont les groupements d'États contigus géographiquement ou solidaires pour la défense de leurs membres, le règlement pacifique de leurs différends, voire le « maintien de la paix » dans leur région (LEA, OEA, OUA puis UA, voire OTAN, OPDV, OSCE, UEO puis UE, OTASE, CENTO, CEDEAO…)[62]. On distinguait autrefois les OIG régionales de « sécurité collective » (LEA, OUA) au sens de l'article 52 de la Charte des NU et les OIG régionales de « défense collective » (OTAN, OPDV) au sens de l'article 51 : les premières pouvaient agir pour le maintien de la paix *lato sensu* dans leur zone géographique, mais avec l'autorisation du CSNU en cas d'action coercitive ; les secondes ne pouvaient que réagir à des agressions à l'encontre de leurs États membres, mais sans attendre l'autorisation du CSNU. L'OEA combinait les deux aspects. Cette distinction n'existe plus depuis la disparition de l'OPDV et l'élargissement des compétences de l'OTAN de la « défense » à la « sécurité collectives ». Bien sûr, il arrive que des États membres d'une OIG régionale invoquent la légitime défense afin de justifier des mesures qui, dans les faits, relèvent du maintien de la paix, et cela, pour se passer de l'autorisation du CSNU, ou, à l'inverse, invoquent le maintien de la paix afin de justifier des mesures qui, dans les faits, relèvent de la légitime défense, et cela, pour éviter le contrôle que doit exercer le CSNU.

Malgré les pouvoirs qui leur sont expressément ou implicitement conférés en la matière ou développés par une pratique subséquente, pour remplir leurs fonctions ou atteindre leurs buts conventionnellement prévus, les OIG, ONU comprise, ne sont qu'indirectement titulaires du droit d'ordonner la guerre ou toute opération militaire même non coercitive, pour trois raisons : elles sont composées d'États souverains ; elles n'ont pas de forces armées directement à leur disposition ; elles dépendent des États membres pour leur fournir ces forces armées, même si le commandement de ces dernières peut échoir à l'Organisation. Si tant est qu'elles aient recours à des SMP, elles doivent rencontrer l'assentiment des États, qui établissent le

[62] Selon la définition égyptienne de 1945, « *sont considérées comme des ententes régionales, les organisations de caractère permanent, groupant dans une région déterminée plusieurs pays qui, en raison de leur voisinage, de leur communauté d'intérêt ou d'affinités culturelles, linguistiques, historiques ou spirituelles, se solidarisent pour le règlement pacifique des différends pouvant survenir entre eux, pour le maintien de la paix et de la sécurité dans leur région, comme pour la sauvegarde de leurs intérêts et le développement de leurs relations économiques* ».

droit des sociétés, octroient les licences professionnelles, délivrent les passeports et les visas, contrôlent la détention et la circulation des armes.

L'applicabilité des normes internationales pertinentes par les OIG

L'implication même indirecte d'OIG, notamment l'ONU, dans des conflits armés est susceptible de créer certains problèmes au niveau des destinataires des règles applicables comme de l'engagement de la responsabilité.

Les OIG, destinataires des règles du jus in bello

Il n'est pas concevable que l'ONU, dont le but déclaré est de favoriser le progrès du droit international, s'affranchisse — par l'argument selon lequel les forces des NU engagées dans des actions coercitives relèvent des États — de toute responsabilité quant au respect du droit applicable en période de conflit armé.

Certes, l'ONU, comme les autres OIG, n'est pas partie aux conventions du DIH ou du DIDH. Pour que les OIG compétentes en matière militaire soient destinataires des règles conventionnelles pertinentes, il existe deux solutions : l'adhésion formelle, l'applicabilité matérielle. La première solution, présupposant la capacité des OIG à conclure des traités, implique soit de modifier les traités existants, soit de permettre aux OIG de devenir parties aux traités ou d'adopter une déclaration *ad hoc* les engageant à respecter au moins certaines dispositions des traités, soit d'élaborer une convention spéciale prévoyant l'applicabilité du DIH et du DIDH par les OIG. La seconde solution, inhérente et immédiate, découle de l'idée selon laquelle la capacité matérielle d'employer la force armée entraîne la capacité subjective d'être destinataire des normes du *jus in bello*. L'ONU est destinataire de telles normes, puisque les pouvoirs qui sont les siens selon la Charte, expressément, implicitement et subséquemment, peuvent l'amener à être impliquée dans des conflits armés et à employer la force armée[63]. Il en va de même des autres OIG compétentes. Le droit de l'occupation, aspect du *jus in bello*, et le DIDH sont également applicables aux OIG, lorsque celles-ci, en vertu de leurs pouvoirs, exercent un contrôle territorial de type gouvernemental, telles les administrations internationales de territoire.

La diversité des obligations contractées par les États membres pose une difficulté aux OIG, notamment l'ONU. S'agissant des opérations militaires multinationales, la planification de l'état-major commun doit tenir compte des règles du *jus in bello* qui s'imposent à chacun des États participants.

[63] L'IDI l'a rappelé dans ses travaux et résolutions de 1963 (*Égalité d'application des règles du droit de la guerre aux parties à un conflit armé*), 1975 (*Conditions d'application des règles humanitaires relatives aux conflits armés aux hostilités dans lesquelles les Forces des Nations unies peuvent être engagées*) et 1999 (*Application du droit international, notamment humanitaire, dans les conflits armés auxquels prennent part des entités non étatiques*).

Mais ceux-ci ne sont pas nécessairement parties aux mêmes conventions. La solution au problème de la diversité des engagements conventionnels souscrits par les États oeuvrant à l'action militaire collective, réside dans l'alignement sur le standard de protection le plus élevé. La norme la plus avancée constituant le dénominateur commun de l'action multinationale, aucun État ne se trouve en contradiction avec ses propres obligations. Parallèlement, l'application *ad hoc* de cette norme n'implique pas l'acceptation par l'État non partie à telle convention des dispositions conventionnelles ni, par conséquent, l'engagement de sa responsabilité par rapport à cette convention[64]. Le commandement des forces des OIG ne peut échapper à cette méthode, sauf à compromettre l'unité d'action des forces ou à placer certains États participants en contradiction avec leurs obligations.

L'engagement de la responsabilité des OIG

La responsabilité des OIG pour violation du droit international implique : d'établir le principe et les modalités de cette responsabilité ; de leur attribuer les violations et d'examiner les éventuelles circonstances excluant l'illicéité ; de déterminer leur responsabilité réparatrice et l'éventuelle responsabilité punitive de leurs autorités ou agents. Comme pour les États, la responsabilité réparatrice des OIG est fondée sur l'existence d'un fait internationalement illicite dommageable, dès lors que le manquement de l'OIG à une obligation internationale liant cette OIG lui est attribuable.

Le *jus in bello* s'appliquant aux OIG comme aux États, même si elles ne sont pas formellement parties aux conventions, les OIG sont responsables des violations des règles conventionnelles ou coutumières souscrites par leurs États membres, conjointement avec ces mêmes États. Tout le problème est de savoir à qui imputer la violation : à l'OIG ou à ses États membres ? S'il y a contrôle par l'OIG, la responsabilité relèvera de l'OIG ; dans le cas contraire, elle relèvera des Etats[65]. Le seul fait qu'une opération militaire soit menée sous l'égide ou avec l'habilitation d'une OIG ne suffit pas à lui rendre imputables les éventuelles violations du droit international commises dans le cadre de l'opération. Le simple transfert de l'exercice de

[64] L'OTAN s'était heurtée à ce problème d'« interopérabilité juridique » lors de la campagne aérienne en Yougoslavie en 1999. Il fallait quotidiennement déterminer si les choix opérationnels étaient conformes aux obligations imposées par le *jus in bello*. Or, certains États, dont la France, n'avaient pas signé ou ratifié le P1 de 1977. Le Protocole a néanmoins servi de référence pour apprécier la licéité des actions envisagées. Il a joué le rôle de standard de protection le plus élevé.

[65] Il est significatif que, dans le cadre des procédures intentées devant la CIJ par la RFY contre dix États membres de l'OTAN en 1999, aucun des États défendeurs n'ait invoqué le fait que les comportements qui leur étaient reprochés auraient dû être attribués par l'OTAN plutôt qu'à eux-mêmes. De même, en Corée comme en Irak, ce n'est jamais la responsabilité de l'ONU qui a été mise en cause, à défaut d'un contrôle effectif de l'ONU sur les opérations, mais celle de l'État sous le contrôle opérationnel duquel se déroulait l'action militaire.

compétences des États à une OIG n'aboutit pas à exonérer les États. La pratique est constante depuis la première opération où un recours à la force armée a été autorisé par le CSNU : la guerre de Corée en 1950. Même si les opérations ont été menées sous les auspices des NU, l'ONU a toujours rejeté les demandes de réparations présentées par des États tiers dans ce contexte. Corollairement, les États participant aux opérations dont les forces se sont trouvées mises en cause ont systématiquement accepté de faire face aux conséquences de leurs actions dommageables. Cette pratique est demeurée par la suite, et le principe de l'absence d'attribution à l'ONU des comportements de forces simplement « autorisées » apparaît solidement ancré. De manière tout aussi constante, les NU ont toujours accepté, à l'inverse, le principe de l'attribution de responsabilité à l'ONU des comportements de forces « commandées », car celles-ci, à la différence des autres, se trouvent sous l'autorité opérationnelle des NU (SGNU et RSSG en l'occurrence).

Ainsi, l'imputation ne se justifie que si les actes ont été perpétrés par des membres de contingents pouvant être considérés comme des organes ou des agents de l'OIG, en raison d'un rattachement institutionnel ou d'un contrôle opérationnel sur les contingents en cause. Par conséquent, les États participant à une action multinationale demeurent responsables des actes de leurs personnels militaires, y compris lorsque ces actes s'inscrivent dans l'exécution d'ordres adressés par le commandement de l'OIG, à moins que l'OIG n'exerce une autorité opérationnelle effective sur les contingents nationaux. *La responsabilité suit l'effectivité*[66]. Le destinataire ou le titulaire des règles applicables est l'autorité qui exerce en pratique le commandement réel des forces engagées sur le terrain. À elle donc de vérifier que les décisions ou mesures prises restent conformes au droit international applicable, car elle en est responsable, étant en position de prévenir ou de limiter la violation d'une obligation internationale. Quant à la responsabilité

[66] La question de la responsabilité que sont susceptibles d'encourir les États parties à la CEDH en raison d'actes réalisés par des OIG dont ils sont membres, par exemple pour des faits commis dans le cadre d'une « opération de paix » autorisée par les NU, s'est posée devant les organes de contrôle de la Convention. La Cour EDH y a notamment répondu dans les arrêts *Behrami c. France* et *Saramati c. France, Allemagne et Norvège* en mai 2007. Elle a déclaré que les faits, commis au Kosovo dans le cadre de la MINUK et de la KFOR, dont se plaignent les requérants étaient imputables à l'ONU et non à l'OTAN ou aux États parties. L'articulation des pouvoirs entre l'ONU et l'OTAN est analysée comme suit : « *le Conseil de Sécurité détient l'autorité et le contrôle ultimes... le commandement effectif des questions opérationnelles appartient à l'OTAN* », dès lors « *la Cour constate que la KFOR exerce les pouvoirs que le Conseil de Sécurité lui a légalement délégués en vertu du chapitre VII, de sorte que l'action litigieuse est, en principe, attribuable à l'ONU* ». Cette décision et ce raisonnement ont été sévèrement critiqués, à juste titre, par P. Klein (« 2007 ») : la Cour EDH va directement à l'encontre des solutions qu'une pratique constante avait fait émerger de longue date dans ce domaine. Elle méconnaît les ressorts fondamentaux du droit de la responsabilité internationale, dans lequel l'effectivité joue un rôle prédominant. De manière générale, cf. P. Klein, *1998*.

punitive, elle incombe aux individus, agents ou autorités, qui auraient commis, ordonné de commettre ou laissé commettre des infractions de droit commun ou des crimes internationaux, notamment des infractions graves au *jus in bello*.

CHAPITRE III

LES MOUVEMENTS DE LIBERATION NATIONALE

Les MLN sont les mouvements de lutte anticoloniale, postcoloniale ou anti-apartheid reconnus par l'AGNU ou l'OIG régionale compétente (l'article 1 paragraphe 4 P1 parle des conflits armés dans lesquels les peuples luttent contre la domination coloniale, l'occupation étrangère ou les régimes racistes)[67]. En 1970, dans la résolution 2625 de l'AGNU, et en 1977, dans le P1, de nouvelles notions furent énoncées : celle des « *peuples en lutte* » contre une « *occupation étrangère* » ou des « *régimes racistes* », sans plus de définition, contrairement à la notion de « *peuple colonisé* » qui est définie depuis 1960 par la résolution 1541 de l'AGNU. Mais il ne fait pas de doute que« *l'occupation étrangère* » faisait référence aux situations postcoloniales, et les « *régimes racistes* », aux situations d'apartheid. A ce type d'auteur de la belligérance qu'est le MLN correspond, par délégation, un type d'acteur. Les membres des MLN (on les appellera guérilleros) ont le droit d'utiliser la force armée, s'ils respectent les conditions fixées par le *jus in bello*. Qu'est-ce qu'une situation coloniale, postcoloniale ou d'apartheid ?

Situation coloniale et « réintégration territoriale »

Selon l'AGNU, une situation coloniale désigne un territoire « *géographiquement séparé* » et une population« *ethniquement ou culturellement distincte* »de l'État qui les administre (rés.1541), concrètement une domination européenne sur des populations ultramarines non européennes (Gibraltar et Malouines exceptés).

La décolonisation rencontre une difficulté lorsque le « territoire non autonome » est revendiqué par un ou deux États voisins parce qu'il leur

---

[67] L'article 1 paragraphe 4 en *jus ad bellum* a pour pendant en *jus in bello* l'article 96 paragraphe 3. Ce dernier stipule que « *l'autorité représentant un peuple engagé contre une Haute Partie contractante dans un conflit armé du caractère mentionné à l'article premier, paragraphe quatre, peut s'engager à appliquer les Conventions et le présent Protocole relativement à ce conflit en adressant une déclaration unilatérale au dépositaire. Après réception par le dépositaire, cette déclaration aura, en relation avec ce conflit, les effets suivants : a) les Conventions et le présent Protocole prennent immédiatement effet pour ladite autorité en sa qualité de partie au conflit ; b) ladite autorité exerce les mêmes droits et s'acquitte des mêmes obligations qu'une Haute Partie contractante aux Conventions et au présent Protocole ; c) les Conventions et le présent Protocole lient d'une manière égale toutes les parties au conflit* ».

appartenait autrefois : le Sahara occidental (ex-espagnol), la Nouvelle-Guinée occidentale (ex-néerlandaise) et le Timor oriental (ex-portugais), Djibouti (ex-français), le Belize (ex-britannique), les Malouines (britanniques), Gibraltar (britannique), étaient ou demeurent concernés par la thèse de la « réintégration territoriale », émise respectivement par le Maroc et la Mauritanie, l'Indonésie, la Somalie et l'Éthiopie, le Guatemala, l'Argentine, l'Espagne. Ces États prétendent agir sur leur propre territoire, dont ils excipent l'intégrité ; en même temps, ils invoquent la libre détermination de la population locale ; mais selon eux, l'autodétermination doit signifier sécession vis-à-vis de la métropole européenne (Espagne, Pays-Bas, Portugal, France, Grande-Bretagne), non pas intégration ou association, puis rattachement, non pas indépendance. Peut donc se manifester un double différend : entre l'État revendicatif et la puissance européenne au sujet du TNA ; entre l'État revendicatif et le nouvel État, s'il est créé, dont l'existence même est en jeu. Il y eut aussi le cas de Chypre, colonie britannique, que les nationalistes chypriotes grecs voulaient rattacher à la Grèce, mais qui devint indépendante sous « garantie » anglo-gréco-turque en 1959, puis qui vit l'intervention de l'armée turque en 1974 et la création d'une « République turque » en 1983.

On le verra, l'AGNU a assimilé le droit à l'autodétermination dans les situations coloniales ou postcoloniales au droit à l'indépendance. Elle a cependant admis la thèse de la réintégration, d'une part, dans le cas des enclaves européennes en Inde (Goa, Damao et Diu)[68], en Chine (Hong-

[68] L'affaire de Goa a révélé l'affermissement de « l'exception de colonialisme » et de la « réintégration territoriale ». En 1954, Damao et Diu, enclaves portugaises dans le sous-continent indien, avait été occupés par l'Inde ; l'affaire avait été portée devant la CIJ, qui avait émis un arrêt reconnaissant la souveraineté portugaise. Mais le 21 décembre 1961, l'Inde occupa *manu militari* les territoires, ainsi que celui de Goa ; puis tous trois furent annexés. Le 19 décembre, l'AGNU avait adopté la résolution 1699condamnant « *le manquement persistant du* gouvernement *portugais aux obligations qui lui incombent en vertu du chapitre XI* ». Trois jours plus tard, deux thèses s'affrontaient : le Portugal plaidait l'agression et invoquait l'article 2 paragraphe 4 de la Charte ; l'Inde plaidait la fin du colonialisme, la réintégration territoriale et invoquait la résolution 1514 de l'AGNU. Les deux projets de résolution au CSNU résumèrent les thèses en présence. Ceylan, le Libéria et la RAU proposèrent le texte suivant : « *le Conseil de Sécurité, considérant que les enclaves que revendique le Portugal en Inde constituent une menace à la paix et à la sécurité internationales et font obstacle à la réalisation de l'unité... de l'Inde... 1) décide de rejeter la plainte formulée par le Portugal contre l'Inde pour agression, 2) invite le Portugal à mettre un terme à son action hostile et à coopérer avec l'Inde pour la liquidation de ses possessions coloniales en Inde* ». Les États-Unis, la France, la Grande-Bretagne et la Turquie déposèrent le texte suivant : « *le Conseil de Sécurité, déplorant l'emploi de la force à Goa, Damao et Diu, 1) demande qu'il soit mis fin immédiatement aux hostilités ; 2) invite le* gouvernement *de l'Inde à ramener immédiatement ses forces sur les positions qu'elles occupaient avant le 17 mars 1961 ; 3) prie instamment les parties de prendre les mesures nécessaires pour arriver à une solution permanente de leurs différends par des moyens pacifiques... ; 4) prie le Secrétaire général de fournir l'assistance qui s'avérerait nécessaire* ». Faute de consensus, le CSNU n'adopta pas de résolution. L'affaire ne fut pas portée devant l'AGNU ; mais il ne

Kong, Macao)[69] ou au Maroc (Ceuta et Melilla), d'autre part, dans le cas de la Nouvelle-Guinée occidentale, des Malouines[70] et de Gibraltar, autrement

---

faisait pas de doute que celle-ci soutenait l'Inde au vu de la résolution 1699 ; c'est précisément pourquoi le Portugal ne saisit pas l'Assemblée, sachant bien qu'il se heurterait à une écrasante majorité anticolonialiste. Est coloniale toute possession outre-mer ; le Portugal refusant de négocier son retrait, il ne restait d'autre moyen à l'Inde que d'expulser cet occupant sans titre. Plus tard, la résolution 3314 de 1974 rejettera toute clause de justification de l'agression, mais réservera le droit des peuples de lutter à main armée contre le colonialisme. Un État peut-il être le bénéficiaire de ce droit « des peuples » ? L'Inde savait qu'elle serait couverte par l'URSS au CSNU, que les pays du tiers monde la soutiendraient à l'AGNU et que les puissances occidentales avaient renoncé à défendre le « colonialisme ». Battu d'avance sur le plan militaire, le Portugal était également battu sur le plan juridique. L'affaire de Goa n'est pas qu'une péripétie de la décolonisation. L'enjeu portait sur le droit international antérieur à la Charte. En adhérant à l'ONU, les nouveaux États avaient accepté l'ancien droit, mais pas le droit dit colonial, qui devait être réinterprété par l'AGNU à l'aune de la Charte. La délégation indienne l'avait souligné : Delhi rejette « *la théorie selon laquelle les colonies d'Asie et d'Afrique, obtenues par la conquête, confèrent un droit de souveraineté aux puissances coloniales* ». Seule est incontestable la fraction du droit international qui a été élaborée ou qui est reconnue par la totalité de la communauté internationale. Autrement dit, est contestable tout ce qui a été élaboré par les seules puissances occidentales. C'est ainsi que la résolution 1514 — recommandation érigée en *lex posterior* — prime tous les accords ou principes qui régissaient antérieurement la souveraineté des États européens outre-mer. Le *jus ad bellum* lui-même se tient sous la réserve de « l'exception de colonialisme ». Aucun titre juridique, même vieux de 450 ans, même reconnu par la CIJ, ne peut effacer le vice originaire qui entache une conquête européenne ultramarine. Le droit international n'est respectable que s'il n'est pas entaché de colonialisme. Les mécanismes prévus par le droit international pour obtenir une révision voire une abrogation en cas de changement de situation, sont superfétatoires : « l'exception de colonialisme » permet de recourir à la force armée. La résolution 3314 entérinera cette nouvelle exception au principe d'interdiction de la guerre.

69 Ces deux territoires constituaient des cessions à bail. C'est pourquoi la RPC a pu demander à, et obtenir de, l'AGNU qu'elle ne les inscrive pas dans la liste des TNA. Il s'agissait aussi pour Pékin d'éliminer toute perspective d'autodétermination conduisant à une éventuelle indépendance, donc de garantir la récupération des deux territoires le moment venu.

70 L'Argentine avait soutenu la revendication du Guatemala sur le territoire du Belize. Le 2 avril 1982, elle envahit les Malouines. Selon l'AGNU, l'affaire des Malouines est un cas de décolonisation contrarié par un recours illicite à la force armée. Dans la liste des TNA fixée par le « Comité de décolonisation » figuraient — et figurent — les îles malouines, auxquelles est consacré un sous-comité n° 3, qui, avec l'AGNU, invitait la Grande-Bretagne et l'Argentine à entreprendre des négociations. Les thèses en présence sont les suivantes. L'Argentine fait référence au droit de la décolonisation au sens du détachement du territoire ultramarin vis-à-vis de la métropole européenne, puis du rattachement à l'Argentine. La Grande-Bretagne fait référence au droit des peuples à disposer d'eux-mêmes au sens de la faculté pour la population locale — importée des îles britanniques — de choisir de demeurer sous la souveraineté britannique. Avant 1960, l'AGNU n'assimilait pas l'autodétermination à l'indépendance, mais envisageait les hypothèses de la libre association à la métropole ou du libre maintien dans la souveraineté de la métropole, pourvu qu'il y ait égalité de statut entre la population d'outre-mer et la population métropolitaine. Mais depuis que l'AGNU a posé l'équation : autodétermination = indépendance, l'affaire des Malouines a révélé le paradoxe d'un droit des peuples à disposer d'eux-mêmes invoqué contre le droit à la décolonisation. Dans son effort pour soutenir la cause argentine, l'AGNU en est venue à dissocier le territoire : ultramarin, et la population : britannique, le premier censé se détacher de la Grande-Bretagne, le second désireux de demeurer britannique. Pour obtenir la décolonisation

dit, lorsque le TNA faisait partie d'un même ensemble colonial (à la différence de la Nouvelle-Guinée occidentale[71], néerlandaise, le Timor oriental était portugais) ou lorsqu'il n'est revendiqué que par un seul État (Malouines, Gibraltar) donc lorsque ne se pose pas le problème du partage du territoire. En revanche, le Sahara occidental, le Timor oriental, Djibouti et le Belize devaient être indépendants — et le sont devenus, sauf le premier, la

— au sens du rattachement à l'Argentine — le gouvernement de Buenos Aires a recouru à la force, comme l'Inde à Goa, Damao et Diu. Ce recours était-il licite, au titre de « l'exception de colonialisme » ? Ou était-il constitutif d'une agression ? Dans sa résolution 502 du 3 avril 1982, le CSNU a constaté « *qu'il existe une rupture de la paix dans la... région des Falklands* ». La Grande-Bretagne a invoqué la légitime défense. Or, celle-ci ne doit s'exercer que face à une agression que le Conseil n'a pas constatée. Mais ce dernier n'a pas condamné la réaction britannique. On pourrait en conclure que la légitime défense s'exerce aussi face à une rupture de la paix, pas uniquement face à une agression. À son tour, l'Argentine a qualifié d'agression l'expédition militaire britannique, engagée le 5 avril. Mais le Conseil ne l'a pas suivi : non seulement il n'a pas retiré pas sa résolution 502, mais il a rejeté la proposition du Panama déclarant que l'occupation illégale des îles par la Grande-Bretagne affectait l'intégrité territoriale de l'Argentine et constituait une atteinte à la paix internationale. La résolution 505 du 26 mai exigea une « *cessation immédiate des hostilités* » et « *le retrait immédiat de toutes les forces argentines des îles Falkland* », tout en demandant aux parties de « *rechercher une solution diplomatique à leur différend* ». Quelques jours plus tard, la résolution 507, présentée par des non alignés et adoptée à l'unanimité, n'était pas dirigée contre l'Argentine, mais, animée du souci de favoriser un retour à la paix par la négociation, elle s'efforçait de tenir un ton égal entre les parties et chargeait le SGNU de la mission de parvenir à un accord entre les belligérants sur les modalités d'un cessez-le-feu. De son côté, l'OEA se plaça dans le cadre du Traité interaméricain d'assistance réciproque signé à Rio de Janeiro le 2 septembre 1947, pour réagir au nom de la solidarité hémisphérique face à l'expédition britannique. C'est dire qu'elle n'a pas considéré l'Argentine comme l'agresseur ! Au contraire de l'ONU, elle a condamné l'action britannique, réfuté l'idée d'une légitime défense et préjugé un droit de souveraineté argentine sur les îles. Mais les États-Unis firent prévaloir leurs attaches avec la Grande-Bretagne sur la solidarité panaméricaine. Ce furent donc les seules Républiques latino-américaines qui, au nom d'une nouvelle « doctrine Monroe », appuyèrent l'Argentine. Peine perdue : on sait que la Grande-Bretagne, agissant seule sans être dessaisie par le CSNU, recouvra *manu militari* sa souveraineté sur les Malouines.

[71] Le 15 août 1962, un accord avait été conclu sous les auspices du SGNU entre les Pays-Bas et l'Indonésie au sujet du territoire. Le vieux différend, entre la thèse néerlandaise de la décolonisation-indépendance (avec ou sans association à l'ancienne métropole) et la thèse indonésienne de la décolonisation-réintégration territoriale (avec ou sans autonomie), paraissait ainsi réglé. Il était prévu que, jusqu'au 1er mai 1963, l'administration de la Nouvelle-Guinée occidentale reviendrait à l'ONU, qui disposerait de forces papoues, indonésiennes et néerlandaises. Dans une seconde phase, après le 1er mai 1963, l'administration échoirait à l'Indonésie, les forces sous mandat de l'ONU étant remplacées par des forces indonésiennes, avec maintien cependant d'observateurs des NU. Djakarta s'engageait à consulter la population avant 1969 sur l'indépendance-association avec les Pays-Bas, l'indépendance tout court ou le rattachement à l'Indonésie. Mais après le 1er mai, le transfert d'administration s'avéra un transfert de souveraineté ! Aucun référendum ne fut jamais tenu. Les soulèvements papous furent sévèrement réprimés. Le gouvernement indonésien se contenta de consulter, à l'été 1969, 110 « représentants » des 800000 Papous. L'AGNU entérina cette « consultation » et admit le rattachement à l'Indonésie de l'» Irian Jaya », dans sa résolution 2504 du 19 novembre.

proposition marocaine d'autonomie sous souveraineté de Rabat se heurtant toujours à la volonté d'indépendance du Front Polisario. Quant à Chypre, son droit à l'unité, à l'indépendance et à l'intégrité a été réaffirmé, et la RTCN, frappée d'interdiction de reconnaissance.

Situations postcoloniales et cas d'ex-colonies italiennes

Une situation postcoloniale, dite « d'occupation étrangère », désigne un territoire d'outre-mer duquel s'est retirée une métropole européenne, mais qui a été cédé à un autre État sans consultation de la population (Cabinda, transmis par le Portugal à l'Angola en 1975), ou qui a été occupé (selon l'AGNU, le mandat de l'Afrique du Sud sur la Namibie s'est transformé en occupation), ou qui a été, après une phase d'occupation, annexé (Sahara occidental par le Maroc depuis 1975 et Timor oriental par l'Indonésie de 1976 à 1999) par un État voisin au nom de la « réintégration territoriale », ou qui a vu l'instauration d'un nouvel État après afflux d'immigrants récents et expulsion des anciens habitants (Palestine, depuis l'échec du plan de partage de l'ONU en 1947 et la création d'Israël en 1948), ou qui a fait l'objet d'une déclaration d'indépendance de la part d'une minorité d'origine européenne sans consultation de la majorité de la population indigène (Rhodésie de 1965 à 1979). L'expression « occupation étrangère » rappelle et signifie que l'éventuelle incorporation du territoire à l'État voisin est illégale, qu'elle ne doit pas être reconnue internationalement et qu'il y a « occupation » au sens du *jus in bello* (même s'il n'y a pas ou plus de conflit armé). Deux cas particuliers portent sur d'anciennes colonies italiennes de la Corne de l'Afrique, administrées par les Britanniques après 1941 et placées sous la tutelle de l'ONU après 1945 : le rattachement de l'Erythrée à l'Ethiopie en 1952, dans un cadre fédéral élaboré par l'AGNU ; l'indépendance et la fusion, organisées par l'AGNU, de la Somalie italienne (*Somalia*) et de la Somalie britannique (*Somaliland*) en août 1960. En mai 1991, l'Erythrée a obtenu son indépendance (internationalement reconnue en 1993) et le *Somaliland* puis, en juillet 1998, le *Puntland* et d'autres parties de la *Somalia* ont proclamé leur indépendance (sans reconnaissance), l'une à l'issue d'une guerre de libération commencée en septembre 1961, les autres après l'engrenage consécutif à la chute de Syad Barré en janvier 1991.

Situation d'apartheid

Une situation d'apartheid désigne un régime politique — seul cas où le droit international positif s'intéresse de manière critique au droit constitutionnel — fondé sur la discrimination et la ségrégation raciales, concrètement une domination blanche sur des populations non blanches (Afrique du Sud de 1948 à 1994). Dans le cas de la Namibie et de la Rhodésie, un régime d'apartheid se greffait sur une situation postcoloniale.

En **conclusion** du chapitre 3, le « colonialisme » *lato sensu* est une notion déterminée dans le temps et dans l'espace qui désigne la domination exercée sur certains peuples par des États occidentaux (métropoles européennes) ou ayant succédé à des États occidentaux (Rhodésie, Angola à Cabinda, Afrique du Sud en Namibie, Israël en Palestine, Maroc au Sahara occidental, Indonésie au Timor oriental). La lutte anticoloniale, postcoloniale ou anti-apartheid a été considérée comme opposant un État constitué (l'État colonial, postcolonial ou d'apartheid) à un État à constituer (le futur État accédant à l'indépendance après le retrait de la métropole européenne ou de l'État ayant succédé à la métropole européenne) ou à reconstituer (après l'abolition de l'apartheid). Le statut des peuples colonisés a été fondé sur la théorie de « l'État en voie de formation » : un territoire non autonome et une population soumise à domination étrangère, mais qui ont droit et vocation à accéder à l'indépendance ; un ou plusieurs MLN qui « représentent » cette population sur son territoire en attendant l'établissement d'un gouvernement légal[72]. On retrouve ainsi les trois éléments constitutifs de l'État : territoire, population, gouvernement. Quant au statut des peuples racialement discriminés et ségrégés, il a été fondé sur la théorie de « l'État en voie de refondation » : à un régime illégitime doit se substituer un régime légitime, préalablement « représenté » par un ou plusieurs MLN.

[72] À la première phase de l'indépendance politique, devait succéder une seconde phase d'indépendance économique. Le droit des peuples à disposer d'eux-mêmes inclut la souveraineté permanente sur les ressources naturelles, le droit au développement et à la coopération technologique, la revendication d'un nouvel ordre économique et culturel international. Mais les États du tiers monde ne sont guère parvenus à créer leur nouvel ordre international.

Chapitre IV

De l'Autorite palestinienne a l'État palestinien

Un État palestinien a été proclamé (1988) puis institué (2013), reconnu par d'autres États et ayant un siège d'observateur à l'ONU. État fictif ou véritable ? Il y avait quoi qu'il en soit une Autorité palestinienne (1993). Elle était titulaire du droit de belligérance, en tant que successeur de l'OLP, mouvement à la fois de « libération nationale » sur le territoire de l'ancienne Palestine mandataire et de « résistance à l'occupation » sur les territoires conquis par Israël à l'issue de la guerre des Six Jours. La situation en Palestine était et demeure singulière en raison de l'interférence entre un État, une situation d'occupation et un processus d'autodétermination, si bien que le conflit israélo-palestinien n'oppose pas, ou n'opposait pas, deux États mais un État à une entité ayant vocation à se constituer en État sur une partie du territoire de l'ancien mandat britannique, à savoir la partie « occupée » depuis 1967. L'existence d'Israël dans ses frontières de 1949 ayant été reconnue par l'ONU, le but de guerre licite des Palestiniens et de leurs alliés, qu'il s'agisse d'États ou de collectivités non étatiques, ne peut plus être la « libération de la Palestine » au sens de l'abolition de l'État d'Israël et de la création d'un État palestinien sur la totalité du territoire de la Palestine mandataire[73]. Le but licite ne peut être que la libération des « territoires occupés » de la bande de Gaza et de Cisjordanie, outre la « désannexion » de Jérusalem-Est d'une part, du plateau du Golan (syrien) d'autre part. Leur incorporation à l'État d'Israël (en 1980 et 1981) a été condamnée par les NU et demeure invalidée internationalement, les deux territoires restant « occupés ». La péninsule du Sinaï, occupée par Israël en 1967, a été restituée à l'Égypte trois ans après le traité de paix de 1979.

[73] « De la côte méditerranéenne au fleuve Jourdain ».

CHAPITRE V

LES AUTRES GROUPES OU ENTITES ARMES NON ETATIQUES

En dehors des situations d'invasion ou d'occupation d'une part, des situations coloniales, postcoloniales ou d'apartheid d'autre part, des groupes ou entités non étatiques (pratiquant la guerre irrégulière ou quasi-régulière sans être les organes *de facto* d'un État) peuvent être belligérants *de fait*. Ils ne le sont *de droit* que s'il y a reconnaissance de belligérance par les États (l'État territorialement compétent, l'État attaqué, les États tiers) ou par décision du CSNU voire recommandation de l'AGNU. En l'absence d'une telle reconnaissance, ils ne sont que des mouvements criminels, souvent qualifiés de « terroristes ». Ils relèvent alors de la police judiciaire. Mais en fonction de leur degré de violence et d'organisation *a fortiori* de territorialisation, la lutte contre eux, se militarisant, relèvera du droit des conflits armés, pas uniquement du droit pénal.

En **conclusion** du titre 2, les belligérants ou les auteurs ou les parties, en droit, à un conflit armé international sont les États, les OIG compétentes, les MLN[74] et les groupes ou entités non étatiques reconnus comme belligérants, personnes morales de droit public international. Les combattants ou les acteurs ou les agents, en droit, d'un conflit armé international sont les membres ou les collaborateurs des forces armées subordonnées aux États, aux OIG compétentes, aux MLN, aux groupes ou entités non étatiques reconnus, personnes physiques. En qualité de personne morale ou de personne physique, tous, vu leur capacité matérielle d'ordonner ou de faire la guerre, sont destinataires, directement ou indirectement, des règles du droit international de la guerre, au moins des règles coutumières sinon des règles conventionnelles, celles-ci présupposant la capacité de conclure des traités ou d'y adhérer ou de s'en prévaloir ; tous encourent une responsabilité, réparatrice ou punitive, la titularité des droits et devoirs entraînant la responsabilité en cas de violation. Aux questions de savoir 1) qui a le droit de recourir à la force armée dans les relations internationales et 2) pour/quoi, 3) qui a le droit d'utiliser la force armée dans les relations internationales et 4) comment, on répondra : 1) les États, les OIG compétentes, les MLN, les groupes ou entités non étatiques reconnus comme belligérants ; 2) suivant les causes ou les buts définis par le gouvernement de l'État, le Conseil de l'OIG compétente, la direction du MLN ou celle du groupe ou de l'entité non étatique reconnu comme belligérant ; le tout en conformité avec le *jus ad bellum* applicable ; 3) les militaires, les francs-tireurs, les résistants, les guérilleros, les membres des groupes ou entités non étatiques reconnus comme belligérants ; 4) avec les instruments et selon les modalités utilisés par les forces armées de l'État, de l'OIG compétente, du MLN ou du groupe ou de l'entité non étatique reconnu comme belligérant ; le tout en conformité avec le *jus in bello* applicable.

[74] En 1974-1977, avaient été admis à participer aux travaux de la Conférence diplomatique sur la réaffirmation et le développement du DIH les mouvements suivants : FRELIMO, MPLA, FNLA, UNITA, PAIGC, ZAPU, ZANU, ANC, PAC, SWAPO, SPUP, OLP, FNLSV. Autant de mouvements qui avaient le statut d'observateurs à l'ONU ; de plus, les mouvements africains avaient été reconnus par l'OUA et l'OLP, par la LEA. La question de leur participation avait été soulevée par Cuba. Certains d'entre eux accédèrent au pouvoir avant la fin de la Conférence. Bien qu'ils n'aient pas eu le droit de vote, les MLN invités avaient un statut plus favorable que celui d'observateurs : ils avaient le droit de participer pleinement aux travaux des commissions, de faire des déclarations et des propositions, de soumettre des amendements considérés comme documents de la Conférence et d'en signer l'Acte final, quoique de manière distincte des plénipotentiaires gouvernementaux.

TITRE III

POURQUOI A-T-ON LE DROIT DE RECOURIR À LA FORCE ARMEE ? LA QUESTION DES CAUSES OU DES BUTS DES CONFLITS ARMES INTERNATIONAUX

Cette question concerne, d'une part, les États et les OIG, d'autre part, les MLN, ou plus largement la problématique de l'insurrection et de l'autodétermination, permettant d'inclure des groupes ou entités non étatiques autres que les MLN. Au préalable, rappelons qu'il y a deux critères fondamentaux anciens, unanimement reconnus, pour que le recours à la force armée soit considéré comme légitime : qu'il soit décidé en « dernier ressort », lorsqu'il n'y a pas d'autre solution *ante bellum* pour résoudre le différend ; qu'il y ait « espérance raisonnable de succès »[75], c'est-à-dire probabilité d'une refondation de la paix *post bellum*. La guerre demeure un *pari*. L'examen des antécédents et des conséquences est donc tout particulièrement requis pour évaluer la légitimité du recours à la force armée. Il convient de calculer, « mettre en balance » ou prévoir les effets du non recours à la force armée par rapport à une situation qui serait pérennisée et ceux du recours à la force armée par rapport à une situation qui serait changée[76]. Cela dit, la problématique des causes ou des buts des conflits armés internationaux implique préalablement de trancher le débat, fondamental pour la théorie comme pour la pratique générales du droit international public, sur la métamorphose prétendue du *jus ad bellum* en *jus contra bellum*.

---

[75] Pour évaluer le succès, il convient de se demander quels étaient les objectifs déclarés et s'ils ont été atteints par l'opération, autrement dit, si les résultats ont concordé avec les objectifs et si les moyens ont été adéquats aux buts.

[76] La légitimité d'une guerre ne s'établit pas *ex ante*, mais *ex post*. L'État qui y recourt pour changer le *statu quo* sera traité en *peace breaker* s'il perd ; mais s'il gagne, ses prétentions passeront dans le droit positif. De même dans l'ordre interne, si une insurrection échoue, elle restera dans la criminalité, alors que si elle réussit, elle instaurera un nouvel ordre et par là même s'auto-légitimera ou se rétro-légalisera.

*C*HAPITRE PREMIER

JUS AD BELLUM OU *JUS CONTRA BELLUM* ?

Outre la question des auteurs licites, le *jus ad bellum* traite de la question des causes ou buts licites de la belligérance. Existe-t-il lorsque les sujets souverains du droit international (les États à l'époque moderne) ont une libre compétence de guerre, ou bien ne peut-il exister que si leur compétence de guerre est limitée et conditionnée par une cause ou un but licite ? Dans le premier cas, le *jus ad bellum* existe pour la simple raison que les États sont titulaires du droit de belligérance : la qualité de personne morale de droit public souveraine suffit à fonder un *jus ad bellum*, indifférent à la cause ou au but. Dans le second cas, le *jus ad bellum* présuppose la distinction de la guerre licite et de la guerre illicite, donc la distinction des belligérants « dans leur droit » et des belligérants « dans leur tort ». De ce point de vue, il n'y aurait de *jus ad bellum* que depuis 1945 ou 1919, lorsqu'on a voulu limiter sinon abolir la compétence de guerre des États. Mais, pour la majorité de la doctrine, si un principe d'interdiction du recours à la force armée est posé, le *jus ad bellum* se transformerait en *jus contra bellum !* En vérité, une telle mutation impliquerait qu'il n'y ait aucune exception admise au principe d'interdiction, donc aucune distinction entre recours licite (conforme à l'exception) et recours illicite (contraire au principe) à la force armée.

Ledit principe est apparemment très large : c'est le recours à la force et à la menace dans les relations internationales qui est interdit par l'article 2 paragraphe 4 de la Charte des NU, pas seulement le recours à la guerre, ni même le recours à la force armée. Mais l'interprétation générale et consensuelle du concept de force l'assimile à force armée, cependant que, on l'a vu, le droit international confond guerre et recours à la force armée. Quant à la menace, elle renvoie à la menace de la force armée. Force, force armée et guerre sont ainsi largement synonymes. Évidemment, les dispositions de la Charte, à moins qu'elles aient acquis valeur coutumière, n'obligent que les États membres de l'ONU. Surtout, le droit international pertinent, principalement énoncé dans la Charte, ne se réduit pas au principe d'interdiction du recours interétatique à la force armée. Dans son alinéa 7, le préambule de la Charte ne déclare-t-il pas qu'« *il ne sera pas fait usage de la force des armes,* sauf dans l'intérêt commun »[77] ?

---

[77] Souligné par nous.

1) Le principe d'interdiction comprend des exceptions : sécurité collective, légitime défense[78]. Certes, ces exceptions sont en même temps des garanties dudit principe, et toute exception doit être strictement interprétée, conditionnée et contrôlée. La sécurité collective et la légitime défense n'en ouvrent pas moins des brèches. 2) Le CSNU peut entreprendre ou autoriser un recours à la force armée en cas d'agression, de rupture de la paix ou de menace contre la paix ; or, la détermination de ces notions, indéfinie sauf la première, est à la merci du Conseil, celui-ci n'étant pas même lié par la définition de l'agression énoncée dans la résolution 3314 de l'AGNU du 14 décembre 1974. 3) L'AGNU a créé une autre exception au principe d'interdiction : « l'exception de colonialisme », sur laquelle se greffe la « réintégration » étatique d'un territoire colonial. Plutôt que d'un *jus contra bellum*, nous sommes donc en présence d'un *jus ad bellum* étatique, même réduit à la légitime défense et à la sécurité collective, ainsi que d'un *jus ad bellum* d'allure supra-étatique, celui du CSNU[79], et d'un *jus ad bellum* non étatique, celui des MLN. Autant de bases sur lesquelles peuvent se développer, et se développent, extrapolations et revendications, selon l'opportunité. Quant au « droit à la paix » proclamé dans la résolution 39/11 de l'AGNU du 12 novembre 1984, il ne s'agit que d'une recommandation dont la préoccupation principale est la prévention de la guerre nucléaire[80].

Olivier Corten est le grand spécialiste contemporain qui soutient la thèse du *droit contre la guerre*, titre de l'*opus magnum* publié en 2008 et réédité en 2014. Celui-ci comprend deux grandes parties : le fond de l'interdiction

---

[78] Plus libération nationale et « réintégration territoriale », ainsi que « l'intervention sollicitée ».

[79] Selon le mot de Thierry de Montbrial, si les seules guerres explicitement autorisées par le CSNU sont légales, symétriquement, les seules guerres explicitement condamnées par le CSNU sont illégales.

[80] L'AGNU, réaffirmant que la mission principale de l'ONU est de maintenir la paix et la sécurité internationales, ayant à l'esprit les principes fondamentaux du droit international énoncés dans la Charte, exprimant la volonté de tous les peuples d'éliminer la guerre de la vie de l'humanité et, surtout, de prévenir une catastrophe nucléaire, convaincue que l'absence de guerre est, au niveau international, une condition primordiale de la prospérité et du progrès, ainsi que de la réalisation complète des droits de l'homme, consciente que, en cette ère nucléaire, l'instauration d'une paix durable sur la Terre est une condition de la préservation de la civilisation et de l'humanité, reconnaissant que chaque État a le devoir sacré d'assurer aux peuples une vie pacifique : proclame solennellement que les peuples de la Terre ont un droit sacré à la paix (art. 1) ; déclare solennellement que préserver le droit des peuples à la paix et promouvoir la réalisation de ce droit constituent une obligation fondamentale pour chaque État (art. 2) ; souligne que, pour assurer l'exercice du droit des peuples à la paix, il est indispensable que la politique des États tende à l'élimination des menaces de guerre, surtout de guerre nucléaire, à l'abandon du recours à la force dans les relations internationales et au règlement pacifique des différends internationaux sur la base de la Charte (art. 3) ; lance un appel à tous les États et à toutes les OIG pour qu'ils contribuent par tous les moyens à assurer l'exercice du droit des peuples à la paix en adoptant des mesures appropriées au niveau national comme international (art. 4).

du recours à la force armée ; les limites de l'interdiction, c'est-à-dire, outre l'intervention sollicitée, la légitime défense et l'autorisation explicite du CSNU, reconnues comme exceptions primaires[81]. Une question traverse tout l'ouvrage : existe-t-il d'autres limites ou exceptions, tel le droit d'intervention humanitaire, le droit de légitime défense préventive, l'autorisation présumée du CSNU ? Réponse : la Charte des NU n'a pas été révisée ; une règle coutumière n'a pas émergé, abrogeant la règle conventionnelle existante, qui est celle de l'interdiction du recours interétatique à la force armée sauf légitime défense et autorisation explicite du CSNU. Des absences sont remarquables dans l'ouvrage : le *jus belli* des MLN ; plus largement, la question des auteurs de la belligérance et celle de l'autodétermination ; la neutralité. O. Corten s'en tient à une conception étatico-positiviste[82], alors même que son ouvrage tourne — à juste titre — autour du CSNU, organe d'une OIG même s'il est composé de représentants d'États. L'existence de limites ou d'exceptions à la règle ne l'empêche pas d'énoncer la thèse de la mutation du *jus ad bellum* en *jus contra bellum ;* pourtant, il souligne qu'« *après l'entrée en vigueur de la Charte des Nations unies, le droit international contemporain se fonde sur une distinction tranchée entre guerre illicite et guerre licite* »[83]. O. Corten a ici parfaitement raison ; mais cette distinction prouve qu'il y a un *jus ad bellum*, pas un *jus contra bellum !* Il devient donc inutile de se demander si une nouvelle règle coutumière a modifié le *jus contra bellum* en vigueur : tout simplement parce que ce dernier n'existe pas, ni conventionnellement ni coutumièrement. En revanche, on le confirmera, O. Corten démontre valablement que l'intervention humanitaire, la légitime défense préventive et l'autorisation présumée du CSNU ne sont que des revendications, pas du droit positif.

Il faudrait disposer d'une étude juridique des conflits armés permettant de suivre l'argumentation développée par les États concernés[84]. Mais l'étude des discours doit être complétée par celle des actes. Que nous apprennent ces derniers ? Qu'aucun État disposant de ressources militaires suffisantes n'ait renoncé au recours à la force dans les relations internationales lorsqu'il l'estime nécessaire et opportun. Que nous apprennent les premiers ? Que les États justifient leur non-renonciation par des exceptions ou des dérogations.

---

[81] L'article 8 bis alinéa 2 adopté par la conférence des États parties au Statut de la CPI, du 31 mai au 11 juin 2010, le confirme : l'acte d'agression est « *l'emploi par un État de la force armée contre un autre État, en l'absence de situation de légitime défense ou d'autorisation du Conseil de sécurité* ».

[82] L'auteur se base sur une « *méthodologie juridique positiviste, qui consiste à s'appuyer sur les textes existants et sur l'interprétation qui en a été donnée par la communauté internationale des États dans son ensemble* » (O. Corten, *2008*, p. 807).

[83] *Op. cit.*, p. 266.

[84] Comme le souhaitait Jean-François Guilhaudis, *Relations internationales contemporaines*, Paris, Litec, 2002, p. 649.

Ce sont là autant de raisons pour lesquelles le *jus ad bellum* n'est pas devenu un *jus contra bellum*. « *La première règle de la critique juridique en droit international est de tenir compte de la réalité internationale* » (Ch. Chaumont). Comment analyser l'écart entre la règle d'interdiction du recours à la force et la réalité des guerres que livrent des États ou des collectivités non étatiques ? L'écart peut signifier trois choses : la violation de la règle, ou l'existence d'exceptions à la règle, ou la désuétude de la règle. Le droit international public étant créé par et pour les États, il importe certes de connaître le discours juridique des gouvernements à l'adresse des autres gouvernements ou des OIG concernées[85]. Mais la coutume renvoyant à la *pratique* des États, pas uniquement à leurs déclarations, il importe aussi d'examiner leurs actes, notamment ceux des « États particulièrement intéressés », car le raisonnement quantitatif (un État = un État) doit être complété et corrigé par un raisonnement qualitatif.

La CIJ et, à sa suite, O. Corten, se fient aux discours. On lit dans l'arrêt *Nicaragua* : « *il ne faut pas s'attendre à ce que l'application des règles... soit parfaite dans la pratique..., en ce sens que les États s'abstiendraient, avec... constance, de recourir à la force... La Cour ne pense pas que, pour qu'une règle soit coutumièrement établie, la pratique correspondante doive être rigoureusement conforme à cette règle. Il lui apparaît suffisant, pour déduire l'existence de règles coutumières, que les États y conforment leur conduite de manière générale et qu'ils traitent... les comportements non conformes à la règle... comme des violations de celle-ci et non... comme des manifestations de la reconnaissance d'une règle nouvelle. Si un État agit d'une manière apparemment inconciliable avec une règle reconnue, mais défend sa conduite en invoquant des exceptions ou justifications contenues dans la règle elle-même, il en résulte une confirmation plutôt qu'un affaiblissement de la règle* ». M. Glennon, lui, soutient qu'une règle de droit international trop fréquemment violée par les États signifie qu'elle est tombée en désuétude, car il arrive un moment où une pratique contraire à une norme vient à peser trop lourd pour qu'on puisse encore croire que les États acceptent cette norme. Il est préférable, dit-il, de se fier à la conduite des États, plutôt qu'à leurs déclarations, pour savoir quelles règles ils acceptent ou rejettent. À cette fin, il importe de considérer, d'une part, tous les cas où la règle a été applicable, d'autre part, tous les cas où elle a été soit respectée, soit violée, afin d'évaluer si le nombre de violations est ou non significatif[86]. Ajoutons que l'égalité en droit n'excluant pas l'inégalité en fait, la participation des États à l'élaboration du droit coutumier est contrastée. Un État désarmé, un État satisfait et s'estimant en sécurité, un

---

[85] Discours juridique à ne pas confondre avec le discours politique adressé aux opinions publiques.

[86] Cf. Michael Glennon, « De l'absurdité du droit impératif (*jus cogens*) », *RGDIP*, 2006, pp. 529-537.

État qui dépend de la protection d'une grande puissance, un État qui a renoncé à la grande politique, ne recourent pas à la force armée. Mais les autres ? Les « États particulièrement intéressés », compte tenu de leur situation stratégique, se sont-ils effectivement soumis à la règle de l'article 2 paragraphe 4 de la Charte des NU ? En *jus ad bellum*, la question à poser est la suivante : les États qui se trouvaient en relation d'hostilité et qui avaient la capacité de faire la guerre, sans que le conflit puisse être réglé pacifiquement, se sont-ils abstenus de recourir à la force armée ? Si oui, pourquoi ? Par (reconnaissance du) respect de la règle[87] ?

La Charte des NU a fondé, ou prétendu fonder, une « unipolarité » : la « centralisation » du *jus ad bellum* au CSNU, réserve faite de la légitime défense. Mais, en raison de l'absence de mise en œuvre des articles 43 à 47 de la Charte, donc faute pour le Conseil de disposer de forces armées, cette « unipolarité » ou cette « centralisation » n'est que décisionnelle (lorsqu'il y a consensus au Conseil), pas exécutive, l'exécution des résolutions, c'est-à-dire le recours effectif à la force armée, continuant d'appartenir aux États, principalement aux grandes puissances militaires. Or, de 1947 à 1988, le CSNU a été paralysé par le conflit Est-Ouest. De 1988 à 1998, le consensus au Conseil a permis l'adoption de nombreuses résolutions, y compris des régimes de « sanctions » économiques et l'autorisation du recours à la force armée, à l'occasion de crises internationales ou même internes qui se trouvaient internationalisées par l'action du CSNU. Parallèlement à la multiplication de la référence au chapitre VII de la part du CSNU et à l'élargissement de la notion de « *menace contre la paix et la sécurité internationales* », les situations soumises à l'article 39 de la Charte ont été considérablement diversifiées : conflits internes, coups d'État, crises humanitaires, violations des droits de l'homme (avérées ou même anticipées), terrorisme international, prolifération NBC, commission de crimes internationaux. D'où, concomitamment, les appels à la limitation du pouvoir du CSNU...

Depuis 1999, le dissensus est revenu au CSNU. Mais la tendance à revendiquer un *bellum justum offensivum*, même en restant dans une logique dérogatoire, se poursuit, avec ou sans mandat du Conseil : Kosovo, Irak, Libye... De l'exception de la légitime défense individuelle, coalisée ou collective à l'argumentation en faveur de l'autorisation implicite, anticipée ou rétroactive du CSNU ou à l'invocation de *justes causes* humanitaire, démocratique, autonomiste ou indépendantiste, en passant par la reconnaissance des luttes anticoloniales, postcoloniales ou anti-apartheid[88]

---

[87] Qu'il n'y ait pas de recours à la force ne signifie pas nécessairement que cette abstention s'explique par la considération des États pour le droit (G. de Lacharrière). Faut-il mettre au crédit du droit une action ou une inaction de la part de tel État qui n'est due qu'à la crainte d'une riposte par tel autre État ?

[88] Soit un *bellum justum offensivum* au bénéfice des MLN. Le seul type de guerre offensive admis sans qu'il y ait besoin de l'autorisation du CSNU est ainsi une guerre non étatique.

voire par la revendication de la légitime défense préventive, le principe de l'interdiction du recours à la force armée dans les relations internationales se réduit comme peau de chagrin. Au bout du compte, ne fait à ce jour l'objet d'un consensus unanime objectif que la prohibition de la conquête territoriale (l'agression étant un concept subjectif). Encore que de la *juste cause* sécessionniste à la conquête, il n'y aurait qu'un pas : le consentement plébiscitaire voire présomptif de la population du territoire concerné au transfert forcé de souveraineté d'un État à un autre… Bref, loin d'évoluer vers un *jus contra bellum*, le *jus ad bellum* ne s'en tient plus au *bellum justum defensivum*, mais tend à ajouter un *bellum justum offensivum*, pour l'instant multilatéral, demain unilatéral ? On passerait donc d'un régime d'interdiction principielle du recours à la force armée à un régime de permission conditionnelle. Autrement dit, si l'on adopte un raisonnement basé sur l'effectivité à la place d'un raisonnement basé sur la normativité, *la guerre serait permise sauf condamnation expresse par le CSNU.*

Les États-Unis avaient impulsé le nouveau droit international[89], de Wilson à Roosevelt en passant par Kellog. Depuis 1990, ils sont passés de « bras armé » de l'ONU, lors de la guerre du Golfe, à violateur de la Charte, lors de la guerre d'Irak. Comme les puissances de l'OTAN lors de la guerre du Kosovo. Des États ont mis en demeure le Conseil d'agir comme ils l'entendaient, puis ils ont agi unilatéralement, en neutralisant le système de sécurité collective. En 2011, il est clair que le mandat du CSNU a été outrepassé en Libye par les puissances de l'OTAN. Vu l'hétéronomie du droit, les facteurs militaires, idéologiques, sécuritaires et géopolitiques suivants semblent de nature à expliquer l'évolution susmentionnée de la doctrine du *jus ad bellum :* unipolarité militaire américaine[90], volonté de la plus grande puissance — suscitant des émules — de se soustraire à l'ONU (ou à la CPI) dans le domaine du recours à la force, précision croissante des armements et tournant de l'armée de masse vers l'armée de métier ; primauté de la *causa belli* (les droits de l'homme) sur l'arithmétique politique (la

---

[89] Selon l'expression de Nicolas Politis, *Les nouvelles tendances du droit international*, Paris, Hachette, 1927.

[90] Du XVIe au XXe siècles, le droit international public a été coordonné à un système international caractérisé par l'équilibre des puissances, du moins sur terre : équilibre multipolaire jusqu'à la Seconde Guerre mondiale, équilibre bipolaire de 1945 à 1990. Cet équilibre fondait la seule forme de contrainte adaptée à un ordre juridique « anarchique » : le double mécanisme de la réciprocité et des rétorsions. L'avènement d'une unipolarité militaire remet en question le système « égalitaire » du droit international dans le sens d'une « hiérarchisation ». En effet, une superpuissance unique n'a pas à craindre la contrainte de la part d'autres États, à moins d'envisager leur complète coalition. À l'inverse, elle est à même de s'ériger, selon ses intérêts ou ses idéaux, en « exécutif » sinon en « législateur » du droit international, autrement dit, en instrument de coercition des États petits ou moyens, lesquels n'ont plus d'alliés en mesure de lui faire contrepoids (comme disait Fénelon, théoricien de l'équilibre des puissances, on peut raisonnablement douter qu'« *une puissance supérieure à toutes les autres demeure longtemps sans abuser de cette supériorité* »).

décision du CSNU) ; apparition de menaces non étatiques et volonté de procéder à des mesures de police extraterritoriales plus ou moins confondues (à tort) avec la légitime défense préventive ; montée des puissances révisionnistes (du révisionnisme politico-territorial) par rapport aux puissances conservatrices (au conservatisme politico-territorial) ou, d'ores et déjà, avènement de nouvelles grandes puissances n'ayant pas de siège permanent au CSNU[91]... De 1914 à 1990 se déploierait puis s'achèverait le cycle européocentré de la guerre totale ou de la menace de la guerre totale, et avec lui le cycle mondialisé de la prohibition principielle du recours *national* à la force armée dans les relations internationales.

[91] Inde, Japon, Allemagne, Brésil, Afrique du Sud...

CHAPITRE II

LE PRINCIPE D'INTERDICTION DU RECOURS INTERETATIQUE A LA FORCE ARMEE, SA PORTEE ET SES EXCEPTIONS OU GARANTIES

Si l'on revient à une lecture normative, le XXe siècle a vu la limitation (1919), puis la condamnation (1928), enfin l'interdiction (1945) du recours interétatique à la force armée, la sécurité collective et la légitime défense étant à la fois des exceptions et des garanties à ladite interdiction, dont le noyau est la prohibition — sans exception — de la conquête et de l'agression (définie dès 1933). Succédant au Pacte de la SDN, au Pacte Briand-Kellog et aux Conventions de Londres, la Charte des NU oblige les États à régler pacifiquement et consensuellement leurs différends[92] (alinéas 1 et 5 du préambule, art. 2-3 et 33) : négociation, bons offices, médiation, conciliation (voies diplomatiques), arbitrage, décision judiciaire (voies juridictionnelles)[93]. Renforcée par la résolution 2625 de l'AGNU du 24 octobre 1970 sur les relations amicales et la coopération entre les Etats[94],

---

92 Le règlement des différends est dominé par le double principe du règlement pacifique et du consentement des États.

93 La négociation est une communication directe entre les parties en conflit pour essayer de le résoudre à l'amiable. Les bons offices consistent en l'interposition d'un tiers qui assure la communication entre les parties, dont le conflit atteint un tel degré qu'il rend impossible une communication directe. La médiation consiste en l'interposition d'un tiers qui ne se borne pas à assurer la communication, mais qui propose des solutions pour résoudre le conflit. Telles sont les deux procédures informelles d'assistance à la négociation. La conciliation consiste en l'organisation par les parties au conflit d'une procédure et d'une instance « neutres » visant à résoudre le conflit. Quant à la voie juridictionnelle, elle comprend deux modes : judiciaire (réservé aux États ou aux OIG) et arbitral (qui fait place aux personnes privées physiques ou morales). Le règlement arbitral se caractérise par l'attribution du pouvoir de statuer à une cour *ad hoc* instituée et composée par les parties au différend elles-mêmes. Le règlement judiciaire se caractérise par l'attribution du pouvoir de statuer à une cour permanente dont l'institution, la composition et le fonctionnement échappent aux parties, puisqu'ils ont été préalablement déterminés par un Statut, c'est-à-dire un traité créant ladite cour, négocié, signé et ratifié par les États. Les deux ont en commun de conférer à une autorité tierce la fonction de trancher le différend par une solution fondée en droit et obligatoire pour les parties, donc opposable sans autre forme d'acceptation que l'acceptation préalable de la compétence du tribunal judiciaire ou arbitral. Cela suppose que les deux parties considèrent leur différend comme « justiciable » et qu'elles consentent à le soumettre au tribunal, s'estimant compétent et jugeant l'affaire recevable, ainsi qu'à la solution de fond qu'il dégagera.

94 Cette résolution adoptée à l'unanimité énonce et développe les sept principes fondamentaux de la Charte et du droit international général : le principe que les États s'abstiennent de

elle interdit le recours à la force ou à la menace, soit contre l'intégrité territoriale ou l'indépendance politique des États, « *soit de toute autre manière incompatible avec les buts des Nations unies* »(art. 2-4).

Une telle formule, quoi qu'en dise la majorité de la doctrine, prête à un raisonnement *a contrario :* serait licite le recours à la force compatible avec les buts de l'ONU (par exemple la défense du droit des peuples ou des droits de l'homme), du moins lorsqu'il est autorisé par le CSNU. L'examen des travaux préparatoires révèle, dit-on, que les rédacteurs ont voulu renforcer le principe d'interdiction de la guerre, en ajoutant « *soit de toute autre manière incompatible avec les buts des Nations unies* ». Cela laisse perplexe. Si l'on voulait purement et simplement proscrire la guerre, pourquoi ne pas avoir écrit :« *les Membres de l'Organisation s'abstiennent, dans leurs relations internationales, de recourir à la menace ou à l'emploi de la force* ». Ou bien, pour confirmer qu'il s'agissait bien de protéger la souveraineté de l'État :« *les Membres de l'Organisation s'abstiennent, dans leurs relations internationales, de recourir à la menace ou à l'emploi de la force, notamment contre l'intégrité territoriale ou l'indépendance politique de tout État* ». Ou encore, afin d'éviter toute échappatoire : « *les Membres de l'Organisation s'abstiennent, dans leurs relations internationales, de recourir à la menace ou à l'emploi de la force, soit contre l'intégrité territoriale ou l'indépendance politique de tout État, soit de toute autre manière* ». Les rédacteurs de la Charte ne pouvaient pas ne pas ignorer que l'ajout « *de toute autre manière incompatible avec les buts des Nations unies* » ouvrait au raisonnement *a contrario*[95], comme l'y incitait encore l'alinéa 7 du préambule selon lequel « *il ne sera pas fait usage... des armes sauf dans l'intérêt commun* ». En vérité, la Charte n'interdit pas la guerre ; elle distingue les guerres illicites et les guerres licites, comme le reconnaît O. Corten lui-même. Il n'y a pas proscription de la belligérance, mais discrimination des belligérants.

La Charte des NU a donc posé une règle d'interdiction du recours à la force admettant des exceptions. Cette règle assortie d'exceptions s'applique non seulement aux États membres de l'ONU, mais aussi aux OIG régionales bien qu'elles n'en soient pas membres. On sait que force renvoie à force

---

recourir à la menace ou à l'emploi de la force « *soit contre l'intégrité territoriale ou l'indépendance politique de tout État, soit de toute autre manière incompatible avec les buts des Nations unies* » ; le principe que les États règlent leurs différends internationaux par des moyens pacifiques, de telle manière que la paix et la sécurité internationales ainsi que la justice ne soient pas mises en danger ; le principe que les États n'interviennent pas dans les affaires relevant de la compétence nationale d'un État ; le principe que les États doivent coopérer les uns avec les autres ; le principe de l'égalité des droits des peuples et de leur droit à disposer d'eux-mêmes ; le principe de l'égalité souveraine des États ; le principe que les États remplissent de bonne foi leurs obligations.

[95] Nous suivons pleinement Charles Rousseau : « *le fait qu'est... interdit l'emploi de la force* "d'une manière incompatible avec les buts des Nations unies" *indique suffisamment que l'emploi de la force est licite* »lorsqu'il est compatible avec les buts des NU (*1983*, p. 536).

armée. Un autre problème doit être résolu, avant d'entrer dans le vif du sujet, celui de la portée de la règle d'interdiction : le parallélisme de l'interdiction de la menace et de la force.

La question de la menace

L'article 2 paragraphe 4 de la Charte des NU interdit non seulement l'emploi de la force, mais aussi, parallèlement, la menace de l'emploi de la force. La force renvoyant à la force armée, la menace dont il est question est une menace de la force armée, celle d'un État contre un autre, combinant gravité matérielle potentielle et intention coercitive actuelle. Mais ni la Charte, ni ses travaux préparatoires, ni les résolutions de l'AGNU destinées à interpréter le principe du non recours à la force, ne donnent une quelconque définition de la « menace ». Il convient de se tourner vers Olivier Corten, qui a rédigé en la matière des pages de référence[96].

Dans le langage courant, la menace renvoie à deux choses : un comportement dangereux (effectif), un risque qui fait présager un danger (diffus). On retrouve ce double sens ordinaire dans la Charte des NU : d'une part, la menace au sens de l'article 2 paragraphe 4 ; d'autre part, la menace au sens de l'article 39. La première est la manifestation d'une politique de force menée par un État contre un autre État, ou bien elle traduit une préparation au recours à la force par un État contre un autre État. La seconde confirme le pouvoir discrétionnaire très large du CSNU d'agir ou de réagir face à toute situation possiblement ou probablement dangereuse pour la paix internationale. La menace selon l'article 2 paragraphe 4 doit être interprétée strictement (sens restrictif), cependant qu'elle est interdite dans la même mesure que l'emploi de la force (symétrie). La menace selon l'article 39 peut être au contraire l'objet d'une ample interprétation de la part du CSNU. Autrement dit, les États ne peuvent exciper d'une « menace » pour s'autoriser à réagir militairement au titre de la légitime défense, alors que le CSNU, lui, peut autoriser une réaction militaire à toute « menace » au titre de la sécurité collective.

1) La menace, à caractère militaire, doit être proférée de manière certaine et précise par un État contre un autre État dans une situation particulière. Le fait de se procurer des armes, s'il pourrait le cas échéant constituer une menace contre la paix au sens de l'article 39, ne saurait équivaloir à une menace au sens de l'article 2 paragraphe 4 ni, moins encore, à une imminence d'agression au sens de l'article 51. Il y avait menace sur la RFY en 1999, pas sur les puissances de l'OTAN, sur l'Irak en 2003, pas sur les États-Unis ou la Grande-Bretagne ! S'il y a formulation explicite, la menace est facile à identifier. Qu'en est-il en l'absence d'une telle formulation ? Il convient d'examiner la politique menée par le gouvernement, ses discours,

---

[96] O. Corten, *2008*, pp. 123-169.

son comportement, les activités ou préparatifs militaires qu'il ordonne (mouvements, mobilisations ou concentrations de troupes). A-t-on affaire à un État insatisfait, puissant, voisin, dont l'histoire a montré qu'il n'hésitait pas à recourir à la force en certaines circonstances ? Interprétée strictement de la sorte, la menace de l'emploi de la force armée équivaut à une agression imminente, ouvrant à l'État menacé l'exercice du droit de légitime défense.

2) L'interdiction de la menace possède la même portée que l'interdiction de la force, si bien qu'elle ne connaît pas de régime juridique particulier. Toutefois, une partie de la doctrine a critiqué la symétrie entre l'interdiction de la force et celle de la menace, en estimant que la pratique des États montrait une acceptation beaucoup plus large de la menace que de l'emploi de la force. La menace serait susceptible de remplir des fonctions positives en facilitant la résolution de certains différends ou l'exécution de certaines obligations. De plus, le simple fait que les États sont armés rend la notion de « menace » très floue. Enfin, l'emploi de la force armée rend applicable le *jus in bello*, alors que la seule menace ne fait pas sortir du droit du temps de paix. O. Corten rétorque que la thèse de la symétrie est confirmée par les traités, les résolutions à portée générale de l'AGNU ou à portée particulière du CSNU, les travaux de la CDI, la jurisprudence de la CIJ, les débats du soixantième anniversaire de l'ONU, la pratique des États. La thèse de l'asymétrie devrait s'appuyer sur des situations où une menace aurait été tolérée, alors qu'un emploi de la force correspondant aurait été condamné. La pratique se caractérise certes par une grande diversité, certaines menaces étant condamnées à l'ONU, tandis que d'autres ne le sont pas. Mais il semble délicat d'en déduire l'émergence d'une coutume susceptible de mettre en cause l'ensemble des textes qui insistent sur la symétrie entre menace et emploi de la force. Dans le cas de la RFY comme de l'Irak, les États-Unis et leurs alliés ont officiellement assumé l'appel à la menace d'employer la force comme une mesure légitime tendant à faire respecter le droit international et s'inscrivant dans la perspective d'une autorisation du CSNU ; une telle menace a été généralement acceptée. On peut alors se demander si une certaine pratique ne se développe pas à l'appui de la thèse de l'asymétrie. En vérité, les puissances en question se référaient aux résolutions du Conseil vis-à-vis de la RFY et de l'Irak : elles justifiaient leur menace, comme plus tard leur emploi de la force, comme visant à faire respecter les résolutions du CSNU. On se trouve donc renvoyé à une exception admise en droit international : la menace ou l'emploi de la force autorisé par le Conseil.

La limitation de la portée du principe d'interdiction

Même si l'on inclut la menace, la portée de l'interdiction du recours à la force est limitée dans son champ d'application : les « relations internationales », dans son acception : l'exclusion des mesures de police extraterritoriales, par son contexte : le maintien des différends entre États armés, par une hypothèque : le retrait de la Charte, par ses exceptions primaires : la sécurité collective et la légitime défense, même si celles-ci jouent aussi le rôle de garanties. S'ajoutait le droit de recourir à la force armée contre un État ennemi de la Seconde Guerre mondiale (Allemagne, Italie, Finlande, Hongrie, Roumanie, Bulgarie, Japon, Thaïlande) au cas où il reprendrait une politique d'agression ; mais les articles 53 et 107 de la Charte n'ont jamais trouvé d'application ; ils sont tombés en désuétude depuis l'admission des États en question à l'ONU, bénéficiant eux aussi du principe d'égalité souveraine, et en raison du changement fondamental des circonstances dans lesquelles la Charte à cet égard avait été conclue[97]. D'autre part, il est frappant de constater que, quatre ans après avoir interdit en principe la guerre en *jus ad bellum*, les (des) États réaffirmaient et développaient le *jus in bello* en signant les CG de 1949. *Last but not least*, les conventions internationales sur les droits de l'homme (la CEDH, le PIDCP, la CIADH) admettent toutes des dérogations en cas de belligérance.

L'interdiction dans les « relations internationales »

L'interdiction du recours à la force armée ne s'applique que dans les relations interétatiques ou entre un État et une collectivité non autonome (potentiellement étatique)[98], pas à l'intérieur des États[99]. D'où un premier problème, lorsqu'une même nation est divisée en deux entités étatiques (Corée, Allemagne, Chine, Vietnam, Yémen), qui voient en l'autre un gouvernement fantoche et qui prétendent agir sur leur propre territoire lorsqu'elles franchissent une ligne de démarcation. Une telle division pose le problème de la délimitation des « relations internationales » : les rapports intercoréens, etc. sont-ils des rapports internationaux ? La guerre de Corée était-elle initialement une « guerre civile » ? De l'avis général, même si un État n'est pas reconnu (la reconnaissance n'est que déclarative) et même si le statut étatique de l'entité est controversé, l'existence d'une entité présentant tous les caractères d'un État (territoire, population, gouvernement) a pour conséquence que les relations extraterritoriales qu'elles nouent sont des relations interétatiques et que les guerres qu'elle livre à l'extérieur de son territoire ou qu'elle subit de la part d'États à l'extérieur de son territoire sont des guerres interétatiques. En revanche, un groupe ou une entité ne réunissant pas territoire, population, gouvernement *à l'intérieur de limites*

---

97 Pourraient-ils être réactivés en cas de crise opposant par exemple les membres permanents du CSNU aux anciens adversaires de la Seconde Guerre mondiale ?

98 *Id est* un territoire et une population en situation coloniale ou postcoloniale.

99 Comme le déplorait Georges Scelle dans son langage, le droit international prohibe la prise par la force de compétences internationales, mais il continue d'admettre la prise par la force des compétences internes.

spatiales internationales n'est pas un État, même s'il peut entretenir des rapports internationaux ou transfrontières. Un tel groupe ou une telle entité n'est pas concerné par l'article 2 paragraphe 4 de la Charte des NU. Il peut être belligérant *de facto* ; on sait à quelles conditions il peut l'être *de jure*.

L'interdiction de recourir à la force armée n'est applicable dans des relations intra-étatiques que conformément à des accords de paix, d'armistice ou de cessez-le-feu conclus entre les parties internes ou à des résolutions obligatoires du CSNU adoptées en vertu du chapitre VII de la Charte[100]. Leur violation ne déclenche toutefois aucune « légitime défense » au sens du droit international, même si le CSNU est compétent pour décider des mesures nécessaires au maintien ou au rétablissement de la paix interne. Au contraire, déclarer qu'une entité réunissant territoire, population et gouvernement à l'intérieur de limites spatiales internationales, est coupable d'un acte d'agression revient à lui accorder implicitement le statut d'État (Corée du Nord, 1950), dès lors (et tant que) que l'agression demeure une relation interétatique. L'interdiction du recours à la force se situant dans les relations entre États, elle exclut la guerre civile, qui est une affaire intérieure à l'État même si elle pose des problèmes internationaux. Cette exclusion suppose que le conflit armé reste interne, sans l'intervention d'un autre État ou d'une OIG, et que les mouvements insurgés au sein de l'État A ne dépendent pas d'un État B ou que leurs actions ne soient pas contrôlées par un État B. Elle suppose aussi que le conflit ne relève pas d'une situation coloniale, postcoloniale ou d'apartheid. On sait en effet qu'un peuple privé par la force de réaliser son autodétermination a le droit de recourir aux armes : malgré l'opposition des puissances occidentales au moment des faits, la lutte de libération nationale a été admise (1960) et considérée comme un conflit international (1977), bien que ne relevant ni de la légitime défense ni de l'autorisation du CSNU[101]. Un État tiers à une situation coloniale, postcoloniale ou d'apartheid n'a toutefois pas la faculté d'intervenir militairement en faveur du peuple assujetti, à moins d'une autorisation du CSNU. Celui-ci a condamné des États, tels Israël, la Rhodésie et l'Afrique du Sud, qui invoquaient leur droit de légitime défense pour riposter à une « agression » consistant pour un État tiers à laisser son territoire à la disposition de MLN ou à assister militairement de tels mouvements. Pour

---

[100] Selon l'alinéa 5 du principe 1 de la résolution 2625 de l'AGNU du 24 octobre 1975, « *tout État a le devoir de s'abstenir de recourir à la menace ou à l'emploi de la force pour violer les lignes internationales de démarcation telles que les lignes d'armistice, établies par un accord international auquel cet État est partie ou qu'il est tenu de respecter pour d'autres raisons, ou conformément à un tel accord. La disposition précédente ne sera pas interprétée comme portant atteinte à la position des parties intéressées à l'égard du statut et des effets de ces lignes tels qu'ils sont définis dans les régimes spéciaux qui leur sont applicables, ni comme affectant leur caractère provisoire* ».

[101] L'Inde à Goa, en 1961, et l'Argentine aux Malouines, en 1982, ont invoqué la légitime défense dans les relations interétatiques à l'encontre d'un État colonial qui se serait emparé illégalement d'un partie de leur territoire.

autant, un État qui viole le droit d'un peuple à l'autodétermination n'est pas *ipso facto* un État agresseur contre lequel il serait possible de riposter en légitime défense.

L'exclusion des mesures de police extraterritoriales

La règle de l'article 2 paragraphe 4 de la Charte des NU exclut les mesures de police à l'étranger, ne se confondant pas avec le recours interétatique à la force armée. Sans parler de l'intervention étrangère consentie par le gouvernement légal de l'État territorialement compétent, la Charte ne prohibe pas toute mesure coercitive présentant un caractère d'extranéité ou d'extraterritorialité, mais uniquement le recours à la force (armée) mené par un État contre un autre État. Le recours à la force ne se confond pas avec une mesure de police terrestre, maritime ou aérienne.

L'essentiel est d'examiner le seuil du passage d'une mesure de police à un recours à la force. Le seuil à partir duquel il est possible de qualifier une situation de recours à la force est discernable à l'aide de deux critères, utilisés par la CIJ[102] : la gravité de l'action armée ; la volonté de contraindre un autre État par l'action armée. Tous deux ne se retrouvent pas dans les opérations de police consistant à secourir des ressortissants à l'étranger ou à mettre hors d'état de nuire des bandes criminelles. De telles opérations, qu'on examinera dans la partie consacrée à la problématique de l'intervention, ne sont pas nécessairement conformes au droit international pertinent ; mais elles ne sont pas des actes d'agression ni même des actes de guerre.

Pour savoir si une action armée remplit les critères de gravité matérielle et de volonté coercitive propres à un recours interétatique à la force, éventuellement qualifiable d'agression, il faut se demander, on l'a dit, si l'action, décidée par un gouvernement A et exécutée sur un territoire B, est animée par une intention hostile de l'État A vis-à-vis de l'État B ou si elle a pour contexte une hostilité entre les deux États A et B, si elle requiert des moyens militaires et si elle s'accompagne d'affrontements.

Le maintien des différends entre États armés

Si la Charte des NU interdit une méthode non pacifique de règlement des différends : le recours à la force ou à la menace, elle n'interdit pas les armes, ni les armées, ni les industries d'armements, ni les transferts d'armements, ni les budgets de défense, ni les services secrets, ni les alliances militaires, *id est* les moyens propres au règlement non pacifique des différends. Si le droit international interdit en principe la guerre, il admet en principe les armes par

---

[102] Voir les affaires *Détroit de Corfou*, *Compétence en matière de pêcheries*, *Frontière terrestre et maritime entre le Cameroun et le Nigéria*, *Temple de Preah Vihear*, *Incident aérien du 10 août 1999*.

nature (sans parler des armes par destination), n'en prohibant que certaines catégories (armes biologiques, chimiques, mésologiques, mines, armes à sous-munitions…), ou que certains recours (ceux contraires au *jus ad bellum*), ou que certains usages (ceux contraires au *jus in bello*). Bien sûr, l'existence d'un droit des conflits armés montre que l'éventualité des conflits armés est prévue en droit.

D'autre part, la nécessité de l'accord entre États pour régler pacifiquement les différends a pour conséquence que la grande majorité des différends restent ouverts et que les prétentions ne sont pas tranchées. L'obligation du règlement pacifique des différends ne signifie pas obligation de parvenir à un accord au terme d'une négociation ou pour saisir un tiers. De même, la saisine d'une juridiction internationale (cour arbitrale ou CIJ) n'est pas obligatoire, et elle dépend de l'acceptation des deux parties (au contraire du droit interne, où une partie à un différend peut attraire l'autre devant le juge), auxquelles reviendra encore l'exécution de la sentence. *Le droit international impose le règlement pacifique des différends, mais il ne fournit pas les moyens contraignants pour parvenir à un tel règlement.* C'est pourquoi les différends — entre États divers, hétérogènes et clivés — peuvent persister. D'où la tentation à un certain degré de les résoudre par la force des armes. Même résolu pacifiquement, on sait combien il est difficile de déterminer dans quelle mesure une telle résolution du différend traduit les prescriptions du droit international ou, simplement, les intérêts des parties.

Le retrait de la Charte des Nations unies

Que devient la règle énoncée à l'article 2 paragraphe 4 de la Charte pour le ou les États qui se retireraient de l'ONU ? Le retrait ne se confond pas avec l'absence, ni avec la suspension ou l'exclusion. La première ne prive pas de la qualité de membre d'une OIG l'État qui a choisi de ne plus participer à ses séances donc à ses travaux. La seconde est une sanction qui prive, provisoirement, l'État fautif des droits, mais pas des obligations, liés à sa qualité, persistante, de membre de l'OIG. La troisième est une sanction qui prive l'État fautif de sa qualité de membre de l'OIG. Le retrait, lui, est un acte unilatéral par lequel un État décide de mettre fin à sa qualité de membre d'une OIG. La Charte prévoit la suspension dans son article 5 et l'exclusion dans son article 6. Il est probable que l'État suspendu réponde par l'indifférence aux obligations de la Charte, soit l'équivalent d'un retrait. Quant à l'État exclu, il est dans la même situation vis-à-vis de la Charte que l'État s'en étant retiré ; mais il a subi une procédure collective, il n'a pas opéré une libre décision.

La Charte de l'ONU ne prévoit pas de procédure de retrait, au contraire du Pacte de la SDN. En 1945, deux théories interprétaient différemment le silence de la Charte : celle de Kelsen, selon laquelle le traité multilatéral qu'est la Charte ne peut prendre fin que par le consentement mutuel de tous les États parties ou par le jeu de la clause *rebus sic stantibus* ; celle de Singh, selon laquelle l'ONU, étant une OIG et pas une Fédération, ne saurait empêcher les États membres de s'en retirer, car toute compétence que la Charte n'attribue pas expressément à l'Organisation continue d'appartenir à ses membres. Les raisons suivantes avaient joué, qui expliquent le silence de la Charte : la crainte qu'une disposition expresse sur le retrait ne constitue une incitation à l'exercice ou ne fournisse à certains membres un moyen de chantage pour obtenir des concessions ; la conviction que, de toute façon, le retrait d'une OIG, surtout une OIG aussi politique que l'ONU, est un droit inhérent à l'inaliénable souveraineté des États (comme l'avaient souligné les États-Unis et l'URSS lors des travaux préparatoires). En ce sens, Singh avait raison sur Kelsen. Cela fut confirmé après le retrait de l'Indonésie en 1965 : les quelques États ayant pris position n'ont pas contesté qu'une telle faculté était implicitement reconnue par la Charte, en dehors de toute interdiction expresse. De plus, une déclaration interprétative avait énoncé dès 1945 que *« le retrait... deviendrait inévitable si... l'Organisation s'avérait incapable de maintenir la paix ou ne pouvait le faire qu'au détriment... de la justice »*.

L'exercice du droit de retrait est-il une compétence discrétionnaire ou lié à certaines conditions ? Trois hypothèses avaient été mentionnées lors de la Conférence de San Francisco : deux circonstances précises, soit un amendement à la Charte inadmissible pour l'État partie qui viendrait affecter ses droits et obligations, soit un amendement qui ne réunirait pas les ratifications nécessaires à son entrée en vigueur ; plus les « circonstances exceptionnelles ». La raison du retrait invoqué par l'Indonésie, à savoir l'élection au CSNU d'un membre non permanent — la Malaisie — dont le gouvernement indonésien estimait qu'il ne remplissait pas les dispositions de l'article 28 de la Charte, ne semblait pourtant pas une circonstance de nature exceptionnelle. Il apparaît donc que le droit de retrait est une compétence discrétionnaire de l'État membre, quant à ses motifs, au choix du moment, à la forme et à sa durée, sans même qu'il y ait obligation de payer les arriérés dus par l'État à l'Organisation. Mais si un État peut prendre seul la décision de quitter l'ONU, il ne peut décider seul de la rejoindre à nouveau : s'il entend y revenir, il doit obtenir sa réadmission. Il en va de même de l'État exclu : il doit solliciter sa réadmission. L'État qui s'est retiré de l'ONU peut-il rester membre de la CIJ, ou d'organes subsidiaires de l'ONU, ou d'Organisations spécialisées du système des NU ? L'Indonésie avait quitté l'UNESCO, la FAO, l'OIT, la BIRD et le FMI, après des annonces spécifiques adressées à chacune de ces OIG, montrant ainsi que le retrait de l'ONU n'emporte pas *ipso facto* le retrait d'autres Organisations spécialisées.

En 1965, après un retrait retentissant, mais qui fut le seul à ce jour dans l'histoire des NU, l'Indonésie échappait au statut de membre de l'ONU, donc aux activités, droits et obligations prévus par la Charte[103]. Elle restait cependant soumise aux autres droits et obligations découlant d'autres sources juridiques : droit conventionnel, sauf les accords conclus par les membres des NU en tant que tels, et droit coutumier, sauf « objection persistante ». La Charte est d'abord un texte de *jus ad bellum*, fût-il maquillé en *jus contra bellum*. L'Indonésie retrouvait-elle un *jus belli* en dehors de la légitime défense et de l'autorisation du CSNU ? Était-elle liée au *jus ad bellum* d'avant l'entrée en vigueur de la Charte, quand bien même l'Indonésie n'existait pas avant cette date ? S'agissait-il du droit de la SDN ou du Pacte Briand-Kellog, auxquels étaient parties les Pays-Bas, l'ancienne puissance coloniale ? Mais en tant que nouvel État, l'Indonésie pouvait bénéficier de la *table rase* conventionnelle, selon laquelle l'État successeur n'est pas lié aux obligations contractées par l'État prédécesseur. L'Indonésie était-elle liée aux résolutions adoptées par l'AGNU qu'elle avait votées et transposées ? La règle énoncée dans l'article 2 paragraphe 4 avait-elle, et a-t-elle, acquis valeur coutumière ? Il y a peut-être une conviction juridique dans le discours des gouvernements, mais leur pratique correspond-elle à ces discours ? Des déclarations répétées suffisent-elles à fonder l'autorité d'une coutume alors que le comportement des États ne s'y conforme pas ? L'Indonésie était liée au droit de guerre existant à côté de celui de la Charte, droit coutumier pour l'essentiel. Quel est-il ? Est-il celui de la liberté principielle ou celui de l'interdiction principielle ? Sans doute faut-il pencher vers le second terme de l'alternative. L'article 2 paragraphe 6 de la Charte stipule que les États non-membres (en 1945, il s'agissait essentiellement des États ennemis de la Seconde Guerre mondiale) sont soumis comme les États membres aux obligations établies par la Charte. Il permet donc à l'ONU d'imposer à des États tiers la procédure du chapitre VII. Il est envisageable que, si le CSNU voyait dans le retrait d'un membre une menace pour la paix, il pourrait prendre des mesures afin de l'obliger à demeurer membre.

La plupart des questions susmentionnées n'ont pas reçu de réponse, l'Indonésie réintégrant l'ONU dès 1966[104]. Peut-on imaginer des retraits massifs de l'ONU ? Les critiques à l'encontre de la composition, de l'organisation et du fonctionnement du CSNU, ainsi que le blocage de la réforme à cet égard, ou d'autres graves différends, pourraient-ils conduire à une crise majeure se traduisant par le départ de nombreux États, notamment des puissances militaires ? La question de l'identification et de la teneur du *jus ad bellum* existant parallèlement à celui de la Charte trouverait alors toute son acuité.

---

[103] À l'époque, l'Indonésie de Soekarno, en association avec la RPC, se voulait l'avant-garde du tiers-mondisme radical. Elle était en conflit avec les Pays-Bas en Nouvelle-Guinée occidentale et avec la Malaisie au Bornéo occidental.

[104] Cf. Lucien Nizard, « Le retrait de l'Indonésie des Nations unies », *AFDI*, 1965, pp. 498-528.

La sécurité collective et la légitime défense

Mis à part la libération nationale et l'intervention sollicitée, l'interdiction du recours interétatique à la force armée, selon la Charte des NU, connaît une double exception : la sécurité collective et la légitime défense, qui sont en même temps une double garantie : en cas de violation du principe d'interdiction, le recours à la force armée est admis à titre réactif contre le violateur. L'article 2 paragraphe 4, d'une part, le chapitre VII en général et l'article 51 en particulier, d'autre part, s'en trouvent complémentaires, puisque l'État contre lequel s'exerce la sécurité collective ou la légitime défense perd le bénéfice de l'interdiction du recours interétatique à la force armée (il n'est plus protégé par le principe d'interdiction).

Ledit principe est donc garanti par le mécanisme de la sécurité collective. La Charte de l'ONU, comme avant elle le Pacte de la SDN, est un traité de sécurité collective, même si l'expression n'y figure pas. Face à un agresseur ou à un *peace breaker*[105], l'ONU ou ses États membres doivent réagir[106] diplomatiquement (rappel des ambassadeurs et consuls, suspension ou rupture des relations), économiquement (gel ou saisie des avoirs, arrêt des investissements ou des prêts, interruption des communications ou de la circulation, boycott, embargo), militairement si le CSNU ou, depuis la résolution 377 du 3 novembre 1950, l'AGNU l'a autorisé[107]. À cet égard, rappelons que, parmi les actions coercitives entreprises en vertu du chapitre VII de la Charte, on distingue les actions non armées et les actions armées ; que seule la coercition militaire à l'encontre d'un autre État, hors légitime défense individuelle ou coalisée, doit être autorisée par le CSNU ; que la coercition économique reste à la discrétion des États, sous réserve du droit international applicable. Selon la Charte, il ne suffit donc pas qu'un État ait manqué à ses obligations internationales pour que des mesures militaires puissent être prises à son encontre, il faut, d'une part, que la situation créée par ce manquement soit qualifiée de menace contre la paix, de rupture de la paix ou d'agression, d'autre part, que les mesures militaires de maintien ou de rétablissement de la paix et de la sécurité internationales soient autorisées, indépendamment ou non de toute action en responsabilité réparatrice voire punitive. Seuls l'État victime de la rupture de la paix ou de l'agression, ainsi

---

[105] Deux notions que la Charte ne confond pas mais ne définit pas.

[106] Selon les alinéas 6 et 7 du préambule, les peuples des NU sont résolus « *à unir (leurs) forces pour maintenir la paix et la sécurité internationales* », ainsi qu'« *à accepter des principes et instituer des méthodes garantissant qu'il ne sera pas fait usage… des armes sauf dans l'intérêt commun* ».

[107] Le droit international n'a un caractère « centralisé » qu'en matière de recours à la à la force armée, sauf légitime défense, pas pour les autres types de contrainte, ni pour le reste du droit international.

que ses alliés[108], n'ont pas à attendre l'autorisation du CSNU (ou de l'AGNU).

Selon la Charte, le chapitre VII en particulier, les États garantissent mutuellement leur souveraineté, leur indépendance politique et leur intégrité territoriale, en considérant que la violation de la paix de la part d'un État contre un autre État affecte tous les États, tenus de prêter assistance à l'État victime, même s'ils ne lui sont pas liés par un traité d'alliance, et de ne pas prêter assistance à l'État violateur, même s'ils lui sont liés par un traité d'alliance[109]. La règle de non-assistance au *peace breaker* ou à l'agresseur justifie l'interruption, par ordre public et pour force majeure, sinon de toute relation conventionnelle, du moins des contrats commerciaux portant sur des armes, munitions, matériels militaires ou autres produits stratégiques. Tous les États ont donc un intérêt *juridique* à agir contre le *peace breaker* ou l'agresseur. Tel est le principe de la sécurité collective... dont l'application dépend, non seulement des rapports de puissance, mais de la solidarité *politique* des États et de la *décision* du CSNU (ou de l'AGNU). Ces deux conditions étant douteuses, la Charte a maintenu la légitime défense en tant que « *droit naturel* »(art. 51), c'est-à-dire extérieur, antérieur et parallèle à la Charte. C'est pourquoi l'exercice de la légitime défense individuelle et coalisée ne requiert pas l'autorisation préalable du CSNU (ou de l'AGNU). Il doit cependant être porté à la connaissance du CSNU (ou de l'AGNU), et il est soumis à un contrôle *a posteriori* de la qualification, de l'imputation, des buts, des procédés, des orientations, de la durée.

Sécurité collective et légitime défense se concilient par l'*idée* de la *subsidiarité* : la légitime défense des États supplée à l'inertie du CSNU (ou de l'AGNU) et s'exerce tant que le CSNU (ou l'AGNU) n'a pas pris de mesures efficaces. Elle est ainsi une mesure supplétive et provisoire pour faire face à une agression et à une carence de l'ONU. Mais en *réalité*, la formule jusnaturaliste de l'article 51 confirme que les États doivent compter

---

[108] La Charte n'interdit pas les alliances, même si elle les subordonne au système onusien de la sécurité collective.

[109] Les États tiers au conflit armé ont donc l'obligation, quels que soient leurs engagements conventionnels spécifiques, de ne pas apporter leur aide à la perpétration d'un recours illicite à la force ou à la menace : ce que soulignent les textes est confirmé par la pratique. Toutefois, en 2003, des États ont assisté l'intervention militaire des États-Unis et de la Grande-Bretagne en Irak (appui logistique, autorisation de survol de l'espace aérien) ou même y ont participé (en envoyant des contingents). Ont-ils violé l'obligation de non assistance à l'agresseur ? Non, en ce sens que le CSNU n'a désigné nul agresseur et n'a même voté aucune condamnation. Les États retrouvaient donc leur pouvoir d'agir ou de s'abstenir conformément au droit international, qu'ils interprétaient chacun à leur manière. Le vrai problème est celui des États qui, tout en qualifiant la guerre d'illicite, y ont contribué en acceptant certaines demandes d'aide transmises par les États-Unis ou en admettant que leur territoire soit utilisé par les forces américaines (France, RFA, Belgique, Turquie...). Ces États n'ont pas nié la règle de non assistance, alors même qu'elle était explicitement invoquée à leur encontre. Ils ont argué des engagements conclus dans le cadre de l'OTAN, oubliant la supériorité de la Charte des NU en cas de contrariété avec d'autres dispositions conventionnelles.

principalement sur eux-mêmes pour assurer leur sécurité. Celle-ci se déploie entre deux pôles : sécurité collective, récent, universel, « centralisé » ; sécurité nationale, ancien, individuel ou coalisé, décentralisé. La légitime défense s'inscrit dans ce dernier, beaucoup plus lourd que l'autre, même si la notion de légitime défense collective crée une relation et met en relation les deux pôles.

La sécurité collective, son institutionnalisation et la confirmation de sa faiblesse

L'évolution du droit international vers la sécurité collective érigée en institution, *via* la SDN puis l'ONU, vise à remplacer, dans les relations entre États, le recours à la guerre par la prévention de la guerre. Un tel système implique trois éléments : l'obligation du règlement pacifique des différends et l'interdiction du recours à la force armée entre les États, sauf légitime défense ; la cessation puis la réparation et la répression du recours illicite à la force armée, tel que déterminé par un organe international compétent ; la limitation des ressources militaires, c'est-à-dire le désarmement, donc la réduction sinon la suppression des arsenaux[110].

En son concept, la sécurité collective vise à contraindre les États au maintien ou au rétablissement de la paix, au besoin par la force, c'est-à-dire par des mesures collectives non militaires ou militaires, fondées sur l'obligation d'assistance mutuelle face au *peace breaker*. Le but de la sécurité collective est conservateur : il vise à garantir la souveraineté, l'indépendance politique et l'intégrité territoriale de chaque État contre toute atteinte par un autre État recourant à la force armée, sans s'interroger sur la légitimité des situations au regard du droit des peuples ou des droits de l'homme. Le moyen est révolutionnaire : il repose sur « l'indivisibilité de la paix » et sur la solidarité des États tiers, qui considéreront toute violation de la paix par un État contre un autre État comme une violation de la paix universelle, du droit international et de leur sécurité nationale. La sécurité collective est ainsi antinomique de la neutralité. Elle a aussi ses postulats. 1) Elle requiert un maximum d'universalité. 2) Les États ont un besoin similaire de protection. 3) Il est possible de distinguer — de discriminer légalement — le violateur de la paix et la victime. 4) Les États seront effectivement solidaires, autrement dit, ils considéreront de manière identique les menaces et seront prêts à courir les mêmes risques pour s'y opposer. 5) La solidarité des États tiers avec la victime entraînera une supériorité collective vis-à-vis du *peace breaker*. 6) Les États s'accordent pour renoncer à recourir à la force armée, sauf à titre réactif, et pour sanctionner internationalement cette norme de renonciation. 7) Les États satisfaits sont plus nombreux et plus puissants que les États insatisfaits,

[110] Au lendemain des deux guerres mondiales, c'est au désarmement des vaincus qu'il fut effectivement procédé.

autrement dit, le rapport de force international est favorable aux puissances conservatrices et défavorable aux puissances révisionnistes.

Les critiques adressées à la sécurité collective sont connues. Elles sont imparables, même lorsque le concept est concrétisé en une OIG à vocation universelle. C'est en raison de cette faiblesse que la légitime défense, même théoriquement contrôlée par l'organe compétent de l'OIG, demeure la principale garantie de la souveraineté, de l'indépendance et de l'intégrité des États, donc la principale exception au principe d'interdiction du recours interétatique à la force armée. D'abord, la sécurité collective, par nature, ne s'intéresse pas à la guerre civile. Ensuite, la sécurité collective, en l'absence parallèle de règlement diplomatique ou juridictionnel obligatoire des différends et de modalités efficaces d'ajustement ou de changement pacifique, se tient au service du *statu quo* international, sans prendre en considération la situation du droit des peuples ou des droits de l'homme. Enfin, « l'indivisibilité de la paix » a pour conséquence que le conflit armé se trouve mondialisé au lieu d'être circonscrit, cependant que la solidarité des États tiers transforme la sécurité collective en protectorat des grandes puissances vis-à-vis des autres États. Concrètement, l'assistance mutuelle signifie que les grandes puissances assureront la sécurité des États petits ou moyens, pourront s'immiscer dans les conflits des États petits et moyens, pourront obliger les États petits et moyens à les suivre dans les propres conflits qu'elles mèneront. Qui gardera ces gardiens de la paix ? Eux-mêmes, s'ils sont rivaux et tant qu'ils restent rivaux. *Le caractère oligarchique et évolutif du système international fait voler en éclats la sécurité collective* : celle-ci, fondée sur un raisonnement quantitatif et non qualitatif, présuppose certes un système anarchique, mais aussi, à tort, un système statique d'États égaux en puissance (alors qu'ils ne le sont qu'en droit).

Tous les postulats susmentionnés — sauf peut-être le dernier — se trouvent frappés de caducité. 1) Si le traité de sécurité collective n'est pas universel mais qu'il prétend s'appliquer aussi vis-à-vis des États tiers, il n'est qu'une alliance tournée contre ces États. Si le traité est universel, cela signifie que, pour chaque État partie, un État cocontractant peut aussi bien être un allié potentiel (une « victime ») qu'un ennemi virtuel (un « violateur de la paix »), soit un fort paradoxe politique. 2) Seuls les États que leur besoin de protection rend débiteurs de la sécurité collective ont intérêt à consentir aux restrictions de compétence qu'elle réclame. Les États estimant que la sécurité collective ne bénéficie qu'à d'autres États alors qu'eux-mêmes n'ont pas besoin de la protection qu'elle confère, en sont les créanciers. 3) La contre-distinction des belligérants implique une instance de décision supra-étatique, pour éviter l'anarchie des qualifications étatiques, et des critères de décision, pour éviter l'arbitraire de la qualification par l'instance supra-étatique. D'où la nécessité de créer une OIG, avec un organe compétent, même si les États demeurent les sujets primaires du droit international. Depuis 1945, l'organe en question est le CSNU. Quant au critère consistant à assimiler le *peace breaker* à l'État qui attaque militairement en premier, il revient à éluder, sinon la légitime défense anticipée, du moins la *causa belli*, c'est-à-dire les questions de justice matérielle, relatives par exemple au droit des peuples ou aux droits de l'homme. 4) Selon leur situation stratégique, les États conçoivent différemment la nature de la menace ou le type de risque qu'ils sont prêts à prendre pour y parer, cependant que la réalité politique des rapports d'amitié ou d'hostilité intergouvernementaux pourra facilement bloquer l'obligation juridique d'agir contre le *peace breaker* ou même de le désigner. 5) Il n'y a nulle supériorité collective d'États petits ou moyens face à un *peace breaker* qui serait une grande puissance, *a fortiori* une coalition de grandes puissances, ou même un État nucléaire disposant d'un pouvoir de dissuasion ou du « pouvoir égalisateur de l'atome »[111]. À cet égard, « l'indivisibilité de la paix » elle-même cédera à la division entre les espaces sanctuarisés des EDAN et les espaces non sanctuarisés des ENDAN. 6) À examiner la pratique des États, et pas uniquement leur discours, il apparaît que les « plus intéressés » d'entre eux n'ont pas renoncé de manière absolue, mais selon la conjoncture, à l'initiative du recours à la force armée. Contre un *peace breaker*, le CSNU peut ordonner ou autoriser l'emploi de la force ; mais ce sont les États — ceux qui en ont le pouvoir militaire, les autres se contentant de suivre ou de critiquer — qui décideront ou non d'intervenir effectivement. Il en irait pareillement même s'il y avait une clause d'assistance automatique dans le traité de sécurité collective. 7) *Grosso modo*, les États satisfaits ont fait plus qu'équilibrer les États insatisfaits de 1945 à 1990. Malgré leur contestabilité, les limites territoriales — leur tracé sinon leur statut — et, à un moindre degré, les régimes politiques ont été plus défendus qu'attaqués. Mais depuis la fin du conflit Est-Ouest, les puissances atlantiques tendent à promouvoir une démocratisation, au sens occidental et libéral, qui met en cause le *statu quo* des régimes sinon des frontières, les puissances eurasiatiques rétorquant par des desseins d'hégémonie régionale.

L'institution de la sécurité collective à vocation universelle a été la grande innovation du droit international au XXe siècle. Mais son application a été très décevante. La SDN a totalement échoué. L'ONU a été paralysée par la Guerre froide. Les Organisations de sécurité collective s'avèrent impuissantes si les grandes puissances sont en désaccord, inutiles si elles sont d'accord (elles sont à même de régler les conflits entre États petits et moyens sans qu'il y ait besoin de l'OIG)[112]. Bref, les États ont toutes les

[111] Selon la fameuse expression du Général Gallois.

[112] Le dilemme est connu en science politique : seul un environnement international sûr permet aux États de considérer avec confiance un système collectif ; cette confiance accroit la sécurité générale ; mais dans un tel environnement, le système collectif est peu urgent. Un environnement troublé ne permet pas aux États de se fier au seul système collectif ; les États

raisons de douter de l'efficacité de la sécurité collective. C'est pourquoi ils s'arment et concluent des alliances. Celles-ci, même lorsqu'elles prétendent se subordonner au traité et à l'organisme de sécurité collective universelle, finissent par constituer des mécanismes de substitution audit traité et audit organisme. Il est clair que les Organisations de défense collective, telles l'OTAN et l'OPDV, ont supplanté l'ONU pendant le conflit Est-Ouest. Serge Sur a défini la sécurité collective comme une sécurité pour tous, contre tous et par tous. Dans le droit international contemporain, le noyau en est le CSNU. Or, le droit de veto[113] sous-jacent à l'article 27 paragraphe 3 de la Charte, c'est-à-dire l'impossibilité d'engager une action quelconque contre l'un des membres permanents du CSNU ou contre un État couvert par l'un des membres permanents[114], fait qu'il n'existe pas dans la Charte de sécurité contre tous, ni par conséquent, pour tous. Le système onusien reposant sur le consensus au CSNU, il n'y a pas non plus de sécurité par tous, mais essentiellement par le Conseil ou, en cas d'inertie du Conseil, par la légitime défense. À cet égard, il est significatif du réalisme, ou du scepticisme, des rédacteurs de la Charte eux-mêmes vis-à-vis de la sécurité collective, qu'ils aient inscrit, à côté de l'obligation d'assistance mutuelle (art. 49), la possibilité de conclure des accords de défense : pas seulement les accords spéciaux de l'article 43, mais les accords dirigés contre la reprise par un État ennemi d'une politique d'agression de l'article 53, les accords régionaux de l'article 52, la légitime défense individuelle ou coalisée de l'article 51[115]. Il est notoire que tous les traités ou accords de défense dans le monde se réfèrent à ce dernier article[116].

La légitime défense, son encadrement et la confirmation de sa primauté

La légitime défense peut être appréhendée de trois façons : au plus large, comme un principe coutumier du *jus ad bellum ;* au plus étroit, comme une

---

doivent garder leurs prérogatives unilatérales ; les tensions accrues incitent les États à s'armer ou à conclure des alliances plus ou moins exclusives. C'est donc lorsque la sécurité collective est la plus nécessaire qu'elle ne pourra fonctionner ; c'est lorsqu'elle est moins nécessaire, qu'elle pourra être mise en œuvre.

[113] Etayé *de facto* par la possession de l'arme nucléaire.

[114] Alors même que les grandes puissances sont les plus puissants belligérants potentiels !

[115] L'article 51 de la Charte des NU ne distingue pas légitime défense individuelle et légitime défense coalisée ni légitime défense coalisée et légitime défense collective. Il importe cependant de ne pas les confondre, pour des raisons aussi bien juridiques que didactiques.

[116] « *Aucune disposition de la présente Charte ne porte atteinte au droit naturel de légitime défense individuelle ou collective dans le cas où un membre des Nations unies est l'objet d'une agression armée, jusqu'à ce que le Conseil de Sécurité ait pris les mesures nécessaires pour maintenir la paix et la sécurité internationales. Les mesures prises par des membres dans l'exercice de ce droit de légitime défense sont immédiatement portées à la connaissance du Conseil de Sécurité et n'affectent en rien le pouvoir et le devoir qu'a le Conseil, en vertu de la présente Charte, d'agir à tout moment de la manière qu'il juge nécessaire pour maintenir ou rétablir la paix et la sécurité internationales.* »

cause exonératoire en droit de la responsabilité internationale ; de manière médiane, comme une exception au principe d'interdiction du recours interétatique à la force armée et comme une garantie de ce principe en cas de violation, plus précisément, comme une réaction licite à l'agression, dont la prohibition est le noyau dudit principe[117]. Selon la Charte des NU, l'exception-et-garantie principale vis-à-vis de l'interdiction du recours à la force armée en général, de l'agression en particulier, est la sécurité collective, la légitime défense n'étant qu'une exception subsidiaire. Mais l'inefficacité de la sécurité collective a transformé la légitime défense en exception-et-garantie principale. Or, l'exercice du droit de légitime défense suppose un acte d'agression, pas un quelconque recours illicite à la force armée. Mais chaque État a gardé son pouvoir d'appréciation, même s'il revient au CSNU de confirmer ou d'infirmer les appréciations étatiques. En cas d'inertie du Conseil, l'interprétation des États prévaut. C'est ce pouvoir qui fait de la légitime défense l'exception-et-garantie principale non seulement vis-à-vis d'une agression, mais aussi vis-à-vis de tout recours à la force, car les États sont libres de qualifier, fût-ce sous le contrôle du CSNU.

Que penser de la légitime défense comme cause exonératoire de responsabilité internationale[118] ? Selon l'article 21 du projet de la CDI de 2001, « *l'illicéité du fait de l'État est exclue si ce fait constitue une mesure licite de légitime défense prise en conformité avec la Charte des Nations unies* ». Comme les représailles en *jus in bello* ou les contre-mesures en droit international général, la légitime défense est une réaction licite à la violation d'une obligation primaire, en l'occurrence, l'interdiction de l'agression[119]. La légitime défense est donc une règle secondaire : elle est une « circonstance » qui rend exceptionnellement licite ce qui normalement — le recours à la force armée — aurait été illicite. Mais les réactions à l'illicite peuvent appartenir à différentes catégories. Parmi elles, la légitime défense n'est pas qu'une cause exonératoire. Elle est une réaction — décentralisée —

---

[117] Cf. les ouvrages de référence de J. Delivanis, *1971*, L.-A. Sicilianos, *1990*, etR. Kherad (dir.), *2007*.

[118] D'origine coutumière, les règles secondaires qui régissent les circonstances excluant l'illicéité d'un fait ont été codifiées par la CDI dans ses travaux sur la responsabilité internationale de l'État. Ces circonstances constituent une cause d'exonération, ayant pour effet de suspendre de manière provisoire l'exécution ou la conformité d'un comportement à une obligation internationale. Leur existence rend licite un comportement qui, en d'autres circonstances, aurait représenté la violation d'une obligation internationale. On distingue les hypothèses dans lesquelles le fait illicite n'est pas constitué, en raison de circonstances objectives, extérieures au comportement de l'État, tels la force majeure, la détresse, l'état de nécessité, et les hypothèses dans lesquelles un fait délibéré perdra son caractère illicite, en réponse à un acte antérieur lui-même illicite commis initialement par un autre État, tels la légitime défense, les contre-mesures, le consentement de l'État.

[119] Celle-ci, malgré le caractère subjectif du concept d'agression, peut être considérée comme une règle de *jus cogens*. Sur cette dernière notion, encore controversée, il convient de lire, à la base, la cinquième partie de la Convention de Vienne du 23 mai 1969 sur le droit des traités et l'arrêt *Barcelona Traction* de la CIJ du 5 février 1970, outre une immense littérature dérivée.

à l'agression, mais comme l'agression ne se différencie d'un recours illicite à la force armée que par l'appréciation subjective des États, ou du CSNU, et pas de manière objective, la légitime défense est, plus largement, une exception à l'obligation énoncée à l'article 2 paragraphe 4 de la Charte des NU. Or, une exception à la règle primaire fait partie de la règle primaire[120]. La légitime défense est donc une règle primaire confirmée à l'article 51 de la Charte, pas qu'une circonstance excluant l'illicéité d'un comportement. Plus encore, on peut considérer le « *droit naturel* »de légitime défense des États, non comme une exception conventionnelle, mais comme un principe coutumier, le droit coutumier continuant à exister à côté du droit conventionnel, comme l'a rappelé la CIJ[121]. Rappelons que tous les États ont réservé expressément la légitime défense : il n'y a pas d'« objecteur persistant » !

Quoi qu'il en soit, la légitime défense s'inscrit dans un double registre depuis la mutation du *jus ad bellum* au cours du premier XXème siècle : l'ancienne conception des droits fondamentaux des Etats[122], le nouveau principe d'interdiction du recours interétatique à la force armée. Le droit à l'existence engendre le droit de conservation et le droit de conservation, le droit de défense, disait Paul Fauchille. D'où résultent la compétence de guerre voire, en l'absence de juridiction internationale obligatoire, le droit de se faire justice à soi-même. La légitime défense se déploie alors entre autoconservation et autoprotection de l'État. De 1919 à 1945, la légitime défense est passée de « droit fondamental de l'État »[123] à dérogation à l'interdiction de recourir à la force armée en général, réaction à l'agression en particulier[124]. Tournant suivi par une tendance à l'élargissement de la brèche, parallèlement à la caducité de la sécurité collective.

---

[120] Pour Kelsen, le devoir auquel l'article 2 paragraphe 4 se réfère devrait être formulé de la manière suivante : « *les membres s'abstiennent dans leurs relations internationales de recourir à la menace ou à l'emploi de la force... sauf en cas de légitime défense individuelle ou collective s'ils sont l'objet d'une agression armée.* »

[121] *Activités militaires et paramilitaires au Nicaragua*, paragraphe 176 ; *Plateformes pétrolières*, paragraphe 51.

[122] Notion issue d'une transposition des droits subjectifs de l'individu vers l'État, comprenant le droit à l'existence et à la conservation, le droit à l'indépendance, le droit à l'égalité, le droit au respect, le droit au libre commerce et à la libre communication.

[123] Cf. l'abondante bibliographie citée et utilisée par Robert Kolb : « La légitime défense des États au XIXème siècle et pendant l'époque de la Société des Nations », *in* R. Kherad (dir.), *2007*, pp. 25-70. La légitime défense comme « droit fondamental de l'État » apparaît dans les cours suivants du *Recueil de l'Académie* de La Haye : G.F. Phillimore (1923-I), G. Gidel, 1925-V, A. Cavaglieri (1929-I), E.E.F. Descamps (1930-I), S. Séfériadès (1930-IV), H. Lauterpacht (1930-IV), E. Le Fur (1932-III), K. Strupp (1934-I), E. Kaufmann (1935-IV), J. Basdevant (1936-IV), R. Ago (1939-II).

[124] Cf. les cours suivants du *Recueil :* J.M. Yepes (1947-II), H. Saba (1952-I), A. Verdross (1953-II).

L'émergence de la légitime défense comme concept de droit international

Avant 1919, dans le contexte de légalité générale du recours interétatique à la force armée, la légitime défense n'était pas un concept de droit, elle n'était qu'un argument politique (rhétorique). Tant que la guerre d'État à État est en principe libre[125], il n'y a pas de place pour une notion juridique dérogatoire telle la légitime défense, comme exception à un principe d'interdiction du recours à la force armée dans les relations internationales ou comme réaction licite à l'agression[126]. S'il n'y a pas de principe d'interdiction, il ne saurait exister d'exception au principe. Ce sont les Pactes de Genève (1919), de Paris (1928) et de Londres (1933) qui ont introduit, implicitement ou explicitement, la légitime défense en tant que concept de droit international, comme conséquence de la restriction sinon de l'abolition de la compétence de guerre des États.

On l'a dit, le Pacte de la SDN déclare illicites certaines guerres. Comme la prohibition n'est pas générale, la légitime défense n'est pas l'unique exception à l'interdiction partielle, et elle n'est qu'implicite au Pacte de 1919. Le Protocole de Genève de 1924, jamais ratifié, admet trois exceptions à l'interdiction de la guerre : la guerre contre l'État qui ne se conforme pas aux obligations en vertu du Protocole, conçues pour renforcer les procédures de règlement pacifique des différends prévues dans le Pacte de la SDN ; la légitime défense contre l'agression ; l'action collective menée avec ou par les organes de la SDN. Les accords de Locarno de 1925[127] prohibent

---

[125] Comme le relève à juste titre R. Kolb, la célèbre affaire de la *Caroline* (1837) n'a rien à voir avec la légitime défense au sens contemporain, si ce n'est par voie d'extension. Des insurgés canadiens, réfugiés sur le territoire des États-Unis d'Amérique, avaient équipé le navire *Caroline ;* ils se disposaient à traverser le Niagara pour livrer des armes et prêter main-forte à la rébellion contre la monarchie britannique au Canada ; des épisodes de ce type avaient déjà eu lieu ; le gouvernement de Londres avait demandé à son homologue de Washington d'y mettre fin. Mais aucune mesure efficace n'avait été prise. Finalement, le 29 décembre 1837, les autorités britanniques dépêchèrent en territoire américain des troupes qui s'emparèrent des armes se trouvant à bord du navire et qui détruisirent celui-ci. Il y eut des morts, des disparus et des blessés. Les États-Unis se plaignirent de la violation de leur souveraineté territoriale. De là découlèrent de longs échanges diplomatiques. L'affaire renvoie à l'exercice d'un droit de suite, contre des rebelles, sur le territoire d'un État tiers qui ne remplit pas ses obligations de due vigilance et due diligence, non pas à l'exercice d'un droit de légitime défense, les États-Unis n'ayant commis aucun acte d'agression à l'encontre du Canada britannique.

[126] Le recours à la force armée n'étant pas prohibé en droit international classique, « *il n'y avait aucune raison pour qu'il existât une norme spécifique qui autorise la légitime défense* » (A. Cassese).

[127] Le système de Locarno comprenait un traité multilatéral ou traité de garantie mutuelle, souvent appelé pacte rhénan, conclu entre cinq États, deux États garants (Grande-Bretagne et Italie) et trois États garantis (France, Belgique, Allemagne). Ce traité d'assistance, qui prévoyait l'intervention du Conseil de la SDN (composé de la France, de la Grande-Bretagne, de l'Italie, du Japon et désormais de l'Allemagne), contenait : 1) un engagement de non-agression pris par l'Allemagne vis-à-vis de la France et de la Belgique et par la France et la Belgique vis-à-vis de l'Allemagne ; 2) la garantie donnée par la Grande-Bretagne et l'Italie de

l'agression et considèrent la légitime défense comme l'antonyme de l'agression. Les multiples pactes bilatéraux ou multilatéraux de non-agression de l'époque ouvrent conséquemment l'exercice du droit de légitime défense. Mais l'éclatement de la notion d'agression entraîne l'éclatement symétrique de la notion de légitime défense. Celle-ci n'apparaît pas expressément dans le Pacte Briand-Kellog ; toutefois, comme l'avait souligné le secrétaire d'État américain lui-même, *« il n'existe rien, dans le projet américain de traité contre la guerre, qui restreigne ou empêche en quoi que ce soit le droit de légitime défense. Ce droit est inhérent à tout État souverain et se trouve implicitement contenu dans tout traité. En tout temps, et sans tenir compte de dispositions conventionnelles, chaque nation est libre de défendre son territoire contre l'attaque ou l'invasion et elle est seule compétente pour décider si les circonstances exigent qu'elle ait recours à la guerre comme mesure de légitime défense »*[128]. Avec le Pacte de 1928, l'interdiction de la guerre semble devenir générale, et la légitime défense, l'unique exception. Il n'y aurait plus de guerre en droit international, mais soit agression, définie par les Conventions de Londres de 1933, soit, *a contrario*, légitime défense. On connaît cependant les lacunes du Pacte Briand-Kellog.

Il revenait à la Charte des NU de les combler. Celle-ci n'a pas repris l'exemple des Pactes de 1919 et de 1928 qui ne contenaient aucune mention expresse de la légitime défense, estimant sans doute qu'elle était inhérente à la souveraineté des États, donc implicite aux Pactes. Pourquoi les rédacteurs de la Charte ont-ils intégré un article sur la légitime défense et abandonné la

l'inviolabilité des frontières germano-belge et franco-allemande contre un agresseur venant de l'un ou l'autre côté (la Grande-Bretagne n'était donc plus l'alliée de la France, mais l'adversaire de « tout agresseur »). Le traité distinguait entre les violations flagrantes et les violations non flagrantes : dans le premier cas, les États garants devaient porter « *immédiatement* » assistance à l'État contre lequel la violation était dirigée ; dans le second cas, le Conseil de la SDN décidait des mesures à prendre. La garantie anglo-italienne ne s'étendant qu'aux frontières occidentales de l'Allemagne, la France, pour remédier à l'absence d'une garantie analogue à l'Est, avait conclu le même jour avec la Pologne et la Tchécoslovaquie deux traités bilatéraux d'assistance mutuelle obligeant chaque Partie à une intervention immédiate au cas où l'autre serait victime d'une agression non provoquée. C'est sur la base de ces dispositions que la France entra en guerre contre l'Allemagne le 3 septembre 1939. Le traité de garantie mutuelle était complété par une série de quatre traités bilatéraux d'arbitrage conclus par l'Allemagne avec la France, la Belgique, la Pologne et la Tchécoslovaquie. Après la remilitarisation de la Rhénanie par le *Reich* le 7 mars 1936, le Conseil de la SDN se contenta de constater le 19 mars la violation flagrante commise sans en tirer d'autres conséquences. Simplement, la France et la Grande-Bretagne échangèrent des lettres le 1er avril 1936 en vue d'assurer la sécurité réciproque des deux États contre une agression non provoquée. Telle fut, jusqu'au traité d'alliance signé à Dunkerque le 4 mars 1947, la seule base juridique de l'assistance mutuelle entre Paris et Londres.

[128] Selon le Rapport interprétatif du Pacte présenté au Sénat américain, « *chaque État est libre à tout moment et sans tenir compte des dispositions des traités, de se défendre, et il demeure juge de ce qui constitue le droit de légitime défense ainsi que de la nécessité et de l'étendue de ce droit* ».

règle du silence des textes antérieurs ? Essentiellement pour pallier au risque de paralysie du CSNU par l'usage du veto. Les fondateurs de l'ONU — Roosevelt, Churchill, Staline — voulaient conférer au Conseil, concrètement, aux principaux vainqueurs de la Seconde Guerre mondiale devenus membres permanents, le monopole du recours à la force armée dans les relations internationales. Mais la question se posait d'éventuels dissensus à venir entre les puissances de la « Grande Alliance » contre l'Axe Rome-Berlin-Tokyo. C'est pourquoi la légitime défense, en tant que réaction à l'agression et suppléance de la sécurité collective, a été énoncée, y compris sous la forme d'alliances régionales, le CSNU ne disposant finalement que de la responsabilité principale, pas exclusive, du maintien ou du rétablissement de la paix. Il fallait garantir la sécurité des États en cas de carence du CSNU ; à cette condition seulement, les États signeraient et ratifieraient la Charte ou y adhéreraient. Celle-ci n'a pas que confirmé l'existence du droit de légitime défense. Elle n'en a certes pas précisé les modalités — la pratique des NU, la jurisprudence de la CIJ et la doctrine s'en sont chargées — mais elle en a fixé le régime eu égard à la prohibition générale du recours à la force. Ainsi, l'exercice du droit de légitime défense est conditionné par un acte d'agression et contrôlé par le CSNU ; mais il n'a pas à être autorisé préalablement par le Conseil, l'État qui recourt à la légitime défense n'ayant qu'un devoir d'information vis-à-vis du Conseil.

Avant 1919, la légitime défense n'avait donc pas de sens juridique. Entre 1919 et 1945, la notion a émergé, de manière éclatée, comme exception à l'interdiction de la guerre ou réaction à l'agression. Après 1945, la notion est cristallisée dans l'article 51 de la Charte des NU, comme réaction étatique à une agression armée, en suppléance de la sécurité collective. En vertu de l'article 103 de la Charte, la définition de la légitime défense par l'article 51 s'impose à toute autre réglementation conventionnelle (mais pas coutumière) en cas de contrariété. Une exception a beau être d'interprétation stricte, une notion comme la légitime défense s'avère élastique. Depuis 2001, ou même avant, on constate son « étirement »[129] — son retour — vers l'autoconservation et l'autoprotection. On retrouve l'interrogation initiale : la légitime défense des États en droit international public est-elle d'abord dérogation conventionnelle ou principe coutumier ? Le grand problème du concept est son oscillation permanente entre une doctrine juridique qui la restreint à une réaction à l'agression et une doctrine politique qui l'étend à la protection des intérêts vitaux ou de la sécurité nationale[130].

---

[129] Selon l'expression devenue célèbre de Joe Verhoeven, « 2002 ».

[130] Pourrait-on considérer qu'il existe un droit conventionnel de légitime défense : celui de l'article 51 de la Charte, fondée sur la réaction à l'agression, et un droit coutumier, fondé sur la protection des intérêts vitaux ou de la sécurité nationale ? Ce droit coutumier se lirait dans la réserve apportée au Pacte Briand-Kellog par les États-Unis eux-mêmes, qui a été acceptée par tous les autres États y ayant adhéré et qui place l'exercice de la légitime défense en dehors des dispositions des traités existants. Le maintien d'un tel droit coutumier de légitime défense

La comparaison avec la légitime défense des particuliers en droit pénal interne peut s'avérer instructive. Il appartient aux postulats de ce livre que l'analogie entre l'ordre juridique international et l'ordre juridique interne est très contestable[131]. De prime abord, une différence fondamentale saute aux yeux : la légitime défense des particuliers est résiduelle, à la mesure de l'effectivité de l'ordre interne garanti par la police ; la légitime défense des États est centrale, à la mesure de la faible effectivité de l'ordre international censément garanti par la sécurité collective. La comparaison qui va suivre sera purement heuristique.

Comparaison de la légitime défense des particuliers en droit pénal interne et de la légitime défense des États en droit international public

La légitime défense ne trouve son fondement et son sens qu'à partir du moment où le droit prohibe la violence. La légitime défense des États en droit international est ici analogue à la légitime défense des particuliers en droit interne. Dans les deux cas, la compétence de légitime défense est le corollaire de l'interdiction du recours à la force. La légitime défense peut-elle être conçue en droit international avec les caractères définis et les contours précis qu'elle connaît en droit interne ? Rien n'est moins sûr, malgré l'évolution du droit international relationnel vers un droit international institutionnel. L'analogie est cependant instructive.

Rappelons que si la notion de légitime défense est présente dans d'autres branches du droit, c'est par emprunt au droit pénal, car la légitime défense fait partie des concepts propres au droit pénal. La légitime défense des particuliers[132] selon ce droit se présente comme suit. De manière générale, il existe deux catégories de causes d'irresponsabilité pénale : les justifications et les excuses. Dans le premier cas, le comportement est licite, bien qu'il cause un dommage ; mais celui-ci ne sera pas indemnisé puisque le comportement est légal. Dans le second cas, le comportement demeure illicite, mais l'auteur n'est pas puni en raison des circonstances particulières ; cependant la victime pourra être dédommagée puisque le comportement est illégal. Dans le Code français, on distingue les trois faits justificatifs suivants[133]. 1) La légitime défense : *« n'est pas pénalement*

---

réduirait à peu de chose la portée de la prohibition du recours interétatique à la force armée consacrée par la Charte des NU.

[131] Nous sommes bien persuadés que « *les fausses analogies suggérées par le droit interne ont contribué à égarer certains auteurs* » (Ch. de Visscher).

[132] On ne traitera pas ici de la légitime défense des agents de la force publique : on l'examinera lorsqu'on traitera des rapports entre DIH et DIDH, ainsi que de la problématique du droit à la vie et de l'interdiction de la privation arbitraire du droit à la vie en temps de paix ou de guerre.

[133] Quant aux motifs exonératoires, on en compte également trois : le trouble psychique (art. 122-1), la contrainte physique ou morale (art. 122-2), l'erreur de bonne foi (art. 122-3). La loi du 3 juin 2016 a ajouté un article 122-4-1, puis l'article a été abrogé et son contenu a

responsable la personne qui, devant une atteinte injustifiée envers elle-même ou autrui, accomplit, dans le même temps, un acte commandé par la nécessité de la légitime défense d'elle-même ou d'autrui, sauf s'il y a disproportion entre les moyens de défense employés et la gravité de l'atteinte. N'est pas pénalement responsable la personne qui, pour interrompre l'exécution d'un crime ou d'un délit contre un bien, accomplit un acte de défense, autre qu'un homicide volontaire, lorsque cet acte est strictement nécessaire au but poursuivi, dès lors que les moyens employés sont proportionnés à la gravité de l'infraction (art. 122-5) »[134]. Telles sont les conditions de la légitime défense : attaque actuelle ou imminente ; attaque illégale ; nécessité et proportionnalité de la riposte ; riposte concomitante à l'attaque. 2) L'autorisation de la loi ou l'ordre de l'autorité : « *n'est pas pénalement responsable la personne qui accomplit un acte prescrit ou autorisé par les dispositions législatives ou réglementaires. N'est pas pénalement responsable la personne qui accomplit un acte commandé par l'autorité légitime, sauf si cet acte est manifestement illégal* » (art. 122-4). Exemple du militaire qui, obéissant aux instructions, tue un combattant ennemi dans le cadre d'un conflit armé, sans violer le *jus in bello*. 3) L'état de nécessité :« *n'est pas pénalement responsable la personne qui, face à un danger actuel ou imminent*[135] *qui menace elle-même, autrui ou un bien, accomplit un acte nécessaire à la sauvegarde de la personne ou du bien, sauf s'il y a disproportion entre les moyens employés et la gravité de la menace* »(art. 122-7). Par analogie avec ces trois faits justificatifs, les exceptions au principe d'interdiction du recours à la force armée dans les relations internationales seraient la légitime défense, l'autorisation du CSNU, l'intervention humanitaire.

La légitime défense est donc une cause d'impunité. L'individu en danger est autorisé à se substituer aux autorités publiques défaillantes en recourant à sa force personnelle, pour sauvegarder ses droits atteints par l'agression et faire cesser l'agression. Le droit de défense reconnu aux particuliers agissant à la manière d'« autorités publiques subsidiaires et temporaires » ne les habilite pas à exercer un quelconque droit de punir. Le particulier empêche la réalisation d'une atteinte à ses droits en cas de carence de l'autorité compétente ; il ne rétribue pas l'auteur de l'agression. La légitime défense a pour but de parer une attaque illégale contre soi ou autrui, en répondant à la violence par la violence ; elle n'est pas un droit de se faire justice à soi-même ou pour autrui. Elle est un droit de « police privée », non pas de

---

été intégré dans un nouvel article L.435-1 du Code de la sécurité intérieure par la loi du 28 février 2017.

[134] L'ancien Code pénal français, dans son article 328, disait : « *il n'y a ni crime, ni délit, lorsque l'homicide, les blessures et les coups étaient commandés par la nécessité actuelle de la légitime défense de soi-même ou d'autrui.* »

[135] Non pas l'agression d'un individu comme dans la légitime défense, mais un concours de circonstances.

« justice privée ». Il appartiendra à celui qui se prévaut de la légitime défense d'en établir le bien-fondé devant la juridiction compétente qui, dûment saisie, exercera un contrôle *a posteriori*. Comment naît le droit de défense et comment s'exerce-t-il ? À l'origine du droit de défense, se trouve 1) une agression, qui 2) entraîne la nécessité de réagir.

1) Seule l'agression peut justifier la défense. En tant qu'action mettant en péril une personne ou un bien, elle doit équivaloir à un crime ou à un délit. Il en résulte que l'agression ne doit pas être elle-même couverte par un fait justificatif. Cette règle interdit de se prévaloir d'un quelconque droit de défense en réponse à l'usage de la force publique, car un particulier n'a pas à résister à la contrainte régulièrement exercée par un agent habilité[136]. La légitime défense ne peut être invoquée en cas d'actes illégaux commis par les agents publics que si ces actes sont *manifestement* illégaux. Selon le Code pénal, la légitime défense concerne la protection de soi ou d'autrui, mais aussi celle d'« *un bien* ». Sur ce dernier point, les restrictions légales sont au nombre de trois : l'agression doit être un crime ou un délit ; elle doit être interrompue en cours d'exécution, ce qui interdit toute réaction au stade des simples actes préparatoires ou après la consommation de l'infraction ; la riposte doit être strictement nécessaire, et le législateur exclut expressément l'homicide volontaire. La légitime défense pour autrui inclut-elle la protection d'un intérêt collectif ou d'une collectivité d'individus ? Non, uniquement celle de personnes physiques concrètement et immédiatement attaquées. La légitime défense n'existe pas non plus en cas d'atteinte portée à des valeurs sociales autres que la protection des personnes et des biens. Les simples citoyens ne peuvent alléguer la légitime défense de l'environnement ou de la sûreté de l'État, la protection de ces intérêts appartenant exclusivement aux autorités publiques. Dans l'hypothèse où un particulier assisterait à la commission d'une infraction, il pourrait user de son pouvoir d'arrestation de l'auteur d'un crime ou d'un délit flagrant que lui reconnaît l'article 73 du Code de procédure pénale, autre cause justificative issue de la permission de la loi (art. 122-4-1). Mais encore faut-il, en cas d'emploi de la force, que celui-ci ait été nécessaire et proportionné aux conditions de l'arrestation. Bref, en cas d'atteinte à des intérêts autres que ceux les concernant personnellement, il ne peut y avoir pour les particuliers de nécessité à riposter au titre de la légitime défense ; ces cas-là relèvent du domaine réservé aux autorités.

2) La légitime défense est, par hypothèse, une situation d'urgence dans laquelle l'intéressé a dû agir dans la précipitation. Pour autant, le contexte de crise n'autorise pas ce dernier à réagir n'importe quand et n'importe comment. Le droit de défense doit s'exercer au juste moment et selon une

---

[136] Toute action de police est présumée légale. « *Le délit de rébellion ne saurait être excusé à raison de la prétendue illégalité de l'acte accompli par l'agent* ». Mais tout agent se rendant coupable de violence engage sa responsabilité pénale, civile et disciplinaire.

juste mesure. A) Le juste moment est celui où l'agression existe. S'ensuivent deux conséquences. a) La défense ne doit pas être rétributive. Si la réaction a lieu après, ce n'est plus de la défense, c'est de la vengeance. L'acte change de nature, il n'est plus de la « police privée », mais de la « justice privée », rigoureusement interdite. Après l'agression, la victime perd son droit de police, elle doit demander justice, en s'adressant aux autorités. Si celles-ci n'agissent pas ? L'agresseur sera impuni, car le droit de justice privée n'existe pas (plus). Éventuellement, une fois l'attaque finie, l'intéressé pourra se prévaloir d'une autre justification tirée de l'autorisation de la loi : le pouvoir d'appréhender l'auteur présumé d'un crime ou d'un délit flagrant prévu à l'article 73 susmentionné, sous la double condition de la nécessité et de la proportionnalité dans l'usage éventuel de la force. b) La défense ne doit pas être préventive. L'agression doit être actuelle ou, au minimum, imminente, objectivement vraisemblable, perceptible, pour qu'elle soit qualifiable d'agression putative. B) La juste mesure est celle de la proportion entre l'attaque et la défense, c'est-à-dire l'adaptation de la riposte au danger encouru, l'impossibilité d'y répondre autrement que par l'emploi de la force, la renonciation à toute forme d'excès et la cessation de l'emploi de la force lorsque le danger a disparu.

L'exercice du droit de légitime défense des particuliers en droit interne — comme acte de « police privée » — est donc conditionné — par l'existence d'une agression et la carence de l'autorité –, limité — par l'exigence de nécessité et de proportionnalité –, contrôlé — par l'autorité judiciaire. Il en va de même de la légitime défense des États en droit international : son exercice est conditionné par l'existence d'une agression et la carence de la sécurité collective ; il est limité par l'exigence de la nécessité et de la proportionnalité ; il est contrôlé par le CSNU. Mais celui-ci n'est pas un organe judiciaire, il est un organe politique, de par sa composition multiétatique. Il ne peut donc résoudre le différend ni rétribuer l'agresseur ; il peut simplement y aider par impulsion ou coercition. Si l'on reste dans l'analogie, le CSNU serait un organe de « police », sauf qu'il ne dispose pas de forces armées et que son pouvoir dépend du consensus entre membres du Conseil. Aussi peut-il être empêché de qualifier l'acte ou de le faire cesser. Quant à l'organe de « justice » du droit international, il est faible : la compétence contentieuse de la CIJ est facultative ; de toute façon, la question de l'exécution de l'arrêt se poserait. Le CSNU doit connaître les prétentions des parties qui se disent victimes d'une agression et qui invoquent la légitime défense. Si sa décision laisse place à l'étude des circonstances, ce qu'admet la résolution 3314, sans se borner à l'application de critères rigides préétablis, il statuera sur la *causa*, pas uniquement sur l'initiative de l'attaque militaire. Il se fera donc « juge », pas seulement « policier », autrement dit, il ne se contentera pas de vouloir arrêter les hostilités, il mettra en cause, sinon en œuvre, des responsabilités.

Nonobstant la différence entre la légitime défense dans l'ordre interne et la légitime défense dans l'ordre international, elles peuvent toutes deux être assimilées à une mesure supplétive et provisoire de protection concédée au particulier ou à l'État pour faire face à une agression contre soi ou autrui, en attendant que l'autorité de police — interne ou internationale — supprime l'agression et diligente les éventuelles procédures de résolution du différend, de réparation ou de punition. Ainsi, comme « fait excluant l'illicéité », la légitime défense autorise le particulier ou l'État à commettre un acte — le recours à la force — normalement prohibé par le droit applicable — droit pénal ou *jus ad bellum* — quand le particulier ou l'État, ou un particulier proche ou un autre État, est victime d'une violence illicite actuelle ou imminente, dès lors que la riposte, pour faire cesser l'agression, est nécessaire et proportionnée. La légitime défense de l'État vise donc à parer à une atteinte réelle à la souveraineté, à l'indépendance ou à l'intégrité de l'État ou d'un autre État, en recourant à la force armée, de manière nécessaire et proportionnée, sous le contrôle du CSNU, sans résolution du différend ni rétribution de l'agresseur. Elle n'est pas un droit de se faire justice à soi-même ou pour autrui. Elle ne consiste pas à fixer des responsabilités, mais à arrêter les hostilités.

Plus le monde irait vers son unité politique, avec une monopolisation et une centralisation du recours à la force armée dans les relations internationales, comme il l'est censément au sein d'un État, plus la légitime défense étatique en droit international se rapprocherait de la légitime défense individuelle en droit interne[137]. Mais dans le *pluriversum* politique, et en l'absence d'un pouvoir supra-étatique efficace capable de se substituer à l'État pour maintenir ou rétablir l'ordre international, la légitime défense est le mode principal de protection dans les relations interétatiques, non pas un mode subsidiaire comme dans les relations interindividuelles. Loin d'être le minimum d'autoprotection admis dans tout ordre juridique établissant un monopole de la force armée, la légitime défense des États est le pivot de la sécurité des États. Même sous l'angle de la sécurité collective, le CSNU ne fait jamais que déléguer aux États volontaires ou demandeurs l'exécution militaire de ses résolutions, si bien que ce ne sont jamais que des États qui, sur la base de l'autorisation par le Conseil, prêtent assistance à l'État victime d'une agression. On peut et on doit parler alors de légitime défense collective. Qu'elle soit individuelle, coalisée ou collective, la légitime défense — dès lors que la sécurité collective se ramène, en raison de la délégation susmentionnée, à la légitime défense collective — est le seul

---

[137] À l'occasion de la guerre du Golfe, le gouvernement français parlait, devant le Parlement, « *d'un monde dans lequel, hors la légitime défense, les Nations unies détiendraient le monopole de décision du recours à la force pour appliquer le droit comme la police le détient seule dans les nations démocratiques* ».

moyen dont dispose un État pour réagir à une agression commise ou en voie d'être commise par un autre État.

L'encadrement institutionnel et normatif de la légitime défense des États

Exception-et-garantie principale de l'interdiction du recours à la force armée en général, de l'agression en particulier, moyen principal de sécurité nationale, la légitime défense des États fait l'objet d'un encadrement institutionnel et normatif, comme il sied à un concept de *jus ad bellum*. Cet encadrement est en même temps une réponse aux questions que pose le concept. Quand y a-t-il légitime défense : en cas de menace à la sécurité nationale, de toute contrainte non militaire, de toute action armée, d'agression réalisée ou imminente ? Qui apprécie : l'État visé, le ou les États liés par un traité d'alliance avec l'État visé, tout État, le Conseil ou Assemblée de l'OIG de sécurité collective à vocation universelle, une cour arbitrale ou judiciaire ? Quelles conséquences emporte la légitime défense : le droit de réagir par des mesures diplomatiques ou économiques, de recourir à la force armée, d'obtenir réparation ou punition ? On sait que l'exercice du droit de légitime défense, suppléant à la carence de la sécurité collective, suppose la commission d'un acte d'agression armée ou son imminence de la part d'un autre État, directement ou indirectement ; que l'État agressé et, à sa demande, ses alliés, ainsi que le CSNU voire l'AGNU sont habilités à constater l'acte d'agression, le CSNU étant en outre habilité à contrôler l'exercice de la légitime défense ; que celle-ci ouvre la faculté de recourir à la force armée contre l'agresseur et ceux qui le soutiennent substantiellement, aux fins de faire cesser l'agression, la résolution du différend, la réparation et la punition ne relevant pas de la légitime défense. Celle-ci est donc soumise à une condition préliminaire : l'existence d'une agression ou son imminence ; à des conditions parallèles, relatives à la qualification, à l'imputation, aux buts, aux procédés, à l'orientation et à la durée du recours à la force armée ; à une condition subséquente : le contrôle du CSNU. Autant de conditions qui confirment le caractère dérogatoire de la légitime défense, qu'elle soit individuelle, coalisée ou collective, cette dernière issue de la délégation aux États par le CSNU du droit de recourir à la force armée.

La légitime défense individuelle, coalisée et collective

La légitime défense peut être individuelle, coalisée ou collective. Dans ces deux derniers cas, qu'on pourrait appeler « guerre de secours », il y aura coopération entre l'agressé d'une part, ses alliés ou les NU d'autre part, donc compétence partagée sur la mise en œuvre de la légitime défense, ce qui impliquera une communauté de qualification, imputation, buts, procédés, orientation et durée. La légitime défense est « individuelle » lorsque réagit militairement l'État qui a été victime d'une agression. Elle est « coalisée » lorsqu'un ou plusieurs autres États choisissent de réagir militairement, à l'appel (incontestable, préalable, certain, libre et pertinent) de l'État victime d'une agression. Il revient en effet à ce dernier d'en faire la constatation et de demander officiellement l'assistance d'autres États, sur la base ou non de traités d'alliance ou d'« *accords régionaux* » (art. 52) existants. Le droit international n'autorise pas un État à secourir un autre État en se fondant sur sa propre appréciation des faits, si bien que l'État intervenant doit montrer qu'il a reçu une demande expresse de la part de l'État victime de l'agression. La légitime défense est « collective » lorsque l'assistance militaire à l'État victime d'une agression s'effectue, à l'appel ou non de ce dernier, sur la base de l'autorisation du CSNU voire de l'AGNU, et non pas simplement en vertu de traités d'alliance ou d'« *accords régionaux* ». Soit une combinaison entre la légitime défense de l'article 51 et « l'action collective » de l'article 42 de la Charte des NU.

La guerre du Golfe a-t-elle été une action de légitime défense au sens de l'article 51 ou une « action collective » au sens de l'article 42 ? Le CSNU a décidé la mise en œuvre d'une action coercitive militaire aux fins d'une légitime défense collective. Le titre juridique des États membres de la Coalition a été l'autorisation du CSNU formulée dans la résolution 678 du 29 novembre 1990. Ce sont des États qui ont été parties au conflit armé, pas l'ONU, chacun de ces États étant responsable des actes de ses forces[138]. Le but de guerre de la Coalition était de restaurer la souveraineté du Koweït, État envahi, occupé et annexé par l'Irak, à l'exclusion de toute occupation de l'Irak et *a fortiori* de tout renversement du régime irakien. Mais la résolution 678 avait également mentionné de « *rétablir la paix et la sécurité internationales dans la région* ». Cela signifiait empêcher l'Irak d'acquérir des armes nucléaires, chimiques, biologiques et des missiles balistiques. Cet objectif, initialement américain et devenu universel, explique en partie, d'un côté, la conduite des hostilités, en l'espèce les opérations aériennes en Irak,

[138] À la différence du précédent de la guerre de Corée, où il avait recommandé aux États membres de mettre les forces qu'ils fournissaient « *à la disposition d'un commandement unifié sous l'autorité des États-Unis* » (résolution du 7 juillet 1950), le CSNU n'a pris aucune disposition relative à la question du commandement des forces nationales participant à l'action armée. Celles-ci étaient placées sous deux commandements, l'un opérationnel, sous le général américain Schwarzkopf, le second stratégique, sous le général saoudien Aziz. Bien que purement nominale, la subordination du général Schwarzkopf à l'égard du chef de l'État sur le territoire duquel était stationnée la majorité des forces terrestres et aériennes des Coalisés correspondait à la situation de l'Arabie Saoudite au sein de la Coalition. Cet État n'avait abandonné à celle-ci aucun des droits ni transféré aucune des responsabilités découlant de la souveraineté. Ce n'était pas seulement le stationnement des forces étrangères sur son territoire qui était soumis à son consentement, mais aussi les opérations menées par ces forces sur son territoire ou à partir de celui-ci qui étaient en principe soumises à son accord. A cet égard, au plan opérationnel, les forces de la Coalition ne se trouvaient sous le contrôle du commandement américain que pour des missions strictement déterminées.

d'un autre côté, la définition des conditions du cessez-le-feu, en l'espèce le désarmement imposé à l'Irak, dans la résolution 686 du 2 mars 1991.

La délégation aux États par le Conseil de Sécurité des Nations unies de l'exercice de la légitime défense collective

Selon le *Rapport du Groupe d'études sur les opérations de paix*, dit« *Rapport Brahimi* », du 21 août 2000, « *les Nations unies ne font pas la guerre. Lorsqu'il a fallu prendre des mesures coercitives, elles ont toujours été confiées à des coalitions d'États volontaires, avec l'autorisation du Conseil de Sécurité agissant en vertu du chapitre VII de la Charte* ». Parlant de la guerre du Golfe, le SGNU, Javier Perez de Cuellar, a déclaré en 1991 : il ne s'agit pas d'« *une guerre des Nations unies* », il s'agit d'« *une guerre légale au sens où elle a été autorisée par le Conseil de Sécurité* ». Ce dernier est demeuré inactif durant les opérations : aucune résolution n'a été votée entre le 29 novembre 1990 et le 2 mars 1991 ; même le cessez-le-feu, le 28 février, a été ordonné par le Président des États-Unis. Le SGNU, Bouthros Bouthros-Ghali, l'a répété en 1997 : « *l'ONU n'a pas la capacité... de conduire l'action coercitive militaire prévue par le chapitre VII de la Charte... Ce sont des coalitions circonstancielles d'États membres disposés à le faire qui offrent le moyen dissuasif le plus efficace contre l'agression* ».

Il était pourtant prévu dans la Charte que « l'action collective » des NU[139] contre un *peace breaker* ou un agresseur devait être décidée *et* appliquée par le CSNU sur la base des articles 43 à 47 sur le Comité d'état-major composé des chefs d'état-major des membres permanent du Conseil, le droit de passage territorial et les contingents militaires mis à la disposition du Conseil *via* des accords spéciaux[140]. *Le CSNU devait monopoliser mondialement, en droit, la force armée*, réserve faite de la légitime défense. Suivant l'esprit du Pacte Briand-Kellog, le recours national à la force se trouvait interdit dans les relations internationales, pas le recours international. Mais les articles susmentionnés n'ont jamais été mis en œuvre, si bien que la disposition transitoire de l'article 106[141] a été à la fois pérennisée et élargie :« *en attendant l'entrée en vigueur des accords...*

---

[139] Ce qu'on appelle le « rétablissement de la paix », assimilable à la guerre, par opposition au « maintien de la paix », non assimilable à la guerre, « l'imposition de la paix » étant un type d'opération intermédiaire entre le « rétablissement » et le « maintien de la paix ».

[140] Le Comité d'état-major a toujours buté sur la question du commandement : les exigences d'une opération de guerre, soulignait le général Le Peillet, « *s'accommodent mal d'un système où un état-major composite — dont les membres n'auraient pas été formés aux mêmes procédures — attendrait ses ordres d'un comité mixte composé de représentants de cinq armées, aux éthiques et aux techniques très différentes... Un tel système ne ferait qu'aggraver les défauts bien connus d'une armée de coalition et risquerait de mener rapidement celle-ci à la paralysie* » (« Corée et Koweït, les deux guerres de l'ONU : leçons et perspectives », *RDN*, novembre 1991).

[141] Les dispositions transitoires de sécurité du chapitre XVII sont devenues permanentes !

mentionnés à l'article 43 », les membres permanents du CSNU se concerteront « *en vue d'entreprendre en commun, au nom des Nations unies, toute action qui pourrait être nécessaire pour maintenir la paix et la sécurité internationales* ». L'armée mondiale prévue n'existant pas, le CSNU ne peut mener lui-même d'opérations militaires[142]. Conformément aux articles 25 (les États membres de l'ONU acceptent et appliquent les décisions du CSNU conformément à la Charte), 48 et 53 (l'exécution des décisions du CSNU ou les mesures nécessaires à l'exécution des décisions du CSNU, pour le maintien ou le rétablissement de la paix et de la sécurité internationales sont prises par les ou des États membres des NU ou par les ou des OIG régionales), il autorise, généralement sans les nommer, les États, coalitions *ad hoc* ou OIG régionales[143] volontaires ou demandeurs (parmi eux, les membres permanents) à recourir à la force, soit sous pavillon onusien (affaire coréenne), soit sous pavillon national (affaire irakienne), pour assister militairement, en dehors de tout traité ou accord spécifique, un État victime d'une rupture de la paix ou d'une agression.

Ce pouvoir — par défaut ! — de délégation de la coercition militaire a été entériné. Dès la guerre de Corée, la délégation militaire a été considérée comme la seule solution pour contrer une rupture de la paix ou une agression. Il s'agit pourtant d'un expédient contestable, car une lecture stricte du chapitre VII montre que l'ONU elle-même doit mettre en œuvre l'action militaire, *via* le CSNU et le Comité d'état-major. Le Conseil, même lorsqu'il ne se borne pas à répondre à des demandes d'intervention, n'est donc pas en mesure d'exécuter ses résolutions ; il dépend des États pour cela ; aussi doit-il rencontrer leur adhésion. C'est ainsi que la logique, théorique, de subordination cède la place à une logique, pratique, de collaboration. D'où un transfert de la responsabilité exécutive ainsi qu'un « dédoublement fonctionnel » entre, d'une part, une décision « centralisée », « verticale » ou « objective » émanant d'un organe — le Conseil — dont les membres sont à la fois des représentants de l'ONU et des représentants de leur État d'origine, d'autre part, une exécution décentralisée, horizontale ou intersubjective de la part d'États agissant sous mandat du CSNU. En résulte une double sélectivité et une double possibilité de blocage : au Conseil d'une part, du côté des États d'autre part. La délégation suppose à la fois que le délégataire (le CSNU) ait compétence pour déléguer et que la fonction (le maintien ou le rétablissement de la paix et de la sécurité internationales) soit

---

[142] « *L'armée internationale prévue à l'article 43 de la Charte n'existant pas, le Conseil de Sécurité ne peut pas entreprendre lui-même d'opérations de contrainte militaire au sens de l'article 42 ; par contre il peut... couvrir de son autorité, par application de l'article 39 ou de l'article 42..., des mesures prises par des États membres* »(Ch. Chaumont).

[143] L'article 53 stipule qu'aucune action armée, hors légitime défense, ne sera entreprise en vertu d'accords régionaux ou par des organismes régionaux sans l'autorisation du Conseil. Cf. toutefois les affaires du Libéria et de la Sierra Leone à l'issue desquelles le CSNU a entériné l'action de la CEDEAO (rés.788 du 19 novembre 1992 et rés.1132 du 8 octobre 1997).

délégable. La délégation ne se présumant pas, elle doit, pour demeurer valide, s'accompagner du maintien d'une triple prérogative du côté du délégataire : fixer les objectifs à atteindre et les délais, superviser l'opération, garder la possibilité d'y mettre fin. Or, la Charte n'a prévu aucune modalité de contrôle de l'exécution des mesures prescrites par le Conseil.

Dans la pratique, on constate que les objectifs et la durée de l'opération militaire sont encadrés par les résolutions du CSNU (ou de l'AGNU), qui « *demeure saisi de la question* » ; mais le commandement, le choix des moyens et le financement de l'opération relèvent des États ou des OIG régionales ; après la fin de l'opération, il revient au CSNU (sinon à l'AGNU) d'organiser la consolidation de la paix voire la responsabilité réparatrice ou punitive du *peace breaker* (exemple de la résolution 687 du 3 avril 1991). Concrètement, toutes les opérations autorisées ont été placées sous la direction d'un État leader ou de quelques États leaders ; le suivi du CSNU (ou de l'AGNU) n'a été réalisé que par le biais de rapports écrits remis par les États *via* le SGNU, soit une simple notification *a posteriori.* S'ensuivent trois problèmes : celui du contrôle par le CSNU de l'habilitation qu'il a donnée ou de l'exécution qu'il a confiée (le suivi) ; celui de la coordination des actions engagées par des forces multinationales (le *memorandum of understanding*) ; celui du droit international conventionnel applicable lorsque les États ne sont pas parties aux mêmes conventions du *jus in bello* (l'alignement sur le standard de protection le plus élevé). Le CSNU peut-il révoquer son autorisation du recours à la force s'il estime que le ou les États habilités outrepassent ou détournent le mandat du Conseil ? Seule une résolution du CSNU peut modifier ou abroger une résolution du CSNU. Mais toute décision du Conseil exige neuf voix sur quinze sans veto exprès de l'un des cinq membres permanents. En admettant que l'un d'entre eux participe à l'action armée initialement autorisée, il faudrait que cet État accepte de voter une résolution qui anéantirait le titre sur lequel repose son action !À moins de considérer que chaque phase de l'action armée exige une nouvelle résolution du Conseil… mais cela suppose l'accord des membres ! Inversement, le CSNU peut révoquer son autorisation du recours à la force s'il estime que le ou les États, autorisés outrepassent le mandat du Conseil. On appelle ainsi « veto inversé » le veto qui n'empêche pas telle action coercitive, militaire ou non militaire, mais qui empêche la modification ou la suppression des actions engagées, y compris la levée des « sanctions », lorsque celles-ci ne sont pas prévues pour une durée déterminée[144].

---

[144] Ce type de veto a été utilisé par les Anglo-Américains après la guerre du Golfe pour maintenir les inspections et les mesures coercitives contre l'Irak, que la majorité des membres du CSNU désiraient abandonner.

L'existence d'une agression comme condition préliminaire à l'exercice du droit de légitime défense

Avant 1945, on considérait que la légitime défense pouvait s'exercer face à toute menace effective sur la sécurité nationale. Depuis 1945, on considère que la légitime défense ne peut s'exercer que face à une agression extérieure (étrangère) armée ou, s'agissant de la légitime défense anticipée, face à l'imminence d'une agression extérieure armée, objectivement constatable. L'urgence de la situation rend impossible, pour l'État victime et, le cas échéant, ses alliés, d'attendre l'autorisation du CSNU voire de l'AGNU, ou de réagir par des moyens autres que la force armée. Mais le ou les États qui recourent à la légitime défense ont le devoir d'en informer immédiatement le CSNU…

En vertu de l'article 51 de la Charte des NU, il n'y a pas de légitime défense sans agression. Celle-ci, on le verra, est le critère principal de l'évaluation de la violation du *jus ad bellum*. Avant même toute discussion sur la définition de l'agression en droit international public ou pénal, une première difficulté concerne la différence sémantique entre la version française de l'article 51 et les versions anglaise, espagnole et russe. Alors que la première vise une agression armée, les trois autres font état d'une attaque armée. Or, le mot « agression » existe dans les trois langues et l'article 39 s'y réfère. Pourquoi une expression identique dans la version française des articles 39 et 51, et deux expressions différentes dans les versions anglaise, espagnole, russe ? L'expression « attaque armée » permet une interprétation extensive, alors qu'« agression armée » rend l'invocation de la légitime défense plus restrictive. De son côté, le CSNU n'utilise guère la notion d'agression (il ne s'est jamais référé à la résolution 3314 alors même qu'elle était destinée à lui servir de guide). Il ne tranche donc pas entre les versions. En revanche, la CIJ fait sienne la version française : elle parle d'« agression » lorsqu'elle cite l'article 51[145].

Les problèmes relatifs au concept d'agression — agression directe et indirecte, imputation à l'État, élargissement aux groupes ou entités non étatiques ainsi qu'au « terrorisme international » ou à la « prolifération » des « armes de destruction massive », etc. — seront étudiés plus loin. Dans l'immédiat, il convient de traiter l'épineuse question de la légitime défense anticipée. On parle, notamment depuis la crise irakienne de 2002-2003, de légitime défense « réactive » après qu'une attaque armée a été réalisée, « interceptive » après qu'une attaque armée a été lancée mais pas encore réalisée, « préemptive » face à une attaque armée imminente mais pas encore lancée (ou menace avérée d'une attaque imminente), « préventive » face à toute menace d'attaque armée future (ou menace éventuelle d'une attaque non imminente). Le droit international en vigueur ne connaît que la légitime

---

[145] Voir les affaires *Activités militaires et paramilitaires au Nicaragua*, *Licéité de la menace ou de l'emploi d'armes nucléaires*, *Plates-formes pétrolières*, *Activités armées au Congo*.

défense face à l'agression réalisée, lancée ou imminente. C'est à quoi renvoie la jurisprudence de Nuremberg admettant l'action anticipée en cas de « *nécessité urgente de défense* ». La controverse, ou plutôt la revendication conjoncturelle de certains États, porte sur la légitime défense préventive.

La controverse sur la légitime défense préventive

Dans son *opus magnum* déjà cité, Olivier Corten a indiqué et tracé la voie à suivre. Conformément aux règles d'interprétation codifiées dans la Convention de Vienne de 1969 sur le droit des traités, l'analyste doit partir du texte de l'article 51, envisagé dans le contexte de la Charte des NU, avant de s'interroger sur l'objet et le but de cette disposition, puis d'utiliser les travaux préparatoires. Il doit terminer par l'examen de la pratique des États, de la jurisprudence et de la doctrine, notamment les travaux de la CDI ou de l'IDI. Le « sens clair » de l'article 51 est confirmé tant par son objet et son but que par les travaux préparatoires : il s'agit d'une exception stricte à l'interdiction du recours interétatique à la force armée, conformément à l'objectif de la Charte qui n'était nullement de rouvrir la boîte de Pandore en reconnaissant aux États un droit général de réaction armée chaque fois qu'ils se considéreraient « menacés ». L'État victime d'une menace n'est pas dépourvu de tout moyen de défense ; il peut prendre toute mesure militaire sans attaquer l'État menaçant ; il peut saisir le CSNU, auquel il appartient de répondre à des « menaces ». Le risque d'abus dans l'appréciation d'une menace et dans la résolution d'y parer en recourant à la force armée, serait trop grand, et nuirait à l'objet et au but de la Charte, qui est de maintenir la paix, fût-elle sous tension.

C'est pourquoi la légitime défense selon l'article 51 exige l'existence d'une agression armée, même si le CSNU, faute de consensus, n'est pas capable de remplir son rôle de gardien de la paix et de la sécurité internationales. En même temps, l'article parle de « *droit naturel* »de légitime défense ; l'expression renverrait au droit coutumier antérieur à 1945 et toujours en vigueur ; or, ce droit coutumier admettait la riposte armée en cas de menace effective, ce qui validerait la légitime défense préventive[146]. La thèse est facile à réfuter, même si O. Corten tend à confondre la légitime défense anticipée en général et la légitime défense préventive en particulier. Ladite thèse suppose l'existence d'un droit coutumier de légitime défense préventive. En admettant qu'il existait, il se heurte désormais, *lex posterior*

[146] Le TMIE a rappelé qu'« *une action préventive en territoire étranger ne se justifie que dans le cas d'une "nécessité... urgente de défense"* », selon la formule de l'affaire du *Caroline*. Or, la résolution 95 de l'AGNU du 11 décembre 1946 a confirmé les « *principes de droit international reconnus par le Statut du Tribunal de Nuremberg et par le jugement de ce Tribunal* ». Cette confirmation ne portait toutefois que sur les notions encore embryonnaires du droit international pénal relatives au crime contre la paix et au crime contre l'humanité.

derogat legi priori, au droit conventionnel énoncé dans l'article 51. L'objet et le but de la légitime défense doivent être compris dans le cadre du régime juridique interdisant le recours interétatique à la force. Dans le cadre de ce régime, la notion de légitime défense préventive ne trouve pas de place, car un tel élargissement de la légitime défense aurait pour effet de réduire sensiblement l'interdiction posée à l'article 2 paragraphe 4 de la Charte des NU. De la légitime défense individuelle ou coalisée comme substitut à la carence de la sécurité collective face à une agression à la légitime défense comme réaction à toute menace, en passant par la légitime défense déléguée par le CSNU aux États, on reste certes dans la logique du *bellum justum defensivum*, mais on réduit la prohibition principielle du recours *national* à la force armée dans les relations internationales !

Or, non seulement l'article 51 de la Charte n'a pas été modifié depuis 1945, mais les traités d'alliance ou les accords régionaux de défense collective conclus après cette date ont confirmé l'interprétation stricte de l'article. Le traité interaméricain de Rio de 1947 (art. 3), le traité de Bruxelles de 1948 créant l'Union occidentale (art. 4), le traité de Washington de 1949 créant l'Alliance atlantique (art. 5 et 7), le défunt pacte de Varsovie de 1955 (art. 4), subordonnent l'exercice de la légitime défense à l'existence d'une agression, en reprenant la formulation de l'article 51 ou en renvoyant directement à cet article. La légitime défense préventive a été discutée à l'ONU, notamment lors des débats qui ont précédé l'adoption des résolutions 2625 et 3314 en 1970 et 1974. Selon la résolution 3314, *« l'emploi de la force armée en violation de la Charte par un État agissant le premier constitue la preuve suffisante à première vue d'un acte d'agression, bien que le Conseil de Sécurité puisse conclure, conformément à la Charte, qu'établir qu'un acte d'agression a été commis ne serait pas justifiée compte tenu des autres circonstances pertinentes, y compris le fait que les actes en cause ou leurs conséquences ne sont pas d'une gravité suffisante »*. On pourrait déduire de la référence aux « *circonstances pertinentes* » une possibilité légale d'action préventive. Il n'est rien. Comme le révèle l'examen des travaux préparatoires, l'objectif de cette formule est uniquement de préserver la marge d'appréciation du CSNU face à toute interprétation trop rigide du critère d'antériorité.

Qu'en est-il de la pratique des États ? La doctrine de la légitime défense préventive n'a été invoquée que très rarement, et seulement par trois États : l'ancienne Afrique du Sud, Israël, les États-Unis. Leur argumentation — tournant autour du contre-terrorisme et de la contre-prolifération — n'a pas été acceptée par les autres États ni à l'ONU. 1) L'Afrique du Sud avait parfois invoqué un droit d'« *action préventive* » afin de justifier diverses interventions militaires dans les pays voisins, accusés d'accorder refuge à des « *groupes terroristes* » ; le CSNU a qualifié ces interventions d'actes d'agression, soit explicitement soit par prétérition. 2) Israël n'a pas invoqué la légitime défense préventive lors de la guerre des Six Jours, puisque, selon

Tel-Aviv, il avait déjà subi un acte d'agression matériel, en l'occurrence la fermeture du détroit de Tiran ; plus tard, Israël reconnaîtra avoir frappé le premier, mais en « *anticipant* » une « *attaque imminente* »de l'Égypte. Le vrai précédent est celui du bombardement par l'aviation israélienne du réacteur nucléaire d'Osirak, le 7 juin 1981. Israël a invoqué la légitime défense préventive devant le CSNU : *« prétendre que les principes du Caroline s'appliquent à un État confronté à la menace de destruction nucléaire reviendrait à abolir le droit inhérent et naturel de légitime défense... L'argument le plus puissant qui s'oppose à ce qu'on voie dans l'article 51 une interdiction du recours à la légitime défense anticipée..., à l'époque des missiles et des armes nucléaires, c'est sans doute que c'est là une interprétation qui ne correspond pas à la réalité... La notion du droit d'un État à la légitime défense n'a jamais changé à travers l'histoire. Cependant, sa portée s'est considérablement élargie au fur et à mesure que la capacité de l'homme de semer la destruction chez ses ennemis a progressé. Par conséquent, cette notion a pris des applications nouvelles et plus larges avec l'avènement de l'ère nucléaire »*. Ainsi, la légitime défense serait admissible en cas de menace non imminente, en raison de la gravité du risque à l'époque nucléaire. L'argument a été dénoncé par l'AGNU comme par le CSNU, la résolution 487 du 19 juin 1981 qualifiant l'action israélienne de » *violation flagrante de la Charte* ». Ce n'est pas la légitime défense anticipée qui a été rejetée, entendue comme réaction à une menace d'attaque imminente, mais la légitime défense préventive comme réaction à une menace d'attaque non imminente. 3) Enfin, la frappe américaine de l'usine Al-Shifa à Khartoum, au Soudan, le 20 août 1998, justifiée par l'administration Clinton afin de « *prévenir la répétition d'attaques terroristes sur les États-Unis et d'autres pays* », a été condamnée par une grande majorité d'États.

Les revendications en faveur de la légitime défense préventive se sont faites, semble-t-il, de plus en plus rares depuis la décennie 1950 jusqu'à la décennie 1990. 'Qu'en est-il depuis les années 2000, marquées par la revendication d'élargir le concept d'agression au terrorisme et à la prolifération nucléaire ? L'article 51 de la Charte l'emporte certes sur toute règle coutumière antérieure. Mais une nouvelle règle, postérieure à l'article 51, fondée sur la pratique des États et leur *opinio juris*, n'aurait-elle pas émergé, qui réviserait l'article 51 et qui validerait la légitime défense préventive ? L'article 31 paragraphe 3 de la Convention de Vienne de 1969 stipule qu'en matière d'interprétation d'un traité, « *il sera tenu compte... de tout accord ultérieur intervenu entre les parties au sujet de l'interprétation du traité* ». La CIJ reste fidèle à l'exigence, déjà soulignée dans l'arrêt *Nicaragua* de 1986 et dans l'avis *Licéité de la menace ou de l'emploi d'armes nucléaires* de 1996, d'une agression armée pour l'exercice de la légitime défense, ainsi dans l'arrêt *Plateformes pétrolières* de 2003[147], l'avis *Mur palestinien* de 2004 et l'arrêt *Activités armées au Congo* de 2006. Du côté des États, les débats au CSNU comme à l'AGNU montrent que la grande majorité d'entre eux récuse la thèse de la légitime défense préventive. Il est vrai que les trois quarts des États du monde ont un budget militaire inférieur à deux milliards de dollars : auraient-ils seulement les ressources d'exercer une quelconque légitime défense ? Qu'en est-il des « États particulièrement intéressés » ? En 2001, c'est une légitime défense purement réactive — face à l'agression qu'auraient constitué les attaques du 11 Septembre, commises par Al-Qaïda et soutenues par le gouvernement afghan — qui a été invoquée par les États-Unis et approuvée par le CSNU comme par la très grande majorité des États du monde. En 2002-2003, la légitime défense préventive n'a pas été le principal argument juridique des États-Unis : ceux-ci, comme les États qui les ont suivis, ont d'abord excipé de l'autorisation implicite du CSNU et de la poursuite (depuis 1991) du désarmement de l'Irak à titre de garantie de non-répétition d'un recours illicite à la force armée de la part de Bagdad.

Il apparaît certes que les États-Unis, la Grande-Bretagne, la France, la Russie, la RPC, l'Inde, le Japon, le Canada, l'Australie, la Turquie, Israël ou d'autres États s'accommoderaient fort bien du droit d'agir préventivement, pas seulement réactivement, contre toute base terroriste à l'étranger. Mais il s'agit là de mesures de police extraterritoriales contre des groupes ou entités non étatiques, non d'un recours à la force armée contre un État. La justification de « l'autoprotection » peut être tirée de l'état de nécessité, qui fait également partie du droit coutumier, comme l'a rappelé la CIJ dans son arrêt du 25 septembre 1997 *Projet Gabcikovo-Nagymaros*. De telles mesures pourraient être prises au cas où un gouvernement A apprendrait qu'un groupe armé, sur le sol d'un État B, prépare une attaque contre l'État A ou ses ressortissants. Les débats à l'ONU montrent surtout que les États susceptibles d'être menacés par une action préventive, notamment parce qu'ils pourraient être accusés d'abriter des groupes terroristes, la déclarent illicite, tandis que les États qui envisage(raie)nt une telle action élargissent le droit de légitime défense ou le confondent avec des mesures de police au titre de l'état de nécessité. Quoi qu'il en soit, les déclarations conjoncturelles ou confuses de quelques États à propos de la « légitime défense préventive », ne suffisent pas à constituer une pratique large et représentative ni une *opinio juris* capables de remplacer la règle conventionnelle de l'article 51 de la Charte par une nouvelle règle coutumière. Le débat a reçu sa conclusion à

---

[147] « *Pour établir qu'ils étaient en droit d'attaquer les plateformes iraniennes dans l'exercice du droit de légitime défense individuelle, les États-Unis doivent démontrer qu'ils ont été attaqués et que l'Iran était responsable des attaques, et que celles-ci étaient de nature à être qualifiées d''agression armée' tant au sens de l'article 51 de la Charte des Nations unies que selon le droit coutumier en matière d'emploi de la force.* »

l'ONU lors du soixantième anniversaire, puis à l'IDI lors de la session de Santiago.

1) Dans un discours prononcé devant l'AGNU le 23 septembre 2003, le SGNU, Kofi Annan, avait exprimé ses préoccupations à l'égard de la doctrine de la légitime défense préventive : « *l'article 51 prévoit que tous les États, s'ils sont attaqués, ont le droit de se défendre... Jusqu'à maintenant, il avait été admis que, lorsque les États... décident d'utiliser la force pour répondre à des menaces plus larges, ils ont besoin de la légitimité que seules peuvent procurer les Nations unies* ». Le 1er décembre 2004, le Groupe de personnalités de haut niveau, chargé par le SGNU de rédiger un texte traitant divers aspects de la réforme de l'ONU, déclara que la légitime défense est admise en cas de menace imminente[148]. Cette position a été confirmée par le SGNU dans le rapport publié en mars 2005 :« *les menaces imminentes sont pleinement couvertes par l'article 51 de la Charte, qui garantit le droit naturel de légitime défense de tout État souverain, dans le cas où il est l'objet d'une agression armée. Les juristes ont reconnu depuis longtemps que cette disposition couvre les attaques imminentes, ainsi que celles qui ont déjà eu lieu* ». On en reste donc bien à la légitime défense réactive, interceptive et préemptive, celle que la grande majorité des États admet, sans reconnaissance d'un droit de la légitime défense préventive.

2) À l'occasion de la session de Santiago de 2007, consacrée aux *Problèmes actuels du recours à la force en droit international* et à la *Légitime défense*, l'IDI a donné une interprétation large du droit international en la matière. D'abord, dans le texte de la résolution, il parle d'« *attaque armée* », et pas d'« agression armée ». Ensuite, dans le préambule, il se déclare certes convaincu que le système de sécurité collective établi par la Charte des NU renforce la paix internationale ; mais il

148 Le Groupe répertoria six menaces sur la sécurité internationale : les menaces d'ordre économique et social, les conflits entre États, les conflits internes, les armes NBC, le terrorisme, la criminalité transnationale organisée. Dans la troisième partie (« L'usage de la force : règles et directives ») du rapport (*Un monde plus sûr : notre affaire à tous*), on peut lire le passage suivant sur la légitime défense : « *traditionnellement, en droit international, un État menacé peut lancer une opération militaire à condition que l'agression dont il menacé soit imminente, qu'il n'y ait pas d'autre moyen d'écarter la menace et que l'intervention militaire soit proportionnée. Le problème se pose dans le cas où sans être imminente, la menace en question est présentée comme réelle, par exemple en cas d'acquisition, dans une intention censément hostile, des moyens de fabriquer des armes nucléaires. Un État peut-il, sans saisir le Conseil de Sécurité, revendiquer dans ces conditions le droit d'intervenir, en état de légitime défense par anticipation... ? Ceux qui répondent par l'affirmative font valoir que les dommages que risquent d'infliger certaines menaces (terroristes disposant d'une arme nucléaire par exemple) sont tels qu'il n'est pas question de prendre le risque d'attendre qu'elles deviennent imminentes, et que les dommages seront peut-être moins lourds (par exemple si l'on peut éviter un échange nucléaire ou les retombées radioactives de la destruction d'un réacteur) en agissant plus tôt... À cette thèse on oppose que... le risque pour l'ordre mondial... est trop élevé pour que la légalité autorise une action préventive unilatérale, au lieu d'une intervention collective.* »

reconnaît aussi l'importance fondamentale de la légitime défense en tant que réaction des États *au recours illicite à la force*, pas seulement *à l'agression*, et il prend en considération les problèmes posés à la légitime défense des États par les attaques armées commises *par des acteurs non étatiques*. La teneur de la résolution adoptée par l'IDI est la suivante. L'article 51 de la Charte, tel que complété par le droit coutumier, régit l'exercice du droit de légitime défense individuelle et coalisée[149](art. 1). La nécessité et la proportionnalité sont des éléments essentiels des règles applicables à la légitime défense (art. 2). Le droit de légitime défense de l'État naît en cas d'attaque armée *en cours de réalisation* ou *manifestement imminente*. Il ne peut être exercé que lorsqu'il n'existe pas d'alternative licite praticable pour empêcher, arrêter ou repousser l'attaque armée, jusqu'à ce que le CSNU ait pris les mesures effectives nécessaires pour maintenir ou rétablir la paix et la sécurité internationales (art. 3). L'État visé doit immédiatement informer le CSNU des actions de légitime défense qu'il a entreprises (art. 4). Une attaque armée déclenchant le droit de légitime défense doit revêtir un certain degré de gravité. Les actions de moindre intensité peuvent donner lieu à des contre-mesures ou à des mesures de police strictement nécessaires. Il est entendu que le CSNU peut également prendre des mesures appropriées (art. 5). La légitime défense préventive, en l'absence d'attaque armée en cours de réalisation ou manifestement imminente, n'a pas de fondement en droit international (art. 6). En cas de menace d'une attaque armée contre un État, seul le CSNU a le pouvoir de décider de l'emploi de la force ou de l'autoriser (art. 7). La légitime défense coalisée[150] ne peut être exercée qu'à la demande de l'État visé (art. 8). Lorsque le CSNU décide, dans le cadre de la sécurité collective, des mesures requises pour le rétablissement de la paix, il peut indiquer les conditions auxquelles l'État visé est en droit de continuer à recourir à la force armée (art. 9). En cas d'attaque armée d'un État par un acteur non étatique, l'article 51 de la Charte, complété par le droit coutumier, s'applique en principe (art. 10).

Les conditions parallèles à l'exercice du droit de légitime défense

La légitime défense a donc bien pour condition préliminaire l'existence d'une agression réalisée, lancée ou imminente. Les États, le CSNU, la CIJ, l'IDI ou la doctrine en général ont rappelé les conditions parallèles à l'exercice de la légitime défense. L'encadrement normatif de la légitime défense est sextuple : il porte sur la qualification, l'imputation, les buts, les procédés, l'orientation, la durée. Autant de conditions qui sont à l'appréciation du ou des États intéressés ; mais le CSNU pourra exercer son contrôle.

---

[149] La résolution écrit : « *collective* », alors qu'en vérité on devrait parler de légitime défense coalisée.

[150]*Idem.*

1) La légitime défense se fondant sur un critère d'antériorité de l'agression, il revient à l'État qui invoque la légitime défense ou la légitime défense anticipée d'apporter la preuve de l'acte d'agression ou de l'imminence de l'acte d'agression. 2) Il lui revient également de prouver qui est l'agresseur (étatique).

3) L'objectif doit être de mettre fin à l'atteinte que l'agression ou son imminence porte à la souveraineté, à l'indépendance politique ou à l'intégrité territoriale de l'État ou à la libre détermination du peuple qui en sont victimes, autrement dit, de supprimer les effets de l'agression. Suffit-il de repousser l'agresseur, ou convient-il de le désarmer, ou de l'affaiblir économiquement, ou de le réduire territorialement, ou de renverser son régime, ce qui suppose d'occuper ou d'administrer son territoire ? En tout cas, la légitime défense, comme la sécurité collective, ne consistent pas, en tant que telles, à résoudre un différend[151] ni à obtenir, comme conséquences de la violation d'une règle primaire, réparation ou punition du côté de l'agresseur. La mise en œuvre de la responsabilité réparatrice de l'État ou de la responsabilité punitive des dirigeants (pour « crime d'agression ») implique des buts de guerre beaucoup plus amples. Mais on ne met pas en œuvre la responsabilité par la force armée. Des procédures judiciaires, réparatrice ou punitive, relèvent de commissions ou de juridictions compétentes, soutenues ou créées par le CSNU voire l'AGNU, ou d'accords entre les États concernés, y compris dans le cadre d'une OIG régionale.

4) Le recours à la force armée doit être nécessaire et proportionné. La nécessité s'établit en tenant compte de la nature et de la gravité de l'attaque, du risque de voir cette attaque réaliser ses objectifs faute de réaction suffisamment efficace ou rapide, de l'absence d'alternatives crédibles à l'emploi de la force. La proportion s'établit par la correspondance entre l'attaque et la réaction militaire d'une part, par le rapport raisonnable entre les modalités de la réaction et les dommages qu'elle cause à l'ennemi d'autre part. 5) Le recours à la force armée doit être dirigé contre l'agresseur ou contre le ou les États qui le soutiennent substantiellement.

6) Il commence dès la commission ou l'imminence de l'agression ou bien lorsque l'État agressé l'estime opportun. D'où le débat entre « immédiateté » et « opportunité ». Il doit s'arrêter lorsque les objectifs sont remplis. D'autre part, l'exercice de la légitime défense individuelle ou coalisée ne peut être que subsidiaire et provisoire, c'est-à-dire n'être poursuivie que jusqu'au moment où le CSNU, préalablement informé, aura pris les mesures effectives nécessaires au rétablissement de la paix et de la sécurité internationales. Si les mesures sont de caractère militaire, on passe à la légitime défense collective, puisque, on le sait, il revient à des États,

---

[151] La légitime défense ne sert notamment pas à régler un différend territorial : l'interdiction du recours interétatique à la force armée volerait en éclats si l'on pouvait y déroger pour recouvrir des territoires (prétendument) illicitement occupés ou annexés.

délégataires de l'autorisation du Conseil, de secourir l'État victime de l'agression.

Les tenants de la légitime défense préventive reprennent les conditions, tout en les adaptant : qualification et imputation de la *menace*, réponse nécessaire et proportionnée (procédé), dirigée contre l'agresseur *potentiel* (orientation), qui cesserait lorsque l'objectif serait atteint (durée), c'est-à-dire lorsque serait mis fin au danger (but).

Le contrôle du CSNU comme condition subséquente à l'exercice du droit de légitime défense

Le recours à la force armée au titre de la légitime défense individuelle ou coalisée doit être porté à la connaissance du CSNU ou bien il est examiné par le CSNU, qui peut « *agir à tout moment de la manière qu'il juge nécessaire pour maintenir ou rétablir la paix et la sécurité internationales* »(art. 51). Au minimum, celui-ci peut exercer son contrôle : s'agit-il bien de légitime défense, sans erreur ou abus dans la qualification, l'imputation, les buts, les procédés, l'orientation, la durée ? S'ouvrent quatre possibilités. 1) Le Conseil se tait : il y a alors présomption de licéité en faveur de la partie (de chacune des parties) qui invoque la légitime défense, puisqu'il s'agit d'un « *droit naturel* ». 2) Le Conseil condamne la partie qui invoque à tort la légitime défense : celle-ci voit alors sa responsabilité *mise en cause*. 3) Le Conseil donne raison à la partie qui invoque la légitime défense : il y a alors confirmation de licéité. 4) Le Conseil recommande ou ordonne de soutenir militairement la partie qui invoque la légitime défense : celle-ci s'en trouve à la fois renforcée et *dessaisie*, puisqu'on passe alors à la légitime défense collective (ce qui n'est pas le cas si le Conseil s'en tient à des mesures à caractère non militaire).

La légitime défense n'est invocable que face à un État ayant pris l'initiative, assimilable à une agression, de recourir à la force armée. Face à une action armée de moindre gravité ou dénuée d'intention coercitive ou face à une contrainte non militaire sinon non étatique, seules des contre-mesures, des mesures de police ou des mesures militaires en deçà du recours à la force armée sont licites. *Quid* lorsqu'un État, face à une coercition économique grave, tel un boycott ou un embargo visant un État qui dépend de son commerce extérieur, ne peut riposter à l'identique ? S'il prend l'initiative de recourir à la force armée, faute d'autres moyens lui paraissant suffisant, sera-t-il l'agresseur ? Il appartiendra au CSNU d'en juger… Le Conseil peut-il interdire à un État d'exercer son droit de légitime défense au motif qu'il y a déjà une action coercitive en cours ? La question aurait pu se poser lors de la guerre du Golfe, au cas où Israël, attaqué par les *Scud* irakiens, aurait choisi de réagir militairement, alors même qu'il était resté étranger au conflit armé et qu'il ne souhaitait pas participer à l'action collective pour la restauration du Koweït. Le CSNU ne peut interdire l'exercice d'un « *droit naturel* » *;* il peut condamner la partie qui invoque à tort la légitime défense ; contre elle, il peut autoriser des États à recourir à toute mesure coercitive y compris la force armée ; il peut dessaisir une partie en légitime défense en s'engageant militairement dans le conflit armé.

CHAPITRE III

LE CONSENTEMENT DU CSNU AU RECOURS A LA FORCE ARMEE

Exceptions et garanties au principe d'interdiction du recours interétatique à la force armée, la sécurité collective et la légitime défense renvoient à un *bellum justum defensivum* : le recours à la force est licite car il est défensif, puisqu'il s'effectue, censément sous le contrôle du CSNU, en réaction à un recours illicite à la force armée, à une rupture de la paix ou à une agression. Nonobstant, ce *bellum justum defensivum* est large : non seulement l'État attaqué est en droit de réagir militairement, mais aussi ses alliés s'il le demande, ou encore tout État tiers si le CSNU l'a autorisé. *C'est ainsi que la Charte des NU permet la guerre défensive* lato sensu. Mieux, le CSNU, outre le contrôle de la légitime défense individuelle ou coalisée et la mise en œuvre de la légitime défense collective, a la possibilité de qualifier toute situation conflictuelle, y compris purement interne à un État, de « *menace contre la paix et la sécurité internationales* », ce qui lui donne un pouvoir d'intervention ou un pouvoir d'autoriser l'intervention d'États tiers. *C'est ainsi que la Charte permet la guerre offensive multilatérale.* On l'a vu en 2011 en Libye, même si le mandat du Conseil a été outrepassé — comme il était prévisible — par les puissances de l'OTAN.

Hors légitime défense individuelle ou coalisée, le consentement du CSNU au recours à la force armée, que ce recours soit réactif (en légitime défense collective) ou même proactif (en intervention militaire), doit prendre la forme de l'autorisation[152] ou de l'accord[153] préalable explicite. L'effet et la valeur juridiques de la permission donnée par le CSNU aux États tiennent à ce que celle-ci leur confère un titre en *jus ad bellum*[154]. Le Conseil utilise la formule : « *toutes les mesures nécessaires* » ou« *tous les moyens*

[152] Résolution 678 du 29 novembre 1990 contre l'Irak, résolution 1973 du 17 mars 2011 contre le gouvernement libyen.

[153] Résolution 1373 du 28 septembre 2001 contre l'Afghanistan taliban. Les États-Unis se sont référés à leur droit de légitime défense, non pas à une autorisation du CSNU, mais celui-ci a marqué son accord à l'argument de la légitime défense dans sa résolution.

[154] Elle rend licite ce qui ne le serait pas : le recours à la force hors légitime défense. En témoignent, même *a contrario*, les efforts déployés par les États-Unis et la Grande-Bretagne pour obtenir l'aval du CSNU à leur guerre contre l'Irak à l'automne-hiver 2002-2003. L'importance du soutien des opinions publiques à l'intervention militaire aura été largement conditionnée par l'existence ou l'absence d'une résolution permissive du Conseil.

nécessaires ». Hors légitime défense individuelle ou coalisée, tout recours à la force armée nécessite donc le consentement du CSNU. Il n'y a cependant pas besoin d'un tel consentement pour tout transfert d'armement, même si le Conseil peut en ordonner l'embargo. On sait que le CSNU peut révoquer son autorisation du recours à la force s'il estime que le ou les États autorisés outrepassent ou détournent son mandat. Mais on sait aussi que toute résolution en ce sens s'expose au « veto inversé » ! Selon certaines chancelleries voire certains juristes, ledit consentement du CSNU pourrait être « présumé » antérieurement ou postérieurement au recours à la force, sous trois formes :« l'approbation rétroactive », lorsque le Conseil s'abstient de condamner telle action militaire, celle-ci s'en trouverait légitimée[155] ;« l'approbation implicite », lorsque tel État viole une résolution à caractère obligatoire du Conseil, les autres pourraient agir militairement contre lui[156] ;« l'approbation anticipée », lorsque le Conseil condamne tel État sur la base du chapitre VII, les autres pourraient agir militairement contre lui[157].

Mais l'abstention du CSNU, la violation des résolutions du CSNU ou la simple condamnation d'un État par le CSNU agissant au titre du chapitre VII ne suffisent pas à rendre licite le recours à la force armée : il faut qu'il y ait autorisation spécifique *ad hoc* (il n'y a jamais eu d'autorisation à caractère général), c'est-à-dire décision sur la nécessité et l'opportunité du recours à la force, en « dernier ressort » et après « espérance raisonnable de succès ». La Charte, les prises de position de la grande majorité des États, le Document final du Sommet mondial de 2005, la jurisprudence de la CIJ, les travaux de la CDI et de l'IDI, le confirment. Seule une telle autorisation est conforme à

---

[155] Exemples des guerres du Kosovo et d'Irak, « rétroactivement admises » par la résolution 1244 du 10 juin 1999 et par la résolution 1546 du 8 juin 2004.

[156] Exemples des guerres du Kosovo et d'Irak, « implicitement admises », l'une par les résolutions 1199 du 23 septembre 1998 et 1203 du 24 octobre, l'autre par la résolution 678 du 29 novembre 1990 et par la violation irakienne de la résolution 687 du 3 avril 1991 puis de la résolution 1441 du 8 novembre 2002.

[157] Exemples des guerres du Kosovo et d'Irak, « rendues admissibles » par les résolutions portant condamnation de la RFY ou de l'Irak. Avant la campagne aérienne de l'OTAN au Kosovo, le CSNU avait adopté trois résolutions sur le fondement du chapitre VII dans lesquels il imposait un embargo (rés.1160 du 31 mars 1998), exigeait un cessez-le-feu (rés.1199 du 23 septembre 1998), puis approuvait les accords entre la RFY et l'OTAN, la RFY et l'OSCE (rés.1203 du 24 octobre 1998). Dès le 15 août 1991, le CSNU condamnait « *le manquement grave de l'Irak à certaines des obligations qui lui incombent en vertu de la... résolution 687* » (rés.707). A plusieurs reprises, le Conseil rappela l'Irak à l'ordre (rés.1060 de 1996, rés.1115 de 1997).Puis il condamna (rés.1194 et 1205 du 9 septembre et du 5 novembre 1998) la décision du gouvernement de Bagdad, le 5 août 1998, confirmée le 5 octobre, de suspendre toute coopération avec l'UNSCOM et l'AIEA. Le 14 novembre, l'Irak accepta le retour des inspecteurs de l'UNSCOM sur son territoire. Mais un rapport du 15 décembre de la Commission dénonça à nouveau le manque total de coopération des autorités irakiennes, qui obligeait les inspecteurs à évacuer le territoire. En résulta l'opération *Renard du désert*.

la logique juridique, c'est-à-dire à une triple exigence normative : sécurité juridique des États en termes de responsabilité internationale, vote affirmatif au Conseil de neuf membres sans le veto de l'un des Cinq, contrôle par le Conseil de l'opération militaire déléguée. D'autre part, si une simple condamnation suffisait pour constituer la nouvelle règle du recours à la force, les États membres du Conseil opposés à un tel recours n'auraient qu'à voter contre le projet de résolution portant condamnation : non seulement l'autorisation du recours à la force ne serait pas donnée, mais encore la simple condamnation ne serait pas votée ! Le fait que le CSNU ait autorisé des administrations étrangères post-belligérantes au Kosovo voire en Irak, ne signifie pas qu'il y a eu « approbation rétroactive » du recours à la force armée, mais simplement que le Conseil prend acte de la nouvelle situation et entend la contrôler dans le sens d'une pacification et d'une reconstruction des territoires concernés.

Chapitre IV

La problematique du droit d'insurrection et du droit des peuples a l'autodetermination

Si le droit international interdit principiellement le recours à la force armée entre les États, il ne l'interdit pas au sein des États. Admet-il un droit d'insurrection ? Il l'admet, d'une part, en cas 1) de levée en masse face à l'invasion et 2) de résistance face à l'occupation dans le contexte principal d'une guerre interétatique, d'autre part, en cas 3) de lutte de libération nationale, la lutte palestinienne relevant à la fois de la libération nationale et de la résistance à l'occupation. La grave atteinte à la souveraineté de l'État et à la libre détermination du peuple emporte comme « ultime remède »[158] l'insurrection populaire, encadrée par le *jus in bello*. Ces situations sont assimilées à des conflits armés internationaux : l'une est réglée par le RLH de 1907, l'autre par les CG de 1949, la dernière par le P1 de 1977. Les deux premières renvoient principalement à la sauvegarde ou au rétablissement de la souveraineté, de l'indépendance politique et de l'intégrité territoriale de l'État envahi ou occupé, secondairement à la sauvegarde ou au rétablissement de la libre détermination du peuple dont le territoire étatique a été envahi ou occupé. La dernière renvoie au droit des peuples à l'autodétermination (aspect intra-étatique), ainsi qu'à l'éventuel droit d'intervention des États tiers en soutien au droit des peuples à l'autodétermination (aspect interétatique). Il importe donc de s'interroger sur les notions de peuple et de droit des peuples à disposer d'eux-mêmes, avant et après la Charte des NU, puis sur le droit à/de la décolonisation créée par l'AGNU, incluant le droit à la lutte armée, enfin sur la signification différente que revêt, en droit international positif, le droit des peuples en situation coloniale, postcoloniale ou d'apartheid et le droit des peuples hors situation coloniale, postcoloniale ou d'apartheid.

Le vecteur de l'une des révolutions juridiques du XXe siècle a été la notion de peuple, fondement du droit des peuples à l'autodétermination. Relayant les déclarations révolutionnaires de 1789 à 1918 puis la SDN, l'AGNU et les nouveaux États indépendants, soutenus par les États socialistes, ont fait surgir les peuples, plus précisément les *peuples colonisés*, dans un droit international qui était jusque-là exclusivement interétatique. Tandis qu'était élaborée une notion juridique de peuple, sujet certes non

[158] Synthèse du « dernier ressort » et de « l'espérance raisonnable de succès ».

plénier mais du moins partiel ou potentiel de droit international public, le système international évoluait 1) de l'européocentrisme à l'universalisme et 2) de la libre compétence de guerre à la prohibition principielle de la guerre. La première évolution accompagnait, donc était en harmonie avec, l'irruption des peuples colonisés en droit international. En revanche, cette irruption, aboutissant à créer un nouvel auteur et une nouvelle cause de belligérance licite, entrait en contradiction avec la seconde évolution. La contradiction pouvait toutefois être surmontée par le *processus d'étatisation*, autrement dit, suivant l'idée qu'un peuple colonisé devait avoir son État et que le passage du peuple colonisé à l'État s'effectuerait par le MLN, représentant insurrectionnel du peuple en question ou proto-représentant de l'État à venir. Ensuite, les nouveaux État auraient les mêmes droits et obligations que les États anciens, y compris en *jus ad bellum*. « L'exception de colonialisme » au principe d'interdiction du recours à la force armée dans les relations internationales ne devait donc être que provisoire. Le droit à la lutte armée, à des fins d'autodétermination, était limité aux situations coloniales, postcoloniales ou d'apartheid. Mais une brèche s'ouvrait, car d'autres peuples et d'autres mouvements, hors situations coloniales, postcoloniales ou d'apartheid, revendiqueraient le droit à la lutte armée à des fins d'autodétermination, celle-ci, après tout, ne se limitant pas à l'émancipation des peuples afro-asiatiques de la domination européenne.

Le « droit des peuples » de la Révolution française à la Société des Nations

L'idée du « droit des peuples » se corrèle à l'aspiration nationale et à l'aspiration démocratique modernes, c'est-à-dire l'aspiration à être gouverné par des compatriotes[159] dans un État d'une part, l'aspiration à être gouverné par des compatriotes élus au suffrage universel d'autre part. Au XIXe siècle, l'aspiration nationale se traduit par la montée du principe des nationalités, soit la version ethnique, fondée sur l'héritage culturel, de la notion de peuple, ou la montée du principe de la libre détermination, soit la version civique, fondée sur le choix politique, de la notion de peuple. Principe de la libre détermination (« l'école révolutionnaire française ») et principe des nationalités (« l'école romantique allemande ») diffèrent. Ils convergent cependant dans le *jus sanguinis* reconnu dans tous les Codes de la nationalité, y compris ceux admettant en plus le *jus soli*. Surtout, tous deux renvoient au droit des peuples, *de lege feranda* sinon *de lege lata*, à se détacher de leur État, à se constituer en État ou à se rattacher à un autre État, ou du moins, le droit de ne pas être détaché d'un État, de ne pas être constitué en État ou de ne pas être rattaché à un État contre leur volonté. Comment connaître cette volonté ? Par des plébiscites. Ceux-ci résultent

[159] Selon la fameuse formule d'Yves Lacoste, fondateur de la revue *Hérodote*.

d'une décision interne (à fondement constitutionnel[160] ou non), d'un accord entre États ou d'une décision d'un organe international. L'autorité compétente pour l'organiser peut être l'État, une instance locale, une commission bilatérale, une OIG. Le plébiscite peut entraîner le maintien dans l'État ou un régime d'autonomie dans l'État, le rattachement à un autre État, l'indépendance. Il suppose que soient précisés les titulaires du droit de vote[161], les modalités du scrutin, les conséquences entraînées par le vote, la façon dont ces conséquences se dérouleront et se termineront.

Quoi qu'il en soit des difficultés pratiques, l'histoire de l'Europe puis du monde, depuis 1789, a été en grande partie façonnée par l'invocation du « droit des peuples », qu'il s'agisse — si l'on s'en tient à l'aspiration nationale — de sécessions, d'indépendances ou d'unifications, de décolonisation ou même de décommunisation. En 1813, la *sixième coalition* avait engagé la guerre contre Napoléon au nom de la liberté des peuples. Mais le Congrès de Vienne, soucieux de rétablir les monarchies, d'équilibrer les puissances et de rendre la France incapable de rompre l'équilibre européen, étouffa les aspirations nationales : il n'y eut ni unification allemande ou italienne, ni indépendance de la Pologne, de la Belgique, de la Norvège ou des colonies espagnoles. La restauration du principe dynastique confirma que les territoires demeuraient à la disposition des monarques. L'histoire du XIXe siècle fut celle de la démolition de l'œuvre du Congrès, au fur et à mesure que montait la double aspiration nationale et démocratique, et que s'affaiblissait la solidarité des monarchies du continent, y compris celle des Monarchies de l'Est (Autriche, Russie, Prusse), face à la révolution. En 1918-1920, le « droit des peuples », concurremment proclamé par Lénine et Wilson, passa de mot d'ordre révolutionnaire à principe d'ordre international, puisque les traités de paix de la banlieue parisienne prétendaient fonder le statut territorial de l'*Europe*[162]sur la volonté expresse ou présomptive des populations intéressées, exceptés, il est vrai, les peuples vaincus (Allemands, Autrichiens, Hongrois, Bulgares, Turcs). Lesdits traités prévoyaient parfois une consultation populaire pour le règlement territorial[163]. Mais durant l'entre-deux-guerres, l'institution du plébiscite

---

160 Exemples de l'article 27 alinéa 2 de la IVe République française puis de l'article 53 alinéa 3 de la Vème République : « *nulle adjonction de territoire n'est valable sans le consentement des populations intéressées.* »

161 Qui répondra à la question posée ? Les membres adultes de ce peuple, qu'il importera d'identifier, par des critères ethniques ou civiques…

162 Outre-mer, le régime des mandats s'ajouta aux colonies, protectorats, concessions…

163 Ainsi le traité de Versailles du 28 juin 1919 dans ses articles 34 (Eupen-Malmédy), 49 (Sarre), 88, 94, 95 et 96 (frontières germano-polonaises, Haute Silésie notamment), 109 (Schleswig) ; le traité de Saint-Germain-en-Laye du 10 septembre 1919 dans son article 49 (Carinthie du Sud) ; le traité de Trianon du 4 juin 1920 dans son article 27 (Sopron) ; le traité de Sèvres du 28 juillet-10 août 1920 dans ses articles 2 (Rhodes), 64 (Kurdistan) et 83 (Smyrne). Au XIXème siècle, l'unité italienne s'était effectuée avec des plébiscites, de même que le rattachement de la Savoie et de Nice à la France. En revanche, il n'y avait pas eu de

tomba en désuétude, malgré l'accord chilo-péruvien de 1925 sur Tarapaca et Angostala, puis les accords de Munich de 1938 sur les Sudètes, dénoncés par la France et la Grande-Bretagne après l'entrée en guerre contre l'Allemagne le 3 septembre 1939.

Dès 1921, le différend sur les îles Aaland entre la Suède (revendiquant les îles) et la Finlande (successeur de la Russie) avait donné l'occasion au Conseil de la SDN, saisi du différend et s'estimant compétent, de statuer sur le principe de l'autodétermination des peuples et sur l'institution référendaire. Redoutant les revendications des peuples et des États vaincus, le Conseil déclara, le 24 juin 1921 : que le principe n'était pas un droit positif généralement reconnu, d'autant qu'il ne figurait pas dans le Pacte de la SDN ; qu'il revenait à l'État concerné d'accorder ou de refuser à une fraction de sa population le droit de déterminer son sort par le biais d'une consultation (« *il appartient exclusivement à la souveraineté de tout État définitivement constitué d'accorder ou de refuser à la fraction de sa population le droit de déterminer son propre sort politique par la voie d'un plébiscite ou autrement* ») ; qu'un tel droit n'appartenait donc pas à la population ni, moins encore, à l'État auquel cette population, prétendait-il, demandait à être rattachée (« *le droit international ne reconnaît pas à des fractions de peuples... le droit de se séparer, par un simple acte de volonté, de l'État dont elles font partie, pas plus qu'il ne reconnaît à d'autres États le droit de réclamer une telle séparation* »). C'est au moment de la dissolution d'un ancien État et de la formation d'un nouveau, lorsque la souveraineté n'est pas établie, que le droit des peuples à disposer d'eux-mêmes, au sens de la libre détermination par une population de son sort politique, peut s'appliquer (« *si une séparation se produit à l'égard d'un organisme politique... en voie de transformation..., cet organisme ne peut pas en même temps qu'il se crée et se transforme... imposer à une fraction de la population un sort politique que celle-ci refuse d'accepter* »). Autrement, « *la séparation d'une minorité avec l'État dont elle fait partie, et son incorporation à un autre État, ne peuvent être envisagées que comme une solution extrême et... exceptionnelle, quand cet État n'a pas la volonté ou le pouvoir d'édicter... des garanties... efficaces* ». Le Conseil ne se prononçait pas « *sur le point de savoir si un abus manifeste et continu de la souveraineté, au détriment d'une fraction de la population d'un État pourrait, le cas échéant, donner un conflit international, qui s'élèverait à ce sujet, un caractère tel que son objet dût être considéré comme dépassant les limites de la compétence exclusive de l'État en cause.* » Dans le cas

référendum lors de la cession du Schleswig à la Prusse (1866) ou de l'Alsace-Moselle à l'Allemagne (1871), ni lors de la vente de la Louisiane (1803), de la Floride (1819) et de l'Alaska (1867) aux États-Unis, pas plus que lors de la cession du Texas, du Nouveau-Mexique, de l'Arizona, de la Californie (1848) et des îles Hawaï (1897).

d'espèce, il concluait que « *le droit de souveraineté de l'État finlandais sur les îles Aaland est incontestable* ».

Quelle est la valeur juridique du principe de l'autodétermination des peuples durant l'entre-deux-guerres ? En 1919-1920, le principe — nullement énoncé dans le Pacte de la SDN — n'a été introduit dans le droit positif que pour des cas précis conventionnellement prévus : il n'acquérait une portée juridique que dans les dispositions des traités de paix concernant les changements territoriaux fondés sur la volonté explicite ou présumée des populations concernées. Il est significatif que la convocation d'un plébiscite n'était pas prévue pour chaque transfert de souveraineté territoriale, qu'un tel transfert était possible en se contentant de présumer la volonté de la population sans se donner la peine de l'établir ou sur la seule base des stipulations du traité, et que les résultats des plébiscites n'aient pas toujours été acceptés... Globalement, le droit des peuples pouvait trouver à s'appliquer dans quatre cas de figure, les deux premiers normatifs, les deux derniers factuels : lorsqu'il était énoncé comme disposition conventionnelle ; lorsque l'État accordait à une fraction de sa population la faculté de décider par voie référendaire ; lorsque se déroulaient des processus de décomposition ou de formation d'États ; lorsque les droits fondamentaux des habitants étaient gravement violés. Dans le contexte de crises constituantes, la communauté internationale (la SDN) pouvait reconnaître à une fraction de la population d'un État le droit de déterminer son sort politique, du moins si trois conditions étaient remplies : la volonté non équivoque de la population intéressée, la résidence de cette population dans un territoire délimité, l'insurrection contre l'oppression mettant en cause l'unité étatique. Bref, le soulèvement général d'une population clairement identifiée dans un territoire nettement délimité lui permettrait de se voir reconnaître internationalement le droit d'autodétermination au sens d'un droit de sécession. L'institution référendaire demeurait facultative[164]. L'application seulement partielle du principe de l'autodétermination fut compensée par le développement de certaines institutions : l'option de la nationalité[165] ; le transfert

[164] Après 1945, elle sera en recul par rapport à après 1919. Les traités de paix de 1947, celui avec l'Italie en l'occurrence, n'ont prévu qu'un plébiscite : à Tende et à Brigue. La formation territoriale italienne aura été la plus démocratique du monde ! Ultérieurement, des plébiscites eurent lieu à propos du rattachement de Terre-Neuve au Canada, le 22 juillet 1948, et du rattachement des comptoirs français à l'Union indienne, à la suite de l'accord franco-indien du 9 juin 1948. Mais seul le plébiscite de Chandernagor fut réalisé, le 19 juin 1949 ; pour les quatre autres comptoirs, le rattachement s'effectua à la suite de l'accord bilatéral du 28 mai 1956. Dans la pratique de l'ONU, des plébiscites se sont tenus au Cameroun, au Rwanda et au Burundi. Cf. aussi les plébiscites sarrois de 1935 et de 1957.

[165] Le droit d'option est une faculté conventionnelle concédée aux individus originaires de, ou domiciliés dans, un territoire changeant de souveraineté (avec ou sans plébiscite) de choisir, par une déclaration expresse et libre, entre l'ancienne et la nouvelle nationalités. Cela suppose que l'ancienne nationalité subsiste, donc que l'État en question ne disparaisse pas par suite d'une incorporation de tout son territoire, mais qu'il cède seulement une partie de son

(transplantation du groupe minoritaire résidant dans un État sur le territoire d'un autre État, de même langue ou culture que le groupe minoritaire, sans réciprocité)[166] ou l'échange (transplantation mutuelle de groupes minoritaires d'un État à un autre État)[167] de populations ; la protection des minorités raciales, religieuses ou linguistiques ; les mandats de la SDN. Attardons nous sur la protection des minorités et les mandats de la SDN, spécialement importants pour le devenir du droit des peuples à l'autodétermination après 1945.

1) Qu'elles soient énoncées dans des chapitres spéciaux à l'intérieur des traités de paix, des conventions spéciales ou des déclarations unilatérales spéciales[168], les dispositions relatives à la protection des minorités étaient de quatre type : celles prévoyant les modalités d'acquisition ou de perte de la nationalité pour les individus concernés ; celles reconnaissant à tous les habitants l'égalité des droits individuels (non-discrimination) ; celles reconnaissant à tous les citoyens l'égalité des droits politiques (idem) ; celles énonçant des garanties au profit des ressortissants appartenant à des minorités raciales, religieuses ou linguistiques (droit de créer et de gérer des institutions religieuses, éducatives, sociales ou caritatives, droit de pratiquer sa langue maternelle devant les administrations et les juridictions locales, ainsi que d'en promouvoir l'enseignement). Seules les personnes appartenant à des minorités pouvaient se prévaloir des droits énoncés, pas les groupes en tant que tels, si bien que la protection des minorités avait un sens « individualiste », non pas « holiste », et donc se rapprochait d'une protection des droits de l'homme. Il avait été impossible de définir ce qu'il fallait entendre par minorité[169]. La garantie de la SDN était à la fois interne

---

territoire. L'option de l'ancienne nationalité entraîne l'impossibilité d'acquérir la nouvelle et, le plus souvent, l'obligation de quitter le territoire.

[166] Exemples des Allemands d'Italie, des pays baltes, d'URSS, de Hongrie, de Roumanie et de Bulgarie en 1939-1940 (accords bilatéraux).

[167] Exemples des Grecs de Turquie transférés en Grèce et des Turcs de Grèce transférés en Turquie en 1923 (convention gréco-turque du 30 janvier, mentionnée à l'article 142 du traité de Lausanne du 24 juillet).

[168] Les Alliés avaient imposé des traités de protection des minorités aux États vaincus : Autriche, Hongrie, Bulgarie, Turquie, et aux États nouveaux ou agrandis : Pologne, Tchécoslovaquie, Yougoslavie, Roumanie, Grèce. Le régime de protection se trouvait ainsi énoncé dans quatre chapitres spéciaux des traités de Saint-Germain, Trianon, Neuilly et Sèvres (1919-1920), et dans cinq traités spéciaux liant la Pologne, la Tchécoslovaquie, la Roumanie, la Yougoslavie et la Grèce (idem), auxquels s'ajoutaient quatre traités bilatéraux Pologne-Dantzig, Pologne-Tchécoslovaquie, Allemagne-Pologne, Autriche-Tchécoslovaquie (1920-1925) et cinq déclarations unilatérales formulées par l'Albanie, la Lituanie, la Lettonie, l'Estonie et la Finlande au moment de leur admission à la SDN (1921-1923).

[169] L'avis consultatif de la CPJI du 15 septembre 1923 sur les *Ecoles minoritaires en Albanie* avait déclaré qu'il faut accorder la qualité de minoritaire aux « *personnes qui diffèrent de la majorité de la population par la race, la religion et la langue* ». Mais une telle formule, réitérée lors de l'arrêt du 26 avril 1928 relatif aux *Droits des minorités en Haute Silésie*, demandait des précisions. Elles ne furent que partiellement données dans l'avis consultatif *Communautés gréco-bulgares* du 31 juillet 1930, définissant la minorité comme « *une*

et externe. Elle avait été précisée par la session de Madrid du 13 juin 1923, qui avait adopté une charte de protection des minorités. Sur le plan interne, l'État concerné s'engageait à conférer aux dispositions conventionnelles un statut constitutionnel et à abroger toute législation contraire. Sur le plan externe, la protection des minorités constituait une obligation d'ordre international. Les dispositions des traités ne pouvaient être amendées sans l'approbation d'une majorité des membres du Conseil de la SDN, ceux-ci ayant la faculté d'attirer l'attention du Conseil sur des violations éventuelles aux obligations à l'égard des minorités. Dans ce cas, le Conseil pouvait adopter les mesures lui paraissant appropriées, y compris recourir à la CPJI. Celle-ci, pas plus que le Conseil de la SDN, ne pouvait cependant être saisie par les minorités elles-mêmes, de sorte que les intéressés devaient adresser une pétition à la SDN ou trouver un État membre qui porte l'action devant le Conseil ou la CPJI. Le système genevois n'était pas d'application générale ; il ne concernait que l'Europe centre-orientale. Les États concernés finirent par considérer les traités comme attentatoires à leur souveraineté, ils les dénoncèrent ou adoptèrent une attitude peu coopérative, pour mener des politiques de dégermanisation ou de démagyarisation. La protection conventionnelle des minorités fut largement frappée de caducité par la guerre, les transferts de territoires et de populations consécutifs, l'abolition de la SDN.

2) Dans son Pacte, la SDN n'énonçait pas le droit des peuples à l'autodétermination. L'article 22 prévoyait un régime mandataire sur les territoires ayant cessé, à la suite de la guerre, « *d'être sous la souveraineté des États qui les gouvernaient précédemment et qui sont habités par des peuples non encore capables de se diriger eux-mêmes dans les conditions... du monde moderne* ». Trois catégories de mandats étaient distinguées selon le niveau de civilisation de la population concernée. Catégorie A : la souveraineté nationale était reconnue, mais le gouvernement était exercé sous le contrôle de l'État mandataire (Syrie et Liban sous mandat français, Palestine, Transjordanie et Irak sous mandat britannique). Catégorie B : l'exercice de la souveraineté sur le territoire était confié à l'État mandataire (Togo et Cameroun sous mandat français, Tanganyika sous mandat britannique, Ruanda-Urundi sous mandat belge). Catégorie C : le territoire était assimilé à celui de l'État mandataire (Nauru sous mandat britannique, Nouvelle-Guinée orientale sous mandat australien, Samoa occidentales sous mandat néo-zélandais, Sud-Ouest africain sous mandat sud-africain, Carolines, Marshall et Mariannes sous mandat japonais). La catégorie A renvoyait à des territoires ex-ottomans et les catégories B et C, aux

---

collectivité de personnes vivant dans un pays ou une localité donnés, ayant une race, une religion, une langue et des traditions qui leur sont propres, et unies par l'identité de cette race, de cette religion, de cette langue et de ces traditions dans un sentiment de solidarité, à l'effet de conserver leurs traditions, de maintenir leur culte, d'assurer... l'éducation de leurs enfants conformément au génie de leur race et de s'assister mutuellement ».

anciennes colonies allemandes. Le mandat avait pour objectif le « *développement* » des peuples concernés, en tant que « *mission sacrée de civilisation* », devant permettre, le moment venu, l'accès à l'indépendance. L'État mandataire n'était donc pas souverain. Il devait chaque année soumettre un rapport au Conseil de la SDN et demander l'assentiment pour sa politique future ; il avait le devoir de protéger l'intégrité territoriale du mandat, de maintenir la paix interne, de garantir les libertés individuelles pour chaque groupe ; la population du mandat avait sa propre nationalité et son propre ordre public. La Commission permanente des mandats de la SDN avait fixé, dans son mémorandum spécial, cinq conditions pour qu'un pays devienne indépendant : disposer d'un gouvernement et d'une administration en mesure d'assurer le fonctionnement régulier des services publics essentiels ; être capable de conserver son intégrité territoriale et son indépendance politique ; être capable d'assurer la sécurité et l'ordre publics ; disposer de ressources financières suffisantes pour satisfaire les besoins normaux ; assurer une justice régulière à tous grâce à une organisation juridictionnelle appropriée. Les mandats A accédèrent à l'indépendance entre 1932 et 1947, sauf le cas particulier de la Palestine. Les mandats B et C passèrent au régime de tutelle de l'ONU après 1945, Sud-Ouest africain excepté.

La création du droit à/de la décolonisation après 1945

C'est l'AGNU, au fur et à mesure de l'entrée de nouveaux États indépendants afro-asiatiques, qui a créé, *praeter legem*, malgré et contre les (des) puissances occidentales, le droit à/de la décolonisation. L'Assemblée ayant la faculté d'adopter, à la majorité des deux tiers, toute résolution dans les domaines de sa compétence pour l'interprétation et l'application de la Charte, elle en a développé les dispositions conventionnelles, et avec elles son propre pouvoir, jusqu'à élaborer un nouveau droit des peuples. Les résolutions de l'AGNU ne sont que des recommandations, qu'elles soient générales ou spécifiques. Mais adoptées de manière répétitive et prolongée à de très larges majorités d'États membres, *a fortiori* unanimement, on s'accorde à dire, plus encore si elles s'accompagnent d'organes subsidiaires (art. 22), qu'elles créent du droit coutumier, rencontrant une conviction juridique commune à l'échelle universelle. On peut affirmer qu'une telle conviction existe à propos du droit à/de la décolonisation. L'article 1er commun aux Pactes des NU de 1966 — soit un droit conventionnel dont la force juridique à l'égard des États parties ne fait pas de doute — l'a confirmé[170]. La doctrine et la CIJ aussi. Dans son avis consultatif sur la

[170] « *A) tous les peuples ont le droit de disposer d'eux-mêmes. En vertu de ce droit, ils déterminent librement leur statut politique et assurent librement leur développement économique, social et culturel. B) Pour atteindre leurs fins, tous les peuples peuvent disposer librement de leurs richesses et de leurs ressources naturelles, sans préjudice des obligations*

Namibie, le 21 juin 1971, la Cour se référa à la Charte qui « *a fait de l'autodétermination un principe applicable* » à tous les territoires concernés. Malgré les controverses, et même si la consécration de ce droit « *a peut-être suivi plutôt que précédé l'accession à l'indépendance des colonies* »[171] des puissances européennes, le droit àla décolonisation et le droit de la colonisation sont devenus du droit international positif[172].

La Charte n'offrait qu'une base étroite : elle évoque le peuple dans la formule inaugurale « *peuples des Nations unies* », ainsi que dans les articles 1er, 55, 73 et 76 ; elle pose le principe de« *l'égalité de droit des peuples et de leur droit à disposer d'eux-mêmes* »(art. 1-2), mais elle ne le définit pas plus ; son chapitre XII institue un régime international de tutelle pour certains territoires, mais ne prévoit pas d'en élargir l'application au-delà de l'ancien régime des mandats ; le chapitre XI, consacré aux « territoires non autonomes », se présente comme une simple « déclaration » et n'utilise pas le mot « indépendance » pour désigner le terme de l'évolution suivie par ces territoires. Cet état du droit contrastait avec la situation politique. Non seulement les États coloniaux (Portugal, Espagne, France, Pays-Bas, Danemark, Grande-Bretagne, Belgique) étaient très minoritaires — ce qui n'était pas nouveau — mais ils n'étaient pas les plus grandes puissances, alors que celles-ci (États-Unis, URSS) étaient anticolonialistes. La collusion du nombre et de la force des États en faveur de la décolonisation allait à la fois affaiblir la position diplomatique des États coloniaux — en leur donnant l'obligation ou l'occasion de se décharger d'une responsabilité qui leur était contestée par les autres États — et bouleverser le droit international. Le point de départ de « l'interprétation constructive » (de l'extrapolation) de la Charte des NU résida dans le fait que les TST et des TNA, quels que soient leurs différences, avaient un statut international, du fait de leur mention dans la Charte.

---

qui découlent de la coopération économique internationale, fondée sur le principe de l'intérêt mutuel et du droit international. En aucun cas, un peuple ne pourra être privé de ses propres moyens de subsistance. C) Les États parties au présent Pacte, y compris ceux qui ont la responsabilité d'administrer des territoires non autonomes et des territoires sous tutelle, sont tenus de faciliter la réalisation du droit des peuples à disposer d'eux-mêmes et de respecter ce droit, conformément aux dispositions de la Charte des Nations unies. »

[171] J. Combacau, S. Sur, *ibid.*, p. 271.

[172] Les objections à l'application du droit des peuples à disposer d'eux-mêmes : manque de définition, contradiction avec l'unité et l'intégrité de l'État, violation du domaine réservé des États, absence d'organes *ad hoc* et de sanctions, ont sauté : des définitions ont été élaborées ; l'unité et l'intégrité de l'État ne se trouvaient pas mise en cause par l'accès à l'indépendance des peuples colonisés ; la compétence nationale de l'article 2 paragraphe 7 de la Charte ne s'étend pas au TNA, car celui-ci, à l'instar du TST, intéresse les organes compétents de l'ONU ; l'AGNU a créé des organes *ad hoc*, notamment le « Comité de décolonisation », et elle a prononcé des condamnations ou appelé à des mesures coercitives, de même que le CSNU,à l'encontre d'États coloniaux, postcoloniaux ou d'apartheid, allant jusqu'à créer un nouveau *jus ad bellum.*

Les TST désignaient les territoires sous mandat B et C de la SDN, ainsi que les colonies italiennes[173] et les possessions japonaises du Pacifique[174] d'avant 1945. Ils étaient promis à l'indépendance, après que leur population ait atteint un certain niveau de développement, que les États administrants devaient promouvoir, sous le contrôle du CSNU, de l'AGNU et du Conseil de tutelle (chap. XIII), organe spécial nommé par l'AGNU. L'objectif énoncé dans la Charte au sujet des TST était de « *favoriser... leur évolution progressive vers la capacité de s'administrer eux-mêmes ou l'indépendance, compte tenu des conditions particulières à chaque territoire et à ses aspirations librement exprimées des populations intéressées* ». Le système de la tutelle reposait sur deux idées complémentaires : celle du droit des peuples à disposer d'eux-mêmes et, par conséquent, d'accéder à l'autonomie ou à l'indépendance ; celle d'un minimum de développement au-dessous duquel ce droit ne peut être valablement exercé. En ce sens, la tutelle se rattachait encore à l'ancienne idée de la « mission de civilisation[175] ». Mais elle relevait davantage de l'idée de décolonisation, pour deux raisons : la tutelle avait une finalité étrangère aux intérêts de la puissance administrante ; elle consistait en un régime transitoire destiné à préparer l'évolution du territoire vers l'autonomie ou l'indépendance.

En revanche, les TNA n'étaient pas promis à l'indépendance. Ils n'étaient pas non plus identifiés, alors que les TST pouvaient l'être facilement. C'est la résolution 66 de l'AGNU du 14 décembre 1946 qui publia la liste des TNA. Mais celle-ci était établie en suivant les indications communiquées par les États membres intéressés. L'entrée du Portugal et de l'Espagne à l'ONU en 1955, refusant que leurs possessions ultramarines soient considérées comme des TNA, incita l'AGNU, s'estimant compétente, à trouver une définition du TNA qui permettrait de se passer de la qualification donnée par les États membres concernés. Une telle définition permettrait du même coup de caractériser une situation coloniale. Par sa résolution 1467 du 12 décembre 1959, l'AGNU créa un Comité spécial à cette fin. Sur la base des travaux de ce Comité, elle formula, en 1960, les douze « *principes qui doivent guider les États membres pour déterminer si l'obligation de communiquer des renseignements, prévue à l'alinéa e) de l'article 73 de la Charte leur est applicable ou non* ». Ces principes établissent la présomption qu'un territoire doit être réputé non autonome, au sens du chapitre XI, s'il est « *géographiquement séparé et ethniquement ou culturellement distinct du pays qui l'administre*[176] ». Une fois reconnu le caractère non autonome du territoire, l'État administrant n'était plus libre de modifier cette qualification, à moins de changer effectivement le statut du territoire, conformément aux

[173] Libye, Érythrée, Somalie.
[174] Îles Mariannes, Marshall, Carolines.
[175] L'article 73 de la Charte de l'ONU réitère l'expression « *mission sacrée* » mentionnée dans l'article 22 du Pacte de la SDN.
[176] Principe 4 de la résolution 1541 du 15 décembre 1960.

vœux de la population. Il revenait à l'AGNU de constater si ce changement s'était opéré réellement et régulièrement, donc s'il était susceptible d'entraîner une modification de la qualification du territoire.

La résolution 1514 du 14 décembre 1960 « *Déclaration sur l'octroi de l'indépendance aux pays et aux peuples coloniaux* » est la *magna charta* de la décolonisation. Se référant aux droits de l'homme et au droit des peuples, rappelant le rôle de l'ONU dans l'émancipation des TST et des TNA, soulignant que le maintien du colonialisme nuit au développement des peuples et à l'idéal de paix universelle des NU, affirmant que « *le processus de libération est irrésistible et irréversible* », elle proclame solennellement « *la nécessité de mettre rapidement et inconditionnellement fin au colonialisme sous toutes ses formes et dans toutes ses manifestations* ». Son dispositif commence par une condamnation formelle du colonialisme, prononcée au nom des droits de l'homme, de la Charte des NU, de la paix et du droit international :« *la sujétion des peuples à une subjugation, à une domination et à une exploitation étrangères constitue un déni des droits fondamentaux de l'homme, est contraire à la Charte des Nations unies et compromet la cause de la paix et de la coopération mondiale* ». Il se poursuit par une explicitation du droit des peuples à disposer d'eux-mêmes :« *tous les peuples ont le droit de libre détermination ; en vertu de ce droit, ils déterminent librement leur statut politique et poursuivent librement leur développement économique, social et culturel.* » S'ensuit l'affirmation, sans doute la plus contestée et la plus contestable :« *le manque de préparation... ne doit jamais être pris comme prétexte pour retarder l'indépendance* ». Des conséquences sont tirées des principes énoncés, formulées en dispositions impératives : » *il sera mis fin à toute action armée et à toutes mesures de répression... dirigées contre les peuples dépendants, pour permettre à ces peuples d'exercer pacifiquement et librement leur droit à l'indépendance* » ;« *des mesures immédiates seront prises... pour transférer tous pouvoirs aux peuples (des territoires dépendants), sans aucune condition ni réserve, conformément à leur volonté..., afin de leur permettre de jouir d'une indépendance et d'une liberté complètes* » ;« *toute tentative visant à détruire partiellement ou totalement l'unité nationale et l'intégrité territoriale d'un pays est incompatible avec les buts et les principes de la Charte des Nations unies* ». Un Comité spécial de 17[177] puis de 24 membres[178], bientôt connu sous le nom de Comité de décolonisation, fut créé, chargé « *d'étudier l'application de la Déclaration*[179] ».

177 Résolution 1654 du 27 novembre 1961.

178 Résolution 1810 du 17 décembre 1962.

179 Le premier rapport du Comité porta sur douze territoires : la Guyane britannique, le Kenya, Zanzibar, les deux Rhodésie, le Nyassaland, le Basutoland, le Bechuanaland, le Swaziland, le Sud-Ouest africain, le Mozambique, l'Angola.

De manière générale, l'AGNU a progressivement : contesté la validité du droit « colonial »[180] ; subordonné les accords ou principes qui régissaient la souveraineté des États européens outre-mer à l'interprétation que donnait l'AGNU des buts et principes de la Charte, *lex posterior* primant sur tout autre traité en cas de contrariété (art. 103)[181] ; fait des peuples colonisés des

---

180 Rappelons-en les grandes lignes. Jusqu'au début du XXe siècle, le droit de conquête, au sens du transfert de souveraineté territoriale consécutif à la simple occupation militaire, existait outre-mer pour les États européens (« civilisés »), du moins vis-à-vis des sociétés sans État ou des « territoires sans maître ». 1) Le territoire conquis (« non civilisé ») devenait « colonie » : les droits et obligations de la souveraineté passaient à l'État administrateur (européen), qui instituait généralement le quadruple système de « l'exclusif », de « l'établissement réservé », du « colonat » et du « protectionnisme douanier inégal », sans étendre la nationalité métropolitaine à la population indigène, sauf éventuellement en cas d'incorporation au territoire de la métropole. Discriminée juridiquement, la population indigène conservait son autonomie culturelle et son droit coutumier, réserve faite de la législation métropolitaine ou de l'état de siège. 2) Un « protectorat » n'exigeait pas les mêmes conditions, mais la simple conclusion d'un traité (inégal) avec l'État local (« semi-civilisé ») : celui-ci gardait sa qualité de sujet (partiel) du droit international et la population, sa nationalité ; mais sa défense et sa diplomatie, voire une partie de ses pouvoirs intérieurs de police et de justice, notamment ceux concernant les ressortissants étrangers (européens), passaient (régime de l'extraterritorialité) à l'État étranger (européen), concrètement à son ambassade (érigée en Résidence, elle devenait le siège de la défense et de la diplomatie locales, en coordination avec le gouvernement local) et à ses consulats (eux acquéraient des fonctions judiciaires extraterritoriales). 3) Après 1919, fut conçu le « mandat » selon l'article 22 du Pacte de la SDN : le mandataire était la puissance administrante, au sens du droit international, chargée de préparer l'indépendance, à terme, de la population et du territoire, dont l'intégrité était garantie.4) Vis-à-vis des États d'outre-mer demeurés indépendants (Empire ottoman, Perse, Siam, Chine), c'est un impérialisme économique qui s'appliquait, suivant deux grandes modalités : le *partage des terres* ou « zone d'influence », qui obligeait un pays à ouvrir son territoire ou telle partie de son territoire au commerce d'*une* puissance (souvent avec régime d'extraterritorialité pour les ressortissants de cette puissance) ; le *partage des affaires*, soit la « porte entrouverte », soit la « porte ouverte », qui obligeait un pays, soit à abaisser ses droits de douane, soit à les supprimer, vis-à-vis de *plusieurs* puissances (parfois avec régime d'extraterritorialité pour les ressortissants de ces puissances). La première modalité établissait un marché réservé, donc un régime discriminatoire ; la seconde garantissait une égalité de traitement entre les ressortissants étrangers ; mais dans les deux cas, il n'y avait pas de réciprocité, car les puissances gardaient la faculté d'opposer une barrière douanière aux produits des pays dominés. 5) La « cession à bail » (canal de Panama, Guantanamo, villes portuaires chinoises) était une concession territoriale temporaire (99 ans) effectuée par un État en faveur d'un autre, par la voie d'un traité bilatéral : sur l'espace concerné, l'État concédant transférait l'exercice de ses compétences à l'État concessionnaire, le premier conservant son intégrité territoriale et le second appliquant son droit en situation d'extraterritorialité sans extension de la nationalité de l'État concessionnaire. Plus en détail, cf. Bernard Durand, *Introduction historique au droit colonial. Un ordre « au gré des vents »*, Paris, Economica, 2015.

181 Les pays du tiers monde dénonçaient ce qui leur semblait une duplicité : d'un côté, les États occidentaux s'appuyaient sur la nature obligatoire des accords obtenus par la contrainte pendant la période coloniale ; de l'autre, ils déclaraient illicite le recours à la force pour supprimer les résultats des agressions passées. Pour justifier le changement du *statu quo*, les pays du tiers monde arguaient que les traités « inégaux » ou nés de la contrainte étaient nuls

sujets de droit international ; confondu les deux régimes énoncés aux chapitres XI et XII ; assimilé les États européens à des puissances administrantes provisoires des TNA, avec les missions et responsabilités correspondantes vis-à-vis des populations locales d'une part, titulaires de la souveraineté, des NU d'autre part, auxquelles lesdits États devaient fournir des rapports annuels sur les conditions économiques, sociales et éducatives des populations[182] ; distingué le TNA, dont l'État européen n'est qu'administrant, du territoire métropolitain, dans lequel il est souverain ; déduit l'inapplicabilité aux TNA de l'article 2 paragraphe 7 de la Charte, qui interdit l'ingérence des NU dans les affaires relevant de la compétence nationale des États, les TNA ne relevant pas d'une telle compétence ; précisé la notion de « peuple à consulter » et celle de TNA, en utilisant un triple critère spatial (séparation maritime), identitaire (différence culturelle) et juridique (contraste statutaire) ; contesté la représentation de la population du TNA par la puissance administrante et, le cas échéant, érigé les MLN en « représentant » insurrectionnel de cette population ; supprimé la condition du niveau suffisant de développement pour l'octroi inconditionnel de l'indépendance aux TST d'abord, aux TNA ensuite ; conçu le droit des peuples à l'autodétermination en premier des droits de l'homme.

À cet égard, deux thèses s'étaient opposées sur le droit des peuples et les droits de l'homme. 1) Pour les uns, le droit des peuples, étant un *principe collectif*, ne fait pas partie des droits de l'homme, *droits individuels*. 2) Pour les autres, le droit des peuples et les droits de l'homme sont indissolublement liés pour trois raisons : le droit des peuples est un principe qui a acquis, par la voie coutumière et par la voie conventionnelle ainsi que par la voie constitutionnelle[183], la qualité de *norme ;* les droits collectifs sont intégrés dans les droits individuels ; le droit des peuples bénéficie à chaque individu membre du peuple et chaque individu en use personnellement. Le processus ayant mené à la rédaction de l'article 1^er^commun au PIDCP et au PIDESC, ainsi que l'article 1er lui-même, montrent que la seconde thèse l'a emporté. Après le vote de la DUDH[184], l'AGNU demanda à la CDH, par

---

ab initio. Quant au règlement judiciaire, ils craignaient que la CIJ ne soit amenée à défendre les *beati possidentes* en appliquant les règles du droit international en vigueur.

182 L'organe récipiendaire de ces rapports était le Comité spécial chargé de l'examen des renseignements fournis sur les TNA, puis Comité pour les renseignements relatifs aux territoires non autonomes.

183 Un certain nombre de constitutions prévoient ou prévoyaient le droit à l'autonomie voire à l'indépendance pour des territoires fédérés ou associés, ou bien leur maintien comme territoire autonome ou leur intégration complète.

184 La DUDH de 1948 ne traite que des droits de l'individu, « *idéal commun à atteindre par tous les peuples et toutes les nations* » ; elle proclame l'égalité des droits des hommes, sans distinction de race, langue, religion ou origine nationale ; elle stipule que « *la volonté du peuple est le fondement de l'autorité des pouvoirs publics* » (art. 21-3). Elle reconnaît cependant la différence des statuts collectifs, puisqu'il est question d'application universelle « *tant parmi les populations des États membres... que parmi celles des territoires placés sous*

l'intermédiaire du CES, de rédiger un projet de Pacte sur les droits de l'homme. Lorsque la CDH transmit son projet à l'AGNU en 1950, cette dernière, par ses résolutions 421 et 422 du 4 décembre 1950, demanda cette fois à la CDH, toujours par l'intermédiaire du CES, d'étudier les voies et moyens de garantir aux peuples le droit de disposer d'eux-mêmes, afin d'insérer une disposition de cet ordre dans les Pactes en préparation. La protection juridique des droits individuels devait s'accompagner de la protection des droits collectifs. Puis la question de l'autodétermination des peuples s'imposa de plus en plus fermement avec la montée du mouvement anticolonialiste. L'œuvre de la CDH fut considérable en la matière. Les discussions y furent particulièrement âpres. Mais c'est là que fut tracée la politique de l'ONU favorable à l'application du principe du droit des peuples à disposer d'eux-mêmes.

Du droit à l'autodétermination au droit à la lutte armée

L'AGNU a d'abord interprété l'autodétermination comme ouvrant le droit à l'intégration dans la métropole européenne (soit un statut égalitaire du territoire et de la population d'outre-mer avec le territoire et la population de métropole), ou à la libre association à la métropole ou à un autre État, ou à l'indépendance. Elle a ensuite privilégié, dans la pratique, l'indépendance, jusqu'à quasiment assimiler l'autodétermination à l'indépendance.

La logique de l'autodétermination pouvait amener certaines collectivités d'outre-mer à préférer maintenir les liens avec la métropole plutôt que de les rompre. Une telle attitude a toujours été très critiquée à l'AGNU (exemples de Gibraltar[185], de Porto Rico, des îles Cook). En cas de référendum, il a été

---

leur juridiction » (dernier alinéa du préambule) ; « *il ne sera fait aucune distinction fondée sur le statut politique, juridique ou international du pays ou du territoire dont une personne est ressortissante, que ce pays ou territoire soit indépendant, sous tutelle, non autonome ou soumis à une limitation quelconque de souveraineté* » (art. 2-1).

[185] Malgré trois référendums (10 septembre 1967, 7 novembre 2002, 30 novembre 2006) par lesquels les Gibraltariens se sont clairement prononcés pour le maintien de la souveraineté britannique, l'AGNU et le « Comité de décolonisation » continuent d'inscrire le Rocher dans la liste des TNA. N'est-il pas géographiquement séparé et culturellement distinct de la Grande-Bretagne ? La revendication espagnole surGibraltar, en tant que « réintégration territoriale », est-elle cependant fondée juridiquement ? Il ne le semble plus depuis que les Gibraltariens ont exercé leur droit d'autodétermination par la voie de consultations populaires. En réponse, Madrid déclare qu'il n'y a pas de « peuple gibraltarien ». Gibraltar demeurant un territoire espagnol sous occupation étrangère, le modèle à suivre serait celui de la rétrocession de Hong Kong ou de Macao à la RPC, sur le fondement du paragraphe 6 de la résolution 1514 de l'AGNU du 14 décembre 1960 (« *toute tentative visant à détruire partiellement ou totalement l'unité nationale et l'intégrité territoriale d'un pays est incompatible avec les buts et les principes de la Charte des Nations unies* »). Mais ces deux exemples constituaient des cessions à bail et n'ont par conséquent jamais été considérés comme des TNA. De plus, le paragraphe 6 de la résolution 1514 n'a pas été prévu pour s'appliquer aux revendications territoriales entre des États ; elle a été instaurée en clause de sauvegarde afin de protéger l'intégrité donc l'unité du TNA. Mais pour l'Espagne comme

souligné que la population dans son ensemble doit être consultée, pas telle partie située dans telle région (exemple de Mayotte[186] dans l'archipel des Comores). Aucune consultation ni présomption populaire ne peut légitimer le statut d'un territoire lorsque la population est originaire de la puissance coloniale (exemple des Malouines). L'AGNU a condamné l'afflux systématique d'immigrants vers les territoires coloniaux comme un obstacle à l'exercice du droit à l'autodétermination ; elle a en revanche exigé le retour des réfugiés, c'est-à-dire des anciens habitants du territoire qui l'ont fui ou en ont été chassés. Ainsi en Palestine, au Sahara occidental, au Timor oriental. La lutte pour la libération nationale importe davantage que la consultation populaire : aussi longtemps qu'un peuple n'a pas choisi l'indépendance, il conserve son droit à l'indépendance (exemple de Djibouti). L'AGNU s'est montrée peu exigeante sur la consultation des populations. Le référendum n'est qu'une des modalités par lesquelles un peuple colonisé décide de son statut. Il peut agir par l'intermédiaire de représentants élus ou de mouvements dont la « représentativité » est fondée sur la lutte[187], l'essentiel étant qu'il puisse déterminer son statut politique sans ingérence « étrangère ». Dans son avis sur le Sahara occidental du 16 octobre 1975, la CIJ a déclaré que l'exercice du droit à l'autodétermination supposait l'expression libre et authentique de la volonté de la population intéressée ; elle n'a cependant pas affirmé que le référendum était le seul moyen de garantir une telle expression. Par ailleurs, le droit international ne fournit guère de réponse à la question pratique de la composition du corps électoral, en cas de consultation populaire[188].

L'AGNU a accordé plus de crédit à la lutte armée qu'à la voie référendaire, à la « représentation » insurrectionnelle qu'à la représentation élective. De l'illicéité du colonialisme ou de l'apartheid découle un droit à la libération nationale par la lutte armée, d'où résulte le statut international des

---

pour l'AGNU, Gibraltar demeure un TNA : le droit à l'autodétermination devient obligation de rattachement.

[186] D'où le refus de l'AGNU (ainsi que du MNA, de l'OCI, de la LEA, de l'OUA puis de l'UA) d'admettre le maintien de Mayotte dans la souveraineté française depuis 1974 — alors même que la population locale s'est prononcée en ce sens — ou encore celui d'admettre l'indépendance d'Anjouan en 1997-2000 — là encore à la suite d'un référendum — car était porté atteinte à l'intégrité territoriale de l'archipel des Comores, indépendant depuis 1975. De même, l'AGNU soutient la revendication de Madagascar sur les Iles Eparses, demeurées françaises, ou celle de Maurice sur l'archipel des Chagos (y compris Diego Garcia), demeuré britannique.

[187] « *Ceux qui se battent ne sont pas représentatifs parce qu'ils tiennent les armes, mais ils continuent de pouvoir tenir les armes parce qu'ils sont représentatifs* » (M. Bedjaoui). Autrement dit, ils ne peuvent poursuivre la lutte que parce qu'ils sont soutenus par la population. CQFD.

[188] La composition du corps électoral constitue le principal obstacle à la tenue d'un référendum sous le contrôle de l'ONU au Sahara occidental.

MLN, titulaires d'un *jus belli*[189]. Le recours à la force armée se révélant nécessaire à la décolonisation, l'AGNU a interprété le droit des peuples à l'autodétermination selon la règle de *l'effet utile* en consacrant le droit des peuples à recourir à la force armée. Elle a ainsi créé un nouveau *jus ad bellum* ou une nouvelle exception au principe d'interdiction de la guerre au profit des MLN ou des États (Inde) pouvant invoquer valablement la thèse de la « réintégration territoriale » (Goa, Damao et Diu). La Charte des NU n'interdit le recours à la force qu'entre les États : les MLN et leurs alliés étatiques auraient donc pu invoquer un droit d'insurrection et de sécession à l'intérieur d'États« oppressifs ». Mais l'élaboration du droit à/de la décolonisation s'inscrivait dans le cadre du droit international, suivant l'idée qu'existait un rapport international entre les TST ou les TNA d'une part, les États administrants d'autre part, donc que l'administration des TNA comme des TST ne relevait pas du droit ni de la compétence internes des États intéressés. Parallèlement, il n'était pas question de créer un droit général d'insurrection et de sécession en faveur de tous les peuples contre tous les États existants ou à venir. *La décolonisation ne serait pas de la sécession ;* elle ne porterait pas atteinte à l'intégrité et à l'unité des États métropolitains ; elle s'effectuerait généralement selon l'*uti possidetis*, les limites territoriales tracées par les puissances coloniales devenant les frontières des nouveaux États.

Conséquemment, le mouvement anticolonialiste voulait ériger la lutte de libération nationale en conflit armé international (qualification du conflit), rendant applicable le *jus in bello*, étendre la qualité de partie belligérante aux MLN (qualification des parties), accorder à leurs membres le statut de combattants légaux et de PG (qualification des agents). Au contraire, les États coloniaux, de plus en plus isolés, voulaient maintenir les luttes en question dans la catégorie des conflits armés internes, sans ingérence extérieure et sans reconnaissance du statut de belligérants ni de combattants pour les mouvements et leurs membres, qui demeureraient ainsi des rebelles tombant sous le coup du droit pénal. Le mouvement anticolonialiste revendiquait donc une nouvelle exception au principe d'interdiction du recours à la force dans les relations internationales. Ni la sécurité collective ni la légitime défense ne convenaient, puisque la lutte de libération nationale

---

[189] Après la guerre d'Indochine, le tournant en *jus ad bellum* est apparu avec la guerre d'Algérie. Il sera développé contre le Portugal, les régimes blancs d'Afrique australe et Israël. Dans tous les cas, les colonies de peuplement d'origine européenne étaient visées : c'est du reste là que se déroulèrent les principaux conflits armés de la décolonisation. La résolution 3103 du 12 décembre 1973 souligne que « *la lutte des peuples soumis à la domination coloniale et étrangère et à des régimes racistes, pour la réalisation de leur droit à l'autodétermination et à l'indépendance, est légitime et entièrement conforme aux principes du droit international* ». Elle ajoute : « *les conflits armés où il y a lutte des peuples contre la domination coloniale et étrangère et le régime raciste, doivent être considérés comme des conflits armés internationaux... ; le statut juridique prévu pour les combattants... doit s'appliquer aux prisonniers engagés dans une lutte armée contre la domination coloniale* ».

n'opposait pas deux États, l'un agresseur, l'autre victime, mais une entité non étatique, en position offensive, visant un changement du *statu quo* politico-territorial, et un État, placé en position défensive, visant le maintien du *statu quo* politico-territorial. Dans le cas de la décolonisation, « relations internationales » ne signifient pas « relations interétatiques » : le rapport d'extranéité se manifeste entre un État et un peuple, géographiquement séparé et culturellement distinct, « représenté » par un ou plusieurs mouvements insurrectionnels remplissant les critères d'une « partie belligérante ». « L'exception de colonialisme » reste cependant dans la logique dérogatoire du *jus ad bellum* contemporain : le recours à la force armée est conditionné par une situation coloniale, postcoloniale ou d'apartheid, autrement dit, par une violation grave du droit des peuples à l'autodétermination, premier des droits de l'homme, cependant qu'il est contrôlé par l'AGNU.

Les alinéas 7, 13 et 14 du préambule de la résolution 2625 de 1970, ainsi que le principe 5, soulignent le principe de l'égalité de droits des peuples et de leur droit à disposer d'eux-mêmes. Tous les États ont le devoir de respecter et de favoriser la réalisation de ce principe, conformément aux dispositions de la Charte, notamment « *mettre rapidement fin au colonialisme* ». « *L'assujettissement des peuples à... une domination étrangère* » étant contraire au droit international ainsi qu'à la paix et à la sécurité internationales, les États ont le devoir de s'abstenir de recourir à toute mesure de coercition qui priverait les peuples colonisés de leur droit à l'autodétermination. « *Lorsqu'ils réagissent et résistent à une telle mesure de coercition dans l'exercice de leur droit à disposer d'eux-mêmes, ces peuples sont en droit de chercher et de recevoir un appui conforme aux buts et principes de la Charte* ». L'article 7 de la résolution 3314 de 1974 stipule que l'interdiction de l'agression ne porte pas préjudice au droit à l'autodétermination des peuples privés par la force de ce droit, « *notamment les peuples soumis à des régimes coloniaux ou racistes* », ainsi qu'au droit de ces peuples de lutter à cette fin et de recevoir un appui extérieur. Cet appui ne doit toutefois pas prendre la forme de l'intervention militaire, à moins d'une autorisation du CSNU. Texte de *jus in bello*, le P1 de 1977 a simultanément fait œuvre de *jus ad bellum* en couronnant l'évolution susmentionnée, puisqu'il établit un droit de belligérance sur l'existence de situations coloniales, postcoloniales ou d'apartheid, telles que l'AGNU les a définies et condamnées.

La signification du droit des peuples à disposer d'eux-mêmes selon les situations

Que pourrait signifier aujourd'hui le droit des peuples à disposer d'eux-mêmes ? Au sens externe, l'autodétermination d'un peuple pourrait signifier son droit de demeurer dans un État (l'intégration ou l'association avec ou sans statut particulier en tant que groupe minoritaire), mais aussi celui de se détacher d'un État (la sécession) pour se rattacher à un autre État (le rattachement) ou se constituer en État (l'indépendance)[190], bref, refus d'une domination étrangère. Au sens interne, l'autodétermination d'un peuple pourrait signifier son droit de s'autogouverner à travers un régime démocratique, bref, refus d'une domination non élective. On retrouve la double aspiration nationale et démocratique[191].

Que dit le droit international en vigueur ? Il s'efforce de définir la notion de peuple à l'aide de critères. Il déclare que l'autodétermination signifie le droit pour un peuple : de choisir librement son Etat, son régime et son gouvernement (y compris par la révolution) ; de consentir librement à tout changement territorial (indépendance, cession) ; de disposer librement de ses richesses et ressources naturelles pour son libre développement. Il résulte du principe de liberté d'un peuple le principe de non ingérence étrangère dans les affaires de ce peuple. Mais les trois libertés doivent se concilier respectivement avec : la protection de l'intégrité territoriale de l'Etat existant ; l'interdiction du recours interétatique à la force armée en général, de la conquête en particulier (l'éventuel consentement de la population locale ne saurait légitimer une acquisition territoriale viciée par un recours illicite à la force) ; les règles applicables aux échanges économiques, notamment la protection de la propriété privée étrangère (d'où l'obligation d'indemniser à la valeur du marché toute expropriation pour cause d'utilité publique).

Aussi, aux fins de la conciliation susmentionnée[192], le droit international public distingue-t-il le droit des peuples en situation coloniale, postcoloniale ou d'apartheid et le droit des peuples hors situation coloniale, postcoloniale ou d'apartheid. Il ne traite pas les peuples de manière égalitaire, malgré la formule des articles 1 paragraphe 2 et 55 de la Charte des NU sur « *l'égalité de droits des peuples et de leur droit à disposer d'eux-mêmes* ». Concrètement, le droit des peuples, après la Première Guerre mondiale, concerna essentiellement certaines populations d'Europe centrale ; après la Seconde Guerre mondiale, les populations d'outre-mer. Dans les deux cas, le droit des peuples n'est pas vraiment un principe général de droit (égalitaire), mais un mélange d'instrument politique et de droit spécial (inégalitaire). La question clé est la suivante : tout peuple a-t-il le droit de constituer son État ?

---

190 L'indépendance pose un problème de succession d'État et renvoie au droit international éponyme.

191 Alors que les CG se fondent sur la différence de nationalité et de souveraineté pour déterminer le droit de la belligérance, le P1 se fonde sur la séparation territoriale (situation coloniale et postcoloniale) ou la discrimination raciale (situation d'apartheid), d'une part, sur des notions du *jus ad bellum* (« domination coloniale », « occupation étrangère », « régime raciste », « droit des peuples à disposer d'eux-mêmes ») ou des textes du *jus ad bellum* (Charte des NU, résolution 2625 de l'AGNU), d'autre part.

192 On s'en tiendra aux deux premières libertés.

Le droit international a répondu : seulement les peuples en situation coloniale ou postcoloniale, dont l'accès à l'indépendance ne résulte pas d'une « sécession » mais d'une « décolonisation ». Comme tous les peuples ne sont pas organisés en États, on pourrait dire que, sous l'angle du « droit des peuples », le droit international en vigueur n'est toujours pas universel. Le deviendrait-il à travers la protection des minorités ou groupes minoritaires ?

Le droit des peuples en situation coloniale, postcoloniale ou d'apartheid

Pour les peuples en situation coloniale, postcoloniale ou d'apartheid, le droit à l'autodétermination inclut le droit à l'indépendance ou à la révolution, y compris par la lutte armée. Le territoire de ces peuples a été préalablement internationalisé par l'ONU, sur la base des chapitres XI et XII de la Charte. Selon l'AGNU, les MLN ont le droit de belligérance ; leurs membres, le statut de combattants légaux sous conditions.

Le droit à l'indépendance des territoires d'outre-mer, y compris par la lutte armée, ne porterait-il pas atteinte à l'intégrité territoriale des États métropolitains ? Non. Les protectorats (Maroc, Tunisie, Cambodge, Laos...) demeuraient des États, dont l'exercice des compétences de défense et de diplomatie, partiellement de police et de justice, était passé aux mains de la puissance ouest-européenne (la France en l'occurrence) ; les États en question ne feraient que récupérer l'exercice de leurs compétences régaliennes. Quant aux colonies, elles avaient un statut juridique interne comme international distinct de la métropole et assujetti à celle-ci, le caractère spécial de la législation applicable reflétant lui-même une situation socioculturelle et sociopolitique différente. Par conséquent, le détachement du territoire colonial n'aurait aucun effet sur l'intégrité de l'État métropolitain[193], au contraire du détachement d'un territoire non colonial[194]. De son côté, le régime d'apartheid est frappé d'illégitimité, si bien que la population discriminée et ségrégée a droit à la révolution, y compris par la

[193] Ni, moins encore, sur sa personnalité, sa continuité ou son unité.

[194] La France ne s'est jamais considérée comme juridiquement liée par le « droit » de la décolonisation. Selon notre droit constitutionnel, une population entrée dans la République ne peut en sortir que par les volontés concordantes de la population *et* de la France, c'est-à-dire par la constatation du consentement de la population par voie de consultation *et* par le vote au Parlement français d'une loi autorisant la cession ou la sécession. A chaque fois que, depuis 1958, le gouvernement français a décidé de consulter des populations d'outre-mer (Algérie et Sahara, Djibouti, Comores, Mayotte, Guyane et Antilles, Nouvelle-Calédonie) sur leur avenir, il l'a fait en vertu de l'article 53 de la Constitution et non de principes élaborés par l'AGNU. Plus généralement, la plupart des puissances occidentales ont refusé d'admettre que des mouvements revendiquent, pour un territoire et sa population considérés comme partie intégrante de la nation, le bénéfice d'un droit à l'insurrection et à la sécession, même purement intérieurs. C'est pourquoi, selon certains auteurs, le droit de belligérance en faveur des MLN n'existerait pas, du fait de l'opposition persistante des États occidentaux.

lutte armée[195]. D'autre part, un État peut également invoquer « l'exception de colonialisme » pour obtenir *manu militari* la réintégration d'un territoire. Quant aux États tiers, ils peuvent rester neutres ; mais leur ingérence est permise, pas leur intervention, autrement dit, ils peuvent aider les MLN (les soutenir diplomatiquement et économiquement), mais pas recourir à la force armée contre l'État colonial, postcolonial ou d'apartheid (*id est* envoyer des agents armés), à moins d'une autorisation du CSNU voire de l'AGNU.

Les situations coloniales, postcoloniales ou d'apartheid appartiennent largement au passé depuis le retrait portugais (1975), les changements en ex-Rhodésie (1980) et en Afrique du Sud (1994), l'indépendance de la Namibie (1990) et du Timor oriental (1999), sans parler de la rétrocession de Hong-Kong (1997) et de Macao (1999) à la RPC. Toutefois, la liste dressée par le « Comité de décolonisation » comprenait encore seize TNA, outre la Palestine : Anguilla, Bermudes, Gibraltar, Guam, îles Caïmans, îles Turks et Caïcos, îles Vierges américaines, îles Vierges britanniques, Malouines, Montserrat, Nouvelle-Calédonie, Pitcairn, Sahara occidental, Sainte Hélène, Samoa américaines, Tokelau[196]. Un 17eterritoire a été ajouté le 17 mai 2013 : la Polynésie française. Surtout, le bouleversement du droit international en général et du droit de la guerre en particulier par le droit des peuples à disposer d'eux-mêmes n'est pas achevé. Jusqu'à présent, ce dernier a consacré *l'obligation* (même à l'encontre de la volonté de la population locale) *de décoloniser* (d'en finir avec les situations coloniales, postcoloniales ou d'apartheid), généralement dans le cadre de l'*uti possidetis* ou du respect des frontières héritées de la colonisation, non pas le droit à l'indépendance (au plan externe) ni le droit à la démocratie (au plan interne) pour l'ensemble des peuples. Depuis la fin de la décolonisation, le problème est de savoir si l'autodétermination sortira du cadre des luttes anticoloniales, postcoloniales ou anti-apartheid, autrement dit, si elle élargira son sens externe ou si elle acquerra un sens interne.

Le droit des peuples hors situation coloniale, postcoloniale ou d'apartheid

Pour les autres populations[197], soit les « *peuples autochtones* », soit les groupes « *ethniquement ou culturellement distincts* » mais dont le territoire

---

[195] Depuis 1960, le régime sud-africain était qualifié en soi de menace pour la paix, de même que toutes les formes de discrimination raciale pratiquées par la Rhodésie. Outre la décolonisation de l'Afrique australe portugaise, trois objectifs étaient fixés par l'AGNU : la cessation de « l'occupation illégale » de la Namibie et l'accès à l'indépendance ; l'exercice du droit à l'autodétermination par le peuple du Zimbabwe et l'établissement d'un gouvernement majoritaire ; l'élimination de l'apartheid en Afrique du Sud.

[196] On remarque l'absence de Cabinda et de la Nouvelle-Guinée occidentale, de même que celle de Ceuta et Melilla : les deux enclaves doivent être rattachées au Maroc, pas devenir indépendantes.

[197] Tibétains, Cachemiris, Assamais, Dhofaris, Kurdes, Biafrais et Ijaws, Katangais, Diolas, Touaregs, Toubous, Peuls, Darfouris, Tigréens et Oromo, Somalis d'Ogaden, Baloutches,

n'est pas « *géographiquement séparé* », le droit à l'autodétermination, appréhendé en termes de protection des minorités, signifie le droit au maintien de l'identité culturelle, à l'autonomie au développement, à la représentation et à la participation dans l'État dont les membres du groupe ont la nationalité et dans lequel ils résident. Le territoire de ces peuples ou groupes n'a pas été préalablement internationalisé par l'ONU, même s'il pourrait l'être, ultérieurement et provisoirement, en cas d'insurrection ou de sécession internes réussies, sous la forme d'une AIT. Les mouvements qui prétendent « représenter » ces peuples ou groupes n'ont pas le droit de belligérance, ni leurs membres, le statut de combattants légaux, sauf reconnaissance internationale. Quant aux États tiers, ils doivent respecter les principes de non-intervention *et* de non-ingérence dans les affaires intérieures des États, sauf autorisation du CSNU voire de l'AGNU.

Selon l'alinéa 15 du préambule de la résolution 2625 et l'alinéa 8 du principe 5, « *toute tentative visant à rompre... l'unité nationale et l'intégrité territoriale d'un État... est incompatible avec les buts et principes de la Charte* ». La formulation de l'alinéa 7 du principe 5 est cependant plus ambiguë par le raisonnement *a contrario* qu'elle suggère[198] : aucune disposition de la résolution n'autorise une action qui menacerait l'unité ou l'intégrité d'un État« *se conduisant conformément au principe... du droit des peuples à disposer d'eux-mêmes... et doté ainsi d'un gouvernement représentant l'ensemble du peuple appartenant au territoire* ». Selon l'article 3 P2, « *aucune disposition du présent protocole ne sera invoquée en vue de porter atteinte... à la responsabilité du gouvernement de maintenir ou de rétablir l'ordre public dans l'État ou de défendre l'unité nationale et l'intégrité territoriale de l'État par tous les moyens légitimes* ». La Déclaration du 18 décembre 1992 sur les droits des personnes appartenant à des minorités nationales ou ethniques, religieuses et linguistiques, énonce leur droit : de jouir de leur culture, de professer et pratiquer leur religion, d'utiliser leur langue, en privé et en public, sans discrimination ; de participer à la vie culturelle, religieuse, sociale, économique et politique ; de créer et de gérer leurs propres associations ; d'établir et de maintenir des contacts libres et pacifiques avec d'autres membres de leur groupe ou d'autres minorités, ainsi que des contacts par-delà les frontières avec des citoyens d'autres États auxquels elles sont liées par leur origine ou leur appartenance ethnique, linguistique ou religieuse. Les obligations des États parties envers les minorités comprennent le devoir de protéger l'existence et l'identité des minorités, par des mesures appropriées, ainsi que de créer les conditions pour que les membres des minorités puissent se prévaloir de leurs

---

Karen et Kashin, Tamouls, Moluquois, Acehtis, Pattanis, Moros, Papous, Bougainvilliers, Ossètes, Adjars, Abkhazes, Tchétchènes, Arméniens du Nagorny-Karabagh, Criméens, Serbes de Bosnie, Kosovars, Amérindiens des Andes, Québecquois, Basques, Catalans, Ecossais, Corses, Flamands, Padaniens, Taïwanais ?

198 À l'instar de l'article 20 de la CADHP du 26 juin 1981.

droits, exprimer leurs particularités, développer leur culture... en pleine égalité devant la loi ; de plus, les États parties « *devraient dans la mesure du possible* » œuvrer pour que ces personnes aient la possibilité d'apprendre leur langue maternelle et « *le cas échéant* » leur histoire. Mais rien dans ce texte ne peut être interprété comme autorisant une activité contraire aux principes de l'égalité souveraine, de l'intégrité territoriale et de l'indépendance politique des États.

Pour étendre le droit à l'indépendance ou à la révolution armées à d'autres peuples — à identifier — que les peuples en situation coloniale, postcoloniale ou d'apartheid, le droit de belligérance à d'autres mouvements que les mouvements de lutte anticoloniale, postcoloniale ou anti-apartheid, et le droit d'ingérence des États tiers, il faudrait supprimer le critère de la séparation géographique[199]. Mais, outre la difficulté de définir un peuple au sein d'un État sans discontinuité maritime, se pose alors le problème de l'intégrité territoriale des États, notamment ceux issus de la décolonisation. Or, du fait de la volonté de l'AGNU et des États du tiers monde, le processus de décolonisation s'est inspiré à la fois de l'autodétermination *et* de l'intégrité, puisque l'accès à l'indépendance devait s'effectuer dans le cadre des limites territoriales tracées par les puissances coloniales, l'*uti possidetis* servant d'application anticipée du principe d'intégrité territoriale. La réunion consensuelle et pacifique de deux territoires n'était cependant pas exclue : Tanganyika et Zanzibar en 1964, Papouasie et Nouvelle-Guinée en 1975. L'autodétermination devait signifier l'indépendance puis le maintien de l'intégrité territoriale de la collectivité non autonome devenue État, contre toute agression venant de l'extérieur voire toute sécession venant de l'intérieur. Seule exception à l'*uti possidetis*, outre le cas de la Palestine : les limites du Pakistan et de l'Inde en 1947, qui ont partagé les Indes britanniques en deux territoires — sans résoudre le problème du Cachemire — selon que la population était majoritairement musulmane ou hindoue,

Si un Etat -par hypothèse multiculturel et ayant reconnu ce caractère multiculturel- ne respecte pas le droit au maintien de l'identité, à l'autonomie, au développement, à la représentation et à la participation, la population concernée a-t-elle un droit d'insurrection et/ou un droit de sécession armées ? Le recours à la force n'est interdit que dans les relations

[199] Le soutien de l'URSS aux États du tiers monde a permis de tenir à l'écart du processus de décolonisation les républiques périphériques de l'URSS : telle était la fonction de la « théorie de l'eau salée ». Si l'on poursuivait la logique anti-européenne dudit processus sans affecter les États non européens, on pourrait imaginer l'introduction d'un nouveau critère, celui de la différence ethnique et culturelle entre populations européennes et non européennes. Aurait un droit de sécession tout peuple non européen englobé dans un État dont la population est majoritairement européenne ! Outre qu'elle serait contestée par les États concernés et qu'elle appellerait d'autres développements, une telle évolution romprait l'égalité juridique entre les États, et elle impliquerait la détermination et l'application de critères ethniques ou culturels particulièrement délicats.

internationales, ce qui prohibe l'insurrection, la subversion ou la sécession armées dirigées depuis l'extérieur. Dans l'avis *Kosovo*, la CIJ a affirmé que le principe de l'intégrité territoriale a une portée limitée à la sphère des relations internationales, et n'empêche donc pas la sécession à l'intérieur. 1) A moins d'être considérée comme un « ultime remède » face à l'oppression, l'insurrection armée n'est cependant pas un droit ; elle peut être un fait reconnu (sauf résolution spécifique du CSNU et/ou sauf situation viciée originairement par une violation grave du droit international, telle une agression ou une rupture de la paix) en cas de succès effectif, à travers la reconnaissance des insurgés qui rend applicable le droit des CANI, voire la reconnaissance des insurgés comme belligérants qui rend applicable le droit des CAI. De telles reconnaissances sont à la discrétion des Etats, aussi bien l'Etat concerné que les Etats tiers, ou des OIG compétentes. 2) De même, à moins d'être considérée comme un « ultime remède » face à l'oppression, la sécession armée non plus n'est pas un droit ; elle peut être un fait reconnu (là encore, sauf résolution spécifique du CSNU et/ou sauf situation viciée originairement par une violation grave du droit international) en cas de succès effectif, à travers la reconnaissance généralisée du nouvel Etat (en cas de sécession-indépendance). A cet égard, la reconnaissance des Etats issus de la dissolution de l'URSS, de la RFSY et de la Tchécoslovaquie n'a fait que consacrer l'effectivité de la dissolution des trois fédérations, sans qu'aucun droit des peuples à la sécession n'ait été reconnu.

Outre l'impossibilité pratique de revenir au statut antérieur ou l'intérêt de ne pas prolonger indéfiniment une situation transitoire, la licéité d'une telle reconnaissance reposerait sur un triple fondement[200] : l'acceptation par l'État concerné de la sécession, l'application du principe du droit des peuples à disposer d'eux-mêmes (ce qui suppose la tenue d'un référendum assorti d'un quorum de participation), la réunion des conditions posées à l'existence étatique (effectivité territoriale et indépendance politique). On retrouve dans la théorie de « l'ultime remède », l'argumentation du Conseil de la SDN du 24 juin 1921 : le droit de sécession n'existerait qu'en cas de carence de la souveraineté (hypothèse de « l'État failli »), ou bien lorsqu'un État se forme, se transforme (révolution) ou disparaît, ou bien lorsque l'État est condamné internationalement pour ses violations graves et massives des droits de l'homme ou du droit des peuples (abus de la souveraineté et menace contre la paix). Quoi qu'il en soit, les États ont assurément le droit de maintenir leur unité ou leur intégrité en réprimant toute rébellion armée[201], pourvu que cette

[200] Ainsi au Sud Soudan en 2011 ou au Bangladesh en 1971, même si l'intervention indienne a fait du mouvement bengali une sécession armée soutenue, sinon dirigée, de l'extérieur.

[201] Tout droit interne proscrit l'insurrection et la sécession. En France, l'article 2 de la Déclaration des droits de l'homme et du citoyen du 26 août 1789, intégrée au bloc de constitutionnalité, mentionne le droit de résistance à l'oppression. Mais la jurisprudence des tribunaux supérieurs s'accorde à reconnaître la faible positivité de cette disposition (cf. E. Desmons, *1999*). Le Code pénal réprime les atteintes aux institutions de la République, à

répression ne soit pas excessive eu égard aux normes applicables (art. 3 commun aux CG de 1949, P2 de 1977, « noyau indérogeable » du DIDH). Le droit international confère aux États la faculté de maintenir leur unité et leur intégrité en dérogeant, en cas de nécessité, à la plupart des droits de l'homme. Ce n'est pas la répression d'un mouvement insurgé ou sécessionniste qui est illicite, c'est au contraire, hors consentement du CSNU, le soutien extérieur d'un mouvement insurgé ou sécessionniste[202].

Le droit des minorités

La Charte des NU ne contient pas de disposition sur les minorités ou les groupes minoritaires[203]. Elle préfère la notion de droits de l'homme. L'approche individualiste, déjà dominante sous la SDN, a donc été renforcée sous l'ONU, dont les articles 1 paragraphe 3 et 55 de la Charte mentionnent l'égalité des droits sans distinction de race, religion ou langue. D'autre part, l'article 2 paragraphe 7 rappelle le principe de la compétence nationale, donc la non-ingérence étrangère, même si la Charte parle d'affaires relevant « *essentiellement* » de la compétence étatique, alors que le Pacte de la SDN parlait d'affaires laissées à la compétence « *exclusive* » des États (art. 15-8). Il est également confirmé, de la CPJI à la CIJ, que seuls les États ont qualité pour se présenter devant la Cour. En DIDH, à la « plainte étatique » que les États parties aux instruments universels (PIDCP, PIDESC) ou régionaux (CEDH…) peuvent adresser auprès des organes compétents, s'ajoute la « plainte individuelle », du moins si les États ont signé et ratifié les protocoles s'y rapportant ; mais il n'y a pas de « plainte collective », qui émanerait d'un groupe minoritaire. De son côté, le DIH ne protège pas les minorités, mais toute victime — individuelle — d'un conflit armé, même s'il accorde une protection spéciale aux institutions et biens culturels. Quant au droit des réfugiés, il concerne l'asile politique que demandent des étrangers, persécutés dans et par leur État, pour des raisons de race, religion, groupe

---

l'intégrité du territoire national ou à la paix publique (attentat, complot, mouvement insurrectionnel, levée de forces armées…).

202 S'il est armé et substantiel, ce soutien est même constitutif d'une agression. Contrôlé ou dépendant, le mouvement insurrectionnel apparaîtra comme un organe *de facto* de la puissance étrangère. Le gouvernement issu d'une telle insurrection dirigée de l'extérieur, sera réputé « fictif » ou « fantoche », à l'instar d'un gouvernement suscité à la suite d'une occupation par l'ex-puissance occupante.

203 Après la Seconde Guerre mondiale, la notion de minorités n'a été insérée que dans les traités de paix imposés à l'Italie en 1947 et à l'Autriche en 1955. Plus généralement, les traités bilatéraux offrent la protection la plus sûre pour les minorités, parce qu'ils établissent clairement les obligations auxquelles les États contractants souscrivent vis-à-vis des minorités concernées, qui jouissent en même temps d'une certaine protection de l'État cocontractant vis-à-vis de l'État dont elles ont la nationalité et dans lequel elles résident. Ainsi des minorités allemandes au Danemark, en Pologne, en Hongrie, en Roumanie, en Russie… Si les « pieds-noirs » n'avaient dû quitter l'Algérie, il y aurait une minorité française dans ce pays, selon les accords d'Evian du 19 mars 1962.

ethnique, groupe social ou opinion politique, et que des États tiers acceptent d'accueillir sur leur territoire.

Dans le cadre de l'ONU, la protection des minorités, faute d'une personnalisation juridique de ces dernières[204], relève donc des droits de l'homme. L'AGNU adopte des résolutions, préparées par le CES, la CDH et la Sous-commission de la lutte contre les mesures discriminatoires et de la protection des minorités. Le CSNU, lui, se penche sur la question lorsqu'il estime que les violations des droits de l'homme présentent un danger pour la paix et la sécurité internationales. Que disent les textes relatifs aux droits de l'homme eu égard à la protection des minorités ? On sait que la DUDH s'en tient au principe de non-discrimination, érigé en unique pilier, purement individualiste, de la protection des minorités. Les instruments ultérieurs du DIDH, universels comme régionaux[205], sont plus nuancés. Ainsi, l'article 27 PIDCP dispose que « *dans les États où il existe des minorités ethniques, religieuses ou linguistiques, les personnes appartenant à ces minorités ne peuvent être privées du droit d'avoir, en commun avec les autres membres de leur groupe, leur propre vie culturelle, de professer et de pratiquer leur propre religion, ou d'employer leur propre langue*[206] ». L'article mêle éléments objectifs (caractères identitaires), collectifs (notion de communauté) et subjectifs (droits personnels). Mais les droits sont accordés aux « *personnes appartenant* » à des minorités, non aux minorités elles-mêmes en tant que groupes. De l'article 27 PIDCP à la Déclaration de 1992 sur les droits des personnes appartenant à des minorités et au projet de Déclaration de 1994 sur les droits des « peuples autochtones », on observe certes une montée des droits culturels. Le principe de non-discrimination des individus demeure cependant le noyau dur et des droits de l'homme et du droit des minorités, même si s'ajoutent des mesures spéciales relatives à la protection de l'identité culturelle des groupes minoritaires ou des peuples autochtones[207].

La conception individualiste des minorités et de leurs droits l'a toujours emporté sur la conception holiste. Cette dernière, débouchant sur une problématique d'autodétermination, vise à protéger les droits du groupe en tant collectivité objective héritée. La première, restant sur une problématique de droit des personnes, vise à protéger les droits des individus membres du

---

[204] Mais qui parlerait en leur nom ?

[205] La Convention-cadre du Conseil de l'Europe pour la protection des minorités nationales, ouverte à la signature en 1995, est le premier traité multilatéral consacré à la protection des minorités en général, tandis que la Charte européenne des langues régionales ou minoritaires consacre une protection spéciale des minorités au plan linguistique.

[206] L'article invite les États à déclarer qu'ils n'abritent pas de minorités sur leur territoire. Chose faite par la France : « *L'article 27 n'a pas lieu de s'appliquer en ce qui concerne la République.* »

[207] Depuis la fin des années 1980, se pose la question de l'assimilation des « peuples autochtones » aux « peuples colonisés », qui leur permettrait de bénéficier d'un droit à l'autodétermination incluant le droit à l'indépendance.

groupe en tant que collectivité subjective choisie. On distingue ainsi les « minorités par héritage », selon la conception holiste : on est membre de la minorité de par sa naissance et son éducation dans un tel milieu, et les « minorités par choix », selon la conception individualiste : on choisit d'être membre de la minorité en se considérant comme tel. Autres typologies : les « minorités par exclusion », lorsque la majorité ou l'État les considère et les traite en allogènes pour les discriminer ou les ségréger ; à l'inverse, les « minorités par domination » sont celles qui détiennent le pouvoir, se distinguent de la majorité et redoutent d'être absorbées ou réduites par cette majorité ; les « minorités socialement construites » désignent les groupes ayant construit leur différence (classe sociale, opinion politique, orientation sexuelle), alors que les « minorités culturellement héritées » désignent les groupes ayant hérité de leur différence (race, ethnicité, religion, langue). L'hérédité est ici le critère décisif, même s'il y a une part de reproduction dans l'assignation à une classe sociale et même si toutes les religions n'ont pas un caractère héréditaire (ainsi du christianisme). En 1950, la Sous-commission de la lutte contre les mesures discriminatoires et de la protection des minorités, s'efforçait de définir ces dernières par les éléments suivants : des particularités ethniques, religieuses ou linguistiques stables du groupe le rendant sensiblement différent du reste de la population ; sa possession de la nationalité de l'État de résidence ; sa position non majoritaire démographiquement ou non dominante politiquement ; son sentiment de solidarité ; son désir de préserver son identité culturelle. Éléments objectifs (caractères identitaires, nationalité, position), collectifs (la notion de groupe) et subjectifs (solidarité et volonté) se mêlaient[208]. On les a retrouvés peu ou prou en 1966 dans l'article 27 PIDCP.

Il est significatif que, selon le droit international positif, le droit des minorités concerne les individus appartenant *et* choisissant d'appartenir à un groupe minoritaire (= groupe ethnique, religieux ou linguistique qui a ses racines dans le territoire de l'État de résidence et dont les membres ont la nationalité de cet État) reconnu comme tel par l'État (multiculturel) de résidence. Le concept de minorité mêle choix subjectif et héritage objectif : le « choix de l'appartenance » dépend de l'individu et du fait qu'il remplit les conditions pour être membre du groupe, soit une combinaison inégale d'individualisme et d'holisme. La primauté de l'un sur l'autre explique que les droits des minorités ont principalement été envisagés comme devant protéger les individus membres de la minorité contre toute discrimination, secondairement comme devant protéger le groupe en tant que tel contre toute assimilation. Instaurer une primauté du collectif, au nom d'un « droit à

---

[208] Depuis, le critère de la nationalité a été concurrencé par celui de la durée et de la permanence du séjour dans l'État concerné. Mais généralement, un étranger n'est pas un « minoritaire », un « minoritaire » est ressortissant de l'État. Le point commun est le caractère ou la perception « allogènes » : l'étranger ou le « minoritaire » se considèrent ou sont considérés comme « différents » par les nationaux ou les « majoritaires ».

l'identité », aboutirait à subordonner l'individu au groupe et à ériger le groupe comme entité au sein de l'État. La primauté de l'individuel, au nom du « droit à l'égalité », laisse le choix à l'individu de se considérer ou non comme membre d'un groupe minoritaire, sans ériger ce dernier comme entité au sein de l'État. En guise de synthèse, les droits des minorités peuvent être regardés comme des droits individuels culturels : l'individu a droit au maintien de sa spécificité ethnique, religieuse ou linguistique au sein de l'État, sans discrimination par rapport aux autres ressortissants, mais sans autre conséquence politique. Là est le point fondamental. Si les groupes minoritaires ne sont pas des peuples, mais une somme d'individus culturellement différents des autres citoyens de l'État, ils ne bénéficient pas d'un droit à l'autodétermination, qui est réservé aux peuples. Si les groupes minoritaires sont des peuples, leur droit à l'autodétermination se limite (dès lors que l'on se trouve en dehors d'une situation coloniale, postcoloniale ou d'apartheid) à un droit à l'autonomie et à la représentation. La protection culturelle des groupes, selon le droit positif des minorités, s'en tient à la préservation del'identité des membres du groupe, en excluant tout droit de sécession, c'est-à-dire tout droit à la création ou au transfert d'une souveraineté — sauf reconnaissance en cas de succès effectif, y compris à main armée.

En **conclusion** du titre 3, le *jus ad bellum* admet, d'un point de vue étatique, la guerre défensive, ainsi que la « réintégration » d'un territoire colonial ; d'un point de vue non étatique, il admet l'insurrection en situation coloniale, postcoloniale ou d'apartheid. La licéité de toute autre insurrection, y compris sécessionniste, dépend de la reconnaissance par les États ou par le CSNU voire l'AGNU. De même, la licéité de toute autre guerre, y compris offensive, dépend de l'accord du CSNU voire de l'AGNU. Les causes ou buts licites de guerre sont donc, d'une part, la sauvegarde ou le rétablissement de la souveraineté, de l'indépendance politique et de l'intégrité territoriale de l'État, donc de la libre détermination du peuple de cet État, d'autre part, l'autodétermination d'un peuple en situation coloniale, postcoloniale ou d'apartheid, ainsi que la libération des territoires palestiniens occupés. Quels qu'ils soient, les causes ou buts licites sont de nature politique, pas économique : le recours à la force armée visant à l'appropriation des ressources d'autrui est illicite, car contraire au principe de la souveraineté permanente des États et des peuples sur leurs richesses et ressources naturelles. Le *jus ad bellum* n'admet que des guerres publiques, que leurs auteurs soient des États, des OIG, des MLN ou d'autres groupes ou entités non étatiques, pas des guerres privées. Quant aux causes ou buts illicites de guerre, ils renvoient, d'une part, à l'atteinte à la souveraineté, à l'indépendance politique et à l'intégrité territoriale d'un État, donc à la libre détermination du peuple de cet État, d'autre part, à l'établissement ou au maintien d'une situation coloniale, postcoloniale ou d'apartheid, ainsi qu'à l'occupation des territoires palestiniens au-delà des frontières israéliennes de 1949.

TITRE IV

L'EVOLUTION DISCRIMINATOIRE DU *JUS AD BELLUM* INTERETATIQUE

La coexistence d'un principe d'interdiction et d'exceptions primaires amène à déduire qu'il y a des guerres illicites — les guerres contraires au principe — et des guerres licites — les guerres conformes aux exceptions — en droit international public.

Par le biais de cette distinction, la Charte de l'ONU, après le Pacte de la SDN, a substitué la conception discriminatoire à l'ancienne conception non discriminatoire du *jus ad bellum*. Cette dernière signifiait que chaque État, du fait de sa souveraineté, était considéré dans son droit lorsqu'il recourait à la force armée puisqu'il avait une libre compétence militaire, seulement conditionnée par le *jus in bello*. La conception discriminatoire signifie au contraire que l'on distingue les États selon qu'ils sont « dans leur droit » ou « dans leur tort » lorsqu'ils recourent à la force armée, puisqu'ils n'ont plus une libre compétence militaire[209]. De 1919 à 1945 et au-delà, un nouveau système juridico-international a donc remplacé l'ancien. Mais on verra qu'en cas de mutisme ou de désaccord au CSNU — à l'instar de toute norme, tout système normatif a besoin, pour son interprétation et son application, d'une instance de décision — l'ancien système retrouve son effectivité quand le nouveau la perd. Nonobstant, le droit international pertinent est passé à l'égard du problème de la guerre d'un régime d'indifférence juridique — le droit des États souverains de recourir à la force armée dans les relations internationales quand ils le décident — à un régime de différence juridique — le devoir des États souverains de ne recourir à la force armée dans les relations internationales qu'en légitime défense ou après autorisation du CSNU, outre la « réintégration » d'un territoire colonial.

Trois questions se posent, qui structureront ce titre 4 du présent livre. Qui décide de la discrimination des États« dans leur droit » ou « dans leur tort », du caractère licite ou illicite de la guerre ? Selon quels critères ? Avec

[209] D'après le Pacte de la SDN, était « dans son tort » l'État qui commettait une agression selon l'article 10 ou qui recourait à la guerre sans avoir préalablement suivi les procédures de règlement pacifique des différends prévues aux articles 12, 13, 15 et 17 (saisine du Conseil, de la CPJI ou d'une instance d'arbitrage). Était « dans son droit » l'État qui ne commettait pas d'agression ou qui recourait à la guerre, après la saisine du Conseil, de la CPJI ou d'une instance d'arbitrage, contre l'État qui n'obtempérait pas à la décision du Conseil, de la CPJI ou de l'instance d'arbitrage.

quelles conséquences ? Tout système de prévention, de cessation, de réparation et de répression internationales de l'abus du recours *national* à la force armée implique, dans sa mise en œuvre, trois opérations successives : d'abord, la constatation de la violation du *jus ad bellum*, en l'occurrence le recours à la force en dehors des dérogations admises au principe d'interdiction ; ensuite, l'évaluation de la violation du *jus ad bellum ;* enfin, la sanction de la violation du *jus ad bellum*. Ce dernier point nous amène à traiter aussitôt des règles secondaires en *jus ad bellum*, tant elles sont étroitement liées aux règles primaires, avec le rôle central joué par le CSNU se basant sur le chapitre VII de la Charte. De même, il nous paraît logique de traiter de l'agression en droit international pénal dans la foulée de l'agression en droit international public, puisqu'on retrouve la position clé du Conseil vis-à-vis de la CPI, seule juridiction compétente à ce jour pour réprimer le crime d'agression (depuis l'entrée en vigueur de sa définition).

CHAPITRE PREMIER

QUI DECIDE ?
LA QUESTION DE LA CONSTATATION DE LA VIOLATION DU *JUS AD BELLUM*

La réponse à cette question est simple : c'est le CSNU qui décide. Tout dépend du Conseil, organe des NU chargé par la Charte du maintien et du rétablissement de la paix et de la sécurité internationales, même si sa responsabilité à cet égard n'est que « *principale* » (art. 25), pas exclusive, comme le confirme l'article 51 de la Charte consacré au « *droit naturel* » de légitime défense.

Sur le rôle du CSNU, il s'agira de souligner et de démontrer que le droit international est marqué par *le péché originel de 1945 :* d'une part, la volonté des Trois puis des Quatre enfin des Cinq de monopoliser mondialement, à travers le Conseil, le droit de recourir à la force armée dans les relations internationales, réserve faite de la légitime défense ; d'autre part, le semi-échec de ce *but de guerre*, faute, en raison du conflit Est-Ouest, d'avoir pu mettre en œuvre les articles 43 à 47 de la Charte. *Le CSNU devait être le gendarme du monde ;* privé de forces armées et tributaire de l'exécution militaire de ses résolutions par les États, *il n'a plus été et il n'est plus qu'un feu vert ou un feu rouge*, autorisant ou n'autorisant pas le recours à la force armée, incapable en tout cas d'arrêter les Cinq, ou leurs alliés lorsqu'ils les couvrent, quand ils se comportent en chauffards. Le droit de veto sous-jacent à l'article 27 paragraphe 3 de la Charte — impossible à supprimer puisque la révision de la Charte requiert également l'unanimité des Cinq selon les articles 108 et 109 — n'a pas pour seule conséquence de pouvoir paralyser le CSNU, mais encore de mettre les membres permanents, et leurs amis lorsqu'ils les protègent, à côté ou au-dessus du droit commun. La Charte a prétendu fonder une « unipolarité » décisionnelle et exécutive du recours international à la force armée, au profit du CSNU érigé, au nom des NU, en principale autorité titulaire du droit de belligérance, la légitime défense des États n'étant censément qu'une compétence subsidiaire. On sait ce qu'il en est dans la pratique : en l'absence de mise en œuvre des articles 43 et suivants, « l'unipolarité » n'est que décisionnelle (s'il y a consensus au Conseil) ; la légitime défense des États est demeurée ou redevenue la compétence principale ; la multipolarisation du *jus ad bellum* a même pris une dimension non étatique avec l'admission des MLN, voire la reconnaissance d'autres mouvements insurgés, comme titulaires du droit de belligérance.

La « centralisation » du droit de recourir à la force armée dans les relations internationales, au nom de la pacification ou de l'unification du monde, a, en fait, reproduit le caractère oligarchique du système international, sans neutraliser son caractère anarchique et sans tenir compte de son caractère évolutif. En effet, le CSNU comprend cinq membres permanents, c'est-à-dire les vainqueurs (États-Unis, Grande-Bretagne, France) ou les héritiers des vainqueurs (Fédération de Russie continuant l'URSS[210], RPC succédant à la République chinoise[211]) de 1945 ; mais il ne dispose pas de forces armées, il dépend pour cela des États, notamment des grandes puissances militaires ; parmi ces dernières figurent les membres permanents du Conseil, mais aussi d'autres États, qui n'occupent pas ou ne peuvent occuper un siège permanent, du fait de l'insuccès à réformer la composition du Conseil. Une telle composition devient problématique lorsque le rapport de force se déséquilibre entre les membres permanents d'une part, entre les membres permanents et les autres États d'autre part. Se produit une disjonction, crisogène, entre le droit (la position juridique) et la force (le pouvoir réel). 1) Le droit de veto signifie l'égalité *de jure* des Cinq. D'où le problème lorsque l'inégalité *de facto* se creuse au profit de l'un ou de certains d'entre eux et au détriment des autres ou de certains autres. Face aux éventuelles pressions des uns, les autres hésiteront peut-être à manifester leur désaccord, par crainte que les plus puissants ne passent outre. 2) Le droit de veto signifie l'inégalité *de jure* entre les Cinq et les autres États, d'où le problème lorsque tel membre permanent n'est plus une grande puissance militaire ou lorsque tel État non-membre permanent devient une grande puissance militaire[212]. Lors des débats du soixantième anniversaire de

---

[210] Voir la lettre du 21 janvier 1992 du Président Eltsine informant le SGNU que la Fédération de Russie, avec l'accord des États de la CEI, prenait la place de l'URSS à l'ONU.

[211] Voir la résolution 2758 de l'AGNU du 25 octobre 1971 rétablissant à la RPC tous ses droits légitimes à l'ONU.

[212] Bref, le fondement de la responsabilité comme du privilège des Cinq — ce fondement s'appelle puissance — devient problématique lorsque l'un des Cinq surclasse les autres, ou lorsque parmi les Cinq certains déclinent, ou lorsque d'autres États montent, qui auraient les moyens de résister aux Cinq ou vis-à-vis desquels les Cinq ne pourraient plus en imposer. En 1945, les Cinq disposaient effectivement du pouvoir de décider du droit ou du non-droit de la guerre dans le monde, car ils n'avaient pas de rivaux. La SDN, elle, a souffert très tôt du hiatus quant à la puissance, d'autant plus aigu que, le Pacte étant annexé aux traités de paix, l'OIG servait largement à garantir ces traités. En 1920, siégeaient au Conseil de la SDN les vainqueurs de 1918 : la Grande-Bretagne, la France, l'Italie, le Japon, mais pas les États-Unis, qui refusèrent toujours d'adhérer à la Société. En 1926, l'Allemagne fut admise, jusqu'à son retrait en 1933. Le Japon se retira également en 1933, puis l'Italie en 1937. Admise en 1934, l'URSS fut exclue en 1939. Au sein même de la SDN, les deux grandes puissances satisfaites, la France et la Grande-Bretagne, se heurtèrent aux deux puissances insatisfaites, l'Italie et le Japon. Paris et Londres ne pouvaient pas vraiment en imposer à l'Allemagne ou à l'URSS, d'autant moins que leur politique étrangère divergeait à maints égards. Plus généralement, les

l'ONU[213], il n'y a pas eu d'entente sur le nombre de nouveaux membres permanents ou non permanents, ni sur l'identité des nouveaux membres permanents, ni sur la modification corrélative de la procédure de vote, ni sur l'éventuelle attribution du droit de veto aux nouveaux membres permanents. Avec l'idée de nouveaux membres permanents sans droit de veto, on créerait une troisième catégorie de membres du Conseil : il y aurait les permanents avec veto, les permanents sans veto, les non permanents. Un Conseil comprenant davantage de membres permanents ou non permanents serait plus représentatif, mais moins efficace : sa capacité de décision et d'action serait amoindrie par des délibérations plus longues et des risques de blocage plus élevés. Se pose un problème en amont : selon quels critères de sélection coopter de nouveaux membres permanents ? On dispose (pour l'élection des membres non permanents du CSNU) de la répartition géographique équitable et de la contribution au maintien de la paix. Dans ce dernier cas, le facteur retenu serait-il la détention de l'arme nucléaire, un régime démocratique stable, la richesse économique, ou les trois ?

Ainsi, la phraséologie pacifiste et universaliste de la Charte des NU ne doit pas masquer son sens politique, propre au traité de *jus ad bellum* qu'est la Charte : la « centralisation » du *jus ad bellum* au CSNU s'accompagne de l'inégalité des États devant le *jus ad bellum*. Les Cinq, qui se trouvent être des *puissances nucléaires* reconnues, gardent *de facto* une libre compétence de guerre, puisque leur *pouvoir de veto*, dont ils peuvent faire bénéficier leurs alliés, leur assure l'absence de condamnation ou de sanction. De même, les Cinq, dès lors qu'ils peuvent compter sur quatre partenaires au CSNU (les résolutions sont adoptées par neuf voix sur quinze), ont la faculté d'imposer aux autres États des décisions, y compris portant coercition militaire, qu'il est impossible de leur imposer à eux. Ce privilège, ou cette dérogation de la Charte au principe d'égalité des États, s'explique par la

---

puissances du *statu quo* — France, Grande-Bretagne, voire États-Unis — ne pouvaient — difficilement — en imposer aux puissances révisionnistes — Allemagne, Italie, Japon — qu'avec le soutien de l'URSS. Mais celle-ci, puissance révolutionnaire, oscillait entre *statu quo* et révisionnisme.

[213] Parmi les projets de réforme, figurait celui du G4 (Allemagne, Brésil, Inde, Japon), présenté le 16 mai 2005. Il prévoyait six nouveaux membres permanents : deux pour l'Afrique, un pour l'Amérique latine, deux pour l'Asie, un pour l'Europe occidentale, et quatre nouveaux membres non permanents : un pour l'Afrique, un pour l'Amérique latine, un pour l'Asie, un pour l'Europe orientale. La nouvelle majorité au Conseil pour l'adoption d'une résolution serait de 14 voix sur 25. Le G4 revendiquait le droit de veto au motif que « *tous les membres permanents devraient avoir les mêmes responsabilités et les mêmes droits* » ; mais il n'en faisait pas « *une cause de blocage d'une réforme du Conseil* », signifiant par là que les quatre seraient prêts à renoncer au veto. Le projet n'a pas abouti. Cf. Olivier Fleurance, *La réforme du Conseil de Sécurité. L'état du débat depuis la fin de la guerre froide*, Bruxelles, Bruylant, 2000 ; Antonio Blanx Altemir, Bénédicte Real, « La réforme du Conseil de Sécurité des Nations unies : quelle structure et quels membres ? », *RGDIP*, 2006, pp. 801-824.

responsabilité principale du maintien de la paix et de la sécurité internationales qui est dévolue au CSNU, donc à ses membres permanents.

Rétrospective sur la fondation de l'ONU et le rôle du CSNU

L'histoire des NU sous l'angle qui nous intéresse se découpe en deux périodes : avant et après 1990. À l'ambition « centralisatrice » accompagnant la fondation de l'ONU, au moment de la « Grande Alliance » (1941-1946), succède la paralysie due au conflit Est-Ouest. À partir de 1988, lorsque l'URSS de Gorbatchev passe de la compétition à la coopération avec l'Occident, le retour du consensus au CSNU permet le développement de son activité, la guerre du Golfe (1990-1991) marquant le tournant. Avec la « victoire froide » de l'Ouest sur l'Est, la restauration du Koweït et la disparition de l'URSS, advient le « nouvel ordre mondial » proclamé par le Président Bush, soit un double « moment unipolaire » : l'unipolarité juridico-militaire (ou « décisionnelle ») du CSNU, l'unipolarité militaire (ou « exécutive ») des États-Unis. À partir de 1998, lorsque s'achève l'après-Guerre froide, on assiste au retour du dissensus, ou du moins à l'alternance du consensus et du dissensus entre puissances atlantiques et puissances eurasiatiques, la France zigzagant entre les deux[214]. La rétrospective sur la fondation des NU et le rôle attribué au Conseil montre[215] combien ce dernier était conçu comme le gardien de la paix et de la sécurité internationales, à une double condition : qu'il y ait consensus entre les membres permanents ; que le Conseil dispose de forces armées, afin qu'il puisse combiner décision politique et exécution militaire. Il est notoire que ces deux conditions n'ont pas été remplies.

La mise en place de l'ONU

La mise en place de l'ONU s'effectua en deux étapes : les préliminaires, de la Charte de l'Atlantique à la Conférence de Téhéran ; la fixation, de la Conférence de Dumbarton Oaks à celle de San Francisco. Puis vint la tentative — échouée — de mettre en œuvre les articles 43 à 47 de la Charte.

De 1941 à 1945, l'élaboration de la Charte des NU fit partie intégrante de la Seconde Guerre mondiale, plus précisément, des buts de guerre des Alliés, États-Unis en tête. De la Charte de l'Atlantique du 14 août 1941 à la Déclaration des Nations unies du 1er janvier 1942, la « Grande Alliance » fut considérée comme le noyau de la future « sécurité collective ». Le rôle premier dans la réflexion et l'initiative revint au Département d'État américain, plus précisément au Comité consultatif sur les problèmes de politique étrangère. Les principales questions qui se posaient étaient les suivantes. Renouvellement de la SDN ou nouvelle OIG ? Organisation

---

[214] L'Allemagne aussi. Il n'y a ainsi pas de « pôle européen ».

[215] Nous suivrons ici l'ouvrage de référence d'Alexandra Novosseloff, *2003*.

transitoire des Grands ou Organisation permanente basée sur l'égalité des États membres ? Organisation universelle ou Organisation composée d'entités régionales ? Organisation interétatique ou Organisation à laquelle pourraient adhérer d'autres entités ? L'idée américaine, et soviétique, d'une nouvelle Organisation, permanente, égalitaire, universelle et interétatique s'imposa, de la Déclaration de Moscou (30 octobre 1943) à la Conférence de Téhéran (27 novembre-2 décembre 1943), assortie d'un compromis : l'acceptation d'organismes régionaux pour résoudre les crises (futur chapitre VIII de la Charte), d'une dérogation : la prépondérance du CSNU et le droit de veto des membres permanents (futurs articles 2 paragraphe 5, 27 paragraphe 3, 39 à 48), d'une réserve : l'exclusion de toute admission automatique des États ennemis et leur discrimination (futurs articles 2 paragraphe 6, 4, 53 et 107). Autre question : quels seraient les organes de la nouvelle OIG ? La proposition d'un conseil exécutif restreint et d'une conférence délibérative large aboutira au CSNU et à l'AGNU.

C'est à Dumbarton Oaks qu'eurent lieu les négociations constitutives entre les Quatre (États-Unis, Grande-Bretagne, URSS, Chine), la France n'ayant pas encore été admise parmi les Grands. Les quatre délégations présentèrent leurs textes respectifs : *US Tentative Proposals for a General International Organization* (8 juillet 1944), *Tentative Proposals by the United Kingdom for a General International Organization* (22 juillet), *Tentative Chinese Proposals for a General Organization* (2 août), *Memorandum on an International Security Organization by the Soviet Union* (12 août). Puis les *Conversations* de Dumbarton Oaks débutèrent le 21 août. Elles se déroulèrent en deux phases : la première, « soviétique », du 21 août au 28 septembre, associa les délégations des États-Unis, de la Grande-Bretagne et de l'URSS, cette dernière, n'étant pas en guerre avec le Japon, ne voulant pas siéger avec la Chine (dont elle déplorait d'ailleurs la présence parmi les Grands) ; la seconde, « chinoise », du 29 septembre au 7 octobre, associa les délégations des États-Unis, de la Grande-Bretagne et de la République chinoise. Les *Propositions de Dumbarton Oaks relatives à l'établissement d'une Organisation internationale générale* furent publiées le 9 octobre. Le cœur des discussions avait porté sur le droit de veto et l'admission de nouveaux membres. On s'entendit sur la formation d'un Conseil de Sécurité composé de membres permanents et de membres non permanents, qui seraient en tout onze. Mais aucun accord ne fut trouvé sur la procédure de vote, notamment le nombre de voix permettant de constituer une majorité. La Conférence de Yalta (5-11 février 1945) traita des questions restées ouvertes à Dumbarton Oaks : la procédure de vote au sein du Conseil de Sécurité, le nombre de membres originaires de l'Organisation, le régime international de tutelle, le siège de l'Organisation, le statut de la CIJ devant remplacer l'ancienne CPJI, la transition entre la SDN et l'ONU. Sur la première question, la formule de Yalta — réclamée par la délégation soviétique — fixa le futur article 27 paragraphe 3, soit un « *vote affirmatif dans lequel sont comprises les voix de tous les membres permanents* ». Il fut également décidé, à la demande pressante de la délégation britannique, de donner la qualité de membre permanent à la République française.

En se présentant à San Francisco, les Quatre avaient verrouillé les dispositions principales de la future ONU : sa structure, ses buts, ses principes, la composition du Conseil de Sécurité et sa procédure de vote, l'exclusion des États ennemis, le régime des TST et celui des TNA, la procédure de révision de la Charte. La Conférence de San Francisco (25 avril-26 juin) fut surtout l'occasion pour les États petits et moyens s'étant rangés aux côtés des Alliés, de faire des propositions pour atténuer la domination des Cinq et accroître la place du régionalisme. C'est notamment à leur insistance que fut ajouté l'article sur la légitime défense individuelle ou collective (coalisée). Sinon, les modifications entre le texte de Dumbarton Oaks et celui de San Francisco furent négligeables. C'est pourquoi la Charte porte la triple marque d'un contexte, d'une impulsion et d'un compromis : contexte d'une alliance de guerre ; impulsion du Département d'État des États-Unis d'Amérique, soit une administration démocrate « idéaliste » ; compromis avec les autres puissances.

Le projet « unipolaire » avorté de la Charte

Les rédacteurs de la Charte entreprirent de concilier discrimination des vaincus et universalisme, prépondérance des Cinq et égalité souveraine des États, préservation du *statu quo* et *peaceful change*, faisant de l'ONU un mixte d'alliance des grandes puissances victorieuses et d'institution internationale sécuritaire à vocation mondiale. Tout spécialement, le gouvernement des États-Unis voulait que l'engagement américain dans le monde, rompant avec l'isolationnisme, soit inséré dans une Organisation mondiale, afin que le Congrès et l'opinion publique soient fortement incités à accepter un tel engagement. D'où la théorie des « trois », « quatre » puis « cinq gendarmes », avec les États-Unis (seule puissance nucléaire en 1945) comme *primus inter pares*. Il ne s'agissait pas seulement de gagner la guerre présente mais aussi la paix future, disait Roosevelt, ayant à l'esprit le fiasco des années 1920-1930. Aussi fallait-il donner à l'Organisation, parallèlement au désarmement prôné (art. 26), un pouvoir politico-militaire, dissuasif ou coercitif, qui serait concentré au Conseil de Sécurité, auquel serait subordonné un Comité d'état-major (chap. VII). L'alliance de guerre devait donc se transformer en Organisation permanente de sécurité collective à vocation universelle, capable, non seulement de prévenir et de réprimer toute nouvelle politique d'agression de la part de l'Allemagne ou du Japon, mais aussi d'intervenir *manu militari* pour maintenir ou rétablir la paix partout dans le monde.

Tout au long de l'élaboration de la Charte des NU, le Pacte de la SDN servit de référence à corriger. Par rapport à la SDN, l'ONU a toujours été plus universelle. Les notions clés ne sont définies ni dans le Pacte ni dans la Charte, donnant au Conseil de la SDN comme à celui de l'ONU un large pouvoir discrétionnaire. Mais par rapport au Conseil de la SDN, le Conseil de Sécurité de l'ONU ne s'en tient pas à des recommandations ; il peut adopter des résolutions à caractère obligatoire, y compris vis-à-vis d'États non-membres, qu'il s'agisse des anciens États ennemis ou d'autres États. La SDN parlait du maintien du droit et de la justice ; l'ONU parle du maintien de la paix et de la sécurité internationales. Sur la base de la recommandation du Conseil de la SDN, le constat de la rupture du Pacte était l'objet d'une appréciation discrétionnaire des États, qui acquiesçaient ou non à la recommandation du Conseil et qui décidaient de participer ou non aux mesures coercitives préconisées[216]. Dans l'ONU, la décision d'appliquer des mesures coercitives n'est plus laissée aux États membres ; elle appartient au CSNU, qui constate la rupture de la Charte, recommande ou ordonne les mesures, les exécute ou veille à leur exécution par les membres et les non-membres. « L'action collective » n'était ni décidée ni exécutée par la SDN ; elle devait l'être par l'ONU. C'est pourquoi l'application des mesures coercitives devait constituer une action de l'ONU elle-même, alors que, sous l'égide de la SDN, elle constituait autant d'actions des États membres. Logiquement, l'ONU, infiniment plus que la SDN, prévoit des moyens militaires à la disposition du Conseil.

La question était de savoir si la force armée dévolue au Conseil serait une force permanente contrôlée par l'ONU ou une force fournie par les États en cas de crise et contrôlée par eux. Tout État membre serait-il obligé de mettre des troupes à la disposition de l'ONU ? Sinon, quels États fourniraient les personnels et les matériels nécessaires ? Obligatoire ou libre, la mise à disposition s'effectuerait sous quelles conditions et selon quelles procédures ? Les troupes ainsi dévolues auraient-elle un statut supranational ? Quel commandement, quelle réglementation interne, quel *jus in bello*, quel mécanisme de responsabilité s'appliqueraient à elles ? La

---

216 Selon l'article 16 paragraphe 1 du Pacte de la SDN, « *si un membre de la Société recourt à la guerre, contrairement aux engagements pris aux articles 12, 13 ou 15, il est* ipso facto *considéré comme ayant commis un acte de guerre contre tous les autres membres de la Société* ». C'est sur la base de cette disposition qu'il fallait décider s'il y avait automatiquement guerre entre le *peace breaker* et les autres membres de la SDN. La plupart des États ne voulaient pas entendre parler d'un état de guerre étendu au monde entier par une pure fiction juridique, donc ne voulait pas être obligé de se montrer solidaire de n'importe quel État attaqué par n'importe quel autre État. Le 14 octobre 1921, la deuxième session de l'Assemblée de la SDN adopta une résolution selon laquelle « *l'acte unilatéral de l'État fautif ne peut pas créer un état de guerre : il ne fait que donner aux autres membres de la Société la faculté de procéder à des actes de guerre ou de se déclarer en état de guerre avec l'État en rupture du Pacte ; mais il est dans l'esprit du Pacte que la SDN tâche, tout au moins au début, d'éviter la guerre et de rétablir la paix par des pressions économiques* ». Le recours à la force armée en rupture du Pacte ne créait donc pas automatiquement un état de guerre entre le *peace breaker* et les autres membres de la SDN. Il n'y aurait de guerre que si ces derniers recouraient eux aussi à la force armée contre celui-là.

solution dégagée[217] à Dumbarton Oaks puis confirmée à San Francisco fut la mise à disposition de forces nationales à l'ONU, sur la base d'accords spéciaux entre les États membres et l'Organisation. Les principaux fournisseurs seraient les Cinq, les autres États ne contribuant qu'en appoint. C'est librement, et en cas de crise, que les puissances fourniraient des troupes. Celles-ci garderaient leur nationalité, avec le régime juridique interne et international correspondant. Il n'y aurait donc pas de force supranationale permanente, mais une force multinationale « en attente », composée de contingents nationaux et mise sur pied selon des conventions particulières. En attendant la conclusion des accords spéciaux visés à l'article 43 de la Charte, les Cinq appliqueraient les dispositions transitoires du chapitre XVII. La question clé devenait celle du commandement : si le commandement de la Force échappait au CSNU, ladite Force ne serait qu'une coalition plus ou moins intégrée. L'idée de créer un organe militaire au-dessous de l'organe politique visait à compléter le projet de force internationale, à faciliter sa mise en œuvre, à donner au Conseil un outil de commandement. Là encore, la solution dégagée à Dumbarton Oaks puis confirmée à San Francisco montre que le Comité d'état-major prévu devait être, non pas un organe supranational permanent, mais l'organe exécutif du Conseil, composé d'officiers ressortissants des Cinq, assistant le Conseil et commandant la force multinationale mise sur pied[218]. Globalement, le schéma fixé par la Charte est le suivant : une organisation de sécurité collective, assurée par le CSNU, exerçant la direction politique et militaire du maintien ou du rétablissement de la paix, à l'aide d'un Comité d'état-major chargé du commandement des forces nationales mises à la disposition des NU par les Cinq.

Tout le mécanisme sécuritaire de la Charte repose sur l'accord des Cinq, sur le caractère irrésistible de leur puissance collective et sur l'hypothèse qu'ils respecteront le droit international... Pour Roosevelt, la SDN avait échoué parce que les grandes puissances de l'époque n'y participaient pas, ou l'avaient délaissée, ou l'avaient détournée. C'est aussi pourquoi le Président américain insista tant pour que l'URSS comme la Chine fasse partie du Conseil et qu'il y accepta la France. Le postulat était que la « Grande Alliance » se poursuivrait après la guerre. Mais adopter le postulat de l'unité des Cinq, « *c'était présumer que la coalition se maintiendrait quand les motifs de sa formation auraient disparu* » (F. van Langenhove). Le système ne peut fonctionner que par l'entente des Cinq, car chacun des Cinq, *via* son droit de veto, est en mesure de bloquer le processus

[217] S'inspirant plus ou moins du Comité mixte des chefs d'état-major anglo-américain de 1942.

[218] L'OTAN a édifié ses structures politico-militaires sur le même schéma que l'ONU : un organe politique de décision (le Conseil de l'Atlantique-Nord), un organe militaire d'exécution (le Comité militaire), la signature d'accords spéciaux entre l'OTAN et ses États membres pour l'affectation des forces armées

décisionnel[219]. C'est contre l'Axe que la « Grande Alliance » s'était formée ; l'Axe vaincu, la « Grande Alliance »[220] allait se déliter. En l'absence d'entente, la règle de l'unanimité entre les Cinq signifierait que les États se résigneraient à l'inactivité de l'ONU et compteraient sur le droit de légitime défense. L'instauration du droit de veto a conditionné la fondation de l'ONU, plus précisément la participation de l'URSS. Par rapport au Pacte de la SDN, la Charte des NU marque deux changements. 1) Le nombre des membres permanents est de cinq, en 1919 comme en 1945[221] ; celui des non permanents passe de quatre[222] à six[223]. 2) La procédure de vote selon l'article 27 paragraphe 3 de la Charte repose sur la majorité qualifiée au Conseil, dont l'unanimité des cinq membres permanents, alors que celle de l'article 5 paragraphe 1 du Pacte exigeait l'unanimité de tous les membres du Conseil. Malgré ce passage de l'unanimité à la majorité qualifiée, le caractère oligarchique est maintenu — accentué par la distinction entre membres permanents et non permanents — de même que la possibilité du « blocage ». Initialement dirigée contre les États ennemis de la Seconde Guerre mondiale, la Charte n'a pas prévu que les membres permanents du Conseil pourraient devenir ennemis les uns vis-à-vis des autres. Le veto est finalement devenu le symbole de la guerre froide, donc de la paralysie du CSNU. L'organe décisionnel, privé d'organe d'exécution, le Comité d'état-major prévu par la Charte connaissant le sort de la Commission permanente prévue par le Pacte, est devenu le forum des polémiques Est-Ouest. Le désaccord entre les Cinq, au lieu d'être l'exception, est devenu la règle. Jusqu'en 1988, la résolution des crises internationales passera donc par la légitime défense (coalisée), la tentative — échouée — de substituer l'AGNU au CSNU, le renforcement du SGNU et l'invention des OMP…

La position du CSNU

Le CSNU est composé des représentants des cinq États membres permanents susmentionnés et de dix États membres non permanents[224] élus pour deux ans par l'AGNU et renouvelés par moitié chaque année, selon deux critères : la contribution au maintien de la paix, la répartition

---

219 « *Le veto aura pour effet de subordonner les intérêts de quatre grandes puissances à la volonté d'une seule* », avait averti le représentant de la Colombie à San Francisco.

220 Celle de la puissance continentale et socialiste russe avec les puissances capitalistes et maritimes anglo-saxonnes.

221 États-Unis, URSS, Grande-Bretagne, Chine, France, sont les vainqueurs de 1945 ; États-Unis, Empire britannique, France, Italie, Japon, étaient les vainqueurs de 1919.

222 Six en 1922, neuf en 1926, dix en 1933.

223 Dix en 1965.

224 L'amendement du 31 août 1965 a porté de six à dix le nombre des membres non permanents. Soit une attribution régionale des sièges : deux pour le groupe occidental, un pour l'Europe de l'Est, deux pour l'Amérique latine, trois pour l'Afrique, deux pour l'Asie. Avant 1965, les six sièges étaient répartis comme suit : groupe occidental 1, Europe de l'Est 1, Amérique latine 2, *Commonwealth* 1, Moyen-Orient 1.

géographique équitable, sans que les membres sortants soient immédiatement rééligibles. Soit à ce jour une composition à double statut : membres permanents avec veto, membres rotatifs sans veto. Les résolutions adoptées par le Conseil (qu'il s'agisse d'infirmation ou de confirmation de la légitime défense, de condamnation, de constat de menace contre la paix, de rupture de la paix ou d'agression, de mesures non militaires ou militaires, d'autorisation d'intervention, d'adoption, de modification ou de levée de mesures coercitives, d'imposition de désarmer, d'obligation de réparer des dommages de guerre, de création de tribunaux pénaux internationaux *ad hoc*...) requièrent l'accord de neuf membres sur quinze, dont l'unanimité des cinq permanents ; mais, dans la pratique, ni l'absence ni l'abstention ne valent veto[225]. Du fait de sa composition multiétatique restreinte et ambivalente, le Conseil se trouve à mi-chemin entre le Concert des Grands et l'Assemblée représentative des États. Il est en même temps l'organe permanent d'une Organisation universelle de sécurité collective, doté d'un pouvoir de décision s'imposant à tous les États du monde, membres comme non-membres de l'ONU, en matière de paix et de sécurité internationales.

En vertu du principe d'égalité souveraine, les États ne peuvent déterminer, avec force juridique supranationale, quel belligérant est « dans son droit » ou « dans son tort », quel État adopte un comportement licite ou illicite[226]. Les États sont également souverains dans leurs allégations, y compris relatives à la violation d'une obligation conventionnelle ou coutumière, si bien que les prétentions des uns peuvent s'opposer à celles des autres, mais pas s'imposer. « *Chaque État est juge en sa propre cause, donc à la fois juge et partie* » (M. Virally). C'est pourquoi leur pouvoir d'appréciation, dérogeant au principe *nemo judex in causa sua*, n'aboutit qu'à l'anarchie des qualifications étatiques, les États s'accusant ou se justifiant réciproquement. Il revient donc à une instance « tierce » et « supérieure » : le CSNU, de statuer. Mais cette instance est *politique*, et elle n'est pas vraiment « tierce » ni « supérieure », puisque ses membres sont à la fois les représentants de l'organe des NU *et* les représentants de leur *État* d'origine, pouvant être partie au conflit armé. La dérogation au principe *nemo judex* n'est qu'atténuée, pas supprimée. Évidemment, les résolutions que le Conseil adopte sont le fruit de négociations plus ou moins conflictuelles n'excluant pas le secret.

---

[225] Apposer son veto expose au risque du « bris de veto ». Le Conseil de la SDN passa outre le veto de l'Italie, membre permanent, afin de sanctionner son invasion de l'Ethiopie en 1935. Le CSNU passa outre l'absence de l'URSS, membre permanent, puis l'AGNU passa outre l'opposition de l'URSS, afin d'engager et de poursuivre « l'action collective » des NU contre la Corée du Nord en 1950. Des puissances de l'OTAN contournèrent le CSNU afin d'intervenir militairement au Kosovo en 1999. Les États-Unis et la Grande-Bretagne contournèrent le CSNU afin d'intervenir militairement en Irak en 2003.

[226] Quant à la doctrine, on ne peut que rappeler : ce ne sont pas les professeurs de droit qui ont l'autorité de qualification dans les relations internationales (B. Stern).

Il appartient donc au CSNU de décider. Encore faut-il qu'il y ait consensus au sein du Conseil. En cas de mutisme ou de désaccord au Conseil (de non-condamnation parce que la majorité requise fait défaut ou parce qu'un des membres permanents exprime son refus), la conception discriminatoire et « centralisée » du *jus ad bellum*, pourtant en vigueur, ne peut plus s'appliquer, si bien que la conception non discriminatoire et décentralisée, pourtant abolie, redevient applicable. En droit, la compétence militaire demeure restrictive, mais la qualification du caractère licite ou illicite du recours à la force armée ne peut plus être prononcée, puisque l'organe compétent fait défaut. Chaque État partie au conflit se prétendra « dans son droit » et accusera l'autre d'être « dans son tort ». Les États tiers et les OIG choisiront ou non de prendre parti, de s'engager ou de rester neutres. Leur appréciation, au contraire de celle du CSNU, n'emportera aucun effet juridique supranational. Du point de vue de l'effectivité, coexistent donc deux types de *jus ad bellum*, selon que le CSNU prend ou non position : l'un, discriminatoire et « centralisé » ; l'autre, non discriminatoire et décentralisé.

Pour stigmatiser le mutisme ou le désaccord au Conseil, les termes de « carence », « blocage », « paralysie » ou « inertie » sont fréquemment utilisés, y compris dans le présent livre. Il convient pourtant de souligner, avec Serge Sur, que l'exercice du droit d'empêcher l'adoption d'une décision n'est pas un empêchement de l'organe. Il constitue un fonctionnement normal d'une instance où la volonté ne se forme pas si elle est contraire à la volonté (expresse) d'un titulaire du droit de veto. Ce dernier garantit que les décisions seront prises ou du moins acceptées par les Cinq, autrement dit, qu'elles seront efficaces puisqu'elles verront l'assentiment sinon la participation des grandes puissances. L'exigence de l'unanimité entre les Cinq s'explique par l'idée qu'en cas d'opposition entre eux, la paralysie du Conseil est un moindre mal : une résolution acquise contre l'opposition active d'un ou plusieurs membres permanents risquerait soit d'être inapplicable, soit de ne pouvoir être appliquée que dans le cadre d'un conflit contre ce ou ces membres. « *Face à une situation où existe un risque d'affrontement entre membres permanents, (le) veto a pour effet... de déconnecter le système, non de le paralyser, mais... de le mettre hors circuit* » (S. Sur).

Les alternatives au CSNU

Il existe deux types d'alternatives à l'organe politique restreint qu'est le CSNU : soit un organe judiciaire, la CIJ, soit un organe politique large, l'AGNU. Quant à l'organe administratif qu'est le SGNU, il n'a pour compétence, selon la Charte, que d'attirer l'attention des États ou des organes des NU sur toute affaire qui pourrait mettre en danger la paix et la sécurité internationales (art. 99). L'examen des deux alternatives confirme la prépondérance du Conseil : les NU préfèrent le directoire des grandes puissances au « gouvernement des juges » ou à la « démocratie interétatique ».

La Cour internationale de Justice

Succédant à la CPJI, organe judiciaire principal de la SDN, la CIJ est l'organe judiciaire principal de l'ONU. Tous les États membres de l'ONU sont parties au Statut de la CIJ. Celle-ci se compose de quinze juges élus conjointement par l'AGNU et le CSNU, pour neufs ans, renouvelables par tiers tous les trois ans, parmi des personnes de haute compétence juridique, de telle sorte que soient représentés à la Cour « *les grandes formes de civilisation et les principaux systèmes juridiques du monde* » (en pratique, il y a toujours cinq juges ressortissants des cinq États membres permanents du Conseil). En tant qu'autorité indépendante et impartiale, la CIJ, conformément à son Statut annexé à la Charte, est habilitée, si elle est saisie, à dire le droit *in concreto*, soit par avis consultatif à la demande de l'AGNU, du CSNU ou de toute Organisation spécialisée autorisée par l'AGNU, soit par décision judiciaire, lorsque les États acceptent de lui soumettre leur différend, ou par compromis *ad hoc*, ou en vertu d'un traité prévoyant la saisine de la Cour, ou sur la base de la souscription à la clause facultative de compétence obligatoire de la Cour (art. 36 du Statut). La CIJ pourrait donc statuer, selon les procédures prévues, sur un différend relatif au recours interétatique à la force armée, donc valider ou invalider tel recours à la force : elle rendrait un arrêt ou un avis issu d'une délibération contradictoire, vis-à-vis de deux parties égales devant la Cour (alors que la négociation diplomatique ne gomme pas le différentiel de puissance entre États). Mais, dans le premier cas, les deux parties souveraines devraient avoir accepté sa juridiction, sans désistement[227] ; dans le second cas, elle ne rendrait qu'un avis.

Il est significatif que jamais le CSNU n'ait consulté la CIJ avant d'adopter des résolutions sur la base du chapitre VII. Selon la CIJ, le fait qu'une affaire soit soumise au Conseil n'empêche pas la Cour de la traiter parallèlement ; la CIJ admet toutefois qu'elle n'est pas compétente pour examiner la licéité des résolutions du CSNU. Le Conseil est supposé agir dans le cadre de la Charte, au nom et pour le compte des NU. Mais les

---

[227] Les cas de désistement dans des affaires pourtant introduites sont courants. Exemples des affaires de l'*Incident aérien du 27 juillet 1955* portées devant la CIJ par les États-Unis et la Grande-Bretagne contre la Bulgarie (la Cour raya les requêtes par des ordonnances du 3 août 1959 et du 30 mai 1960), du *Procès des prisonniers de guerre pakistanais* (ordonnance du 15 décembre 1973), des *Actions armées frontalières et transfrontalières* entre le Nicaragua d'une part, le Honduras et le Costa-Rica d'autre part (ordonnance du 27 mai 1992), des *Activités armées sur le territoire du Congo* entre la RDC d'une part, le Burundi, le Rwanda et l'Ouganda d'autre part (ordonnances du 30 janvier 2001),l'incident aérien irano-américain du 3 juillet 1988 (ordonnance du 22 février 1996).

rédacteurs de la Charte ont renoncé à instituer un contrôle de validité des actes du Conseil, face à un éventuel excès de pouvoir. L'ONU fonctionne selon les quatre principes de spécialité : chaque organe a reçu une mission particulière, de non-subordination : chaque organe est autonome vis-à-vis des autres dans l'exercice de sa mission, de compétence : chaque organe est compétent pour prendre les décisions nécessaires à l'accomplissement de sa mission, de coordination : chaque organe doit coordonner ses activités avec celles des autres organes. Il en résulte que chaque organe peut interpréter, dans le cours de son activité, les fonctions et les pouvoirs qui lui sont conférés par la Charte, mais qu'aucun d'eux n'a le droit de contrôler ou de modifier un acte adopté par un autre organe. Dans la pratique, l'AGNU a tenté de confier à la CIJ la tâche de contrôler les actes du CSNU. Cette tentative a échoué par suite du refus de la Cour et de la très grande difficulté d'organiser un tel contrôle. L'incompétence déclarée de la CIJ n'affranchit cependant pas le CSNU du respect des dispositions de la Charte. Un État confronté au CSNU peut se tourner vers la CIJ ou l'AGNU : leur contrepoids judiciaire ou politique est cependant faible face au pouvoir de qualification et de coercition conféré au Conseil. La responsabilité principale du maintien de la paix et de la sécurité internationales incombant au CSNU, la CIJ ne peut agir qu'à titre subsidiaire[228].

Les États ont l'obligation d'exécuter les décisions judiciaires[229] de la CIJ, en vertu de la Charte et du Statut[230], mais aussi en vertu du droit international coutumier relatif au principe d'exécution de bonne foi des décisions juridictionnelles. Nul État n'a jamais nié l'obligatoriété des arrêts de la Cour. Il y a sur cette obligatoriété une conviction juridique commune, même lorsque les États contestaient la compétence de la Cour ou la

---

[228] Cf. Mohammed Bedjaoui, *Nouvel ordre mondial et contrôle de la légalité des actes du Conseil de Sécurité*, Bruxelles, Bruylant, 1994. L'auteur prend l'exemple de la guerre de Golfe. Les dispositions du chapitre VII, écrit-il, y ont tour à tour été consacrées (les douze premières résolutions, depuis la n° 660, intimaient à l'Irak d'évacuer le territoire koweïtien), négligées (la résolution 678 autorisant l'emploi de tous les moyens nécessaires ne faisait qu'habiliter la coalition emmenée par les États-Unis à recourir à la force, sans commandement ni contrôle du CSNU), dépassées (les résolutions 687 et 688 imposaient les conditions de la paix ainsi qu'une intervention humanitaire au Kurdistan irakien).

[229] Arrêts mettant fin aux différends que les États soumettent à la CIJ et ordonnances par lesquelles la Cour règle les questions de procédure ou indique des mesures conservatoires.

[230] En vertu de l'article 94 de la Charte, « *chaque membre des Nations unies s'engage à se conformer à la décision de la Cour internationale de Justice dans tout litige auquel il est partie* ». Selon l'article 60 du Statut de la Cour, ses arrêts sont définitifs et sans recours. Selon l'article 59, ses décisions sont obligatoires pour les parties au litige et dans le cas qui a été décidé. Dans le cas où la CIJ est amenée à interpréter une convention multilatérale, l'interprétation qu'elle fournit est obligatoire à l'égard de tout État intervenu à l'instance. La CIJ a tranché le doute sur l'obligatoriété des mesures conservatoires dans son arrêt du 27 juin 2001 *Lagrand (République fédérale d'Allemagne contre États-Unis d'Amérique)*, par lequel elle a jugé que les ordonnances adoptées au titre de l'article 41 du Statut ont bel et bien un caractère obligatoire.

recevabilité de la requête[231]. Si le règlement judiciaire des différends reste donc facultatif, les sentences rendues par la CIJ s'imposent aux parties. Aussi le refus d'exécution ouvre-t-il la voie à la mise en œuvre d'une procédure d'exécution forcée, autrement dit, la possibilité pour l'État lésé de réaliser unilatéralement les droits dont il a obtenu la consécration par le juge. Parallèlement, l'inexécution de la décision judiciaire, en tant que fait international illicite dommageable, engage la responsabilité réparatrice de l'État fautif et autorise l'État lésé à recourir à des contre-mesures. Elle permet également à l'État bénéficiaire du jugement de saisir le CSNU (art. 94-2 de la Charte), cependant qu'elle ouvre au Conseil, sur la base du chapitre VII, la possibilité de recommander ou d'ordonner des « sanctions » à l'encontre de l'État qui refuse d'exécuter la décision judiciaire. Le droit international attache ainsi à la non-exécution de ses normes certaines conséquences destinées à en augmenter l'effectivité : exécution forcée, contre-mesures, « sanctions », visent à faire pression sur l'État violateur afin qu'il corrige son comportement et se conforme aux prescriptions applicables. Le défaut d'autorité supra-étatique n'implique donc pas l'absence de caractère exécutoire des décisions judiciaires. Il n'en reste pas moins que les décisions judiciaires, si elles ont autorité de chose jugée, dans le cadre de la fonction contentieuse de la CIJ, dépendent pour leur exécution des États, libres du choix des moyens nécessaires à la réalisation de la chose jugée[232]. Même dans l'hypothèse où la compétence contentieuse de la Cour serait obligatoire *erga omnes*, l'exécution de la sentence dépendrait de la bonne volonté de l'État débouté, ou de la coopération des deux parties, ou de l'intervention d'États tiers pour contraindre l'État débouté. Ni le CSNU ni l'AGNU ne disposent de forces armées, *a fortiori* la CIJ !

---

[231] Des arrêts ont été exécutés de mauvais gré (*Temple de Preah Vihear*), ou avec lenteur (*Certaines parcelles frontalières* belgo-néerlandaises), jusqu'à quarante ans pour réaliser la chose jugée en l'affaire du *Détroit de Corfou* ! Dans l'affaire *Droit d'asile*, les difficultés pour exécuter l'arrêt furent telles qu'il fallut trois autres décisions de la Cour avant que les négociations entre les parties n'aboutissent à un accord mettant fin à l'asile accordé par l'ambassade de Colombie à M. Haya de la Torre. L'exécution de l'arrêt n'a parfois été possible qu'à la suite de la conclusion d'un accord global : ainsi dans l'affaire du *Personnel diplomatique des États-Unis à Téhéran.* L'exécution a pu s'écarter des termes de l'arrêt : ainsi dans l'affaire *Jan Mayen.* La réalisation de la chose jugée a requis l'assistance d'un tiers : l'OEA dans le cas de l'arrêt *Sentence arbitrale rendue par le roi d'Espagne*, l'ONU dans le cas du *Différend frontalier entre la Libye et le Tchad.* Certains arrêts ont entraîné le recours à des contre-mesures : *Détroit de Corfou* et *Personnel diplomatique des États-Unis à Téhéran.* Un seul arrêt a fait l'objet d'une procédure d'exécution forcée devant le CSNU en vertu de l'article 94 paragraphe 2 de la Charte : *Activités militaires et paramilitaires des États-Unis au Nicaragua* (la procédure n'a évidemment pas abouti). Seul l'arrêt *Compétences en matière de pêcherie* n'a jamais été mis en œuvre.

[232] Cf. Aïda Azar, *L'exécution des décisions de la Cour internationale de la Justice*, Bruxelles, Bruylant, 2003, av.-propos G. Guillaume, préf. E. Canal-Forgues.

Du début à la fin, de la soumission du différend à une juridiction à l'exécution de la sentence rendue[233], il est clair que la justice internationale, au contraire de la justice interne, est fondamentalement consensuelle, car ladite soumission comme ladite exécution procède d'actes unilatéraux adoptés par chacun des États concernés, même lorsqu'il y négociation préalable avec l'autre partie ou assistance d'un ou plusieurs États tiers ou d'une ou plusieurs OIG. Facultative, la justice internationale est également exceptionnelle, en ce sens que les États règlent plus volontiers leurs différends par la voie diplomatique que par la voie judiciaire[234], ne saisissant, éventuellement, le juge qu'en cas d'échec de la diplomatie. On constate donc qu'à la décision juridiquement fondée par un tiers indépendant et impartial au terme d'une procédure contradictoire[235], les États préfèrent le compromis politique entre eux ou au sein des OIG dont ils sont membres[236]. Pour que l'institution de la CIJ, après la CPJI, favorise le « règne du droit » dans les relations internationales, il faudrait que les États acceptent tous de soumettre leurs différends au juge, que celui-ci soit toujours compétent[237],

---

[233] La fonction juridictionnelle se limite au prononcé de la sentence ; l'exécution constitue la phase post-juridictionnelle. Les deux phases demeurent liées par l'unité du but poursuivi, à savoir le règlement pacifique (juridictionnel) du différend.

[234] Le traitement judiciaire des différends internationaux demeure relativement limité. La CPJI a connu une trentaine d'affaires contentieuses de 1920 à 1939. Depuis 1946, la CIJ a rendu environ 30 avis consultatifs et 80 arrêts ; la moitié a abouti à un jugement au fond, *id est* passé les obstacles de la compétence et de la recevabilité ; pour une vingtaine, le verdict a mis fin au différend et permis la réalisation des droits contestés. 65 États ont souscrit à la clause facultative de juridiction obligatoire, dont un seul membre permanent du CSNU : la Grande-Bretagne. Les États-Unis ont retiré leur déclaration de l'article 36 du Statut de la CIJ le 7 octobre 1984. La France l'avait fait le 10 janvier 1974. En 1966, le gouvernement français avait émis une réserve explicite à la compétence de la Cour : elle en excluait les « *différends nés d'une guerre ou d'hostilités internationales, (les) différends nés à l'occasion d'une crise intéressant la sécurité de la nation ou (les) différends concernant des activités se rapportant à la défense nationale* ». Malgré cela, la Cour accueillit favorablement le dépôt de demandes en indication de mesures conservatoires par l'Australie et la Nouvelle-Zélande dans l'affaire des essais nucléaires (ordonnances du 22 juin 1973). En riposte, la France retira purement et simplement son acceptation de la compétence de la Cour.

[235] Encore que la saisine de la CIJ par des États ne soit pas exempte d'une volonté d'instrumentaliser politiquement la Cour. Inversement, l'approche et le traitement d'une affaire révèlent du côté de la CIJ un souci très « politique » de vider le différend interétatique de manière quasi-transactionnelle, sans condamner aucune des parties.

[236] La perspective d'une procédure judiciaire longue et stérile peut inciter les parties à s'entendre par des moyens diplomatiques. Inversement, l'introduction d'une requête devant la CIJ est susceptible de peser sur le cours de négociations visant la résolution du différend.

[237] Lors de la guerre du Kosovo, commencée le 24 mars 1999, la RFY a saisi la CIJ, le 29 avril, introduisant dix requêtes contre dix États de l'OTAN, pour violation du *jus ad bellum* et du *jus in bello*, et dix demandes en mesures conservatoires. Il apparut que la CIJ n'était pas compétente, car manquait le consentement des différentes parties, si bien qu'elle ne pouvait rendre des ordonnances. De plus, ce n'est que quatre jours avant le dépôt de sa requête que la RFY avait déclaré reconnaitre la compétence de la Cour ! Sur le fond, le différend principal identifié par la CIJ portait sur la légalité du recours à la force armée contre la RFY par des

que les différends soient tous « justiciables », que les États exécutent tous les sentences rendues… On en est loin.

L'Assemblée générale des Nations unies et la « résolution Acheson »

Depuis le 25 juin 1950, l'action des NU en Corée s'était basée sur des recommandations du Conseil. Celui-ci avait voté un mandat armé, à la faveur de l'absence de l'URSS, pour assister un État non-membre de l'ONU, la République de Corée, victime d'une rupture de la paix de la part d'un autre État non-membre de l'ONU, la République démocratique populaire de Corée. L'absence d'un membre permanent du Conseil, aux termes de l'article 27, rendait sans valeur, juridiquement, toute résolution du CSNU. Mais, pratiquement, le membre absent ne pouvait faire annuler les résolutions prises. Après le retour de la délégation soviétique au CSNU, celui-ci fut à nouveau bloqué. Les États-Unis se tournèrent alors, le 7 octobre, vers l'AGNU, majoritairement pro-occidentale à l'époque[238], puis obtinrent le vote, le 3 novembre, de la résolution 377, dite Acheson, du nom du secrétaire d'État américain l'ayant proposée. L'action militaire en Corée fut ainsi diligentée en deux temps et par deux organes : le CSNU puis l'AGNU. Au-delà du cas coréen, la résolution 377 prévoit que l'AGNU, se réunissant en session extraordinaire d'urgence, examinerait toute menace contre la paix, rupture de la paix ou acte d'agression, au cas où, et tant que, le CSNU manquerait à sa responsabilité principale de maintien de la paix du fait du « veto abusif » d'un membre permanent[239]. La résolution confiait à l'AGNU trois types de moyens : la création d'une Commission d'observation pour la paix, composée de quatorze membres ; la création d'une Commission des mesures collectives, également composée de quatorze membres (celle-ci, à son tour, recommanda la création d'une « Autorité chargée des mesures militaires ») ; la possibilité de mettre des forces nationales à la disposition de l'Assemblée[240]. Le Conseil perdait donc son monopole de la décision politique et de la délégation militaire. La volonté, américaine, de rendre l'action de l'Organisation indépendante du CSNU, dans le cas où celui-ci serait paralysé par le veto ou l'absence de majorité requise, explique l'initiative Acheson. L'idée était la suivante : si le

États membres de l'OTAN. La CIJ déclina sa compétence, tout en appelant les parties à respecter le droit international applicable.

[238] Et c'était la Chine de Taipeh qui siégeait au CSNU.

[239] Selon le paragraphe 1er de la résolution, en cas de menace contre la paix, de rupture de la paix ou d'acte d'agression, si le CSNU est paralysé par l'absence d'unanimité parmi les membres permanents, l'AGNU, réunie dans les 24 heures, « *examinera immédiatement la question afin de faire aux membres les recommandations appropriées sur les mesures collectives à prendre, y compris… l'emploi de la force armée* ».

[240] Le paragraphe 8 de la résolution concernait l'entretien par chacun des États membres, « *au sein de ses forces armées* », de contingents pouvant servir à l'ONU sur recommandation du Conseil ou de l'Assemblée.

Conseil, dont la responsabilité du maintien de la paix est « *principale* » mais pas exclusive, n'est pas à même de remplir sa fonction, l'Assemblée peut et doit s'acquitter de sa responsabilité propre en la matière.

La légalité de la résolution 377 — autrement dit, la thèse de la substitution de l'AGNU au CSNU en cas de « carence » de ce dernier[241] — était très contestable et a été très contestée, par l'URSS, le camp socialiste mais aussi la France, pour les raisons suivantes. Elle porte atteinte à l'une des règles fondamentales de la Charte : l'unanimité des membres permanents. Le chapitre VII ne mentionne pas l'AGNU. C'est au seul CSNU qu'il revient de qualifier les situations relevant de ce chapitre. A la différence du CSNU, qui devait disposer des forces prévues aux articles 43 et suivants, l'AGNU n'a reçu de la Charte aucun moyen pour maintenir ou rétablir la paix. Rien dans la Charte ne stipule qu'au cas où le CSNU n'adopterait pas de résolution, en raison d'un veto ou pour tout autre motif, l'AGNU agira à sa place. L'article 27 paragraphe 3 exige l'unanimité des membres permanents ; par conséquent, l'absence d'unanimité n'est pas une preuve de carence du CSNU. On a le droit de ne pas être d'accord au sein du CSNU ! Lorsque le Conseil ne prend aucune décision par suite d'un veto, il n'est pas démontré qu'il n'exerce pas ses responsabilités, puisqu'il fonctionne suivant ses règles constitutives. La résolution 377 ne précise pas comment l'AGNU constate que le CSNU manque à sa responsabilité principale, ni comment l'AGNU apprécie l'existence d'une menace contre la paix, d'une rupture de la paix ou d'un acte d'agression. Le défaut d'unanimité des membres permanents est-il la condition nécessaire et suffisante pour l'entrée en jeu de l'AGNU ? À partir de quel moment et selon quel critère le défaut d'unanimité est-il considéré comme « veto abusif » ? L'AGNU peut-elle se substituer au CSNU au seul cas où le veto émane d'un unique membre, ou aussi lorsqu'il émane de plusieurs, ou même lorsque, sans veto d'un membre permanent, la majorité qualifiée fait défaut ? Pour toutes ces raisons, l'adhésion des États à la résolution 377 n'a jamais été très forte[242]. Du côté des États-Unis eux-mêmes, toujours soucieux de

---

241 Trois cas de « carence » peuvent être distingués : l'inaction complète ; l'action suivie de blocage par le veto ; le refus, à cause du veto, de suivre les recommandations de l'AGNU.

242 La résolution Acheson a été utilisée pour la première fois le 1er février 1951 (rés.498) afin de condamner la RPC pour son « *agression* » en Corée, puis le 18 mai (rés.500) pour décider d'un embargo sur les produits stratégiques à destination de la RPC. Par la suite, elle a été appliquée à onze reprises : Suez (31 octobre 1956), Hongrie (4 novembre), Liban (7 août 1958), Congo (17 septembre 1960), Pakistan oriental (6 décembre 1971), Afghanistan (9 janvier 1980), Irak (21 juin 1981), Namibie (22 août 1981), Golan (28 janvier 1982), Bosnie-Herzégovine (25 août et 18 décembre 1992), Israël (25 avril 1997). Dans le cas du bombardement du réacteur d'Osirak (rés.36/27 et 37/18 du 13 et du 16 novembre 1981), ainsi qu'au sujet de l'occupation de la Namibie par l'Afrique du Sud et des attaques commises par ce pays contre l'Angola, le Botswana, le Lesotho, le Mozambique, les Seychelles, le Swaziland, la Zambie et le Zimbabwe, l'AGNU a également parlé d'« *agression* », depuis les années 1960 jusqu'aux années 1980.

donner à leurs actions militaires une légitimation ou une légalisation internationale, l'évolution tiers-mondiste et anti-américaine de l'AGNU les dissuada de faire appel à la résolution 377, votée pour contourner le veto soviétique.

La tentative de substituer l'AGNU au CSNU — la tentative de substituer la majorité qualifiée de l'AGNU (les deux tiers des membres présents et votants) à la majorité qualifiée du CSNU (dont l'unanimité des Cinq) — a échoué. De même que les articles 43 et suivants de la Charte n'ont jamais été mis en œuvre (en 1947, tout était enterré), les propositions de la « Commission chargée des mesures collectives » créée par la résolution 377 n'ont jamais abouti (en 1954, tout est enterré). Les travaux de la Commission ne furent pas reconduits, si bien qu'à l'échec de 1947 du côté du CSNU répondit celui de 1954 du côté de l'AGNU. Ni l'un ni l'autre ne disposent de forces armées. L'exécution continue de relever des États. La tentative ne faisait que déplacer le problème de la décision. Comme le Conseil, l'Assemblée est une instance politique — devenue universelle — composée de représentants d'États pouvant être parties à un conflit armé, si bien qu'on retrouve la dérogation au principe *nemo judex*. Comme le Conseil, elle ne peut exécuter ses propres résolutions. Si elle dispose du pouvoir budgétaire (art. 17), elle ne peut lier le Conseil. Elle n'a dans le domaine de la paix et de la sécurité internationales, à la différence du Conseil, qu'un rôle subsidiaire, provisoire et conditionnelle. Elle n'adopte que des recommandations, ne liant que les États les ayant adoptées et transposées. Le CSNU, lui, s'il peut se contenter d'émettre des recommandations, peut adopter des résolutions à caractère obligatoire[243], s'imposant non seulement aux États membres des NU mais encore aux non-membres et aux OIG régionales[244]. La tentative de contourner le CSNU, c'est-à-dire le droit de veto des Cinq, a donc été vaine, faute pour les États de l'AGNU d'être capables d'appliquer efficacement des mesures

[243] Si le CSNU a le monopole de la décision à titre principal et si l'AGNU n'a qu'un pouvoir de recommandation à titre subsidiaire, c'est parce que le premier dispose de la puissance pour faire respecter ses résolutions, alors que la seconde n'en dispose pas. Le droit et la force ne sont pas opposés mais liés : un droit sans force n'est que normativité, non plus effectivité, autrement dit, il n'est plus que la moitié de lui-même. Rappelons que sur 193 États à l'ONU, 50 % ont une population inférieure à dix millions, 65 % ont un PIB inférieur à cent milliards de dollars et 75 % ont un budget militaire inférieur à deux milliards. Tous les États sont des auteurs licites de la belligérance ; une poignée a la capacité d'en être des auteurs réels ; c'est la pratique de ces « États particulièrement intéressés » qu'il convient d'examiner.

[244] En raison de ce caractère obligatoire, les États pourraient voir leur responsabilité engagée en cas de violation des résolutions autoritaires du Conseil. Mais il n'existe pas à ce jour de règles secondaires spéciales à ce cas, distinct des règles secondaires ordinaires du droit de la responsabilité. La Charte elle-même ne prévoit aucune procédure spécifique en cas de manquement aux décisions du Conseil.

coercitives[245]. Néanmoins, si le CSNU manque de s'acquitter de sa responsabilité (sic), l'AGNU pourrait se réunir en session extraordinaire et recommander aux États, sur la base de la résolution 377, d'intervenir pour rétablir la paix et la sécurité internationales. La légalité d'une telle autorisation, partant d'une telle intervention, restera douteuse ; mais si la recommandation recueille le soutien d'une très large majorité d'États membres, elle conférera une légitimité à l'intervention. D'autre part, la résolution 377 est utilisable pour faire pression sur le Conseil.

Divers projets ont envisagé d'accroître le rôle de l'AGNU : sinon la substituer au CSNU, du moins l'associer aux décisions du CSNU ou lui conférer un pouvoir d'amendement des résolutions du CSNU. Aucun ne fut adopté. Le 26 avril 2022, dans le contexte de la guerre russo-ukrainienne, l'AGNU a adopté la résolution 76/262 :« *Mandat permanent permettant à l'Assemblée de tenir un débat en cas de recours au droit de veto au Conseil de sécurité.* » Du côté de la CIJ, elle a constaté, dans son avis consultatif du 9 juillet 2004 *Conséquences juridiques de l'édification d'un mur dans le territoire palestinien occupé*, que l'AGNU et le CSNU peuvent examiner parallèlement une même question relative à la paix et à la sécurité internationales. Elle a estimé qu'une telle pratique de l'AGNU est compatible avec l'article 12 paragraphe 1 de la Charte, alors que ce dernier, dans sa lettre, faisait obstacle à ce que l'Assemblée puisse formuler des recommandations sur une question relative à la paix et la sécurité internationales demeurant inscrite à l'ordre du jour du CSNU. Elle a aussi rappelé que, pour enclencher la résolution 377, deux conditions doivent être remplies : qu'il existe une menace contre la paix et que le Conseil ait manqué à s'acquitter de sa responsabilité principale du maintien de la paix en raison du veto d'un ou plusieurs membres permanents. La comparaison de l'Assemblée et du Conseil en tant qu'instruments d'action amène cependant à une conclusion nette. Le CSNU est un organe sans équivalent : il est doté de la possibilité de statuer en permanence, à la fois rapidement et fermement, dans toute crise internationale ou même interne par simple constat d'une menace contre la paix ou d'une rupture de la paix, *via* des résolutions obligatoires pour tous les États, avec une puissance proportionnée au consensus entre ses membres, notamment les membres permanents, qui sont encore les plus grandes puissances militaires du monde. Il n'y a donc pas d'équilibre des pouvoirs entre les organes de l'ONU, ni de réel contrepoids au CSNU dans le domaine de la paix et de la sécurité internationales. Il est significatif que soient restées lettre morte les demandes adressées au Conseil par le SGNU[246] et par l'AGNU[247] afin qu'il précise les

---

[245] L'AGNU, concrètement les pays du tiers monde, qui composent les deux tiers de l'Assemblée, n'a pu imposer ses conceptions de l'ordre international que dans le cadre de la décolonisation. Mais elle était alors soutenue par l'URSS et le camp socialiste.

[246]*Supplément à l'Agenda pour la paix* du 3 janvier 2005.

[247] Résolution 51/2 du 15 septembre 1997 *Supplément à l'Agenda pour la paix.*

critères d'adoption ou de levée des mesures coercitives et qu'il n'impose pas de mesures indéfinies dans le temps, soit en limitant expressément le terme, soit en instaurant un mécanisme de réexamen à intervalles réguliers.

Le pouvoir du CSNU

La faiblesse des alternatives au CSNU confirme la puissance de celui-ci face à toute crise. Le Conseil possède des pouvoirs de proposition, initiative, prévention, qualification, imputation, habilitation, coercition et organisation. 1) Il peut recommander tout moyen pacifique de règlement d'un différend ou d'ajustement d'une situation, les parties à un différend devant le soumettre au Conseil si elles ne parviennent pas à le régler elles-mêmes par des voies pacifiques. 2) Il peut s'autosaisir d'une affaire intéressant la paix et la sécurité internationales ou être saisi d'une telle affaire par tout État, organe des NU ou OIG régionale.3) L'initiative peut être effectuée à titre préventif, pour éviter une atteinte à la paix.4) Le Conseil peut qualifier toute situation potentiellement conflictuelle, même interne à un État, de menace contre la paix ou de rupture de la paix (expressions non définies par la Charte, celle-ci renverrait à un conflit armé ayant éclaté mais sans que l'agresseur ait été désigné, celle-là, au risque qu'un conflit armé éclate). 5) Il peut en attribuer la responsabilité à un État, voire à un groupe ou à une entité non étatique. 6) Cette qualification et cette imputation lui donnent la faculté d'agir ou d'habiliter des États tiers à agir pour rétablir la paix ou sanctionner le *peace breaker* (le principe de la compétence nationale énoncé à l'article 2 paragraphe 7 de la Charte ne fait pas obstacle à l'application du chapitre VII). 7) Le Conseil peut mener ou permettre « *toute action qu'il juge nécessaire au maintien ou au rétablissement de la paix et de la sécurité internationales* ». À cet égard, le chapitre VII envisage deux catégories d'action : les mesures destinées à empêcher l'aggravation de la crise internationale (art. 40), les mesures destinées à imposer le rétablissement de l'ordre international (art. 41 et 42), le CSNU prenant ou ne prenant pas partie entre les protagonistes. 8) Le Conseil peut organiser la consolidation de la paix après la fin d'un conflit armé (résolutions faisant office de traité de paix, mise en œuvre de la responsabilité du *peace breaker*, OCP). La nature de l'octuple pouvoir du CSNU est à la fois discrétionnaire : il n'est lié à l'approbation d'aucun organe des NU ; flexible : il n'est lié à aucune définition, si tant est qu'elle existe, de l'agression, de la rupture de la paix ou de la menace contre la paix ; autoritaire : il s'impose le cas échéant à tous les sujets de droit international public. Le Conseil est par conséquent libre de qualifier ou de ne pas qualifier, d'agir ou de ne pas agir, d'obliger ou de recommander, en se basant ou non sur le chapitre VII de la Charte[248].

---

[248] Le caractère sélectif de ses résolutions obéit largement à des questions d'opportunité, portant notamment sur la faisabilité de l'action envisagée et la sensibilité de l'opinion publique.

La guerre du Golfe a vu le déploiement de l'ensemble de la gamme des mesures prévues par le chapitre VII. Comment fonctionne le système du chapitre VII de la Charte ? Selon Nathalie Thomé[249], ce système doit être abordé suivant deux angles. Il s'agit d'abord d'examiner si et comment le CSNU affirme sa volonté vis-à-vis des sujets de droit international public, principalement les États. Il s'agit ensuite d'examiner si et comment le CSNU parvient à imposer cette volonté. Soit deux aspects : l'édiction de la prescription unilatérale, l'exécution de la prescription unilatérale. Le CSNU dispose, de manière discrétionnaire, flexible et autoritaire, d'un pouvoir 1) de qualification et 2) de coercition dans le cadre du maintien ou du rétablissement de la paix et de la sécurité internationales. Le Conseil est libre 1) aussi bien dans sa décision (sa prise de position) que dans ses motifs (son appréciation des faits), 2) aussi bien dans l'imputation de la situation (l'attribution de responsabilité) que dans le choix des mesures (l'adoption de sanctions). Aux deux stades, la résolution du CSNU est un acte unilatéral, d'autant qu'il n'y a pas de mécanismes de contrôle de la validité de l'acte. Toutefois, on sait que le Conseil, organe politique d'une OIG, est caractérisé par un dédoublement fonctionnel, puisque ses membres sont à la fois les représentants de l'organe des NU et les représentants de leur État d'origine. D'où la nécessité d'un consensus entre les États membres du CSNU, tant pour la qualification que, ensuite, pour la coercition. De plus, l'exécution relevant des États membres des NU, le Conseil doit anticiper, dans son double pouvoir, la réaction des autres États, c'est-à-dire rencontrer une certaine approbation suffisante. Un acte est effectif, lorsqu'il est édicté *et* exécuté. Si l'édiction, « centralisée », est marquée par une logique de subordination, l'exécution, décentralisée, est marquée par une logique de collaboration. L'exécution d'un acte juridique consiste en la traduction des intentions de son auteur par les organes chargés de son application et, conséquemment, en la réalisation des effets voulus par l'auteur de l'acte ainsi appliqué. En droit international, cette traduction doit être opérée par l'incorporation de l'acte dans l'ordre interne des États ou des OIG régionales et par l'adoption des mesures nécessaires. Il n'y a pas de contrôle de l'édiction des résolutions du CSNU ; mais il n'y a pas non plus de contrôle de l'exécution des résolutions du Conseil par les États ou les OIG régionales. La réalisation des effets voulus, autrement dit, l'efficacité des résolutions du CSNU, se trouve donc à la discrétion des États ou des OIG régionales. Les résolutions du Conseil ne sont donc pas des actes juridiques pléniers.

Le pouvoir de qualification et de coercition du CSNU, même s'il n'a pas de portée exécutive, est discrétionnaire, flexible et autoritaire. S'inscrivant dans le cadre de la Charte, il n'est pas — à une réserve près — arbitraire. Pas seulement en raison de l'exigence d'un consensus au Conseil et d'une certaine approbation des autres États, le tout impliquant une négociation

---

[249] *2005.*

diplomatique permanente. Mais aussi, sur le fond, parce que les notions de « menace contre la paix » et de « rupture de la paix », même si elles n'ont jamais été définies, au contraire de l'agression, restent dans le double cadre 1) de la polémologie : existence ou risque d'un conflit armé, de violences armées ou d'acquisitions armées, 2) des relations internationales : les conflits, violences ou acquisitions armés débordent ou sont susceptibles de déborder le territoire d'un État. Rappelons que l'article 24 paragraphe 2 n'emporte aucune précision sur l'étendue du pouvoir de qualification du CSNU et que la réserve de l'article 2 paragraphe 7 sur la compétence nationale des États ne constitue pas un obstacle à la qualification de menace contre la paix, rupture de la paix ou agression, puisqu'elle ne s'y applique alors pas. Le CSNU n'a jamais associé « menace contre la paix » et « sous-développement », ni « menace contre la paix » et « dictature ». En revanche, lorsque le CSNU qualifie le colonialisme ou l'apartheid de « menace contre la paix », il associe cette dernière à la violation d'un principe de droit international, celui du droit des peuples à l'autodétermination, qui emporte un fort risque polémogène. Il en va de même des crises humanitaires, des coups d'État, des sécessions, du terrorisme international, de la prolifération NBC, de la piraterie, de la commission de crimes internationaux. La référence au chapitre VII s'est multipliée et le contenu des notions énoncées au chapitre VII s'est élargi. Ces notions, floues, ont gardé leur fonction : elles servent de point de départ ou de levier au CSNU lui permettant d'agir ou de réagir face à toute situation de crise internationale, internationalisée ou internationalisable. Précisément, le Conseil possède une capacité internationale de décision et d'action dans l'urgence. D'abord, il peut ou il doit constater l'existence d'une crise ; ensuite, si le consensus se poursuit, il peut ou il doit y répondre. La part d'arbitraire est limitée — telle est la réserve — au choix entre les notions de « menace contre la paix », « rupture de la paix » et « agression »[250].

Les limites au pouvoir du CSNU

Si l'on adoptait un raisonnement analogique, à de strictes fins heuristiques, on pourrait dire que le CSNU possède un pouvoir de « police internationale ». D'où les limites inhérentes à un tel pouvoir.

1) Une limite institutionnelle : le respect de la Charte (les compétences qu'elle détermine, les procédures qu'elle établit, les buts et principes qu'elle fixe). La Charte constitue l'unique fondement des fonctions et pouvoirs du CSNU. Même en tenant compte de la théorie des pouvoirs implicites, la

[250] Pour certains auteurs, la situation créée par le constat d'une notion mentionnée au chapitre VII est à la fois : en dehors du droit, puisque le Conseil n'est pas liée à une quelconque définition, si tant est qu'elle existe ; au-dessus du droit, puisque la résolution du CSNU n'est soumise à aucune approbation ni à aucun contrôle ; dans le droit, puisque le CSNU agit dans le cadre de la Charte et en fonction de situations réellement périlleuses.

Charte dans son ensemble et les dispositions consacrées au CSNU doivent s'interpréter selon le sens ordinaire de leurs termes, à la lumière de leur objet, de leur but et des travaux préparatoires[251]. 2) Une limite procédurale : l'existence d'une majorité qualifiée et d'un consensus entre les Cinq[252], l'absence d'intérêt commun ou de perception similaire générant la paralysie ou des condamnations platoniques. 3) Une limite matérielle : lorsqu'il adopte des mesures impliquant l'emploi de la force armée, le respect des principes généraux du *jus in bello*[253] et du « noyau indérogeable » du DIDH. Quant aux mesures de coercition économique, elles doivent être compatibles avec la « dérogation humanitaire ».

4) Une limite fonctionnelle : le CSNU ne dispose normalement pas d'un pouvoir normatif, ni particulier (il ne dit pas le droit ni ne tranche les différends entre États, *in concreto*, à la manière d'un « juge »), ni général (il ne modifie ni ne crée *in abstracto* le droit, à la manière d'un « législateur »), sauf dans le domaine de la sécurité internationale. Il n'édicte pas de *règles* fixant les droits et obligations, particulières ou générales, de tel État. Il prend des *mesures* d'exception, par nature provisoire, pour prévenir, gérer, terminer ou résoudre une situation de crise[254]. Ce n'est que dans ce cadre qu'il peut dire ou modifier le droit, conférer des habilitations ou imposer des obligations aux États, de façon ponctuelle, en vue du maintien ou du rétablissement de la paix. Là est le plus important sur le fond. Depuis 1990, le Conseil a connu un développement tant quantitatif que qualitatif de son activité. Il en est venu, tendanciellement, à exercer une sorte de pouvoir normatif, aussi bien une activité « quasi judiciaire » qu'une activité « quasi législative ». Mais uniquement dans le domaine du droit de la sécurité internationale, armements compris, seul domaine où les États lui reconnaissent un certain pouvoir normatif.

Dans sa résolution 262 du 22 novembre 1967, le CSNU avait proposé un règlement global du conflit israélo-arabe. La résolution 687 du 3 avril 1991 a fait office de traité de paix à l'issue de la guerre du Golfe, prévoyant la mise

[251] C'est à la lumière du droit international pertinent qu'il faut interpréter les résolutions du Conseil, pas l'inverse : interpréter le droit international à la lumière des résolutions.

[252] Du 1er janvier 1946 au 2 août 1990, le CSNU a voté 659 résolutions. Combien plus depuis ! Il a voté 14 résolutions en vertu du chapitre VII de 1946 à 1986, 159 de 1987 à 2001. Il adoptait à peine une résolution par mois ; il en adopte au moins une par semaine. Il n'utilisait le chapitre VII qu'une fois tous les cinq ans en moyenne ; il l'utilise désormais vingt fois par an. De 1946 à 1990, le veto a été utilisé 279 fois, contre 7 de 1990 à 1999. De 1946 à 2003, il a été utilisé 121 fois par l'URSS puis la Russie, 78 fois par les États-Unis, 32 fois par la Grande-Bretagne, 18 fois par la France, 5 fois par la RPC. De 1948 à 1987, l'ONU a organisé 12 opérations de paix, 44 de 1988 à 2005. Deux régimes de sanctions ont été institués de 1946 à 1990, contre la Rhodésie (rés.232 du 16 décembre 1966) et l'Afrique du Sud (rés.418 du 4 novembre 1977), une vingtaine depuis 1990.

[253] Sauf certains aspects du droit de l'occupation dite « transformative ».

[254] « *Il est de droit commun dans la Charte que le droit du Conseil de Sécurité soit un droit d'exception* » (S. Sur).

en œuvre de la responsabilité réparatrice de l'Irak et son désarmement, ainsi que la démarcation des frontières irako-koweïtiennes. Le Conseil a élaboré le statut de juridictions pénales internationales (rés.827 du 25 mai 1993 et rés.955 du 8 novembre 1994). Depuis les résolutions 1261, 1314 et 1379 des 25 août 1999, 11 août 2000 et 20 novembre 2001, il s'est engagé dans la lutte contre le phénomène des enfants-soldats. C'est surtout en matière de lutte contre le terrorisme et contre la prolifération des ADM que le Conseil s'est érigé en « quasi-législateur », avec les résolutions 1269 du 19 octobre 1999, 1373 du 28 septembre 2001 et 1540 du 28 avril 2004. D'autre part, il résulte des résolutions 1483 du 23 mai 2003, 1511 du 16 octobre 2003 et 1546 du 8 juin 2004 que le Conseil peut également autoriser — aux fins de rétablir la paix — un ou plusieurs États à exercer des pouvoirs gouvernementaux sur un territoire occupé, pourvu que soient prévus des mécanismes de contrôle sur les pouvoirs autorisés, autrement dit, pourvu que le Conseil exerce un suivi. Plus largement, le CSNU en est venu à élaborer un « droit de l'occupation transformative » ou « de l'administration internationale » dans les territoires devant être réintégrés à leur État d'origine, ou promis à l'indépendance, ou dont les institutions sont à reconstruire... Bref, il semble que le Conseil, traitant de thèmes de plus en plus généraux, adopte des résolutions générales imposant des obligations générales, le cas échéant nouvelles, à l'ensemble des États. On retrouve la puissance du Conseil lorsqu'il y a consensus entre les membres.

On retrouve aussi dans toutes les résolutions adoptées *le noyau polémologique transfrontière* susmentionné. Le pouvoir normatif particulier ou général qu'exerce le Conseil ne sort pas du cadre du droit de la sécurité internationale et demeure toujours lié à une situation de crise, qu'il s'agisse d'en prévenir le retour, de la limiter, de la terminer ou de la résoudre, d'en tirer les conséquences réparatrices ou punitives. L'intervention du CSNU ne préjuge en rien les droits des parties à un différend (art. 40 de la Charte). Le Conseil peut constater l'existence d'une violation du droit international ou rappeler les règles juridiques applicables à telle situation particulière ou générale. Sa fonction première n'est cependant pas de veiller au respect du droit international, ni d'en sanctionner le respect. S'il le fait, c'est de manière incidente, en vue du maintien ou du rétablissement de la paix et de la sécurité internationales. C'est uniquement dans ce but, concret, qu'il peut statuer, interpréter les règles existantes, donc les préciser, voire les modifier ou en créer de nouvelles, en usant de son pouvoir discrétionnaire, flexible et autoritaire. Pour le reste, les États n'acceptent et n'accepteraient pas que le CSNU s'érige en « juge » ou en « législateur », car telle n'est pas sa fonction.

5) Une limite judiciaire : le CSNU ne détermine pas les conséquences réparatrices ou punitives d'une atteinte à la paix et à la sécurité internationales assimilée à un fait international illicite dommageable ou à un

crime international[255], même s'il peut, à cet égard, créer ou soutenir des commissions ou des juridictions compétentes[256] avec lesquelles l'État ou la partie dont la responsabilité est engagée devra coopérer. La qualification que le CSNU donne à une situation l'amène à *mettre en cause* une responsabilité ; mais la *mise en œuvre* de cette responsabilité incombera auxdites commissions ou juridictions ou à d'autres instances créées par les États ou les OIG concernés… 6) Une limite exécutive : ce sont les États qui exécutent — ou non — les résolutions du Conseil, si bien que celui-ci, on le sait, doit rencontrer une approbation suffisamment large. Il ne suffit pas de décréter qu'une résolution est obligatoire pour qu'elle s'applique effectivement ; le CSNU a voté des dizaines de résolutions qui n'ont jamais été appliquées, non seulement par les États destinataires, mais aussi par les États qui les avaient votées et qui s'étaient engagées à agir.

S'ajoute, tant que durera l'unipolarité militaire, une limite politique *de fait :* le CSNU peut beaucoup avec les États-Unis, il ne peut guère sans les États-Unis, il ne peut rien contre les États-Unis. Peu importe, disait-on, que le CSNU ne dispose pas d'armée : l'armée américaine y pourvoira. Encore faut-il que le gouvernement des États-Unis veuille et puisse (compte tenu du Congrès et de l'opinion) agir. Encore faut-il que le gouvernement des États-Unis ne se comporte pas en *peace breaker* ou en violateur du droit international. Or, dans l'affaire kosovare comme dans l'affaire irakienne, non seulement le CSNU n'a pas été en mesure d'empêcher une violation de la Charte ni de condamner, *a fortiori* de sanctionner, les *peace breakers*, mais il a ensuite ratifié ce que les puissances de l'OTAN ou les Anglo-Américains avaient accompli. Lors de la guerre du Golfe, de manière encore plus sensible qu'en Corée, il n'avait fait que déléguer le recours à la force armée, pour restaurer le Koweït. Douze ans plus tard, la logique du fait accompli en Irak a été entérinée par le *crescendo* des résolutions 1472 du 28 mars 2003, 1483 du 23 mai, 1500 du 14 août, 1511 du 16 octobre, 1546 du 8 juin 2004. Le CSNU s'était initialement borné à constater une situation de fait : l'occupation belligérante, et à déclarer qu'il incombait aux occupants de restaurer la normalité : la paix, l'ordre public, l'autodétermination du peuple irakien, la souveraineté, l'indépendance et l'intégrité de l'Irak. Avec la résolution 1546, la restauration de la normalité par les États-Unis est entérinée par le CSNU : un gouvernement irakien « *entièrement souverain* » va se mettre en place ; l'occupation prendra fin ; les troupes américaines, à la demande de Bagdad, seront la principale composante de la force multinationale dont l'autorisation de déploiement a été donnée par la

[255] Rappelons qu'un fait internationalement illicite ou un crime international ne concernent pas nécessairement une menace contre la paix, une rupture de la paix ou une agression. Inversement, si l'agression est un fait illicite et un crime, la rupture de la paix et la menace contre la paix ne sont pas, en tant que tels, des crimes.

[256] Il s'agit de tribunaux pénaux internationaux *ad hoc* (TPIY, TPIR), dont la compétence est limitée *ratione loci*, *ratione temporis*, *ratione materiae* et *ratione personae*.

résolution 1511. Le CSNU a-t-il fini par légaliser *ex post facto* l'illégalité ? On peut en douter. Mais une chose est sûre : les guerres du Kosovo et d'Irak, en 1999 et en 2003, menés en dehors de toute légitime défense, sans l'autorisation du CSNU et malgré l'opposition déclarée de certains membres permanents, ont montré l'affaiblissement de la Charte, du droit de veto et du CSNU, *dans le domaine de la sécurité internationale* qui est le sien. De la guerre en Libye en 2011 à la guerre en Ukraine en 2022, l'affaiblissement s'aggrave.

Le CSNU et les OIG régionales

Même si elle préfère l'universalisme, la Charte de l'ONU, sous la pression des pays arabes et latino-américains à San Francisco, a laissé une place au régionalisme (chap. VIII), à la différence du Pacte de la SDN, qui n'en faisait aucune référence, sauf la mention de la « doctrine Monroe » à l'article 21. Les concessions aux thèses régionalistes apparaissent dans le domaine de la légitime défense (la légitime défense collective de l'article 51 se rapporte aux accords ou organismes régionaux), dans le règlement pacifique des différends (art. 33-1), dans l'exécution des mesures coercitives décidées par le CSNU (art. 48-2), ainsi que dans la prévention ou la répression de toute politique d'agression par les États ennemis de la Seconde Guerre mondiale (art. 53-1). Le CSNU peut en effet recourir aux organismes régionaux pour le règlement pacifique des différends et leur déléguer l'application des mesures coercitives qu'il a décidées. La primauté des thèses universalistes est confirmée par l'exigence de la compatibilité des accords ou organismes régionaux avec les buts et principes de la Charte (art. 52), par l'obligation d'informer le CSNU de toute mesure coercitive adoptée par les États membres d'accords ou d'organismes régionaux au titre des articles 51 et 53, par la monopolisation au profit du CSNU du droit de recourir à la force armée hors légitime défense individuelle ou coalisée. D'autre part, les règles de la Charte comme les décisions du CSNU s'imposent, non seulement aux États, mais aux OIG, même si elles ne font pas partie de l'ONU. Pour le reste, le régionalisme se combine à l'universalisme à travers l'élection des membres non permanents du CSNU selon le critère de la répartition géographique équitable (art. 23-1), la pratique des groupements d'États à l'AGNU, la nomination des membres du Secrétariat général des NU (art. 101-3), l'élection des juges à la CIJ (art. 9 du Statut).

Les rédacteurs de la Charte ont délibérément renoncé à donner une définition précise de la formule « accords ou organismes régionaux », telle qu'elle figure au chapitre VIII. L'interprétation restrictive, attestant la méfiance vis-à-vis du régionalisme, explique que, jusqu'en 1990, le statut d'OIG régionale[257] n'était conféré qu'à trois entités : la LEA, l'OEA et l'OUA (devenue l'UA). Elles seules pouvaient se voir déléguer l'exécution des mesures coercitives adoptées par le CSNU. La principale différence entre l'accord régional et l'organisme régional réside dans l'absence ou la présence d'une institutionnalisation donc d'une personnalisation juridique internationale, avec ce qu'elle induit et implique. Parce qu'elles doivent être compatibles avec la Charte, les OIG régionales doivent contribuer au maintien de la paix, qui est, rappelons-le, le but officiel n°1 des NU. Les OIG régionales ont pour fonction de pacifier les relations entre leurs États membres. Telle est leur première contribution. Leur seconde contribution est de mettre en œuvre des opérations de maintien de la paix. Depuis 1990, le CSNU a été amené, en usant de ses pouvoirs implicites (de délégation), à étendre la notion d'OIG régionale et à confier ou à avaliser des « opérations de paix » à la CEDEAO, à l'UEO, à l'OTAN, à l'OSCE. Cette conception extensive a rendu obsolète la distinction qui avait longtemps prévalu entre les OIG régionales fondées sur l'article 52 de la Charte, dites de « sécurité collective », et celles relevant de l'article 51, dite de « défense collective », seules les premières, à la différence des secondes, bénéficiant de la délégation exécutive par le CSNU. Si la notion d'OIG régionale a été étendue par le Conseil, celle d'action coercitive, requérant le consentement du Conseil, a en revanche été restreinte.

Hors légitime défense individuelle ou coalisée, on sait que toute coercition militaire à l'encontre d'un État exige l'autorisation du CSNU. Les actions entreprises en vertu du chapitre VII de la Charte sont coercitives. Mais on doit distinguer les actions non armées et les actions armées, seules ces dernières traduisant le recours à la force (= force armée) et rendant applicable *jus in bello*. Dans la pratique, l'interprétation large de la notion d'action coercitive a été battue en brèche lors des discussions du CSNU consacrée à la plainte de la République dominicaine en 1960 et à la crise de Cuba en 1962. Dans les deux cas, la majorité des États ont estimé que l'adoption de « sanctions économiques » ne pouvait être considérée comme une « action coercitive » : sous-entendu, elle ne nécessite pas l'autorisation préalable du CSNU. Seules les actions impliquant le recours à la force armée, blocus compris, doivent être considérées comme coercitives au sens militaire[258] et exigent donc le consentement du Conseil, qui déléguera leur mise en œuvre aux États ou aux OIG régionales idoines. Sur ce point, « *dispenser les Organisations régionales de l'obligation de demander l'autorisation du Conseil de Sécurité serait méconnaître la... politique des rédacteurs de la Charte, pour lesquels cette obligation constitue une*

[257] Elles devaient englober une région, faire référence au chapitre VIII de la Charte, privilégier le recours aux procédures régionales de règlement des différends, être encouragées par le CSNU pour le règlement des différends locaux, être utilisables pour l'exécution des mesures coercitives adoptées par le CSNU.
[258] On retrouve le même raisonnement s'agissant de la définition de l'agression.

garantie contre tout excès de la part des États occupant une position dominante au sein des Organisations régionales concernées » (D. Momtaz). Il n'en reste pas moins que si le CSNU peut couvrir les actions coercitives militaires engagées par des OIG régionales ou des États membres de l'ONU, il n'est pas nécessairement en mesure d'imposer sa volonté à ces OIG ou à ces États, dès lors qu'il n'a pas de force armée à sa disposition, donc qu'il dépend des OIG ou des États pour l'exécution militaire de ses résolutions.

CHAPITRE II

SELON QUELS CRITERES ? LA QUESTION DE L'EVALUATION DE LA VIOLATION DU *JUS AD BELLUM*

Cette question renvoie à la problématique de l'agression[259], noyau de l'interdiction principielle du recours à la force armée, même s'il existe d'autres violations, telles la rupture de la paix et la menace contre la paix. Comme le rappelle la résolution 3314 de l'AGNU, il existe d'« *autres emplois de la force contraires à la Charte* ». L'agression ne se confond donc pas avec n'importe quel recours illicite à la force armée ; elle en est la pire forme, constitutive de crime international. Seule l'interdiction de l'agression constituerait du *jus cogens* (indérogeable), non pas l'interdiction du recours à la force armée en général. Comment définir l'agression et déterminer l'agresseur ? De 1919 (Pacte de la SDN) à 1933 (Conventions de Londres) puis de 1945 (Charte de l'ONU) à 1974 (rés.3314 de l'AGNU) d'une part, de 1998 (Statut de Rome) à 2010 (Conférence de Kampala) d'autre part, la tâche, en droit international public et en droit international pénal, a rempli des décennies de négociations. La notion se situe en effet carrefour de la sécurité collective et de la responsabilité internationale, soit réparatrice (en tant que crime d'État) soit punitive (en tant que crime d'individus). On l'examinera d'abord sous l'angle du droit international public, ensuite, plus brièvement, sous l'angle du droit international pénal.

En droit international public, la négociation, une fois admis l'intérêt de définir l'agression, rencontrait le dilemme suivant. Soit l'agression désigne toute initiative de recours direct ou indirect à la contrainte de la part d'un État contre un autre État, et dans ce cas, le droit d'invoquer la légitime défense devient quasi illimité, soit elle ne désigne que l'initiative du recours direct à la force armée de la part d'un État contre un autre État, et dans ce cas, les États ne sont pas protégés militairement vis-à-vis des moyens de coercition non militaires. *Le concept est dialectique : il ne vise pas qu'à interdire l'attaque militaire, mais* a contrario *à permettre la réaction armée au titre de la légitime défense*. S'il y a agression, il y a légitime défense : élargir ou rétrécir l'un revient à élargir ou à rétrécir l'autre. Le droit international a trouvé un compromis entre la conception élargie et la

[259] Cf. l'ouvrage de référence d'E. Aroneanu, *1958*, ainsi que W. Komarnicki, « 1949 », J. Zourek, « 1957 » et « 1974 », P. Rambaud, « 1976 ».

conception restrictive de l'agression. Il a retenu le concept d'agression étatique armée, en incluant l'agression indirecte, lorsqu'un État utilise des groupes armés irréguliers, mais en excluant l'agression non armée, c'est-à-dire l'utilisation de moyens économiques ou idéologiques[260]. Face à des actions coercitives non armées portant atteinte à la souveraineté, à l'indépendance ou à l'intégrité, un État peut réagir par des mesures de police ou par des contre-mesures. Si un embargo ou une propagande hostile de la part d'un État A, s'accompagne d'un recours à la force armée contre un État B, tel un blocus naval ou le soutien substantiel à un mouvement insurrectionnel, le seuil de l'agression est franchi, justifiant la réaction, nécessaire et proportionnée, au titre de la légitime défense.

L'agression renvoie essentiellement à *la primo-attaque armée*, directe ou indirecte, de la part d'un État contre un autre État, soit une action animée par une intention coercitive et menée avec des moyens matériels conçus ou utilisés pour porter atteinte aux personnes et aux biens (à leur sécurité physique). Pour être considérée comme telle, l'agression doit-elle viser le territoire, la population, le gouvernement, les forces armées, les navires ou aéronefs d'un État, ou bien tout « intérêt vital » attaqué, d'ordre diplomatique (prises en otages ou meurtres de représentants ou d'agents à l'étranger), économique (boycott, embargo, rupture de la circulation navale ou aérienne, refus d'accès à la mer pour un État enclavé), démographique (afflux de migrants ou de réfugiés)[261] ou écologique (rétention ou détournement de cours d'eau, assèchement de terre), justifie-t-il l'exercice

---

260 « *En raison des répercussions que peut avoir la définition de l'agression sur l'application ou l'interprétation de l'article 51 de la Charte des Nations unies, l'on juge dangereux d'étendre le concept d'agression au point de comprendre des éléments autres que l'emploi de la force. Ainsi, les actes qui constituent ce qu'on appelle… l'agression économique ou l'agression idéologique ne doivent être qualifiés d'agression que s'ils entraînent ou accompagnent l'emploi de la force* » (E. Aroneanu, *op. cit.*, p. 238).

261 En 1971, l'Inde a vu une forme d'agression dans le fait que la répression militaire au Pakistan oriental avait provoqué l'exode de dix millions de personnes sur son territoire. L'État peut-il voir sa responsabilité engagée parce que sa politique a provoqué un afflux de migrants ou de réfugiés chez son voisin ? La responsabilité reposant sur le constat de la violation d'une obligation internationale imputable à un sujet de droit international public (en l'occurrence, un État) au préjudice d'un autre sujet (idem), il importe d'établir s'il existe une norme internationale interdisant de provoquer des flux de migrants ou de réfugiés et si la violation de cette norme est imputable, et comment, à un État. Le droit conventionnel ou coutumier du temps de paix n'apporte pas de réponse. En revanche, le *jus in bello* interdit les mouvements forcés de populations : ceux-ci sont considérés comme des violations graves des CG et sont incriminés en droit international pénal. Il existe donc bien une norme interdisant la provocation d'afflux de migrants ou réfugiés en cas de conflit armé interne ou international, dont la violation par un État engage sa responsabilité internationale. Ce dernier doit réparer, par restitution (effacer les conséquences entraînées par l'afflux de personnes), indemnisation (verser des compensations à l'État d'accueil) ou satisfaction (rapatrier ses ressortissants). L'État victime peut recourir à des contre-mesures. Mais le recours à la force armée semble exclu. L'intervention indienne au Pakistan oriental a été condamnée par le CSNU, même s'il n'a pas adopté de sanctions.

de la légitime défense ? Outre l'étaticité, le double critère est celui de l'antériorité et de l'arméité : il faut qu'un État ait pris l'initiative de recourir à des mesures de coercition à caractère destructif. Qu'entendre par « armes » ? Il existe des armes par nature, mais aussi des armes par destination[262]. L'agression suppose-t-elle uniquement le recours à des armes par nature ou inclut-elle le recours à des armes par destination ? Si l'intention hostile ou la volonté coercitive peut être prouvée, l'emploi de tous moyens causant des pertes ou dommages suffisamment graves peut être assimilé à un acte d'agression. Ceci dit, une série de questions se posaient — auxquelles les définitions publicistes et pénalistes que l'on va examiner apportent certaines réponses — et continuent de se poser.

1) Définir l'agression suppose d'en préciser l'auteur (État ou acteur non étatique ?), la victime (un autre État ?), les modalités (toute coercition ou la seule coercition militaire ?), la réaction (légitime défense individuelle, coalisée, collective ?), les conséquences (réparatrices, punitives ?), les effets sur les tiers (maintien ou non du droit de la neutralité ?). La définition serait-elle rigide, souple ou présomptive ? Tiendrait-elle compte des circonstances, c'est-à-dire de la *causa*, ou uniquement de l'antériorité du recours à la force armée, c'est-à-dire de la chronologie ? L'interdiction de l'agression admettrait-elle quelque exception ou serait-elle assortie d'une clause non justificative absolue ? *Quid* si des mesures non militaires ne suffisent pas face à une coercition étrangère non militaire ?*Quid* de la justice ou de la situation au plan du droit des peuples ou des droits de l'homme ? L'agresseur est-il nécessairement « coupable » sur le fond et la victime de l'agression, nécessairement « innocente » ? Un État A envahit un État B qui massacre une partie de sa population et fait cesser le massacre : il est agresseur, mais sa cause est-elle injuste ? Celui qui tente de modifier le *statu quo* politique ou territorial en recourant le premier à la force armée est l'agresseur. Mais ce *statu quo* est-il juste ? Quel autre moyen en l'absence de règlement juridictionnel obligatoire des différends ou de modalités de révision pacifique efficaces ? Le refus de soumettre un différend international à des procédures de règlement pacifique ou celui d'exécuter une décision juridictionnelle seraient-ils constitutifs d'une agression[263] ? *Quid* du recours en premier aux armes par un État qui procède à l'exécution

[262] Notions définies par le droit pénal et le *jus in bello*.

[263] Dans le cadre de la Charte des NU, un tel refus, s'il ne s'accompagne de la menace ou de la force, n'est pas une violation de l'article 2 paragraphe 4. « *La Charte... ne fait point exception pour le cas où l'État veut faire valoir son droit. Donc même un État qui est ou se croit être dans son bon droit ne peut pas recourir à la force, mais il est tenu d'utiliser un des moyens de solution pacifique des différends... Si une partie au différend soumis à la Cour internationale de Justice ne satisfait pas aux obligations qui lui incombent en vertu d'un arrêt de la Cour, l'autre partie ne peut que recourir au Conseil de Sécurité et celui-ci, s'il le juge nécessaire, peut faire des recommandations ou décider des mesures à prendre pour faire exécuter l'arrêt de la Cour* » (J. Zourek, « 1957 », p. 848).

— forcée — d'une sentence arbitrale ou judiciaire, par exemple la récupération d'un territoire que l'État débouté refuse de céder ?*Quid* de la provocation, c'est-à-dire des manœuvres dolosives, faisant croire qu'on a été victime d'une agression ou bien poussant l'adversaire à attaquer en premier pour le dénoncer comme agresseur ? 2) Les critères posés de l'agression serviraient-ils à déterminer l'agresseur sur une base objective préalable, ou bien le ou les organes compétents demeureraient-ils juges du constat de l'acte d'agression, de la désignation de son auteur, de l'organisation des sanctions contre lui ? La définition ou la constatation de l'agression doit en effet servir à désigner l'agresseur, à protéger la victime, à faire cesser, à réparer et à réprimer l'agression. Qui serait compétent pour désigner l'agresseur et en tirer les conséquences ? Les États, individuellement ou réunis en OIG ? L'organe de l'OIG de sécurité collective à vocation universelle (soit un organe politique) ? Une Cour de Justice (soit un organe judiciaire) ? *Quid* si l'organe international de sécurité collective est inerte ? 3) Une agression pourrait-elle être le fait d'une entité non étatique ? À partir de quel degré d'engagement un État serait-il responsable des actions hostiles commises par un groupe non étatique ? Le terrorisme d'une part, la prolifération des ADM ou la violation d'un traité de maîtrise des armements NMBC d'autre part, deviendraient-ils assimilables à des actes d'agression ?

Enfin, l'agression ne doit pas être confondue avec des mesures de police extraterritoriales, ni avec le droit de suite[264], ni avec d'autres crimes internationaux. La persécution ou l'élimination par un État A d'un groupe de ressortissants dont l'identité culturelle est partagée par la population d'un État B, est-elle une agression de l'État A sur l'État B ? Non. La commission d'un crime contre l'humanité ou d'un crime de génocide n'est pas la commission d'un acte d'agression. Serait-il licite, hors légitime défense, de recourir à la force armée contre un tel État, même sans l'autorisation du CSNU ? On est renvoyé ici à la problématique de l'intervention…

La généalogie de l'agression en droit international public

Bien que sa recherche soit une constante ou un serpent de mer dans le droit international postérieur à 1919, la définition formelle de l'agression a toujours rencontré des opposants, estimant une telle définition superflue (l'organe international de sécurité collective décide), impossible (en raison de la défectuosité de la terminologie, de l'élasticité du concept ou des inévitables lacunes définitionnelles), réductrice (empêchant un examen de l'affaire au fond), inutile (incapable de dissuader un candidat à l'agression) ou même nuisible (on connaît le mot fameux d'Austin Chamberlain sur la définition de l'agression, qui constituerait« *un piège pour l'innocent et une indication pour le coupable* », ce dernier se trouvant préalablement informé

[264] Cf. *infra*.

des modalités à éviter pour ne pas tomber sous le coup d'une accusation d'agression). L'absence de définition dans le Pacte de la SDN ou dans la Charte de l'ONU confirmerait l'opinion desdits opposants. Dans les relations internationales, poursuivent ces derniers, c'est l'empirisme, non pas la codification, qui est la solution : procéder à l'établissement des faits d'une part, exercer le jugement de valeurs d'autre part, autrement dit, constater le recours en premier à la force armée d'une part, examiner les causes ou les buts de guerre d'autre part, le tout permettant à l'organe compétent, en l'occurrence contemporaine, le CSNU, de statuer au cas par cas, selon les circonstances, de manière équitable, sans être lié par une définition formelle probablement déficiente.

Concomitamment à l'évolution discriminatoire du *jus ad bellum* interétatique, l'intérêt de rechercher une définition de l'agression a néanmoins été admis. Comme son antonyme, la légitime défense, la notion d'agression est en effet apparue en droit international lorsque, de 1919 à 1945, on a prétendu mettre fin à la libre compétence de guerre des États, distinguer belligérance licite et illicite, renoncer à l'indifférence vis-à-vis du recours interétatique à la force armée. Outre les questions mentionnées plus haut, la recherche d'une définition de l'agression a alors rencontré deux problèmes précis : ceux liés à l'élaboration, ceux liés à la méthode. 1) L'élaboration pose un problème d'adoption : par qui et comment ? Les États, l'Assemblée de l'OIG de sécurité collective à vocation universelle ? Un traité, une résolution de l'OIG compétente, une révision du Pacte de la SDN ou de la Charte de l'ONU insérant la définition ? Le Conseil de l'OIG compétente n'étant pas un « législateur » en droit international, il ne saurait adopter une résolution définissant l'agression. Mais une définition par résolution de l'Assemblée (elle non plus n'est pas un « législateur »), n'obligeant que les États l'ayant adoptée et transposée, lierait-elle le Conseil, la Cour de Justice ou, en cas d'incrimination de l'agression, toute juridiction pénale internationale voire interne ? 2) La méthode pose un problème de structure : la définition serait-elle générale (ou conceptuelle), énumérative (ou analytique), mixte ? La définition générale, par une formule forcément abstraite, use de termes qui exigeraient eux-mêmes d'être définis. Mais il est vrai que le droit international tout entier est rempli de notions indéterminées. La définition énumérative, par une liste forcément limitative, s'expose à l'incomplétude et à la rigidité, donc aux lacunes pour le présent et pour l'avenir, cependant qu'elle constituerait un « poteau indicateur ». Ce double défaut peut être corrigé par l'insertion d'une clause générale et d'une réserve d'appréciation pour l'organe compétent. On aboutit alors à la définition mixte. Celle-ci présente l'intérêt de combiner les avantages des deux méthodes précédentes tout en éliminant leurs inconvénients. « *La définition débute par une formule générale qui établit des principes. Cette formule générale est suivie de l'énumération d'un certain nombre de cas d'application de ladite formule. Mais l'énumération ainsi présentée n'est pas limitative, et les organes internationaux compétents peuvent désigner comme agresseur, en application de la formule générale, un État qui a commis un acte autre que ceux figurant dans l'énumération* »[265].

Au-delà des problèmes d'adoption ou de structure, la difficulté centrale de la définition de l'agression est qu'elle ne peut se baser sur des critères matériels. L'agression comme la légitime défense ou « l'action collective » sont des qualifications : ils qualifient le recours interétatique à la force armée. Agressif ou défensif, unilatéral ou multilatéral, ce recours est caractérisé par des actes matériels identiques, à savoir des actes réciproques de violence organisée qui se confondent, dès lors qu'ils sont d'une certaine ampleur, intensité ou durée, avec la guerre. Il faut donc utiliser d'autres critères, factuels ou objectifs et non factuels ou subjectifs : d'une part, l'étaticité et l'antériorité du recours à la force armée ou la violation de l'obligation du régler pacifiquement les différends entre États ; d'autre part, la décision du CSNU (depuis 1945, c'est lui qui décide s'il y a ou non-agression). De tels critères sont procéduraux, non pas substantiels : ils ne permettent pas de juger *au fond* la licéité du recours à la force armée, c'est-à-dire la *causa belli*. Pour un tel jugement, il conviendrait d'examiner les motifs, en amont, et les mobiles, en aval, du recours à la force armée, autrement dit, le pour/quoi de la guerre, sa causalité et sa finalité. La différence entre agression d'une part, légitime défense ou « action collective » d'autre part, plus généralement entre recours illicite et recours licite à la force armée, est juridique, pas matérielle : c'est toujours de guerre qu'il s'agit, avec la même applicabilité du *jus in bello*. La différence réside dans la qualification, soit formelle, reposant sur l'antériorité du recours aux armes par un État ou la décision du CSNU, soit substantielle, reposant sur l'évaluation de la *causa belli*. La conséquence de la différenciation porte sur l'éventuelle mise en œuvre, vis-à-vis du belligérant « dans son tort », 1) de la sécurité collective ou des mesures coercitives, 2) de la responsabilité réparatrice ou punitive. On comprend que la définition de l'agression ait été l'un des enjeux les plus disputés à la SDN puis à l'ONU.

La définition de l'agression dans le cadre de la SDN : les Conventions de Londres des 3, 4 et 5 juillet 1933

Le droit international veut d'abord protéger la souveraineté, l'indépendance politique et l'intégrité territoriale des États, quel que soit leur régime ou leur politique intérieure. La protection du droit des peuples ou des droits de l'homme ne vient qu'en second. C'est pourquoi toute définition de l'agression comporte comme premier élément la violation de la souveraineté, de l'indépendance et de l'intégrité des États.

[265] E. Aroneanu, *1958*, p. 213.

Ainsi, le Pacte de la SDN ne définit pas la notion ; mais il interdit l'agression en protégeant l'indépendance et l'intégrité des États membres et en prévoyant leur assistance mutuelle à cette fin, par la prise de mesures coercitives contre le *peace breaker*(art. 10 et 16). Concrètement, la SDN, en tant qu'organisation de sécurité collective, servait surtout à garantir le *statu quo* issu des traités de paix de la banlieue parisienne contre tout révisionnisme étatique armé qui viserait un État membre. Outre les articles 10 et 16, le Pacte cherchait à atteindre ce but par la réduction des armements (art. 8) et le développement des procédures de règlement pacifique des différends internationaux (art. 12 à 17). Ces trois séries d'articles intéressaient les puissances vaincues, l'Allemagne au premier chef, qui avaient été désarmées et qui ne pouvaient donc songer à prendre l'initiative d'un recours à la force armée ! Ainsi, l'article 8 devait concerner les puissances victorieuses, qui, elles, n'avaient pas désarmé. Mais la garantie collective de l'indépendance et de l'intégrité bénéficiait d'abord aux États satisfaits du *statu quo*. L'atteinte à l'indépendance et à l'intégrité des États membres ainsi que la violation des procédures de règlement pacifique des différends entre États étaient assimilables à une agression ; inversement, l'agression était assimilable à l'atteinte à l'indépendance et à l'intégrité des États ainsi qu'à la violation des procédures de règlement pacifique[266]. Il appartenait au Conseil de la SDN de statuer et d'organiser les sanctions. Soit une conception « finaliste », procédurale et subjective de l'agression. Dans le système du Pacte, des guerres étaient admises, on l'a vu ; elles ne devaient pas avoir pour but ou effet de porter atteinte à l'indépendance et à l'intégrité des États membres. Ce qui était donc prohibé, c'était l'agression à des fins de conquête, et ce que voulait garantir le Pacte, c'était prévenir ou réprimer toute agression à des fins de conquête. Concrètement, il s'agissait d'empêcher tout État insatisfait du *statu quo* de remettre en cause *manu militari* les (clauses territoriales des) traités de paix de 1919-1920[267]. Restait à définir l'agression, l'approche implicite « finaliste », procédurale et subjective paraissant insuffisante, plus encore dans la perspective d'une incrimination de l'agression.

Après le projet de traité d'assistance mutuelle du 28 septembre 1923, le Protocole de Genève du 2 octobre 1924 lie la définition de l'agression à un système d'arbitrage obligatoire des différends, en présumant qu'est

---

[266] Somme toute, il y a agression quand il y a recours à la force armée contre l'indépendance et l'intégrité d'un État par un autre État en violation des obligations énoncées aux articles 10, 12, 13, 15 et 17 du Pacte. Les condamnations de l'Italie et de l'URSS, après les invasions de l'Ethiopie en 1935 et de la Finlande en 1939, ont obéi à ce critérium général.

[267] Les États-Unis n'étant pas membres de la SDN et la Grande-Bretagne étant réticente, tout reposait sur la France, principale bénéficiaire des traités et principale puissance conservatrice : tant que l'Allemagne, principale puissance révisionniste, était désarmée et la Rhénanie occupée ou démilitarisée, la sécurité de la France, le *statu quo* international et le système de la SDN — tous trois associés — demeuraient viables…

agresseur, sauf décision contraire unanime du Conseil de la SDN, l'État qui refuse de soumettre le différend aux procédures de règlement pacifique prévues dans le Pacte et qui recourt à la force armée. Les accords de Locarno du 16 octobre 1925 identifient l'agression à l'attaque ou à l'invasion militaires, à la déclaration de guerre ou à l'ouverture *de facto* des hostilités, à la violation des zones démilitarisées[268]. Le Pacte Briand-Kellog du 27 août 1928 interdit la guerre comme instrument de politique nationale et moyen de résoudre les différends internationaux. Il admet *a contrario* la guerre en tant qu'instrument de politique internationale, c'est-à-dire en tant qu'« action collective » contre « l'agresseur ». Il ne définit cependant pas l'agression. Pas plus que les multiples pactes bilatéraux ou multilatéraux de non-agression de l'époque.

C'est la Conférence du désarmement de la SDN, à partir de 1932, qui examina systématiquement la question de l'agression pour en faire la pièce maîtresse de la sécurité collective. Les étapes qui menèrent à la définition furent les suivantes : la proposition de la délégation soviétique conduite par Litvinov, le 6 février 1933 ; la nomination par la Commission préparatoire du désarmement d'un Comité pour les questions de sécurité, présidé par Nicolas Politis, le 10 mars ; la présentation par le Comité d'un« *Acte définissant l'agresseur* », le 24 mai. Par suite de l'opposition de l'Allemagne, de l'Italie, de l'Espagne, mais aussi de la Grande-Bretagne[269], ainsi que des États-Unis, ces derniers ayant une position d'observateur, l'Acte ne fut pas adopté par la Conférence du désarmement. Il le fut au travers d'une série de Conventions signées à Londres les 3, 4 et 5 juillet, comprenant l'Acte relatif à la définition de l'agression, le Rapport Politis auquel l'article 1er de l'Acte se réfère expressément, le Protocole annexé à l'article 2 dudit Acte qui précise certaines circonstances ne pouvant servir à justifier une agression. Les définitions Litvinov et Politis ont en commun la méthode énumérative, l'appel aux critères de l'étaticité, de l'intentionnalité, de l'antériorité et de l'arméité, la présence d'une clause non-justificative[270], le caractère présomptif, puisque le pouvoir de décision du Conseil de la SDN

---

268 Cette stipulation visait à empêcher l'Allemagne de restaurer unilatéralement sa souveraineté militaire en Rhénanie.

269 Anthony Eden adopta en 1933 une position analogue à celle d'Austin Chamberlain en 1924, sur le « poteau indicateur ».

270 Aucune considération ne saurait justifier l'agression, ni la situation intérieure d'un État (arriération de sa population, défaillance de son administration, menaces sur les personnes ou les biens étrangers, mouvements révolutionnaires ou contre-révolutionnaires, établissement ou maintien de tel régime politique ou social), ni les actions internationales d'un État (violation des traités, violation de droits ou d'intérêts économiques, rupture des relations diplomatiques, boycott, embargo, répudiation des dettes, interdiction ou restriction de l'immigration, modification du régime des étrangers, violation des privilèges reconnus aux représentants d'un autre État, refus du transit à des forces armées se dirigeant vers un État tiers, mesures de caractère religieux ou antireligieux, incidents de frontière). L'objectif de défense de l'État soviétique était patent.

est (p)réservé, de même que, en cas d'inertie, celui des États. Elles diffèrent sur deux points : le Comité Politis ajoute l'agression dite indirecte, ignorée par la délégation soviétique ; il ne retient pas la proposition soviétique relative aux droits d'un État A menacé par la mobilisation d'un État B ou par la concentration à proximité des frontières de l'État A des armées d'un État B. *In fine*, est *présumé* agresseur l'*État* qui *le premier* aurait commis *intentionnellement* contre un *autre État* l'un des actes suivants : déclaration de guerre ; attaque militaire terrestre, navale ou aérienne, y compris débarquement ou bombardement ; invasion ou occupation militaires ; blocus naval des côtes ou des ports ; envoi ou soutien de bandes armées[271]. Il est frappant de constater que l'URSS a été le principal promoteur de la définition de l'agression — excluant initialement la subversion — en 1933 comme après 1945. De fait, le contenu de la résolution 3314 de l'AGNU ressemble à celui proposé par le « Comité Politis »[272].

La définition de l'agression dans le cadre de l'ONU : la résolution 3314 de l'Assemblée générale du 14 décembre 1974

Le TMIE, créé par l'Accord de Londres d'août 1945, a utilisé la définition de l'agression énoncée dans les Conventions de Londres de juillet 1933, bien que l'Allemagne ne fût pas partie à ces Conventions et que les rédacteurs de la Charte des NU n'aient pas repris la définition de 1933. L'ONU a remplacé la SDN, dissoute. Mais la Charte n'a pas défini l'agression, alors même que son premier but est de « *réprimer tout acte d'agression ou autre rupture de la paix* » (art. 1-1). Elle laisse au CSNU le soin de déterminer l'existence ou non d'un acte d'agression. A titre indicatif, elle retient cependant le critère de l'*emploi* ou de la *menace* de la *force* contre l'intégrité territoriale ou l'indépendance politique des États ou contre tout autre but des NU (art. 2-4). Inversement, on peut déduire qu'il n'y a pas agression lorsque l'emploi ou la menace de la force est autorisé par la Charte, c'est-à-dire quand il y a « *intérêt commun* » (alinéa 7 du préambule), « action collective » des NU (art. 39 à 48) y compris action concertée des Cinq en l'absence des accords spéciaux de l'article 43 (art. 106), légitime défense (art. 51), action contre un ancien État ennemi reprenant une politique d'agression (art. 53 et 107). Des déductions ne suffisaient cependant pas, moins encore dans une perspective pénale.

En 1950, l'AGNU fut saisie de la question par l'URSS, dont la délégation, conduite par Zaroubine, proposa une définition. L'AGNU

---

[271] « *Appui donné à des bandes armées qui, formées sur son territoire, auront envahi le territoire d'un autre État, ou refus, malgré la demande de l'État envahi, de prendre sur son territoire toutes les mesures en son pouvoir pour priver lesdites bandes de toute aide ou protection* ».

[272] Cf. Louis Le Fur, « Les Conventions de Londres et la définition de l'agresseur », *RDISDP*, 1933, pp. 179-191 ; Georges Scelle, « L'agression et la légitime défense dans les rapports internationaux », *Esprit international*, 1936, pp. 372-393.

renvoya l'affaire à la CDI, qui était saisie, au même moment, d'un document intitulé« *Possibilités et opportunité d'une définition de l'agression* », présenté par Spiropoulos, rapporteur spécial du Projet de Code des crimes contre la paix et la sécurité de l'humanité. La CDI consacra ses premiers travaux à la question. Des propositions furent émises[273], mais aucun accord ne fut trouvé. Or, le 1er février 1951, dans sa résolution 498, l'AGNU, sur la base de la résolution 377, qualifia d'agressions l'attaque de la Corée du Sud par la Corée du Nord et l'aide de la RPC à la Corée du Nord. Dans sa résolution 599 du 31 janvier 1952, elle appela à définir la notion. À cette fin, elle décida, dans sa résolution 688 du 20 décembre, de créer un Comité spécial composé de représentants de quinze États membres (dont les Cinq). Ultérieurement, deux autres Comités furent établis[274]. Cette première phase de discussion s'acheva en 1967. Diverses propositions avaient été émises, sans aboutir à aucun accord, sauf sur trois points : que l'agression constituerait la violation la plus grave du droit international ; que la définition de l'agression devait être conforme à la Charte des NU, c'est-à-dire qu'elle n'enlèverait rien au pouvoir décisionnel du CSNU ; qu'une définition de l'agression acceptée par l'AGNU aurait une grande force morale, mais elle ne serait qu'une recommandation sur le plan juridique. Par sa résolution 2330 du 18 décembre 1967, l'Assemblée créa un quatrième Comité, qui décida d'appliquer la procédure du consensus. Jusqu'en 1974, une seconde phase de discussion se déroula donc, basée sur trois projets respectivement déposés, en 1969, par l'URSS, des pays non alignés et des pays occidentaux. Le même point commun rapprochait les trois textes : la confirmation du pouvoir décisionnel du CSNU, la définition adoptée par l'AGNU sous forme de résolution n'ayant qu'une valeur recommandataire, sans lier le Conseil.

C'est donc dans la résolution 3314 du 14 décembre 1974, succédant à la résolution 2625 du 24 octobre 1970, que l'on trouve une définition (mixte) de l'agression, dont l'objet explicite, *dixit* le préambule[275], est de maintenir

---

273 Notamment celle d'Alfaro : « *l'agression est la menace ou l'emploi de la force par un État ou un* gouvernement *contre un autre État, de quelque manière que ce soit, quelles que soient les armes utilisées, ouvertement ou autrement, pour quelque raison ou pour quelque but que ce soit, autre que la légitime défense, individuelle ou collective, ou l'exécution d'une décision ou l'application d'une recommandation d'un organe compétent des Nations unies* ».

274 Par les résolutions 895 du 4 décembre 1954 puis 1181 du 29 novembre 1957.

275 Dans le préambule, l'AGNU rappelle et souligne la référence à la Charte. « *L'un des buts essentiels de l'Organisation des Nations unies est de maintenir la paix et la sécurité internationales et de prendre des mesures collectives efficaces en vue de prévenir… les menaces à la paix et de réprimer tout acte d'agression ou autre rupture de la paix* » (alinéa 1). « *Le Conseil de Sécurité, conformément à l'article 39 de la Charte…, constate l'existence d'une menace contre la paix, d'une rupture de la paix ou décide quelles mesures sont prises conformément aux articles 41 et 42 pour maintenir ou rétablir la paix et la sécurité internationales* » (alinéa 2). Les États ont le devoir « *aux termes de la Charte, de régler leurs différends internationaux par des moyen pacifiques afin de ne pas mettre en danger la paix, la sécurité et la justice internationales* » (alinéa 3). « *Rien dans la présente définition ne sera*

la paix et la sécurité internationales, de dissuader un agresseur éventuel, de faciliter la constatation, la cessation, la réparation et la répression des actes d'agression par le CSNU. Pour limiter le pouvoir du CSNU, l'AGNU lui a fourni un guide avec la résolution 3314 ; mais l'utilisation de cette résolution dépend de la décision du Conseil. Globalement, la définition de l'AGNU de 1974 se présente comme un tout[276]. Elle combine une formule générale[277] avec une liste exemplative[278] d'actes d'agression étatique armée[279], directe

interprété comme affectant d'une manière quelconque la portée des dispositions de la Charte en ce qui concerne les fonctions et les pouvoirs des organes de l'Organisation des Nations unies » (alinéa 4). « *L'agression est la forme la plus grave et la plus dangereuse de l'emploi illicite de la force, qui renferme, étant donné l'existence de tous les types d'armes de destruction massive, la menace possible d'un conflit mondial avec toutes ses conséquences catastrophiques...* » (alinéa 5). Les États ont le devoir « *de ne pas recourir à l'emploi de la force armée pour priver les peuples de leur droit à l'autodétermination, à la liberté et à l'indépendance, ou pour porter atteinte à l'intégrité territoriale* » (alinéa 6). « *Le territoire d'un État est inviolable et ne peut être l'objet, même temporairement, d'une occupation militaire ou d'autres mesures de force prises par un autre État, d'une acquisition résultant de telles mesures ou de la menace d'y recourir* » (alinéa 7). « *Les dispositions de la Déclaration relative aux principes du droit international touchant les relations amicales et la coopération entre les États conformément à la Charte des Nations unies* » sont réaffirmées (alinéa 8). « *L'adoption d'une définition de l'agression devrait avoir pour effet de décourager un agresseur éventuel, faciliterait la constatation des actes d'agression et l'exécution des mesures propres à les réprimer, et permettrait de sauvegarder les droits et intérêts légitimes e la victime et de venir à son aide* » (alinéa 9). « *Bien que la question de savoir s'il y a eu acte d'agression doive être examinée compte tenu de toutes les circonstances propres à chaque cas, il est néanmoins souhaitable de formuler des principes fondamentaux qui serviront de guide...* » (alinéa 10).

276 « *Dans leur interprétation et leur application, les dispositions qui précèdent sont liées entre elles et chaque disposition doit être interprétée dans le contexte des autres dispositions* » (art. 8).

277 « *L'agression est l'emploi de la force armée par un État contre la souveraineté, l'intégrité territoriale ou l'indépendance politique d'un autre État, ou de tout autre manière incompatible avec la Charte des Nations unies* » (art. 1).

278 « *L'énumération... n'est pas limitative et le Conseil de Sécurité peut qualifier d'autres actes d'actes d'agression conformément aux dispositions de la Charte* » (art. 4).

279 « *A) l'invasion ou l'attaque du territoire d'un État par les forces armées d'un autre État, ou toute occupation militaire, même temporaire, résultant d'une telle invasion ou d'une telle attaque, ou toute annexion par l'emploi de la force du territoire ou d'une partie du territoire d'un autre État ; b) le bombardement, par les forces armées d'un État, du territoire d'un autre État, ou l'emploi de toutes armes par un État contre le territoire d'un autre État ; c) le blocus des ports ou des côtes d'un État par les forces armées d'un autre État ; d) l'attaque par les forces armées d'un État contre les forces armées terrestres, navales ou aériennes, ou la marine et l'aviation civiles d'un autre État ; e) l'utilisation des forces armées d'un État qui sont stationnées sur le territoire d'un autre État, avec l'accord de l'État d'accueil, contrairement aux conditions prévues dans l'accord ou toute prolongation de leur présence sur le territoire en question au-delà de la terminaison de l'accord ; f) le fait pour un État d'admettre que son territoire, qu'il a mis à la disposition d'un autre État, soit utilisé par ce dernier pour perpétrer un acte d'agression contre un État tiers ; g) l'envoi par un État ou en son nom de bandes ou de groupes armés, de forces irrégulières ou de mercenaires qui se livrent à des actes de force armée contre un autre État d'une gravité telle qu'ils équivalent*

(alinéas a à e de l'article 3), indirecte (alinéa g) ou de complicité (alinéa f). Elle ajoute : une clause excluant toute possibilité de justification[280], énonçant simultanément un caractère infractionnel[281], des sanctions[282] et l'inopposabilité des gains, territoriaux ou autres[283] ; une réserve sur le *jus ad bellum* de la Charte[284] ; une réserve sur le pouvoir de qualification du CSNU[285] ; une réserve sur le droit des peuples à l'autodétermination[286].

Quant à la résolution 2625 *Déclaration sur les relations amicales et la coopération entre les États*, on peut la présenter comme suit. Elle est issue d'une élaboration qui a duré une dizaine d'années. Elle a été adoptée par consensus, à l'unanimité, au Comité spécial puis à l'AGNU. Elle est le premier acte dans lequel l'Assemblée a procédé à l'interprétation des principes de la Charte et par lequel les États membres des NU ont reconnu lesdits principes comme base de leur comportement. Le texte est composé de trois parties : le préambule exprimant les motifs de l'AGNU ; les sept énoncés des principes ; les dispositions finales. La partie dispositive contient les principes suivants, à la charge des États membres, conformément à la Charte : non recours à la menace ou à la force dans les relations

---

aux actes énumérés ci-dessus, ou le fait de s'engager d'une manière substantielle dans une telle action » (art. 3).

280 « *Aucune considération de quelque nature que ce soit, politique, économique, militaire ou autre ne saurait justifier une agression* » (art. 5).

281 « *Une guerre d'agression est un crime contre la paix internationale* » (art. 5).

282 « *L'agression donne lieu à responsabilité internationale* » (art. 5).

283 « *Aucune acquisition territoriale ni aucun avantage spécial résultant d'une agression ne sont licites, ni ne seront reconnus comme tels* » (art. 5).

284 « *Rien dans la présente définition ne sera interprétée comme élargissant ou diminuant d'une manière quelconque la portée de la Charte, y compris ses dispositions concernant les cas dans lesquels l'emploi de la force est légitime* » (art. 6).

285 « *L'emploi de la force armée en violation de la Charte par un État agissant en premier constitue la preuve suffisante à première vue d'un acte d'agression, bien que le Conseil de Sécurité puisse conclure, conformément à la Charte, qu'établir qu'un acte d'agression a été commis ne serait pas justifié compte tenu des autres circonstances pertinentes, y compris le fait que les actes en cause ou leurs conséquences ne sont pas d'une gravité suffisante* » (art. 2).

286 « *Rien dans la présent définition, et en particulier l'article 3, ne pourra en aucune manière porter préjudice au droit à l'autodétermination, à la liberté et à l'indépendance, tel qu'il découle de la Charte, des peuples privés par la force de ce droit, et auxquels fait référence la* Déclaration relative aux principes du droit international touchant les relations amicales et la coopération entre les États, *conformément à la Charte des Nations unies, notamment les peuples qui sont soumis à des régimes coloniaux ou racistes ou à d'autres formes de domination étrangère ; ainsi qu'au droit de ces mêmes peuples de lutter à cette fin et de chercher et de recevoir un appui, conformément aux principes de la Charte et en conformité avec la Déclaration susmentionnée* » (art. 7). Dans l'alinéa 5 du principe 5, la *Déclaration sur les relations amicales et la coopération entre les États* énonce que, face à un État usant de coercition pour priver des peuples en situation coloniale de leur droit à l'autodétermination, ces peuples, « *lorsqu'ils réagissent et résistent à une telle... coercition..., sont en droit de chercher et de recevoir un appui conforme aux buts et principes de la Charte* ».

internationales ; règlement pacifique des différends internationaux ; non intervention dans les affaires relevant de la compétence nationale d'un État ; coopération mutuelle ; égalité souveraine ; bonne foi ; égalité des droits des peuples et de leur droit à disposer d'eux-mêmes. Un double constat s'impose. 1) *Grosso modo*, et sans le dire, la *Déclaration* consacre sur le plan mondial les « cinq principes » indo-sino-soviétiques de 1954-1955[287], autrement dit, les standards internationaux des puissances eurasiatiques, sur la base desquels les États-Unis et la RPC s'engagèrent en 1972 à normaliser leurs relations (communiqué commun du 28 février). 2) Dans les « cinq principes » comme dans la *Déclaration*, même si celle-ci parle de justice et de droit des peuples, on observe *l'absence de référence aux droits de l'homme et à la démocratie*.

Revenons à l'analyse de la résolution 3314. L'agression est *l'emploi* de la *force armée* par un *État* — peu importe qu'il soit ou non reconnu et qu'il soit ou non-membre de l'ONU — contre la souveraineté, l'indépendance politique ou l'intégrité territoriale *d'un autre État* ou de toute autre manière incompatible avec la Charte des NU. Soit une formule générale, incluant une première clause corrective : la définition s'inscrit en référence à, et dans le cadre de, la Charte. Soit aussi un double critère : de gravité, dans l'emploi de la force par un État A ; de volonté, dans la coercition infligée à un État B ; mais la notion d'« intérêt vital », trop floue, est exclue. Soit enfin un caractère interétatique. En résulte une double conséquence : l'absence de référence aux groupes ou entités non étatiques, alors même que l'existence d'un état de guerre, selon le *jus in bello*, dépend d'hostilités effectives, non pas de la qualité étatique des auteurs ; la nécessité d'imputer les actes éventuellement commis par un groupe ou une entité non étatique à un État, donc de recourir aux mécanismes du droit de la responsabilité internationale (pour subsidiaires que soient ces mécanismes par rapport aux règles du *jus ad bellum*). Or, l'État n'est responsable des actes commis par des groupes ou entité non étatiques que s'ils dépendent totalement de lui ou s'il exerce sur leurs actes un contrôle suffisant pour être considéré comme leur complice. Sinon, l'État n'est responsable que des actes de soutien au groupe ou à l'entité non étatique, non pas des actes commis par celui-ci[288]. Toutefois, même en l'absence de « l'engagement substantiel » mentionné dans l'article 3 alinéa g de la résolution 3314, l'État est tenu de remplir ses obligations de vigilance et de diligence : s'il ne le fait pas, il s'expose à des contre-mesures

[287] Respect mutuel de l'intégrité territoriale, de l'indépendance politique et de la souveraineté, non agression mutuelle, non ingérence mutuelle, égalité et avantage mutuels, coexistence pacifique. Initialement formulés dans le traité sino-indien du 29 avril 1954 (par lequel l'Inde reconnaissait la souveraineté de la RPC sur le Tibet), les « cinq principes » se retrouvèrent dans le traité sino-soviétique du 1er octobre 1954 puis dans la déclaration indo-soviétique du 20 février 1955.

[288] Quant aux individus membres du groupe, ils sont passibles de poursuites pénales pour atteintes à la sûreté de l'État, mouvement insurrectionnel ou terrorisme.

de la part de l'État victime des actes d'hostilité commis par tel groupe ou entité non étatique, voire à une mesure de police extraterritoriale de la part de cet État.

Selon la résolution 3314, est *présumé* agresseur l'*État* qui *le premier* aurait commis *intentionnellement* contre un *autre État*, avec ou sans déclaration de guerre, une *invasion*, *occupation*, *annexion*, *bombardement*, *blocus*, *attaque militaire*, que ces actions, suivies ou non de combats, soient *directes*, c'est-à-dire commises par les forces régulières de l'État, *ou indirectes*, c'est-à-dire commises par des forces irrégulières (mercenaires, bandes ou groupes armés) envoyées ou soutenues par l'État. De même, est agresseur l'État qui utilise ses forces armées, stationnées sur le territoire d'un autre État avec l'accord de ce dernier, contrairement aux conditions prévues dans l'accord, ou qui prolonge leur présence au-delà de la terminaison de l'accord. Soit une énumération non limitative, où l'on retrouve les critères de l'étaticité, de l'intentionnalité, de l'antériorité et de l'arméité. Il ne s'agit que de présomptions, car le CSNU décide, compte tenu des circonstances, cependant qu'il peut qualifier d'autres actes d'agression. Soit une deuxième clause corrective[289]. Notamment, l'antériorité est moins une preuve qu'un indice, puisque « *l'emploi de la force armée en violation de la Charte par un État agissant le premier constitue la preuve suffisante* à première vue *d'un acte d'agression* »(art. 3). Face aux pays socialistes et aux pays non alignés, les pays occidentaux refusèrent toute application automatique du facteur chronologique, pour ménager l'examen de la *causa belli* par le Conseil. L'État qui met à la disposition de l'agresseur des forces ou son propre territoire est complice d'agression[290]. On constate que la résolution 3314 retient le critère de l'emploi, extraterritorial et coercitif, de la force armée, à l'exclusion de tout autre acte de contrainte, économique ou idéologique[291].

---

[289] Ce pouvoir de décision a non seulement été confirmé par la résolution de l'AGNU en 1974, mais encore par le Statut de la CPI en 1998, ainsi que lors des discussions sur la définition pénale de l'agression : les propositions visant à concurrencer ou à compléter le pouvoir de qualification du CSNU par celui de l'AGNU, de la CIJ ou de la CPI ont été rejetées.

[290] Selon la résolution 42/22 du 18 novembre 1987, « *les États ont le devoir de ne pas inciter, encourager ou aider d'autres États à recourir à la menace ou à l'emploi de la force en violation de la Charte des Nations unies* ».

[291] Furent rejetés le concept d'agression économique (selon lequel serait considéré comme coupable d'agression l'État qui le premier aurait pris des mesures de pression économique portant atteinte à la souveraineté d'un autre État et à son indépendance économique ou mettant en danger les bases de la vie économique de cet État, aurait pris à l'égard d'un autre État des mesures l'empêchant d'exploiter ses richesses naturelles ou de les nationaliser, aurait soumis un autre État à un blocus économique) et celui d'agression idéologique (selon lequel serait reconnu coupable d'un acte d'agression idéologique l'État qui encouragerait la propagande belliciste et la propagande en faveur de l'emploi des armes NBC ou d'autres ADM, aiderait à la propagande en faveur des idées fascistes, de l'exclusivisme racial ou national, de la haine et du mépris à l'égard d'autres nations), tous deux proposés par l'URSS.

« *Aucune considération de quelque nature que ce soit... ne saurait justifier une agression* ». Soit une clause non justificative. Toutefois, la résolution 3314 légitime la lutte de libération nationale — soit une troisième clause corrective, confirmant que la sécurité collective et la légitime défense ne sont pas les seules exceptions au principe du non recours à la force armée dans les relations internationales — ainsi que le soutien extérieur à cette lutte, qui ne doit cependant pas prendre la forme de l'intervention militaire, sauf autorisation du CSNU. L'agression est un « *crime contre la paix* » — clause infractionnelle — excluant tout acquis et donnant lieu à « *responsabilité internationale* »(art. 5) : responsabilité réparatrice à la charge de l'État (l'agression comme acte d'État violant le droit international public est définie dans la résolution 3314), responsabilité punitive à la charge des dirigeants (l'agression comme crime d'individus répréhensible en droit international pénal est définie dans le Statut de la CPI depuis la révision du 11 juin 2010)[292]. La qualification de crime international emporte l'obligation pour les autres États de ne pas reconnaître la situation créée par l'agresseur (sans prescription acquisitive ?), de ne pas aider ce dernier, de coopérer à cette double fin, de coopérer également pour faire cesser l'agression et effacer ses conséquences.

Quelle est la portée de la définition de l'agression par la résolution 3314 de l'AGNU ? A l'instar de toutes les résolutions de l'AGNU, elle n'a de prime abord qu'une valeur recommandataire, soit une quatrième clause corrective. A-t-elle acquis une valeur coutumière ? La définition de l'agression, n'étant pas énoncée dans la Charte, ne fait pas partie du droit international conventionnel. Fait-elle partie du droit international coutumier ? Dans l'hypothèse affirmative, elle ne serait plus, en tant que recommandation de l'AGNU, un simple guide pour le CSNU ; elle s'imposerait à lui, à titre de norme coutumière. Le CSNU conserverait les caractères discrétionnaire et autoritaire de son pouvoir de qualification ou autre, mais il perdrait le caractère flexible. La valeur juridique d'une résolution de l'AGNU est déterminée par la manière dont elle a été adoptée et par la pratique subséquente à son adoption. La résolution 3314, comme la résolution 2625, a été adoptée par consensus. Près d'un quart de siècle plus tard, le traité de Rome portant Statut de la CPI n'a pas repris le texte de 1974 pour définir conventionnellement le crime d'agression ; toutefois, la définition adoptée le 11 juin 2010 à l'issue de la conférence de Kampala

Fut également rejetée la proposition bolivienne selon laquelle serait« *réputé acte d'agression... toute action unilatérale qui priverait un État des ressources économiques qu'il tire d'un traitement équitable dans les échanges commerciaux internationaux ou qui mettrait en danger les bases de son économie en compromettant sa sécurité et en l'empêchant d'agir pour sa propre défense et de collaborer à la défense effective de la paix* ».

[292] Mais la Cour ne pourra exercer sa nouvelle compétence qu'après 2017, si trente États ratifient la révision, si une majorité des deux tiers approuve cette révision et si les sept huitièmes d'entre eux déposent leurs instruments de ratification ou d'acceptation.

s'inspire, quant à l'acte d'agression, de la résolution 3314. De son côté, la CIJ a utilisé la résolution de l'AGNU lorsqu'elle a eu à traiter de questions relatives à l'agression après 1974[293]. Les États, la CDI, l'IDI ou la doctrine en général l'invoquent également. Mais le CSNU, lui, ne s'est jamais référé à la résolution 3314.

Plutôt que de qualifier tel acte « d'agression », ce qui présuppose généralement l'attaque militaire directe ou indirecte d'un État contre un autre État et ce qui pourrait impliquer une incrimination des gouvernants, le Conseil préfère parler de « rupture de la paix » ou de « menace contre la paix ». Ces notions ne sont pas définies et sont dénuées de conséquences punitives (mais pas nécessairement de conséquences réparatrices si elles sont constitutives d'un fait internationalement illicite dommageable). Elles sont à la discrétion du Conseil. Aucune suite n'a été donnée à la demande émise par le SGNU, lors des soixante ans de l'ONU, pour que le Conseil adopte une résolution énonçant les principes qui le guident pour autoriser un recours à la force. On sait que la pratique du CSNU montre que lesdites notions renvoient à l'existence ou au risque d'un conflit armé, ou à des violences armées, ou à des acquisitions armées, susceptibles de s'internationaliser. Du fait de ce noyau objectif, le pouvoir de qualification du CSNU n'est pas arbitraire, lui évitant ainsi d'être récusé par les autres États. Mais le caractère plus large et plus flexible des deux notions, par rapport à celle d'agression, donne au CSNU une latitude d'action plus grande, y compris dans les affaires intérieures à un État susceptibles de déborder les frontières de cet État. Pour qu'il y ait légitime défense des États, il faut qu'il y ait agression (art. 51). Le CSNU, lui, peut intervenir ou autoriser une intervention *manu militari* sans qu'il y ait d'agression : il lui suffit de constater une rupture de la paix ou une *menace* contre la paix (art. 39), y compris de la part d'un groupe ou d'une entité non étatique[294] et y compris de manière purement *préventive*.

Il est toutefois notoire que les États ne manquent pas, selon la nécessité ou l'opportunité, d'exploiter les dérogations au principe d'interdiction du recours interétatique à la force armée[295], en élargissant les conditions dérogatoires[296] et en échappant, ou en tentant d'échapper, au contrôle du

[293] Voir les affaires *Personnel des États-Unis à Téhéran, Nicaragua, Burkina Faso/Mali, Cameroun/Nigéria, Plates-formes pétrolières, Congo, Application de la Convention sur le génocide.* Dans l'arrêt de 1986, notamment, la CIJ a rappelé que « *par agression armée, il faut entendre non seulement l'action des forces armées régulières à travers une frontière internationale* », mais encore « *l'envoi par un État ou en son nom de bandes ou de groupes armés, de forces irrégulières ou de mercenaires qui se livrent à des actes de force armée contre un autre État d'une gravité telle qu'ils équivalent... à une véritable agression armée accomplie par des forces régulières* ».

[294] UNITA, *Al-Qaïda, Hezbollah,* AQPA, AQMI, AQL, AQM, *Daesh...*

[295] Seule l'interdiction de l'agression constituant éventuellement du *jus cogens*, indérogeable.

[296] Dans l'arrêt *Nicaragua*, la CIJ a souligné que« *les États n'ont aucun droit de riposte armée... à des actes ne constituant pas une agression armée* ». Elle a ajouté que « *si la notion*

CSNU. Non seulement l'invasion d'un territoire, l'attaque militaire ou le blocus, mais des incursions territoriales armées ou des incidents armés frontaliers (Mékong 1978, Kyaka 1979), l'attaque de représentants, d'agents ou de ressortissants à l'étranger, l'embargo sur des produits vitaux, la rétention ou le détournement de cours d'eau, la rupture de la liberté de navigation dans un canal ou un détroit international (Suez 1956, Tiran 1967), l'afflux de réfugiés provoqués par un conflit interne chez un État voisin (Inde 1971), la commission d'attentats internationaux (New York 2001, Paris 2015), la possession, l'acquisition ou l'utilisation alléguées d'armements NBC (Irak 2003, Syrie 2013), le basculement vers une alliance présumée hostile (Ukraine 2022)... pourraient être considérés comme des « actes d'agression », autorisant l'exercice de la légitime défense. A la logique dérogatoire s'ajouterait une logique supplétive : le mécanisme de sécurité collective établi par la Charte des NU ne fonctionnant pas, l'interprétation de l'article 2 paragraphe 4 devrait laisser ouverte la possibilité d'agir unilatéralement, en cas d'urgence, pour s'efforcer d'atteindre les buts des NU, telles la sécurité des États, la liberté des peuples ou la protection des droits de l'homme, non seulement face à toute agression, mais face à toute menace contre la paix, à toute rupture de la paix ou à tout crime international (crimes de guerres, crimes contre l'humanité, crime de génocide, voire terrorisme ou acquisition d'ADM). On y reviendra dans la problématique de l'intervention. Dans l'immédiat, que faut-il penser de la tendance à élargir ou à revendiquer l'élargissement du concept d'agression aux groupes ou entités non étatiques, au terrorisme international et à la prolifération des ADM ?

La question de l'élargissement du concept d'agression aux groupes ou entités non étatiques, au « terrorisme international » et à la « prolifération » des « armes de destruction massive »

Les trois aspects de cette question sont différents. Ils se croisent néanmoins pour les raisons suivantes : des groupes non étatiques commettent ou sont accusés de commettre des actes de terrorisme ; on redoute qu'ils n'acquièrent des ADM[297], c'est pourquoi le risque de terrorisme NBC est

d'agression... englobe l'envoi de bandes armées par un État sur le territoire d'un autre État, la fourniture d'armes et le soutien apporté à ces bandes ne sauraient être assimilées à l'agression... Néanmoins, de telles activités peuvent fort bien constituer un manquement au principe de non emploi de la force ainsi qu'une intervention dans les affaires intérieures d'un État, c'est-à-dire un comportement certes illicite, mais d'une gravité moindre que l'agression ».

[297] Le « terrorisme » ne sera tel que lorsqu'il causera de la « terreur », et il ne causera de « terreur » que lorsqu'il usera d'« armes de destruction massive ». De telles armes aveugles peuvent intéresser des groupes s'attaquant à des civils, *id est* perpétrant une violence aveugle. Acceptons la notion d'« ADM », même si elle est nébuleuse. On prendra soin de l'analyser

spécialement pris en compte[298] et c'est pourquoi les conventions sur les armes NBC participent de la prévention du terrorisme NBC ; la lutte contre le terrorisme international et celle contre la prolifération des ADM ont été associées dans la politique de sécurité des grandes puissances, notamment parce que la prolifération augmente le risque de détournement ou d'utilisation par des groupes non étatiques. C'est ainsi que la prévention et la répression de l'acquisition d'ADM, ou celles des moyens financiers ou soutiens étatiques permettant une telle acquisition, fait partie de la lutte contre le terrorisme, plus précisément, de la prévention du terrorisme NBC[299].

Autres points communs s'agissant du terrorisme et de la prolifération. 1) Des problèmes de définition : qu'est-ce que le « terrorisme » et qu'est-ce qu'une « arme de destruction massive » ? 2) Le fait que, d'un point de vue policier, la commission d'attentats comme l'acquisition d'armes non conventionnelles sont pareillement des activités illégales et clandestines[300]. 3) Le fait que, sous l'angle du *jus in bello*, terrorisme et ADM ont en commun de ne pas discriminer combattants et non combattants, objectifs militaires et non militaires. 4) La concomitance contemporaine des deux phénomènes, avec une même accélération après le conflit Est-Ouest. 5) Leur commune qualification par le CSNU — le consensus primant à ce sujet — de menaces contre la paix et la sécurité internationales. 6) L'éclatement du régime conventionnel, dû à la multitude des traités multilatéraux, conclus dans le cadre d'OIG générales ou sectorielles, universelles ou régionales, auxquels s'ajoutent différents codes de conduite et autre *soft law*. 7) L'incrimination en droit pénal interne et international, si bien que les titres de compétence répressive des États (territoriale, personnelle, réelle, voire universelle) sont mobilisables aussi bien contre le terrorisme que contre la prolifération. 8) Deux résolutions « quasi-législatives » du CSNU, la résolution 1373 du 28 septembre 2001 et la résolution 1540 du 28 avril 2004. 9) Au-delà de la coopération policière et judiciaire, la militarisation de la lutte, incluant le contre-terrorisme et la contre-prolifération, le plus souvent tournée contre des États non démocratiques.10) Globalement, il apparaît que la lutte contre le terrorisme et la prolifération requiert des États viables et qu'elle pose le problème des *maillons* étatiques *faibles*.

---

dans la partie du présent livre consacrée au *jus in bello*, puisque c'est sous l'angle des principes généraux du *jus in bello* qu'elle peut être valablement appréhendée.

[298] Cf. la résolution 57/83 de l'AGNU du 22 novembre 2002 *Mesures visant à empêcher les terroristes d'acquérir des armes de destruction massive*.

[299] La menace terroriste NBC recouvre quatre aspects : l'acquisition par un groupe terroriste d'armes NBC ; l'acquisition par un groupe terroriste de matières NBC ; l'acquisition par un groupe terroriste des connaissances scientifiques et techniques nécessaires à la fabrication d'armes ou de matières NBC ; l'attaque par un groupe terroriste d'installations NBC.

[300] Du moins pour les ENDAN membres du TNP, soit tous les États du monde sauf quatre (Israël, Inde, Pakistan, Corée du Nord).

En différences, on note les points suivants. 1) La lutte contre la prolifération est d'abord préventive (il s'agit de prévenir l'acquisition des armes), ensuite répressive ; la lutte contre le terrorisme est d'abord répressive (il s'agit de réprimer un acte criminel), ensuite préventive. 2) L'une est d'abord une affaire diplomatique ; l'autre, une affaire judiciaire. Eu égard à la légitime défense, au cas où elle serait invoquée, la principale différence vient de ce que, face à des groupes ou entités non étatiques ou à des actes de terrorisme, les États peuvent s'en tenir à une logique réactive, interceptive ou préemptive, sans nécessairement aller jusqu'à une logique préventive (dont on sait qu'elle n'est pas fondée juridiquement) ; en revanche, face à la prolifération des ADM, la « légitime défense » ne peut être que préventive, puisque l'acquisition d'armes ne peut en elle-même être assimilée à une attaque réalisée, lancée ou imminente.

Face à des menaces ou à des attaques non assimilables à des actes d'agression — parce que de faible intensité ou non imputables à un État — l'État menacé ou attaqué n'est pas sans défense : il peut prendre, à titre d'« autoprotection », les mesures de police administrative ou judiciaire nécessaires, à l'intérieur de son territoire, aux frontières, dans les espaces internationaux, voire à l'étranger, sans qu'il y ait besoin, de prime abord, de réaction militaire fondée sur la légitime défense. Mais la préparation ou la commissions d'attentats de grande envergure ou encore l'acquisition d'ADM par des groupes ou entités non étatiques, avec ou sans le soutien d'États, pourraient rendre insuffisantes les mesures de police et requérir un recours à la force armée, à titre défensif sinon préventif. C'est pourquoi, la légitime défense supposant l'agression sinon tout recours illicite à la force armée dans les relations internationales, certains États ou OIG, sur la base et au-delà des résolutions 2625 et 3314 de l'AGNU ou d'autres résolutions de l'Assemblée comme du Conseil, tendent à élargir le concept d'agression ou à revendiquer son élargissement, dans l'optique de la lutte contre le terrorisme international ou contre la prolifération des ADM. Deviendraient assimilables à des actes d'agression, pourvu qu'ils soient prouvés : 1) les actes graves de violence coercitive commis par des groupes ou entités non étatiques, les critères de l'agression étant transposés des États auxdits groupes ou entités ; 2) le soutien de l'État au terrorisme international, autrement dit, le manquement de l'État à ses obligations de vigilance et de diligence en matière de lutte contre le terrorisme, dès lors que ce dernier aurait atteint une certaine gravité coercitive ; 3) l'acquisition par un État ou par un groupe ou une entité non étatique, soutenu ou non par un État, d'armes de destruction massive, en violation des traités en vigueur, la dangerosité intrinsèque d'une telle acquisition devenant constitutive d'un acte grave de violence coercitive. L'existence conjointe, délibérée et avérée dans un État de réseaux terroristes et d'ADM équivaudrait à une menace d'agression imminente de la part de cet Etat[301]...

Qu'a dit le CSNU ? À ce jour, il a qualifié de menaces contre la paix et la sécurité internationales — pas d'agression autorisant la légitime défense — le terrorisme international et la prolifération des ADM. A cet effet, il a créé des Comités de suivi. Il a imposé aux États de lutter, dans le respect de la Charte, contre les deux phénomènes, dont la définition demeure floue. Il a prononcé des « sanctions » économiques — pas militaires — contre des États accusés de soutenir le terrorisme ou la prolifération. Il a reconnu le droit de légitime défense des États, mais en le maintenant dans le cadre de la réaction face à une agression (indirecte). L'Union africaine est allée plus loin (en violation de la Charte des NU ?) : dans son Pacte de non-agression et de défense commune signé à Abuja le 31 janvier 2005, elle a admis la légitime défense contre les acteurs non étatiques et contre la menace d'agression.

De l'agression indirecte à l'agression non étatique, ou de l'imputabilité à l'État à la controverse sur la désétatisation de l'agression

La résolution 3314, relayant la résolution 2625, a pris en compte, et a interdit, l'agression indirecte, assimilable à l'insurrection, à la subversion ou à la sécession armées dirigées depuis l'extérieur, cependant qu'elle a confirmé la légitimité des MLN. Mais elle en est restée à une conception interétatique du concept, autrement dit, au critère de l'étaticité.

À cet égard, la définition de 1974 est un compromis entre les États (occidentaux) qui souhaitaient inclure le soutien étatique à des groupes armés, et les États (afro-asiatiques) qui refusaient d'admettre que l'agression puisse signifier autre chose que l'attaque menée par les forces militaires d'un État contre un autre État. Pour que l'aide d'un État à un groupe non étatique puisse être qualifiée d'agression, l'article 3 alinéa g de la résolution 3314 requiert deux conditions cumulatives : que les actes de violence commis soient d'une gravité telle que, s'ils avaient été accomplis par des forces régulières, on ait pu les qualifier d'agression ; que l'État concerné ait envoyé les groupes armés ou qu'il se soit engagé de manière substantielle. De son côté, la résolution 2625 de l'AGNU interdit à tout État de soutenir des actes de guerre civile, de subversion ou de terrorisme sur le territoire d'un autre État, et elle déclare qu'aucun État ne doit tolérer sur son territoire[302] des activités organisées en vue de perpétrer de tels actes[303]. De tels actes peuvent

---

[301] Tel était « *l'axe du mal* » selon le Président Bush (discours du 29 janvier 2002 sur l'état de l'Union) : le lien unissant des gouvernements cherchant à se doter d'ADM et les terroristes susceptibles d'en faire usage.

[302] On retrouve le principe de l'utilisation non dommageable de la souveraineté territoriale.

[303] Tout État doit s'abstenir « *d'organiser ou d'encourager l'organisation de forces irrégulières, de bandes armées (ou) de mercenaires, en vue d'incursions sur le territoire d'un autre État* » (principe 1 alinéa 8) ; « *d'organiser et d'encourager des actes de guerre civile ou des actes de terrorisme sur le territoire d'un autre État, d'y aider ou d'y participer, ou de*

être qualifiés d'agression à l'encontre d'un État A, s'ils sont suffisamment graves (en amplitude ou en fréquence) d'une part, et, d'autre part, s'ils sont imputables à la volonté d'un État B ou si les groupes les ayant commis sont envoyés par un État B ou s'ils dépendent de lui ou si leurs actions sont contrôlées par lui. Il appartiendra à l'État victime d'apprécier — sous réserve d'une éventuelle résolution du CSNU ou de l'AGNU — la gravité et l'imputabilité des faits. Même si l'on élargit le concept d'« engagement substantiel » à la simple tolérance de l'État vis-à-vis de groupes armés présents sur son territoire, on demeure dans la logique interétatique : les groupes armés sont assimilés — fût-ce abusivement — à des organes *de facto* de l'État et la tolérance, à une mise à disposition du territoire étatique, si bien que l'agression est le fait d'un groupe d'individus agissant pour le compte d'un État. Il s'agit donc toujours d'attribuer à un État les actions d'un groupe non étatique, donc de recourir aux mécanismes de la responsabilité internationale, à savoir la dépendance du groupe vis-à-vis de l'État ou le contrôle de l'État sur les actions qu'il a commises, dès lors que ces actions atteignent un certain degré de violence.

En revanche, l'élargissement de l'agression — en droit international public ou pénal — aux groupes (non territorialisés) ou entités (territorialisées) non étatiques fait passer le droit international pertinent de l'agression indirecte à l'agression non étatique. Le problème n'est plus celui du lien (de subordination) entre un groupe ou une entité non étatique et un État ni celui de l'attribution à un État des actes d'un groupe ou d'une entité non étatique. Le problème est de savoir si un groupe ou une entité non étatique peut être un agresseur, donc, pour négative que soit la qualification, un sujet de *jus ad bellum*. Dans l'affirmative, une conséquence s'ensuit et un nouveau problème se pose : 1) le droit de l'État agressé de réagir militairement au titre de la légitime défense ; 2) les rapports entre l'État sur le territoire duquel se trouve le groupe ou l'entité en question et l'État qui réagit contre ce dernier.

Les mécanismes d'imputation de la responsabilité à l'État

En présence de comportements assimilables à des infractions mettant en cause un État, il faut se poser successivement deux questions. 1) Sont-ils le fait de personnes ayant la qualité d'agents ou d'organes de l'État ? 2) Sinon, sont-il le fait de personnes ayant agi pour le compte de l'État ? Tout dépend du lien qui peut être établi entre les individus ayant commis l'acte et l'État, et de la preuve qui peut être apportée que ces individus ont agi de concert avec les autorités de l'État ou à leur instigation. Pour la CDI comme pour la

tolérer sur son territoire des activités organisées en vue de perpétrer de tels actes » (principe 1 alinéa 9) ; « *d'aider… ou de tolérer des activités armées subversives ou terroristes destinées à changer par la violence le régime d'un autre État, ainsi que d'intervenir dans les luttes intestines d'un autre État* » (principe 2 alinéa 2).

CIJ, « *dans chaque hypothèse concrète où il s'agit d'établir une responsabilité internationale de l'État, il doit effectivement être prouvé que la personne ou le groupe de personnes ont vraiment été chargés par les organes de l'État de remplir une certaine fonction ou d'exécuter une certaine tâche* ». 3) Comment attribuer à l'État des infractions terroristes ?

La théorie de l'organe *de jure*

A la question de savoir de quels agents ou de quels organes étatiques les comportements sont réputés être ceux de l'État, la réponse du droit international est que tous lui sont imputables. En contrepartie de l'interdiction faite aux États de s'immiscer dans les affaires intérieures des autres États, un État ne peut invoquer les particularités de son organisation interne pour échapper à ses obligations internationales. Face aux États étrangers, l'État apparaît dans son unité. Faisant application de la théorie de l'apparence, prenant l'État comme un tout, le droit international a une conception large des agents ou organes pouvant engager l'État, que ce soit au titre d'agent ou d'organe proprement dit (habilité) de l'État, ou à celui d'agent ou d'organe agissant pour le compte de l'Etat[304]. Il faut cependant que l'agent ou l'organe ait agi en tant que tel : la responsabilité de l'État n'est pas engagée au cas où l'acte incriminé serait manifestement étranger aux attributions de l'agent ou de l'organe, du moins si une négligence coupable des autorités de l'État n'est pas prouvée. En revanche, la responsabilité internationale d'un État pour violation de l'obligation de vigilance ou de diligence ne peut être engagée pour les faits illicites commis par ses ressortissants à l'étranger, dès lors qu'ils n'ont pas agi en tant qu'agents ou organes de l'État ni pour le compte de l'État. Lorsque le ressortissant d'un État est l'hôte d'un autre État, il est soumis à la souveraineté de ce dernier, puisque l'État dont il est le national ne peut exercer de façon légale aucun pouvoir de contrainte sur ses ressortissants à l'étranger. C'est à l'État du for qu'il appartient de veiller à ce que ces derniers, y compris s'ils bénéficient de l'asile et s'ils sont des opposants politiques au gouvernement de leur État d'origine, ne commettent pas, sur son territoire, des faits internationalement illicites ou qu'ils n'utilisent pas son territoire afin de porter préjudice à tout autre État, y compris leur État d'origine.

[304] De manière accessoire, le droit des réfugiés aide à déterminer la notion d'« organe de l'État » ou celle d'« actes imputables à l'État » : sont imputables à l'État les persécutions encouragées ou volontairement tolérées par les autorités établies, y compris lorsque ces dernières refusent la protection nécessaire ou s'abstiennent délibérément d'intervenir. Quatre notions apparaissent donc : encouragement, tolérance volontaire, refus de protection, abstention délibérée.

La théorie de l'organe *de facto*

En dehors des agents ou organes *de jure* de l'État, il existe trois types d'agents ou organes *de facto* utilisés par un État A pour accomplir des actes illégaux à l'encontre d'un État B : soit un individu engagé par un État, soit un ensemble d'individus formant un groupe organisé, soit une entité exerçant un contrôle territorial. Dans le premier cas, l'attribution de responsabilité (la charge de la preuve incombe à l'État B) implique de démontrer que l'État A a donné des instructions spécifiques à l'individu. Dans le deuxième et le troisième cas, il faut démontrer que le groupe ou l'entité dépend totalement de l'État A ou qu'il exerce sur leurs actions un contrôle suffisant. Il est connu que, dans l'opération d'attribution de la responsabilité à un État des actes commis par un groupe ou une entité non étatique, la CIJ et le TPIY n'ont pas la même conception du « contrôle suffisant ». La CIJ, statuant sur la responsabilité internationale de l'État, exige un contrôle « *effectif* », tandis que le TPIY, statuant sur la responsabilité pénale de l'individu, exige un contrôle « *global* ». La CDI est du même avis que la CIJ. Celle-ci a confirmé dans l'arrêt *Crime de génocide* de 2007 l'opinion qu'elle avait émise dans l'arrêt *Nicaragua* de 1986. La notion de contrôle global, a-t-elle dit, présente« *le défaut majeur d'étendre le champ de la responsabilité des États bien au-delà du principe fondamental qui gouverne le droit de la responsabilité, à savoir qu'un État n'est responsable que de son propre comportement, c'est-à-dire de celui des personnes qui, à quelque titre que ce soit, agissent en son nom.* » Examinons les deux conceptions.

A) Dans l'arrêt *Nicaragua* de 1986, la CIJ a exclu l'imputation aux États-Unis des actes contraires aux règles applicables du DIH commis par les *contras*, en adoptant le même raisonnement que dans l'arrêt *Personnel des États-Unis à Téhéran* de 1980. Les *contras* ne peuvent être assimilés à des personnes ayant agi pour le compte de Washington. « *Il n'est pas établi que (les États-Unis) exercent sur les* contras *dans toutes leurs activités une autorité telle qu'on puisse considérer les* contras *comme agissant en leur nom... Même prépondérante ou décisive, la participation des États-Unis à l'organisation, à la formation, à l'équipement, au financement et à l'approvisionnement des* contras, *à la sélection de leurs objectifs... et à la planification de... leurs opérations demeure insuffisante en elle-même... pour que puissent être attribués aux États-Unis les actes commis par les* contras... *au Nicaragua. Toutes les modalités de participation des États-Unis qui viennent d'être mentionnées, et même le contrôle général exercé par eux sur une force extrêmement dépendante à leur égard, ne signifieraient pas par eux-mêmes, sans preuve complémentaire, que les États-Unis aient ordonné ou imposé la perpétration d'actes contraires... au droit... allégués par l'État demandeur. Ces actes auraient fort bien pu être commis par des membres de la force* contra *en dehors du contrôle des États-*

Unis. Pour que la responsabilité juridique de ces derniers soit engagée, il devrait en principe être établi qu'ils avaient le contrôle effectif[305] *des opérations militaires ou paramilitaires au cours desquelles les violations en question se seraient produites* ». Ce qui est attribuable aux États-Unis, c'est leur « *politique de soutien* » aux *contras*, non pas les actes commis par ces derniers.

B) Dans des affaires relatives à des chefs miliciens croates ou serbes, en 1999, le TPIY a déclaré :« *il suffit pour imputer à l'État les actes du groupe, que ce dernier soit, dans son ensemble, sous le* contrôle global[306] *de l'État... Celui-ci est forcément responsable de ces actes, qu'il ait ou non imposé, demandé ou ordonné chacun d'entre eux... Le degré de contrôle requis... peut être considéré comme avéré lorsqu'un État... joue un rôle dans l'organisation, la coordination ou la planification des actions... du groupe..., en plus de le financer, l'entraîner, l'équiper ou lui apporter son soutien opérationnel* ». Ce contrôle peut revêtir « *la forme d'assistance et de soutien financier, logistique et autre, (ou) plus significativement, la forme d'une participation à la direction, la coordination et la supervision générales des activités* » du groupe. Cependant, les conditions pour imputer la responsabilité à l'État sont plus strictes lorsque l'État« *est en proie à... une guerre civile et souffre d'une déliquescence du pouvoir* ».

Dans l'affaire *Celebici*, les juges du TPIY ont rappelé la différence de nature et de compétence des juridictions saisies, CIJ d'une part, TPIY d'autre part, afin de justifier, par là même, la différence d'approche en matière d'attribution de la responsabilité. La CIJ, dans l'affaire *Nicaragua*, comme le TPIY, dans des affaires concernant la Bosnie-Herzégovine, se demandent s'il y a eu intervention étrangère dans un pays (Nicaragua, Bosnie), donc si les actes commis par certains groupes ou entités non étatiques locaux (*contras*, HVO ou VRS) doivent être attribués à un État étranger (États-Unis, Croatie ou RFY). Mais l'une applique le droit de la sécurité internationale, règles coutumières pertinentes et Charte des NU, pour déterminer l'éventuelle responsabilité réparatrice d'un État ; l'autre cherche quel droit des conflits armés s'applique, le droit des conflits internationaux ou le droit des conflits non internationaux, pour déterminer la responsabilité punitive d'un individu.

Dans l'affaire *Aleksovski* et dans l'affaire *Tadic*, il s'agissait d'apprécier respectivement si les actes des forces armées de la Communauté croate d'Herzeg-Bosna pouvaient être attribués à la Croatie et si les actes des forces armées de la République serbe d'Herzeg-Bosna pouvaient être attribués à la RFY. Zagreb et Belgrade exerçaient-ils un degré de contrôle suffisant sur les forces croates ou serbes de Bosnie pour qu'elles soient considérées comme des organes de fait de la Croatie ou de la RFY ? L'appréciation dépend des

---

[305] Souligné par nous.
[306] Souligné par nous.

circonstances concrètes. Dans les deux cas, les liens politiques, financiers, logistiques, opérationnels entre les forces bosno-croates ou bosno-serbes d'une part, les autorités de Croatie et de RFY d'autre part, étaient suffisamment étroits pour satisfaire au critère du « *contrôle global* » et démontrer que la HVO comme la VRS agissaient pour le compte de Zagreb ou de Belgrade.

L'attribution à l'État de la responsabilité d'une infraction terroriste

Comment imputer à un État l'attentat grave commis par un groupe non étatique ? Cette attribution est décisive aussi bien pour la mise en cause de la responsabilité de l'État fautif, c'est-à-dire l'État sur le territoire duquel l'attentat a été préparé, que pour la mise en œuvre de la responsabilité par l'État victime, c'est-à-dire l'État sur le territoire duquel l'attentat a été perpétré, même si les CAT gardent silence sur les droits des États ayant subi le terrorisme vis-à-vis des États l'ayant soutenu.

Les principes de base en la matière ont été dégagés par Max Huber dans sa fameuse sentence arbitrale du 23 octobre 1924 concernant les biens britanniques au Maroc espagnol : un État ne saurait être rendu responsable de tous événements internationalement dommageables survenus sur son territoire ; mais il peut être rendu responsable de ce que ses autorités font ou ne font pas, pour parer, dans la mesure du possible, à ces événements. La même année 1924, la commission de juristes réunis par la SDN, après l'incident de Janina[307], avait souligné que « *la responsabilité d'un État, pour crime politique commis sur la personne des étrangers sur son territoire, ne se trouve engagée que si cet État a négligé de prendre toutes les dispositions appropriées en vue de prévenir le crime et en vue de la poursuite, de l'arrestation et du jugement du criminel* ». Dans l'arrêt *Détroit de Corfou* du 9 avril 1949, la CIJ a rappelé « *qu'un État, sur le territoire duquel s'est produit un acte contraire au droit international, peut être invité à s'en expliquer... Il ne peut se dérober à cette invitation en se bornant à répondre qu'il ignore les circonstances de cet acte ou de ses auteurs... Mais on ne saurait conclure du seul contrôle exercé par un État sur son territoire... que cet État a nécessairement connu ou dû connaître tout fait illicite international qui y a été perpétré non plus qu'il a nécessairement connu ou dû connaître ses auteurs* ». Dans l'arrêt *Personnel diplomatique et consulaire des États-Unis à Téhéran* du 24 mai 1980, la CIJ a distingué entre les faits imputables au gouvernement iranien et les faits relevant de l'action de particuliers dont le gouvernement ne pouvait être rendu responsable. Ainsi, le droit international de la responsabilité[308] est un droit « libéral », séparant l'État et les particuliers et ne s'adressant qu'aux États. L'État n'est

307 Assassinat de membres de la mission italienne chargée de fixer la frontière gréco-albanaise.

308 À l'instar du droit classique de la neutralité.

pas responsable des dommages résultant du comportement des particuliers ; il est responsable de son propre fait, en cas de manque de « vigilance » dans la prévention des actes dommageables (police administrative), en cas de manque de « diligence » dans la répression des fauteurs (police judiciaire). En contrepartie de sa compétence territoriale, il doit protéger les États tiers vis-à-vis de groupes venus de son territoire, et en contrepartie de sa compétence personnelle, il doit veiller à ce que ses ressortissants à l'étranger ne portent pas atteinte aux États tiers.

S'agissant d'infractions terroristes, cinq hypothèses sont envisageables : des préparatifs sont réalisés sans que l'État territorialement compétent en ait connaissance ; cet État n'ignore pas que des groupes non étatiques utilisent son territoire pour préparer des attentats, mais il est dans l'incapacité de les empêcher ; l'État tolère la présence de ces groupes ou ne met pas en œuvre les mesures de lutte ; les préparatifs s'effectuent avec la complicité des autorités de l'État ou de certaines autorités (à l'insu du gouvernement), qui fournissent des documents, des fonds ou des armes ; les activités attentatoires sont le fait même des services de l'État ou de certains services (à l'insu du gouvernement), qui commanditent ou manipulent tel groupe non étatique. Seule la première hypothèse permet l'exemption de responsabilité. Les deuxièmes et troisièmes, formes de soutien passif au terrorisme, ouvrent le droit pour l'État victime de réagir par des mesures de police extraterritoriales. Les deux dernières, formes de soutien actif, ouvrent le droit pour l'État victime de réagir, non seulement par des actions de police, mais par des contre-mesures, voire par des opérations militaires au titre de la légitime défense, du moins si les attentats ou les menaces d'attentats équivalent par leur gravité à une agression ou à une imminence d'agression. Le droit international présume que les États, donc les gouvernements qui les représentent, sont maîtres sur leur territoire. Or, les États ne doivent pas soutenir, ni passivement ni activement, la préparation d'attentats contre ou sur des États tiers (obligation négative) ; ils doivent prendre, sur leur territoire, toutes les mesures propres à prévenir et à réprimer de tels préparatifs (obligation positive). La responsabilité de l'État défaillant ou fautif peut être engagée, même s'il n'y a pas de convention qui règle de manière générale la matière[309]. La légitime défense supposant une agression, la question est de savoir si un ou plusieurs actes de terrorisme peuvent constituer une agression de la part de l'État qui a soutenu le terrorisme. Il faut pour cela que les actes soient attribués à l'État et qu'ils atteignent un seuil de gravité. Sinon, en l'absence d'imputabilité étatique et de gravité suffisante, le terrorisme n'est pas justiciable de la légitime défense, mais d'une répression pénale.

---

[309] Il n'existe que des projets de conventions présentés par la CDI.

Un groupe ou une entité non étatique peut-il être un agresseur ?

La thèse favorable à la désétatisation de l'agression — y compris dans ses conséquences pénales — se base sur un quintuple argument. 1) Le *jus ad bellum* reconnaît les MLN comme titulaires du droit de belligérance.2) L'article 51 de la Charte des NU n'exige pas que l'auteur d'une agression soit un État ; c'est la résolution 3314 qui a « étatisé » le concept d'agression. L'IDI, dans sa résolution *Problèmes actuels du recours à la force en droit international-Légitime défense*, n'a-t-elle pas déclaré qu'« *en cas d'attaque armée d'un État par un acteur non étatique, l'article 51 de la Charte, tel que complété par le droit international coutumier, s'applique en principe* »[310] ? 3) Les mesures coercitives non militaires et militaires des articles 41 et 42 de la Charte sont utilisables et utilisées contre des groupes ou entités non étatiques, pas uniquement contre des États. 4) Le *jus in bello* reconnaît les groupes ou entités non étatiques comme parties à des conflits armés internes ou internationaux ; la qualification juridique de conflit armé international ne dépend plus de la qualité de sujet plénier de droit international public, mais de l'intensité de la violence, de l'organisation sinon de la territorialisation des parties, de l'extranéité du rapport d'hostilité. 5) Le droit de la responsabilité internationale, tant réparatrice que punitive, reconnaît également les groupes ou entités non étatiques.

Si la thèse favorable à la désétatisation était adoptée en droit international positif, c'est-à-dire acceptée par la communauté internationale des États dans son ensemble, il n'y aurait plus besoin, aux fins d'exercer le droit de légitime défense, d'attribuer à un État les actes d'hostilité commis par un groupe ou une entité non étatique hors situations d'invasion ou d'occupation d'une part, hors situations coloniales, postcoloniales ou d'apartheid d'autre part. Autrement dit, le critère de l'imputabilité à l'État disparaîtrait ; ne resterait que le critère de la gravité des faits, la réaction en légitime défense gardant le même encadrement normatif, sous contrôle du CSNU[311]. Subsisterait le problème suivant : le groupe ou l'entité se trouvant nécessairement sur le territoire d'un État (sauf l'hypothèse de la haute mer), celui-ci s'exposerait à une intervention militaire étrangère sur son territoire. Élargir le concept d'agression — réserve faite de la décision *ad hoc* du CSNU — aux groupes ou entités non étatiques impliquerait un rapport à trois, à la place du duel entre l'agresseur et l'agressé : le groupe ou l'entité

---

[310] Par exemple, si un acteur non étatique lance une attaque armée sous la direction ou le contrôle d'un État, ce dernier peut devenir l'objet de l'action en légitime défense de l'État visé (art. 10 i) ; si une attaque armée par un acteur non étatique est lancée depuis un espace situé hors la juridiction de tout État, l'État visé peut exercer son droit de légitime défense dans cet espace contre l'acteur non étatique (art. 10 ii).

[311] L'AGNU pourrait également exercer un tel contrôle, de manière subsidiaire et recommandataire, en vertu de la résolution 377. Quant à la CIJ, si elle était saisie, elle pourrait dire, consultativement voire contentieusement, s'il y a agression et qui est l'agresseur, y compris à l'encontre d'une résolution des organes politiques des NU.

responsable de l'agression, l'État agressé, l'État sur le territoire duquel la réaction armée se déroule. Celle-ci lui causerait des dommages substantiels, si bien qu'elle tomberait sous le coup de la règle de l'interdiction du recours interétatique à la force armée, à moins que le défaut de vigilance et de diligence n'autorise une dérogation à cette règle. Cette dernière hypothèse serait renforcée au cas où le CSNU aurait demandé ou ordonné à l'État territorialement compétent de prendre les mesures pour rétablir son autorité vis-à-vis du groupe ou de l'entité non étatique et où celui-ci n'aurait pu ou voulu obtempérer. Sauf prise de position du CSNU, l'État territorialement compétent aurait le choix entre trois attitudes : coopérer avec l'État s'estimant agressé (selon la résolution de l'IDI, « *l'État à partir duquel l'attaque armée d'acteurs non étatiques est lancée doit coopérer avec l'État visé* ») ; se ranger aux côtés du groupe ou de l'entité non étatique qu'il abrite, au cas où il estimerait, lui, qu'il n'y a pas eu d'agression ; rester « neutre »...

La thèse de la désétatisation de l'agression n'a pas été consacrée, sauf par l'IDI et l'UA. On ne la retrouve pas dans les travaux de la CDI, ni dans la jurisprudence de la CIJ[312]. Le Document final du Sommet mondial de l'ONU en 2005[313] s'en tient à l'agression indirecte au sens de l'article 3 alinéa g de la résolution 3314. Tout au plus certains États, avec l'acquiescement explicite ou implicite d'autres, procédaient-ils à « l'étirement » du concept de « l'engagement substantiel ». Ainsi des États-Unis en 2001 : c'est contre l'État taliban qu'ils ont recouru à la force armée, parce qu'il a abrité, toléré, soutenu *Al-Qaïda*[314]. Les *Livres blancs de la défense* mentionnent les

---

[312] Voir les affaires *Nicaragua*, *Licéité de la menace ou de l'emploi d'armes nucléaires*, *Mur palestinien*, *Congo*. Dans l'avis de 2004, la CIJ a réaffirmé d'une manière très claire que « *le droit naturel de légitime défense (ne peut être exercé qu') en cas d'agression par un État contre un autre État* ». Dans l'arrêt de 2005, elle a examiné les modalités de la riposte ougandaise à des actions préparées depuis la RDC pour conclure que « *les conditions de droit et de fait justifiant l'exercice d'un droit de légitime défense par l'Ouganda à l'encontre de la RDC n'étaient pas réunies* ». Elle a toutefois ajouté qu'elle n'avait pas à se prononcer sur les arguments des parties relatifs à la question de savoir si, et à quelles conditions, le droit international prévoit un droit de légitime défense en réaction à des attaques d'envergure menées par des forces irrégulières. Dans leurs opinions individuelles, certains juges ont déclaré que la Cour aurait dû reconnaître la possibilité de concevoir une action en légitime défense contre des entités non étatiques

[313] Lors des débats du soixantième anniversaire de l'ONU, le recours à la force par des entités non étatiques n'a été abordé que sous l'angle du terrorisme international et de la lutte contre le terrorisme international, qui passe essentiellement par la coopération policière et judiciaire entre États.

[314] La pratique de l'administration Bush a été beaucoup plus prudente que certains de ses discours ne le laissaient augurer. En septembre 2002, le document intitulé *The National Security Strategy of the United States of America*, selon lequel l'ennemi est le « terroriste », revendiquait une modification du concept de légitime défense, afin de créer un droit d'action *préventive* à l'encontre de *groupes non étatiques*. Soit une double modification d'un régime qui n'autorise que la *réaction* à l'encontre d'*États*. Une telle doctrine n'était certes pas un retour au droit international d'avant 1945 ou 1919 : il n'était pas question d'une libre

groupes terroristes voire le crime organisé comme des menaces intéressant les forces armées nationales. Mais il n'existait aucun précédent dont on pouvait déduire un accord des États sur une extension de l'interdiction du recours à la force telle qu'elle est énoncée dans la Charte à des relations entre États et groupes ou entités non étatiques. Il existait certes de nombreux cas, avant même le 11 septembre 2001, dans lesquels un État avait pénétré sur le territoire d'un autre en prétendant viser un groupe ou une entité non étatique qui s'abritait de l'autre côté de la frontière[315]. Mais les justifications restaient les mêmes : les puissances intervenantes invoquaient la légitime défense face à l'agression indirecte, ou bien, depuis 2001, la lutte contre le terrorisme international. Elles continuaient alors à justifier leur action extraterritoriale par une violation préalable du droit international dont se serait rendu responsable *l'État* sur le territoire duquel se déroulait l'intervention, par son soutien au terrorisme ou son défaut de vigilance et de diligence. À ce stade, les groupes ou entités non étatiques ne commettaient pas plus d'agression qu'ils ne bénéficiaient de la légitime défense. Soit ils relevaient d'un État, et celui-ci en était responsable, y compris s'ils lui attiraient des interventions de la part d'autres États, soit ils n'en relevaient pas, et ils étaient justiciables de mesures de police extraterritoriales si l'État normalement compétent ne remplissait pas ses obligations de vigilance et de diligence.

Mais le débat a été renouvelé par le Pacte de l'UA en 2005 ou par l'action militaire israélienne au Liban contre le *Hezbollah* en 2006[316]. On pourrait y ajouter les multiples actions militaires turques en Irak ou en Syrie contre les Kurdes des années 1990 à nos jours[317]. On ne pouvait dire qu'une règle coutumière avait émergé, élargissant la notion d'agression à des actes graves de violence coercitive commis par des collectivités non étatiques et élargissant parallèlement la notion de légitime défense à la réaction militaire à de tels actes, sans qu'il n'y ait plus besoin d'imputer à l'État territorialement compétent lesdits actes. Y a-t-il eu rupture en 2015 lors des opérations militaires internationales menées contre *Daesh ?* Le cas de l'« État islamique au Levant et en Mésopotamie » puis de « l'État islamique » confirme qu'un conflit armé international peut éclater entre une entité non étatique et plusieurs États, locaux ou extérieurs. Parmi ces

compétence de guerre, mais d'un nouveau concept de légitime défense. Celui-ci n'a cependant pas été concrétisé, ni en Afghanistan ni en Irak. Le cas de *Daesh* pourrait faire évoluer les choses.

315 Actions militaires israéliennes au Liban, en Syrie, en Jordanie, en Tunisie, actions militaires portugaises, rhodésiennes, sud-africaines dans les autres États d'Afrique australe, actions militaires turques en Irak, actions militaires américaines au Soudan et en Afghanistan…

316 Les opérations de l'armée éthiopienne contre l'UTI en Somalie, fin 2006-début 2007, se fondaient non seulement sur l'invocation de la légitime défense, mais aussi et surtout sur la sollicitation du gouvernement somalien, fût-il internationalement contesté.

317 Cf. par exemple I. Moulier, « 2008 ».

derniers, certains, telle la France, ne soutenant pas le gouvernement syrien donc ne bénéficiant pas de son consentement, ont justifié leur recours à la force armée en invoquant la légitime défense face au terrorisme international, dès lors assimilé à une *agression non étatique*...

Le Pacte de non-agression et de défense commune de l'Union africaine[318]

L'originalité du Pacte d'Abuja réside dans son intitulé, dans la quasi-absence de renvoi à la Charte des NU en ce qui concerne le recours à la force, dans la nature particulièrement étendue des situations dont dépend la mise en œuvre de l'engagement de défense mutuelle.

1) Le Pacte de l'UA est l'un des rares traités à s'annoncer comme un traité à la fois de non-agression et de défense mutuelle. Rien n'empêche des États de réunir dans un même texte obligation de non-agression et obligation d'assistance mutuelle. Mais cela suscite quelque interrogation à une époque où la menace et l'emploi de la force sont interdits en droit international. Cela signifierait-il que l'interdiction universelle, insuffisamment garantie quant à son efficacité, a besoin d'être renforcée régionalement ? 2) Le Pacte de l'UA est le seul traité de défense mutuelle dont les dispositions relatives au recours à la force ne renvoient ni à la sécurité collective, ni à l'article 51 de la Charte, ni au chapitre VIII de la Charte des NU. Tout au plus l'article 17 du Pacte stipule que le Pacte « *n'affecte et n'est pas interprété comme affectant... les obligations découlant de la Charte* ». L'article 51 constitue *a priori* le fondement juridique (conventionnel) de tout traité de « défense collective », tandis que les articles 52 à 54 constituent, eux, le fondement de tout traité de « sécurité collective » sur le plan régional. Le Pacte de l'UA est à la fois un traité de défense collective et un traité de sécurité collective, à l'échelon africain, l'un établi par le Pacte lui-même, l'autre établi par le Protocole relatif à la création du Conseil de paix et de sécurité. Mais il ne s'appuie pas sur la Charte des NU. 3) Le Pacte de l'UA est le seul traité de défense à prévoir de manière explicite et précise la mise en œuvre de la légitime défense, y compris anticipée, dans le cas non seulement d'une agression armée par un État, mais aussi dans le cas d'une attaque commise par des groupes ou entités non étatiques et dans le cas d'une menace d'agression (art. 3g)[319].

À cet égard, le Pacte de l'UA crée-t-il un nouveau droit de légitime défense ou viole-t-il la Charte des NU ? Le Pacte est un instrument régional

---

318 Cf. R. van Steenberghe, « 2009 ».

319 Parmi les actes autorisant la légitime défense en riposte, figurent « *l'emploi... par toute entité étrangère... de la force armée...* », « *l'encouragement, le soutien, l'acceptation ou la fourniture de toute assistance aux fins de commettre des actes terroristes et autres crimes transfrontières violents...* », « *les actes d'espionnage qui pourraient être utilisés à des fins d'agression militaire* », « *l'assistance technologique de toute nature... aux fins de commettre des actes d'agression* »,« *tout acte ou déclaration hostile d'un État, groupe d'États, organisation d'États ou acteurs non étatique qui pourrait aboutir à un acte d'agression* ».

auquel un nombre limité d'États sont parties. Il ne peut à lui seul constituer une nouvelle interprétation ou entraîner une modification de l'article 51 de la Charte. Malgré l'article 17 du Pacte, on pourrait se demander si l'application de l'article 103 de la Charte conduirait à rendre le Pacte inopérant, ou s'il y aurait carrément nullité du Pacte en raison de sa non-conformité à la règle de l'article 51 de la Charte (du moins si celle-ci relève du *jus cogens*).

Le conflit de 2006 au Liban

Le conflit armé international au Liban, entre le 12 juillet et le 14 août 2006, a-t-il opposé Israël et le Liban ou Israël et le *Hezbollah* ? Tant que le Sud Liban était occupé par Israël, le *Hezbollah* pouvait se présenter comme un MRO, cependant que l'État israélien, lui, ne pouvait se prétendre en situation de légitime défense : il luttait contre un MRO. Depuis que le Sud Liban a été évacué par Israël, le *Hezbollah* ne peut plus se présenter que comme un allié de la cause de la résistance palestinienne à l'occupation israélienne ou de la cause de la libération de la Palestine, et cela, dans un contexte israélo-libanais caractérisé à la fois par l'état de guerre, un régime d'armistice et l'interdiction du recours à la force armée rappelée par le CSNU conformément à la Charte des NU. Au cœur de l'été 2006, il y a eu un conflit armé, du fait de l'intensité de la violence et de l'organisation des parties. Ce conflit armé a été international en raison de l'extranéité des parties et du franchissement d'une frontière interétatique (extraterritorialité). Quelle était la partie face à Israël : l'État libanais ou l'entité *Hezbollah* ?

Le 12 juillet 2006, des membres du *Hezbollah* ont franchi la frontière libano-israélienne, attaqué une patrouille, tué et capturé des soldats israéliens, cependant que des tirs d'artillerie étaient lancés sur Israël. Tel-Aviv a choisi de réagir militairement au titre de la légitime défense, pas par de simples mesures de police. Israël a opté pour une puissante riposte sur une grande partie du territoire libanais, dans le but d'affaiblir l'organisation ennemie. Cette réaction était-elle excessive au regard du droit international ? Israël avait-il subi un acte d'agression ? Si oui, de qui ? Du Liban ou du *Hezbollah* ? Dans ce dernier cas, l'action du *Hezbollah* était-elle cependant imputable au Liban ? Dans la négative, était-il possible d'attribuer à une entité non étatique un acte d'agression justifiant le recours contre elle à la légitime défense ? Ce recours ayant lieu sur le territoire libanais, comment justifier les dommages causés sur ce territoire ? Le défaut de vigilance et de diligence de la part de l'État libanais était-il invocable ?

Il importe de déterminer la nature juridique du *Hezbollah* : entité non étatique ou démembrement de l'État libanais ? Dans ce dernier cas, le conflit armé a opposé Israël et le Liban. Formellement, le *Hezbollah* n'est pas un organe *de jure* de l'État libanais. En serait-il l'organe *de facto*, par exemple en tant que collectivité décentralisée exerçant des prérogatives de puissance publique au nom et pour le compte du Liban ? Dans l'affirmative, le Liban serait encore la partie belligérante. Ou bien les relations entre l'État libanais et le *Hezbollah* échappent-elles aux critères couramment utilisés pour attribuer à un État la conduite de groupes d'individus ayant la nationalité de cet État ou résidant sur son territoire ou substantiellement liés à lui ? A la limite, ne serait-ce pas le *Hezbollah* qui contrôlerait, au moins partiellement, le gouvernement ou le territoire du Liban ? Ni Israël ni aucun État n'ont soutenu la thèse d'une attribution des actes du *Hezbollah* à l'État libanais, tant le premier est autonome vis-à-vis du second. L'accent a été mis sur les obligations de vigilance et de diligence du Liban, l'État territorialement compétent.

Ainsi, le gouvernement israélien a souligné le manquement de l'État libanais à ses obligations de prévention et de répression, car c'était depuis le territoire du Liban que les actes d'hostilité du *Hezbollah* avaient été préparés et lancés. Mais c'est contre l'agression du *Hezbollah* qu'il a invoqué l'exercice du droit de légitime défense. Cependant, le Liban a également été partie au conflit armé : parce que le défaut de contrôle du Sud lui est imputable, parce que le *Hezbollah* était représenté par deux ministres dans le gouvernement de Beyrouth, parce que son territoire a été le théâtre de la riposte israélienne, parce que ses plénipotentiaires ont participé aux négociations sur l'adoption de la résolution 1701 du CSNU du 12 août. Il y a donc eu un conflit armé entre Israël et le *Hezbollah* sur le territoire du Liban.

De son côté, le CSNU n'a pas qualifié d'agression les actes commis par le *Hezbollah*, ni de légitime défense la riposte israélienne. Il n'a ni approuvé ni condamné. Il a simplement parlé d'« *hostilités* », sans prendre parti. L'expression « *hostilités* » confirme ce qu'ont déclaré les parties elles-mêmes, Israël, le *Hezbollah* et le Liban, à savoir qu'il y a bien eu un CAI. La « communauté internationale » a été unanime sur l'applicabilité du droit des CAI. Certains États ont approuvé l'argument israélien de la légitime défense, mais n'ont pas précisé si celle-ci devait s'exercer contre le Liban ou contre le *Hezbollah*. D'autres ont admis le principe de la réaction israélienne, mais l'ont trouvé disproportionnée dans ses modalités, sans qu'on sache s'ils auraient estimé suffisantes des mesures de police extraterritoriales. Enfin, les États qui ont condamné le comportement d'Israël n'ont pas nécessairement expliqué s'ils critiquaient l'argument de la légitime défense tout court, ou l'argument de la légitime défense contre le *Hezbollah*.

Le conflit de 2006 au Liban a toutefois fourni des indications originales sur la construction du rapport de responsabilité entre l'État territorial, le groupe ou l'entité non étatique et l'État s'estimant agressé, ainsi que sur les éventuelles conditions de la légitime défense face à un groupe ou une entité non étatique qui ne dépendrait pas de l'État territorial ou dont les actions ne se trouveraient pas sous son contrôle. Il apparaîtrait que seule une entité, et pas un groupe, pourrait être qualifiée d'agresseur, donc être responsable d'actes d'hostilité illicites, autrement dit, un groupe organisé et *territorialisé*, qualifiable d'entité quasiétatique, réunissant territoire, population, autorité.

Soit les critères traditionnels de reconnaissance d'une partie insurgée comme partie belligérante dans une guerre civile. *« S'il n'y a pas de raisons logiques pour exclure qu'une attaque menée par des individus ou des groupes d'individus puisse constituer une (agression) armée et que, par conséquent, la réaction de l'État puisse être qualifiée de légitime défense, il ne demeure pas moins vrai que la pratique requiert aussi l'existence d'un rattachement entre l'entité non-étatique et le territoire sur lequel elle exerce un contrôle qui équivaut à l'exercice de la puissance publique »*[320].

Le soutien étatique au terrorisme international est-il constitutif d'agression ?

Aux termes de précédents travaux[321], nous avions entrepris 1) de délimiter et 2) de définir le « terrorisme ». 1) Le terme désigne la violence armée, interne ou internationale, individuelle ou associative (ni d'Etat[322] ni de foule), conjurée (pas ostensiblement préparée), délibérée (pas pathologique), publicitaire (pas discrète) et aveugle (non sélective), à finalité politique (pas crapuleuse), en temps de paix (pas en temps de guerre). 2) Est donc terroriste l'acte politique (intimidant une population ou contraignant une autorité publique) de violence armée (en tant qu'infraction principale) perpétré (avec les infractions secondaires) d'une manière à la fois clandestine et publicitaire, en temps de paix, contre toute personne inoffensive ou tout bien mettant en danger la vie ou la santé de personnes inoffensives. Le présent ouvrage traitant de la guerre, le terrorisme, comme violence non guerrière[323], n'y a pas sa place. On ne s'intéressera donc pas à

---

320 E. Cannizzaro, « 2007 », p.352. Cf. aussi B. Aurescu, « 2006 ».

321 Cf. D. Cumin, « 2011 », *2018.*

322 L'expression « terrorisme d'État » désigne deux types de phénomènes connus en droit international. Soit un acte d'agression, lorsqu'il s'agit d'un acte grave de violence coercitive commis contre un État A par les agents d'un État B ou par des individus se trouvant sous la dépendance ou agissant sous le contrôle d'un État B (l'action sera dite secrète si elle est exécutée par des agents publics, tels des militaires ; clandestine, si elle est exécutée par des agents non publics). Soit des crimes *de masse* : crimes de guerre, crimes contre l'humanité, crimes de génocide. En temps de guerre, des attentats perfides (commis en civil) ou aveugles (commis contre des civils) sont évidemment des crimes de guerre. Lorsque des services de l'État, police ou armée, ou des organismes parallèles au sein de la police ou de l'armée (les « barbouzes ») ou parrainés par la police ou l'armée (les « escadrons de la mort »), commettent, avec ou sans l'aval du gouvernement, des actes de violence illicites (assassinat, disparition, enlèvement, torture) sur des opposants ou des adversaires, à l'intérieur ou à l'étranger, on parle aussi de « terrorisme d'État ». Il s'agit d'« actions extrajudiciaires », territoriales ou extraterritoriales, commises au nom de la « sécurité nationale ». L'expression « terrorisme » renvoie à des actes d'individus : des actes de violence illicites commis par des particuliers, réunis en association clandestine, ne se trouvant pas sous la dépendance ou n'agissant pas sous le contrôle d'un État.

323 Un attentat commis en temps de paix est un acte d'agression s'il a une gravité suffisante et s'il est imputable à un État, sinon à une entité non étatique. Un attentat peut être commis en temps de guerre : il est un acte de guerre s'il est conforme au *jus in bello* applicable, un crime

la lutte contre le terrorisme en droit international[324], mais à la question du terrorisme en *jus ad bellum*, c'est-à-dire aux conditions par lesquelles le soutien *étatique* au terrorisme — prouvé, pas seulement allégué — serait assimilable à un acte d'agression ou à une violation de la règle d'interdiction du recours à la force armée dans les relations internationales, autorisant l'exercice de la légitime défense ou de la sécurité collective, au-delà de mesures de police ou de contre-mesures[325]. S'agissant des *groupes non étatiques*, on a vu qu'ils n'étaient pas titulaires du *jus belli* hors situations d'invasion ou d'occupation d'une part, hors situations coloniales, postcoloniales ou d'apartheid d'autre part, à moins que les mouvements insurgés soient reconnus par des États ou le CSNU voire l'AGNU.

La lutte contre le terrorisme en général

Les problèmes posés par la lutte contre le terrorisme sont les suivants. Quelle définition ? Quelle répression ? Quelle prévention ? Quelles sont les obligations des États en termes de coopération judiciaire ? Quelles sont les conséquences d'un soutien étatique au terrorisme ? Quelle est la place de la coercition non militaire ou militaire, collective ou non collective, dans la lutte contre le terrorisme ? Analyse faite, on s'aperçoit que le terrorisme, pour répréhensible qu'il soit en droit pénal interne comme international, ne fait pas encore l'objet d'une définition (articulant éléments légal, matériel et moral) généralement acceptée au niveau universel[326]. En même temps, le

---

de guerre s'il est une infraction grave au *jus in bello* applicable. A cet égard, il peut exister deux sortes de « terrorisme » : les activités des forces armées visant à terroriser les populations (bombardements, massacres, déplacements forcés, spoliations...) ; les actes de guérilla ou de contre-guérilla visant des personnes civiles ou touchant des personnes civiles de manière inutile ou excessive. On parlera de crime de « terrorisation », assimilable à un crime de guerre. Mais le *jus in bello* ne s'applique pas au terrorisme en tant que tel, *id est* une violence politique du temps de paix. Les terroristes ne sont pas des combattants, car le terrorisme ne revêt pas les caractéristiques du conflit armé au regard des critères retenus : l'intensité de la violence, l'organisation des parties, sinon leur motivation politique (l'intention hostile). Il est significatif que les CAT excluent de leur champ d'application les situations relevant du *jus in bello*, évitant de la sorte des chevauchements de régimes juridiques et restant au temps de paix.

[324] L'ouvrage de référence est celui de J.-Ch. Martin, *2006*.

[325] Sur les contre-mesures, cf. D. Alland, *op. cit.*

[326] Sous l'angle matériel, les États ont opté pour une approche sectorielle dans des conventions spécialisées à vocation universelle ; puis des définitions générales ont été adoptées au niveau régional ; enfin une définition générale est ébauchée au niveau mondial. Au niveau mondial existent treize conventions et protocoles ; au niveau régional, dix conventions et protocoles ; s'ajoutent les instruments concertés non conventionnels, les actes unilatéraux d'État et les résolutions d'OIG. Onze traités à vocation universelle définissent des infractions de terrorisme, soit autant de définitions fragmentaires, fussent-elles universelles. Les différentes conventions renvoient à différentes modalités du terrorisme : le terrorisme aérien (Conventions de Tokyo 1963, La Haye 1970, Montréal 1971 et Protocole 1988), le terrorisme contre des personnes bénéficiant d'une protection internationale (Convention de New York 1973), les prises d'otages (Conventions de New York 1979), le terrorisme

terrorisme est considéré comme une menace à la paix et à la sécurité internationales, *dixit* le CSNU.

Les États ont donc l'obligation de ne pas le soutenir, ni activement ni passivement, et de lutter contre lui[327]. Conformément aux conventions, ils doivent le réprimer, suivant le triptyque : incrimination des infractions

---

maritime (Convention de Rome 1988 et Protocole), les attentats à l'explosif (Convention de New York 1997), le terrorisme nucléaire (Convention de Vienne 1980, New York 2005). Certains traités incorporent par renvoi les définitions fragmentaires des CAT universelles. Ils ne définissent pas les infractions terroristes qu'ils incorporent, mais délimitent leur champ d'application : au niveau mondial, la Convention de New York de 1999 contre le financement ; au niveau régional, les Conventions européennes de 1977 et 2005, les Conventions sud-asiatiques de 1987 et 2004, la Convention arabe, la Convention islamique, la Convention panaméricaine. Or, les États parties aux Conventions retenant une définition par renvoi ne sont pas nécessairement parties à celles qui font l'objet du renvoi. La définition du terrorisme est donc éclatée, puisque tous les États ne sont pas liés par la même définition des infractions. La première tentative de définir le terrorisme de manière générale remonte à la Convention de la SDN de 1937 ; mais celle-ci n'est jamais entrée en vigueur. Il existe de nos jours un projet de définition générale à vocation universelle, dans le cadre de l'ONU, et des définitions générales adoptées au niveau régional : ainsi des Conventions de l'OUA puis de l'UA, de la LEA, de l'OCI, de la CEI, de l'UE. Comme pour l'agression, deux techniques sont utilisées pour décrire l'élément matériel du terrorisme : l'énumération analytique, dont l'avantage est de contourner la difficulté de rédaction d'une définition synthétique, mais dont l'inconvénient est l'incomplétude inévitable ; la formulation synthétique, qui combine les comportements (les modes opératoires), les dommages (les cibles) et les buts. Ces derniers renvoient à l'élément intentionnel. Le dol spécial est d'intimider ou de terroriser. D'où le reproche adressé au caractère tautologique des définitions. Les CAT régionales ont élargi le dol spécial en ajoutant trois finalités : créer une situation de crise (Conventions africaine, arabe et islamique), créer une insurrection ou mettre en danger l'unité de l'État (Conventions africaine et islamique), endommager l'environnement (Conventions arabe et islamique). Matériellement, les actes de terrorisme consistent parfois en des procédés criminels communs (assassinats), parfois en d'autres procédés plus exclusifs (détournements d'avions). Mais l'intention terroriste peut ressortir de la nature de l'acte, c'est-à-dire être inhérent au choix des modes opératoires (explosifs) ou des cibles (aéronefs, navires), un tel choix révélant le dol spécial, c'est-à-dire l'intention d'intimider ou de terroriser. Il importe fondamentalement au jurislateur international de distinguer infractions terroristes d'une part, infractions politiques et infractions de droit commun d'autre part, d'éviter à la fois une définition trop extensive qui servirait aux autorités à poursuivre des activités politiques et une définition trop restrictive qui laisserait échapper la multitude des actions qui précèdent, accompagnent ou suivent l'attentat. Le plus souvent, l'intention terroriste ressort du contexte ou de la finalité politique de l'acte.

327 Cf. la Déclaration de l'AGNU du 9 décembre 1994 sur l'élimination du terrorisme international. Celle-ci rappelle que les États doivent « *s'abstenir d'organiser, de fomenter, de faciliter, de financer, d'encourager ou de tolérer des activités terroristes* », mais aussi « *veiller à arrêter, traduire en justice ou extrader les auteurs d'actes de terrorisme* », « *chercher à conclure des accords spéciaux à cet effet* », « *coopérer entre eux en échangeant (toute) information* », « *prendre promptement toutes les mesures nécessaires pour appliquer les conventions internationales en vigueur (et) harmoniser leur législation nationale avec ces conventions* », « *prendre les mesures voulues, avant d'accorder l'asile, pour s'assurer que le demandeur d'asile n'a pas eu d'activités terroristes et, après avoir accordé l'asile, pour s'assurer que le statut de réfugié n'est pas (détourné)* ».

(principales ou secondaires)[328] dans la législation pénale, extension des titres de compétence des juridictions nationales[329], obligation alternative pour l'État de refuge d'un terroriste présumé de le poursuivre ou de l'extrader. D'où l'exigence de l'entraide policière et judiciaire[330]. Sur la répression pénale se greffe la « répression extrapénale » : l'une fait office de système général, considérant le terrorisme comme une menace à la sécurité, c'est-à-dire une atteinte « infractionnelle » ; l'autre comprend trois volets particuliers, tendant à considérer le terrorisme comme une menace de défense, c'est-à-dire une atteinte « hostile ». Par rapport au système général, le premier volet est spécifique, réprimant le terrorisme sur le fondement d'une décision du CSNU, soit une coopération judiciaire forcée[331] ; le deuxième volet est complémentaire, traitant du terrorisme commis en situation de conflit armé lorsqu'il est assimilable à un crime de guerre ; le troisième volet est concurrent, réprimant le terrorisme par des opérations extraterritoriales. La lutte contre le terrorisme comprend aussi un volet préventif, en droit international comme en droit interne, sous deux aspects : l'anticipation de la commission d'attentats, l'anticipation d'acquérir les moyens de commettre des attentats (armes, fonds, faux documents, titres de transport…). Tous deux doivent permettre de réduire le risque d'attentats ou de baisser la gravité des attentats, à défaut de parer à tout attentat. À l'action en aval contre le terrorisme — la répression pénale — s'ajoute donc l'action en amont — la prévention non pénale. La prévention passe par l'incrimination des infractions terroristes. Elle passe aussi et surtout par des actions non pénales, telle la mise en œuvre par les États de mesures

---

[328] L'activité des terroristes ne se réduisant pas à des attentats et les attentats n'étant pas les seules activités auxquels se livrent les terroristes, les infractions principales relatives au crime de terrorisme sont accompagnées par des infractions secondaires : les infractions de terrorisme non consommées d'une part (les tentatives ou menaces avérées), les infractions accessoires d'autre part (les actes incitatoires, préparatoires ou organisatoires ayant permis ou facilité la commission des infractions principales, tels le financement, le recrutement, l'entraînement, la provocation, l'acquisition d'armes…), ce qui inclut la complicité.

[329] Cette extension obéit à une logique d'« ubiquité de la répression », qui ajoute aux compétences classiques (territoriale, personnelle, réelle) la « compétence universelle », dont l'exercice dépend cependant de la présence sur le territoire de l'infracteur présumé et de l'absence d'immunité diplomatique le protégeant. En même temps, la concurrence des compétences pénales qui en découle rend nécessaire d'établir des règles de solutions des conflits de compétences entre les juridictions nationales.

[330] Cette coopération prend quatre formes : la recherche et l'arrestation d'un terroriste présumé demandées par un État qui entend le poursuivre à l'État sur le territoire il se trouve ; l'extradition d'un individu arrêté ; la recherche par l'État de renseignements sur l'individu qui se trouvent à la disposition d'un autre État ; la recherche et la transmission d'éléments de preuve relatifs à l'infraction et à son auteur. La deuxième forme relève de l'entraide judiciaire ; les trois autres, de l'entraide policière

[331] Le CSNU, en vertu de résolutions prises sur la base du chapitre VII de la Charte, a obligé des États (Libye, Soudan, Afghanistan) dont le comportement était qualifié de menace à la paix et à la sécurité internationales, à livrer des individus accusés de terrorisme, pour qu'ils soient poursuivis devant les juridictions d'autres États.

réglementaires, matérielles et opérationnelles de protection[332], surveillance[333] ou détection, ainsi que de procédures de suivi[334] et d'assistance internationale[335]. L'État qui ne peut ou, plus encore, qui ne veut exécuter de

[332] Notamment la protection des cibles potentielles : transports aériens et maritimes, installations sensibles…

[333] Notamment le refus d'accorder l'asile et le statut de réfugiés aux terroristes, les contrôles aux frontières pour empêcher leur entrée sur le territoire ou leur transit par le territoire, ou encore pour empêcher le transfert d'armes et de matériels ou de services connexes…

[334] Le principal suivi relève du Comité contre le terrorisme. Ce dernier sert à contrôler l'application de la résolution 1373 et, par ricochet, des CAT universelles. Il remplit deux mandats : le suivi de l'application de la résolution 1373 en tant que décision contraignante (se substituant au pouvoir conventionnel des États) ; une mission d'assistance technique ajoutée par la résolution 1377. Le suivi repose sur les procédures suivantes : les États sont tenus de fournir des données sur leur législation et les mesures envisagées pour lutter contre le terrorisme, en remettant au Comité des rapports à échéance régulière, lesquels sont examinés par un des trois sous-comités (A, B, C) avec l'aide d'experts voire la présence d'un délégué de l'État concerné. De plus, à l'instar des mécanismes d'inspection en matière de désarmement, il a été décidé que le CCT procéderait à des visites sur place auprès de tous les États membres de l'ONU. Le CCT a choisi de décomposer son activité en trois phases successives : la phase A concerne l'adhésion aux treize conventions et protocoles antiterroristes mondiaux (soit une obligatoriété implicite de l'adhésion conventionnelle), puis l'édiction d'une législation interne couvrant tous les domaines de la résolution 1373 ; la phase B concerne la mise en place de structures couvrant tous les aspects de la résolution 1373, tels que services de police et renseignement, services douaniers, contrôle des frontières… ; la phase C est mise en œuvre avec et par les États ayant satisfait les priorités des phases A et B, elle concerne l'échange d'informations et l'entraide judiciaire. Les trois sous-comités sont responsables d'un groupe d'États ; chaque État relève donc de la compétence d'un des trois sous-comités. La lutte contre le terrorisme est ainsi à la fois mondialisée et rendue obligatoire au plan mondial, avec implicitement trois catégories d'États, suivant leur degré d'avancement dans cette lutte (phases A, B ou C).

[335] L'assistance technique au sein du système des NU est fournie par le CCT et l'Office des NU contre la drogue et le crime, plus précisément, au sein de l'ONUDC, par le Centre pour la prévention internationale du crime et par le Service de prévention du terrorisme, qui a lancé le « Programme global contre le terrorisme » en octobre 2002. L'OACI, l'OMI, l'AIEA, l'UPU apportent également une assistance spécialisée au travers respectivement du « Mécanisme de sûreté de l'aviation civile », de l'» Evaluation des mesures et procédures visant à prévenir les actes de terrorisme qui compromettent la sûreté des passagers et des équipages et la sécurité des navires », de la « Sécurité des matières », du « Groupe d'action pour la sécurité postale ». Le FMI agit dans le domaine de la lutte contre le blanchiment d'argent et le financement du terrorisme, et l'OIT dans divers secteurs. D'autres OIG, universelles ou régionales, fournissent une assistance : l'OIPC-Interpol, le Comité interaméricain contre le terrorisme (OEA), le Bureau des institutions démocratiques et des droits de l'homme (OSCE), le Centre africain d'étude et de recherche sur le terrorisme (UA), le Secrétariat du *Commonwealth* qui a élaboré un guide intitulé *Model Legislative Provisions on Measures to Combat Terrorism*. D'autre part, l'assistance est fournie d'État à État, dans le cadre de relations bilatérales. Enfin, de multiples standards internationaux, codes de conduite ou recommandations ont été publiés, créant une *soft law* relative à la prévention du terrorisme. D'une manière générale, ces « lignes directrices » peuvent être classées en deux groupes au regard de leur fonction : d'une part, sont rédigés des guides de *mise en application* des normes internationales positives, tels les modèles de législation proposés ou les recueils des pratiques optimales ; d'autre part, certaines OIG élaborent des guides qui *complètent* les normes internationales positives et présentent ainsi une valeur ajoutée.

telles mesures devient le maillon faible ou coupable du système international, la sécurité de chacun dépendant de l'action de tous et inversement[336]. D'où, comme en matière répressive, l'exigence de la coopération policière et judiciaire internationale, soit bilatérale, soit multilatérale, notamment en matière de lutte contre l'acquisition d'armes ou de fonds par des groupes terroristes[337].

De prime abord, la lutte contre le terrorisme international vise des particuliers, contre les agissements desquels les services de police et de justice des États doivent coopérer. Mais il importe aussi que les terroristes ne profitent d'aucune faiblesse étatique (« l'État défaillant ») ni d'aucun soutien étatique (« l'État parrain »). C'est pourquoi ladite lutte vise également les

---

[336] Le postulat est que la menace terroriste est inversement proportionnelle à la puissance policière et judiciaire des États : plus cette dernière est grande, plus la première est faible, et vice-versa. La lutte mondialisée et obligatoire contre le terrorisme vise ou aboutit à renforcer les États en termes de contrôle des personnes et des frontières, alors que la mondialisation favorise la libre circulation, y compris transfrontières. Globalement, la lutte contre le terrorisme constitue un vaste réseau administratif et technique, pourvu de gros moyens organisationnels, matériels, financiers et humains, soit une couche sociale transnationale de professionnels de la sécurité dont l'activité a pour raison d'être ladite lutte.

[337] Les deux grands défis sont l'acquisition d'armes et le financement privé du terrorisme (le financement public renvoie au problème du soutien étatique). 1) S'agissant des armes, la prévention amène à étudier les questions de l'acquisition, de la détention et du transport d'armes classiques ou non classiques et de produits duals par les terroristes. C'est ainsi que la résolution 1373 et la résolution 1540 du CSNU se croisent. La prévention vise 1) à empêcher les terroristes d'acquérir, détenir, transporter des armes, en restreignant le commerce légal et en luttant contre le trafic illicite ; 2) à empêcher les terroristes de se procurer des produits à double usage, en établissant un contrôle sur leur fabrication, commerce, transport, utilisation et stockage. Les régimes de contrôle des exportations, limitant le commerce international des armes et produits duals par un encadrement conventionnel complété par la *soft law* et renforcé par les résolutions du CSNU, imposent aux États fournisseurs, pour l'octroi de licence d'exportation aux entreprises, de préciser la destination finale et l'utilisateur des armes ou produits duals ; elles obligent donc les importateurs à donner toute information pertinente, fiable et vérifiable. Deux autres critères doivent guider l'État dans sa décision d'autoriser ou de refuser l'exportation : les risques de détournement illicite chez le pays importateur ; la volonté et la capacité de l'État récepteur de protéger les biens exportés. La lutte contre le terrorisme aboutit à un énorme effort de contrôle, concentration et rétention étatiques des instruments de violence armée, contre leur dissémination interindividuelle, qui avait été favorisée par l'écoulement des stocks d'armes des ex-pays de l'Est. 2) A la lutte contre les moyens « militaires » du terrorisme s'ajoute la lutte contre les ressources « économiques », c'est-à-dire le financement du terrorisme, dont les sources proviennent d'activités légales ou d'activités illégales, notamment le trafic des stupéfiants. Le financement du terrorisme est une infraction accessoire à l'infraction principale de terrorisme. Son incrimination est à double ressort, puisqu'à la Convention des NU de 1999 s'est superposée la résolution 1373 du CSNU, transposée(s) par les législations internes. Selon ces deux textes, les modalités de lutte contre le financement comprennent, d'une part, la poursuite des bailleurs de fonds, d'autre part, le gel, la saisie voire la confiscation des fonds. Plus généralement, la lutte contre le financement du terrorisme exige une transparence des activités bancaires et financières, ce qui pose le problème des paradis fiscaux et du secret bancaire. Elle impose en effet aux établissements d'identifier leur clientèle, de surveiller les comptes ou transactions et d'informer les services compétents en cas de suspicion.

États eux-mêmes. Le soutien comme la défaillance étatiques constituent des menaces à la paix et à la sécurité internationales. Le soutien sinon la défaillance est un fait internationalement illicite qui peut engager la responsabilité de l'État. Aussi l'État peut-il faire l'objet de sanctions, selon les deux volets du droit de la responsabilité internationale et du droit de la sécurité collective : soit des contre-mesures (la violation d'une obligation primaire entraînant l'application de règles secondaires), soit des mesures coercitives (l'atteinte à la sécurité d'un ou plusieurs États entraînant un droit de réaction) non militaires voire militaires. Ces dernières ne peuvent être fondées que sur l'autorisation du CSNU ou sur la légitime défense. On observe à cet égard, sinon une désétatisation de l'agression, du moins « l'étirement » du concept et l'assouplissement des règles d'attribution à l'État d'actes de groupes non étatiques, le critère de « l'engagement substantiel » se trouvant réduit à la simple tolérance de l'État territorialement compétent.

Le manquement de l'État à ses obligations de lutte contre le terrorisme et l'exécution de mesures de police étrangères sur son territoire

Plutôt que la coopération judiciaire ou la coopération judiciaire forcée, les États choisissent parfois l'intervention à l'étranger pour lutter contre le terrorisme international. Trois situations se présentent : le consentement de l'État sur le territoire duquel se déroule l'intervention ; l'absence de consentement, qui peut amener à l'éclatement d'un conflit armé interétatique ; le fait que l'État ne contrôle plus une partie de son territoire, passé aux mains d'une organisation insurgée ou belligérante, commettant ou commanditant des attentats à l'étranger. 1) L'intervention assimilable à une action de police extraterritoriale peut consister en : une opération de libération d'otages[338] ; une opération de capture susceptible d'aboutir à une répression pénale, mais contournant le refus de l'État requis de livrer l'accusé ou évitant la lenteur de la procédure d'extradition ; une opération de destruction équivalente à une exécution extrajudiciaire. À son tour, l'opération de capture ou de destruction peut se dérouler après l'attentat ou, au contraire, de manière préventive (sic). Le consentement de l'État territorial crée un fondement en droit international public, pourvu que l'opération se déroule selon les standards du droit de la police. En revanche, l'absence de consentement ne peut être compensée que par l'autorisation du CSNU, sauf dérogation admise par le défaut de vigilance et de diligence de l'État territorialement compétent. 2) Si l'intervention est assimilable à un recours à la force armée contre l'État soutenant, abritant ou tolérant tel groupe terroriste, elle renvoie au *jus ad bellum* et au *jus in bello*. 3) L'intervention contre une organisation insurgée ou belligérante a pour

[338] Mogadiscio, 3 février 1976, Entebbe, 4 juillet 1976, Larnaca, 18 février 1978, Alger, 24 décembre 1994.

condition de licéité, sinon l'autorisation du CSNU, du moins l'assimilation de ses actes de terrorisme à une agression, ce qui suppose la désétatisation du concept

Si l'on en reste à une opération de police extraterritoriale justifiée par le manquement de l'État à ses obligations en matière de lutte contre le terrorisme, un test de légalité peut être dégagé de la jurisprudence de la Cour EDH. Il en ressort que des actions délibérément meurtrières, planifiées et opérées en dehors de toute situation de légitime défense au sens du Code pénal, ne sont pas conformes au « noyau indérogeable » du DIDH, à moins de la reconnaissance d'un état de guerre, rendant applicable le DIH. De telles pratiques contreviennent également à la présomption d'innocence, au droit à un procès équitable, au droit à la liberté et à la sûreté, au principe de protection égale devant la loi. L'interdiction des exécutions sommaires ou extrajudiciaires est bien établie ; elle vaut tant pour les exécutions commises par un État sur son territoire que pour celles commises à l'extérieur de son territoire. Si les terroristes sont des combattants et s'il y a état de guerre, leur droit à la vie n'existe plus. Mais les terroristes sont-ils des combattants, même illégaux, ce qui supposerait l'existence d'un état de guerre réel ainsi que leur appartenance à une collectivité armée ou leur participation directe aux hostilités ?

Si l'on écarte l'hypothèse de la destruction et si l'on revient à l'hypothèse de la capture, l'individu peut-il être jugé ? L'exercice de la juridiction pénale ne pose pas de problème si l'arrestation du terroriste présumé est le fruit d'une coopération entre l'État exerçant sa compétence juridictionnelle et l'État du lieu de l'appréhension. En revanche, la question se pose de savoir si une arrestation extraterritoriale illégale constitue un obstacle à l'exercice de cette compétence juridictionnelle. Selon la maxime *male captus bene detentus* ou *male detentus bene judicatus*, les circonstances policières de l'arrestation d'un individu sont sans conséquence sur l'exercice de la compétence judiciaire. La maxime, en droit international pénal, est cependant critiquable, car elle incite les États à perpétuer une pratique — sorte de compétence policière « universelle » — contraire au droit international public, qui peut conduire à de graves abus. Si les tribunaux considèrent que les conditions d'appréhension des accusés ne sont pas pertinentes pour invalider leur compétence, l'enlèvement n'en reste pas moins contraire au droit international public. Pourtant, l'individu poursuivi sera le cas échéant jugé, quand bien même l'enlèvement, imputable à un État, serait susceptible de fonder sa responsabilité internationale.

Comme causes d'exclusion de l'illicéité, seuls l'état de nécessité et la légitime défense, outre le consentement de l'État territorial ou l'autorisation du CSNU, se révèlent pertinents. 1) On sait à quelles conditions peut être invoqué l'état de nécessité. Le terrorisme est-il un péril grave et imminent ? Sans doute. Une action de police d'un État A sur le territoire d'un État B constitue-t-elle une atteinte grave à un intérêt essentiel de l'État B ? Peut-être. La question se pose de savoir si un acte de terrorisme préparé ou organisé dans un État B contre les nationaux ou les intérêts d'un État A constitue pour ce dernier une situation de nécessité, dès lors que l'État B est complice, impuissant ou inerte. Soit un double critère : péril d'une part, négligence d'autre part. Dans l'affirmative, l'état de nécessité peut fonder une action extraterritoriale de police. 2) Un recours à la force armée ne pourra être fondé que sur l'autorisation du CSNU ou sur la légitime défense, ce qui suppose d'élargir l'agression au soutien étatique au terrorisme. Hors autorisation du CSNU et hors légitime défense, la justification du recours à la force a pour prémisse l'interprétation restrictive de l'article 2 paragraphe 4 de la Charte : une opération militaire ne visant pas à porter atteinte à la souveraineté, à l'indépendance et à l'intégrité d'un État, ni aux buts des NU, ne serait pas interdite[339]. Elle infère ensuite : de la protection des nationaux et de la protection des droits de l'homme, soit l'un des buts des NU ; du droit et même du devoir de lutter contre le terrorisme, qui engendre une « situation de péril pour les personnes » ; du manquement de l'État territorial à ses obligations de diligence et de vigilance en la matière. On retrouve donc l'argument de l'état de nécessité… qui ne saurait justifier que des mesures de police extraterritoriales !

La violation de l'obligation de ne pas soutenir le terrorisme et la mise en jeu de la responsabilité de « l'État défaillant » ou de « l'État parrain »

Les CAT universelles gardent silence sur le terrorisme soutenu par l'État. Cependant, un tel soutien est interdit par le droit international. Il est un fait internationalement illicite, constitué par la violation d'une norme, à savoir l'interdiction du soutien actif ou passif, et l'attribution de cette violation à un État, dès lors qu'il y a un lien substantiel entre l'État et les terroristes ou un contrôle suffisant de l'État sur les actions des terroristes. La norme d'interdiction est très étendue, concernant une large variété de comportements étatiques. La portée de cette norme se révèle cependant assez incertaine dans la mesure où la notion de « terrorisme » est elle-même floue et controversée. Il n'en reste pas moins que la responsabilité de l'État peut être mise en cause en cas de soutien au terrorisme. Ainsi, la responsabilité de l'Iran, de la France et de la Libye a été reconnue dans les affaires des *Otages américains à Téhéran* (traitée par la CIJ), du *Rainbow Warrior* et de *Lockerbie*, mais, s'agissant des deux dernières, de manière purement politique, sans recours au juge international. De manière générale, l'engagement de la responsabilité est erratique.

---

339 Elle a certes pour effet de porter une telle atteinte, mais ce n'est pas là son but. La CDI parle d'« *agissements d'États sur le territoire d'autres États qui, tout en pouvant… avoir une nature coercitive, ne correspondent qu'à des intentions et à des finalités circonscrites, sans rapport avec des finalités propres à un véritable acte d'agression* ».

D'abord, la mise en œuvre de la responsabilité de l'État est concurrencée par des pratiques qui visent à réparer les dommages subis par les victimes, sans mettre en cause la responsabilité de l'État éventuellement fautif (aff. *DC-10 UTA* et « *La Belle* »). Soit une réparation sans culpabilité. De telles indemnisations rencontrent un intérêt de l'État : éviter d'avoir à reconnaître son comportement comme illicite. L'État accepte à titre gracieux d'indemniser, car un dommage a causé des victimes, mais l'État ne s'estime pas *tenu* d'indemniser. Peut-on y voir une mise en jeu non contentieuse de la responsabilité internationale de l'État (libyen) ? Il n'existe pas d'accord officiel entre États ; les indemnisations sont versées par des organismes privés directement à des particuliers ; c'est uniquement le dommage à des personnes privées qui est réparé, non celui que pourraient invoquer les États en endossant les réclamations de leurs ressortissants par le jeu de la protection diplomatique ; la question de l'imputation des dommages à l'État reste entière, y compris celle des preuves.

Ensuite, la pratique des États-Unis consistant à poursuivre devant leurs juridictions nationales certains États pour des actes de terrorisme qu'ils sont accusés d'avoir soutenus, n'est pas une mise en œuvre de la responsabilité *internationale* de l'État, puisque les poursuites se déroulent devant des juridictions internes. Depuis 1996, les juridictions américaines ont rendu un certain nombre de jugements condamnant non seulement des agents publics étrangers, mais des États eux-mêmes, reconnus coupables de soutenir le terrorisme. Les États-Unis prétendent ainsi juger des États étrangers, malgré le principe de l'égalité souveraine entre États et de l'immunité de l'État devant les juridictions d'un autre Etat[340]. Une loi fédérale (*Foreign Sovereign Immunity Act*) du 21 octobre 1976 protège les États étrangers vis-à-vis de poursuites devant les juridictions américaines. Mais plusieurs exceptions ont été incluses par des lois successives. La loi *Antiterrorism and Effective Death Penalty Act* du 24 avril 1996 a ajouté une nouvelle exception au FSIA, levant l'immunité des États pour des réclamations concernant des dommages résultant d'activités terroristes. Le mot « terrorisme » n'est pas employé dans le texte de la loi, qui vise les actes de torture, les meurtres extrajudiciaires, les sabotages d'avions et les prises d'otages. Mais il figure dans le titre de la loi. Celle-ci énonce les conditions suivantes : la victime

---

[340] Le projet de Convention des NU sur les immunités juridictionnelles des États et de leurs biens du 5 mars 2004, a brossé un état des lieux des exceptions à la règle générale de l'immunité. Selon l'article 12 : « Dommages aux personnes et aux biens », il est dit qu'« *à moins que les États concernés n'en conviennent autrement, un État ne peut invoquer l'immunité de juridiction devant un tribunal d'un autre État, compétent en l'espèce, dans une procédure se rapportant à une action en réparation pécuniaire en cas de décès ou d'atteinte à l'intégrité physique d'une personne, ou en cas de dommage ou de perte d'un bien corporel, dus à un acte ou à une omission prétendument attribuables à l'État, si cet acte ou cette omission se sont produits, en totalité ou en partie, sur le territoire de cet autre État et si l'auteur de l'acte ou de l'omission était présent sur ce territoire au moment de l'acte ou de l'omission* ».

doit être de nationalité américaine au moment où l'acte reproché a été commis ; le plaignant doit avoir proposé à l'État étranger un arbitrage de la réclamation conformément aux règles internationales. Ce n'est que si cette démarche se révèle vaine que l'État verra son immunité levée, les tribunaux américains pouvant alors connaître de la requête. L'État lui-même, pas seulement ses agents, peut donc être poursuivi devant les tribunaux américains en vue de la *réparation* des dommages résultant d'actes terroristes. Qu'en disent les États concernés ? On constate qu'ils ne réagissent pas : ils se contentent de ne pas participer aux procès et de ne pas verser les indemnités accordées aux victimes, considérant implicitement que les procédures sont nulles et non avenues.

Enfin, la mise en œuvre de la responsabilité de l'État peut s'effectuer par des contre-mesures (mesures intrinsèquement illicites mais dont l'illicéité est exclue par l'antériorité du fait illicite d'un autre État et qui consistent donc en l'inexécution temporaire par l'État lésé de ses obligations internationales envers l'État responsable) ou des mesures de rétorsion (mesures inamicales mais intrinsèquement licites car ne consistant pas en l'inexécution d'obligations internationales envers l'État responsable). Au contraire des mesures de rétorsion, intrinsèquement licites, les États n'ayant pas l'obligation de nouer des relations amicales, le recours aux contre-mesures est à la fois conditionné et limité. Il faut avoir « qualité pour réagir ». L'État doit être spécialement lésé par une violation du droit international attribuée à un autre État ; il doit avoir tenté de négocier par une sommation restée infructueuse ; il ne peut adopter que des contre-mesures *non armées* à caractère temporaire et proportionné. *On ne met pas en œuvre la responsabilité par la force armée*. Pour justifier le recours à la force, il n'y a pas d'autre possibilité que recevoir l'autorisation du CSNU agissant sur la base du chapitre VII de la Charte ou bien assimiler le soutien étatique au terrorisme à un acte d'agression.

Le soutien étatique au terrorisme comme menace à la paix et à la sécurité internationales selon le CSNU

La Charte des NU ne fait aucune référence au terrorisme. Les actions terroristes ne figurent pas en tant que telles dans la liste des actes d'agression énoncée dans la résolution 3314 de l'AGNU, les États du tiers monde voulant exempter les MLN de tout risque d'accusation de « terrorisme ». Celui-ci ne saurait donc, à première vue, constituer une menace à la paix, une rupture de la paix ou un acte d'agression. Cependant, le CSNU possède un pouvoir discrétionnaire, flexible et autoritaire pour qualifier une action ou une situation de menace à la paix, rupture de la paix ou acte d'agression. C'est en vertu de ce pouvoir qu'en 1992, pour la première fois, le CSNU a qualifié un acte de terrorisme de menace contre la paix et à la sécurité internationales, sans pour autant autoriser le recours à la force armée contre l'État impliqué. Cette qualification a été prononcée par la fameuse résolution 731 du 21 janvier 1992, relative à la destruction, le 21 décembre 1988, d'un avion de la Pan Am au-dessus de Lockerbie (Écosse). Dans cette résolution, le Conseil demanda à tous les États leur assistance en vue d'obtenir des autorités libyennes qu'elles extradent deux Libyens accusés par la Grande-Bretagne et les États-Unis d'avoir commis l'attentat. En réponse, la Libye saisit la CIJ pour lui demander si elle avait l'obligation d'extrader deux de ses ressortissants pour les livrer aux autorités judiciaires américaines et britanniques. Sans attendre le verdict de la Cour, le CSNU, dans sa résolution 748 du 31 mars 1992, décida d'imposer un embargo aérien contre la Libye[341]. Face à un État accusé de complicité de terrorisme, les États touchés ont donc maintenu une réaction de type pénal et extraditionnel ; mais ils l'ont assorti, *via* le CSNU, de mesures diplomatiques et économiques[342].

Par la suite, le CSNU condamna à de nombreuses reprises « *les actes de terrorisme international* », soulignant qu'ils mettaient en danger la paix et la sécurité des États. Il en resta cependant, d'une part, à exhorter les États à intensifier la lutte contre le terrorisme « *par tous les moyens licites* » et à coopérer à cette fin, notamment refuser l'asile, poursuivre ou extrader, d'autre part, à adopter des mesures non militaires de l'article 41 face à des États accusés de soutenir le terrorisme. La résolution 1269 du 19 octobre 1999, confirmée le 6 décembre 2000, développa en un préambule et sept paragraphes le concept — non défini[343] — du terrorisme, désormais considéré comme une menace contre la paix et la sécurité internationales, vis-à-vis de laquelle le CSNU se déclarait prêt « *à prendre les mesures nécessaires, conformément aux responsabilités que lui confère la Charte* ». Cette résolution, adoptée à l'unanimité, était exceptionnelle dans la pratique du CSNU, car elle avait une portée générale et ne visait pas, comme théoriquement prévu dans la Charte, une situation particulière à laquelle il s'agirait de réagir et de mettre fin. Toutefois, le terrorisme y était envisagé

---

[341] La CIJ et le CSNU se trouvaient donc en position contradictoire : la Cour n'a pas pour fonction de contrôler en forme d'appel les décisions du Conseil, mais le Conseil n'a pas pour rôle de se substituer à la Cour en portant atteinte à l'intégrité de sa fonction judiciaire. Le différend entre États soumis au CSNU et à la CIJ risquait de se muer en conflit entre le Conseil et la Cour : l'un obligeant la Libye à extrader, l'autre susceptible de sauvegarder le droit de la Libye à refuser l'extradition de ses nationaux. Mais la Cour s'inclina, en s'estimant tenue de respecter la résolution 748, qui paralysait en fait sa fonction judiciaire.

[342] Dans d'autres affaires, les États ont répondu à des attentats par des raids aériens, généralement condamnés par le CSNU : ainsi des raids « anti-terroristes » opérés par l'ancienne Afrique du Sud, Israël ou les États-Unis ; ou encore les « déroutements » d'avions transportant des « terroristes », tels le détournement par l'aviation militaire française, le 22 octobre 1956, de l'avion marocain transportant les chefs du FLN, le détournement par l'aviation militaire américaine, le 10 octobre 1985, de l'avion égyptien transportant les auteurs présumés de l'attentat de l'*Achille Lauro*…

[343] Si l'agression est définie en droit international public et pénal, le terrorisme ne l'est pas (il ne l'est qu'en droit pénal interne).

sous un angle policier et judiciaire, impliquant coopération policière et judiciaire, non pas comme un acte de guerre, même si la lutte contre le terrorisme était formellement présentée comme un moyen de maintien de la paix et de la sécurité internationales. La qualification du terrorisme international comme menace à la paix et la sécurité, a été reprise dans de nombreuses résolutions après le 11 septembre 2001 : ont donc été érigés en menace contre la paix et la sécurité internationales des actes relevant essentiellement de la police judiciaire !

Les mesures coercitives ordonnées ou recommandées par le CSNU représentent une modalité de dissuasion ou de « sanction » du soutien étatique au terrorisme. Concrètement, le CSNU avait réagi à un tel soutien en prenant des mesures à trois reprises : contre la Libye en 1992, le Soudan en 1996[344], les Talibans en 1999[345]. Dans les trois cas, le soutien des États au terrorisme a été qualifié de menace contre la paix et la sécurité internationales ; mais c'est le refus de livrer des terroristes présumés aux États les réclamant qui a justifié le recours à l'article 41 de la Charte ; c'est donc le défaut de coopération judiciaire ou l'absence de renonciation probante au terrorisme qui a été « sanctionné » par des mesures non militaires. Celles-ci ont-elles été efficaces ? Elles visaient à contraindre les États à renoncer à soutenir le terrorisme. La Libye et le Soudan ont fini par renoncer ; mais il est difficile d'apprécier le rapport de causalité entre ce changement d'attitude et la coercition économique mise en œuvre. Quant aux Talibans, ils n'ont pas été intimidés par les mesures de l'article 41 ; ils ont été renversés *manu militari*. Auparavant, l'AGNU[346] et même, dans une moindre mesure, le CSNU avaient condamné les raids (aériens) menés en réponse à des attentats. Plus encore, les opérations militaires menées par Israël, l'Afrique du Sud ou la Rhodésie contre des bases « terroristes » dans certains pays, avaient été qualifiées d'actes d'agression. Il est vrai qu'en l'occurrence des considérations politiques (polémiques) avaient joué, puisque l'ONU soutenait les mouvements en lutte contre l'occupation israélienne ou contre les régimes d'apartheid, cependant que les trois États étaient stigmatisés. Quoi qu'il en soit, la thèse selon laquelle le soutien

---

[344] Résolutions 1054 du 26 avril et 1070 du 16 août adoptées contre le gouvernement soudanais, accusé d'abriter les auteurs de la tentative d'assassinat du Président égyptien Moubarak, à Addis-Abeba. Les mesures ont été levées le 28 septembre 2001 par la résolution 1372.

[345] Résolution 1267 du 15 octobre. Elle avait été précédée par les résolutions 1076 du 22 octobre 1996, 1189 du 13 août 1998 et 1214 du 8 décembre 1998. Elle sera suivie par la résolution 1313 du 19 décembre 2000. La résolution 1267 visait, non pas un État, mais « *la* faction *afghane dénommée Taliban, qui se désigne elle-même sous le nom d'Emirat islamique d'Afghanistan* » (souligné par nous). En 1997, déjà, des mesures avaient été adoptées contre l'UNITA, mouvement qui n'était pas au pouvoir, à la différence des Talibans. En 2001, c'est l'UCK qui sera condamnée (rés.1345 du 21 mars).

[346] Ainsi les frappes américaines du 14 avril 1986 sur Tripoli et Benghazi en Libye.

étatique au terrorisme peut être considéré comme une agression permettant le recours à la légitime défense, n'avait pas reçu de consécration.

Des attaques du 11 Septembre à la guerre d'Afghanistan

En a-t-elle reçu une après le 11 Septembre ? Tournons-nous vers les deux résolutions adoptées par le CSNU, en vertu du chapitre VII de la Charte[347]. La résolution 1368 du 12 septembre 2001 marque une rupture, cependant ambiguë et limitée au *cas d'espèce*. La résolution 1373 du 28 septembre a une *portée générale*, mais elle s'inscrit alors dans la ligne de la résolution 1269, qu'elle se contente de développer. On analysera ensuite l'opération *Liberté immuable*, les réactions internationales qu'elle a suscitées et les conséquences à en tirer sur l'éventuelle assimilation du soutien étatique au terrorisme à une agression indirecte.

Les résolutions 1368 et 1373 du CSNU

Dans la résolution 1368, le CSNU condamne les attentats de la veille, dont il appelle à réprimer les auteurs, les organisateurs et les commanditaires ; il reconnaît « *le droit inhérent à la légitime défense individuelle ou collective conformément à la Charte* » ; il se déclare prêt « *à prendre toutes les mesures nécessaires* » et « *résolu à combattre par tous les moyens* ». Mais il s'abstient de qualifier les attentats d'actes d'agression, se bornant à les désigner comme « *menaces à la paix et à la sécurité internationales* ». Or, la légitime défense n'existe qu'en réponse à une agression, pas à une menace contre la paix. Le Conseil, en vertu de l'article 39 de la Charte, aurait pu qualifier les attentats d'acte d'agression plutôt que de menace contre la paix — on sait la part d'arbitraire qui lui est réservée ici. Mais il aurait fallu, soit attribuer l'agression à *Al-Qaïda*, donc désétatiser le concept, soit prouver que les attentats commis par *Al-Qaïda* étaient imputables à l'État afghan, ce que le CSNU n'était pas en mesure de faire. Le Conseil n'a pourtant pas infirmé l'invocation par les États-Unis de leur droit de légitime défense. Clairement, ceux-ci entendaient réagir sans l'autorisation du CSNU, ils n'ont pas cherché à obtenir une autorisation qu'ils n'auraient pas eu de mal à recevoir, mais qu'aucun membre du CSNU n'a exigée. Le Conseil a donc laissé faire les États-Unis, il n'a pas voulu se substituer à eux. On peut dire qu'il a donné son accord au recours à la force armée par un État victime d'actes graves de terrorisme contre un État ayant soutenu de tels actes. Mais cet accord, largement partagé à l'AGNU, n'a pas de portée générale ; il est limité au cas d'espèce. Puis le CSNU a choisi d'accompagner et de compléter l'action militaire américaine, d'une part, en développant son œuvre « législative » en matière de lutte contre le terrorisme

[347] D'autres résolutions pertinentes ont suivi à l'automne 2001 : les résolutions 1377 du 12 novembre, 1378 du 14 novembre, 1383 du 6 décembre, 1386 du 20 décembre.

international, d'autre part, en participant au processus reconstructif afghan après le renversement des Talibans consécutif à l'intervention des États-Unis aux côtés de l'Alliance du Nord.

Dans la résolution 1373, le CSNU décide que tous les États« *préviennent et répriment le financement des actes de terrorisme* » ;« *s'abstiennent d'apporter quelque forme d'appui que ce soit, actif ou passif, aux entités ou personnes impliquées dans des actes de terrorisme* », « *empêchent que ceux qui financent, organisent, facilitent ou commettent des actes de terrorisme n'utilisent leurs territoires respectifs pour commettre de tels actes* » ;« *veillent à ce que toutes personnes qui participent au financement, à l'organisation, à la préparation ou à la perpétration d'actes de terrorisme ou qui y apportent un appui soient traduites en justice, à ce que... ces actes... soient érigés en crimes graves dans la législation (nationale) et à ce que la peine infligée soit à la mesure de la gravité de ces actes* » ;« *se prêtent mutuellement la plus grande assistance lors des enquêtes criminelles et autres procédures* » ;« *empêchent les mouvements de terroristes... en instituant des contrôles efficaces aux frontières, ainsi que des contrôles lors de la délivrance de documents d'identité (ou) de voyage, et en prenant des mesures pour empêcher... la falsification ou l'usage frauduleux de papiers d'identité et de documents de voyage.* » Il demande aux États de coopérer, d'échanger informations et renseignements, de vérifier que les demandes d'asile ou du statut de réfugié ne soient pas effectuées par les auteurs d'actes de terrorisme, de veiller à ce que la revendication de motivations politiques ne soit pas considérée comme pouvant justifier le refus d'extradition. Enfin, le CSNU, non seulement demeure saisi de l'affaire, mais décide de créer un Comité, composé de tous les membres du Conseil, chargé de suivre l'application de la résolution 1373. Bref, cette résolution — ne définissant pas plus le terrorisme que celle du 19 octobre 1999 — oblige les États à adopter des mesures législatives et réglementaires concernant aussi bien le droit administratif que le droit pénal, les douanes que les banques. *Mais elle s'en tient à une lutte et à une coopération policières et judiciaires des États contre le terrorisme international.*

L'opération Liberté immuable

Dans le cas d'espèce du 11 Septembre, les États-Unis ont d'abord exigé du gouvernement de Kaboul qu'il leur livre Ben Laden et d'autres membres d'*Al-Qaïda*, accusés d'avoir organisé les attaques. Après le refus des autorités afghanes, interprété comme un défaut de coopération judiciaire, aggravant le défaut de vigilance ou corroborant la complicité, ils ont présenté l'opération *Liberté immuable* contre le gouvernement taliban — qui avait déjà fait l'objet de condamnations et de sanctions de la part du CSNU, notamment pour donner refuge à des terroristes internationaux — comme l'exercice de leur droit de légitime défense en réponse à l'agression armée constituée par les attentats terroristes d'*Al-Qaïda* et par le soutien des Talibans à *Al-Qaïda*.

Des attentats commis par un groupe non étatique contre un État, le 11 septembre 2001, on est donc passé, le 7 octobre, à une guerre entre États. Le recours à la force armée au titre de la légitime défense a été très loin, dans la qualification : les attentats commis[348] sont considérés comme un acte d'agression ; dans l'imputation : les attentats sont attribués à l'État taliban, par-delà *Al-Qaïda* ; dans les buts : la cessation de l'agression est assimilée au renversement d'un régime, par-delà la capture des auteurs présumés des attentats ; dans les procédés : l'opération militaire consiste en une intervention aéroterrestre en appui à un mouvement d'opposition armée (l'Alliance du Nord) au gouvernement en place, par-delà le démantèlement des camps d'*Al-Qaïda ;* dans l'orientation : l'opération militaire est dirigée contre l'État taliban, par-delà *Al-Qaïda* ; dans la durée : l'objectif de faire cesser l'agression et de prévenir toute récidive ne sera atteint qu'une fois les Talibans éliminés et l'État afghan reconstruit[1349]. L'action militaire

---

[348] Des attaques de bâtiments sur le territoire des États-Unis, conduites au moyen d'aéronefs civils détournés par des personnes soupçonnées d'appartenir à un groupe armé non étatique, ayant provoqué un grand nombre de victimes civiles.

[349] Rappelons les grandes lignes des évènements d'Afghanistan de 2001 à 2021. Le 7 octobre 2001, commencèrent les opérations militaires. Aux frappes de l'*US Air Force* s'ajoutèrent l'invasion par des forces spéciales et l'aide matérielle à l'Alliance du Nord. Kaboul tomba le 13 novembre. Les dernières forces talibanes et jihadistes se replièrent vers les confins pashtouns afghano-pakistanais ; les captifs furent gardés en Afghanistan, sauf les membres d'*Al-Qaïda*, transférés à Guantanamo ; Ben Laden ne fut pas localisé. Au-delà de venger l'offense du 11 Septembre, l'objectif américain était double : capturer Ben Laden et détruire *Al-Qaïda* en Afghanistan, renverser les Talibans et reconstruire le pays. Cette tâche fut confiée à l'ONU. Le 1er octobre 2001, l'opposition afghane, dont le gros des anciens *mudjahidin*, s'était réunie à Rome, où l'ancien roi Zaher Shah vivait en exil depuis le coup d'Etat de 1973. Elle décida de créer un Conseil suprême afin de préparer le renouvellement des institutions. Le 13 novembre, Lakhdar Brahimi, nommé le 3 octobre par le SGNU représentant spécial pour l'Afghanistan chargé de préparer la transition pour la reconstruction du pays, présenta au CSNU un plan en cinq points. En accord avec le Conseil suprême afghan, le plan devait fournir la base du processus constituant à venir : réunion des représentants de tous les groupes ethniques afghans avec ceux des partisans de l'ancien roi et des divers partis d'opposition en exil ; établissement d'un gouvernement provisoire présidé par une personnalité symbolisant l'unité nationale ; instauration d'une administration de transition ; réunion d'une première *Loya Jirga*, assemblée des chefs traditionnels, qui chargerait une Commission afghane de préparer une nouvelle Constitution ; réunion d'une seconde *Loya Jirga* pour approuver la Constitution, suivie de la tenue d'élections générales et d'un gouvernement définitif. Le 14 novembre, le CSNU approuva le plan. Le 27, s'ouvrit la Conférence de Bonn, à laquelle participèrent les quatre parties afghanes estimées représentatives : le Front uni (ex-Alliance du Nord) autour de Rabbani, le « Groupe de Peshawar » autour de Gaylani, le Rassemblement islamique autour d'Hekmatyar, le « Groupe de Rome » autour de Zaher Shah. Un accord *« définissant les arrangements applicables en Afghanistan en attendant le rétablissement d'institutions étatiques permanentes »* fut signé le 5 décembre, relatif à la formation d'un gouvernement de trente membres incluant les quatre parties afghanes. Le lendemain, la résolution 1383 du CSNU entérina l'accord de Bonn. Le 20 décembre, le gouvernement intérimaire s'installa à Kaboul. Le même jour, le déploiement de

américaine en Afghanistan a donc mêlé, au-delà de l'argument de la légitime défense, opération de police extraterritoriale, intervention dans une guerre civile et « opération de construction de la paix », outre l'aide humanitaire à la population afghane. Il est clair que les buts de guerre de Washington excédaient ceux de la légitime défense. L'opération *Liberté immuable* a rencontré un très large consensus international ; mais uniquement dans sa partie légitime stricte[350].

Fondamentalement, l'interprétation américaine de l'agression indirecte, qui aurait été commise le 11 septembre 2001, affaiblit le degré de lien qui est requis entre un État et un groupe armé pour qu'une action très violente de celui-ci soit assimilable à une agression par celui-là. Le gouvernement de

la FIAS, réclamé par Brahimi, fut autorisé par le CSNU. Sa mission était d'aider le gouvernement afghan à rétablir l'ordre et la sécurité dans le pays avec le concours des forces afghanes. Composante militaire de la coalition succédant à *Enduring Freedom*, elle vit la participation de contingents issus de 48 pays, sous commandement de l'OTAN. Le 28 mars 2002, le CSNU créa la MANUA, dont le rôle était de contribuer à *« l'affermissement des structures de l'Autorité intérimaire afghane »*. Le 10 juin, Zaher Shah ouvrit, sous la supervision de l'ONU, la première *Loya Jirga* ; elle désigna Hamid Karzaï, un Pashtoun coopté par les Américains, comme président d'un nouveau gouvernement provisoire ; une Commission constituante afghane fut établie. La résolution 1419 du CSNU du 13 juillet entérina le processus. Zaher Shah renonça au rétablissement de la monarchie. La discussion constituante dura un an et demi. C'est le 3 janvier 2004 que la seconde *Loya Jirga* approuva la Constitution de la République islamique d'Afghanistan. Elu en octobre au suffrage universel direct puis, de manière très contestée, en novembre 2009, Karzaï céda la Présidence à Ashraf Ghani, élu en juin 2014 et réélu en septembre 2019. L'ordre et la sécurité n'étant pas rétablis, en raison du trafic de l'opium, des rivalités entre milices, de la résilience des Talibans et même de l'apparition de Talibans pakistanais, le CSNU décida de proroger l'existence de la MANUA et de la FIAS, celle-ci remplacée le 1er janvier 2015 par la MRS, composée de contingents de 39 pays, sous commandement de l'OTAN, chargée d'assister, former et conseiller les forces afghanes. Sur vingt ans, l'opération de *State building* se greffa sur la contre-insurrection. Depuis mars 2003, les Américains avaient ouvert un nouveau front en Irak : ils le privilégièrent, sauf de 2009 à 2013. Obama entama des pourparlers avec les Talibans en 2010 ; malgré l'insuccès, il crut pouvoir annoncer, en juin 2011, un retrait américain au 31 décembre 2014. Vainement. Adossés aux zones pashtounes de l'*Afpak*, les Talibans ne furent jamais vaincus. Ils reconquirent une assise populaire, qui manqua à un Gouvernement corrompu, coupé de la population, dépendant de l'étranger. Or, les troupes étrangères se retirèrent les unes après les autres. Tué le 23 avril 2013, le mollah Omar fut remplacé par son adjoint, le mollah Baradar ; capturé par les Pakistanais, il fut libéré en octobre 2018 à la demande de Trump, soucieux d'entamer des négociations afin de quitter l'Afghanistan. Un accord fut conclu le 29 février 2020 à Doha. Les troupes américaines partirent le 31 août 2021 ; elles étaient les dernières, avec les turques. Les Talibans reprirent le pouvoir dès le 15 : retour à 2001 ! Ghani dut s'exiler. Une nouvelle opposition s'est constituée…

[350] D'après Olivier Corten, l'opération *Liberté immuable* procède d'une extension abusive du concept de légitime défense, tout comme ont été abusives la qualification d'acte de guerre des attentats du 11 septembre 2001 et l'imputation de ces attentats à l'État taliban. Il est connu que le pacifisme interétatique va jusqu'à protéger les pires tyrannies. Mais l'auteur doit cependant admettre que « *la guerre déclenchée contre l'Afghanistan le 7 octobre 2001 a été très largement approuvée* », tous les États du monde se félicitant par la suite de la chute des Talibans (*2003*, p. 36).

Washington a invoqué l'existence de preuves démontrant l'implication du réseau Ben Laden dans les attentats du 11 Septembre ; il n'a guère évoqué la question de l'implication du gouvernement taliban dans ces attentats ni celle des liens entre *Al-Qaïda* et l'État afghan. Il n'a jamais démontré ni même prétendu que les autorités de Kaboul exerçaient une autorité sur le réseau Ben Laden ou qu'elles avaient commandité les attentats. L'argument principal a été celui de l'abri offert par les Talibans aux camps d'*Al-Qaïda* en territoire afghan. Le critère du contrôle suffisant du groupe armé par l'État se trouve donc remplacé par celui de la protection générale conférée par l'État au groupe armé ; le refuge territorial devient mis à disposition du territoire ; le défaut de vigilance et de diligence par l'État normalement compétent suffit à lui imputer les attentats. Que les Talibans hébergent *Al-Qaïda* est une chose, qu'ils soient les instigateurs des attentats est pourtant autre chose. La conception de l'agression indirecte donnée par les États-Unis a donc considérablement élargi la notion, même si elle maintient la nécessité d'une imputation étatique[351]. Il est vrai que l'ampleur des attaques était elle aussi sans précédent, comme l'opprobre sur le régime taliban.

Ladite conception a-t-elle été acceptée par la communauté internationale des États dans son ensemble ? Autrement dit, la définition de l'agression indirecte qui prévalait jusqu'alors, basée sur le critère du contrôle suffisant, a-t-elle été modifiée par une nouvelle définition, qui serait basée sur le critère de l'abri territorial ? De nombreux États ou OIG ont approuvé la thèse des États-Unis (Angola, Australie, Canada, Chili, Chypre, Colombie, Croatie, Éthiopie, France, Gabon, Grande-Bretagne, Israël, Italie, Japon, Jordanie, Kirghizistan, Lituanie, Mexique, Norvège, Ouzbékistan, Portugal, Roumanie, Russie, RPC, Seychelles, Singapour, Suède, Ukraine, OEA, OTAN, UE) ; d'autres ont condamné l'opération militaire en Afghanistan (Biélorussie, Brésil, Corée du Nord, Cuba, Indonésie, Irak, Iran, Malaisie, Qatar, Syrie, Vietnam, Yémen, OCI) ; d'autres encore ont adopté des positions vagues ou sont demeurés silencieux. À ce jour, la question de l'assimilation du soutien étatique au terrorisme à un acte d'agression n'est donc pas tranchée, même si les membres permanents du CSNU ont penché vers l'affirmative. Le cas de *Daesh* est différent : il ne concerne pas le soutien étatique au terrorisme, mais la prise de contrôle territorial par une organisation insurgée ou belligérante, qui commet ou commandite des attentats à l'étranger. Le recours à la force armée contre une telle organisation a pour conditions de licéité le consentement de l'État territorial compétent, ou l'autorisation du CSNU, ou l'assimilation du terrorisme international à un acte d'agression, non étatique en l'occurrence, ouvrant l'exercice du droit de légitime défense.

---

[351] La qualification des attentats comme actes de guerre ou d'agression, à travers l'imputation étatique, montre précisément que l'on passe à un conflit armé entre États : un État recourt à la force contre un autre, accusé de soutenir des réseaux terroristes.

Le droit applicable à la « guerre au terrorisme »

Quels droits se trouvent applicables à la « guerre au terrorisme » (2001-2021) ? Les attaques du 11 Septembre n'ont pas révélé de lacune du système juridique international : elles sont qualifiables d'acte d'agression si les conditions de la violence coercitive grave et de l'imputabilité étatique (en l'absence de désétatisation) sont remplies. À défaut, elles s'analysent comme des actes terroristes internationaux impliquant la coopération policière et judiciaire des États. Les États, autorités gouvernementales comme juridictionnelles, même si elles peuvent être en désaccord sur telle qualification, ont toujours fait la différence entre état de guerre et état de paix, y compris lorsqu'étaient commis des attentats et qu'étaient institués des régimes de police aggravés. En tant qu'acte isolé et sporadique de violence, le terrorisme relève du temps de paix ; si l'on passe à des campagnes d'attentats continus dans un État, s'instaure une situation de conflit armé interne ; si les attentats sont perpétrés à l'extérieur, avec le soutien de l'État ou par une collectivité non étatique, ils pourront être qualifiables d'actes d'agression autorisant la légitime défense, donc s'installera une situation de conflit armé international ; si l'État est défaillant à remplir ses obligations de vigilance et de diligence, s'ouvre la possibilité d'une opération de police voire d'une intervention militaire de l'État victime sur le territoire de l'État défaillant abritant les groupes armés non étatiques, la seconde hypothèse ouvrant une situation de conflit international ; si des attentats sont perpétrés, en temps de conflit armé, contre des non combattants ou des objectifs non militaires, ils s'apparentent à des crimes de guerre.

Le 11 septembre 2001, les attaques ont été assimilées à des actes d'agression autorisant la légitime défense. Le 7 octobre, un état de guerre internationale a été institué entre les États-Unis et l'Afghanistan représenté par les Talibans, eux-mêmes confrontés à l'Alliance du Nord, soit une situation de conflit armé interne. L'état de guerre internationale, reconnu par les juridictions fédérales américaines[352], a duré jusqu'au 5 décembre, date des accords de Bonn. En Afghanistan, les personnes capturées ont été traités en prisonniers de guerre lorsqu'elles étaient considérées comme des combattants légaux, en criminels de droit commun lorsqu'elles étaient considérées comme des combattants illégaux. Aux États-Unis et dans le reste du monde, la lutte contre le terrorisme s'est effectuée par des modalités policières et judiciaires, y compris en coopération internationale, même forcée. Tous les terroristes sont censés être poursuivis dans et par tous les États du monde ; les États qui ne coopèrent pas s'exposent, abusivement ou

[352] Voir les affaires *Hamdi* ou *Odah*, Cour d'appel fédérale des États-Unis d'Amérique, 12 juillet 2002 et 11 mars 2003.

non, à des actions de police extraterritoriales voire à des actions de guerre[353]. À des fins de poursuite et de jugement des auteurs, organisateurs ou commanditaires des attaques du 11 septembre ou de tout autre attentat international, les États peuvent invoquer leur triple compétence territoriale, personnelle ou réelle, voire la compétence universelle[354]. En Afghanistan même, le processus constituant s'est déroulé. Mais les Talibans ont reconstitué des forces irrégulières, si bien que les forces gouvernementales et les forces étrangères mandatées par les NU et sollicitées par le gouvernement afghan menaient une contre-guerre irrégulière, parallèlement à l'OCP. On sait leur échec, consommé à l'été 2021, et le retour des Talibans au pouvoir. La situation rendait applicable le droit des conflits armés non internationaux, dès lors qu'il y avait reconnaissance de l'insurrection, sinon le droit des conflits armés internationaux en l'absence de reconnaissance de belligérance. Dans le reste du monde, *Al-Qaïda* puis *Daesh* et d'autres groupes ont multiplié les attentats ; leur prévention et leur répression relèvent de la police administrative ou judiciaire, dans le cadre du droit du temps de paix ou, tout au plus, du temps de crise.

Les islamistes radicaux se déclarent en guerre contre certains régimes locaux, jugés « apostats », et contre les États-Unis ou l'Occident, ou encore la Russie, la RPC, l'Inde. Cette déclaration — purement symbolique, rhétorique et médiatique, dès lors que les groupes en question, peu structurés, n'exercent ni contrôle territorial ni opérations armées continues pour qu'il y ait effectivement situation de guerre — a rencontré la déclaration américaine de « guerre au terrorisme » — celle-ci également symbolique, rhétorique et médiatique, dès lors qu'il n'y a pas de recours à la force armée entraînant une situation de guerre effective — si bien que les deux déclarations — toutes deux étendues au monde entier et sans limite de temps — ont donné à croire qu'il y avait belligérance internationale et que, du côté des islamistes radicaux, les « jihadistes » étaient des combattants, fussent-ils illégaux. On l'a vu, il peut y avoir état de guerre sans qu'il y ait d'hostilités actives. Mais la guerre au sens matériel, y compris entre un ou plusieurs États et un ou plusieurs groupes non étatiques, ne repose pas sur des déclarations. Elle repose sur des faits : organisation sinon territorialisation des parties, intensité de la violence armée. *La « guerre au terrorisme » aura été un slogan* : il y a eu, et il y a, lutte, nationale et

[353] La lutte contre le terrorisme n'étant pas localisée, mais globalisée, c'est sur le territoire de tout État que les opérations de recherche et d'arrestation des terroristes sont ou doivent être menées. Les États-Unis se trouvaient donc confrontés à la souveraineté territoriale des autres États ; inversement, les autres États étaient susceptibles d'être atteints dans leur souveraineté territoriale par l'action des États-Unis.

[354] Aucun tribunal pénal international *ad hoc* n'a été créé. La CPI n'est pas compétente pour réprimer les crimes de terrorisme.

internationale, contre le terrorisme au sens policier et judiciaire[355] ; il y a eu, et il peut y avoir, des guerres entre, d'une part, des États s'estimant victimes de terrorisme et, d'autre part, des États accusés de soutenir le terrorisme, voire des collectivités non étatiques accusées d'être terroristes. On connaît les critères permettant de discerner objectivement l'existence ou, *a contrario*, l'inexistence, d'un conflit armé.

L'acquisition d'ADM en violation des traités est-elle constitutive d'agression ?

Après avoir rappelé la lutte contre la prolifération des ADM en droit international[356], on en viendra à la question de la prolifération en *jus ad bellum*, c'est-à-dire aux conditions par lesquelles l'acquisition d'ADM — prouvée, pas seulement alléguée — serait assimilable à un acte d'agression ou à une violation de la règle d'interdiction du recours à la force armée dans les relations internationales, autorisant l'exercice de la légitime défense ou de la sécurité collective, au-delà d'autres mesures coercitives ou de contre-mesures.

La lutte contre la prolifération NMBC en général

La lutte contre la prolifération des ADM fait partie de la vaste problématique de la maîtrise des armements *lato sensu*, incluant contrôle et limitation des arsenaux et, si l'on passe au désarmement *stricto sensu*, réduction des arsenaux, interdiction de l'acquisition, suppression des stocks, voire destruction des installations de production. Le Document final adopté par l'AGNU lors de sa première session extraordinaire consacrée au désarmement, le 30 juin 1978, fait office de Charte du« *désarmement général et complet sous un contrôle international strict et efficace* », selon la formule conventionnelle canonique. Sur le fond, les armes en général, les armes NMBC en particulier, ainsi que les missiles (vecteurs), relèvent d'un régime international, c'est-à-dire d'un ensemble d'institutions, de procédures, de règles et d'expertises internationales portant sur un domaine spécifique érigeable et érigée en branche du droit international : le droit de la maîtrise des armements, droit conventionnel, qui concerne tout ce qui n'est pas l'usage des armes.

---

[355] Même s'il y eut, sur vingt ans, de très nombreuses exécutions sommaires, notamment par drones ou opérations spéciales, tel Ben Laden, tué le 2 mai 2011 comme s'il était un combattant ennemi en temps de guerre. Initiées par l'administration Bush (instruction présidentielle du 17 septembre 2001) et pratiquées par d'autres États, dont la France (de l'aveu du Président Hollande), ces exécutions extrajudiciaires, effectuées au nom de la sécurité nationale et couvertes par le secret de la défense nationale, donnèrent lieu à une construction juridique entre paix et guerre, police et combat : le « droit pénal de (contre) l'ennemi ». Cf. *RSCDPC*, 2009 : « Droit pénal de l'ennemi - Droit pénal de l'inhumain », pp. 2-68.

[356] On suivra l'ouvrage de référence de G. Boutherin, *2007*.

Différences et similitudes des ADM du point de vue du DMA

Par rapport aux armes biologiques ou chimiques, qu'on associe aux armes nucléaires, en les qualifiant toutes trois — c'est leur premier point commun — d'« armes de destruction massive » (et en oubliant les armes mésologiques), il y a une spécificité des armes nucléaires. Il ne s'agit pas seulement de les contrôler, limiter, réduire, interdire ou supprimer. Il s'agit aussi et surtout de *prévenir* (empêcher) l'acquisition de ces armes par les États qui ne sont pas autorisés à les posséder, ou de *réprimer* (contrer) la tentative de les posséder, donc de maintenir la distinction entre *have* et *have-not*. Depuis l'entrée en vigueur de la Convention ENMOD (5 octobre 1978), les armes M sont interdites d'usage, pas de possession. Depuis l'entrée en vigueur de la CAB (26 mars 1975) et de la CAC (29 avril 1997), les armes B et C sont interdites d'usage *et* de possession. Si l'on s'en tient aux armes B et C, celles-ci font l'objet de traités à vocation universelle qui ont pour but l'élimination des armes par et dans tous les États. Il s'agit bien de désarmement, sans discrimination. En revanche, les armes N ne font pas l'objet d'un traité qui a pour but l'élimination des armes par et dans tous les États ; ou plutôt, depuis le TIAN de 2017, elles font l'objet d'une telle élimination… récusée par tous les EDAN, qui n'ont pas même participé aux négociations ! Le TNP, lui, en vigueur depuis 1970, a une vocation universelle, mais il s'agit bien de non-prolifération, pas de désarmement[357], car le traité contient une discrimination. Si, et seulement si, l'article VI du TNP était doublement réinterprété comme 1) énonçant une obligation de moyen, et non de résultat, portant 2) sur la suppression des arsenaux des EDAN, et pas leur simple réduction, alors le régime des armes N deviendrait semblable à celui des armes B et C : la non-prolifération serait remplacée par le désarmement.

Il n'est donc pas possible à ce jour d'associer les armes NMBC, non seulement du point de vue du *jus in bello* (les armes MBC sont interdites d'usage, pas les armes N), mais aussi du point de vue du DMA[358], plus précisément du point de vue de la prévention de l'acquisition. La prévention de l'acquisition des armes B et C passe par le désarmement universel en la matière : il n'y a pas de traité de non-prolifération des armes B ou C. La prévention de l'acquisition des armes N passe par la non-prolifération des *have not* : il y a un traité de non-prolifération des armes N. Le régime des armes N a donc cette particularité unique d'être structuré par le principe de la non-prolifération (« prévenir »). Telle est sa nature, assez consensuelle. Ce

[357] Existent pour cela d'autres traités, bilatéraux ou multilatéraux.

[358] C'est pourtant ce que fait G. Boutherin, dans son ouvrage de référence : il associe les armes NBC (et oublie les armes mésologiques). Mais l'association ne tient pas : de fait, l'ouvrage ne traite, pour l'essentiel, que des armes nucléaires, car seules ces armes font l'objet d'une politique, et d'un régime, de non-prolifération. La prévention de l'acquisition des armes biologiques et chimiques passe purement et simplement par le désarmement.

principe a tendance à s'élargir et à se muer en contre-prolifération (« réprimer »). Telle est son évolution, assez disputée. Cette évolution — réprimer, pas seulement prévenir, l'acquisition, *a fortiori* l'usage — concerne les armes N, mais aussi les armes B et C : là on peut associer les trois types d'armes — c'est leur deuxième point commun. À ce stade, on sort du régime international pour entrer dans la politique internationale, celle menée par des États qui voudraient modifier le régime[359] des armes NBC pour y intégrer le principe de contre-prolifération, en s'appuyant sur des bases juridiques — telles l'autorisation du CSNU voire la légitime défense préventive — extérieures aux instruments relatifs aux armes NBC.

Si l'on revient à la non-prolifération, on s'aperçoit que le régime des armes N est doublement scindé.1) D'un côté, dans un traité quasi universel, il autorise la possession des armes en question par cinq États, alors que neuf en sont dotés, et l'interdit aux autres. Le régime des armes B et C, lui, pose une interdiction à vocation universelle, même si tous les États ne sont pas parties aux Conventions (CAB et CAC). 2) D'un autre côté, il autorise le développement technologique de l'énergie nucléaire, son usage à des fins civiles, sans établir un contrôle complet de l'industrie, ce qui donne la possibilité à des États d'entamer des programmes militaires. Ce problème de l'évolution technologique, de la distinction entre usage civil et militaire, de l'absence de contrôle de l'industrie, du contournement de la prohibition, se retrouve chez les armes B et C. C'est là un troisième point commun. Le problème clé est indubitablement celui du détournement du droit, c'est-à-dire le détournement des technologies et utilisations civiles NBC permises, vers des applications militaires prohibées. Pour autant, la distinction entre armes B et C d'une part, armes N d'autre part, subsiste en DMA : les premières sont soumises à une logique de désarmement (suppression des armes) ; les secondes, à une logique de non-prolifération (oligopolisation des armes). Certes, ces deux logiques se heurtent — quatrième point commun — au progrès des sciences et techniques, et au fait que le savoir scientifique et technique a pour tendance inexorable à se répandre. Mais à la prolifération cognitive, le désarmement B et C oppose une norme visant à éliminer les armes, tandis que la non-prolifération N n'oppose qu'une norme visant à circonscrire les armes.

Si l'on s'en tient aux armes N, les parades à leur prolifération sont de trois ordres, outre la réduction unilatérale ou négociée des arsenaux et la destruction des stocks des EDAN : la prévention ou l'incitation (la non-prolifération), la protection, la répression ou la coercition (la contre-prolifération). L'objectif est d'empêcher d'autres États, ou des groupes ou entités non étatiques, de se doter d'armes nucléaires ; mais les modalités

[359] Un régime international existant a été créé par une politique internationale ancienne. Une nouvelle politique créera un nouveau régime.

diffèrent. La prévention comprend les « garanties de sécurité »[360] ; la maîtrise des armements, c'est-à-dire le TNP, le TICEN, les traités sur les ZEAN[361], la Convention sur la protection physique des matières et installations nucléaires, le projet d'interdiction de la production de matières fissiles à usage militaire (*Cutt-Off Treaty*), l'AIEA (qui peut saisir le CSNU) ; la surveillance, la conditionnalité ou la rupture des transferts de technologies. La protection s'identifie à la défense du territoire vis-à-vis d'attentats (lutte contre le terrorisme nucléaire) ou de frappes nucléaires (défenses antiaériennes et antimissiles). La répression comprend les mesures à caractère économique ; la menace militaire ; le désarmement forcé, *id est* la destruction des installations (Osirak 1981, Golfe 1991). La politique de l'anti-prolifération va ainsi de la diplomatie déclaratoire à la « guerre préventive » en passant par la coopération judiciaire et les « sanctions » économiques.

État des lieux sur les ADM en général, les armes nucléaires en particulier

Si l'on brosse un état des lieux actuel[362], on constate l'éclatement du régime des ADM. Tel qu'il s'est constitué, le régime international des armes

---

[360] Les NSA, lorsqu'un EDAN s'engage à ne pas utiliser ou menacer d'utiliser d'armes nucléaires contre un ENDAN partie au TNP ; les PSA, lorsqu'un EDAN s'engage à ce que le CSNU prenne immédiatement les mesures en vue de porter assistance à un ENDAN partie au TNP qui serait victime d'une attaque ou d'une menace nucléaire. La RPC, la Grande-Bretagne et les États-Unis, depuis 1978, la France, depuis 1982, la Russie, depuis 1993, ont fourni des NSA. Avec la résolution 255 du 19 juin 1968 (succédant à la déclaration anglo-soviéto-américaine du 17 juin et, surtout, avec la résolution 984 du 11 avril 1995, le CSNU a fourni une « garantie de sécurité positive » : il s'est engagé à intervenir immédiatement au cas où un ENDAN partie au TNP serait victime d'une attaque ou d'une menace nucléaire.

[361] Leur cadre juridique a été posé par le rapport du Groupe d'experts intitulé *Etude complète de la question des zones exemptes d'armes nucléaires sous tous ses aspects*, créé suite à la résolution 3261 de l'AGNU du 9 décembre 1974 et adopté par la résolution 3482 du 11 décembre 1975.

[362] Rétrospectivement, on peut distinguer trois périodes : avant 1988, entre 1988 et 1998, depuis 1998. 1) La première période, celle de la Guerre froide, voit la conclusion des traités suivants : CAB, ENMOD, SALT, mais l'échec des projets de désarmement conventionnel, nucléaire ou chimique. 2) La deuxième période, celle de la fin de la Guerre froide et de l'après Guerre froide, voit les plus grands succès de la maîtrise des armements et du désarmement : réduction massive des forces nucléaires et conventionnelles au Nord (mesures unilatérales, traités START et FCE) ; désarmement forcé et contrôle du désarmement de l'Irak durant et après la guerre du Golfe (1991) ; signature en 1993 de la CAC qui entre en vigueur en 1996, prorogation indéfinie du TNP en 1995 et adoption d'un programme de travail avec les « Principes et objectifs de la non-prolifération et du désarmement », signature en 1996 du TICEN et du traité de Pelindaba, renforcement en 1997 des pouvoirs de l'AIEA, négociations afin de doter la CAB d'un protocole de vérification ; renonciation par de nombreux États à l'arme nucléaire et adhésion au TNP (ex-républiques soviétiques, Argentine, Brésil, Afrique du Sud, Algérie). Cette période a pris fin en 1998, même si le traité constitutif d'une ZEAN en Asie centrale a été signé en 2000 et est entré en vigueur en 2006. 3) Depuis 1998, se multiplient les crises nucléaires : Corée du Nord (dès 1992), essais indiens et pakistanais (1998), Iran (à partir de 2002), désaccord américano-russe sur les défenses

NMBC comprend deux aspects : les instruments multilatéraux conventionnels ou non conventionnels, les clubs de fournisseurs. Il est à la fois discriminatoire : clivé entre *have* et *have-not* dans le domaine nucléaire ;incomplet : si les armes B et C sont interdites d'usage et de possession, il n'en va pas de même des armes N, ni des armes M seulement interdites d'usage ; hétérogène : les dispositions concernant les armes B et C elles-mêmes sont contrastées. Le DMA consacré aux ADM s'est donc traduit par divers accords, qui ont engendré une dualité entre les armes N d'une part, les armes MBC d'autre part, mais aussi entre les armes M d'une part, les armes B et C d'autre part. Il est significatif qu'aucun organe des NU ne soit chargé de la question des ADM et de leurs vecteurs dans leur ensemble. De la double dualité susmentionnée, il résulte qu'il n'y a pas, ou qu'il ne doit pas y avoir, d'État détenteur d'armes B et C, mais qu'il y a des États détenteurs d'armes N et qu'il pourrait y avoir des États détenteurs d'armes M.

La CAB établit une interdiction de fabrication, d'acquisition et de conservation d'agents biologiques qui ne sont pas destinées à des fins pacifiques, et elle étend cette obligation aux vecteurs destinés à délivrer ces agents ainsi qu'à l'équipement qui leur est approprié. Premier instrument multilatéral de désarmement, la CAB de 1972 demeure le régime d'interdiction le plus faible, du fait de l'absence d'un système de vérification internationale. En revanche, la CAC de 1993 interdit une catégorie d'armes, y compris la suppression des stocks et la destruction des installations de production, *et* contient un système de vérification, assorti d'une Organisation spécialisée (l'OIAC). L'interdiction des activités dans les domaines biologique et chimique n'est pas, et ne peut pas être, absolue, puisque la recherche et l'usage à des fins pacifiques sont réservés. Mais le mécanisme de vérification internationale fait toute la différence entre la CAC et la CAB. Celle-ci est un exemple d'insuffisances, dit-on. Les choses sont pires du côté de l'arme nucléaire : là, il n'existe pas de norme interdisant de manière générale et absolue la possession comme l'utilisation[363], la CIJ l'a confirmé dans son avis consultatif du 8 juillet 1996.

Le TNP a institué la « trinité du nucléaire » (G. Boutherin) : la non-prolifération comme priorité immédiate, le désarmement comme effet à long terme, l'utilisation pacifique de l'énergie et la coopération technologique

antimissiles, cependant que le régime de non-prolifération nucléaire marque le pas : le TICEN n'est pas toujours pas en vigueur, pour défaut de ratifications idoines ; le *Cutt-Off* ne fait l'objet d'aucun accord ; le TNP est critiqué pour son caractère discriminatoire ou parce que les EDAN ne remplissent pas, ou pas assez, leur engagement de désarmement. Toutefois, un nouveau traité START a été signé en 2010 à Prague entre les Etats-Unis et la Fédération de Russie, prorogé en 2021 pour cinq ans puis suspendu par la Russie en 2023. La Libye et Cuba ont adhéré au TNP et conclu des accords avec l'AIEA. Un TIAN a été signé en 2017.

[363] En dépit de la résolution 1653 de l'AGNU du 28 novembre 1961 *Déclaration sur l'interdiction de l'emploi des armes nucléaires et thermonucléaires*.

internationale à cette fin comme compensation à la non-prolifération militaire. Il ne s'agit pas de promouvoir le désarmement dans le but d'empêcher la prolifération ; la non-prolifération doit avoir pour conséquence le désarmement. Celui-ci ne concerne pas que les EDAN : l'engagement est universel ; il consiste à négocier (de bonne foi) en faveur du désarmement ; cette obligation de négocier (*pactum de negociando*) n'est pas une obligation de parvenir à un accord (*pactum de contrahendo*)[364] ; l'engagement porte sur un désarmement général et complet, dans le cadre duquel s'inscrivent la cessation de la course aux armements nucléaires, y compris la conclusion d'un TICEN et d'un *Cutt-Off Treaty*, puis la réduction des arsenaux, enfin leur élimination. Toute la controverse réside dans le sens des priorités : le but officiel est, selon le Document final de 1978, le désarmement total. L'effort vers un désarmement nucléaire est-il le préalable pour le désarmement conventionnel et la non-prolifération, ou accompagne-t-il, voire suit-il le désarmement conventionnel et la non-prolifération ? Si l'on s'en tient à la lettre du TNP, le désarmement nucléaire ne pourra être que la conséquence d'une non-prolifération efficace. *Tel est le discours officiel ; en réalité, l'armement des EDAN n'est pas une protection vis-à-vis des proliférateurs, mais une dissuasion vis-à-vis d'autres EDAN ou vis-à-vis de grandes puissances militaires conventionnelles.* La relation entre non-prolifération et désarmement procède donc d'un marché politique : les ENDAN s'engagent à renoncer à l'usage militaire de l'énergie nucléaire ; en contrepartie, 1) les EDAN participent à la coopération technologique civile avec les ENDAN, 2) les EDAN s'engagent à désarmer. Depuis 1988, ils l'ont fait, mais ils n'ont pas supprimé l'arme nucléaire[365]. On ne compte plus

---

[364] « S'obliger à négocier n'est pas s'obliger à conclure ».

[365] Avant le TIAN, il existait des plans d'élimination dressés par des ONG (*Abolition 2000*, la Commission de Canberra, le Forum de Tokyo). Le 7 avril 1997, au premier jour de la Commission préparatoire pour la Conférence d'examen du TNP en 2000, l'*International Network of Engineers and Scientists Against Proliferation* et le *Lawyers Committee on Nuclear Policy* présentèrent un Projet-modèle de Convention sur l'interdiction des armes nucléaires. Il prévoyait : l'interdiction de la mise au point, de l'expérimentation, de la fabrication, du stockage, du transfert, de l'emploi et de la menace d'emploi d'armes nucléaires, les EDAN devant détruire leurs arsenaux selon un calendrier déterminé ; l'interdiction de la fabrication de matières fissiles utilisables à des fins militaires ; la destruction ou la conversion des vecteurs. Il prévoyait également une responsabilité pénale des contrevenants, une procédure de déclarations et une procédure de règlement des différends (sur le modèle de la CAC). Il supprimait la clause de retrait ou celle des circonstances exceptionnelles. L'objectif à terme était un monde exempt d'armes nucléaires, dont la base normative serait un traité unique et global remplaçant les multiples instruments du régime des armes nucléaires. Qu'avait-il résulté de la Conférence d'examen du TNP de 2000 ? Réponse : l'adoption d'un plan en « *treize étapes* » en vue de parvenir au désarmement nucléaire et l'« *engagement sans équivoque de la part des États dotés d'armes nucléaires à parvenir à l'élimination complète de leurs arsenaux nucléaires et par là même au désarmement nucléaire que tous les États parties se sont engagés à réaliser en vertu de l'article VI* ». On rappellera cependant que les Documents adoptés à l'issue des Conférences d'examen ne sont pas des traités, mais des instruments concertés non conventionnels…

les déclarations ou les résolutions pour un monde exempt d'armes nucléaires : toutes se sont brisées sur cette réalité que les EDAN ne veulent renoncer ni à leurs arsenaux ni à leurs doctrines de dissuasion.

Le régime international de non-prolifération des armes nucléaires

Le maintien du régime de non-prolifération des armes nucléaires dépend de son universalité et de son autorité. Eu égard à cette double exigence, le point faible demeure la faculté de ne pas adhérer aux traités ou de les dénoncer, avec le risque de retraits en chaîne.

Les clauses de retrait d'un traité

Un traité en vigueur n'a d'effet qu'à l'égard des parties l'ayant signé et ratifié ou y ayant adhéré. S'agissant des parties, les effets d'un traité prennent fin en vertu de la *clausula rebus sic stantibus*, ou en raison de clauses extinctives, ou par consentement unanime des parties, ou du fait de l'existence d'une clause de dénonciation ou de retrait[366]. Dans les traités du DMA, tels le TNP, la CAB et la CAC, le point commun aux différentes clauses de retrait repose sur les circonstances motivant le retrait. Ce dernier doit être rendu nécessaire par des « *événements extraordinaires* » ou des « *circonstances exceptionnelles* » compromettant les intérêts suprêmes de l'État. Un retrait n'emporte certes aucun effet rétroactif : les États s'étant retirés peuvent voir leur responsabilité internationale engagée du fait de violations commises alors qu'ils étaient encore parties au traité multilatéral. Les clauses de retrait prévues dans les traités du DMA n'en signifient pas moins que les États parties se réservent le droit de développer les armes en question en cas de circonstances périlleuses (en outre, un retrait du TNP implique la fin de l'application des éventuels accords de garanties conclus avec l'AIEA). Elles ouvrent donc une brèche dans le système de la prohibition des armes, comme l'article 51 de la Charte des NU, dans celui de la prohibition du recours à la force armée. Les traités du DMA et le Statut de l'AIEA prévoient cependant que le CSNU peut être saisi par les États parties aux traités ou par les instances créées par les traités ou par le SGNU, Dépositaire des traités.

La problématique de l'universalité

L'universalité signifie que tous les États ou un maximum d'États, selon l'approche quantitative, ou que les États les plus puissants militairement ou ayant un potentiel nucléaire, selon l'approche qualitative, sont ou deviennent parties aux traités. L'approche qualitative, prenant en considération le poids

---

[366] La dénonciation constitue un retrait dans le cadre des traités multilatéraux, puisqu'elle ne provoque la fin des effets du traité que dans les seules relations entre l'État dénonçant et les autres États parties, les effets continuant de courir pour les autres contractants.

militaire, économique ou technologique des États, autrement dit, se concentrant sur les « États particulièrement intéressés », fait apparaître des résultats plus préoccupants que l'approche quantitative, pour laquelle un État = un État. 189 États sont membres du TNP, dont 184 en qualité d'ENDAN : on a là un traité quasi universel selon l'approche quantitative. Mais il manque Israël, l'Inde, le Pakistan, qui n'ont jamais signé le TNP, et la Corée du Nord, qui s'en est retirée. À la différence de l'Inde (1974 et 1998), du Pakistan (1998) et de la Corée du Nord (2006), Israël n'a jamais procédé à des essais nucléaires et n'a jamais déclaré posséder la Bombe. À la différence d'Israël, de l'Inde et du Pakistan, la Corée du Nord a violé la norme de non-prolifération en s'orientant vers la fabrication d'armes lorsqu'elle était partie au traité. L'approche qualitative accorde plus d'importance à ces quatre États qu'aux 184 autres. Il est plus décisif de gagner ou de garder l'adhésion d'États ayant des capacités nucléaires militaires que celle d'États n'ayant pas de telles capacités.

Autoriser le maintien hors du régime de certains États ou en autoriser le retrait, donc admettre le développement de capacités militaires sous le prétexte de la non-adhésion aux traités ou de leur dénonciation, pourraient sonner le glas du régime de non-prolifération. Tel est certes le droit souverain des États : ne pas entrer dans un régime conventionnel ou en sortir. Mais la crédibilité du régime s'en trouve immanquablement affectée. Il importe donc de trouver une solution — normalement non coercitive en raison du principe de non recours à la force ou à la menace dans les relations internationales — pour faire adhérer les États, les empêcher de sortir ou les faire rentrer. Comme il paraît impossible de faire adhérer ou de faire rentrer les quatre États critiques au TNP en tant qu'ENDAN, il conviendrait, disent certains, de les faire adhérer ou rentrer en tant qu'EDAN. Cela supposerait une révision du traité, consacrant le nouveau statut de ces États, donc reconnaissant leur prolifération et, par là même, portant à neuf le nombre d'États bénéficiaires de la discrimination. Une telle révision semble, elle aussi, impossible, sauf à risquer de provoquer une série de retraits d'États parties. Plutôt que de réviser le TNP, on pourrait envisager d'associer les quatre États au TNP par l'élaboration d'un Protocole additionnel aux termes duquel ils seraient reconnus comme EDAN, astreints aux mêmes obligations que les EDAN parties au TNP. Mais l'effet de consécration serait le même que celui résultant de la révision du TNP. À ce jour, seule l'Inde[367] a bénéficié d'une telle consécration, *via* les accords de coopération nucléaire civile conclus avec elle par les États-Unis puis par la France. En contrepartie, l'Inde est prête à assumer les mêmes responsabilités que les EDAN : déclarer ses activités à l'AIEA et les soumettre aux garanties de l'AIEA, maintenir son moratoire sur les essais nucléaires, œuvrer à la

[367] Parce qu'elle est une grande puissance démocratique candidate à un siège permanent au CSNU ?

conclusion du traité *Cutt Off*, édicter et appliquer une législation sur le contrôle des exportations sensibles. L'universalité du régime de non-prolifération se heurte ainsi au « double standard » : il y aurait de « bons » proliférateurs (ou prolifération « amicale ») telle l'Inde, et de « mauvais » proliférateurs (ou prolifération « hostile ») telle la Corée du Nord, sans compter le « tabou » entourant le statut d'Israël.

À défaut d'inciter, ou de contraindre, les États à adhérer aux traités, à y rester ou à y revenir, la seule possibilité de voir des États renoncer à l'arme nucléaire en particulier, serait un changement de gouvernement ou de régime chez eux — normalement sans ingérence ni intervention extérieure — du moins s'il existe au sein de leur classe politique des groupes favorables aux traités en question.

La problématique de l'autorité

L'autorité du régime de non-prolifération suppose le respect des engagements par les États parties eux-mêmes, qui doivent adopter un comportement compatible avec leurs engagements, mais aussi par les ressortissants et les résidents des États parties. Ceux-ci doivent veiller à ce que les particuliers (personnes physiques comme personnes morales) agissent conformément aux règles applicables, ce qui implique la sanction de toute action non conforme. Les traités négociés, signés, ratifiés par et pour les États ne sont ainsi pas inopérants face à la dimension infra-étatique : le régime de non-prolifération nucléaire, comme le DMA en général, entend prévenir l'accès des groupes ou entités non étatiques aux capacités NBC (cinquième point commun). Aussi les traités en question posent-ils des obligations spécifiques, telle l'énonciation de clauses de responsabilité pénale individuelle. Les États ont donc l'obligation de donner effet dans leur ordre interne, Code pénal inclus, aux normes conventionnelles posées, soit une application directe de ces dernières s'il s'agit de normes auto-exécutoires, soit une transposition législative ou réglementaire de ces normes si elles ne sont pas *self-executing*.

D'autre part, les États ont le devoir de se prêter au contrôle international et de donner suite au contrôle international, lorsque celui-ci est prévu dans les traités. La *compliance* ou le respect des engagements[368] repose sur trois éléments liés : la réciprocité, la confiance, la vérification. La réciprocité est essentielle à la confiance. La confiance[369] est renforcée lorsqu'existent des

---

[368] « *Tout traité en vigueur lie les parties et doit être exécuté par elle de bonne foi* » (art. 26 de la Convention de Vienne de 1969).

[369] Le DMA a une approche de la sécurité fondée sur la confiance mutuelle, non sur la puissance relative. La non-prolifération comme le désarmement impliquent que les États épousent une telle conception. A son tour, la recherche de la confiance — inspirer confiance et faire confiance à autrui — suppose la volonté de sortir d'une relation d'hostilité. Alors la confiance pourra s'établir par l'adoption réciproque de mesures éponymes, permettant une

mécanismes de vérification. La vérification est donc la clé. Elle est un processus de collecte d'informations aux fins d'évaluer le respect des obligations contractées par les États. La vérification suppose ainsi l'existence d'une norme, la collecte de données, la qualification d'un comportement. Elle consiste en des mesures visant à contrôler que chaque partie ne viole pas ses obligations… même si l'absence de découverte d'activités prohibées ne signifie pas l'inexistence de telles activités. Le DMA crée à la fois une « communauté de parties » et une « communauté d'intérêts », donc instaure une garantie collective. Soit la vérification est opérée par les parties elles-mêmes, soit celles-ci donnent compétence à un organe existant, soit elles mettent en place un organe spécial. En tout cas, la compétence pour participer au processus de vérification ou y être astreint est liée à la qualité de membre du régime.

Ledit processus obéit à deux phases : l'une de surveillance, l'autre d'inspection, toutes deux reposant sur la coopération des États. 1) La surveillance s'exerce au moyen d'un contrôle de conformité des déclarations émises ou des rapports établis par les États parties. Autrement dit, chaque État délivre des informations sur la mise en œuvre de ses engagements, et chacun des autres États compare ces informations aux renseignements qu'il a lui-même collectés (par ses moyens techniques nationaux ou par des moyens techniques internationaux). 2) L'inspection s'exerce au moyen d'une investigation sur place afin de mieux évaluer les situations de fait. On distingue : les inspections régulières ou routinières (appelées « observations »), destinées à corroborer les déclarations faites par les États, ainsi que tout changement intervenu depuis la remise des rapports ; les inspections par mise en demeure ou par défi (appelées « enquêtes »), destinées à corroborer les allégations ou accusations de violation des engagements, c'est-à-dire la non-conformité des déclarations aux renseignements. Les inspections coercitives, elles, comme leur nom l'indique, ne reposent pas sur la coopération de l'État visé, qui est contraint d'ouvrir son territoire et de faire visiter ses sites suspects aux agents étrangers ou internationaux.

Le DMA est multilatéral[370] : c'est là un signe d'universalité et un gage d'autorité. Le multilatéralisme renvoie à un traité conclu entre plusieurs États, comportant un mécanisme de règlement des différends, de consultation des parties voire de vérification, et tendant à créer un régime international régulant ou organisant tel domaine ou telle activité. Aux traités s'ajoutent les instruments concertés non conventionnels[371] et les actes

---

« prévisibilité du comportement » : transmission de données, notifications, transparence, vérification.

370 Même s'il est historiquement issu de la coopération bilatérale américano-soviétique, visant à la fois l'établissement d'une parité stratégique et le maintien du duopole militaire.

371 Les ICNC (*soft law*) sont l'expression d'une volonté commune aux États, mais ils sont dépourvus de valeur juridique, au sens qu'ils ne sont pas soumis au principe *pacta sunt*

unilatéraux d'Etat[372]. 1) Les ICNC sont notamment utilisés par les Groupes de fournisseurs de technologies sensibles à usage militaire aux fins de contrôler l'export, soit une complémentarité par rapport aux normes de non-prolifération et un palliatif au contrôle des technologies.2) Les politiques unilatérales de maîtrise des armements *lato sensu* sont anciennes et importantes. Dans le domaine NMBC, les AUE remplissent une double fonction : stimulus, selon la « théorie de la contagion » (l'initiative par un État de limiter ou de réduire ses armements, ou comportement *leader*, entraine un mimétisme par un comportement *follower*) ; substitut, selon la « théorie de la compensation » (l'AUE remplace le traité, impossible à négocier, à signer ou à ratifier, pour quelque raison que ce soit). Exemple fameux : la déclaration du Président Nixon, le 25 novembre 1969, affirmant que les États-Unis renonçaient aux armes biologiques et détruiraient leurs stocks. La Mongolie s'est déclarée en 1992 « État exempt d'armes nucléaires » (EEAN). Autre exemple : la France a longtemps refusé de signer le TNP, mais elle ne s'est pas opposée à la non-prolifération, déclarant dès le 12 juin 1968 qu'elle « *se comporterait dans l'avenir... exactement comme les États (décidant) d'y adhérer* ». Cette voie pourrait être suivie par les trois États hors TNP, à défaut pour eux d'y adhérer : ainsi les engagements pris par l'Inde à la suite des accords de coopération avec les États-Unis puis la France. Les AUE ne sauraient cependant remplacer les traités, car ils n'offrent pas les mêmes garanties de *compliance :* ils ne prévoient généralement pas de mécanisme de vérification internationale ; la

---

servanda et qu'un manquement à l'engagement politique que constitue l'ICNC ne met pas en cause la responsabilité internationale de l'État concerné.

[372] Leurs conditions de validité sont les suivantes : l'AUE doit émaner d'un sujet de droit international, un État en l'occurrence, agissant dans le cadre de ses compétences ; il doit manifester une volonté explicite de l'État, autrement dit, une intention non équivoque de se lier ; il n'est assujetti à aucune condition de forme, mais il doit être matériellement licite au regard du droit international applicable. L'engagement unilatéral autonome ne comporte aucune contrepartie ; son obligatoriété ne découle ni d'une réciprocité ni de l'acceptation par d'autres sujets de droit international (la réciprocité ou l'acceptation aurait pour effet d'intégrer l'AUE dans la sphère conventionnelle). L'obligatoriété de l'AUE réside dans la volonté expresse de l'État de s'imposer une ligne de conduite. Une fois pris, l'AUE ne peut être abrogé arbitrairement : le principe de bonne foi exclut toute liberté de revenir sans condition sur l'intention qu'il a manifestée ; abroger sans condition un engagement unilatéral reviendrait à rendre ce dernier non obligatoire. Les AUE ne sont pas soumis au principe *pacta sunt servanda ;* ils relèvent du *promissio est servanda.* En s'engageant unilatéralement, l'État à l'origine de l'acte crée des droits au bénéfice d'autres États, sans qu'il y ait pour autant une rencontre de volontés des États, ni la possibilité de mettre en cause la responsabilité internationale de l'État à l'origine de l'acte. Il est cependant légitime pour les États tiers de s'attendre à ce que l'État qui s'est unilatéralement engagé, et qui a donc modifié une situation de fait, respecte son engagement. En revanche, un État peut revenir sur son engagement lorsque sa rétractation est motivée par un changement fondamental des circonstances ou par des circonstances exceptionnelles. À cet égard, les conditions de révocation des AUE sont similaires aux conditions de retrait des traités.

confiance à leur égard ne peut que s'en trouver réduite ; l'engagement unilatéral est toujours réversible.

La délimitation du droit d'accès aux technologies à des fins pacifiques

L'interdiction de la prolifération militaire s'accompagne du droit d'accès aux technologies civiles. Tout État a le droit d'utiliser l'énergie nucléaire à des fins pacifiques[373] ; il en va de même dans les domaines mésologiques, biologiques, chimiques ou balistiques. Il importe donc de tracer la limite entre le civil et le militaire, de définir ce qui relève du droit à l'usage pacifique des technologies NMBC et de contrôler les transferts internationaux de technologies, un tel contrôle étant la principale garantie de leur non détournement[374]. Par conséquent, si le droit d'accès aux technologies à des fins pacifiques est confirmé par les traités, il ne peut s'exercer, en vertu des autres obligations contenues dans ces traités, que si cette utilisation pacifique est corroborée par les États fournisseurs ou par des organismes internationaux.

Or, les technologies NMBC sont à la fois duales et évolutives. À cet égard, deux aspects doivent être pris en compte pour concilier désarmement ou non-prolifération et usage pacifique des technologies : d'une part, anticiper les progrès en matière mésologique, biologique et chimique ; d'autre part, délimiter au sein du cycle du combustible nucléaire ce qui demeure civil et ce qui devient militaire. La grande difficulté est qu'il n'existe pas de statut juridique du cycle du combustible. Mais l'accès à l'énergie nucléaire à des fins pacifiques ne nécessite pas de maîtriser tout le cycle ; c'est pourquoi un programme de production d'électricité peut parfaitement s'accommoder d'une renonciation à l'enrichissement ou au retraitement. Bénéficier de l'atome civil n'impliquant pas une maîtrise totale du cycle, apparaît une « ligne rouge » — à ne pas franchir — dans la conduite des activités et l'usage des technologies. Conformément à l'exigence de la non-prolifération, cette conduite et cet usage doivent s'arrêter au seuil du « militarisable », donc exclure l'enrichissement de l'uranium et le retraitement du plutonium. Pour le reste, les garanties de l'AIEA forment davantage un mécanisme de détection et d'alarme qu'un mécanisme de prévention et de réaction[375].

Lorsque les États ont négocié les différents accords multilatéraux relatifs aux armes NMBC, il a été souligné que leurs dispositions ne devaient en

[373] Le DMA confond « civil » et « pacifique ». On verra qu'en *jus in bello*, la notion de civil est beaucoup plus ambiguë.

[374] En matière d'acquisition de technologies nucléaires, il existe trois catégories d'États : ceux qui cherchent à obtenir des armes sans développer un programme civil ; ceux qui développent un programme civil et, sous ce couvert, dissimulent des ambitions militaires ; ceux qui sont uniquement intéressés par les aspects civils.

[375] D'autre part, l'AIEA ne doit divulguer ni les secrets industriels et commerciaux, ni les autres renseignements confidentiels.

aucun cas porter préjudice au développement économique ou technologique. C'est ainsi que chacun de ces accords pose pour principe le droit « *inaliénable* » à l'usage pacifique des technologies. C'est la reconnaissance de ce droit qui a consacré un équilibre dans les dispositions du TNP et qui a donc permis la conclusion puis la prorogation du TNP. Ainsi, les prohibitions conventionnelles portent sur la destination finale des technologies et l'utilisation qui en est faite, non pas sur les technologies elles-mêmes, R/D, mise au point ou fabrication. En liaison avec le droit d'accès aux technologies à des fins pacifiques, le droit à la coopération technologique ou aux échanges commerciaux à des fins pacifiques est également reconnu aux États dans les traités. Mais ce double droit ne peut être exercé que dans le respect des obligations de désarmement ou de non-prolifération. Autrement dit, il n'est fondé que s'il n'est pas détourné à des fins autres que pacifiques. Il ne peut être accordé qu'aux États parties aux traités et qui respectent leurs engagements, à l'exclusion des États non parties et des États parties qui ne respectent pas leurs engagements. Le droit à la coopération technologique ou aux échanges commerciaux à des fins pacifiques pose le problème du contrôle des exportations de biens ou de services sensibles, par des entreprises publiques ou privées.

Le contrôle des exportations de biens ou services sensibles

Le contrôle de l'export s'opère à deux niveaux : les restrictions aux exportations, l'harmonisation internationale des restrictions. Le TNP, la CAB, la CAC[376] constituent, chacun dans leur domaine, le cadre normatif du contrôle de l'export. Il en ressort une certaine ambivalence : ces accords visent à promouvoir le désarmement ou à empêcher la prolifération, sans nuire au développement civil (accès aux technologies, coopération technologique, échanges commerciaux), lequel à son tour ne doit pas permettre la conduite d'activités illicites. Or, les traités ne précisent pas les règles de l'export et du contrôle de l'export. Ils permettent les échanges entre les États à des fins de développement civil, en les laissant libre de définir leurs propres règles d'export et de contrôle de l'export. C'est pour harmoniser ces règles que des mécanismes collectifs ont été élaborés, principalement par les Groupes de fournisseurs.

Mais 1) les directives ou codes de conduite adoptés ne comportent pas de mesures de vérification. 2) Ces Groupes ressemblent à des clubs, du fait de leur caractère cooptatif et discriminatoire. L'examen des États membres des Groupes révèle qu'un noyau de 22 États (occidentaux) constitue le cœur de

[376] La CAC fait figure de traité-modèle. Afin de concilier l'objectif de désarmement avec la liberté d'échange, elle établit une triple distinction — par le biais de tableaux — entre les substances chimiques en fonction de leur destination finale.

tous les régimes multilatéraux[377] ; d'autres États ne participent qu'à certains Groupes (Turquie, Brésil, Russie) ou à un seul (RPC) ; d'autres enfin ne participent à aucun[378]. Les mécanismes de contrôle de l'export comprennent notamment des accords de garanties (quant à la destination finale ou au non-détournement) entre l'État fournisseur et l'État récepteur ou bien entre l'État fournisseur et l'État récepteur d'une part, l'OIG compétente d'autre part (AIEA, OIAC). Mais les MCE ne peuvent empêcher la prolifération, dès lors que *primo* les États disposent d'une compétence technique propre, et n'ont donc pas besoin de rechercher une aide extérieure, ou bien *secundo* s'ils se tournent vers des États non-membres des Groupes de fournisseurs. De fait, certains exportateurs ne sont pas membres des Clubs occidentaux. Il faut donc élargir ces derniers. Cela implique de renégocier les directives sur l'export et le contrôle de l'expert, les nouveaux membres n'ayant pas participé à l'élaboration des anciennes directives. Compte tenu du fonctionnement par consensus, de nouvelles directives seront plus difficiles à élaborer, entre des États plus nombreux et plus hétérogènes.

L'export devant être compatible avec les exigences de la non-prolifération, le principe de la conditionnalité des échanges est la formule de compromis :la solution trouvée au problème de la conciliation du droit d'accès aux technologies civiles et les prohibitions militaires. À cet égard, le critère de la destination finale est l'élément fondamental pris en compte par les Groupes de fournisseurs pour l'octroi de licences d'exportations. L'État récepteur doit accepter des mesures de vérification. L'effectivité de la conditionnalité implique que les échanges soient stoppés si l'État récepteur refuse ces mesures et, bien sûr, s'il apparaît qu'il ne respecte pas ses engagements. C'est ainsi que le commerce nucléaire, mais aussi biologique et chimique, est assujetti à des conditions politiques, donc à des risques politiques : il est suspendu aux exigences de la non-prolifération, ou du désarmement. La sphère commerciale se trouve liée à des conditions extra-commerciales : éventuelles clauses « sociales » ou « environnementales », mais aussi « clause de non-prolifération » ou « de désarmement », sans parler des sanctions des NU. Les entreprises sont donc concernées par la lutte contre la prolifération ou pour le désarmement[379].

---

[377] États-Unis, Canada, Grande-Bretagne, Australie, France, Luxembourg, Belgique, Pays-Bas, RFA, Suisse, Autriche, Italie, Norvège, Suède, Finlande, Irlande, Grèce, Espagne, Portugal, Hongrie, Japon, Argentine.

[378] De son côté, l'UE a institué un régime de contrôle des exportations de biens et technologies à double usage obligatoire pour tous les États membres, actuels et futurs.

[379] Elles doivent y être associées, et elles y sont : par la connaissance des règles applicables, l'inclusion d'une « clause de non-prolifération » ou « de désarmement » dans les contrats commerciaux, l'élaboration d'une charte assortie d'un label délivré par l'État ou par une OIG certifiant la bonne conduite de l'entreprise, la mise en jeu de la responsabilité réparatrice ou punitive de l'entreprise ou des dirigeants en cas d'infraction à la législation.

De la non-prolifération à la contre-prolifération

D'un point de vue quantitatif, la non-prolifération est un succès. Peu nombreux sont les proliférateurs. Seuls deux États sont sources de réelles difficultés : la Corée du Nord et l'Iran. Mais qu'en sera-t-il demain ? Ces deux pays ne sont pas dans la même situation juridique que l'Inde, le Pakistan ou Israël, car ils sont ou étaient engagés dans le TNP. Les reconnaître comme EDAN ou admettre qu'ils se dotent de capacités militaires serait une acceptation de la prolifération ; cela porterait un coup peut-être fatal au régime. La prolifération est le fait d'un petit nombre d'États : c'est pourquoi l'approche qualitative prime. Mais elle peut engendrer des réactions en chaîne (« l'effet domino ») : c'est pourquoi la dimension quantitative subsiste[380]. Parmi les motivations prolifératrices existe la sécurité. À quoi l'on rétorque que la sécurité ne s'acquiert pas par la puissance militaire, mais par le désarmement ou la non-prolifération, celle-ci assortie par les NSA ou PSA. *Mais il y a d'autres motivations prolifératrices* : le rang, la puissance, le défi, le changement. Dans cette hypothèse, donner des « assurances de sécurité »ne sert à rien. D'autre part, si la non-prolifération peut être un facteur de sécurité, la dissuasion nucléaire aussi[381]. Quoi qu'il en soit, passage à la contre-prolifération, en cas d'échec de la non-prolifération, aurait pour pivot le CSNU et pour perspective l'escalade de l'incitation à la coercition non militaire puis militaire.

L'engagement du CSNU

Transition de la prévention à la répression, sanctionner la prolifération est à la fois un moyen de dissuader les candidats et de les contraindre à résipiscence, au travers de mesures non militaires voire militaires. Le CSNU joue à cet égard un rôle clé, depuis la Déclaration présidentielle du 31 janvier 1992 jusqu'à la résolution 1540 du 28 avril 2004, en passant par la « garantie de sécurité positive » fournie par la résolution 984 du 11 avril 1995. Auparavant, la résolution 678 du 29 novembre 1990 avait érigé le désarmement NBC d'un *peace breaker* (l'Irak) en but licite de guerre, puis la résolution 687 du 3 avril 1991 en avait fait une garantie de non-répétition de la violation du droit international (de la part de l'Irak). En arrière-plan de

---

[380] L'affaire libyenne s'avère cruciale : Kadhafi a renoncé aux ADM, il n'en a pas été remercié en 2011 ! Or, il est clair que si le gouvernement libyen avait disposé de missiles et d'explosifs NBC, les puissances de l'OTAN n'auraient probablement pas sollicité l'intervention auprès du CSNU, assisté les insurgés, livré une guerre aérienne et contribué décisivement au renversement du régime. Plus aucun État se sentant potentiellement menacé par les puissances occidentales ne renoncera à des programmes nucléaires, sinon biologiques ou chimiques ! Plus encore, de tels États ne peuvent qu'être incités à accélérer leurs programmes…

[381] Chaque EDAN déclare que ses armes ne sont qu'un outil de défense et de dissuasion.

la restauration du Koweït, la guerre du Golfe aura été la première opération militaire de contre-prolifération de l'histoire.

Le CSNU a une double compétence face à l'acquisition étatique voire non étatique d'armes NMBC : il a la responsabilité principale du maintien de la paix et de la sécurité internationales, donc il décide en quoi consiste une atteinte à la paix et à la sécurité ; il a également le droit de décider des mesures coercitives à prendre aux fins de maintenir ou de rétablir la paix et la sécurité internationales, dès lors qu'il les estime menacées. Le CSNU peut notamment être saisi en cas de violation d'un traité de DMA, comme le prévoient l'article XII paragraphe C du Statut de l'AIEA[382], l'article VI paragraphe 1 de la CAB, l'article V de la Convention ENMOD et l'article VIII paragraphe 36 de la CAC. On entre alors dans la triple problématique — connue — du chapitre VII de la Charte, de l'obligatoriété des décisions du CSNU en vertu des articles 25 et 103, de l'habilitation donnée aux États par le Conseil de recourir à la force. Depuis la fin du conflit Est-Ouest, le CSNU s'est érigé en gardien du régime de la non-prolifération nucléaire, qu'il s'agisse de l'acquisition de l'arme même par un État non-partie au TNP, de la dénonciation du TNP (par la résolution 1718 du 14 octobre 2006, le Conseil a pratiquement interdit à un État partie de dénoncer le TNP, donc de revenir sur sa renonciation à l'arme nucléaire), du non-respect des garanties de non-détournement de matières fissiles[383]. Le comportement « proliférant » d'un État est ainsi qualifié ou qualifiable de menace contre la paix, ce qui permet l'imposition de mesures[384] économiques par les États, les OIG compétentes ou le CSNU, voire de mesures militaires par le CSNU.

D'autre part, avec la résolution 1540, le CSNU a établi le lien entre États et acteurs non étatiques en visant la prévention de la prolifération subétatique. La résolution demande « *l'adoption universelle et l'application intégrale et, au besoin, le renforcement des traités multilatéraux... qui ont pour objet d'empêcher la prolifération* ». Elle incite les États à « *collaborer avec l'industrie et le public et de les informer des obligations que leur*

---

[382] Des dispositions conventionnelles régissent les relations entre le CSNU et l'AIEA. En l'absence de résolution du Conseil faisant appel aux moyens de l'Agence pour s'assurer du respect par un État de ses engagements de non-prolifération, trois séries d'instruments organisent les rapports entre l'Agence et le Conseil : les articles III paragraphe B et XII paragraphe C du Statut de l'AIEA, les accords de garanties conclus (selon le modèle adopté par le Conseil de l'AIEA en 1972) en application de l'article III paragraphe 1 du TNP, l'accord (conclu en application de l'article XVI paragraphe A du Statut) régissant les relations entre l'ONU et l'AIEA. Les rapports entre l'Agence et le Conseil doivent garantir la crédibilité de l'Agence en tant qu'organe chargé de la vérification des engagements de non-prolifération. En cas de suspicion ou de preuve d'un manquement ou d'une violation, l'AIEA ne peut imposer à un État l'adoption de mesures non expressément prévues par son accord de garanties ou son protocole additionnel. En revanche, elle peut saisir le CSNU pour qu'il astreigne un État (violateur) à appliquer les demandes de l'AIEA ou qu'il sanctionne cet État.

[383] Exemple de la résolution 1696 du 31 juillet 2006 condamnant l'Iran.

[384] Exemple des résolutions 1737 et 1747 du 23 décembre 2006 et du 24 mars 2007.

impose (la lutte contre la prolifération) ». Surtout, elle énonce trois obligations. Les États doivent « *s'abstenir d'apporter une forme d'aide quelconque à des acteurs non étatiques qui tentent de mettre au point, de se procurer, de fabriquer, de posséder, de transporter, de transférer ou d'utiliser des armes nucléaires, chimiques ou biologiques et leurs vecteurs* ». Les États doivent également « *adopter et appliquer, conformément à leurs procédures nationales, des législations appropriées et efficaces interdisant à tout acteur non étatique de fabriquer, de se procurer, de mettre au point, de posséder, de transporter, de transférer ou d'utiliser des armes nucléaires, chimiques ou biologiques et leurs vecteurs, et réprimant les tentatives de se livrer à l'une de ces activités, d'y participer en tant que complice, d'aider à les mener ou de les financer* ». Les États doivent enfin prévoir dans leur législation « *des dispositifs intérieurs de contrôle* » afin de prévenir et d'empêcher la prolifération : recenser les produits pouvant servir à la création d'ADM et en garantir la sécurité pendant leur fabrication, utilisation, stockage ou transport ; surveiller les exportations et contrôler les frontières « *afin de détecter, dissuader, prévenir et combattre, y compris, si nécessaire, en coopération internationale, le trafic illicite et le courtage de ces produits* » ; aider les États n'ayant pas l'infrastructure juridique, l'expérience ou les ressources nécessaires, à se conformer aux dispositions de la résolution. On peut déduire de la résolution 1540, 1) qu'elle traite la prolifération subétatique comme une activité criminelle transnationale, 2) qu'elle veut empêcher tout « maillon étatique faible » dans le système de lutte contre la prolifération subétatique, 3) qu'elle s'en tient à la coopération policière et judiciaire des États pour lutter contre la prolifération subétatique.

Incitation, coercition non militaire, incrimination et protection physique

Les mesures coercitives prises par le CSNU ou des États ou des OIG peuvent et doivent, en vertu du principe du « dernier ressort », être précédées par des propositions de nature incitative, soit économico-financières soit politico-militaires, parallèlement aux dispositions pénales.

La logique incitative vise à offrir à un État un certain nombre d'avantages, liés à la conditionnalité de la coopération internationale (la « clause de non-prolifération ») et destinés à lui faire prendre conscience qu'il a plus à gagner à renoncer à ses programmes proliférateurs qu'à les mener à terme. Si la logique incitative reste sans effet, il est concevable et possible de passer à la logique coercitive. Celle-ci vise à contraindre, économiquement ou militairement, un État à renoncer à ses programmes proliférateurs. Les deux logiques, correctrices, l'une préventive, l'autre répressive, n'annulent pas le droit au développement civil (accès aux technologies, coopération technologique, échanges commerciaux) ; elles le présupposent ; elles permettent d'appliquer la « clause de non-prolifération », donc rendent effective la conditionnalité du développement civil. Malgré leurs limites, les Groupes de fournisseurs jouent ici un rôle majeur, puisqu'ils sont en mesure, d'une part, d'inciter en offrant une coopération conditionnelle (l'export de technologies), dès lors que les États récepteurs donnent des garanties fiables de non-détournement vers des applications militaires, d'autre part, de contraindre en interdisant la coopération conditionnelle, dès lors que les États récepteurs ne donnent pas les garanties idoines.

Aux mesures incitatives et coercitives à l'encontre des États s'ajoute la responsabilité pénale des individus, avec son aspect dissuasif. Cette responsabilité est de droit interne, pas de droit international, faute de convention incriminant et punissant la prolifération subétatique. D'autre part, le Code pénal français réprime l'atteinte à la protection physique des matières et installations nucléaires, biologiques et chimiques. Ladite protection est une parade aux terroristes, car ceux-ci peuvent soit détourner des matières et fabriquer des explosifs, soit en obtenir d'un tiers, soit attaquer des installations et provoquer ainsi l'équivalent d'une attaque NBC. Une lacune demeure au plan international : les matières et installations biologiques ou chimiques ne font pas l'objet d'une protection physique semblable à celle de matières et installations nucléaires, alors qu'elles représentent d'indéniables risques de trafics ou d'utilisations à des fins terroristes. D'autre part, les États sont libres d'adopter les normes de sécurité qu'ils souhaitent, d'où un manque d'harmonisation des mesures de sécurité.

Le recours à la force armée et l'affaire d'Osirak

Quels que soient les engagements conventionnels, non conventionnels ou unilatéraux, quelle que soit l'obligatoriété des mesures décidées par le CSNU, il n'est pas sûr qu'un État s'abstienne d'acquérir des armes NMBC, en violation des obligations de non-prolifération ou de désarmement. C'est pourquoi il peut être nécessaire de passer à la contre-prolifération armée ou au désarmement forcé, soit dans une logique policière d'interdiction (exemple de la *Proliferation Security Initiative*)[385], soit dans une logique guerrière de destruction (sur la base de l'autorisation du CSNU agissant en vertu du chapitre VII de la Charte) pour contraindre l'État violateur à dé-proliférer ou à désarmer, après que les mesures de déprolifération ou de désarmement volontaire ont échoué ou se soient révélées insuffisantes. Dès lors que des frappes de contre-prolifération ou de désarmement ne sauraient être assimilées à des actions de police extraterritoriales, de telles frappes, en l'absence d'autorisation du CSNU, pourraient-elles être justifiées au titre de la légitime défense, y compris anticipée ? Il faudrait pour cela prouver que la

[385] Il s'agit d'une action collective de police maritime, basé sur un accord multilatéral ouvert, visant à intercepter, visiter et perquisitionner en haute mer, par exception au principe de libre navigation, tout navire soupçonné ou convaincu de transporter des matières, produits ou équipements nucléaires à destination d'un pays proliférant.

prolifération nucléaire ou que l'acquisition d'armes MBC équivaut à une agression ou augure une agression. Les programmes menés par Israël, l'Inde, le Pakistan ou la Corée du Nord, n'ont jamais donné lieu à une agression menée avec des armes nucléaires ni même à une « sanctuarisation » propice à une agression qui serait menée avec des armes classiques. Il n'est pas possible de tirer conclusion d'une intention agressive du seul fait d'une activité NMBC. L'invocation de la légitime défense anticipée sur le seul argument de la prolifération nucléaire ou de l'acquisition d'armes MBC n'est donc pas recevable ; il faut qu'il existe une intention manifeste, probante, de recourir effectivement à des capacités nucléaires ou MBC dans un but d'agression[386]. Les réactions internationales à l'affaire d'Osirak ont à cet égard été révélatrices.

Le 7 juin 1981, une attaque aérienne israélienne a détruit le réacteur construit par la France en Irak. Pour la première fois, une installation nucléaire faisait l'objet d'une opération militaire. Une telle opération soulève de nombreux problèmes juridiques : la non-prolifération en DMA, le principe du non recours à la force et la légitime défense anticipée en *jus ad bellum*, la nature de la cible et les effets collatéraux en *jus in bello*[387]. L'État d'Israël n'est pas membre du TNP. Il possède, dit-on, un arsenal nucléaire. Il s'arroge le droit de prévenir *manu militari* ce qu'il estime être une prolifération irakienne menaçante[388]. L'État irakien, lui, a adhéré au TNP le 29 octobre 1969 et a conclu un accord de garantie avec l'AIEA le 28 février 1970. A-t-il triché, c'est-à-dire bénéficier d'une coopération technologique civile (française notamment)[389] aux fins de se doter d'une capacité militaire, autrement dit, a-t-il violé le TNP et l'accord de garantie avec l'AIEA ? Cette violation — à prouver — donne-t-elle le droit à un État non-membre du TNP

---

[386] Dira-t-on que le droit international empêche de réagir tant qu'il est encore temps ? L'acquisition de moyens nucléaires, rétorquera-t-on, peut ne receler que des buts dissuasifs.

[38] On peut ajouter la violation par Israël : de l'espace aérien de la Jordanie et de l'Arabie Saoudite ; de l'accord d'assistance et de défense conclu avec les États-Unis le 23 juillet 1952, disposant notamment que « *le gouvernement israélien donne au gouvernement des États-Unis l'assurance que le matériel, les produits ou les services qu'il pourra acquérir des États-Unis... seront uniquement utilisés pour assurer sa sécurité intérieure, exercer son droit de légitime défense et lui permettre de participer à la défense de la région... et à des mesures de sécurité collective sous l'égide des Nations unies, et qu'il ne se livrera à aucune acte d'agression contre un autre État* ».

[388] En avril 1979 déjà, le coeur du réacteur irakien avait été détruit par une explosion que l'on soupçonnait être l'œuvre du Mossad. Le 30 septembre 1980, deux avions avaient bombardé sans résultat les réacteurs Isis (0,8 MW th) et Osirak (70 MW th) ; ces avions portaient les couleurs iraniennes (rappelons que Bagdad et Téhéran étaient en guerre), mais par la suite l'Irak a prétendu qu'il s'agissait d'avions israéliens camouflés, ce qu'Israël a nié.

[389] Même si des commandes irakiennes avaient également été passées avec l'URSS, le Brésil, la RFA, l'Italie et le Portugal, Pierre Péan parle d'une crise nucléaire franco-israélo-irakienne entre 1975 et 1981, avec des rebondissements qui s'étendent jusqu'en 1991 voire 2003. Cf. *Les deux bombes. Comment la France a « donné » la bombe à Israël et à l'Irak*, Paris, Fayard, 1982, rééd. avec un avant-propos en 1991.

de réagir par la force armée ? Évidemment non, et Israël ne le prétend pas, arguant de l'état de guerre avec l'Irak et du droit de légitime défense. La donnerait-elle même à un État membre, en l'absence d'autorisation du CSNU ? Les contre-mesures doivent être non armées. L'état de nécessité n'est pas invocable. La légitime défense suppose d'assimiler un programme nucléaire d'apparence civile à un acte d'agression ou à une agression imminente.

Le gouvernement israélien a affirmé que le réacteur d'Osirak « *avait pour objet... de produire des bombes nucléaires* »dont « *l'objectif était Israël* » ; l'Irak possède du pétrole en abondance et n'a pas besoin d'énergie nucléaire ; l'activité irakienne dans le domaine nucléaire obéit donc à des fins militaires. Le gouvernement de Bagdad a rétorqué que le réacteur ne visait qu'à former des techniciens et un savoir-faire nucléaires irakiens ; que si l'Irak avait eu les intentions qu'Israël lui prête, il aurait choisi une voie clandestine ; qu'il a droit, comme tout ENDAN membre du TNP, à l'utilisation pacifique de l'énergie nucléaire. Après le 7 juin 1981, les autorités françaises ont souligné que toutes les mesures avaient été prises pour garantir l'usage exclusivement pacifique des matières et installations fournies par la France. Au moment des faits, le gouvernement israélien a donc choisi de supprimer, par une frappe militaire, le risque à long terme qu'impliquait la formation d'une technologie nucléaire dans et par un État qui ne reconnaît pas l'existence d'Israël, qui appelle à l'éliminer et qui est en état de guerre avec lui.

Le Conseil de l'AIEA a estimé que l'attaque israélienne « *démontre un mépris total pour le système de garanties de l'Agence et le TNP et pourrait porter un préjudice considérable au développement de l'énergie nucléaire à des fins pacifiques* ». La frappe israélienne ne sert donc pas la non-prolifération, elle en met en cause le régime. Elle met également en cause la règle du non recours interétatique à la force armée. Le gouvernement israélien a soutenu que les dispositions de l'article 2 paragraphe 4 de la Charte des NU ne s'appliquent pas dans ses rapports avec l'Irak, parce que ce dernier n'est partie à aucun des accords d'armistice conclus par des pays arabes avec Israël, qu'il se considère en état de guerre avec Israël, qu'il ne cesse de proclamer qu'il a l'intention de détruire Israël. Il y a donc entre les deux pays un état de belligérance dans lequel le recours à la force est parfaitement légitime. Selon Georges Fischer[390], « *cette thèse est inadmissible* » car, « *de même qu'il peut y avoir état de guerre sans déclaration de guerre, il y a des exemples d'état de guerre où il n'y a pas d'actes de belligérance. L'état de guerre peut exister sans ouverture des hostilités ; il y a une différence entre hostilités et état de guerre. D'ailleurs, le Conseil de Sécurité avait dans le passé affirmé que l'armistice — qui ne met pas fin à l'état de guerre — ne permet pas des actes de belligérance*

---

[390] « 1981 », p. 162.

active, thèse qui a été aussi défendue par Israël ». Les propos de G. Fischer sont contradictoires : l'état de guerre permet d'ouvrir des hostilités lorsque les parties le décident, et, de plus, l'Irak n'a pas conclu d'armistice avec Israël. En revanche, G. Fischer a raison de souligner que les ordres de cessez-le-feu adressés par le CSNU aux belligérants s'imposent à tous les membres des NU. Israël a donc violé le cessez-le-feu ordonné par le CSNU et, par là même, le droit de la Charte. D'autre part, Israël n'a pas démontré que l'Irak était en train de préparer une agression contre lui, si bien que l'invocation du droit de légitime défense anticipée est dépourvue de validité. La résolution 487 du CSNU 19 juin 1981 a condamné l'action israélienne. Celle-ci n'a certes pas été sanctionnée, même si le Conseil a évoqué l'obligation de réparer. Mais aucun organe des NU, ni aucun État, ni aucune OIG n'a admis l'argumentation israélienne[391].

D'autre part, l'affaire d'Osirak soulève le problème du lien entre *jus ad bellum* et *jus in bello*. Un État a-t-il le droit d'invoquer la légitime défense anticipée pour bombarder le réacteur d'un État hostile soupçonné d'œuvrer à l'acquisition de l'arme nucléaire ? Ceux qui répondent par l'affirmative font valoir que les destructions qu'infligerait une attaque nucléaire sont telles, qu'il n'est pas question d'attendre l'imminence d'une telle attaque et qu'un bombardement préventif d'un réacteur en construction causera moins de dommages collatéraux que celui d'un réacteur achevé. Il est certain qu'en *jus in bello*, un tel bombardement sera davantage acceptable. À cet égard, les bombardements de plusieurs installations nucléaires en Irak, lors de la guerre du Golfe en 1991, n'ont pas été considérés comme des violations des principes de *précaution* et de *sécurité de l'environnement*[392], car, d'après l'AIEA, ces bombardements n'ont pas eu de retombées radioactives et n'ont pas provoqué « *de pertes sévères dans la population* ». Mais le *jus ad bellum* n'admet le recours anticipé à la force armée qu'en cas de menace imminente. Or, l'attaque d'une centrale en plein fonctionnement serait très probablement, elle, contraire au *jus in bello*.

L'agression en droit international pénal

On l'a vu, l'agression est un « *crime contre la paix* » donnant lieu à « *responsabilité internationale* », selon la résolution 3314 de l'AGNU du 14 décembre 1974. Mais, si l'on passe aux règles secondaires punitives, une incrimination/pénalisation requiert davantage que la recommandation d'un organe d'une OIG. Elle exige un texte de droit positif (une convention

---

[391] L'affaire du bombardement et de la destruction d'installations nucléaires syriennes par l'aviation israélienne, le 6 septembre 2007, n'a pas donné lieu à débats, car elle est demeurée secrète. C'est le Président Bush qui la révèle dans ses Mémoires (*Instants décisifs*, Paris, Plon, 2010, p. 425).

[392] Ils font partie des principes généraux du *jus in bello*, qui lient, en tant que règles coutumières, l'État d'Israël, même si celui-ci, à l'instar de l'Irak, n'était, et n'est toujours pas, partie au P1 de 1977.

transposable dans une loi) déterminant préalablement et précisément le fait interdit (l'agression), l'auteur punissable (personnes physiques ou personnes morales), la peine encourue, la juridiction compétente et la procédure du jugement (depuis l'enquête sur les faits jusqu'au procès en passant par l'instruction). Comme toute infraction, la notion d'agression doit combiner des éléments légaux (l'agression est incriminée), matériels (les actes d'agression sont répréhensibles) et moraux (l'intention agressive est imputable à une personne responsable).

La volonté de pénaliser l'agression, marquant l'avènement du droit international pénal contemporain, est presqu'aussi ancienne que sa prohibition ou tentative de prohibition en droit international public. Dès lors que la définition de l'agression en droit international public servirait de base à la définition en droit pénal, interne ou international, la commission d'un crime d'agression supposerait la commission d'un acte d'agression. La décision sur la qualification de l'acte — qui déciderait, sinon le CSNU ? — prédéterminerait donc la mise en œuvre de la responsabilité punitive. Premier problème. D'où en résulte un autre. Qui serait responsable pénalement : l'État (dès lors que le concept d'agression garde son caractère étatique) ou des individus représentant l'État ? Dans ce dernier cas, le cercle de la responsabilité s'arrêterait-il aux dirigeants politiques et militaires ou en déborderait-il ? Dans ce dernier cas encore, où commencerait et où finirait le devoir des agents civils ou militaires de désobéir à un ordre manifestement illicite, tel l'ordre de participer à une guerre d'agression ? L'extraordinaire difficulté à incriminer/pénaliser l'agression s'explique par le fait qu'il s'agirait de juger non pas simplement des actes de violence (en *jus in bello*), mais la décision politique de recourir à la force armée dans les relations internationales (en *jus ad bellum*) voire la participation à ce recours à la force armée. *De maximis non curat praetor ?*

La notion d'« actes de gouvernement » en droit public français permet *a contrario* de mesurer l'ampleur de l'enjeu, même s'il est amoindri par le fait que la France est l'un des membres permanents du CSNU. Selon notre droit public, la décision de recourir à la force armée à l'étranger appartient à la catégorie des « actes de gouvernement », bénéficiant d'une complète immunité juridictionnelle[393]. Malgré l'extension de la notion d'« acte détachable » de la conduite des relations internationales, il y a là une limite fondamentale à la justiciabilité des actes politiques, donc à « l'État de droit », qui est précisément un État dont les décisions gouvernementales sont soumises au contrôle du juge compétent saisi. L'article 13 CEDH implique que tout acte gouvernemental susceptible de violer les droits fondamentaux des personnes soit soumis à une juridiction. Or, il ne fait pas de doute que la

[393] Par leur nature, les opérations militaires ne sont pas susceptibles d'engager la responsabilité de l'État, a répété le Conseil d'État français (30 mars 1966, *Société Ignazio Messina et Cie*, 23 juillet 2010, *Sociétés Touax et Touax Rom*).

décision de recourir à la force armée à l'étranger, au moins lorsqu'elle est constitutive d'une agression, porte atteinte au droit à la vie ou à l'interdiction de toute privation arbitraire du droit à la vie. En droit français, une telle décision demeure un « acte de gouvernement ». En droit international, une telle décision peut être condamnée par le CSNU voire l'AGNU. Elle peut donner lieu à responsabilité réparatrice internationale ou même à responsabilité punitive individuelle. *Encore faut-il que l'agression soit punissable* — et que le CSNU qualifie tel acte d'agression. Si elle le devient dans le Statut de la CPI, le Code pénal français — dès lors que la compétence de la CPI demeure subsidiaire et que la France est partie à la Convention de Rome — devra intégrer le crime d'agression, ses auteurs ou complices et les éventuelles infractions accessoires, tout comme il a dû intégrer les crimes de guerre avec la loi du 9 août 2010 *portant adaptation du droit pénal à l'institution de la Cour pénale internationale*. La décision de recourir à la force armée à l'étranger ne sera donc plus un « acte de gouvernement ». Elle pourra faire l'objet d'une plainte individuelle, contre les gouvernants, pour crime d'agression, probablement imprescriptible. La décision de guerre elle-même, non plus simplement les actes de guerre, deviendra donc justiciable…

La généalogie de l'agression en droit international pénal

Le droit international classique interdisait une série d'actes contraires à l'ordre public international, dont la répression appartenait à tout État : piraterie, esclavage ou traite, proxénétisme, trafic de publications obscènes, trafic d'armes ou de stupéfiants, faux monnayage, blanchiment, actes de terrorisme…À ces infractions généralement commises par des particuliers, s'ajoutaient les violations graves du *jus in bello*, dont les auteurs étaient jugés par des cours martiales nationales, les coutumes et conventions du *jus in bello* ne prévoyant pas la création de juridictions pénales internationales. Il appartenait à chaque État de procéder à la détermination de l'infraction et de la sanction. Indépendamment de toute habilitation conventionnelle, l'État belligérant qui punissait les violations du *jus in bello* commises par ses propres troupes, avait le droit de réprimer les actes de même nature commis par les troupes ennemies. Un État avait donc compétence pour punir les criminels de guerre ressortissants de l'État avec lequel il était en guerre s'il procédait de même avec ses propres ressortissants[394].

[394] Le droit pénal militaire des États a toujours sanctionné les infractions au *jus in bello* par une obligation de réprimer, l'infracteur étant pénalement responsable devant son propre État mais aussi devant l'État adverse, sous condition certes de réciprocité, mais sans que le commandement de l'autorité soit une cause d'exonération. Toutefois, les clauses d'amnistie insérées dans les traités de paix empêchaient que des membres des forces armées soient poursuivies de part et d'autre pour crimes de guerre

La première affirmation de responsabilité internationale en *jus in bello* mais aussi en *jus ad bellum* apparut au lendemain de la Première Guerre mondiale. On sait qu'avant 1914, le droit international « *légalisait et limitait la guerre, il n'en faisait pas un crime* » (R. Aron). La guerre opposait des États égaux en droit, aucun d'eux ne pouvant être incriminé pour avoir recouru aux armes, car chacun d'eux disposait également du droit de recourir à la force. Dans le cadre de la Conférence de la Paix, fut instituée, le 3 février 1919, la Commission des Responsabilités des auteurs de la guerre et sanctions, parallèlement à la Commission des Réparations et dommages, instituée le 25 janvier. Elle créa deux sous-commissions : celle des Responsabilités de la guerre, dont le but était d'étudier « *les violations des lois et coutumes de la guerre et des lois de l'humanité* » ; celle des Faits criminels, dont le but était de rechercher les actes ayant amené la guerre et les actes commis pendant la guerre. C'est ainsi que le Traité de Versailles, d'une part, dans ses articles 228 à 230, mentionne les infractions au *jus in bello* et oblige l'Allemagne à remettre aux Alliés ses ressortissants accusés d'infractions[395], d'autre part, dans son article 231, attribue la responsabilité de la guerre au *Reich*, condamné à verser des réparations, cependant que son article 227 accuse Guillaume II d'avoir violé « *la morale internationale* » et « *l'autorité des traités* ». Cette accusation était un « *acte de haute politique internationale* ». Elle n'avait pas réellement de caractère juridique[396], d'autant moins que le droit international de l'époque ne connaissait pas la notion de « crime d'agression » ou de « crime contre la paix », c'est-à-dire la sanction pénale de la violation du *jus ad bellum*. Le droit international ignorait l'institution d'une juridiction d'un ou plusieurs États sur un autre État ou sur les dirigeants de cet État. L'unique sujet de ce droit était l'État ; sa personnalité juridique, le principe d'égalité entre les États, la conception de la belligérance comme relation d'État à État, interdisaient l'inculpation individuelle de gouvernants désignés, du reste protégés par l'immunité de juridiction étrangère. L'article 227 du Traité de Versailles enfreignait le principe de la généralité et de la non-rétroactivité de la loi pénale, ainsi que la présomption d'innocence : il visait la personne de Guillaume II, pour des faits qui n'étaient pas interdits au moment de leur commission, et en le condamnant par avance il anticipait la décision du juge… Deux préoccupations principales animaient les Alliés : poursuivre et juger devant

---

[395] La note alliée du 3 février 1920 exigea la remise d'une première tranche de « criminels de guerre » en vue de leur jugement. La liste comprend 896 noms : ceux de l'Empereur (réfugié aux Pays-Bas), du *Kronprinz* et de deux de ses frères, quatre maréchaux — le prince Rupprecht de Bavière, le duc Alfred de Wurtemberg, Hindenburg et Mackensen-, le grand-amiral Tirpitz, les généraux Falkenhayn et Ludendorff, les anciens Chanceliers Bethmann-Hollweg et Michaelis…

[396] Comme disait le représentant des Pays-Bas, où s'était exilé Guillaume II, « *"l'offense suprême contre la morale internationale et l'autorité des traités" n'est pas comprise dans la nomenclature de la loi et des traités (d'extradition)* ».

une cour internationale les anciens dirigeants politiques et militaires allemands pour « crime contre la paix » (violation du *jus ad bellum*) et « crimes de guerre » (violation du *jus in bello*), mais aussi les anciens dirigeants politiques et militaires turcs[397] pour « crimes de guerre » ou « crimes de droit commun »[398] perpétrés contre les populations (de citoyenneté ottomane) arméniennes, grecques ou autres. La double tentative échoua. Renonçant à obtenir l'extradition, les Alliés acceptèrent que les procès se déroulent en Allemagne et en Turquie : ce furent les procès de Leipzig, à partir du 23 mai 1921, et d'Istanbul, à partir du 27 avril 1919. Les premiers tournèrent vite court[399]. Les seconds furent plus amples, mais n'aboutirent à aucune reconnaissance d'un crime spécifique, ni à aucune réparation en faveur des Arméniens, des Grecs... ou de leurs ayants-droit[400].

Durant l'entre-deux guerres, du moins jusqu'à 1933, les juristes et diplomates occidentaux s'attachèrent à transformer le *jus ad bellum* en *jus contra bellum*. Mais aucun traité international, malgré de nombreux projets, n'instaura une illicéité complète du recours à la force armée ni, moins encore, une « criminalisation » au sens pénal du recours illicite à la force armée. Aucun texte ne déterminait préalablement et précisément le fait interdit, l'auteur punissable, la peine encourue, la juridiction compétente et la procédure du jugement : ni le Pacte de la SDN de 1919, ni le Pacte Briand-Kellog de 1928, ni les Conventions de Londres de 1933, ni la Charte de l'ONU de 1945. Aucun de ces textes ne prévoyait la moindre incrimination ni la moindre sanction pénale. Tous avaient pour destinataires les États, non pas des individus. C'est dans le Protocole de Genève de 1924, dû à l'initiative d'un groupe de juristes américains emmenés par James T. Shotwell, qu'apparut la phrase selon laquelle la « *guerre d'agression* » est un « *crime international* » *;* mais l'auteur du crime était l'État, sans qu'il y ait de responsabilité pénale individuelle des gouvernants ; de toute façon, le traité ne fut pas ratifié, en raison du refus britannique. En 1939, aucun traité n'avait donc fait de la guerre d'agression un crime punissable. Sous l'impulsion des États-Unis, c'est l'Accord de Londres du 8 août 1945 créant le Tribunal militaire international pour l'Europe, avec ses quatre chefs d'accusation[401], qui fonda la première juridiction pénale internationale. Il fut

---

397 Les cadres du Comité Union et Progrès.

398 Malgré les efforts pour élaborer des catégories juridiques nouvelles stigmatisant la politique d'homogénéisation ethnique de l'espace turc, n'apparaissaient pas encore la notion de « crime contre l'humanité » ni celle de « crime de génocide ».

399 49 personnes furent mises en accusation, douze furent jugées et six condamnées (à des peines légères).

400 D'autre part, la Turquie, après la révolution kémaliste, s'est proclamée nouvel État, en rupture avec l'Empire ottoman.

401 En 1919, la Commission des Responsabilités des auteurs de la guerre et sanctions avait établi une liste de 32 catégories d'infractions considérées comme des crimes de guerre (cf. le *Tableau sommaire des infractions commises par les autorités et les troupes des Empires centraux et de leurs alliés en violation des lois et coutumes de la guerre*, publié dans le

suivi par la Charte du TMI pour l'Extrême-Orient du 19 janvier 1946. Mais ces deux tribunaux *ad hoc* ne définissaient pas les éléments constitutifs du crime d'agression ; ils ne jugèrent que les vaincus, c'est-à-dire des dirigeants politiques et militaires allemands et japonais ; ils ne respectèrent pas, en tout cas pas complètement, les principes du droit pénal et de la procédure pénale[402].

C'est précisément pour éviter cela que l'AGNU, après avoir confirmé les principes de droit international énoncés par le Statut et par l'arrêt du TMIE (rés.95 du 11 décembre 1946)[403], invita à la codification du droit international pénal et à la création d'une juridiction internationale pénale permanente et universelle (rés.260 du 9 décembre 1948), de manière à établir une incrimination précise et préalable ainsi qu'une répression générale et équitable des crimes internationaux (résolution 177 du 21 novembre 1947 sur la formulation des principes de Nuremberg et l'élaboration d'un Code des crimes contre la paix et la sécurité de l'humanité). *Il s'agissait de sortir le droit international pénal de la politique de guerre des Alliés*. L'AGNU confia à la CDI la tâche de : fixer les éléments constitutifs (légal, matériel, moral) des crimes internationaux ; définir les responsabilités, la procédure et les peines ; distinguer responsabilité réparatrice des États et responsabilité punitive des individus. Mais le conflit Est-Ouest empêcha ce projet[404], qui ne put se réaliser qu'en 1998 avec le traité de Rome portant Statut de la CPI, entré en vigueur le 1er juillet 2002. En 1950 cependant, la CDI était parvenue à élaborer une série de principes, issus du jugement de Nuremberg et appelés « droit de Nuremberg » : toute personne qui commet un acte constituant un crime selon le droit international est responsable de ce chef et passible d'un châtiment ; le fait que la législation nationale ne punit pas un acte qui est un crime international ne dégage pas de sa responsabilité en droit international celui qui l'a commis ; le fait que l'auteur d'un crime international a agi en qualité de chef d'État, de représentant ou d'agent public ne dégage pas sa responsabilité en droit international ; le fait pour quelqu'un d'avoir agi sur l'ordre de son gouvernement ou d'un supérieur hiérarchique ne dégage pas sa responsabilité en droit international, pourvu qu'il ait eu la possibilité morale de choisir ; toute personne accusée d'un crime de droit international a

volume de la *Documentation internationale* consacré aux responsabilités des auteurs de la guerre et aux sanctions). Au contraire, l'Accord de Londres établit quatre incriminations : crimes contre la paix, crimes de guerre, crimes contre l'humanité, plan concerté.

402 Il n'est qu'à comparer les Statuts du TMIE et du TMIEO avec ceux du TPIY, du TPIR et de la CPI.

403 Les apports du TMIE sont nets : la responsabilité réparatrice de l'État ne couvre pas la responsabilité punitive des individus ; la qualité d'ancien gouvernant ne confère aucune immunité en matière de crime international ; pour les agents, le commandement de la loi ou de l'autorité n'est pas une excuse absolutoire.

404 Fut cependant adoptée la Convention des NU sur l'imprescriptibilité des crimes de guerre et des crimes contre l'humanité, le 26 novembre 1968.

droit à un procès équitable tant en ce qui concerne les faits qu'en ce concerne le droit ; la complicité dans la commission d'un crime contre la paix, d'un crime de guerre, d'un crime contre l'humanité ou d'un crime de génocide est un crime suivant le droit international.

On peut dire que les TMI de 1945 ont marqué une apogée dans le mouvement de pénalisation du recours à la force armée dans les relations internationales, amorcé en 1919. Après cette apogée, rendue possible par l'écrasement des vaincus, qui permettait d'atteindre l'un des buts de guerre des vainqueurs, on a observé un recul. A partir de 1949, le droit international pertinent, en ses règles primaires comme secondaires, évolua dans un double sens : interdire l'agression (définie en droit international public au bout de trente ans de négociations), sans la criminaliser ; réparer et, surtout, réprimer les crimes de guerre, les crimes contre l'humanité et les crimes de génocide. Le droit international public, dans la résolution 3314 de l'AGNU, avait beau qualifier l'agression de crime donnant lieu à responsabilité, le *jus ad bellum* ne connaissait pas de répression pénale. Il ne la connait que depuis l'entrée en vigueur, le 1er janvier 2017, des amendements de Kampala du 11 juin 2010 au traité de Rome du 17 juillet 1998, lui-même entré en vigueur le 1er juillet 2002. Cette répression pénale ne concerne que les Etats parties au traité de Rome ayant accepté les amendements. L'agression est la seule incrimination en *jus ad bellum*. Sauf la CPI, aucune juridiction pénale internationale ou internationalisée n'est compétente, notamment pas le TPIY ni le TPIR. Aucune juridiction pénale nationale non plus, puisqu'aucun Etat n'incrimine ni ne punit l'agression dans son Code pénal. La CPI a donc une compétence exclusive en la matière. L'agression n'a fait l'objet d'aucun jugement pénal de fond au niveau international depuis la Seconde Guerre mondiale[405]. Une exception en droit interne : le TSI a eu à statuer sur le crime d'agression, qui était l'un des chefs d'accusation portés à l'encontre de Saddam Hussein (invasion de l'Iran en 1980, du Koweït en 1990). A l'issue de la guerre du Golfe, aucune procédure pénale n'avait été intentée contre des personnes physiques ou morales (infra-étatiques) irakiennes : la résolution 687 du CSNU du 3 avril 1991 s'était arrêtée à la responsabilité réparatrice de l'Etat irakien, sans envisager aucune responsabilité punitive.

La problématique de l'agression dans le Statut de la CPI

Le mouvement de pénalisation a repris après la fin du conflit Est-Ouest. En 1990, l'AGNU a redemandé à la CDI d'étudier la question d'un

---

405 Il est significatif que l'IDI, à sa session de Cracovie en 2005, ait traité de *La compétence universelle en matière pénale du crime de génocide, des crimes contre l'humanité et des crimes de guerre*, mais pas du crime d'agression, et que ce dernier n'ait pas été envisagé dans le premier recueil des *Grands arrêts du droit international pénal* (Dalloz, 2010, sous la direction d'A. Cassese, D. Scalia, V. Thalmann, pp.XV, 128).

mécanisme juridictionnel pénal à caractère permanent et international voire universel. Des tribunaux pénaux internationaux *ad hoc* ont été créés en 1993 et 1994 par le CSNU à l'occasion des conflits yougoslave et rwandais. En 1994, la CDI a proposé un nouveau projet de Statut d'une Cour pénale internationale, en recommandant à l'AGNU de convoquer une Conférence internationale afin de conclure une Convention internationale. La Conférence diplomatique se réunit du 15 janvier au 17 juillet 1998, avec la participation d'ONG. Elle aboutit à la création de la CPI. Mais, sur les quatre crimes internationaux énoncés : crime d'agression, crimes de guerre, crimes contre l'humanité, crime de génocide, le premier a été le seul à ne pas avoir été défini. On retrouvait donc l'épineux problème de la définition de l'agression. Absente du Statut de la CPI comme elle avait été absente de la Charte de l'ONU, du Pacte de la SDN ou du Pacte Briand-Kellog, une telle définition avait été donnée, en droit international public, par les Conventions de Londres de 1933 puis par la résolution 3314 de l'AGNU de 1974. Serait-elle transposée en droit international pénal, en l'occurrence dans le Statut de la CPI, puis, le cas échéant, dans les Codes pénaux internes, à l'instar du crime contre l'humanité ou du crime de génocide ? Lors de la Conférence diplomatique, des délégations gouvernementales se sont opposées à l'insertion du crime d'agression, suivant l'idée qu'il est un crime de nature différente de celle des autres crimes énoncés. Mais la majorité des États se prononça en faveur de l'insertion. Parmi eux, certains étaient favorables à la reprise de la résolution 3314 pour définir l'agression. Cette position ne rencontra pas de consensus : la résolution 3314 reste une recommandation de l'AGNU en droit international public, elle n'a pas acquis la qualité d'une incrimination en droit international pénal. Aussi le Statut de Rome mentionnait-il, dans son article 5 paragraphe 2, que la CPI exercerait sa compétence à l'égard du crime d'agression lorsque ce crime aurait été défini et que sa définition serait entrée en vigueur, soit au minimum sept ans après l'entrée en vigueur du Statut, donc après le 1er juillet 2009. Chose faite au 11 juin 2010 puis au 1er janvier 2017.

La définition pénaliste de l'agression : crime d'État ou crime d'individus ?

En 1998, le crime d'agression a donc été inséré, mais pas défini, dans le Statut de la CPI. Des délégations ont proposé des définitions qui comportaient deux parties distinctes : l'une sur le concept d'agression, l'autre sur les conditions d'exercice de la compétence de la CPI. Mais aucun consensus n'a été réalisé, sauf sur le type d'auteur du crime et le type de responsabilité : en l'occurrence, les gouvernants, c'est-à-dire les personnes physiques ayant ordonné, dirigé, planifié ou contrôlé la guerre d'agression, pas les États. Autres consensus : la limitation des « crimes contre la paix » au crime d'agression[406] ; la préservation du pouvoir de qualification du CSNU ; la confirmation au bénéfice des individus suspectés ou accusés du respect des standards du droit pénal et de la procédure pénale. Pour résoudre le problème de la définition, les États parties à la Convention de Rome ont créé une Commission préparatoire. Tel fut le compromis de 1998 : insérer le crime d'agression dans le Statut de la CPI, sans le définir, et renvoyer ladite définition à des travaux ultérieurs[407]. De tels travaux ont débuté en février 1999. Le Groupe de travail spécial de l'Assemblée des États parties au Statut de Rome a établi un document de synthèse des différentes propositions en 2000. Ce document, comprenant différentes options, distingue la définition du crime d'agression d'une part, les conditions de l'exercice de la compétence en matière de constatation de ce crime d'autre part. Au cours de la décennie 2000, les *Réunions informelles intersessions* du Groupe de travail spécial de l'Assemblée des États parties se sont tenues à Princeton. Une définition a été proposée par le Président de l'Assemblée des États parties en 2007 : « *aux fins du présent Statut, l'on entend par "crime d'agression" la planification, la préparation, le déclenchement ou la commission, par une personne effectivement en mesure de contrôler ou de diriger l'action politique ou militaire d'un État, d'un acte d'agression* ». Puis la conférence de Kampala réunissant les États parties, du 31 mai au 11 juin 2010, a adopté par consensus les amendements au Statut afin d'inclure la définition du crime d'agression et les conditions dans lesquelles la CPI exercera sa compétence.

Le crime d'agression a été défini dans un article 8 bis paragraphe 1 du Statut : « *la planification, la préparation, le lancement ou l'exécution par une personne effectivement en mesure de contrôler ou de diriger l'action politique ou militaire d'un État, d'un acte d'agression qui, par sa nature, sa gravité et son ampleur, constitue une violation manifeste de la Charte des Nations unies* ». L'acte d'agression, lui, désigne, selon l'article 8 bis paragraphe 2 : « *l'emploi par un État de la force armée contre la souveraineté, l'intégrité territoriale ou l'indépendance politique d'un autre État, ou de toute autre manière incompatible avec la Charte des Nations unies* ». L'article reprend l'énumération des actes d'agression établie par la résolution 3314 de l'AGNU. Sur le plan juridictionnel, le crime d'agression fait l'objet d'un régime spécifique par rapport aux autres crimes énoncés dans le Statut de Rome. Selon les articles 15 bis et 15 ter, la Cour peut exercer sa compétence à l'égard de crimes d'agression commis un an après la ratification ou l'acceptation des amendements par trente États parties, et

---

406 Ni la rupture de la paix ou la menace contre la paix, ni le colonialisme ou l'apartheid, ni l'intervention, ne sont incriminés dans le Statut de la CPI, pas plus qu'ils ne le sont dans le projet de Code des crimes contre la paix et la sécurité de l'humanité élaboré par la CDI.

407 Pendant qu'à l'AGNU on travaille à définir le terrorisme, à l'Assemblée des États de la CPI on travaillait à définir l'agression. Soit un double processus définitionnel dont la comparaison serait instructive.

cela sous une double réserve : qu'après le 1er janvier 2017 la majorité des deux tiers des États parties au Statut de Rome ait approuvé sa révision, qu'un État partie n'ait préalablement déclaré qu'il n'acceptait pas la compétence de la Cour. La Cour n'exerce pas sa compétence à l'égard du crime d'agression quand celui-ci est commis par des ressortissants d'un État non-partie au Statut ou sur son territoire, sauf injonction par le CSNU. Le Procureur ne peut ouvrir une enquête, de sa propre initiative ou à la demande d'un État partie au Statut de Rome révisé, que si le CSNU a constaté l'existence d'un acte d'agression commis par un État partie au Statut de Rome révisé[408]... Une définition a donc été élaborée, elle a fini par entrer en vigueur. On n'en trouve l'équivalent dans aucun Code pénal ; cela pourrait donner à la CPI en la matière une compétence principale, non pas subsidiaire. Mais l'exercice d'une telle compétence renvoie à la décision politique du CSNU, qui n'a, à ce jour, que très rarement utilisé le qualificatif d'agression.

Les difficultés que rencontrait le jurislateur étaient les suivantes[409]. Existaient deux approches pénalistes de l'agression : l'approche « moniste », confondant l'agression comme acte de l'État et crime de l'individu ; l'approche « dualiste », distinguant l'acte d'agression en tant que fait de l'État et le crime d'agression en tant que fait d'un ou plusieurs individus. Celle-ci l'a emporté sur celle-là. L'agression est un concept double : de droit international public, concernant les États et leur responsabilité réparatrice, de droit international pénal, concernant des individus (les dirigeants) et leur responsabilité punitive. Or, la criminalisation de l'agression a été contestée, en tant que crime d'État et en tant que crime d'individus. Selon le droit international, l'État ne peut commettre un crime de droit pénal. Selon le droit pénal, les individus qui agissent au nom de l'État ne peuvent être responsables pour violation du droit international. L'agression comme crime individuel a pourtant été admise, au moins depuis Nuremberg ; en revanche, l'agression comme crime d'État a été discutée puis rejetée par la CDI (2001). Comme crime d'État, l'agression posait en effet deux problèmes insolubles : celui de l'intention, celui de la sanction. Comment déterminer l'intention d'un État ? Elle ne peut se dégager que du comportement de ses dirigeants. C'est le point d'articulation de l'imputation de l'agression à la fois à l'État, personne morale, et à ses représentants, personnes physiques. Comment punir un État ? La responsabilité de l'État ne peut être d'ordre pénal ; seuls les individus agissant comme organes de l'État engagent leur responsabilité punitive. La notion de l'agression comme crime d'État a donc été récusée : l'État n'est responsable que civilement pas pénalement. C'est la notion de l'agression comme crime individuel qui a été retenue et

[408] Rappelons que, selon l'article 121 paragraphe 5, la CPI n'exerce sa compétence à l'égard d'un crime faisant l'objet d'un amendement que si l'État dont l'auteur présumé du crime est ressortissant a accepté l'amendement, à moins que, *dixit* l'article 13, le CSNU décide de déférer le crime au Procureur de la CPI.

[409] On suivra l'ouvrage de référence de Maurice Kamto, *2010*, ainsi que R. Kherad, « 2005 ».

développée, des TMI à la CPI en passant par les Projets de la CDI. Se pose alors le problème de la relation entre l'acte collectif, c'est-à-dire la politique d'agression de l'État, et la participation individuelle à cette politique, c'est-à-dire la commission du crime d'agression. La CDI a lié le crime d'agression imputable à un individu à l'acte d'agression imputable à un État. Derrière la personne morale qu'est l'État il y a des individus, et derrière les personnes physiques que sont les individus il y a l'État. Ce lien a été confirmé lors des débats à la Conférence de Rome puis au cours des travaux ultérieurs. La relation opère dans les deux sens : dès lors qu'un État a commis un acte d'agression, il y a nécessairement un crime individuel d'agression, et inversement, il ne saurait y avoir crime individuel d'agression sans qu'un État ait commis un acte d'agression. Or, la qualification de l'agression comme acte d'État relève du pouvoir du CSNU, sinon de l'AGNU agissant sur la base de la résolution 377. Apparaît donc le problème de la coordination entre le pouvoir politique du CSNU de qualifier un acte (étatique) d'agression et le pouvoir judiciaire de la CPI de juger l'auteur (individuel) d'un crime d'agression. Même si le crime d'agression du Statut de Rome révisé était transposé en droit pénal interne, l'exercice de la compétence par les juridictions nationales dépendrait de la qualification préalable de l'acte d'agression par le CSNU.

Le problème de la coordination entre le CSNU et la CPI

À Rome, en 1998, certaines délégations gouvernementales favorables à l'insertion du crime d'agression ont voulu remplacer, concurrencer ou compléter le pouvoir de qualification du CSNU par celui de l'AGNU, de la CIJ ou de la CPI, en arguant que le CSNU n'avait qu'une responsabilité principale, pas exclusive, dans le domaine du maintien ou du rétablissement de la paix et de la sécurité internationales. La CIJ — mais il faudrait qu'elle soit saisie par le CSNU ou l'AGNU pour avis consultatif, puisque la CPI ne peut saisir la CIJ — déterminerait l'agresseur ; le CSNU organiserait la lutte victorieuse contre lui ; la CPI jugerait les responsables. Ce genre de proposition a été rejeté.

A été maintenu le pouvoir discrétionnaire, flexible et autoritaire du CSNU pour la qualification de l'agression et la désignation de l'agresseur, pour très rares que soient une telle qualification et une telle désignation par le Conseil, qui préfère parler de rupture de la paix ou de menace contre la paix, notions non incriminées. D'autre part, le Statut de Rome permet au CSNU d'imposer la compétence de la CPI à l'égard de crimes commis sur le territoire d'un État non-partie ou par ses ressortissants ; inversement, le CSNU peut demander au Procureur qu'aucune enquête ou poursuite ne soit menée ni engagée pendant une période de douze mois renouvelable sans limitation. Le CSNU peut donc attraire ou soustraire tout État à l'exercice de la compétence de la CPI. L'idée que la détermination du crime d'agression se fasse indépendamment du CSNU était l'une des principales objections à la création de la CPI émises par les États-Unis, les autres membres permanents du Conseil ou les États qui participent aux « opérations de paix » ou qui les financent. La CPI outrepasserait sa compétence en statuant sur la responsabilité des États, alors qu'elle n'a qu'une compétence pénale individuelle.

La commission d'un crime d'agression supposant la commission d'un acte d'agression, la qualification d'acte d'agression par le CSNU serait donc la condition préalable et indispensable de l'exercice par la CPI de sa fonction judiciaire. A moins d'accepter qu'il revienne à la Cour de qualifier indirectement le comportement d'un État ; mais la CPI n'a de compétence qu'envers des individus. D'un autre côté, il est vrai, la CPI n'a pas été créée par l'ONU, mais par une convention internationale issue d'une conférence diplomatique, si bien qu'elle n'a pas être placée sous l'empire de la Charte. De même, son pouvoir judiciaire n'a pas à être subordonné à l'action du CSNU, organe politique extérieur à la CPI comme au traité de Rome... Deux options s'offraient : la CPI exercerait sa compétence sans constatation préjudicielle de l'acte d'agression par le CSNU ou un autre organe habilité ; la CPI exercerait sa compétence après constatation préjudicielle de l'acte d'agression par le CSNU ou un autre organe habilité, ou au minimum si le Conseil ou l'autre organe n'opposait pas d'objection à l'enquête sur un crime d'agression. Les États parties, à la Conférence de Kampala, ont choisi la seconde option. La procédure intentée devant la CPI doit être précédée par une qualification opérée par le CSNU (sinon de l'AGNU).

La délimitation de la responsabilité punitive et celle du devoir de désobéir aux ordres manifestement illicites

Un autre problème apparaissait : celui de la délimitation de la responsabilité punitive. Jusqu'où étendre la chaîne de décision, donc de responsabilité ? Les parlementaires ayant voté les crédits ou approuvé l'envoi de forces, les industriels de l'armement, les officiers supérieurs, les hauts fonctionnaires, ou même de simples militaires, agents ou citoyens pourraient-ils être inquiétés parce qu'ils ont participé à une guerre d'agression ou parce qu'ils ont obéi à l'ordre de participer à une guerre d'agression ? Non. La responsabilité s'arrête aux dirigeants, au fait d'avoir planifié, préparé, déclenché, commis un acte d'agression — suivant la qualification du CSNU, que dénieront certainement les accusés — et pas simplement de l'avoir approuvé, suivi ou exécuté. C'est ce qu'avaient déjà dit les TMI (et le TMA). C'est ce que répètent les amendements de 2010 au Statut de Rome.

En 2001, le Groupe de travail spécial de l'Assemblée des États parties au Statut de Rome a demandé au Secrétariat général de l'ONU de publier une étude historique sur le crime d'agression, notamment les chefs d'accusation de « crimes contre la paix » et « plan concerté » du TMIE et du TMIEO. En 2002, l'*Analyse historique des faits relatifs à l'agression* a été présentée au Groupe de travail, pour lui servir de guide. Elle comprend quatre parties : le TMIE, les tribunaux établis en application de la loi n°10 du Conseil de contrôle interallié (dont le TMA), le TMIEO, les NU, auxquelles s'ajoutent deux annexes, l'une sur les actes d'agression commis par l'Allemagne ou le Japon, l'autre sur la responsabilité individuelle pour crimes d'agression. L'histoire de l'incrimination de l'agression en droit international est exposée selon deux aspects : la conduite d'un État constitutive d'un acte d'agression, ou la détermination probatoire de la responsabilité d'un État pour acte d'agression en droit international public ; la détermination probatoire de la responsabilité d'une personne physique accusée de crime d'agression, ou la conduite d'un individu constitutive d'un crime d'agression en droit international pénal[410]. Il ressort de cette *Analyse historique* que la

[410] En droit international public, dans l'affaire du *Haut Commandement*, le TMA (*États-Unis d'Amérique c. Wilhelm von Leeb et consorts*) a réitéré que « *le caractère licite d'une guerre ou son caractère agressif donc illicite ne peut être déterminé qu'à partir de l'analyse des facteurs qui ont participé à son déclenchement. C'est dans l'intention et dans le but pour lesquels elle est dirigée, préparée, déclenchée et poursuivie que réside son caractère légitime ou non* ». « *Toute modification ou tentative de modification des relations entre les peuples par la force des armes constitue un acte d'agression et si l'agression se traduit par la guerre, il s'agit d'une guerre d'agression* ». « *S'il y a des guerres illégitimes d'agression, il doit y avoir des guerres légitime de défense contre l'agression. Il n'existe pas de critère général... permettant de déterminer si une nation peut s'armer et se préparer à la guerre. Tant qu'il n'y a pas de projet d'agression, rien ne s'oppose à ce qu'une nation soit forte, au point de vue militaire* ». Dans l'affaire des *Ministères*, le TMA (*États-Unis d'Amérique c. Ernst von Weizsäcker et consorts*) a examiné les arguments de la légitime défense, de la nécessité militaire et du *tu quoque* exposés par les accusés. Il n'existe pas de légitime défense individuelle ou coalisée lorsqu'on a été l'agresseur initial ou lorsqu'on aide un agresseur, ni parce qu'on attaque un pays qui a abandonné la neutralité pour aider un agressé. « *Une nation qui entreprend une guerre d'agression invite par là même les autres nations du monde à prendre toute mesure, y compris la force, ...pour punir l'agresseur et si, de ce fait, l'agresseur déclare la guerre à une tierce nation, c'est l'agression de départ qui compte et qui donne un caractère d'agression à la deuxième guerre ainsi qu'aux suivantes* ». En droit international pénal, le TMA a souligné que l'élément politique inhérent au déclenchement et à la poursuite de la guerre a pour conséquence que seuls ceux qui y participent au niveau politique peuvent être tenus pour criminels : « *la guerre... est la mise en œuvre d'une politique... Si la politique qui l'a déclenchée est criminelle dans ses intentions et ses objectifs, c'est parce que des individus, les responsables politiques, ont eu des intentions criminelles en élaborant cette politique. Si la guerre est le moyen d'atteindre des objectifs criminels, la poursuite de la guerre n'est que l'application de cette politique et le caractère criminel qui s'attache à la poursuite de la guerre doit être limité aux responsables de l'élaboration de celle-ci au niveau politique* ». En droit international public, dans l'affaire du *Haut Commandement*, le TMA (*États-Unis d'Amérique c. Wilhelm von Leeb et consorts*) a réitéré que « *le caractère licite d'une guerre ou son caractère agressif donc illicite ne peut être déterminé qu'à partir de l'analyse des facteurs qui ont participé à son déclenchement. C'est dans l'intention et dans le but pour lesquels elle est dirigée, préparée, déclenchée et poursuivie que réside son caractère légitime ou non* ». « *Toute modification ou tentative de modification des relations entre les peuples par la force des armes constitue un acte*

responsabilité individuelle, possiblement assortie de circonstances atténuantes, a pour conditions cumulatives : la position élevée dans la hiérarchie politico-militaire (l'individu doit occuper un poste tel qu'il lui permette d'élaborer ou de contribuer à la politique de déclenchement ou de poursuite de la guerre d'agression), la participation aux décisions (l'individu doit utiliser son poste pour servir la politique de déclenchement ou de poursuite de la guerre d'agression), l'intention et la connaissance de déclencher ou de poursuivre une guerre d'agression. Bref, les accusés doivent appartenir « *au niveau politique* », entendu comme niveau de la direction. Le point décisif est de savoir, et de prouver, quels pouvoirs avait tel accusé et quelle autorité il a effectivement exercée. Il n'est pas question d'étendre la responsabilité à des pans entiers de la population ou même à tous les cadres du Parti, de l'État ou de l'Armée, ni d'abaisser le seuil de la responsabilité aux catégories de personnes placées sous les ordres des dirigeants, car il n'est pas question d'un châtiment collectif[411].

Il résulte des amendements de 2010, eux-mêmes influencés par l'étude historique susmentionnée, notamment la jurisprudence du TMA[412], que

---

d'agression et si l'agression se traduit par la guerre, il s'agit d'une guerre d'agression ». « *S'il y a des guerres illégitimes d'agression, il doit y avoir des guerres légitime de défense contre l'agression. Il n'existe pas de critère général... permettant de déterminer si une nation peut s'armer et se préparer à la guerre. Tant qu'il n'y a pas de projet d'agression, rien ne s'oppose à ce qu'une nation soit forte, au point de vue militaire* ». Dans l'affaire des *Ministères*, le TMA (*États-Unis d'Amérique c. Ernst von Weizsäcker et consorts*) a examiné les arguments de la légitime défense, de la nécessité militaire et du *tu quoque* exposés par les accusés. Il n'existe pas de légitime défense individuelle ou coalisée lorsqu'on a été l'agresseur initial ou lorsqu'on aide un agresseur, ni parce qu'on attaque un pays qui a abandonné la neutralité pour aider un agressé. « *Une nation qui entreprend une guerre d'agression invite par là même les autres nations du monde à prendre toute mesure, y compris la force, ...pour punir l'agresseur et si, de ce fait, l'agresseur déclare la guerre à une tierce nation, c'est l'agression de départ qui compte et qui donne un caractère d'agression à la deuxième guerre ainsi qu'aux suivantes* ». En droit international pénal, le TMA a souligné que l'élément politique inhérent au déclenchement et à la poursuite de la guerre a pour conséquence que seuls ceux qui y participent au niveau politique peuvent être tenus pour criminels : « *la guerre... est la mise en œuvre d'une politique... Si la politique qui l'a déclenchée est criminelle dans ses intentions et ses objectifs, c'est parce que des individus, les responsables politiques, ont eu des intentions criminelles en élaborant cette politique. Si la guerre est le moyen d'atteindre des objectifs criminels, la poursuite de la guerre n'est que l'application de cette politique et le caractère criminel qui s'attache à la poursuite de la guerre doit être limité aux responsables de l'élaboration de celle-ci au niveau politique* ».

411 « *Il s'agit de trouver une norme raisonnable permettant de mesurer le degré de participation nécessaire pour qu'il y ait crime contre la paix. Le TMI a situé cette norme de participation à un niveau élevé de responsabilité* ». Dans l'affaire *I.G. Farben*, le TMA (*États-Unis d'Amérique c. Carl Krauch et consorts*) l'applique à son tour.

412 À son tour, celle-ci se situe dans la ligne de la jurisprudence *Macintosh* (25 mai 1931) de la Cour suprême des États-Unis d'Amérique. L'arrêt avait annulé la décision d'un tribunal qui autorisait M. Macintosh, professeur de théologie, à évaluer la légitimité d'une guerre et à refuser d'y participer le cas échant. D'origine canadienne, Macintosh avait demandé la nationalité américaine. Selon la procédure de naturalisation, il avait dû prêté serment de

l'auteur d'un crime d'agression est une personne qui était effectivement en mesure de contrôler ou de diriger l'action politique ou militaire de l'État ayant commis l'acte d'agression, qui a ordonné ou participé à la planification, la préparation, le déclenchement ou la commission de l'acte d'agression, qui avait l'intention et la connaissance de planifier, préparer, déclencher ou commettre un acte d'agression. En cas de mise en œuvre de la responsabilité individuelle pour crime d'agression, il importera donc d'examiner la position officielle des individus, mais aussi et surtout la réalité du processus décisionnel dans la politique étrangère d'un État : la science politique viendra compléter ou corriger le droit constitutionnel en identifiant les véritables décideurs et leurs conseillers. C'est ainsi que *la justice pénale dépend de l'analyse politologique* pour déterminer la culpabilité ou la complicité.

Que la responsabilité punitive en *jus ad bellum* soit circonscrite aux décideurs n'épuise pas le problème de l'obéissance ou de la désobéissance des agents aux autorités. L'incrimination/pénalisation de l'agression n'impliquerait-elle pas pour les militaires, les agents ou les citoyens de désobéir à l'ordre de participer à un recours illicite à la force armée dans les relations internationales, du moins si ce dernier a été qualifié d'agression par le CSNU ? A la limite, même en l'absence d'incrimination interne, le bloc de la légalité administrative incluant les règles applicables du droit international, y compris le droit de la guerre, il y aurait un devoir de désobéissance des agents publics aux ordres manifestement illicites. L'agent n'aurait plus le choix qu'entre l'inculpation pour crime international et l'inculpation pour rébellion ! Le citoyen n'aurait plus le choix qu'entre la complicité ou la trahison ! Jusqu'où pourrait ou devrait aller leur désobéissance ? Jusqu'à la substitution d'autorité, voire l'arrestation du donneur d'ordres ? Hans Wehberg, Vespasien Pella ou Georges Scelle l'avaient dit : en cas de guerre d'agression, les agents et les citoyens doivent désobéir. Cette opinion ne l'a — heureusement — pas emporté, même à Nuremberg. Il n'est pas question de diluer la responsabilité, mais de la limiter aux décideurs et à leurs conseillers. L'éventuelle incrimination/pénalisation de l'agression, en droit international ou en droit interne, ne saurait élargir le bloc de légalité administrative au *jus ad bellum*, ni justifier en ce domaine la désobéissance des agents ou des citoyens aux

soutenir et défendre la Constitution des États-Unis d'Amérique contre tous ses ennemis, à l'intérieur et à l'extérieur. Mais il avait ajouté qu'il se réservait, le cas échéant, le droit de juger la guerre et qu'il ne participerait pas à une guerre sans tenir compte de son propre jugement. La demande de naturalisation avait été refusée en première instance. La Cour d'appel avait annulé cette décision : un citoyen, disait-elle, a le droit de faire valoir sa conscience ; le droit international reconnaît la différence entre une guerre justifiée moralement et une guerre injustifiée. Mais cette sentence a été cassée par la Cour suprême : le citoyen n'a pas la faculté de faire valoir sa propre conviction sur le caractère injuste de la guerre à l'encontre de son propre gouvernement.

autorités. Par conséquent, l'État a le droit et le devoir — internationalement — de réprimer ceux qui désobéissent et de protéger ceux qui obéissent vis-à-vis de ceux qui désobéissent. Un militaire, un agent, un citoyen faisant preuve de loyauté n'ont certainement pas être inquiétés en *jus ad bellum*, ils ne le seront éventuellement qu'en *jus in bello* s'ils commettent des infractions graves. C'est ce que le TMA avait reconnu[413]. C'est ce que confirment les amendements de 2010 au Statut de Rome[414].

---

[413] On imposerait une charge excessive au citoyen, *dixit* le TMA, si on lui demandait de remettre en cause son gouvernement et de décider si les politiques qu'il mène constituent ou non des actes d'agression. « *Si l'on abaisse la norme de la responsabilité pour... inclure (des exécutants), il devient malaisé d'établir la distinction entre coupables et innocents dans l'ensemble du peuple allemand. Il est évidemment impensable d'envisager de condamner la majorité des Allemands pour crimes contre la paix. Cela reviendrait à un verdict de culpabilité collective qui aurait pour corollaire logique le châtiment collectif, ce qui n'a aucun précédent en droit international et ne se justifie pas... Personne ne peut demander à un simple citoyen d'être dans l'obligation de déterminer... si son gouvernement a raison ou non, quand la guerre est juste et quand elle ne l'est plus. On ne peut pas exiger que le citoyen, pour ne pas devenir un criminel selon les normes de la justice internationale, décide que son pays est devenu un agresseur, renie... sa loyauté... et abandonne son propre camp pour éviter d'être jugé coupable de crimes contre la paix... Formuler une telle exigence à l'égard du citoyen ordinaire reviendrait à lui conférer une mission que les principaux hommes d'État du monde et les grands spécialistes du droit international n'ont pas été capables de remplir dans leur recherche d'une définition précise de l'agression... Notre tâche consiste à déterminer lesquels des défendeurs, étant au courant de l'intention de déclencher ou de mener une guerre d'agression, ont, en connaissance de cause, participé à la direction, à la préparation ou au déclenchement de cette guerre... A l'évidence, on ne saurait condamner quiconque pour s'être battu pour ce qu'il croyait être la défense de son pays... On ne peut attendre de personne qu'il mène une enquête indépendante pour déterminer si la cause pour laquelle il se bat résulte d'un acte d'agression commis par son propre gouvernement* ». Même approuver une guerre d'agression n'est pas un acte criminel, il faut l'avoir préconisée, conçue, planifiée. « *Selon le Procureur, le fait que l'accusé ait déclaré ne pas souhaiter la défaite de l'Allemagne est en soit criminel. Or, qui souhaiterait la défaite de son propre pays ?... Le prétendre de l'accusé équivaudrait à lui appliquer un critère qui n'a encore jamais été retenu et que, pour notre part, nous ne sommes certainement pas prêts à considérer comme... acceptable* ». De même, « *nous sommes... convaincus que le fait de ne pas avertir un ennemi futur qu'une agression se prépare, alors qu'un tel avertissement permettrait à ce dernier de faire des préparatifs... qui seraient fatals à des hommes s'acquittant de bonne foi de leurs obligations militaires, ne constitue pas un crime* ». De même encore, « *le fait de procéder par inférences successives pour parvenir à un verdict de culpabilité implique un tel degré de spéculation que le risque d'erreur est trop grand* ».

[414] Les amendements de 2010 frappent de caducité l'arrêt du 21 juin 2005 de la Cour administrative fédérale allemande. S'agissant des militaires, les références normatives qui justifient la désobéissance aux ordres manifestement illicites, sont tirées du *jus in bello* applicable. Elles ne sont pas tirées du *jus ad bellum*, dont les destinataires ne sont pas les combattants, mais les dirigeants, tandis que le *jus in bello* a bien pour destinataires les combattants, pas les dirigeants. Or, en RFA, l'arrêt de la Cour administrative, ultérieurement confirmé par la Cour constitutionnelle, a annulé le jugement du Tribunal militaire qui avait sanctionné un commandant ayant refusé de collaborer à des opérations informatiques destinées à faciliter la coopération de l'armée allemande (dans le cadre de l'OTAN) avec les forces anglo-américaines agissant en Irak. Selon la Cour administrative, le commandant a le droit d'invoquer sa liberté de conscience pour refuser d'obéir : sous-entendu, pour refuser

d'obéir à un ordre manifestement illicite au regard du *jus ad bellum*. La démonstration de la Cour est la suivante. Le devoir d'obéissance des militaires n'est pas une obéissance inconditionnelle, mais une obéissance réfléchie, prenant notamment en considération les conséquences de l'exécution d'un ordre reçu. Le militaire peut opposer une objection fondée sur les impératifs de sa conscience, dès lors qu'ils sont liés à une règle de droit positif. En l'occurrence, le militaire était convaincu que la guerre à laquelle il se trouvait amené à participer, était contraire à la Charte des NU. C'est ainsi que les militaires allemands auraient désormais le droit d'invoquer le *jus ad bellum*, et pas seulement le *jus in bello*, pour refuser d'obéir à des ordres dont ils estimeraient qu'ils sont manifestement illicites. Se substituant aux autorités ou doublant les autorités, ils se feraient donc juges du recours à la force armée, et pas seulement de l'usage, comme s'ils étaient les destinataires du *jus ad bellum*. Cf. M. Fromont, « 2006 ».

Chapitre III

Avec quelles consequences ? La question de la sanction de la violation du *jus ad bellum*

La discrimination juridique des belligérants, sur la base des résolutions du CSNU voire de l'AGNU, réagissant à un comportement considéré comme illicite, est le fondement de l'application de la sécurité collective, de la responsabilité de l'agresseur ou du *peace breaker* et des actions coercitives entreprises contre lui. C'est en ce sens que le pouvoir de « police internationale » du CSNU voire de l'AGNU, malgré le caractère politique des deux organes, s'approche d'un pouvoir de « justice internationale ». L'atteinte à la paix étant assimilée à l'atteinte au droit international, c'est-à-dire à la violation d'une règle primaire énoncée dans la Charte, les condamnations que le Conseil prononce mettent *en cause* une responsabilité, en tant que règle secondaire, et les actions qu'il préconise, mesures coercitives relevant du droit de la sécurité collective, s'apparentent à des « sanctions », mesures réactives à un fait illicite relevant du droit de la responsabilité. C'est pourquoi la pratique du Conseil fait douter de l'étanchéité des fonctions de « police » et de « justice ». Avant d'examiner la responsabilité de l'agresseur ou du *peace breaker* et les actions coercitives entreprises contre lui, y compris le problème de « l'arme économique », il convient d'examiner le concept de « sanction » puis, dans la foulée, les rapports entre le droit de la sécurité collective propre à la Charte des NU et le droit de la responsabilité internationale des États.

« Sanctions » ou « mesures » ?

Il est clair que l'évolution discriminatoire du *jus ad bellum* est liée au droit international de la responsabilité, tant réparatrice que punitive. Le concept de sanction établit le lien entre les deux. La sanction est une garantie de l'effectivité du droit, elle ne se confond pas avec le droit ni n'est la condition de sa validité. Le mot est absent de la Charte : celle-ci parle de « mesures » ; mais les organes créés par le Conseil s'appellent « Comités de sanctions » et l'abrogation des « mesures » permet le rétablissement des droits de l'État visé. Les mesures de l'article 41 ou de l'article 42 de la

Charte des NU sont-elles des « sanctions » ? Jean Combacau et Serge Sur[415] ont montré que le terme de « mesures » est plus pertinent que celui de « sanctions » pour désigner les mécanismes coercitifs du chapitre VII de la Charte des NU.

L'exercice d'un pouvoir de sanction *stricto sensu* comporte des éléments cumulatifs, de fond ou de forme : le manquement d'un État à une obligation juridique préexistante ; un examen contradictoire, permettant à l'État concerné de se faire entendre (*audi alteram partem*) ; l'adéquation des mesures prises à une échelle de réactions, préétablies, correspondant au manquement ; un objectif tendant à rétablir le respect de la règle atteinte et à sanctionner le manquement. Les réactions à la violation d'une règle de droit ne sont pas toutes des « sanctions » : seules constituent des « sanctions » les réactions déclenchées à la suite de la constatation d'une violation et de la décision d'y mettre fin, opérées par un organe compétent indépendant et impartial imposant des mesures proportionnées à l'encontre de l'auteur de la violation. Pour que le système du chapitre VII de la Charte des NU puisse être considéré comme une sanction, il faudrait donc qu'il remplisse les conditions suivantes : que l'action des NU ou des États habilités par les NU fasse suite à la violation d'une obligation internationale par un État membre ; que le constat de cette violation soit opéré par un organe compétent indépendant et impartial ; que les mesures réactives, proportionnées à la violation, soit décidées et contrôlées, sinon exécutées, par cet organe ; qu'elles permettent le rétablissement du droit, y compris la mise en œuvre de la responsabilité réparatrice voire punitive de l'auteur de la violation. Il s'agit donc d'un processus quasi judiciaire. Or, le CSNU, organe politique, évalue avant tout la gravité de l'atteinte à la paix et à la sécurité internationales. Les mesures qu'il adopte ont pour objet de maintenir ou rétablir la paix et la sécurité. Leur finalité n'est pas « judiciaire », sinon à titre accessoire. Aussi vaut-il mieux parler de « mesures coercitives » plutôt que de « sanctions », malgré l'expression « Comité de sanctions ».

D'autant que l'ONU ne réagit pas à tout fait internationalement illicite. Elle ne réagit — aléatoirement — qu'à la violation de certains droits prévus dans la Charte, ce qui amène les États à réagir unilatéralement à la violation de leurs droits qui ne sont pas protégés par la Charte des NU. Le CSNU n'est le gardien du droit international que si, lorsque et tant qu'il y a menace contre la paix, rupture de la paix ou agression. Dans l'hypothèse d'un consensus au Conseil, la procédure sera la suivante : constat d'une violation, condamnation, injonction d'y mettre fin et mise en cause d'une responsabilité ; éventuel refus de la part de l'État visé ; éventuelle imposition de mesures économiques puis militaires décidées par le Conseil et exécutées par les États ou les OIG ; éventuelle résipiscence de l'État visé et rétablissement de l'ordre ; éventuelle mise en œuvre de la responsabilité. La

[415] Ibid., pp. 644, 721.

composition et le caractère politiques du CSNU empêchent qu'il y ait une réaction collective *assurée* à la suite d'une atteinte à la paix. Il est au contraire assuré que la réaction collective sera *sélective*, dans le constat, la condamnation et l'injonction comme dans les mesures adoptées, le rétablissement de l'ordre et la mise en cause ou la mise en œuvre de la responsabilité.

Droit de la sécurité collective et droit de la responsabilité internationale

La précision donnée au concept de sanction n'épuise pas la problématique des relations entre le DSC et le DRI. Celle-ci a été systématiquement examinée par Mathias Forteau[416]. La Charte, en énonçant un mécanisme contraignant de mesures destiné à prévenir et faire cesser tout acte attentatoire à la paix et à la sécurité internationales, a exercé une influence sur le droit de la responsabilité, que la CDI a pris en considération. Inversement[417], la responsabilité internationale a exercé une influence sur le droit de la sécurité : dès lors que le recours à la force armée devenait une violation du droit international, il fallait envisager des mesures réactives, vite appelées « sanctions ». On sait que le CSNU a développé une activité non seulement « quasi législative » mais encore « quasi judiciaire ». Il a utilisé le chapitre VII d'une manière qui l'a conduit à entrer dans le domaine du droit de la responsabilité, d'une part en liant respect du droit international et maintien de la paix, d'autre part en adoptant des décisions qui imposent aux États telle obligation de comportement. Le tout a engendré une tendance à la confusion entre les deux branches et entre les deux séries de règles, primaires et secondaires, spéciales et générales. La question qui se pose est donc de savoir si le chapitre VII de la Charte, même s'il n'est pas possible d'en étendre l'application à d'autres faits illicites que l'atteinte à la paix, constitue un régime de responsabilité. Dans l'affirmative, le chapitre VII aurait vocation à être régi par le régime général du droit de la responsabilité, sous réserve d'une éventuelle *lex specialis* en matière de sécurité internationale. Dans la négative, le chapitre VII demeurerait dans le DSC, distinct du DRI, l'un et l'autre s'appliquant concurremment à la poursuite d'objectifs différents. M. Forteau a démontré que le chapitre VII, s'il est utilisable et utilisé pour mettre en cause une responsabilité dans le domaine de la sécurité, n'est pas un régime de responsabilité, ni selon le texte, ni selon la jurisprudence, ni selon la majorité de la doctrine. L'association des deux corps de règles, qu'on peut ériger en « branches du droit »[418], demeure

---

[416] *2006*, ouvrage de référence que l'on suivra.

[417] Mais M. Forteau ne le traite pas.

[418] Des doutes subsistent à l'égard de la portée scientifique de la division du droit (international public) en branches, au-delà de son intérêt pédagogique. La difficulté consiste à définir à partir de quand un corps de règles peut ou doit être considéré comme une branche du droit. Il faut pour cela que le corps de règles soit doté d'une ancienneté, d'une homogénéité et d'une autonomie suffisantes, articulées autour d'un objet central.

restreinte et imparfaite, ce qui confirme à la fois leur absence d'identité et leur convergence partielle. La démonstration requiert l'analyse critique des travaux de la CDI, puis l'examen de la coordination entre ces deux branches voisines mais distinctes que sont le DSC et le DRI.

Sous-section 1 : L'instrumentalisation du droit de la sécurité au profit du droit de la responsabilité par la CDI

En 1949, la CDI a inscrit la responsabilité des États sur la liste des sujets à codifier. En 1955, le champ d'application du Projet se limitait à la « responsabilité de l'État à raison des dommages causés sur son territoire à la personne ou aux biens des étrangers ». En 1962, le Projet, dont le maître d'œuvre était Roberto Ago, s'est élargi à tout fait international illicite, suivant la distinction, ultérieurement retenue et devenue fondamentale, entre règles primaires et règles secondaires.

Il en résulte que la responsabilité se définit comme l'ensemble des règles dites secondaires qui définissent les conditions et les conséquences de la violation par les États de leurs obligations internationales de fond, dites règles primaires. Le DRI n'est pas modifié par l'apparition ou le développement de nouvelles normes primaires, les règles de fond ne se confondant pas avec la responsabilité pour la violation de ces règles, et vice-versa. Simplement, les mécanismes prévoyant les conditions et les conséquences de la violation sont étendus et adaptés à ces nouvelles normes, y compris, depuis l'entrée en vigueur de la Charte des NU, l'interdiction principielle du recours interétatique à la force armée. En même temps que cette règle d'interdiction, la Charte a mis au point des mécanismes de réaction à l'atteinte à la paix, qui s'apparentent — la violation de la paix étant une violation du droit international — à des mécanismes de sanction de l'illicite. La Charte a donc modifié les règles primaires du DSI, mais aussi, selon la CDI, les règles secondaires du DRI, le chapitre VII, selon la CDI, se rattachant à ces dernières. Les mesures des articles 41 et 42 ainsi que la légitime défense de l'article 51 seraient donc *aussi* des mécanismes de sanction en droit de la responsabilité, donc des « circonstances excluant l'illicéité », pas uniquement des mécanismes de réaction en droit de la sécurité. D'où l'articulation du régime de la responsabilité avec la sécurité collective. Or, l'évolution du régime envisagé par la CDI prenait une nouvelle tournure avec la distinction amorcée par R. Ago entre délit international et crime international, puis le projet d'article 19 disposant que « *la violation par un État d'une obligation internationale établie aux fins du maintien de la paix et de la sécurité internationales... est un "crime international"* ». Ainsi de l'agression. Le droit de la sécurité, bientôt érigé en norme impérative, aurait engendré un nouveau régime de responsabilité, non seulement réparateur mais aussi punitif, avec le problème sous-jacent de l'identité de l'auteur du « crime » : l'État (personne morale) ou les dirigeants de l'État (personnes physiques) ou les deux.

En 1996, le Projet adopté par la CDI n'a pas repris les propositions tendant à utiliser les procédures du chapitre VII de la Charte aux fins de tirer les conséquences punitives de la commission de « crimes d'État ». Le débat s'est focalisé au contraire sur les risques de confusion du DSC et du DRI. La confusion précédemment assumée, consistant à introduire des règles primaires dans un texte consacré à la codification des règles secondaires, avait pour objectif sous-jacent d'instrumentaliser le DSC au profit du DRI : que les mesures coercitives adoptées par le CSNU servent à « sanctionner » une violation grave du droit international, plus précisément, une violation grave d'obligations impératives. Mais, si une atteinte à la paix est un fait internationalement illicite, l'inverse n'est pas vrai : un fait internationalement illicite n'est pas forcément une atteinte à la paix. Le droit de légitime défense n'est pas une simple circonstance excluant l'illicéité du recours à la force armée. La fonction dévolue par la Charte au CSNU ne consiste pas à établir les conséquences réparatrices ou punitives d'une violation du droit international (« fonction judiciaire »), mais à maintenir ou à rétablir la paix et la sécurité internationales (« fonction policière »). Certes, le Conseil a la faculté d'adopter des recommandations afin de régler tout différend international dont il est saisi (chap.VI) ; mais lorsqu'il agit au titre du maintien ou du rétablissement de la paix internationale (chap.VII), il peut imposer des décisions, il ne peut pas régler le différend au fond, il ne peut que renvoyer à la CIJ ou diligenter des commissions ou des juridictions *ad hoc*.

Les deux branches — sécurité collective et responsabilité internationale — entretiennent des rapports étroits : il est fréquent que la première prête à la seconde l'appui de la contrainte propre au CSNU, tandis que la seconde remédie parfois aux blocages de la première. Elles n'en demeurent pas moins irréductibles l'une à l'autre, comme le sont des obligations primaires et des règles secondaires. Elles poursuivent des objectifs différents : maintenir ou rétablir la paix ; réparer ou punir la violation du droit. Leurs faits générateurs sont distincts même s'ils peuvent se recouper : atteinte à la paix constatée (de manière « centralisée ») par le CSNU, qui peut alors imposer à l'État visé la cessation de son comportement ; violation d'une obligation juridique alléguée (de manière décentralisée) par l'État victime, qui peut alors prétendre imposer à l'État fautif une obligation de réparer sinon de punir. Leurs ressorts normatifs sont également distincts : compétence dévolue par une convention, la Charte des NU ; intérêt juridique fondé sur le droit coutumier, en voie de codification. Leurs destinataires ne sont pas complètement identiques : l'État ayant menacé ou rompu la paix, mais aussi les États tiers lorsque le CSNU ordonne des mesures économiques ; l'État ayant violé l'obligation internationale. Leurs contenus ne se recouvrent que partiellement : mesures coercitives non militaires ou militaires ; contre-mesures ou rétorsions non militaires.

Similitude, différence et coordination des deux corps de règles

Le chapitre VII de la Charte des NU n'est donc pas un régime de responsabilité. Il n'en converge pas moins en partie avec le droit de la responsabilité dans son champ d'application. Mais la CDI n'est pas parvenue à déterminer une ligne de partage claire entre le DSC et le DRI. Afin de déterminer dans quelle mesure ces deux branches se recoupent dans les conséquences qu'elles attachent aux faits dont elles se saisissent, il faut examiner successivement le contenu des obligations auxquelles leur déclenchement donne lieu et la fonction qu'elles leur assignent.

1) À partir du moment où le chapitre VII donne un pouvoir discrétionnaire, flexible et autoritaire au CSNU de choisir la mesure à adopter pour maintenir ou rétablir la paix, rien n'exclut qu'il prenne des décisions se rapprochant par leur contenu des conséquences découlant de l'engagement de la responsabilité. Telle est la situation en pratique. Le CSNU recommande ou ordonne des mesures coercitives qui ressemblent à des « sanctions ». En concrétisant le passage des États d'une « société relationnelle » à une « société institutionnelle », la création de l'ONU avait conduit la doctrine à restreindre la notion de sanction en considérant que celle-ci ne pouvait être adoptée, à la suite de la violation d'une obligation internationale, que par une instance tierce aux parties concernées. C'est pourquoi la CDI a réservé le terme de « sanctions » — par opposition aux « contre-mesures » prises, de manière décentralisée, par les États — aux mesures de réaction appliquées en vertu d'une décision prise, de manière « centralisée », par l'organe compétent d'une OIG — le CSNU en l'occurrence. En ce sens, les mesures coercitives du CSNU, si on les assimile à des mesures prises en réponse à un fait illicite en vue de forcer l'État responsable à s'acquitter de ses obligations, s'apparentent à des « sanctions », c'est-à-dire à des « contre-mesures » qui seraient collectives et « centralisées ». Inversement, la technique des « contre-mesures », érigées en « sanctions » dès lors qu'elles sont collectives et « centralisées »[419], est utilisée par le CSNU dans le cadre de la sécurité collective. On retrouve la convergence partielle et l'absence d'identité : des mesures matériellement identiques sont fondées sur deux corps de règles différents à l'égard des mêmes faits. Une même mesure relèvera de deux cadres juridiques distincts : d'un côté, le DRI, qui l'appréhendera comme une « contre-mesure » étatique ou une « sanction » onusienne afin de répondre à un fait illicite ; de l'autre, le DSC, qui l'appréhendera comme une mesure coercitive adoptée par le CSNU ou les États habilités par le CSNU afin de faire cesser une atteinte à la paix.

2) Toute branche du droit remplit une fonction qui constitue sa raison d'être, justifie son contenu et la caractérise. Le DSC a une fonction de

---

[419] Le terme de « sanction » permet de distinguer les mesures adoptées par les NU des mesures adoptées par les États.

maintien ou de rétablissement de la paix ; le DRI a une fonction rétributive ou expiatoire. La différence explique que leurs champs d'application comme les moyens qu'ils utilisent ne coïncident que partiellement. Tous deux usent, comme moyen, de coercition, baptisée « mesures » en DSC, « contre-mesures » ou « sanctions » en DRI. Tous deux visent la prévention et la cessation de l'acte contraire au droit, y compris l'atteinte à la paix en tant qu'elle est considérée comme un acte illicite : mais le DSC s'arrête à la cessation de l'atteinte à la paix, tandis que le DRI ajoute la réparation ou la répression de la violation du droit. Point commun : DSC comme DRI garantissent le *statu quo*, sans s'interroger au fond sur le caractère « juste » ou « injuste » du *statu quo*.

Bien qu'elles se saisissent souvent des mêmes faits pour leur attacher des conséquences assez similaires, imposées dans un but assez proche, le DSC et le DRI n'en demeurent pas moins deux branches autonomes — mais pas indifférentes — l'une vis-à-vis de l'autre. Les relations du DSC et du DRI n'épousent pas le schéma des rapports entre la *lex generalis* et la *lex specialis*, qui ne se déploient en principe qu'à l'intérieur d'une même branche du droit. Leur coordination implique des règles qui, pour relever de branches du droit distinctes, s'enchevêtrent fréquemment dans les faits. Les principaux problèmes possibles sont les suivants. Le CSNU attribue à un État A un fait commis au détriment d'un État B et déclenche sur cette base des mesures coercitives contre l'État A au motif que ce fait constitue une atteinte à la paix. Dans quelle mesure l'organe judiciaire saisi d'une demande de l'État B tendant à obtenir la constatation que ce fait engage la responsabilité de l'État A est-il tenu de suivre la qualification opérée par le CSNU ? Le CSNU adopte un embargo contre un État A ; un État B est accusé par un État C de ne pas respecter cet embargo, violant ainsi la décision du CSNU ; l'État C peut-il demande à une juridiction l'engagement de la responsabilité de l'État B, alors qu'il revient normalement au CSNU de déterminer les mesures à prendre en cas de non-respect de ses décisions ? Bref, il peut y avoir concurrence entre les deux corps, l'un susceptible d'exclure l'autre. La problématique des régimes juridiques connexes est liée à la question des rapports de la *lex specialis* et de la *lex generalis*. Le débat se résume aux deux points suivants. L'existence d'un régime spécial exclut-elle toutes les règles extérieures à ce système (*expressio unius est exclusio alterius*) ? Existe-t-il une impossibilité absolue de recourir aux règles qui sont extérieures au régime spécial (*electa una via non datur recursus ad alterum*) ? La transposition aux rapports entre branche du droit des mécanismes d'exclusivité est possible entre DSC et DRI. Le DSC bénéficie de prime abord d'une exclusivité d'application des mesures de nature militaire ; toutefois la légitime défense est aussi en DRI une circonstance excluant l'illicéité.

Les problèmes de coordination du DSC et du DRI se résolvent donc de la manière qui suit. 1) S'agissant des relations entre le DSC et les règles d'engagement de la responsabilité de l'État, on constate que le point de savoir si la violation d'une obligation découlant de la Charte engage la responsabilité de son auteur s'apprécie de la même manière que pour la violation de toute autre obligation internationale. Seul le DRI est applicable pour déterminer dans quelle mesure un État engage sa responsabilité. L'organe d'application du DRI n'est donc pas lié, si ce n'est au plan probatoire, par les résolutions du CSNU, même si l'État habilité à agir par le Conseil bénéficie d'une cause exonératoire de responsabilité (art. 103). 2) S'agissant des relations entre le DSC et les obligations découlant de l'engagement de la responsabilité, on constate également que les obligations découlant de l'engagement de responsabilité d'un État pour violation des décisions du CSNU sont les mêmes que pour la violation de toute autre obligation internationale. Le DRI s'applique ; le chapitre VII ne bénéficie d'aucune exclusivité d'application, même si le recours à ce dernier est préféré car estimé plus efficace. Le principe de l'autonomie d'application des deux corps de règles joue aussi à cet égard : l'organe d'application du DRI n'est pas tenu, lorsqu'il déduit les conséquences à attacher à l'engagement de la responsabilité d'un État, de suivre la solution retenue par le CSNU, même si ce dernier peut imposer en vertu de la Charte sa propre solution (art. 103). 3) S'agissant des relations entre le DSC et les contre-mesures, le CSNU ne peut pas interdire une contre-mesure, mais les États ne peuvent en adopter librement lorsque le Conseil agit au titre du chapitre VII à l'égard des mêmes faits que ceux donnant lieu à l'application du DRI.

La Charte ne confère aucune compétence directe au CSNU en matière de mise en œuvre du DRI, sauf s'il est possible de lier le DRI au DSC, c'est-à-dire au maintien ou au rétablissement de la paix. Il en résulte que, dans ce domaine, le DRI se trouve subordonné au DSC et que l'instrumentalisation du DSC en vue de servir les finalités du DRI est difficile à fonder. C'est à la CIJ (art. 36-2 de son Statut) que revient le pouvoir de statuer dans le domaine du DRI. Le chapitre VII ne relève pas du DRI, ni le chapitre VI, même si les différends évoqués peuvent porter sur la responsabilité d'un État. Il n'est guère possible d'intégrer davantage le DSC dans le DRI. Le CSNU met en cause une responsabilité ; il ne l'a pas met en œuvre : parlera-t-on d'une pratique « quasi judiciaire » ? Celle-ci se développerait à un double niveau : sur le plan normatif, à travers des prises de position sur la licéité de comportements étatiques ;sur le plan institutionnel, par la création d'organes spécialisés *ad hoc* dont le mandat consiste à contrôler le respect de (certaines de) leurs obligations par les Etats[420]. L'association des deux

[420] Ainsi, le fait pour le CSNU d'avoir décidé dans le cadre du chapitre VII de mettre en œuvre en vertu du droit international la responsabilité de l'Irak pour son invasion et occupation illicites du Koweït aboutit à un constat d'association mais aussi de discordance des deux branches. S'agissant de la Commission d'indemnisation des NU, son rôle n'était pas de déterminer si l'Irak était responsable et quelles conséquences en découlaient : le CSNU l'avait déjà fait, mais si le lien de causalité entre les préjudices allégués par les victimes et les

branches n'est donc possible que dans la mesure où le CSNU décide expressément d'assurer la mise en œuvre du DRI ; mais alors, seul le chapitre VII offre la base juridique nécessaire, ce qui entraîne la soumission de l'ensemble de l'opération aux exigences du maintien ou du rétablissement de la paix, et par là même un risque de modification des règles de la responsabilité. L'instrumentalisation ne peut fonctionner qu'à sens unique : si le CSNU peut mettre les ressources du DSC à la disposition du DRI en arguant que le maintien ou le rétablissement de la paix l'exige, en revanche, il n'est pas possible d'étendre le champ d'application du chapitre VII à d'autres faits illicites que ceux susceptibles, selon le Conseil, de porter atteinte à la paix. Le chapitre VII ne constituant pas un régime de responsabilité, cela reviendrait à transformer la nature des compétences du Conseil et, partant, à modifier la Charte.

En conclusion, le régime de coordination du DSC et du DRI épouse la forme ambiguë de leur nature : les deux corps de règles de règles se rejoignent sous certains angles ; ils demeurent néanmoins distincts. La différence de nature est d'abord celle de l'institutionnel et du relationnel. Le DSC constitue l'expression la plus achevée, même imparfaite puisque la Charte demeure un traité international, de l'ordre institutionnel au niveau universel, grâce à la mise en place d'un organe agissant au nom de tous les États membres de l'ONU sur la base de compétences et par le biais de décisions possiblement obligatoires pour tous ses destinataires. La différence de nature réside ensuite dans un critère d'ordre matériel, le DSC visant la paix et la sécurité des États, comme normes primaires de l'interdiction de la force et de la menace dans les relations internationales, le DRI visant la justice réparatrice voire punitive, donc les conséquences (règles secondaires) de la violation d'obligations internationales. Il en résulte — paradoxe final — un caractère plus « politique » en même temps que plus « centralisé » du DSC et un caractère plus « juridique » en même temps que plus « décentralisé » du DRI.

La responsabilité de l'agresseur ou du *peace breaker*

L'État« agresseur » ou « qui rompt la paix » ou qui « menace la paix » peut être exclu ou suspendu[421], par l'AGNU sur recommandation du CSNU,

---

actes illicites de l'Irak était rempli et, à ce titre, s'il ouvrait droit à réparation pour les réclamants.

[421] La suspension d'une OIG est une « sanction » qui prive, provisoirement, l'État fautif des droits, mais pas des obligations, liés à sa qualité de membre de l'Organisation. La Charte des NU prévoit la suspension de la qualité de membre de l'ONU dans son article 5 : « *un membre de l'Organisation contre lequel une action préventive ou coercitive a été entreprise par le Conseil de Sécurité peut être suspendu par l'Assemblée générale, sur recommandation du Conseil de Sécurité, de l'exercice des droits et privilèges inhérents à la qualité de membre. L'exercice de ces droits et privilèges peut être rétabli par le Conseil de Sécurité* ». Cet article fait partie du chapitre II consacré aux États membres. Il suit l'article 4 relatif à l'admission et

de sa qualité de membre de l'ONU. Il est passible de mesures diplomatiques, économiques ou militaires visant à faire cesser le comportement illicite et à rétablir la situation antérieure. Ce qu'il aura acquis (territoires, avantages économiques, armements…) par son comportement illicite ne devra pas être reconnu (sauf usucapion ?) ou se verra annulé par l'action coercitive menée ou autorisée par le CSNU voire l'AGNU, l'État visé étant tenu d'accepter les obligations qui lui seront imposées. Le droit des traités, en invalidant les traités conclus à la suite d'un recours illicite à la force et en validant les traités conclus à la suite d'un recours licite à la force, épouse la logique discriminatoire du *jus ad bellum* : le vice de consentement joue pour les premiers, pas pour les seconds[422].

---

il précède l'article 6 relatif à l'exclusion. Mais la procédure de suspension — son principe, ses conditions de mise en œuvre, ses buts et effets — n'a jamais été utilisée à l'ONU à l'encontre d'un quelconque État membre. 1) La suspension sanctionne la violation d'une obligation. Elle est l'accessoire des mesures prises en vertu du chapitre VII de la Charte. Autrement dit, elle les accompagne : la suspension accompagne les sanctions et cesse avec elles ; mais les sanctions peuvent être prises indépendamment de toute suspension ou être poursuivies après la cessation de la suspension. 2) La mise en œuvre de la suspension requiert une condition de fond : que le CSNU ait constaté l'existence d'une certaine situation (art. 39) et adopté des mesures coercitives pour la prévention ou la répression de cette situation (art. 41 et suivants). S'agissant des conditions de forme, l'initiative appartient au CSNU, statuant selon la procédure de l'article 27, et la décision revient à l'AGNU, statuant selon la procédure de l'article 18. La procédure de l'article 5 n'a jamais joué, le CSNU n'ayant jamais fait de recommandation. Quant à la levée de la suspension, elle dépend du seul CSNU agissant selon la procédure de l'article 27 : il n'y a donc pas de parallélisme des formes entre l'imposition de la suspension et sa levée. 3) La suspension a pour but et effet de supprimer provisoirement les droits de l'État membre de l'ONU sans affecter ses obligations : perte du droit d'assister aux réunions des organes de l'ONU, notamment aux sessions de l'AGNU, inéligibilité aux trois Conseils (CSNU, CES, Conseil de tutelle) et perte du droit d'y siéger. Les droits des États non liés à l'exercice de la qualité de membre de l'ONU persistent : conservation de leur emploi au Secrétariat des NU par les ressortissants de l'État visé, maintien du droit de participer aux OIG spécialisées du système des NU ou du droit d'administrer un territoire sous tutelle, préservation de l'accès à la CIJ. La suspension n'est pas une exclusion : la réadmission de l'État exclu s'effectue avec l'accord de l'AGNU, alors que le rétablissement de l'État suspendu s'effectue par le CSNU ; elle ne libère pas l'État membre de ses obligations, mais seulement de ses droits. L'État suspendu n'est pas dans la même situation que l'État exclu ou que l'État non-membre : ces derniers ne sont assujettis aux obligations que le CSNU peut imposer en vertu de l'article 48 de la Charte aux membres des NU ; ils ne sont soumis qu'à une seule obligation, celle de ne pas contrecarrer les mesures prises par les NU pour maintenir ou rétablir la paix (art. 2-6). Les obligations financières persistent, c'est-à-dire la participation au budget de l'ONU (art. 17 et 19). De même les obligations relatives au règlement pacifique des différends (art. 2-3 et 2-4), à l'exécution des décisions du CSNU (art. 25, 48, 49), aux forces armées des NU (art. 43, 44, 45, 48), aux accords régionaux (art. 54), aux TNA (art. 73, 74, 76, 84, 87, 88), au respect du SGNU (art. 100-2). Il ne serait cependant pas étonnant que l'État suspendu réponde par l'indifférence aux obligations de la Charte. C'est peut-être pourquoi l'article 5 de la Charte n'a jamais été mis en œuvre. Cf. Jean-Marc Lavieille : « La procédure de suspension des droits d'un État membre des Nations unies », *RGDIP*, 1977, pp. 431-465.

[422] Avant 1945, il était admis que les traités imposés par la force étaient valides, sauf si des pressions physiques étaient exercées sur les plénipotentiaires eux-mêmes. Depuis 1945, sont

Outre la restitution de ce qu'il aura illicitement acquis, le *peace breaker* ou l'agresseur encourra des mesures de prévention de toute récidive (garanties de non-répétition), notamment son désarmement et le contrôle de son désarmement ou toute mesure économique estimée à cet égard pertinente[423]. Le cas échéant, il devra verser, compte tenu de ses ressources, des réparations[424] sous forme monétaire ou non monétaire pour les dommages directs[425] causés, aux États belligérants adverses et à leurs ressortissants ou résidants, par le conflit armé dont il est responsable, sans que soient distingués les faits imputables à cet État ou à ses adversaires, ni les faits contraires ou conformes au *jus in bello*[426]. Ses dirigeants seront

---

nuls les traités imposés par la force illicite. Dès lors que l'on admet le caractère licite du recours à la force, on doit admettre que les traités imposés par la force sont valides : comment une action licite pourrait-elle entraîner une situation illicite ? Inversement, si l'on reconnaît l'illicéité du recours à la force, on doit reconnaître l'illicéité de ces traités : comment une action illicite pourrait-elle entrainer une situation licite ? Lorsque le *jus ad bellum* distingue recours licite et recours illicite à la force armée, le principe de la non reconnaissance des situations, traités ou accords établis par des moyens contraires au droit international signifie que le consentement conventionnel du vaincu à la pression du vainqueur n'a point de valeur. Selon l'article 52 de la Convention de Vienne sur le droit des traités, « *est nul tout traité dont la conclusion a été obtenue par la menace ou l'emploi de la force en violation des principes de droit international incorporés dans la Charte des Nations unies* ». La Convention n'admet pas la couverture de nullité par acquiescement ultérieur. Selon l'article 45, lorsqu'un État qui aurait pu se prévaloir d'une cause de nullité a explicitement acquiescé à la validité du traité, cet acquiescement ne s'applique pas aux nullités dérivant de la contrainte illicite exercée sur l'État. C'est ainsi que les États garantissent les uns vis-à-vis des autres leur souveraineté, leur indépendance et leur intégrité en refusant que soit reconnue toute situation, traité ou accord imposé par un recours illicite à la force. En revanche, un recours licite à la force n'entraîne pas la nullité du traité, notamment pas vis-à-vis du *peace breaker* ou de l'agresseur, astreint à réparation. Selon l'article 75 de la Convention de Vienne, « *les dispositions de la présente Convention sont sans effet sur les obligations qui peuvent résulter à propos d'un traité, pour un État agresseur, de mesures prises conformément à la Charte des Nations unies au sujet de l'agression commise par cet État* ». Encore faut-il que le CSNU ait statué : sinon, on retombe dans l'anarchie des qualifications ou allégations interétatiques…

[423] Cf. la résolution 687 du 3 avril 1991 par laquelle le CSNU a confié à l'AIEA le volet nucléaire du désarmement de l'Irak et à l'UNSCOM les volets balistique, biologique et chimique.

[424] Au contraire des indemnités de guerre du droit international antérieur à 1914, versées par l'État vaincu au vainqueur, les réparations ne constituent pas simplement la rançon de la défaite ; elles reposent sur l'idée d'une responsabilité encourue pour avoir engagé (et perdu) une guerre illicite.

[425] L'Irak n'a dû réparer que les dommages directs (pertes de biens, de revenus ou de contrats) dus à son invasion et à son occupation illicites du Koweït, pas les préjudices liés à l'inexécution des contrats commerciaux internationaux causée par les mesures d'embargo décidées par le CSNU et appliquées par les États ou les OIG compétentes. L'indemnisation des cocontractants victimes de la force majeure créée par les évènements politiques dépend de dispositions relevant uniquement du droit interne de chaque État : mécanismes assurantiels, aide publique ou responsabilité étatique sans faute (au nom de l'égalité devant les charges publiques).

[426] La réparation des dommages pouvant reposer sur deux fondements, le *jus in bello* ou le *jus ad bellum*, soit ne sont pris en compte que les dommages causés par la violation du *jus in*

susceptibles d'être jugés devant une cour pénale pour « crime d'agression » (s'il y a eu qualification d'acte d'agression) ou pour d'autres crimes internationaux[427]. D'autre part, le fait que le CSNU condamne les actions du gouvernement de l'État visé doit inciter les citoyens, les agents ou les militaires à lui désobéir, voire à lui résister[428]. La Charte ne confère pas au CSNU ni à l'AGNU de compétence réparatrice ou punitive. C'est pourquoi la *mise en œuvre* de la responsabilité (désarmement, indemnisation, répression) dépendra de la coopération de l'ONU avec l'État visé, même si celui-ci est astreint à un devoir de coopération[429], la coopération étant l'alternative à l'occupation voire au changement de régime[430].

La pratique du CSNU correspond à la logique du chapitre VII[431]. Celle-ci veut : que les mesures soient destinées à maintenir ou rétablir la paix et la sécurité internationales (art. 39) ; que le Conseil tente de persuader les protagonistes (de cesser les combats) avant de les contraindre (recherche du consentement des parties) ; qu'une étape transitoire précède l'exercice de la coercition (« mesures provisoires » de l'article 40 ou opérations de « maintien de la paix ») ; que la coercition non militaire (art. 41) précède la coercition militaire (art. 42) ; que cette dernière ne nécessite pas la conclusion des accords spéciaux prévus à l'article 43 ; que le Conseil dispose d'une entière liberté d'appréciation. Cette logique correspond *grosso*

---

bello soit sont pris en compte l'ensemble des dommages causés par la guerre, autrement dit, les dommages causés par la violation du *jus ad bellum*, en tant que fait illicite générateur de l'ensemble des dommages. Dans le cas de la guerre du Golfe, la résolution 687 a imputé à l'Irak la responsabilité de l'ensemble des dommages (directs) de guerre, illicites comme licites, commis par ses forces armées comme par les forces armées de la coalition adverse. La guerre ayant été causée par l'Irak en violation du *jus ad bellum*, celui-ci devait réparer l'ensemble des pertes, dommages et préjudices causés *durante bello* par son invasion et son occupation illicites du Koweït.

[427] La résolution 660 du 2 août 1990 avait parlé de « rupture de la paix », pas d'« agression ». Aucune procédure pénale n'a donc été intentée contre des personnes physiques ou morales (infra-étatiques) irakiennes à l'issue de la guerre du Golfe. La résolution 687 s'est arrêtée à la responsabilité réparatrice, sans envisager de responsabilité punitive.

[428] D'où le risque d'une mutation de la guerre interétatique en « guerre civile internationale ».

[429] Tel fut le cas de l'Irak, astreint à coopération (par la poursuite de mesures coercitives) avec les Commissions de désarmement, de réparation et de démarcation de la frontière irako-koweïtienne.

[430] C'est principalement au nom de l'exécution des résolutions 687 et 1441 du CSNU, afin de réaliser et d'achever le programme de désarmement, que les États-Unis et la Grande-Bretagne ont envahi l'Irak, destitué son gouvernement et administré son territoire, en 2003-2004.

[431] Des situations ont pu donner lieu à des qualifications relevant à la fois du chapitre VII et du chapitre VI de la Charte. Ainsi, avant 1990, de la résolution 4 du 29 avril 1946 sur l'Espagne de Franco. A nouveau lors des crises indonésienne (rés.27 du 1er avril 1947), indo-pakistanaise (rés.38, 39, 47, 50, 61, 62, des 17 janvier 1948, 20 janvier, 21 avril, 29 mai, 4 novembre, 16 novembre), israélo-arabe (rés.108, 111, 113, 332 des 8 septembre 1955, 19 janvier 1956, 4 avril 1973, 21 avril) et congolaise (rés.157, 161 et 169 des 17 septembre 1960, 21 février 1961 et 24 novembre). Depuis 1990, les terrains se sont multipliés : Golfe, ex-Yougoslavie, Soudan, Somalie, Rwanda, Congo-Kinshasa, Albanie, Timor oriental, Haïti, Bosnie-Herzégovine, Kosovo, Afghanistan, Irak, Centrafrique, Côte d'Ivoire, Libye, Mali…

modo à une gradation[432], même si celle-ci n'est pas automatique ni toujours complète (tout dépend du consensus au Conseil) : délégitimation du *peace breaker* ou de l'agresseur (condamnation) et légitimation de la victime de l'atteinte à la paix, soit une discrimination ; mesures d'isolement diplomatique ; mesures de coercition économique ; appui militaire de ces mesures ; mesures de coercition militaire ; désarmement et contrôle du désarmement, voire procédures réparatrices ou punitives. D'après le rapport de 2004 du Groupe de personnalités de haut niveau réuni par le SGNU, le passage au recours à la force armée devrait reposer sur cinq critères, classiques : gravité de la menace, légitimité du motif, échec des options non militaires, nécessité et proportionnalité des mesures militaires, mise en balance des conséquences de l'action militaire et de l'inaction militaire.

L'édifice susmentionné, comportant création ou saisine d'organes par le CSNU sinon l'AGNU[433], est plus théorique que pratique. La qualification d'« *acte d'agression* » n'a été votée par le CSNU, expressément ou par prétérition, qu'à l'encontre de l'Afrique du Sud[434], de la Rhodésie[435] et

---

[432] Le cas sud-africain a illustré la montée en puissance des résolutions du CSNU : résolution 134 du 1er avril 1960 (la prolongation de la situation en Afrique du Sud « *risquerait de menacer la paix et la sécurité internationales* »), résolution 181 du 7 avril 1963 (la situation en Afrique du Sud trouble la paix et la sécurité internationales), résolution 282 du 23 juillet 1970 (le renforcement de la puissance militaire sud-africaine est une menace potentielle à la paix et à la sécurité internationales), résolution 418 du 4 novembre 1977 (le constat de la menace contre la paix amène à recommander un embargo sur les armes et le matériel militaire), résolution 546 du 6 janvier 1984 (le Conseil condamne les attaques contre l'Angola, réaffirme la menace sud-africaine contre la paix, utilise le terme d'acte d'agression, rappelle le nécessaire respect de l'embargo et reconnaît à l'Angola le droit de légitime défense en vertu de l'article 51 de la Charte). La question rhodésienne avait donné lieu à la première application de l'article 41 de la Charte en 1966 ; dès 1965, le Conseil avait refusé l'indépendance proclamée unilatéralement (rés.202 du 6 mai 1965) et il avait recommandé aux États de ne pas la reconnaître (rés.216 du 12 novembre 1965). L'escalade était perceptible depuis les résolutions 217 et 221 du 20 novembre 1965 et du 9 avril 1966 (le maintien de la déclaration d'indépendance est une menace contre la paix et la sécurité internationales) jusqu'à la résolution 232 du 16 décembre 1966, dans laquelle le CSNU « *constate que la situation actuelle en Rhodésie du Sud constitue une menace contre la paix et la sécurité internationales* ». Cette constatation était suivie de mesures coercitives, réitérées par les résolutions 253 du 29 mai 1968, 277 du 18 mars 1970, 314 du 28 février 1972, 409 du 27 mai 1977. Elles furent levées par la résolution 460 du 21 décembre 1979. Des mesures de l'article 41 de la Charte avaient également été recommandées à l'encontre de l'Afrique du Sud (rés.418 du 4 novembre 1977). A propos de la Namibie (rés.566 du 19 juin 1985), le CSNU avait constaté l'existence d'une menace contre la paix et la sécurité internationales et averti l'Afrique du Sud qu'en cas de refus de coopération le Conseil pourrait utiliser le chapitre VII de la Charte.

[433] Comités de sanctions, commissions de désarmement, commissions sinon juridictions spéciales chargées des réparations, juridictions pénales spéciales ou saisine de la CPI.

[434] Résolutions 387, 418, 428, 447, 454, 466, 475, 496, 546, 567, 568, 571, 572, 574, 577 et 581 des 31 mars 1976, 4 novembre 1977, 6 mai 1978, 28 mars 1979, 2 novembre 1979, 11 avril 1980, 27 juin 1980, 15 décembre 1981, 6 janvier 1984, 20 juin 1985, 21 juin 1985, 20 septembre 1985, 30 septembre 1985, 7 octobre 1985, 6 décembre 1985 et 13 février 1986,

d'Israël[436], outre les incursions armées opérées par des mercenaires contre le Bénin[437] ou les Seychelles[438]. La qualification de « *rupture de la paix* » a été votée quatre fois : contre la Corée du Nord[439], l'Argentine[440], l'Irak à deux reprises[441]. Sur ces quatre cas, des mesures coercitives collectives n'ont été prises que contre la Corée du Nord en 1950, l'Irak en 1990[442]. Or, il y a eu une quarantaine de conflits armés interétatiques depuis 1945[443]. Aucun État n'a jamais été exclu ou suspendu de sa qualité de membre de l'ONU. L'obligation de désarmer et de réparer n'a été effectivement imposée qu'à l'Irak de 1991 à 2002. Des jugements pénaux internationaux n'ont été prononcés qu'à l'encontre d'autorités ou d'agents croates, bosniaques, serbes ou macédoniens dans le cadre du TPIY, rwandais dans le cadre du TPIR, et cela, non pas pour violation du *jus ad bellum* mais pour violation du *jus in bello*, crimes contre l'humanité ou crimes de génocide[444]. Pour le reste, la qualification de « *menace contre la paix et la sécurité internationales* »[445] a

---

pour des attaques commises contre l'Angola, le Botswana, le Lesotho, le Mozambique, les Seychelles ou la Zambie.

435 Résolutions 326, 386, 424, 445 et 455 des 2 février 1973, 17 mars 1976, 17 mars 1978, 8 mars 1979 et 23 novembre 1979, pour des attaques commises contre l'Angola, le Botswana, le Mozambique ou la Zambie.

436 Résolutions 573 et 611 du 4 octobre 1985 et du 25 avril 1988, pour des attaques sur Tunis, siège de l'OLP.

437 Résolution 405 du 14 avril 1977.

438 Résolution 496 du 15 décembre 1981.

439 Résolution 82 du 25 juin 1950, pour l'invasion de la Corée du Sud.

440 Résolution 502 du 3 avril 1982, pour l'invasion des Malouines.

441 Résolution 598 du 20 juillet 1987, pour l'invasion de l'Iran… qui remontait au 17 septembre 1980 ! Résolution 660 du 2 août 1990, pour l'invasion du Koweït.

442 La Grande-Bretagne, ne voulant pas être dessaisie, affrontant seule l'Argentine, et l'Iran, que l'on ne voulait pas renforcer, affrontant seul l'Irak.

443 Israël/pays arabes (1948-1949, 1956, 1967, 1973) et Israël/Liban (1982, 2006) ; Inde/Pakistan (1947, 1965, 1971) ; Indochine (1945-1954, 1960-1975, 1978-1990) ; RPC/Inde (1962) ; Algérie/Maroc (1963) ; Indonésie/Malaisie (1963-1965) ; États-Unis/ République dominicaine (1965) ; Somalie/Ethiopie (1977-1978) ; Ouganda/Tanzanie (1979) ; Irak/Iran (1980-1988) ; Libye-Tchad (1981-1987) ; Malouines (Argentine/Grande-Bretagne 1982) ; États-Unis/Grenade (1983) ; États-Unis/ Panama (1989) ; Congo-Kinshasa/Angola (1990) ; ex-Yougoslavie (1991-1998) ; Arménie/Azerbaïdjan (1991-1994) ; Cameroun/Nigéria (1994) ; Equateur/Pérou (1995) ; Kosovo (OTAN/RFY 1999) ; Ethiopie/ Erythrée (1998-2000) ; Congo (Rwanda, Ouganda, Burundi / Congo-Kinshasa, Angola, Zimbabwe, Namibie, Tchad 1998-2003) ; Sierra Leone/Liberia (2000) ; Afghanistan (États-Unis, Grande-Bretagne / Talibans 2001) ; Irak (États-Unis, Grande-Bretagne / Irak 2003) ; Russie/Géorgie (2008) ; Russie/ Ukraine (2022).

444 Il est vrai que l'inaction du CSNU ou de l'AGNU n'éteint pas les conséquences réparatrices ou punitives d'un fait internationalement illicite dommageable ou d'un crime international ; mais elle les rend plus théoriques qu'effectives…

445 Les mesures basées sur la « *menace contre la paix* » renvoient à des situations de conflit interne : violation du droit des peuples à l'autodétermination ou apartheid (Rhodésie, Afrique du Sud), coups d'État (Haïti en 1993, Sierra Leone en 1997…), conflits issus de proclamations unilatérales d'indépendance dans le cadre d'un État fédéral (ex-Yougoslavie après 1991), violations massives du DIH et du DIDH suivies de flux de réfugiés ou de

permis la mise en place d'une vingtaine de régimes de sanctions économiques et d'une soixantaine d'« opérations de paix » ou d'« aide humanitaire ».

Les actions coercitives à l'encontre de l'agresseur ou du *peace breaker*

L'État« agresseur » ou qui « rompt la paix » ou qui « menace la paix »est passible, après épuisement des voies de règlement diplomatiques, d'actions coercitives graduelles *ad hoc* (dans une situation déterminée, pour un objectif défini, selon une durée délimitée), impliquant ou n'impliquant pas le recours à la force armée, de la part du CSNU (voire de l'AGNU) ou des États habilités par le CSNU (voire par l'AGNU).

Elles sont choisies par le CSNU[446] parmi différentes options devant rencontrer un consensus au Conseil d'abord, dans une grande partie des États ensuite (puisque ce sont eux qui exécutent). Dans beaucoup de cas, les résolutions du CSNU sont répétitives, parce qu'inappliquées : lorsque le Conseil n'est pas paralysé par le veto, il peut être confronté aux difficultés politiques, militaires ou financières de l'action, au désintérêt des membres permanents ou non permanents peu soucieux de s'engager. Pour autant, le Conseil, s'il décide d'agir, dispose de toute une gamme d'instruments : enquêtes, mesures déclaratoires (qualification, condamnation, rappel des exigences du droit international applicable), mesures provisoires (demande d'arrêt des opérations militaires, de cessez-le-feu ou de retrait des troupes), indication de procédures ou de principes de règlement (chap.VI), opérations de « maintien de la paix » (« chapitre VI et demi »), mesures coercitives non militaires (art. 41), appui militaire aux mesures coercitives non militaires (« article 41 et demi »), mesures coercitives militaires (art. 42)[447].

---

déplacés (Rwanda en 1994, RFY en 1998…), conflits entre forces gouvernementales et forces rebelles (Libéria en 1992, Angola en 1993, Côte d'Ivoire en 2004…), conflit entre factions dans un État sans gouvernement central effectif et crise humanitaire (Somalie en 1992, Congo-Kinshasa en 2003…). Elles renvoient aussi à des différends interétatiques : refus d'extrader des nationaux soupçonnés d'actes de terrorisme (Libye en 1992, Soudan en 1996, Afghanistan en 1999), conflit armé frontalier (Erythrée et Ethiopie en 2000), intervention indirecte dans une guerre civile (Libéria en 2001), prolifération nucléaire (Corée du Nord et Iran en 2006).

[446] On s'en tiendra à lui.

[447] Les mesures prises à l'encontre de la Yougoslavie sont exemplaires d'une gradation coercitive. En vertu de l'article 40 de la Charte, le CSNU a décidé, le 25 septembre 1991, d'imposer un embargo sur toute livraison d'armes ou de produits pétroliers à la RFY (rés.713), afin de faciliter le rétablissement de la paix. Puis il a créé, par la résolution 724 du 15 décembre 1991, un Comité chargé de surveiller l'embargo, d'examiner les mesures prises par les États, de détecter les éventuelles violations et d'autoriser la livraison de carburant pour des besoins humanitaires sans qu'il y ait détournement ou fraude. Le 16 novembre 1992, la résolution 787, prise dans le cadre de l'article 41, a instauré un blocus à l'encontre de la RFY, renforcé par la résolution 820 du 17 avril 1993, afin de satisfaire aux exigences de la résolution 752 du 15 mai 1992 relatives à la cessation des combats et au respect de l'intégrité territoriale de la Bosnie-Herzégovine. Les mesures adoptées n'étaient pas des « sanctions »

Les actions coercitives militaires ou non militaires connaissent un encadrement similaire à celui de la légitime défense quant à la qualification (le CSNU qualifie une situation de menace contre la paix, rupture de la paix ou agression), à l'imputation (ladite situation est imputée à tel État voire tel groupe ou entité non étatique), au but (mettre fin à la menace contre la paix, à la rupture de la paix ou à l'agression), au procédé (nécessité et proportionnalité), à l'orientation (contre le *peace breaker*), à la durée (s'arrêter lorsque les objectifs sont atteints). Elles sont précédées par des condamnations, qui : présument le caractère illicite de tel comportement, en attribuent la responsabilité à tel État voire à tel groupe ou entité non étatique, appellent à la cessation de ce comportement, valent interdiction aux autres États d'assister et de reconnaître ledit comportement et ses conséquences. L'obligation de non-reconnaissance de situations acquises en violation de la règle de l'interdiction du recours interétatique à la force armée, dépend-elle d'une décision du CSNU ? Le CSNU a adopté de nombreuses résolutions stipulant l'obligation pour les États membres de ne pas reconnaître la licéité de certaines situations territoriales : annexions[448], constitution d'entités à la suite d'une intervention militaire[449], continuité de la présence d'un État sur un territoire à statut international[450]. Mais l'obligation de ne pas reconnaître des situations obtenues illicitement existe indépendamment d'une déclaration explicite du CSNU et elle s'impose à tous les États, y compris non-membres de l'ONU. L'obligation de non-reconnaissance signifie l'illicéité de l'acte et sa nullité ; elle exclut toute possibilité d'acquiescement à la situation de fait créée par opposition au droit ; elle implique qu'une

---

visant à punir un État fautif, mais des pressions dont l'objet était d'amener un État à changer de comportement et à obtempérer aux décisions du CSNU. Les résolutions 787 et 820 avaient un double but : paralyser militairement la partie bosno-serbe en la privant de tout approvisionnement en armes, munitions et carburant ; isoler économiquement la RFY, par un embargo général et l'interdiction de tout transit, afin qu'elle cesse tout soutien aux Serbes de Bosnie. Le blocus s'arrêtait aux fournitures médicales, produits alimentaires et autres biens ou services humanitaires. Les autres États devaient prendre toute mesure pour intercepter les communications terrestres, maritimes et aériennes avec le territoire de la RFY, afin d'empêcher l'accès de véhicules qui chercheraient à violer les décisions du CSNU. Les États voisins de la RFY étaient donc les premiers concernés et les premiers touchés par l'application et les difficultés d'application du blocus institué par le CSNU : ils devaient utiliser des méthodes contraignantes pour arrêter les convois serbes tentant de forcer le passage. Ils ont rapidement estimé qu'ils avaient épuisé les moyens à leur disposition et qu'ils n'avaient pas la capacité de mener une opération impliquant l'emploi de la force. Pour fonder leur position, ils se sont appuyés sur l'absence de référence explicite au recours à la force armée dans la résolution 787. Le CSNU devait donc envisager un tel recours, qui serait mis en œuvre par des puissances militaires, concrètement des membres de l'OTAN. Cf. Pascale Martin-Bidou : « Les mesures d'embargo prises à l'encontre de la Yougoslavie », *AFDI*, 1993, pp. 262-285.

[448] Résolutions 478 du 20 août 1980 sur Jérusalem, résolution 660 du 2 août 1990 sur le Koweït.

[449] Résolution 541 du 18 novembre 1983 sur la « République turque de Chypre du Nord ».

[450] Résolution 276 du 30 janvier 1970 sur la Namibie.

reconnaissance de la part d'un État d'une telle situation est elle-même illicite ou du moins dépourvue d'effets juridiques.

Comme indiqué, les actions coercitives adoptées par le CSNU prennent trois aspects : non militaires, c'est-à-dire les mesures diplomatiques et économiques (art. 41)[451] ; militaires, c'est-à-dire le recours à la force armée navale, aérienne, terrestre (art. 42)[452] ; le troisième aspect concerne l'appui militaire aux mesures économiques, c'est-à-dire le déploiement voire l'emploi de la force à seule fin de faire respecter un contrôle de la circulation, une rupture des communications ou une zone d'exclusion (terrestres, maritimes, aériennes), un boycott, un embargo ou un blocus (art. 41 et 42). Elles sont recommandées ou ordonnées par le CSNU, transmises sous forme de notes aux États par le SGNU, exécutées par les États ou les OIG compétentes. En vertu des articles 2 alinéa 2, 25 et 103, les États ont une obligation négative de ne pas assister l'État« sanctionné » et une obligation positive d'assister les NU. Une fois le contenu des mesures porté à la connaissance des États, l'exécution a deux volets principaux : la mise en œuvre de la résolution par les États et le contrôle interne de cette mise en œuvre, auquel s'ajoute le contrôle international par le Comité de sanctions, le CSNU et le SGNU. En effet, le SGNU demande aux États de lui envoyer des rapports concernant toutes les mesures prises en application des résolutions du CSNU, rapports ensuite communiqués par le SGNU au CSNU, qui les donnera à son tour au Comité de sanctions. Les mesures économiques adoptées par le CSNU peuvent précéder, accompagner ou suivre des « opérations de paix » ou d'« aide humanitaire », mais aussi accompagner *post bellum* la mise en œuvre du désarmement voire de la responsabilité réparatrice ou punitive du *peace breaker* ou de l'agresseur, à

---

451 Parmi les « *mesures n'impliquant pas l'emploi de la force armée* »recommandées ou ordonnées par le CSNU, figurent « *l'interruption complète ou partielle des relations économiques et des communications ferroviaires, maritimes, aériennes, postales, télégraphiques, radioélectriques et des autres moyens de communications, ainsi que la rupture des relations diplomatiques* ». Mises à part les « sanctions » contre l'Irak, tous les autres cas de mesures imposées par le CSNU ont commencé par être ciblées et le sont restées, sauf celles contre la Rhodésie, l'ex-Yougoslavie et Haïti : embargo sur les armes et les produits pétroliers (Rhodésie, Afrique du Sud, ex-Yougoslavie, Somalie, Libye, Libéria, Haïti, Angola, Rwanda, Sierra Leone, RFY, Erythrée et Ethiopie, Afghanistan, Congo-Kinshasa, Côte d'Ivoire, Guinée-Conakry) ; arrêt des transferts de fonds ou gel des avoirs (Rhodésie, ex-Yougoslavie, Haïti, Libye, Angola, Afghanistan, Libéria) ; restriction de voyages et de vols commerciaux (Libye, Bosno-Serbes, Haïti, Soudan, UNITA, Talibans, Sierra Leone, Libéria, parties au conflit en Côte d'Ivoire) ; restriction sur le commerce de ressources naturelles (boycott des diamants en provenance d'Angola, de Sierra Leone ou du Libéria).

452 Le CSNU « *peut entreprendre, au moyen de forces aériennes, navales ou terrestres, toute action qu'il juge nécessaire au maintien ou au rétablissement de la paix et de la sécurité internationales. Cette action peut comprendre des démonstrations, des mesures de blocus et d'autres opérations exécutées par des forces aériennes, navales ou terrestres de Membres des Nations unies* ».

laquelle celui-ci doit coopérer. Militaires ou non militaires, les mesures coercitives sont recommandées ou ordonnées par le CSNU sans que celui-ci ne fixe un terme de caducité, si bien que leur suspension ou leur levée — censément une fois les exigences du Conseil satisfaites — suppose une nouvelle résolution du CSNU.

Il y a quatre différences entre les actions non militaires et les actions militaires (d'appui ou de force). 1) À la différence des premières, qui relèvent des moyens « pacifiques », les dernières, qui relèvent des moyens « non pacifiques », rendent applicable le *jus in bello*, même si le mot de guerre ne figure pas dans le chapitre VII de la Charte[453] et même si les mesures économiques doivent également respecter la « dérogation humanitaire ». 2) Face à un *peace breaker*, les OIG régionales compétentes peuvent prendre des mesures diplomatiques ou économiques sans l'autorisation du CSNU ; l'autorisation (n')est nécessaire (que) pour les mesures militaires. A donc été confirmée la distinction entre actions non armées et actions armées, entérinée lors des discussions du CSNU en 1962 sur l'imposition de mesures économiques par l'OEA à l'encontre de Cuba. 3) Les actions non militaires sont gérées et surveillées par des Comités *de sanctions*, organes *ad hoc*[454] créés par le CSNU sur la base de l'article 28 paragraphe 2 de son règlement intérieur. S'il y a ordre et pas simplement recommandation, les mesures économiques s'imposent, en vertu du chapitre VII et de l'article 103, aux États ou à des États, y compris non-membres des NU (art. 2-6), aux OIG ou à des OIG (bien qu'elles ne soient pas parties à la Charte), aux cours judiciaires ou arbitrales du commerce international, ainsi que, *via* les mesures législatives ou réglementaires prises par les États ou les OIG[455], aux ressortissants ou résidants (toute personne physique ou toute personne morale de droit public ou de droit privé) des États, qui doivent cesser leur transaction[456] avec l'État visé et ses ressortissants ou résidants,

---

[453] L'absence du mot n'emporte pas l'absence du fait.

[454] Organes subsidiaires du CSNU, les Comités de sanctions sont composés par les représentants des États membres du CSNU et ils agissent sous l'autorité du CSNU. A l'instar des autres organes *ad hoc* créés par le Conseil, les membres permanents n'y ont cependant pas de droit de veto, les décisions étant prises à la majorité qualifiée de neuf voix (sur quinze). Les Comités sont chargés de veiller à la coordination et à l'application des « sanctions » (en examinant les mesures que doivent communiquer les États, en envoyant des missions d'évaluation sur place ou en traitant toute information pertinente), d'empêcher leurs violations, de constater leurs difficultés, d'autoriser leurs dérogations humanitaires (en liaison avec les organismes éponymes privés ou publics, y compris onusiens), de répondre aux demandes d'États tiers spécialement affectés par lesdites « sanctions » (art. 50 de la Charte). Cf. François Alabrune : « La pratique des Comités des sanctions du Conseil de Sécurité depuis 1990 », *AFDI*, 1999, pp. 226-279.

[455] Les décisions du CSNU ne produisent pas d'effet juridique direct.

[456] Se trouvent suspendus les contrats impliquant la mise à disposition des biens ou services visés par le boycott ou l'embargo : contrats d'achat ou de vente, location, prêt, mais aussi de transport, courtage, commission, assistance technique, ingénierie, conseil, assurance, ou encore les opérations bancaires liées. La détermination des contrats, dont la formation ou

sous peine de poursuites judiciaires. La neutralité se réduit alors à l'abstention territoriale et militaire. Le contrôle de l'exécution des mesures économiques incombe aux États vis-à-vis de leurs ressortissants ou résidants, au Comité de sanctions vis-à-vis des Etats[457]. En revanche, lorsque le Conseil n'adopte pas de résolutions à caractère obligatoire (« *le Conseil décide...* », « *exige* »), mais qu'il adresse aux États de simples recommandations (« *le Conseil exhorte...* », « *demande...* », « *invite* », « *recommande...* »), ces derniers sont autorisés à appliquer les mesures non militaires préconisées par le Conseil, ils n'y sont pas obligés. Il en va de même lorsque l'AGNU adopte des recommandations sur la base de la résolution 377. La neutralité, territoriale, militaire *et* économique, redevient alors possible. 4) Les actions militaires, d'appui ou de force, ne font pas l'objet d'une supervision par un Comité d'état-major, puisque les articles 43 et suivants de la Charte n'ont jamais été mis en œuvre. Elles n'ont pas la même force obligatoire que les actions non militaires : les États restent libres d'y participer ou non, même lorsqu'elles sont *ordonnées* par le CSNU ; simplement, ils ne doivent pas s'y opposer ; ils sont également libres de s'en retirer. Ainsi, les mesures militaires adoptées par le Conseil sont toujours facultatives pour les États ou les OIG, alors que les mesures économiques peuvent être obligatoires. Dernier point : les actions coercitives étant exécutées par les États ou les OIG, les préjudices subis ou causés relèvent de la seule responsabilité des États ou des OIG, pas de l'ONU.

Sur certains points, les résolutions du CSNU donnent lieu à des exécutions immédiates. Sur d'autres, elles nécessitent l'adoption de mesures d'application. S'agissant de l'incorporation des actes des NU, il convient de distinguer les méthodes de publication en droit interne (publication au JO des actes de l'ONU, publication des actes suivie par celle d'actes internes de mise en œuvre, publication par le biais d'un acte interne de transposition, loi ou règlement, reprenant l'acte de l'ONU sans reproduction textuelle) et les modes de réception en droit interne (réception directe du droit dérivé de

l'exécution est interdite, ne suscite pas de difficultés lorsque le cocontractant est un ressortissant ou un résidant de l'État visé (encore faut-il déterminer la nationalité de la personne, physique ou morale). En revanche, la question se pose de savoir jusqu'où descendre dans la chaîne des contrats qui ont pu se nouer pour réaliser le marché avec la partie visée par le boycott ou l'embargo. Le problème concerne les opérations de sous-traitance. Si l'embargo s'applique à la sous-traitance, le sous-traitant ne pourra plus exécuter ses obligations et le sous-traité subira un sort identique au contrat principal. Si, au contraire, l'embargo laisse intacte la relation de sous-traitance, l'entrepreneur principal devra honorer le contrat et rémunérer le sous-traitant, alors que le contrat principal ne pourra plus être exécuté. Sur l'ensemble de la problématique, cf. Bernard Grelon, Charles-Etienne Gudin : « Contrats et crise du Golfe », *JDI*, 1991, pp. 633-677, ainsi que Geneviève Burdeau : « Les conséquences de la crise du Golfe sur les relations économiques privées », in B. Stern (dir.), *1991*, pp. 415-469.

457 Le CSNU a ainsi délégué la fonction de surveillance à un organe subsidiaire créé spécialement.

l'ONU, réception par l'intermédiaire d'un acte interne correspondant, réception par le biais de deux actes intermédiaires séparés, le premier général, le second spécial). Certaines législations permettent d'appliquer directement un embargo sur les armes, munitions ou matériels militaires, parce qu'elles organisent un contrôle strict des ventes ou parce qu'elles en interdisent la livraison à tout pays en conflit. L'incorporation des résolutions du CSNU n'apparaît pas toujours suffisante pour en assurer l'application effective. Aussi certains États procèdent-ils à l'édiction de normes plus concrètes, en général destinées aux opérateurs économiques internes, privés ou publics, leur précisant les interdictions énoncées et leur imposant de prendre des mesures particulières afin de respecter l'embargo. D'autres législations vont plus loin en établissant des sanctions administratives ou pénales à l'encontre des auteurs de violations de l'embargo. La non-exécution par un État d'une résolution du CSNU peut prendre trois formes principales : le rejet de la résolution ; le refus d'adopter les mesures internes nécessaires ; l'abstention de prévenir ou de réprimer l'inexécution des mesures par les ressortissants ou résidants. La conséquence pourrait être l'adoption de « sanctions » contre un tel État : les États peuvent voir leur responsabilité engagée au cas où ils n'appliqueraient pas les décisions du CSNU, même si la Charte ne prévoit aucune procédure spécifique à cet égard. À l'inverse, la question de la légalité des décisions du CSNU a pu se poser ; mais en admettant que la CIJ se reconnaisse compétente pour contrôler la validité des actes du Conseil, ces derniers bénéficient d'une présomption de conformité.

L'application des mesures économiques fait ressortir quatre problèmes : le conflit d'obligations entre les décisions du CSNU et les accords internationaux auxquels les États sont parties ; les difficultés qu'engendre l'exécution des mesures pour les États les plus liés à l'État visé ; l'impact des mesures sur la population de l'État visé ; la nécessité de recourir à la force armée pour faire respecter les mesures. Le premier problème est résolu par la disposition de l'article 103 de la Charte, selon laquelle les obligations des États membres de l'ONU en vertu de la Charte l'emportent sur celles résultant de tout autre accord international. Le deuxième l'est par la mise en œuvre de l'article 50 de la Charte, qui permet l'assistance aux États tiers touchés. Le troisième, par la « dérogation humanitaire » aux embargos ou aux blocus. Le quatrième, par l'éventuelle autorisation d'un appui militaire aux mesures économiques. À cela, s'ajoute le problème du « resquilleur » : le ou les États ne participant pas aux « sanctions » profitent, dans leurs relations commerciales avec l'État visé, de l'absence de concurrence des États y participant. La solution au problème réside dans le caractère obligatoire, pas seulement recommandataire, de la résolution adoptée par le CSNU sur la base du chapitre VII. Sauf s'il y a blocus (acte de force armée) ou appui militaire (« article 41 et demi »), les mesures économiques n'engendrent pas un état de guerre, même si la « dérogation humanitaire » est applicable. C'est le recours à la force armée au titre de l'article 42 ou de l'article 51 de la Charte qui engendre l'état de guerre et rend applicable le *jus in bello*. Les États qui participent à un tel recours deviennent cobelligérants. Quant aux États qui se bornent à appliquer les mesures économiques, ils demeurent des États tiers au conflit armé — s'il y en a un — et donc des États dont la position de neutres n'est modifiée que dans la mesure où le droit de la neutralité est lui-même modifié par l'action coercitive décidée par le CSNU.

Le problème de « l'arme économique »

L'arme économique a toujours occupé une très grande place dans le domaine de la sécurité nationale — la coercition économique restant à la discrétion des États — comme dans celui de la sécurité collective ou de la responsabilité internationale, depuis l'article 16 du Pacte de la SDN jusqu'à l'article 41 de la Charte de l'ONU. En effet, la volonté de prévenir, faire cesser voire réparer ou réprimer l'atteinte à la paix ou la violation du droit s'accompagne, dans le Pacte comme dans la Charte, de la volonté de ne recourir à la force armée qu'en dernier ressort[458]. Depuis 1990, l'utilisation de l'article 41 est devenue la forme ordinaire de réaction aux menaces contre la paix, l'utilisation de l'article 42 demeurant une forme extraordinaire. Le CSNU, à un degré bien plus élevé que le Conseil de la SDN, peut recommander ou ordonner des mesures dont les effets économiques internes ou internationaux sont considérables. Aussi importe-t-il de traiter cette problématique, même dans un livre consacré au droit de la guerre. Les « conditions de vie minimales » du DIDH et les « biens indispensables à la survie » du DIH ne s'appliquent-ils pas aux mesures économiques du temps de paix comme aux blocus du temps de guerre ? L'expression « arme économique » montre combien les mesures de boycott, embargo, arrêt des investissements ou des prêts, gel ou saisie des avoirs, rupture des communications, *a fortiori* blocus, relève d'une stratégie, dont les effets préjudiciables, voulus ou non voulus, sur les contractants commerciaux, les États tiers et la population de l'État (ou de l'entité) visé, font précisément l'objet d'un encadrement.

---

[458] On retrouve l'idée exprimée par la résolution de l'Assemblée de la SDN du 14 octobre 1921 interprétant l'article 16 alinéa 1 du Pacte : « *il est dans l'esprit du Pacte que la SDN tâche, tout au moins au début, d'éviter la guerre et de rétablir la paix par des pressions économiques* ». Les mesures économiques, n'étant pas des actes de belligérance, servent à la fois à contraindre le *peace breaker* pour l'amener à résipiscence et à éviter la belligérance, celle-ci ne devant être déclenchée, le cas échéant, qu'en dernier ressort et après espérance raisonnable de succès. Il n'en reste pas moins que l'expérience de la « guerre au commerce » menée par les Alliés contre leurs adversaires en 1914-1918 puis en 1939-1945, pour contraire qu'elle ait été au *jus in bello* maritime, a influencé la rédaction de l'article 16 du Pacte et de l'article 41 de la Charte.

La stratégie des mesures économiques

Les mesures coercitives économiques visent à provoquer des effets physiques : pénurie générale ou sectorielle, ainsi que des effets psychologiques : que la population, privée de biens ou de services, fasse pression sur son gouvernement[459] pour qu'il cède aux exigences, sécuritaires ou réparatrices, des puissances recourant à ces mesures (États ou OIG, États ou OIG habilités par le CSNU voire l'AGNU).

Une telle stratégie — analogue à celle du blocus naval ou du bombardement aérien en temps de guerre — repose sur un double postulat sociologique. 1) Les populations sont vulnérables : elles dépendent de l'extérieur, pour leurs approvisionnements ou leurs débouchés, soit un haut degré d'extraversion. 2) Les populations sont en mesure d'influencer leurs gouvernements, donc elles vivent, sinon dans un État démocratique, du moins dans un État où l'opinion publique compte. Cependant, la pratique montre que ce calcul — désolidariser la population du gouvernement — se heurte à une forte résilience. Autrement dit, les effets psychologiques escomptés des effets physiques sont souvent démentis. Deux situations se présentent : les autorités visées prennent en main la population ou au contraire s'en désintéressent. 1) Face aux pénuries, l'État organise les secours, le rationnement, la survie (il fournit les substituts aux biens de consommation ou d'équipement dont l'offre diminue et dont le prix augmente, ou bien il en importe de pays tiers, ou encore il autorise les ONG étrangères à entrer sur le territoire et à distribuer l'aide), si bien que les mesures économiques, au lieu de provoquer la scission entre la population et l'État, renforce les liens de celle-ci avec celui-là, ou bien engendre un « marché noir » dont les cadres de l'État profitent. 2) Les autorités ne se préoccupent pas du sort de leur population, lui font accepter les sacrifices ou n'ont pas de compte à lui rendre (il se trouve que les mesures économiques visent le plus souvent ce type d'autorités, irresponsables politiquement). D'où la recherche de mesures ciblées, identifiant et frappant les dirigeants, de manière à provoquer la discorde chez les élites, plutôt que de continuer à viser les habitants en général, le plus souvent incapables de convaincre ou de contraindre leur gouvernement à changer de comportement.

Les mesures économiques consistant dans la suspension des relations commerciales avec un État posent trois séries de problèmes, le premier interne, les deux autres, externes. Elle affecte 1) les ressortissants ou résidants ayant conclu des contrats avec l'État visé et ses ressortissants ou résidants, 2) les États tiers qui sont les plus liés économiquement à l'État visé, 3) la population de l'État visé. C'est l'affaire irakienne, de 1990 à 2003, qui a révélé le plus dramatiquement ces trois problèmes : inexécution de multiples contrats commerciaux, enregistrement d'un très grand nombre

[459] Ou sur les autorités du groupe ou de l'entité non étatique visé.

de demandes d'assistance de la part d'États touchés et, surtout, crise humanitaire dans le pays[460]. En 2022, ce sont les « sanctions » économiques et financières adoptées par les puissances occidentales à l'encontre de la Russie, consécutives à son invasion de l'Ukraine, qui mériteraient examen, étant donné leur ampleur et leur acuité sans précédent.

Les effets des mesures économiques sur les contractants commerciaux

Le droit international commercial prévoit un régime d'exception au respect de ses règles et principes, en faveur des mesures prises en application du chapitre VII de la Charte des NU. Ainsi, selon l'article XXI du GATT repris dans l'article XVI de l'OMC, « *aucune disposition du présent Accord ne sera interprété a) comme imposant à une partie contractante l'obligation de fournir des renseignements dont la divulgation serait, à son avis, contraires aux intérêts essentiels de sa sécurité ; b) ou comme empêchant une partie contractante de prendre toutes mesures qu'elle estimera nécessaires à la protection des intérêts essentiels de sa sécurité : i) se rapportant aux matières fissiles ou aux matières qui servent à leur fabrication ; ii) se rapportant au trafic d'armes, de munitions et de matériel de guerre et à tout commerce d'autres articles et matériels destinés directement ou indirectement à assurer l'approvisionnement des forces armées ; iii) appliquées en temps de guerre ou en cas de grave tension internationale ; c) ou comme empêchant une partie contractante de prendre des mesures en application de ses engagements au titre de la Charte des Nations unies, en vue du maintien de la paix et de la sécurité internationales* ». Selon l'article XVI bis de l'Accord général sur le commerce des services, « *aucune disposition du présent Accord ne sera interprété... c)... comme empêchant une partie contractante de prendre des mesures en application de ses engagements au titre de la Charte des Nations unies, en vue du maintien de la paix et de la sécurité internationales* ». Selon l'article 73 de l'Accord sur les aspects des droits de propriété intellectuelle touchant au commerce, « *aucune disposition du présent Accord ne sera interprété... c)... comme empêchant une partie contractante de prendre des mesures en application de ses engagements au titre de la Charte des Nations unies, en vue du maintien de la paix et de la sécurité internationales* ». L'Accord sur les licences d'importation précise dans son article 10 que « *les*

---

[460] La commission d'évaluation de la situation humanitaire en Irak, créée par le CSNU en janvier 1999, a constaté l'impact des « sanctions » sur les disponibilités alimentaires et hydriques, sur la santé publique (pénurie de médicaments et de matériels médicaux), sur les transports et la distribution d'électricité, sur l'emploi et le tissu social (paupérisation, économie parallèle, délinquance), sur les groupes les plus vulnérables (enfants, femmes enceintes, personnes âgées)...

dispositions de l'article XXI du GATT de 1994 sont applicables »aux exceptions concernant la sécurité[461].

Les mesures économiques autorisées par le CSNU confirment le risque politique inhérent aux contrats commerciaux internationaux. Les mesures de boycott, embargo, arrêt des investissements ou des prêts, gel ou saisie des avoirs, rupture des communications, manifestent l'irruption dans les relations économiques privées de la coercition étatique ou multiétatique : matériellement, par l'interruption des relations d'affaires ; juridiquement, par l'édiction de lois ou règlements de police. Face à ces faits du prince, les opérateurs du commerce international ont mis en place des mécanismes de sauvegarde ou de protection. Les parties cherchent à organiser l'imprévisible par des mécanismes internes au contrat : clauses de stabilité de droit, clauses de *hardship*, clauses de force majeure (guerre, insurrection, actes gouvernementaux, autant d'évènements ne constituant pas des faits du vendeur ou de l'acheteur). Pour l'essentiel, ces clauses tendent à assurer la survie du contrat en mettant en place leur suspension temporaire, en instaurant des promesses de négociation et en réglant, le cas échéant, la responsabilité éventuelle de celle des parties qui exploiterait la difficulté politique pour en tirer avantage. Mais ces mécanismes ne suffisent pas. Face à l'impossibilité absolue d'exécution, il s'agit de reporter sur un tiers le risque politique inhérent aux contrats commerciaux internationaux. L'assurance-crédit offre ainsi, en contrepartie d'un accroissement du coût du contrat, une garantie contre les incertitudes des politiques nationales ou internationales. Toutefois, la garantie est limitée dans son montant et ses effets. En France, la COFACE ne garantit le risque politique que lorsque celui-ci n'est pas démesuré.

Or, tel est le cas avec le blocage des avoirs irakiens et koweïtiens en 1990, puis le boycott et l'embargo décidés par le CSNU, enfin le déclenchement des hostilités, suivi par l'obligation de réparer et de désarmer mise à la charge de l'Irak. Les transactions commerciales ont donc été suspendues, cependant que l'Irak avait imputé — avant d'accepter l'ensemble des résolutions antérieures au 2 mars 1991 — à ses anciens partenaires occidentaux et aux entreprises occidentales, cocontractants, la responsabilité de tous les événements ayant pu affecter l'exécution des

[461] De même, l'Accord sur les marchés publics réitère qu'« *aucune disposition du présent Accord ne sera interprété comme empêchant une partie quelconque de prendre des mesures ou de ne pas divulguer des renseignements si elle l'estime nécessaire à la protection des intérêts essentiels de sa sécurité, se rapportant aux marchés d'armes, de munitions ou de matériel de guerre, ou aux marchés indispensables à la sécurité nationale ou aux fins de la défense nationale* ». Dès 1944, dans la Convention de Chicago créant l'OACI, l'article 89 stipulait qu'« *en cas de guerre, les dispositions de la présente Convention ne portent atteinte à la liberté d'action d'aucun des États contractants concernés, qu'ils soient belligérants ou neutres. Le même principe s'applique dans le cas de tout État contractant qui proclame l'état de crise nationale et notifie ce fait au Conseil* » de l'OACI.

contrats. Les événements survenus depuis le 2 août 1990 jusqu'au 2 mars 1991 constituaient bien des cas de force majeure. Les contrats directement affectés par les mesures de coercition ou les actes de guerre étaient susceptibles d'avoir causé des préjudices importants : pertes de marchés, stocks dépréciés ou inutilisables, retards de paiement… La réparation de ces préjudices pouvait être recherchée auprès du cocontractant, mais aussi à l'encontre des autorités responsables des diverses mesures économiques. Elle relevait pour l'essentiel des conditions de mise en œuvre de la responsabilité sans faute de la puissance publique. Les chances de succès étaient minces. Les autorités nationales n'ont jamais fait qu'appliquer, conformément au droit international, les décisions du CSNU. Les mesures économiques décidées par le CSNU s'imposent à tous les États, ainsi qu'aux OIG concernées. S'agissant des États membres de la CEE, la solution communautaire a été retenue, puisque l'article 113 du traité de Rome donne compétence à la Communauté pour adopter, à la place des États, les mesures de politique commerciale. C'est ainsi que les mesures décidées par le CSNU se retrouvent dans les règlements adoptés par la CEE et appliqués par les États membres.

La rupture des contrats n'était donc pas imputable à la partie irakienne : l'Irak n'était responsable que des « *préjudices directs* » subis « *du fait de l'invasion et de l'occupation illicites du Koweït* », a dit le CSNU. Les préjudices liés à l'inexécution des contrats, du fait de boycott ou d'embargo, ne pouvaient pas être considérés comme étant directement la conséquence de l'invasion et de l'occupation du Koweït. Le lien avec ces faits n'était qu'indirect, médiatisé doublement par l'existence d'un contrat et par les mesures économiques. Si l'État irakien pouvait se voir imputer la responsabilité de l'inexécution des contrats avec lui, du fait que l'invasion et l'occupation avaient provoqué les mesures de coercition économique, il ne pouvait en être de même des contrats conclus avec des personnes privées irakiennes ou avec des personnes publiques autres que l'État. À l'inverse, la coercition économique interdisant toute exécution contractuelle, la partie irakienne n'était pas en mesure d'invoquer, à son profit, le manquement de l'autre partie à ses obligations contractuelles. Il n'était donc pas possible de tenir cette dernière pour responsable de l'inexécution du contrat, d'autant moins que le droit international oblige les États à cesser toute assistance à l'État« sanctionné » et à cesser toute relation commerciale avec l'État ennemi. Les contrats sont donc interrompus par ordre public et pour force majeure, l'indemnisation éventuelle reposant sur des dispositions assurantielles relevant du droit interne de chaque Etat[462], ou bien sur des

[462] Mais depuis mars 1987, l'Irak ne figurait plus parmi les États pour lesquels la COFACE assure le risque politique.

mécanismes d'aide publique, ou encore sur la mise en jeu de la responsabilité étatique[463].

Les entreprises lésées en conséquence des mesures décidées par le CSNU et appliquées par les OIG ou les États pouvaient songer à se retourner soit contre leur État, soit contre l'Irak. La mise en jeu de la responsabilité de l'État irakien semblait très difficile à mettre en œuvre, du moins pour les dommages qui n'étaient pas la conséquence directe des actes de cet État, telles les destructions commises au Koweït par l'armée irakienne. Dans le cadre du droit français, la question se pose de savoir si la responsabilité sans faute de l'État pouvait être mise en cause pour les dommages résultant de l'embargo, sur le fondement de la rupture d'égalité devant les charges publiques. Le Conseil d'État a eu l'occasion à deux reprises, avant 1991, de se prononcer sur ce genre de question. Il a statué une première fois à la suite de l'embargo sur les livraisons d'armes au Moyen-Orient décidé fin 1955 ; il a considéré que l'entreprise requérante, exportatrice de matériels militaires, aurait dû être averti des risques qu'elle avait pris du fait de l'existence d'opérations armées en Algérie ; aussi a-t-il estimé que les conditions de mise en jeu de la responsabilité de l'État sans faute n'était pas réunies, car le dommage n'était pas complètement imprévisible. Dans la seconde affaire, jugée à l'occasion de l'embargo sur les fournitures de matériels nucléaires à l'Irak décidé début 1979, le Conseil d'État a estimé que la société requérante ne pouvait ignorer, en signant les contrats de 1978 avec la Commission irakienne de l'énergie atomique, les aléas que pouvait rencontrer la livraison des matériels ; il a en conséquence refusé d'admettre la responsabilité de l'État.

Compte tenu de cette jurisprudence, quelles étaient les chances de succès d'une action en responsabilité sans faute de la part des entreprises victimes de l'embargo décidé en 1990 ? L'argument qui, dans les affaires susmentionnées, a permis au Conseil d'État de rejeter les requêtes, à savoir l'absence d'imprévisibilité de l'aléa, ne se présentait pas dans les mêmes conditions : il était difficile de soutenir que les opérateurs du commerce international auraient pu prévoir la crise puis la guerre du Golfe. Certes, le Conseil d'État pouvait être sensible au fait que les opérations en Irak étaient très risquées depuis que la COFACE avait supprimé la garantie du risque politique pour ce pays, si bien que les opérateurs auraient agi à leurs risques et périls. Mais l'argument était discutable, car le risque envisagé à l'époque était celui de la défaillance de l'État irakien, non pas le risque qui s'est réalisé dans les faits, à savoir l'invasion du Koweït et la réaction des NU. De plus, l'argument de prévisibilité ne pouvait sûrement pas jouer en ce qui concerne les contrats avec des parties koweïtiennes. S'il semblait difficile d'écarter la responsabilité de l'État en se fondant sur l'argument de la prévisibilité de l'aléa, il restait possible que le Conseil d'État se retranche

[463] Cf. B. Grelon, Ch.-E. Gudin, art. cit.

derrière l'absence de spécialité du dommage, pour refuser d'admettre la responsabilité sans faute de l'État français. Une telle solution serait contestable, dès lors que les mesures économiques sont destinées à garantir le respect du droit international : dans un tel cas de figure, le principe de l'égalité devant les charges publiques devrait particulièrement jouer, même s'il convenait de faire le tri entre les dommages qui résultent de l'insolvabilité de l'Irak et ceux qui résultent des mesures économiques elles-mêmes[464].

Les effets des mesures économiques sur les États tiers et sur la population de l'État visé

Les mesures de l'article 41 de la Charte des NU ont deux types d'effets : les effets logiquement attendus sur le gouvernement (ou l'entité) visé ; les effets non souhaités, sur les États non visés (notamment les pays voisins qui sont souvent les principaux partenaires commerciaux de l'État visé) d'une part, sur la population de l'État visé d'autre part. La Charte, dans son article 50, prévoit de pallier la première catégorie d'effets non voulus ; mais elle ne dit rien de la seconde catégorie. C'est ainsi que la question de l'assistance aux États touchés par l'application des mesures de l'article 41 a été plus souvent l'objet d'examens réguliers au sein des NU que l'impact humanitaire des mesures. Or, la privation de fournitures indispensables pose la question du seuil d'acceptabilité des effets collatéraux causés par les mesures économiques au regard du DIDH ou, s'il y a état de guerre, du DIH. Le CSNU ou l'AGNU doivent-ils attendre que celles-ci fassent fléchir le gouvernement visé ou doivent-ils prévenir la survenance de graves problèmes humanitaires ?À défaut d'un ciblage efficace sur les dirigeants ou à défaut de renoncer à « l'arme économique », le bon compromis serait d'atténuer les effets collatéraux (sur les disponibilités alimentaires, la santé publique, les transports, l'emploi, le tissu social...) dus aux mesures, sans que cela se traduise par un relâchement de la pression sur le gouvernement visé, l'impact sur les conditions de vie de la population (raréfaction de l'offre des biens ou services, hausse des prix) faisant partie intégrante de la coercition infligée. Précisément, la limite fondamentale aux embargos ou aux blocus réside dans la « dérogation humanitaire », selon laquelle les biens ou services de première nécessité ne peuvent figurer sur la liste des produits mis sous embargo ou sous blocus. De même, les dérogations aux mesures financières autorisées par les NU (interdiction de transfert de fonds à destination du territoire de l'État visé, gel des avoirs extérieurs, cessation des prêts) sont autorisées pour permettre l'achat de biens ou services humanitaires, tout comme sont autorisés les transports par voie terrestre, maritime ou aérienne de biens ou services humanitaires.

[464] Cf. G. Burdeau, in op. cit.

À l'assistance aux États touchés par les mesures dirigées contre un État s'ajoute donc la protection de la population de cet État contre les effets des mesures[465]. Le problème est de savoir de quelle manière il est possible de « sanctionner » un État qui a porté atteinte à la paix, tout en respectant le DIDH et le DIH en tant que branches du droit international public dont l'objectif commun est la protection de la personne humaine. L'examen de la compatibilité des mesures économiques avec le DIDH et le DIH suppose que le CSNU, donc l'ONU, soit lié à ces deux branches du droit. Or, la Charte fait silence sur les effets des mesures de l'article 41 sur la population de l'État cible. S'agit-il là d'une lacune et, dans l'affirmative, cette lacune peut-elle être comblée, et comment ? De prime abord, l'absence est délibérée : les rédacteurs de 1945 ont laissé au gouvernement de l'État visé le souci des conséquences dommageables des mesures sur la population ; la seule alternative consiste à se plier aux injonctions du CSNU ; les effets des mesures sur la population sont voulus. Le fait que la Charte ait prévu l'assistance aux États touchés, mais pas à la population de l'État cible, renforce la validité de cette interprétation : comme les mesures ne visent pas les États tiers, on doit s'efforcer de les aider ; au contraire, elles visent la population de l'État cible, en tant qu'elle est l'un des éléments constitutifs de cet État. D'un autre côté, les souffrances subies par la population semblent incompatibles avec les buts et principes de la Charte, comme avec le « minimum irréductible » commun au DIH et au DIDH. Elles mettraient donc en cause la légitimité voire la légalité des mesures imposées par le CSNU. Durant les années 1990, avec le cas irakien, la contrainte économique a été l'arène d'une confrontation entre toutes les valeurs censées être protégées par l'ONU : sécurité collective à l'encontre d'un *peace breaker* puis mise en œuvre de sa responsabilité réparatrice, mais aussi protection de la population et respect des droits de l'homme. Selon l'interprétation devenue dominante, il est apparu que le silence de la Charte est une lacune, qu'il importe de combler. 1) L'ONU, donc le CSNU comme l'AGNU, est lié au DIDH et au DIH. Tel est le fondement juridique de l'obligation de l'OIG de rendre compatibles les mesures économiques avec lesdites branches du droit. 2) C'est par la « dérogation humanitaire » que sera assurée la compatibilité des mesures économiques avec, en tout cas, le « minimum irréductible » commun au DIH et au DIDH.

Comment peut-on considérer qu'un organe de l'ONU puisse être lié par les règles du DIDH ou du DIH, alors même que l'ONU n'est pas partie aux Conventions ?À cela deux raisons. 1) Le CSNU doit agir conformément aux buts et principes des NU (art. 24-2), soit une obligation générale qui inclut les droits de la personne humaine en temps de paix comme de guerre, même si la Charte n'énonce aucune disposition précise dans le domaine du DIH ou

[465] Puis, éventuellement, la reconstruction de l'État devra effacer les conséquences des mesures.

du DIDH. 2) Conformément à l'article 103 de la Charte, les obligations des États membres de l'ONU en vertu de la Charte priment sur leurs obligations émanant de tout autre accord international. Les membres de l'ONU ont convenu d'accepter et d'appliquer les décisions du CSNU (art. 25). Celui-ci a la responsabilité principale du maintien de la paix et de la sécurité internationales. Dès lors, les États membres doivent faire prévaloir les décisions du Conseil en la matière, y compris celles portant « sanction » économique, sur leurs obligations en vertu des autres traités. Mais l'ONU est une OIG ; elle est un sujet dérivé du droit international ; elle ne possède aucun pouvoir originaire et elle ne peut acquérir plus de pouvoirs que ses fondateurs. Or, les États sont liés aux règles coutumières et conventionnelles du DIH et du DIDH. L'ONU par conséquent l'est aussi. Il est vrai que l'ONU a été créée pour empêcher les guerres, pas pour réguler la conduite des hostilités. Mais depuis la conférence de Téhéran de mai 1968, les NU se sont tournées vers le DIH et le DIDH, la résolution de l'AGNU du 19 juin 1968 *Respect des droits de l'homme en période de conflit armé* pouvant être considérée comme le point de départ de l'intérêt porté par les NU au DIH et au DIDH.

Les mesures que le CSNU adopte sont donc régies par ces deux branches du droit, qui imposent des limites auxdites mesures. Les pouvoirs du Conseil dans le recours à la coercition ne l'autorisent pas à user ou à autoriser l'usage d'une violence illicite. Les opérations militaires diligentées par le CSNU ne sont pas exemptes du respect du DIH. De même, lorsque le Conseil recourt à des mesures économiques susceptibles d'engendrer des effets comparables à ceux des mesures militaires, il n'y a aucune raison pour qu'elles ne soient pas sujettes aux mêmes limites. Il est vrai que le DIH, outre le « noyau indérogeable » du DIDH, ne s'applique qu'en période de conflit armé. Mais en temps de paix, s'applique le DIDH, qui interdit les atteintes aux « conditions de vie minimales ». La protection des populations pourrait-elle être moindre en temps de paix qu'en temps de guerre ?! Le CSNU, lié par le DIH et le DIDH par la fonction de maintien ou de rétablissement de la paix internationale qu'il exerce, doit intégrer le DIH et le DIDH dans sa politique de « sanctions », économiques comme militaires. Le Conseil a fréquemment considéré la violation des deux branches du droit comme une menace contre la paix. Il y a ainsi un rapport entre le respect des deux branches du droit et l'ordre public international. Les mesures économiques ont pour but ultime le rétablissement de cet ordre. Aussi est-il logique qu'elles soient appliquées dans le respect du DIDH ou du DIH, autrement dit, que les deux branches du droit s'appliquent aux mesures économiques. Il n'est pas permis de violer les droits fondamentaux des personnes par un usage indiscriminé et disproportionné de mesures économiques à des fins de mise en œuvre de la sécurité collective ou de la responsabilité internationale d'un État.

Pour qu'elles soient ou demeurent compatibles avec les règles applicables du DIDH ou du DIH, les mesures économiques peuvent être reconverties ou échelonnées. Il s'agit à la fois d'amener le gouvernement visé à résipiscence et d'éviter que les effets économiques sur les États tiers ou les effets humanitaires sur la population de l'État cible n'alimentent l'animosité des uns ou le ressentiment de l'autre. D'où la nécessité d'autoriser l'assistance aux pays tiers et la « dérogation humanitaire », sans que les mesures économiques ne soient contournées ou violées. S'agissant des États tiers, l'article 50 de la Charte permet d'entamer des consultations avec le CSNU ; il n'assure pas automatiquement un droit de recevoir une assistance de la part des NU ; c'est la pratique qui permet aux États touchés de bénéficier d'une aide au cas par cas, à condition qu'ils participent bien à l'application des mesures contre l'État visé. S'agissant de la population de l'État cible, la « dérogation humanitaire » doit permettre de répondre aux besoins de première nécessité de la population, en préservant l'offre de certains biens, services ou transactions. Elle réduit donc la panoplie des mesures économiques. Mais elle ne les annule pas. Elle s'avère un compromis entre les considérations d'ordre coercitive et celles d'ordre humanitaire. Ce compromis revêt deux aspects, l'un matériel, l'autre institutionnel. 1) L'aspect matériel est incarné par la pratique des *embargos* ou *blocus filtrants*, qui conduisent à distinguer trois catégories de biens : les biens humanitaires par nature ; ceux qui le sont par destination, en raison de l'usage qui en est fait ; tous les autres, qui peuvent être visés le cas échéant par l'embargo ou le blocus, car ils ne sont pas considérés comme indispensables à la survie des populations. Les deux premières catégories bénéficient de l'exemption humanitaire, autrement dit, ils peuvent être mis sous embargo ou sous blocus ; la dernière ne peut bénéficier que d'une exception humanitaire, c'est-à-dire d'un laissez-passer accordé par les NU, les OIG ou les États imposant l'embargo ou le blocus[466]. 2) L'aspect

[466] Du fait de la composition politique des Comités de sanctions, de l'opacité de leurs activités, de la complexité du processus décisionnel, du caractère peu motivé et sans appel de leurs décisions, il est difficile de déduire des éléments normatifs de l'interprétation, par les Comités, des résolutions du CSNU ou du droit international applicable. En s'appuyant sur l'article 69 paragraphe 1 P1 ou sur le paragraphe 150 du Manuel de San Remo, on peut cependant considérer que les biens humanitaires par nature sont les fournitures médicales (jamais visées dans aucune résolution des NU), les denrées alimentaires et les matériels d'enseignement (ceux-ci comme celles-là ne sont plus visés dans aucune résolution depuis avril 1991), ainsi que les produits d'hygiène, l'habillement, le couchage, les abris, les matériels agricoles, les articles et appareils destinés à l'assainissement de l'eau et à la conservation des aliments, les biens culturels et religieux. Les biens humanitaires par destination sont les produits (matériaux de construction, véhicules, énergie…) qui permettent le fonctionnement d'institutions ou d'infrastructures indispensables à la survie des populations (logements, hôpitaux, écoles…). A la différence des premiers, les seconds ont besoin de l'autorisation des Comités de sanctions pour être expédiés vers les zones d'accès répertoriées de l'État visé, dans lesquelles les agents des Comités procèderont aux vérifications.

institutionnel est incarné par les *Comités de sanctions*, organes de coordination chargés de surveiller la mise en œuvre par les États des mesures économiques imposées par le CSNU, mais aussi de superviser la « dérogation humanitaire », c'est-à-dire autoriser les fournitures entrant dans le champ des exemptions voire admettre des exceptions supplémentaires.

La tâche des Comités consiste à tracer la limite entre les deux premières et la dernière catégorie de biens, à examiner les demandes et renseignements fournis par les requérants (État visé, États tiers, organismes humanitaires), à calculer le montant des importations autorisées. Les Comités — logiquement — compliquent le travail des organismes humanitaires, alors même que les mesures économiques — non moins logiquement — créent de gros besoins d'assistance. Pour les organismes humanitaires (à l'exception du CICR), la mise en place de Comités de sanctions signifie que la demande d'entrée et de séjour sur le territoire de l'État récipiendaire devra être doublée : elle sera adressée non seulement au gouvernement établi, mais aussi au Comité. S'agissant du Comité, les autorisations sont données suivant deux procédures, selon le caractère des biens. En ce qui concerne les biens humanitaires par nature, l'organisme humanitaire envoie, par le biais de son gouvernement, une lettre de notification au Comité ; l'accusé de réception du président du Comité fait office d'autorisation d'expédition. Cette procédure simple est dite de « l'approbation tacite » : la demande est considérée comme approuvée si aucun membre du Comité ne s'y oppose dans un délai de 48 heures. Les biens humanitaires par destination, eux, font l'objet d'une procédure dite de « l'approbation expresse » : un formulaire standard de demande d'autorisation est rempli par l'organisme humanitaire et envoyé au secrétariat du Comité, qui le communique à chacun de ses membres ; si, à échéance d'un délai fixé par chaque Comité, aucun membre n'a émis d'objection, la demande est acceptée et le président du Comité en informe l'organisation par lettre ; en cas de contestation, la demande est soumise à l'examen par le Comité, qui décide, comme toujours, par consensus, à huis-clos et sans appel. Seule l'aide humanitaire délivrée par le CICR demeure exclue du contrôle du Comité, si bien que seul le CICR est en mesure de faire entrer tout bien humanitaire sur le territoire d'un État soumis à des « sanctions ».

L'obligation humanitaire pèse sur les NU comme sur toute OIG ou tout État. « L'humanisation des sanctions » est la clé de la légitimité et de la légalité des mesures économiques imposées par le CSNU, en même temps qu'un gage de cohérence entre la fonction du Conseil, à savoir le maintien ou le rétablissement de la paix, et le respect du droit international applicable, à savoir le DIDH et le DIH. « L'humanisation des sanctions » passe d'abord par la « dérogation humanitaire ». Celle-ci permet, censément, de prévenir les effets collatéraux excessifs des mesures de l'article 41 et d'en assister les victimes. En fait, dans le cadre d'un embargo ou d'un blocus général, elle ne suffit pas à compenser la raréfaction des ressources disponibles pour satisfaire l'étendue des besoins, car, dans un tel cadre, l'exportation de tout bien ou service vers l'État cible est interdite, sauf ceux exemptés en raison de leur caractère humanitaire. « L'humanisation des sanctions » devrait donc passer par l'affinement des moyens, c'est-à-dire l'interdiction d'exporter *certains* biens ou services, ou l'affinement des cibles, dont les destinataires seraient les dirigeants eux-mêmes, afin de prévenir ou de réduire les effets collatéraux. Mais les *smart sanctions*, dès lors qu'elles requièrent des procédures d'inscription ou de radiation d'*individus* sur des listes, soulèvent des problèmes en termes de droits de l'homme. À la difficulté des actions de secours (humanitaires) en cas de mesures non ciblées répond l'absence de voies de recours (juridictionnelles) en cas de mesures ciblées ! « L'humanisation des sanctions » doit donc passer par la proportionnalité des mesures, par l'évaluation préalable, périodique et prospective (anticiper, suivre et prévoir) aussi bien de leur efficacité sur le gouvernement visé que de leurs effets humanitaires sur la population, par l'amélioration des conditions et critères de leur modification, suspension ou levée, par la limitation de leur durée. Dans tous les cas, se pose le problème du contrôle de la légalité des décisions du CSNU ou des Comités de sanctions, du droit de recours à l'encontre de leurs décisions, de l'engagement de leur responsabilité réparatrice voire punitive. Ce triple problème n'est pas résolu. Mais une chose est sûre : les « conditions de vie minimales », aspect du « minimum irréductible » commun au DIH et au DIDH, sont applicables à l'ONU et à ses organes ; au cas où ces derniers ignoreraient les règles indérogeables applicables, les États membres des NU auraient le droit ou même le devoir de refuser de participer aux « sanctions »[467].

---

[467] Sur cette sous-section, cf. R. Mehdi (dir.), *2000*, D. L. Tehindrazanarivelo, *2005*, F. Shaygan, *2008*.

TITRE V

BELLIGERANCE ET TERRITORIALITE

Comment expliquer la mutation du *jus ad bellum* vers la restriction du *jus belli* des États ? Les hypothèses ne manquent pas. On en retiendra une, qui nous permettra d'appréhender les rapports, à la fois très anciens et complètement modifiés depuis 1945-1947[468], entre la guerre et le territoire.

1) Est-ce le pacifisme ? Sous l'angle éthique, la condamnation — comme l'exaltation — de la guerre traverse l'histoire de l'humanité. Les plans de paix n'ont pas manqué, avant même celui de l'abbé de Saint-Pierre[469]. Il est toutefois vrai que l'Amérique de Wilson puis de Roosevelt, devenue première puissance mondiale, a imprimé à l'évolution du droit international la marque de sa culture politique « idéaliste »[470], les États-Unis jouant un rôle décisif dans la création de la SDN, du Pacte Briand-Kellog, de l'ONU, des TMI. 2) Est-ce la difficile instrumentalisation politique de la guerre, accentuant sa délégitimation morale ? Du fait de l'ampleur des moyens de destruction, devenue exorbitante avec l'arme nucléaire, et du coût financier, matériel, humain du recours à la force armée, ce dernier deviendrait « irrationnel », au sens où son coût probable serait supérieur à tout gain estimable. D'où son inacceptabilité croissante du côté des États, aggravée par la répugnance qu'éprouvent des sociétés vieillissantes et hédonistes à l'égard des valeurs martiales. Il est alors logique de prohiber le recours à la force armée, ou du moins de le limiter à la sécurité collective et à la légitime

---

468 Les bouleversements territoriaux et démographiques de l'après-guerre (le déplacement vers l'ouest des frontières étatiques et ethniques) ont été partiellement couverts par les traités de paix signés à Paris, le 17 février 1947, avec les partenaires européens du *Reich :* Italie, Finlande, Hongrie, Roumanie, Bulgarie. Vis-à-vis de l'Allemagne a prévalu le fait accompli, finalement entériné par le traité de Moscou (« 2+4 ») du 12 septembre 1990.

469 Max Scheler observait que l'idée de la paix perpétuelle se retrouve à toutes les époques et dans toutes les civilisations. Il en déduisait que la paix perpétuelle a toujours et partout été désirée, qu'elle n'a jamais et nulle part été réalisée. Sur les théories de la pacification et les plans de paix, cf. Bruno Arcidiacono : *Cinq types de paix. Une histoire des plans de pacification perpétuelle (XVIIème-XXème siècles)*, Paris, PUF, 2011, et, plus avant, Gaston Bouthoul : *Huit mille traités de paix*, Paris, Julliard, 1948, ainsi que notre article en ligne : « Le 'pacifisme polémologique' de Gaston Bouthoul », *Esprit critique*, vol.14, 2011.

470 Ou « légaliste-moraliste ». Cf. Bruno Colson : « La culture stratégique américaine », *Stratégique*n° 38, 2/1988, pp. 15-81.

défense, réserve faite des implications militaires du droit des peuples à l'autodétermination en situation coloniale, postcoloniale ou d'apartheid[471].

3) Les raisons éthiques et stratégiques susmentionnées, liées à l'évolution de la démographie et de la psychologie collective des peuples occidentaux, ont leur poids. Mais notre hypothèse sera géopolitique. La raison décisive qui explique la mutation du *jus ad bellum* après 1919 puis après 1945 réside dans le *conservatisme politico-territorial* (terrestre)[472] des grandes puissances, une fois leur victoire acquise et les effets territoriaux de cette victoire entérinés. En interdisant le recours interétatique à la force armée, réserve faite de la légitime défense face à l'agression, en instituant la sécurité collective (autour du Conseil de l'OIG compétente), en n'imposant pas le règlement diplomatique (*pactum de negociando* et pas *de contrahendo*) ou juridictionnel (clause facultative de compétence de la CPJI

---

471 Mais une fois l'indépendance acquise, les nouveaux États sont liés à la règle d'interdiction de la guerre.

472 On s'en tiendra aux dyades (limites communes à deux États ou à un État et une collectivité non autonome ou à deux collectivités non autonomes contigus) terrestres, à l'exclusion des dyades maritimes et de la délimitation entre le territoire d'un État ou d'une collectivité non autonome et l'espace maritime international. Rappelons qu'il existe deux types d'espaces : les espaces de souveraineté (territoriaux ou étatiques), les espaces hors souveraineté (internationaux ou non étatiques). Chaque État se représente l'espace en trois catégories : son espace territorial propre, l'espace territorial propre de chacun des autres États, l'espace international commun. L'espace territorial se compose d'éléments terrestres, maritimes, aériens. 1) A l'exception de l'Antarctique, tous les espaces terrestres sont des espaces territoriaux. L'espace terrestre se compose des terres émergées, des eaux intérieures et des éventuelles voies d'eaux internationales qui traversent les territoires. 2) L'espace maritime comprend : le territoire maritime (la mer territoriale), espace de souveraineté étendu à 12 milles des côtes ; la zone contiguë, espace de juridiction (police, justice, douane, fiscalité) étendu à 24 milles des côtes (12+12) ; la ZEE, espace de souveraineté économique étendu à 200 milles des côtes (12+188) ; le plateau continental, espace de souveraineté économique qui peut aller jusqu'à 350 milles des côtes (12+338). Ensuite s'étendent la haute mer et la ZIFM, espaces internationaux. 3) Quant à l'espace aérien, il comprend : le territoire aérien qui surplombe les territoires terrestre et maritime ; l'espace aérien international qui surplombe l'espace maritime autre que la mer territoriale. Au-delà d'une certaine limite verticale, s'étend l'espace international extra-atmosphérique.Tout espace territorial est délimité vis-à-vis d'un autre espace territorial ou d'un espace international. Vis-à-vis de l'espace international maritime, chaque État procède unilatéralement à la délimitation horizontale de son espace territorial sur une étendue de 12, 24, 200 milles des côtes. Par contre, la délimitation verticale du territoire aérien et de l'espace international extra-atmosphérique reste indéterminée, soit 20 (altitude maximale des avions), 200 (orbite minimale des satellites) ou 40000 (orbite maximale) km ! La question du tracé d'une frontière maritime se pose dans deux situations : lorsque des États ont des côtes adjacentes et qu'il importe de savoir comment leur frontière terrestre se prolonge dans les espaces maritimes ; lorsque des États, se faisant face, ont des côtes trop proches l'une de l'autre pour que les espaces maritimes propres à chaque État se déploient dans toute l'ampleur des 12, 24 ou 200 milles (sur les 450 frontières maritimes du globe, un tiers sont délimitées, c'est-à-dire fixées par accord entre États concernés, les autres ne sont que virtuelles). Selon le droit international, la délimitation doit s'effectuer par accord (traité ou décision juridictionnelle), non pas de manière unilatérale. Elle s'effectue suivant le principe de l'équidistance ou celui de l'équité.

ou de la CIJ) obligatoire des différends internationaux, en privant d'efficacité les modalités d'ajustement ou de révision pacifique (art. 19 du Pacte de la SDN, art.14 de la Charte de l'ONU), les grandes puissances victorieuses défendaient et garantissaient, contre tout révisionnisme étatique armé, le statut politico-territorial issu de leur victoire, sans tenir compte du droit des peuples à disposer d'eux-mêmes.

La mutation du *jus ad bellum* aboutissait donc à consacrer le *statu quo.* À cet égard, il est significatif que l'un des principaux acquis du droit international ait été, et demeure, l'interdiction, sans exception, de la conquête, cependant que la norme applicable à la délimitation des États soit celle des « frontières stables et définitives ». La répartition des territoires et la gestion des revendications territoriales sont les grandes affaires de la diplomatie et du droit, produisant tout un argumentaire sur la « juste frontière ». En droit international contemporain, la « juste frontière » n'est pas la frontière selon le voeu des populations, mais la « frontière sûre ». Et la « frontière sûre » est celle qui est « agréée » par accord authentique entre les deux États concernés (directement ou *via* un tiers), ou celle qui est « héritée » selon le principe de l'*uti possidetis* dans les cas de succession d'États, telles la décolonisation, la sécession, la scission ou la fusion[473]. Il en résulte le constat suivant : dans un monde en mouvement, le tracé — pas le statut — des limites territoriales — pour contestable qu'il soit[474] — ne bouge pas. Parallèlement, la frontière garde sa fonction de contrôle des flux de personnes, biens, services, capitaux étrangers. *Le droit international est devenu le conservatoire des tracés territoriaux* (terrestres)[475]. Tel est le principal facteur de stabilité des relations internationales contemporaines.

---

[473] La sécession-indépendance signifie la séparation d'une partie du territoire d'un État qui se constitue en territoire d'un État nouveau (Singapour, séparé de la Fédération de Malaisie en 1965, Bangladesh, séparé du Pakistan en 1971, Erythrée, séparée de l'Ethiopie en 1991, Monténégro puis Kosovo, séparés de la Serbie en 2006 puis en 2008). Quant à la sécession-rattachement, elle signifie la séparation d'une partie du territoire d'un État A qui se rattache à un État B. La scission ou dissolution d'État signifie qu'un État éclate (Fédération du Mali 1960, RFSY 1991, URSS 1991, Tchécoslovaquie 1993) pour donner naissance à deux ou plusieurs États nouveaux (Sénégal et Mali, Slovénie…, Russie…, République tchèque et Slovaquie). La fusion signifie que deux ou plusieurs États ou collectivités non autonomes (territoires du Togo et du Cameroun sous mandat français et sous mandat britannique, Tanganyika et Zanzibar, Papouasie et Nouvelle-Guinée, République arabe du Yémen et République démocratique populaire du Yémen) s'associent pour constituer un seul État (Togo et Cameroun 1960, Tanzanie 1964, Papouasie-Nouvelle-Guinée 1975, République du Yémen 1990). La RAU, née le 1er février 1958 d'une fusion de l'Egypte et de la Syrie, a pris fin avec la sécession de la Syrie le 28 septembre 1961.

[474] 40% des frontières terrestres du monde ont été tracées par les Britanniques et les Français. 2% des dyades terrestres sont le résultat de référendums. Cf. SFDI : *La frontière*, Paris, Pedone, 1980 ; Dominique Bardonnet : « Frontières terrestres et frontières maritimes », *AFDI*, 1989, pp. 1-64 ; Michel Foucher : *Fronts et frontières. Un tour du monde géopolitique*, Paris, Fayard, 2ème éd., 1991 ; Georges Labrecque : *Les frontières maritimes internationales. Essai de classification pour un tour du monde géopolitique*, Paris, L'Harmattan, 1997.

[475] Comme on parle de conservateur de musée.

Telle est aussi la nouveauté, au regard de l'histoire des rapports entre guerre et territoire. Le recours à la force armée n'avait-il pas pour but privilégié la prédation territoriale, d'où résultait fréquemment la prise de possession des ressources du sol et du sous-sol[476] ? Même dans l'espace extra-atmosphérique, la conquête a été interdite par le traité éponyme de 1967.

[476] Il est connu que les grandes puissances avaient une double attitude : garantir (exclusivité) mais aussi élargir (expansion) leur souveraineté territoriale, base d'une appropriation foncière ou minière.

CHAPITRE PREMIER

LA GARANTIE DU *STATU QUO* POLITICO-TERRITORIAL

Entre les deux guerres puis durant le conflit Est-Ouest, le droit international en Europe visa à garantir le *statu quo* (fixé à Versailles puis à Potsdam) contre tout révisionnisme (germanique), même appuyé sur le droit des peuples à l'autodétermination[477]. Après 1919, l'évolution du *jus ad bellum* allait dans le sens du *statu quo*, parce que les puissances qui constituèrent la SDN, principalement la France et la Grande-Bretagne[478], y étaient favorables[479]. La puissance intéressée par la révision — l'Allemagne — était hors-jeu : elle n'est pas membre de la SDN jusqu'en 1926 ; étant désarmée, elle approuve l'interdiction principielle du recours à la force ; étant hostile au *statu quo* fixé par les traités de la banlieue parisienne, elle milite — vainement — pour conférer à la CPJI[480] la compétence de statuer *ex aequo et bono* ; elle quitte la SDN en 1933. Les États-Unis étaient retournés à l'isolationnisme. L'URSS était isolée, et sa position était ambiguë : révisionniste et anti-SDN jusqu'en 1933, antirévisionniste et pro-

---

[477] La France et la Grande-Bretagne, qui avaient invoqué le droit des peuples à l'autodétermination contre les Empires Centraux en 1914-1918, ne voulaient plus s'y référer, parce qu'au plan externe ce droit servait désormais l'Allemagne. Celle-ci s'en réclamait au contraire, puisqu'il signifiait l'*Anschluss*, le démantèlement de la Tchécoslovaquie, le rattachement au *Reich* de Dantzig, des parties occidentales de la Pologne et de Memel. Face au risque de déstabilisation qu'entraînerait la révision des frontières en Europe, Paris et Londres s'en tenaient à l'indépendance politique et à l'intégrité territoriale des États, tout en substituant le respect des minorités au principe de l'autodétermination.

[478] Les États-Unis refusant d'y adhérer.

[479] Comme disait Aristide Briand, « *quiconque veut déplacer un poteau frontière, celui-là est un fauteur de guerre* ».

[480] Il est significatif qu'il faille mettre au compte (à l'actif ou au passif) de la diplomatie française le refus du caractère obligatoire de la juridiction de la CPJI. Le Comité de six juristes qui avait été désigné par le Conseil de la SDN afin de préparer un avant-projet de Cour permanente avait eu l'audace de proposer l'instauration d'une juridiction devant laquelle tous les différends d'ordre juridique entre États parties devaient lui être obligatoirement soumis. Les réactions de la France, et de la Grande-Bretagne, ne se firent pas attendre. Léon Bourgeois, jurisconsulte du Quai d'Orsay, s'opposa vigoureusement à l'obligatoriété de la Cour, qui empêcherait les États de choisir l'institution devant laquelle ils porteraient leur différend. Le compromis réalisé à l'époque — la clause facultative et révocable de compétence, ajoutée à la possibilité d'émettre des réserves sur les clauses juridictionnelles des traités multilatéraux — fut repris *expressis verbis* lors de la Conférence de Dumbarton Oaks en 1944. Il aboutira à l'article 36 paragraphe 2 du Statut de la CIJ.

SDN jusqu'en 1938, à nouveau révisionniste et anti-SDN jusqu'en 1941, puis membre de la « Grande Alliance » contre l'Axe jusqu'en 1945. Elle visait la révolution mondiale ; mais elle prônait l'inviolabilité et l'intangibilité des frontières interétatiques durant la Guerre froide, ainsi que l'*uti possidetis* dans le tiers-monde. La RFA resta après 1949 une puissance hostile au statut politico-territorial, puisqu'il impliquait la division de la nation allemande en deux États ; mais elle insista toujours pour que la réunification nationale s'effectue par des voies pacifiques ; sur ce point, les puissances occidentales et l'URSS étaient sur la même ligne. Le Pacte de la SDN faisait partie intégrante des traités de paix de 1919-1920. Aussi son lien avec le statut politico-territorial de l'Europe et sa fonction de garantie de ce statut étaient-ils très sensibles. La Charte de l'ONU, elle, est indépendante de tout traité de paix[481]. Aussi put-elle évoluer, ne pas s'en tenir à garantir la position des vainqueurs, admettre les vaincus, acquérir une universalité (ce qui ne fut jamais le cas de la SDN). Néanmoins, sa fonction de garantie du *statu quo* contre tout révisionnisme étatique armé — ce qu'on appelle, dans le langage non critique de la plupart des juristes, la préservation de la paix en droit international — est très nette. À cet égard, rappelons que même le droit à la décolonisation n'a pas été créé par la Charte, mais par l'AGNU réinterprétant la Charte. Depuis 1945 sinon 1919, le droit international interdit les mutations territoriales forcées. Les titres territoriaux acquis par la force antérieurement se trouvent désormais protégés. C'est en ce sens que le droit international a consacré les *beati possidentes* que sont les vainqueurs de la Seconde Guerre mondiale.

Après 1945, les puissances occidentales comme l'URSS n'avaient pas de revendications territoriales, les enjeux de la Guerre froide, idéologiques, portant sur les régimes politiques, économiques et sociaux des États, pas sur leurs frontières. Précisément, le droit international pose l'inviolabilité et l'intangibilité des frontières, pas l'inamovibilité des régimes : il interdit l'intervention étrangère et l'insurrection, la subversion ou la sécession dirigées depuis l'extérieur, pas la révolution à l'intérieur. L'équilibre bipolaire nucléaire, fixé par les traités d'*arms control*, interdisait toute action militaire dans l'hémisphère nord. Il n'autorisait que la dissuasion, la propagande, la course aux armements ou à l'espace extra-atmosphérique. Dans l'hémisphère sud, la décolonisation fut légitimée par le droit des peuples à disposer d'eux-mêmes et le droit de ces peuples à recevoir un appui extérieur. Les grandes puissances furent amenées à pratiquer l'ingérence à l'encontre des régimes ennemis ou en faveur des mouvements d'opposition amis. Face à l'ingérence, les États du tiers monde, majoritaires à l'AGNU, essayaient, eux, de protéger leur indépendance politique. Aussi le droit international fixa-t-il un compromis général, entre la coalition

---

481 D'autant qu'il n'y eut de traité de paix qu'avec le Japon en 1951 et les partenaires européens de l'Allemagne en 1947, mais pas avec l'Allemagne elle-même.

occidentale, le bloc soviétique et les non alignés, dont les termes étaient virtuellement contradictoires, puisqu'ils émanaient d'un système international hétérogène : intégrité territoriale, égale souveraineté et indépendance politique des États, non-ingérence dans les affaires intérieures et extérieures, règlement pacifique des différends, non recours à la menace ou à la force sauf légitime défense et sécurité collective, droit des peuples (colonisés) à l'autodétermination, souveraineté des États et des peuples sur leurs richesses et ressources naturelles, proclamation des droits de l'homme... Dans la pratique, la paralysie du CSNU et l'impuissance de l'AGNU (hors décolonisation), laissèrent aux États ou coalitions d'États leur pouvoir de décider de la guerre ou de la paix. La fonction de préservation du *statu quo* fut donc remplie par l'équilibre nucléaire bipolaire plutôt que par la sécurité collective. Après la « victoire froide »[482] de l'Ouest sur l'Est, le changement tendit à l'emporter sur le *statu quo* : renversement de régimes, avènement de nouveaux États. La stabilité des tracés territoriaux continue cependant de prévaloir : le statut des limites territoriales se trouve modifié par les sécessions et les dissolutions d'États, comme il l'était par la décolonisation, mais *pas leur tracé*.

Avant de traiter des frontières[483], il importe de souligner le problème que pose l'évolution du *jus ad bellum* mise au service du *statu quo*. Dès lors qu'il ne s'accompagne pas de la résolution diplomatique ou juridictionnelle obligatoire des différends ni de modalités efficaces d'ajustement ou de révision pacifique, le système de prévention, cessation, réparation et répression de la guerre, dont le noyau est la sécurité collective, revient à entériner le *statu quo* international[484]. Mais ce *statu quo* est-il juste ? Si l'on veut empêcher le recours à la force dans les relations internationales, il importe que les différends soient réglés pacifiquement. À cet égard, la négociation diplomatique est la principale voie empruntée par les États. Mais l'obligation de négociation n'est qu'une obligation de moyen, pas de résultat, même si son observation s'impose aux États, du moins jusqu'à ce que l'une des parties se heurte à un *non possumus* ou un *non volumus* de l'autre partie. Il apparaîtra alors que le différend n'est pas susceptible d'être résolu bilatéralement. Les parties peuvent se tourner vers un tiers, pour une solution diplomatique (bons offices, médiation, conciliation) ou juridictionnelle (arbitrage, décision judiciaire). Mais là encore, il faut l'accord des deux parties. Le règlement pacifique implique le consentement

[482] François Géré, « De la victoire froide », *Stratégique*, n° 46, 2/1990, pp. 43-57.

[483] La délimitation d'une frontière comporte plusieurs phases allant du tracé abstrait dans un traité au bornage sur le terrain, en passant par la démarcation sur la carte. Elle demeure en droit international la limite de la souveraineté territoriale, même si ses fonctions douanières, fiscales ou autres disparaissent par suite de l'intégration économique des États.

[484] Le but principal de la Charte de l'ONU est de « *maintenir la paix* », non pas d'établir le droit : c'est« *à cette fin* » que les NU prennent des mesures « *conformément aux principes de la justice et du droit international* » (art. 1-1).

des États concernés, alors que le règlement par la force implique de contraindre l'adversaire. Lorsqu'un différend oppose deux États, chacun d'eux est confronté successivement à trois alternatives : le maintien du différend ou la recherche d'une solution qui y mette fin ; la recherche d'une solution passe soit par la négociation bilatérale, soit par le recours à un tiers, soit par la voie unilatérale, c'est-à-dire la coercition ; cette dernière implique tout moyen en deçà de la force armée ou bien le recours à la force armée. En l'absence de règlement pacifique, l'interdiction de la force aboutit à pérenniser le différend, même s'il porte atteinte au droit des peuples ou aux droits de l'homme.

Comment concilier les tenants de la conservation du *statu quo* et les tenants de la révision ? Comment éviter que la modification du statut politico-territorial ne s'opère par la force, en l'absence de solution consensuelle ? C'est pour réduire l'écart entre le caractère statique (orienté vers la préservation de la paix) et le caractère dynamique du droit (orienté vers la réalisation d'un principe de justice), c'est-à-dire pour remédier à la tension entre l'exigence du maintien du *statu quo* et l'exigence de sa modification, qu'a été mis en avant le thème de l'ajustement ou de la révision pacifique[485]. En même temps, le droit des peuples à l'autodétermination pourrait servir de critère aussi bien à la garantie qu'à la révision du *statu quo*[486]. Mais les modalités de *peaceful change*, telle la clause *rebus sic stantibus*, restent rudimentaires, cependant que l'exercice de l'autodétermination, hors situation coloniale, postcoloniale ou d'apartheid, doit être compatible avec la souveraineté, l'indépendance et l'intégrité de l'État. Le droit international permet à un État de rejeter impunément les réclamations justifiées d'un autre État, à la simple condition que sa résistance illégitime, son abus de droit, ne se transforme pas en agression et n'autorise donc pas l'exercice du droit de légitime défense, celui-ci n'ayant d'ailleurs pas pour fonction de régler le différend, pas plus que l'autorisation du recours à la force par le CSNU. On ne saurait transformer l'obligation de négocier en obligation de parvenir à un accord. Proscrire la guerre n'aurait donc *toute* sa justification que si les États s'engageaient en même temps à souscrire à un règlement juridictionnel de leurs différends, c'est-à-dire à accepter et exécuter les décisions arbitrales ou judiciaires qui pourraient éventuellement être rendues contre eux. Mais il n'est pas question de transformer les relations internationales en un prétoire mondial[487] ! Aussi

485 Il s'agit d'obtenir une prévention politico-matérielle, pas seulement juridico-formelle, de la guerre au moyen d'une élimination de ses causalités mêmes.

486 Dans son aspect externe, axé sur le libre refus de la domination étrangère, ou dans son aspect interne, axé sur le libre choix du gouvernement, le droit des peuples à disposer d'eux-mêmes permettrait d'établir le caractère juste ou injuste de telle situation : l'existence, les frontières ou le régime d'un État correspondent-ils à la volonté de la population ?

487 « *Il n'y a pas en droit international général de recours automatique au juge pour régler de manière obligatoire les différends entre les États* » (D. Alland).

l'interdiction du recours à la force risque-t-elle d'autant plus d'être violée qu'un État qui s'estime lésé a moins de possibilité d'arriver à un règlement diplomatique ou juridictionnel. Et s'il viole ladite interdiction, les autres États auront l'obligation, en vertu du droit de la sécurité collective ou du droit de la responsabilité internationale, de « sanctionner » un État qui aura vu dans le recours aux armes sa dernière chance d'obtenir satisfaction ! Lorsqu'un État détenant un titre légitime ne peut contraindre son adversaire à un règlement ou à une révision pacifique, lui interdire de recourir à la force pour défendre son bon droit ne conduit-il pas à une sorte de déni de justice[488] ?

Précisément, le juge doit être l'alternative à la guerre. Or, les États recourent peu au règlement juridictionnel[489]. La plupart du temps, seule une partie au différend souhaite aller devant une cour arbitrale ou judiciaire[490]. À

[488] « *En posant le principe de la renonciation à tout recours à la force..., exception faite... de (la) légitime défense, la Charte a octroyé à tout gouvernement débiteur de mauvaise foi... le privilège juridique de contempteur du Droit... Un gouvernement, si faible soit-il, à la condition qu'il se cantonne dans une absence... d'offensive armée, peut défier l'État le plus puissant, ...cet État fût-il en situation la plus évidemment légale, voire en possession d'un titre exécutoire ou d'un jugement. Il est paralysé juridiquement... Il ne peut qu'en référer au Conseil de Sécurité ou, si celui-ci est à son tour paralysé par un veto, se retourner vers l'Assemblée générale qui ne peut qu'émettre une recommandation... Faut-il alors convenir que la seule issue pour l'État bafoué sera de violer l'engagement fondamental de non-recours à la force... ?... On risquera alors de voir... l'intéressé se faire justice à lui-même* », observait Georges Scelle à l'occasion de la crise de Suez (« 1956 », pp. 17-18).

[489] La France a été partie à huit affaires devant la CPJI. Sept fois comme demandeur : France c. Turquie, *Lotus*, 1927 ; France c. Suisse, *Zones franches de la Haute Savoie et du Pays de Gex*, 1928 ; France c. Yougoslavie, *Emprunts serbes*, 1928 ; France/ Allemagne/Danemark/Grande-Bretagne/Suède/Tchécoslovaquie c. Pologne, *Juridiction internationale de la Commission de l'Oder*, 1928 ; France/Grande-Bretagne/Italie/Japon c. Lituanie, *Interprétation du statut du territoire de Memel*, 1932 ; France c. Grèce, *Affaire franco-hellénique des phares*, 1933 ; à nouveau France c. Grèce, *Phares en Crête et à Samos*, 1936. Une fois comme défendeur : Italie c. France, *Phosphates du Maroc*, 1936. La France a été partie à dix affaires devant la CIJ. Cinq fois comme demandeur : France c. Egypte, *Protection des ressortissants français en Egypte*, 1949-1950 (désistement) ; France c. États-Unis, *Droit des ressortissants américains au Maroc*, 1952 ; France c. Grande-Bretagne, *Minquiers et Ecrehous*, 1953 ; France c. Liban, *Société d'électricité de Beyrouth*, 1953-1954 (désistement) ; à nouveau France c. Liban, *Compagnie du port, des quais et des entrepôts de Beyrouth*, 1959-1960 (désistement). Cinq fois comme défendeur : Italie c. France/États-Unis/Grande-Bretagne, *Or monétaire pris à Rome en 1943*, 1953 ; plus les trois affaires nucléaires et l'affaire kosovare. A partir des deux affaires des *Essais nucléaires* en 1974 (Australie et Nouvelle-Zélande c. France), notre pays disparaît du rôle de la Cour, pour y revenir en 1995 (ordonnance du 22 septembre) dans une nouvelle affaire d'essais nucléaires (*Demande d'examen de la situation au titre du paragraphe 63 de l'arrêt rendu par la Cour le 20 décembre 1974 dans l'affaire des Essais nucléaires*), puis en 1999, assignée par la RFY avec neuf autres États membres de l'OTAN suite à la campagne aérienne sur le Kosovo (*Licéité de l'emploi de la force*).

[490] Les États ne recourent à la voie juridictionnelle que si leur position juridique leur paraît supérieure à celle de leur adversaire, ou si, dans l'hypothèse contraire, ils accordent plus de prix au règlement du différend qui les oppose qu'à la solution dégagée.

moins que l'autre ne soit liée par un engagement préalable de juridiction obligatoire sans possibilité de désistement, elle n'a donc le choix qu'entre une transaction obtenue par voie diplomatique et le maintien en l'état du différend… D'autre part, l'absence de mécanismes centralisés de réalisation d'office du droit international fait que les actes juridictionnels n'ont pas de force exécutoire, même si le refus d'exécution engage la responsabilité de l'État défaillant, permet à l'État lésé de saisir le CSNU et lui offre la possibilité de réaliser unilatéralement — s'il en a les moyens — les droits dont il a obtenu la consécration. Mais la vraie question qui se pose au sujet du règlement juridictionnel n'est pas tant de savoir si une décision arbitrale ou judiciaire[491] sera appliquée par l'État contre lequel elle aura été rendue. Cette question ne fait que suggérer l'impuissance du juge. La vraie question — suggérant, elle, le conservatisme du juge — est de savoir si une cour arbitrale ou judiciaire peut statuer *ex aequo et bono*, autrement dit, interroger et modifier le *statu quo* en vigueur. Sur quel fondement le juge, sans sortir de sa fonction judiciaire, peut-il rendre une sentence ? Le juge saisi d'un différend statue selon le droit positif, c'est-à-dire en référence à une situation préétablie, elle-même considérée comme le fondement du droit. En vertu de ce positivisme, confirmant que le droit international préfère la stabilité à l'équité, le règlement juridictionnel bénéficie *a priori* au conservateur, pas au révisionniste[492]. Comme disait Max Huber, « *un jugement de droit est toujours un jugement selon le droit en vigueur ; il s'appuie sur ce qui existe, (sur ce qui a été) créé… dans le passé. Ce n'est pas l'opportunité… en regard de l'avenir qui importe… La pensée qui domine ici est* statique *: la préservation des droits existants. Cependant, l'élément essentiel de toute politique… est* dynamique. *Les grands conflits… ne sont pas des disputes sur des points de droit ; ils visent toujours à éliminer un droit ancien, ou à en créer un nouveau. Le droit international ne donne aucun moyen légitime qui permette de modifier le droit existant, si l'on excepte la* clausula rebus sic stantibus…. *Sur le plan national, le législateur peut changer le droit, mais pour le changer sur le plan international, il faut un accord entre les États…, un* 'peaceful change' ». C'est précisément là où le bât blesse.

[491] Supposant que le différend interétatique est « justiciable », que la cour est saisie et compétente, que l'affaire est recevable et jugée au fond, de manière indépendante et impartiale.

[492] De même, c'est l'État le plus faible, pas l'État le plus fort, qui a intérêt à recourir au juge.

CHAPITRE II

LA PROHIBITION DE LA CONQUETE, L'INTEGRITE TERRITORIALE DES ÉTATS OU DES COLLECTIVITES NON AUTONOMES ET LE PRINCIPE DES « FRONTIERES STABLES ET DEFINITIVES »

Le conservatisme du droit international contemporain se manifeste le plus nettement dans l'ordre territorial, cependant que le principal acquis du *jus ad bellum* contemporain est l'interdiction de la conquête. Rien de plus sacré que les frontières ! On lit fréquemment que le droit international en général, la Charte des NU en particulier, sont confrontés au déni ou au défi que constitue la persistance des conflits armés. Mais en vérité, le droit international en général ni la Charte des NU en particulier n'interdisent la guerre ; ils interdisent les mutations territoriales forcées en général, la conquête en particulier. Si l'on résume le *jus ad bellum* en vigueur, on s'aperçoit en effet que la guerre défensive est complètement admise, de même que la guerre offensive si elle multilatérale, c'est-à-dire autorisée par le CSNU voire l'AGNU, et que seule est interdite la guerre offensive unilatérale. Les États membres permanents du CSNU ont *de facto* une libre compétence de guerre : leur droit de veto leur assure l'impunité. Les autres États ont *de facto* une libre compétence de guerre *sous réserve* d'une décision du Conseil, l'Assemblée n'ayant qu'un pouvoir de recommandation à titre subsidiaire : un État qui prend, directement ou indirectement, l'initiative d'un recours à la force armée contre un autre État, ne sera ni « sanctionné » ni même condamné s'il peut compter sur sept alliés sûrs au CSNU ou, simplement, sur l'appui d'un membre permanent qui usera du veto[493]. Le droit international depuis 1945 n'a donc pas aboli le droit de guerre. Il a interdit la menace contre la paix, la rupture de la paix, l'agression (acte de guerre) et, surtout, il a aboli la conquête (but de guerre). Cette abolition a une fonction géopolitique, plus que polémologique. Elle supprime, certes, un but de guerre qui était à la fois très ancien et très

---

[493] En vertu de l'article 103, les obligations de la Charte l'emportent sur toute autre obligation internationale, y compris en vertu de traités d'alliance militaire : le *casus foederis* ne saurait jouer en cas de violation de la Charte. Les États membres du CSNU, permanents ou non, doivent respecter et faire respecter la Charte, sous le regard des membres de l'AGNU. Il n'en reste pas moins que leur politique étrangère peut facilement les conduire à soutenir, ne serait-ce qu'en empêchant une condamnation, un État que tout juriste qualifierait d'« agresseur ».

constant. Elle contribue donc à restreindre le *jus belli* des États, même si le recours à la force armée peut avoir d'autres buts que l'acquisition de territoire. Mais son sens primordial est de parachever la protection de l'intégrité territoriale des États, l'interdiction des mutations (pas seulement des acquisitions) territoriales forcées, le principe des « frontières stables et définitives ».

L'abolition du droit de conquête

Qu'est-ce que la conquête *stricto sensu ?* Celle-ci désigne un transfert de souveraineté territoriale d'un État vers un autre État par le biais (lorsque la conquête est consécutive à l'occupation militaire, *id est* une annexion) ou à l'issue (lorsque la conquête passe par un traité, *id est* une cession) du recours à la force armée d'un État contre un autre État. Or, si le principe du non recours à la force dans les relations internationales connaît des exceptions, le principe de l'inadmissibilité de l'acquisition de territoire par la force n'en connaît pas. *Là on peut parler de* jus cogens *et de* jus contra bellum.

« *La victoire ne crée pas de droits*[494]. »« *Le droit international ne reconnaît pas de titre fondé sur la conquête militaire*[495]. »À cet égard, la première limitation correspondit à l'interdiction du transfert de souveraineté territoriale à la suite d'une occupation belligérante. Depuis que l'interdiction principielle du recours à la force a été mise au service du *statu quo* territorial, la conquête est rayée de la liste des modes d'acquisition de la souveraineté territoriale et l'annexion, la cession forcée ou la sécession armée dirigée depuis l'extérieur, de la liste des modes d'établissement de la souveraineté territoriale. L'agression comme la conquête doit être pareillement stoppées, réparée et réprimée. Toutefois, les deux notions ne se confondent pas : une agression ne vise pas nécessairement une conquête, une conquête peut suivre une action en légitime défense ; l'agression est largement ce que décide le CSNU, la conquête est une mutation (une acquisition) territoriale objective.

Aussi l'obligation de non-reconnaissance internationale de, et de non-assistance internationale à, toute acquisition territoriale forcée[496] n'a pas besoin d'une résolution du CSNU ou de l'AGNU constatant ou déclarant telle situation« *nulle et non avenue* » ou « *sans effet juridique* ». Les organes des NU constatent ou déclarent que telle situation est contraire au principe de l'inadmissibilité de l'acquisition de territoire par la force ; ils n'en

---

[494] A la suite de la guerre du Paraguay (1864-1870), dans laquelle s'étaient coalisés le Brésil, l'Argentine et l'Uruguay, le ministre argentin formula la doctrine selon laquelle en matière territoriale, » *la victoire ne crée pas de droits* ». La formule est reprise dans l'article 5-e de la Charte de l'OEA de 1948.

[495] Opinion dissidente du juge Jessup dans l'affaire du *Sud-Ouest africain*, CIJ, 18 juillet 1966.

[496] Le principe de non reconnaissance des modifications territoriales opérées par la contrainte illicite remonte à la doctrine Stimson de 1932.

« décident » pas. La « décision » vise simplement à donner plein effet à l'invalidité d'une acquisition. En effet, le constat ou la déclaration d'invalidité, en tant que constat ou déclaration d'inopposabilité, a pour intérêt et conséquence de paralyser les effets de la prescription dite acquisitive, donc d'empêcher le temps de légitimer une situation de fait ou de purger un titre de ses vices.

Mutabilité et immutabilité des frontières

La conquête est une modification forcée sinon un franchissement forcé du tracé des frontières interétatiques. Or, en principe, les frontières sont inviolables : un État ne peut de force franchir la frontière d'un autre État, et intangibles : un État ne peut de force modifier la frontière d'un autre État. Inviolabilité et intangibilité ne sont pas nécessairement liées : un État peut violer les frontières d'un autre État sans vouloir les modifier ; inversement, un État peut vouloir modifier les frontières d'un autre État sans les violer[497]. L'inviolabilité et l'intangibilité des frontières sont les deux volets de l'intégrité territoriale, l'atteinte à l'intégrité désignant l'action qui consiste à franchir de force la frontière, avec ou sans modification ultérieure, ou l'action qui consiste à modifier de force la frontière, avec ou sans franchissement préalable. D'après les résolutions 2625 et 3314 de l'AGNU, les lignes de cessez-le-feu, d'armistice ou d'accord de paix sont assimilables à des frontières du point de vue de l'inviolabilité, sinon de l'intangibilité.

Inviolabilité et intangibilité des frontières, intégrité territoriale de l'État, interdiction du recours à la force dans les relations internationales s'accordent : l'inviolabilité et l'intangibilité des frontières couvrent l'intégrité territoriale de l'État ; l'inviolabilité des frontières est la traduction territoriale de l'interdiction du recours à la force ; la qualification d'atteinte à l'intégrité territoriale découle de l'inviolabilité ou de l'intangibilité des frontières ; l'interdiction du recours à la force armée permet de garantir l'intégrité territoriale entendue comme inviolabilité ou intangibilité des frontières. Mais toutes trois ne se confondent pas : le recours à la force peut ne consister ni ne viser à porter atteinte à l'intégrité territoriale (exemple d'un blocus dont le but ne serait pas de contraindre un État à modifier son assise territoriale) ; il peut viser une telle atteinte, c'est-à-dire une modification frontalière, sans violer les frontières (exemple d'un blocus dont le but serait de contraindre un État à renoncer à une partie de son territoire) ; il peut consister en une violation des frontières sans viser leur intangibilité (exemple de toute opération militaire à but non territorial). La modification

---

[497] Les traités germano-soviétique du 12 août 1970 et germano-polonais du 7 décembre 1970 illustrèrent la différence entre inviolabilité et intangibilité : pour les Allemands, au contraire de leurs cocontractants, l'inviolabilité des frontières en Europe centrale ne signifiait pas leur intangibilité. On retrouva sur ce point la divergence d'interprétation entre l'Est et l'Ouest lors du processus de la CSCE et de l'Acte d'Helsinki en 1975.

territoriale peut être un but de guerre ; le blocus, le bombardement, l'attaque, l'invasion, l'occupation sont des moyens de guerre — le premier ne violant pas les frontières, au contraire des autres — dont le but n'est pas nécessairement le transfert de souveraineté. Il importe ainsi de distinguer selon que l'atteinte à l'intégrité territoriale consiste à violer les frontières d'un État ou vise à les modifier.

D'autre part, l'atteinte à l'intégrité territoriale ne résulte pas toujours d'un recours à la force armée, que celui-ci soit licite ou illicite. L'agression directe ou indirecte, l'annexion ou la cession forcée, la sécession armée dirigée depuis l'extérieur, y compris le démembrement du territoire d'un État par la constitution d'une nouvelle entité[498], font partie des atteintes — la première violant les frontières, les autres visant leur modification — résultant d'un recours illicite à la force armée dans les relations internationales. Mais un État en légitime défense, ou se proclamant tel, peut, ultérieurement sinon immédiatement, porter atteinte à l'intégrité territoriale de son adversaire, c'est-à-dire porter atteinte à l'inviolabilité voire à l'intangibilité de ses frontières. L'atteinte à l'intégrité territoriale au sens de la violation des frontières peut aussi résulter de l'exercice du droit de suite ou d'une opération de police extraterritoriale, c'est-à-dire de l'exercice de prérogatives de puissance publique, militaires ou civiles, par un État A sur le territoire d'un État B[499]. Enfin, l'atteinte à l'intégrité territoriale ne concerne pas uniquement l'État. L'atteinte à l'intégrité d'une collectivité non autonome renvoie au maintien de la situation coloniale ou postcoloniale ou à l'octroi de l'indépendance d'une partie seulement du territoire. *In fine*, les atteintes à l'intégrité territoriale désignent tout ce qui est contraire, d'une part, à la plénitude de la souveraineté territoriale d'un État[500], d'autre part, au droit à l'autodétermination dans le respect de l'*uti possidetis*.

Le droit international n'interdit cependant pas tout changement territorial. L'intangibilité des frontières est relative : la revendication est admise pourvu que la solution du différend soit recherchée par des voies pacifiques et consensuelles[501] ; la modification est également admise pourvu qu'elle résulte d'un accord authentique des États concernés (avec ou sans recours au

---

[498] Cf. la résolution 541 du CSNU du 18 novembre 1983 condamnant l'instauration de la RTCN, ou encore la résolution 787 du 16 novembre 1992 affirmant qu'aucune entité unilatéralement proclamée ni aucun arrangement imposé en violation de l'intégrité territoriale de la République de Bosnie-Herzégovine ne seront admises.

[499] Exemple de la capture en Argentine et du transfert en Israël d'Adolf Eichmann. Sur l'affaire, voir la résolution 138 du CSNU du 23 juin 1960.

[500] L'incident de frontière n'est pas une atteinte à l'intégrité territoriale. Mais il peut être le prétexte que recherche un État pour en attaquer un autre, sans que la frontière soit contestée, ou bien la conséquence de la contestation du tracé de la frontière.

[501] Exemple des négociations de cession territoriale réciproque entre le Chili et la Bolivie (Rodrigo Diaz Albonico, Maria Teresa Infante Caffi, Francisco Orrego Vicuna : « Les négociations entre le Chili et la Bolivie relatives à un accès souverain à la mer », *AFDI*, 1977, pp. 343-356).

juge, avec ou sans plébiscite)[502], ou bien si elle découle de l'exercice du droit des peuples à l'autodétermination en situation coloniale ou postcoloniale dans le cadre de l'*uti possidetis*, ou encore si elle procède de la « réintégration territoriale » par les États pouvant valablement invoquer « l'exception de colonialisme ». Hors situation coloniale ou postcoloniale, les États ont ainsi la liberté de modifier leurs frontières comme et quand ils le veulent, pourvu qu'ils utilisent les mécanismes prévus par le droit international, ce qui exclut toute modification unilatérale, *a fortiori* par la menace ou l'emploi de la force. Sous l'angle des frontières, l'obligation de respecter l'intégrité territoriale d'un État ou même d'une collectivité non autonome, se manifeste par l'illicéité de toute tentative de modification unilatérale, *a fortiori* coercitive. En l'absence d'accord entre les parties[503], les frontières sont donc immutables. De même, si un territoire peut être soumis en tout ou partie à la compétence d'un autre État — par protectorat, concession, bail, base militaire ou statut des forces armées à l'étranger — sa délimitation demeure inviolable et intangible.

La protection par le droit international de l'intégrité du territoire des États

Hors situation coloniale ou postcoloniale, le respect de l'intégrité territoriale de l'État est l'une des normes les plus établies et les plus protégées du droit international, en lien avec le droit des États de vivre en paix à l'intérieur de frontières sûres et reconnues[504]. Il n'y a pas là qu'un aspect de l'interdiction du recours interétatique à la force armée (art. 10 du Pacte de la SDN, art. 2-4 de la Charte de l'ONU). L'idée à la base de l'intégrité territoriale est simple : entre États également souverains, chacun doit respecter le territoire de l'autre[505]. Avant 1919, le *jus belli* des États relativisait la règle de l'intégrité territoriale, même si l'occupation ne devait pas entraîner un transfert de souveraineté. L'exclusion de la conquête fut d'abord un principe du « droit public panaméricain »[506], relayé par la note Stimson du 7 janvier 1932 (à portée universelle) et confirmé par le traité interaméricain de Rio de Janeiro du 2 septembre 1947 puis la Charte de

---

502 Exemple de l'accord du 4 janvier 2016 entre la Belgique et les Pays-Bas. Seules les frontières allemandes, en vertu du traité de réunification du 12 septembre 1990, sont inaltérables et ne peuvent être modifiées même par des négociations amiables. Cette disposition renforce l'interdiction d'*Anschluss* de l'Autriche à l'Allemagne.

503 La cession conventionnelle de territoire, si elle aboutit à un transfert de souveraineté, ne porte pas atteinte à l'intégrité territoriale, puisque l'État cédant volontairement du territoire exerce librement sa souveraineté territoriale.

504 Cf. les ouvrages de référence de M.G. Kohen, *1997*, et de Ph. Chrestia, *2002*.

505 Avant 1919, cette idée n'était applicable qu'entre « États civilisés ». C'est pourquoi elle n'empêchait pas l'expansion coloniale.

506 Résolution du 18 avril 1890 adoptée par la première Conférence panaméricaine, en rapport à un traité général d'arbitrage conclu entre les États de l'hémisphère occidental.

l'OEA du 30 avril 1948. Durant l'entre-deux-guerres, le Pacte de la SDN, le Pacte Briand-Kellog et la doctrine Stimson ont fondé la politique de non-reconnaissance des mutations territoriales forcées. Ainsi dans le cas du Mandchoukouo. Mais la très grande majorité des États a reconnu l'incorporation de l'Éthiopie dans l'Empire d'Italie en 1936, ainsi que l'*Anschluss* et la cession des Sudètes à l'Allemagne en 1938. Il y eut ensuite, après l'éclatement de la guerre, retrait de la reconnaissance, ainsi que maintien de la non-reconnaissance de l'incorporation des États baltes à l'URSS en 1940. Depuis 1945, la prohibition principielle du droit de guerre renforce la règle de l'intégrité territoriale des États, même si toutes deux ne se confondent pas. Désormais, l'annexion, la cession forcée ou la sécession dirigée depuis l'extérieur ne sont pas seulement interdites par le régime de l'*occupatio bellica*, partie du *jus in bello*, mais aussi par le *jus ad bellum*, ainsi que par le droit des traités et le droit de la succession d'États, voire par le rejet de la prescription acquisitive. L'interdiction prévaut même sur le vœu des populations, c'est-à-dire le droit des peuples à l'autodétermination, pourtant premier des droits de l'homme.

La protection en jus ad bellum

Est interdit le recours à la force armée par un État contre un autre État pour modifier les frontières interétatiques, soit par voie d'annexion ou de cession forcée, soit par voie de sécession dirigée depuis l'extérieur. Selon les alinéas 4, 5 et 10 du premier principe de la résolution 2625 du 24 octobre 1970, les États doivent s'abstenir de recourir à la menace ou à l'emploi de la force pour violer les frontières internationales ou comme moyen de règlement des différends territoriaux ou frontaliers. Au minimum, les États ne doivent pas reconnaître les mutations territoriales forcées[507] ni leurs conséquences juridiques ; au maximum, ils doivent annuler coercitivement de telles mutations pour rétablir le *statu quo ante* voire engager la responsabilité réparatrice sinon punitive de l'acquéreur. Normalement, l'invalidité d'une annexion, d'une cession forcée ou d'une sécession dirigée depuis l'extérieur implique que la disparition de leurs effets soit totale.

L'exercice de la légitime défense individuelle, coalisée ou collective justifie-t-il, si la guerre tourne à l'avantage de la partie défenderesse, la conquête du territoire ou d'une partie du territoire de l'État agresseur ? La licéité du recours à la force en légitime défense est une chose, un transfert de souveraineté territoriale en est une autre. Un tel transfert pourrait-il être autorisé en tant que réparation ? Ou en tant que garantie de non-répétition de l'agression ? Ou par décision du CSNU ? Il appartient au Conseil de décider

[507] Alinéa 10 du premier principe de la résolution 2625 du 24 octobre 1970 : « *nulle acquisition territoriale obtenue par la menace ou l'emploi de la force ne sera reconnue* ». Alinéa 3 de l'article 5 de la résolution 3314 du 14 décembre 1974 : « *aucune acquisition territoriale... résultant d'une agression* » ne sera reconnue.

qui est agresseur et de quelle manière il sera « sanctionné ». En l'absence de décision, les États doivent agir « *conformément au droit international* », c'est-à-dire conformément à l'interprétation qu'ils en donnent. L'agresseur a-t-il droit au respect de son intégrité territoriale ? Le principe des « frontières stables et définitives » tend à une réponse affirmative. La logique de la sanction de l'agresseur tendrait à une réponse négative. L'État victime de l'agression, ou ses alliés, ou le CSNU en cas d'« action collective », peuvent-ils décider des « sanctions » à appliquer à l'agresseur, et la « sanction » peut-elle inclure la perte de territoire ? Il appartiendra à un traité de paix ou équivalent, y compris une résolution du CSNU, de le déterminer. Le principe de l'inadmissibilité de l'acquisition de territoire par la force a pour corollaire celui de l'inadmissibilité de la validité des traités ou actes territoriaux imposés par la force. Mais il s'agit de la force *illicite*. Par conséquent, un traité de paix ou équivalent issu d'un recours *licite* à la coercition pourrait à la fois imposer à titre de sanction au *peace breaker* un transfert de souveraineté territoriale et conférer à l'État acquéreur un titre territorial.

Toutefois, la pratique semble indiquer le contraire. La résolution 686 du CSNU du 2 mars 1991 a réaffirmé le respect de l'intégrité territoriale du Koweït *et* de l'Irak. Si le Conseil a désigné un *peace breaker*, le 2 août 1990, les « sanctions » à son encontre n'ont pas inclus la perte de territoire. Pour des raisons tenant aux circonstances ou à l'opportunité, ou bien parce que le Conseil est incompétent, c'est-à-dire pour des raisons de droit ? Le CSNU doit s'acquitter de ses fonctions conformément à la Charte. La responsabilité principale du maintien de la paix et de la sécurité internationales ne signifie pas la faculté d'opérer des transferts de souveraineté. Le CSNU demande ou exige le retrait des forces de territoires occupés ou annexés. Mais il ne peut décider du sort de tel ou tel territoire. Il ne peut obliger des États à soumettre leurs différends territoriaux à la CIJ ou à une cour arbitrale. Sans doute, en cas d'organisation d'un référendum, il pourrait imposer le changement territorial conformément aux voeux de la population consultée ; mais il le ferait à titre de garantie du maintien de la paix et de la sécurité internationales. Après la restauration du Koweït, en 1991, le Conseil a imposé une zone démilitarisée à l'Irak, c'est-à-dire une limitation à l'exercice de la souveraineté territoriale, non pas une modification territoriale. Il a chargé la MONUIK, créée par la résolution 687 du 3 avril, de surveiller cette zone. Pour le reste, la Commission créée par ladite résolution s'est bornée à démarquer une frontière déjà délimitée : *« à travers le processus de démarcation, la Commission de démarcation de la frontière ne procédait à aucune réattribution de territoire entre le Koweït et l'Irak, mais menait seulement à bien, pour la première fois, la tâche technique nécessaire à la démarcation des coordonnées précises de la frontière définie dans le « Procès-verbal d'accord entre l'État du Koweït et la République d'Irak » de 1963 »*[508].

La protection en droit des frontières et vis-à-vis du droit à l'autodétermination

Le droit international aspire à la stabilité et à la permanence des frontières établies[509]. La jurisprudence reflète cette aspiration, CPJI et CIJ comme CPA. Le droit des traités tient compte du changement des circonstances et de la succession d'États. *Pas en matière de frontières*. La Convention de Vienne sur le droit des traités du 23 mai 1969, la Convention de Vienne du 21 mars 1986 sur le droit des traités entre États et OIG ou entre OIG, la Convention de Vienne du 22 août 1978 sur la succession d'États en matière de traités, non seulement excluent la possibilité de remettre en cause par la force les tracés frontaliers, mais confèrent aux accords frontaliers un caractère objectif *erga omnes*, dérogeant au principe de l'effet relatif des traités et au principe qu'un nouvel État ne saurait être lié par les traités conclus par son prédécesseur. La clause *rebus sic stantibus* est inapplicable aux traités établissant une frontière (art. 62-2 de la Convention de Vienne de 1969) tout comme est inapplicable en ce domaine la règle de la *tabula rasa*[510]. Les traités frontaliers sont transmissibles : le nouvel État est tenu par les traités frontaliers conclus dans le passé par son prédécesseur, ou bien il est lié par le principe de l'*uti possidetis*. Les États peuvent apparaître ou disparaître, leur assise territoriale ne saurait être remise en cause. Les mutations territoriales forcées ne peuvent donner lieu à une succession d'États licite, puisqu'elles ne doivent pas être reconnues ou, mieux, doivent

[508] C'est également une simple Commission de démarcation de la frontière entre l'Erythrée et l'Ethiopie — dont la base de délimitation est la référence aux traités coloniaux de 1900-1908 entre l'Italie et l'Abyssinie — qui a été créée à la suite du traité de paix du 12 décembre 2000 et qui a été prolongée par la résolution 1741 du CSNU du 30 janvier 2007.

[509] « *D'une manière générale, lorsque deux pays définissent entre eux une frontière, un de leurs principaux objectifs est d'arrêter une solution stable et définitive. Cela est impossible si le tracé ainsi établi peut être remis en question à tout moment, sur la base d'une procédure constamment ouverte, et si la rectification peut en être demandé chaque fois que l'on découvre une inexactitude par rapport à une disposition du traité de base* » (CIJ, *Temple de Preah Vihear*, 15 juin 1962).

[510] La jurisprudence l'a rappelé : affaire de Mossoul (CPJI, 25 novembre 1925) ; affaire des zones franches du pays de Gex et de Savoie (CPJI, 7 juin 1932) ; affaire du Temple de Preah Vihear (CIJ, 15 juin 1962), dans laquelle la Cour rejette l'équité au profit du titre constitué par les traités ; affaire du plateau continental de la mer Egée (CIJ, 19 décembre 1978), dans laquelle la Cour confirme l'inapplicabilité de la clause *rebus sic stantibus ;* affaire du plateau continental Tunisie/Libye (CIJ, 14 février 1982), dans laquelle la Cour rappelle la continuité des frontières en cas de succession d'États ; affaire du différend territorial entre le Burkina Faso et le Mali (CIJ, 22 décembre 1986), dans laquelle la Cour consacre le principe de l'*uti possidetis*, qu'elle appliquera pour régler de nombreux autres différends territoriaux, notamment en Afrique : *Libye c. Tchad* (3 février 1994), *Cameroun c. Nigéria* (10 octobre 2002), *Bénin c. Niger* (12 juillet 2005).

être annulées. D'autre part, il est des cas où, rétroactivement, l'identité étatique, territoire compris, est réputée suspendue puis restaurée lorsqu'il a été mis fin à une situation contraire au droit[511].

Le consentement du vaincu, dans un traité de paix imposé à la suite d'un recours illicite à la force armée, ne saurait fonder la validité de l'ordre conventionnel instauré par le vainqueur. Sauf prescription acquisitive ? Celle-ci jouerait-elle en cas de cession forcée, de sécession dirigée depuis l'extérieur ou même d'annexion ? En droit interne, la prescription acquisitive est un mode d'acquisition de la propriété par la possession effective prolongée. Elle joue en faveur de celui qui n'a pas le titre de la propriété et à l'encontre de celui qui l'a. Existe-t-elle en droit international ? L'importance de l'effectivité dans le règlement des différends territoriaux incite à une réponse affirmative, du moins pour les acquisitions ou mutations contestées (n'ayant pas donné lieu à condamnation par les organes des NU), sinon pour les acquisitions ou mutations illicites (clairement et continûment condamnées par les NU). Même dans ces dernières hypothèses, rien n'empêche que les États ou parties concernés, ainsi que les tiers, décident d'appliquer la règle de la prescription en cas de possession contraire à des titres préexistants. Mais en dehors d'un tel accord ? Deux éléments sont indispensables à l'acquisition de la souveraineté territoriale par prescription : la possession effective, un certain laps de temps. Ce qui caractérise la prescription est l'accès à la possession de manière illicite. Son utilité est de stabiliser les situations acquises, même si l'autre partie n'a pas renoncé à protester et à revendiquer le retour au *statu quo ante*. Son inconvénient est qu'elle favorise sur le long terme l'État qui a recouru illicitement mais victorieusement à la force. La possibilité de la prescription peut être interprétée non pas comme une manière de garantir la paix par la prise en compte de la réalité, mais comme un moyen de laisser ouverte la possibilité de rendre licites des acquisitions ou mutations territoriales contraires au droit international. Privilégier le laps de temps par rapport au consentement de l'État concerné, reviendrait à dire que la possession effective prolongée est la condition suffisante pour déplacer un titre territorial. Cela encouragerait la partie contestée à « gagner du temps », soit en ne négociant pas, soit en négociant de mauvaise foi. La prescription acquisitive pourrait-elle être légitimée par le consentement de la population locale, du moins s'il n'y a pas eu de colonisation, c'est-à-dire de substitution foncière et démographique par expulsion des anciens habitants et implantation de nouveaux ?

Un référendum permettrait-il d'effacer l'illicéité d'une possession ou, plus largement, de trancher le sort d'un territoire disputé par deux parties[512] ?

---

[511] L'Ethiopie, de 1936 à 1941, l'Autriche, de 1938 à 1945, la Tchécoslovaquie, de 1939 à 1945, l'Albanie, de 1939 à 1945, les pays baltes, de 1940 à 1991.

[512] Comme il existe différents modes d'acquisition, de conservation et de cession de la possession territoriale, celle-ci peut faire l'objet d'une contestation quant à l'acquisition, la conservation ou la cession. Par possession contestée, on entend l'exercice effectif et à titre

Hors situation coloniale ou postcoloniale, le droit des peuples à l'autodétermination s'incline devant la règle de l'intégrité territoriale de l'État. L'interdiction des mutations territoriales forcées est liée principalement à l'interdiction du recours à la force armée et à l'obligation du règlement pacifique des différends, secondairement au droit des peuples. On sait que la sécession intérieure n'est pas un droit, mais seulement un fait qui peut être reconnu en cas de succès effectif. Si la protection de l'intégrité territoriale ne s'étend pas aux territoires coloniaux ou postcoloniaux, elle couvre les territoires contigus habités par des populations ethniquement ou culturellement différentes, au cas où l'autodétermination impliquerait annexion, cession forcée ou sécession dirigée depuis l'extérieur. L'éventuel consentement de la population locale ne saurait légitimer une mutation territoriale viciée par un recours interétatique à la force. Après une conquête, même un référendum organisé régulièrement ne crée pas de titre. À l'inverse, un État peut renoncer à l'existence[513], ou à l'indépendance[514], ou céder volontairement une partie de son territoire, même sans plébiscite. Les plébiscites peuvent être obligatoires en droit constitutionnel ; ils ne le sont pas en droit international[515]. La validité des mutations territoriales n'est pas subordonnée à l'accord des populations intéressées ; inversement, l'organisation d'un référendum, y compris sous contrôle international, dépend de l'accord des États concernés, à moins d'une décision du CSNU prise en vertu du chapitre VII. Le vœu des populations devrait primer selon le principe de l'autodétermination. « Pas de mutation territoriale sans consentement populaire » signifierait que l'accord entre États ni l'*uti possidetis* ne suffiraient et que primerait le consentement de la population. À ce jour, il n'en est rien, sauf intervention du CSNU au titre du maintien ou du rétablissement de la paix. L'autodétermination n'est donc une alternative ni à l'accord entre États ni à l'*uti possidetis ;* il peut en être l'argument de contestation. À cet égard, le principe du consentement populaire — s'il existait *de lege lata*, pas seulement *de lege ferenda* — ne ferait pas que consolider l'interdiction des mutations territoriales forcées, il pourrait légitimer celles-ci, ou du moins il soumettrait la validité des mutations

souverain des prérogatives de la puissance publique sur un territoire qui fait l'objet d'un différend. Les hypothèses de possession contestée portent sur trois types de territoires : les territoires sur lesquels s'exerçaient la souveraineté d'un ou plusieurs autres États, et qui l'a ou l'ont perdue à la suite d'une défaite militaire suivie ou non d'un traité de paix ; les TST ou TNA, administrés par des puissances métropolitaines ou, abandonnés par ces dernières, occupés ou annexés par des États voisins ; les territoires qui ne sont généralement pas considérés comme étant susceptibles d'une prétention de souveraineté étatique.

513 Exemple de la renonciation conventionnelle de la RDA à sa qualité d'État.

514 Exemple des traités de protectorat ou de l'adhésion à un processus de fédéralisation.

515 Historiquement, l'hostilité des puissances gardiennes du *statu quo* en Europe contre tout révisionnisme allemand qui s'appuierait sur la volonté des populations germaniques, explique l'absence de force juridique des plébiscites en droit international.

territoriales à la double condition de l'interdiction de la force *et* du référendum.

CHAPITRE III

DECOLONISATION, SECESSIONS OU DISSOLUTIONS D'ÉTATS ET *UTI POSSIDETIS*

Le droit des frontières vise à assurer leur stabilité et leur permanence. C'est cet objectif que remplit l'*uti possidetis ita possideatis*[516]. Il signifie que l'on prend comme frontières des États nouveaux, les limites territoriales déjà existantes[517]. L'État nouveau conserve comme limites celles du territoire dont il est issu. Cette règle, à l'instar de l'intégrité territoriale des États ou des collectivités non autonomes et de l'interdiction des mutations territoriales forcées, correspond au principe des « frontières stables et définitives », soit l'une des constructions juridiques les plus établies et les plus protégées du droit international. Appliquée lors du processus de décolonisation, non sans controverses, elle l'a été également partout où il y a eu accession à l'indépendance, là encore non sans controverses. L'*uti possidetis*, pas la simple effectivité territoriale, constitue ainsi le titre de souveraineté des nouveaux États couvrant le même territoire que l'entité administrative à laquelle ils succèdent. La jurisprudence comme la pratique le confirment abondamment. Seul l'accord valable entre les deux États concernés, à l'exclusion de toute contrainte, permet de se passer de l'*uti possidetis*.

---

[516] « Comme vous possédiez, vous possédez ». Rappelons que l'*uti possidetis* se rapporte à la transformation de limites administratives en frontières internationales, ainsi qu'à la confirmation ou à la continuation des limites déjà internationales. Sur ce dernier point, il est unanimement accepté qu'une sécession ou une scission ne doit pas mettre en cause les frontières préexistantes avec les États préexistants. Les limites territoriales de collectivités non autonomes ou d'entités fédérées qui étaient déjà des limites internationales ne sont pas concernées par la question de l'application ou non de l'*uti possidetis*, puisqu'elles étaient déjà fixées comme frontières. Si ces dernières étaient déjà contestées par le voisin, le nouvel État n'aura qu'à assumer cette contestation, il ne fera qu'en hériter. Il en va de même des frontières maritimes : l'*uti possidetis* jouera si les limites maritimes étaient fixées et reconnues. Quant aux frontières aériennes, elles dépendent horizontalement des frontières terrestres et maritimes… La transformation des limites administratives terrestres antérieures en frontières internationales pérennes, lors de toute succession d'États, constitue ainsi le vrai champ d'application de l'*uti possidetis*.

[517] Les limites de la Guinée dans l'AOF ou celles du Congo-Brazzaville dans l'AEF deviennent les frontières des États guinéen et congolais, les limites de la république fédérée de Slovénie au sein de la RFSY, celles de l'État slovène, les limites de la république soviétique d'Ukraine à l'époque de l'URSS, celles de l'État ukrainien…

Le principe du respect des frontières héritées de la colonisation

Autrefois, l'*uti possidetis* désignait la pratique selon laquelle à la fin d'un conflit armé, chaque belligérant conserve dans sa souveraineté les territoires qu'il occupe : soit la mutation d'une possession factuelle provisoire en possession juridique définitive, réserve faite des clauses du traité de paix. Puis l'indépendance des colonies hispano-américaines au début du XIX^e^siècle donna à l'*uti possidetis* le sens qu'on lui connaît de nos jours. Après 1945, le processus de décolonisation s'est inspiré à la fois de l'autodétermination et de l'intégrité territoriale, puisque l'accès à l'indépendance étatique devait s'effectuer — excepté les épineux cas israélo-palestinien et indo-pakistanais — dans le cadre de l'*uti possidetis*[518]. La thèse de la « réintégration territoriale », lorsqu'elle est émise par au moins deux États, pose le problème du partage du TNA, donc met en cause l'intangibilité de ses limites : c'est aussi pourquoi l'AGNU a toujours préféré l'indépendance dans le respect de l'*uti possidetis* ou, à défaut, le rattachement complet à un seul État. Il est également significatif que les plébiscites organisés par l'ONU, dans les collectivités non autonomes, aient porté sur le principe et les modalités de leur accession à l'indépendance, non sur des transferts du titre territorial d'un État à un autre.

Pourtant, l'*uti possidetis* fut contesté. Il aboutissait à proroger l'œuvre des puissances coloniales. Au mieux, il n'était guère compatible avec le droit des peuples à disposer d'eux-mêmes ; au pire, il risquait d'entraîner des transferts de population, à défaut de transferts de territoires, au cas où les États souhaiteraient acquérir un peuplement homogène. Il signifiait mettre en œuvre des actes juridiques internes, non valides en droit international. C'est pourtant dans le cadre des limites territoriales tracées par les Européens que s'effectua l'accession à l'indépendance, car celle-ci supposait que les frontières soient préalablement ou consécutivement déterminées. L'*uti possidetis* aboutit certes à proroger les délimitations anciennes sans consultation des populations. Mais il ne met pas en œuvre des actes internes ; il change le statut de limites internes en conséquence de l'avènement d'un nouvel État dont l'assiette territoriale correspondra à l'ancien territoire. La métamorphose de l'entité territoriale en État entraîne la métamorphose du statut de ses limites, mais le maintien du tracé. Or, les États pouvaient s'opposer sur le tracé ou sur le principe même de la transformation du statut des limites. Ainsi, des États émettant la thèse de la « réintégration territoriale », ou encore la Somalie, qui rejetait l'*uti possidetis* du fait de ses revendications sur l'Ogaden, territoire éthiopien à peuplement somali. Mais la demande formulée lors de la conférence panafricaine à Accra, en 1958, sur « *l'abolition ou l'ajustement des frontières tracées par les puissances coloniales* »,fut rapidement enterrée.

---

[518] Les Européens sont partis, leurs tracés territoriaux sont restés. Les frontières terrestres sont fixées par les traités conclus à l'époque coloniale, répète la CIJ.

Les États parties à des différends territoriaux — ainsi de la Libye et du Tchad sur la Bande d'Aouzou, du Cameroun et du Nigéria sur la presqu'île de Bakassi, de l'Ouganda et de la Tanzanie sur le saillant de Kyaka — qui se disputent sur l'interprétation des traités ou accords conclus à l'époque coloniale ne font jamais que confirmer la valeur de l'*uti possidetis*.

Fondamentalement, la décolonisation n'a pas modifié les découpages territoriaux hérités de la période précédente. Mis à part le cas du Sud-Soudan, toutes les frontières étatiques en Afrique sont des créations résultant soit des partages effectués entre les différents colonisateurs, soit des divisions administratives tracées à l'intérieur des ensembles coloniaux, le plus souvent établies sans rapport avec la géographie humaine. L'*uti possidetis* visait et vise la stabilité territoriale, fût-ce en pérennisant des frontières coloniales imposées par la force et regroupant des populations hétérogènes culturellement ou séparant des populations homogènes. D'après la CIJ, le principe de l'intégrité territoriale a une portée limitée aux relations internationales, à l'exclusion de la sécession à l'intérieur. Mais dans l'ancien monde colonial, l'Afrique noire notamment, il semble que la protection de l'intégrité territoriale de la collectivité non autonome devenu État — pluriculturel — concerne non seulement tout recours à la force venant de l'extérieur, mais également la sécession venant de l'intérieur. L'OUA comme l'UA ont toujours condamné les sécessionnismes (Biafra, Katanga, Ogaden, Somaliland et Puntland, Casamance, Anjouan[519], Sud Soudan, Darfour, Azawad), au nom de l'unité nationale, de l'intégrité territoriale et du respect des frontières héritées de la colonisation. C'est après l'acceptation de son indépendance par le Soudan en 2011 que la sécession du Sud-Soudan a été reconnue en Afrique et ailleurs.

---

519 Voyons le cas des Comores. L'archipel est composé de quatre îles : Anjouan, Grande Comore, Mayotte, Moheli. Lors d'un scrutin d'autodétermination tenu le 22 décembre 1974 sur l'ensemble de l'archipel, l'île de Mayotte vota pour le maintien des Comores dans la souveraineté de la France, tandis que les trois autres optèrent pour l'indépendance. Considérant île par île le résultat, le gouvernement français décida d'octroyer l'indépendance à Anjouan, la Grande Comore et Moheli, et donna à Mayotte, après une nouvelle consultation populaire le 8 février 1976, le statut de « collectivité territoriale » en 1976, puis de « collectivité départementale » en 2001. Allant à l'encontre du principe du respect des frontières héritées de la colonisation, proclamé par l'OUA en 1964, donc de l'indivisibilité des Comores, cette situation a fait l'objet d'une condamnation unanime et continue de la « communauté internationale ». L'AGNU, le MNA, l'OCI, la LEA, l'OUA puis l'UA confirment tous la légitimité de la revendication du gouvernement comorien en faveur de la réintégration de Mayotte à la République fédérale islamique des Comores. Mais le 3 août 1997, l'île d'Anjouan a proclamé unilatéralement son indépendance, suivie d'une effectivité étatique. Les Comores comme l'OUA ont refusé d'accepter la sécession. Sous la médiation de l'OUA, un accord a été signé le 23 avril 1999 entre le gouvernement central et les autorités d'Anjouan, prévoyant le retour de l'île, avec plus d'autonomie, dans la RFIC. Après le refus de ratification, l'OUA a imposé un embargo à partir du 21 mars 2000 à l'île, ce qui a poussé les autorités d'Anjouan à signer un nouvel accord-cadre le 17 février 2001. L'embargo a été levé le 7 juillet 2001.

La problématique territoriale des sécessions ou scissions

L'*uti possidetis* s'est appliqué à la décolonisation. S'appliquerait-il aux sécessions et dissolutions d'États, c'est-à-dire aux indépendances acquises en dehors de la décolonisation ? L'*uti possidetis* étant un principe de droit international, la question revient à se demander si le droit international est « neutre » ou pas en matière de sécession ou de dissolution d'Etat[520]. Sauf validation de la théorie de « l'ultime remède »[521], le droit international n'interdit ni n'autorise la sécession à l'intérieur : celle-ci n'est pas un *droit*, mais un *fait* qui peut donner lieu à *reconnaissance* internationale en cas de succès effectif. L'*uti possidetis* peut-il néanmoins fournir le principe qui prédéterminera l'étendue du territoire de l'État né d'une sécession ? La réponse est affirmative, car si la sécession est un phénomène d'ordre interne, l'établissement d'une frontière est un phénomène d'ordre international. Que la création, la transformation ou le démembrement d'un État soit une question de fait, à l'égard de laquelle le droit international est indifférent, ou une question de droit, qui intéresse intrinsèquement le droit international, importe peu : la frontière *est* une ligne de droit international. Doit donc jouer le principe applicable en la matière, celui des « frontières stables et définitives ». Où le trouver, en dehors de l'accord des États concernés, sinon dans l'*uti possidetis* ? L'effectivité, possiblement invocable, ne saurait conférer aux frontières un caractère de stabilité et de permanence.

***Effectivité et* uti possidetis**

Il est vrai que, pour la formation d'un État, c'est l'effectivité qui compte, non la légalité du processus. On peut considérer l'effectivité comme une donnée factuelle ou comme un critère légal.

1) L'effectivité comme fait implique l'absence de norme réglementant la sécession, donc la « neutralité » du droit international. Cette neutralité pourrait fonder la contestation de l'applicabilité de l'*uti possidetis* aux sécessions : les limites du nouvel État correspondraient à celles de l'effectivité territoriale du nouvel État, pas au tracé de limites administratives antérieures. Si l'effectivité constitue le critère de la sécession, elle devrait également déterminer son étendue territoriale. Mais la sécession se fait en référence à un territoire dont les limites précèdent la sécession et qui lui servent ou doivent lui servir de cadre territorial. 2) L'effectivité comme norme pourrait-elle contredire l'autre norme qu'est l'*uti possidetis ?* Il y a un État, « du point de vue du droit international »,

---

[520] Cf. les ouvrages de référence de M. Kohen, *2006*, et d'Anouche Beaudoin, *2011*, outre les articles d'O. Corten cités dans la Bibliographie thématique.

[521] Encore minoritaires sont les juristes estimant que le droit des peuples à disposer d'eux-mêmes, hors situations coloniales ou postcoloniales, peut être invoqué à des fins de sécession par des populations subissant une discrimination et une oppression de la part des autorités étatiques.

lorsqu'il y a territoire, population, gouvernement. La formation de l'État est donc un fait juridique, supposant des conditions juridiques : la réunion des trois éléments constitutifs, et impliquant des conséquences juridiques : la capacité d'entrer en rapport avec les autres États. Mais la formation d'un État est une chose, sa délimitation vis-à-vis des autres États en est une autre. Là encore doit jouer le principe des « frontières stables et définitives », dont l'*uti possidetis* a été une traduction dans les cas de décolonisation. On retrouve la question : s'applique-t-il dans les cas de sécession ? La décolonisation n'est pas une sécession, et inversement. Pourquoi alors le même principe, l'*uti possidetis*, devrait-il jouer ? Tout simplement parce que la décolonisation comme la sécession impliquent la création d'un nouvel État, donc posent le problème de la délimitation territoriale de ce nouvel État. C'est pourquoi le même principe s'applique, en l'absence d'un accord spécifique entre les États concernés. 3) *A fortiori*, l'*uti possidetis* s'applique si l'on admet que le droit international n'est pas neutre à l'égard de la sécession, mais qu'il la soumet à certaines conditions de légalité. Le droit des peuples à l'autodétermination signifie droit à l'autonomie hors situation coloniale ou postcoloniale. L'interdiction de recourir à la force armée ne vaut que dans les relations internationales. Ce ne sont pas ces deux principes qui peuvent servir de conditions de légalité à la sécession : celle-ci peut créer un nouvel État en cas de succès effectif, elle peut être armée tant qu'elle n'est pas dirigée ou soutenue depuis l'extérieur. La délimitation territoriale de ce nouvel État est un problème international. Or, en droit international, s'applique le principe des « frontières stables et définitives », c'est-à-dire les frontières héritées, à défaut des frontières agréées. Si les limites effectives du nouvel État n'atteignent pas, ou au contraire débordent, les limites administratives antérieures, elles n'indiqueront qu'une possession provisoire, précaire ; elles seront assimilables à des lignes de cessez-le-feu ou d'armistice, à moins qu'un traité de paix conclu entre les deux États ne fonde de nouvelles frontières.

Que le droit international soit « neutre » ou « normatif » en matière de sécession, l'effectivité sera soit le fait soit la norme qui déterminera l'accession à l'indépendance étatique par voie de sécession. La délimitation territoriale du nouvel État, elle, devra être conforme au principe des « frontières stables et définitives », soit par application de l'*uti possidetis*, soit par conclusion de traités territoriaux avec les autres États. Avec l'indépendance politique, l'effectivité territoriale détermine l'existence du nouvel État ; l'*uti possidetis* détermine son étendue spatiale normative. La pratique le confirme massivement. Le nombre d'États nés de sécessions dont les frontières reprennent d'anciennes limites administratives démontre que l'*uti possidetis* constitue bien la norme applicable aux sécessions. La rareté des États accédant à l'indépendance dans des frontières différentes des anciennes limites administratives ne saurait remettre en cause la normativité de l'*uti possidetis*.

La pratique internationale vis-à-vis des sécessions ou scissions et de leurs effets territoriaux

Généralement, les États et les OIG récusent les menées sécessionnistes. Lorsqu'il y a reconnaissance d'un nouvel État, il s'agit d'une légitimation *ad hoc*, sans que soit formulé le moindre droit à l'indépendance, et cela, au nom de l'intégrité territoriale des États, tournée à l'intérieur et pas seulement à l'extérieur. Évidemment, les États ont le droit de prévenir et de réprimer les mouvements ou entités sécessionnistes ; nul ne le leur conteste. Le refus de la sécession hors décolonisation fait contraste avec la proclamation de la sécession-décolonisation. Face à des menées sécessionnistes, le droit international, autrement dit, le comportement juridique des États, est le suivant[522]. D'abord, il veut pacifier le conflit, en condamnant la violence sécessionniste. Puis il entend protéger l'intégrité territoriale de l'État existant et dissuader l'entité sécessionniste de proclamer l'indépendance ou de demander le rattachement[523]. Enfin, il se résigne à stabiliser le nouvel État — en cas d'indépendance — une fois pris acte de son effectivité, notamment en lui appliquant le principe des « frontières stables et définitives ».

1) Le droit international ne bannit le recours à la force que dans les relations internationales, aussi ne peut-il interdire la sécession armée ni la répression armée de la sécession armée. Le CSNU appelle le plus souvent les parties à cesser les combats et, en tout cas, à respecter le droit applicable aux conflits armés, sans nécessairement distinguer les règles des conflits internationaux et celles des conflits non internationaux. Assez fréquemment, il propose ou impose une « opération de paix » entre les parties. Lorsqu'il prend position, c'est le plus souvent contre le mouvement sécessionniste, si bien que l'OIP éventuellement diligentée est dirigée contre ce dernier. 2) Lorsque le conflit sécessionniste est internationalisé par l'action du CSNU, celui-ci propose un plan conciliant l'autonomie de la population et l'intégrité territoriale de l'État concernés, refuse de reconnaître les entités sécessionnistes même effectives et n'a jamais admis la théorie de « l'ultime remède ». Il est également significatif qu'aucun État ni OIG impliqué n'ait jamais vu dans les tentatives réussies du gouvernement de reprendre *manu militari* le contrôle des territoires soumis à une entité sécessionniste, une violation de la règle d'interdiction du recours à la force armée. En revanche, lorsque l'État déclare renoncer à recouvrer par la force un territoire devenu indépendant, il se lie dans le cas d'espèce à la règle de l'article 2 paragraphe

[522] Cf. G. Cahin, « 2008 ».

[523] Le conflit tchétchène est significatif. Le soutien apporté par une grande majorité d'États à la thèse russe — selon laquelle les Tchétchènes, minorité ayant sa république dans le cadre d'une Fédération, ne peuvent revendiquer d'autres droits que l'autonomie et la représentation, dont ils jouissent — confirme que les États souhaitent maintenir le *statu quo* territorial contre toute sécession.

4 de la Charte des NU[524], même s'il n'en résulte pas pour autant une reconnaissance du nouvel État. 3) Si le droit reconnu à certains peuples de devenir un État ne suffit pas à le créer, le refus de reconnaître ce droit à d'autres n'empêche pas la création d'États. Il importe d'en stabiliser les frontières. L'*uti possidetis* a été la solution trouvée à l'avènement de nouveaux Etats[525] consécutif à la décommunisation en ex-RFSY, ex-URSS et ex-Tchécoslovaquie ainsi qu'en Éthiopie, cependant que l'Allemagne réunifiée reconnaissait par traités[526] les frontières imposées puis établies après 1945.

La reconnaissance des États issus de la dissolution de la RFSY, de l'URSS et de la Tchécoslovaquie a simplement consacré l'effectivité de la dissolution des trois fédérations, sans que soit admis aucun droit des peuples à la sécession. En ex-Yougoslavie, les républiques indépendantistes avaient invoqué une acception du droit à l'autodétermination inspirée des règles de la décolonisation, qui justifierait la création unilatérale de nouveaux États, quoique sur la base des anciennes limites territoriales. Du côté des CE et de leurs États membres, tout au plus a-t-on argué de la volonté présomptive des populations intéressées, mais aucune consultation populaire n'a été demandée et toute « *république autoproclamée* »[527] a été rejetée. Surtout, la reconnaissance d'États a eu pour condition le maintien des limites administratives des anciennes entités fédérées, que ces dernières, devenues États indépendants, ont généralement acceptées[528]. La Commission d'arbitrage de la Conférence européenne pour la paix en Yougoslavie s'est bien gardée de reconnaître aux minorités vivant à l'intérieur des républiques ex-fédérées un droit à la sécession, afin notamment d'éviter des réajustements territoriaux sur la base de critères ethniques ou confessionnels. Elle a souligné que le droit à l'autodétermination ne pouvait pas entraîner une modification des frontières existantes au moment des indépendances, sauf accord contraire des États concernés. Elle a fait valoir que non seulement « *les frontières extérieures de l'ex-Yougoslavie devront être respectées dans tous les cas* », mais aussi que « *les démarcations entre les Républiques devenues indépendantes ne pourront être modifiées que par accord libre et mutuel ; à défaut d'accord contraire, les limites antérieures acquièrent le caractère de frontières protégées par le droit international* ».

---

524 Ainsi de la Serbie à l'égard du Kosovo ou du Soudan à l'égard du Sud-Soudan.

525 Officiellement, les États baltes n'ont fait que recouvrer leur indépendance, soit une restauration d'États, impliquant logiquement le rétablissement des frontières, en l'occurrence, de 1921.

526 Celui de Moscou du 12 septembre 1990 et celui de Bonn, avec la Pologne, du 17 juin 1991.

527 Serbe en Croatie ou en Bosnie-Herzégovine, croate en Bosnie-Herzégovine.

528 De même, la condition préalable impérative pour l'adhésion à l'Alliance atlantique et à l'Union européenne est la conclusion de traités bilatéraux assurant la reconnaissance des frontières héritées.

Après le cas yougoslave, le cas soviétique, de l'accord de Minsk du 8 décembre 1991 entre la Russie, la Biélorussie et l'Ukraine à l'accord d'Alma-Ata du 21 décembre entre les ex-Républiques soviétique, a également vu l'application, largement consensuelle, du principe de l'*uti possidetis* en dehors des situations de décolonisation.

CHAPITRE IV

L'EFFICACITE DU *JUS CONTRA BELLUM* SUR LE PLAN TERRITORIAL ET LE MAINTIEN DE LA CONTRADICTION GEOPOLITIQUE

Globalement, l'évolution du *jus ad bellum* a accompagné deux phénomènes géopolitiques : elle a entériné le *statu quo* territorial entre États contre tout révisionnisme étatique armé ; elle a légitimé la décolonisation *lato sensu*, cependant que l'*uti possidetis* était transposé aux sécessions ou dissolutions d'États. Le *jus ad bellum* en tant qu'il prohibe la conquête est-il respecté (efficace) ? Oui. Avant 1945, les conflits armés avaient le plus souvent pour résultat un transfert de territoires. Depuis 1945, à l'exception des « réintégrations territoriales » et des réunifications nationales (qui impliquent la suppression des frontières divisant une même nation en deux États)[529], le changement des limites signifie essentiellement leur changement de statut : les limites internes d'ensembles coloniaux ou d'États deviennent des limites internationales du fait de la disparition des ensembles coloniaux, de la dissolution d'États ou de sécessions (pacifiques ou violentes) et du fait de la formation (pacifique ou violente) de nouveaux États[530]. Mais par

---

[529] Vietnam 1975 (par la force), Yémen 1990 (par voie conventionnelle), Allemagne 1990 (par voie conventionnelle). La tentative nord-coréenne de réunification par la force de la péninsule en 1950-1953 s'est heurtée à « l'action collective » des NU.

[530] Il est significatif que le nombre des sécessions réussies soit sans commune mesure avec le nombre de tentatives. Singapour (1965) s'est séparée pacifiquement de la Fédération de Malaisie, de même le Monténégro vis-à-vis de la Serbie (2006). Le Bangladesh (1971) puis le Sud Soudan (2011) sont les seuls exemples de sécessions armées (le premier a concerné un territoire géographiquement séparé). Le Kosovo (2008) a fait sécession (a refusé le rétablissement de l'autorité de la Serbie) dans un autre contexte : lors du conflit armé interne entre l'UCK et l'Etat serbe, l'OTAN était intervenue militairement en 1999 pour garantir l'autonomie de la province, puis celle-ci a été soumise à administration internationale (ONU, OSCE, UE, OTAN). La sécession de l'Erythrée (1991) a concerné un territoire qui, au lieu d'accéder à l'indépendance, avait été rattaché, par l'ONU, sous statut d'autonomie, à la fédération éthiopienne en 1952 ; cette indépendance peut donc être considérée comme la réalisation d'un processus de décolonisation contrarié. De même, la sécession du Timor oriental (2000) n'est que la concrétisation du droit à l'autodétermination-indépendance d'une ex-colonie portugaise incorporée *manu militari* à l'Indonésie en 1975. Pour le reste, l'ONU, lorsqu'elle a été saisie ou qu'elle a pris position, a toujours déclaré inadmissibles les sécessionnismes armés : Tibet, Cachemire, Assam, Dhofar, Kurdistan, Biafra, Casamance, Darfour, Ogaden, Somaliland et Puntland, Baloutchistan, Pendjab, Etats karen et kachin, Arakan, Tamil Eelam, Moluques, Aceh, Pattani, Mindanao, Bougainville, RTCN,

accord des États concernés ou suivant le principe de l'*uti possidetis*, les tracés ne bougent pas, si bien qu'il n'y a pas de transfert de territoire d'un État vers un autre. *Au changement juridique répond la continuité géographique.* Les différends territoriaux sont très nombreux, principalement là où l'*uti possidetis* n'est pas applicable ou pas reconnu[531] ; les revendications territoriales rattachistes ou irrédentistes, qu'elles émanent d'États ou de peuples, ont d'autant moins de chance de se concrétiser, car prévaut la crainte du précédent. Il y a bien un consensus sur la norme de non modification par la force armée de la souveraineté territoriale ou du tracé des frontières interétatiques.

De facto et *de jure*, les conflits interétatiques à mobile territorial depuis 1945 n'ont guère entraîné de transferts territoriaux : ni la guerre sino-indienne en 1962 (frontière himalayenne), ni la guerre algéro-marocaine en 1963 (frontière septentrionale), ni la guerre entre l'Indonésie et la Malaisie en 1963-1965 (Sarawak), ni la guerre indo-pakistanaise en 1965 et en 1971 (le Cachemire reste partagé suivant la ligne de démarcation de 1948), ni la guerre somalo-éthiopienne de 1977-1978 (Ogaden), ni la guerre entre le Cambodge et le Vietnam en 1978 (delta du Mékong), ni la guerre entre l'Ouganda et la Tanzanie en 1979 (saillant de Kyaka), ni la guerre entre l'Irak et l'Iran en 1980-1988 (Khouzistan), ni la guerre anglo-argentine en 1982 (Malouines), ni la guerre entre la Libye et le Tchad en 1979-1987 (Bande d'Aouzou), ni la guerre entre le Cameroun et le Nigéria en 1994 (péninsule de Bakassi), ni la guerre entre l'Equateur et le Pérou en 1995 (sources du Maranon), ni la guerre du Congo après 1998 (Kivu), ni la guerre entre l'Ethiopie et l'Erythrée en 1998-2000 (frontière tigréenne). En revanche, la Crimée, en 2014, a été détachée de l'Ukraine et rattachée à la Russie après que la région ait été occupée par des forces russes, mais : le recours à la force armée n'a pas entraîné de guerre faute de combats ; la Crimée était russe avant 1954 ; le référendum, même illégal internationalement, a confirmé le consentement de la population (russophone) locale. La guerre du Bangladesh en 1971 n'a pas modifié les frontières, mais permis la constitution d'un nouvel Etat par la sécession du Pakistan oriental. Seule la longue lutte armée au Sud-Soudan pour l'indépendance a créé une nouvelle frontière en Afrique. La guerre du

---

Transnistrie, Ossétie du Sud, Adjarie, Abkhazie, Haut-Karabagh, Tchétchénie, républiques croates ou serbes autoproclamées de Bosnie-Herzégovine, Anjouan, Azawad, « Etat islamique » en Mésopotamie, au Levant, au Yémen, en Afrique de l'Ouest, au Sahara... Au Katanga, l'ONU a été jusqu'à participer à la réduction par la force armée de la tentative de sécession (résolutions du CSNU du 21 février et du 24 novembre 1961). La résolution 688 du 5 avril 1991 n'a pas reconnu un droit de sécession aux Kurdes d'Irak, mais a prévu l'autonomie de fait du Kurdistan irakien, confirmée après 2003. Enfin, il n'est pas question que Taïwan (censément province chinoise) fasse sécession.

[531] Sous-continent indien, Palestine, Sahara occidental, Corne de l'Afrique, Sud Soudan, Yémen…

Kosovo en 1999, qui avait eu pour objet l'autonomie de cette province, a finalement abouti à l'indépendance en 2008 ; mais le tracé des limites territoriales n'a pas été modifié (pas de partage entre partie albanaise et partie serbe). Il en irait de même en cas de sécession reconnue de la Transnistrie (1991) vis-à-vis de la Moldavie, de l'Ossétie du Sud (1990), de l'Adjarie (1991) et de l'Abkhazie (1992) vis-à-vis de la Géorgie, du Haut-Karabagh (1991) vis-à-vis de l'Azerbaïdjan. Il en irait de même encore en cas de sécession reconnue du Somaliland (1991), seul le Puntland posant problème. Pas de modification non plus des limites de l'Erythrée en 1991, ni du Timor oriental en 2000, ni de la Crimée en 2014. En revanche, les limites de l'Ukraine seraient modifiées par la sécession (dirigée depuis Moscou) de Donetsk et de Lougansk, de Kherson et de Zaporijia, puis leur rattachement à la Russie (2022). L'invasion, l'occupation et l'annexion du Koweït par l'Irak en 1990 ont été annulées par la guerre de coalition autorisée par le CSNU. Les annexions de Jérusalem-Est (1967) puis du Golan (1981) par Israël[532] n'ont pas été reconnues par la « communauté internationale » et ont été déclarées nulles par l'AGNU comme par le CSNU[533]. De même la création de la RTCN en 1983 : cette sécession dirigée de l'extérieur, après l'intervention turque de 1974, a elle aussi été considérée comme nulle. L'incorporation du Tibet par la Chine en 1950, du Sahara occidental par le Maroc en 1975, de l'Irian occidental et du Timor oriental par l'Indonésie en 1963 et en 1975, ne procédaient pas de « guerres interétatiques », puisque les territoires en question n'étaient pas des Etats. Walvis Bay a été rétrocédé à la

532 Loi du 27 juin 1967 sur la réunification de Jérusalem puis loi du 30 juillet 1980 proclamant Jérusalem réunifiée capitale éternelle d'Israël, loi du 14 décembre 1981 sur le Golan.

533 Pour les NU, les hauteurs syriennes du Golan sont depuis 1967 des territoires occupés par Israël dans lesquels est applicable la IVème CG de 1949. Les autorités israéliennes, elles, parlaient de « territoires administrés » et laissaient ouverte la question de l'applicabilité de la IVème CG. L'exode des ressortissants syriens et l'implantation de colonies juives ont changé la composition démographique du territoire. La loi du 14 décembre 1981, en disposant que *« la législation, la juridiction et l'administration de l'Etat (israélien) seront en vigueur sur les hauteurs du Golan »*, a prononcé l'incorporation du territoire. Il s'agit d'une annexion, illicite en *jus ad bellum* comme en *jus in bello*. Même s'il n'a pas nécessairement violé le principe de non recours à la force en 1967, Israël a violé le principe de l'inadmissibilité de l'acquisition de territoire par la force. Il demeure un occupant, avec les obligations afférentes. La loi israélienne est frappée d'invalidité internationale. Ce n'est pas la première fois qu'une « annexion » est déclarée nulle : ainsi de l'incorporation de l'Ethiopie dans l'Empire d'Italie (traité de paix du 10 février 1947), de l'*Anschluss* (déclaration de Moscou du 1er novembre 1943 et traité d'Etat du 15 mai 1955), de la cession des Sudètes (traités bilatéraux entre la Tchécoslovaquie d'une part, l'URSS en 1945, la RDA en 1950 et la RFA en 1971 d'autre part).

Namibie par l'Afrique du Sud de manière pacifique en 1990. Reste le cas du Sikkim : a-t-il été rattaché pacifiquement à l'Union indienne en 1975[534] ?

Nonobstant l'efficacité du *jus contra bellum* sur le plan territorial, subsiste le problème géopolitique fondamental : celui de la non-coïncidence entre la carte des États et la carte des peuples[535]. Alors que les territoires des États, délimités par des frontières, se juxtaposent sur une carte relativement simple et statique, c'est une carte bien plus compliquée et dynamique qui représente les territoires infra-, multi — et trans-étatiques des langues et des religions (Y. Lacoste). Ce contraste permet de comprendre les tensions internationales, les revendications autonomistes (la volonté exprimée par tel mouvement, soutenu ou non par tel État tiers, de doter un groupe linguistique ou religieux d'un statut particulier), indépendantistes (la volonté exprimée par tel mouvement, soutenu ou non par tel État tiers, de constituer le territoire d'un groupe linguistique ou religieux en État), rattachistes (la volonté exprimée par tel mouvement de détacher le territoire d'un groupe linguistique ou religieux d'un État pour le rattacher à un autre État) ou irrédentistes (la volonté exprimée par un État A de détacher le territoire d'un groupe linguistique ou religieux d'un État B pour le rattacher à l'État A). C'est précisément pourquoi le droit international protège l'intégrité territoriale des États ou des collectivités non autonomes et interdit les mutations territoriales forcées : par crainte d'une remise en cause générale des frontières du monde. C'est également afin d'éviter une déstabilisation générale (et une prolifération de nouveaux États à la viabilité très incertaine) que les sécessionnismes sont en principe condamnés. Mais en même temps, l'absence de résolution pacifique obligatoire des différends et l'inefficacité des procédures de *peaceful change*, y compris et surtout en matière territoriale, font que les « frontières stables et définitives », ne correspondant pas toujours au vœu des populations, ne sont probablement pas des « frontières justes » et, partant, des « frontières sûres ». *Last but not least :* les enjeux géoéconomiques. La lutte pour les ressources du sol et du sous-sol, en voie de raréfaction relative par suite d'une augmentation de la

534 Jusqu'au retrait des Britanniques, en 1947, l'Inde comprenait deux parties : l'Inde britannique et les États princiers, auxquelles s'ajoutaient trois protectorats : le Népal, le Bhoutan et le Sikkim. A l'indépendance, suivie de la partition, ces trois protectorats sont devenus des États indépendants, encore que l'Inde, en vertu du traité du 5 décembre 1950, était responsable de la défense du Sikkim. Un nouvel accord a été signé, le 8 mai 1973, qui confiait l'administration du Sikkim à l'Inde. Enfin, le gouvernement indien a fait adopter par le parlement bicaméral indien, le 4 puis le 11 septembre 1974, une révision de la constitution, par laquelle le Sikkim est associé à l'Union indienne. La RPC, le Népal et le Bhoutan ont protesté. Mais le 21 avril 1975, le Sikkim devenait le 22ème État de la fédération indienne, après l'entrée des troupes indiennes sur le territoire (9 avril), le vote par l'Assemblée du Sikkim de l'abolition de la monarchie et de l'intégration à l'Inde (10 avril), la tenue d'un référendum (14 avril).

535 Au plan culturel, il existe deux grands types de communauté, identitaires : ethnolinguistique, religieuse.

demande supérieure à celle de l'offre, met sous pression aussi bien le principe de la souveraineté des États et des peuples sur leurs richesses et ressources naturelles que le *statu quo* territorial…

TITRE VI

LA PROBLEMATIQUE DE L'INTERVENTION

Les situations gouvernementales ou constitutionnelles (internes) s'avèrent moins protégées, en pratique sinon en principe, que les situations territoriales (internationales). Pourtant, l'ingérence comme l'intervention d'un État ou d'une OIG dans les affaires intérieures et extérieures — dans le « domaine réservé » — d'un autre État sont interdites[536], au nom de la

---

[536] Sauf, bien sûr, autorisation des organes des NU agissant sur la base du chapitre VII de la Charte ou de la résolution 377. L'alinéa 8 du préambule de la résolution 2625 du 24 octobre 1970 rappelle que « *le respect rigoureux, par les États, de l'obligation de s'abstenir d'intervenir dans les affaires de tout autre État est une condition essentielle à remplir pour que les nations vivent en paix..., puisque la pratique de l'intervention, sous quelque forme que ce soit, non seulement constitue une violation... de la Charte, mais encore tend à créer des situations qui mettent en danger la paix et la sécurité internationales* ». Les alinéas 9, 10, 11, 17-a, — b et — c du préambule ainsi que les principes 1 et 2 rappellent l'obligation pour les États de régler leurs différends internationaux par des moyens pacifiques, leur devoir de s'abstenir de recourir à la contrainte militaire, politique, économique ou autre, à l'encontre de l'indépendance politique et de l'intégrité territoriale de tout État, leur devoir de s'abstenir de recourir à la menace ou à la force « *soit contre l'intégrité territoriale ou l'indépendance politique de tout État, soit de toute autre manière incompatible avec les buts des Nations unies* ». Selon le principe 3, « *aucun État ni groupe d'États n'a le droit d'intervenir, directement ou indirectement, pour quelque raison que ce soit, dans les affaires intérieures... d'un autre État. En conséquence, non seulement l'intervention armée, mais aussi toute forme d'ingérence (dirigée) contre... un État (est) contraire au droit international. Aucun État ne peut appliquer ni encourager l'usage de mesures économiques, politiques ou... autre... pour contraire un autre État à subordonner l'exercice de ses droits souverains et pour obtenir de lui des avantages de quelque ordre que ce soit* ». L'article 3 P2 souligne « *qu'aucune disposition du présent Protocole ne sera invoquée en vue de porter atteinte à la souveraineté d'un État ou à la responsabilité du gouvernement de maintenir ou de rétablir l'ordre public dans l'État ou de défendre l'unité nationale et l'intégrité territoriale de l'État par tous les moyens légitimes* » ; il ajoute « *qu'aucune disposition du présent Protocole ne sera invoquée comme justification d'une intervention directe ou indirecte... dans les affaires intérieures de (l'État) sur le territoire (duquel le) conflit se produit* ». Selon l'article 8 de la Charte de la LEA, « *tout État membre s'engage à respecter le régime du gouvernement établi dans les autres États membres en le considérant comme un droit exclusif de chaque État* ». Selon l'article 15 de la Charte de l'OEA, « *aucun État ou groupe d'États n'a le droit d'intervenir directement ou indirectement, pour quelque motif que ce soit, dans les affaires intérieures et extérieures d'un autre État* ». Quant à l'article 5 de la Charte de l'OUA, il condamne« *sans réserve... toutes les activités subversives exercées par des États voisins ou tous autres États* ». Dans l'arrêt *Détroit de Corfou* du 9 avril 1949, la CIJ a souligné : « *le prétendu droit d'intervention ne peut être envisagé... que comme la manifestation d'une politique de force... qui ne saurait... trouver aucune place dans le droit international* ». Dans l'arrêt *Nicaragua* du

souveraineté, de l'indépendance politique et de l'intégrité territoriale des États ou de la libre détermination des peuples[537]. Il existe aussi un principe spécifique d'interdiction aux États tiers d'intervenir dans une guerre civile, que l'on étudiera dans la partie idoine du présent livre. L'ingérence comme l'intervention sont des faits internationalement illicites, voire des crimes internationaux si elles équivalent à une agression. L'ingérence peut être définie comme une contrainte exercée (fait matériel) par un État ou un groupe d'États (intention coercitive) sur un autre État (relation internationale), pour influencer les choix intérieurs ou extérieurs (le processus décisionnel) voire modifier les institutions (l'ordre constitutionnel) de ce dernier (but politique). Lorsque la contrainte comporte une modalité militaire[538], on parle d'« intervention »[539]. Lorsque celle-ci atteint un certain degré de gravité dans la violence coercitive, elle équivaut à un recours à la force armée. Si la légitime défense est le concept défensif ou réactif du *jus ad bellum*, l'intervention est alors le concept offensif ou proactif, ne se distinguant de l'agression que par les *justes causes* invoquées[540], réserve faite de la décision du CSNU. Ces justes causes renvoient généralement à une motivation « altruiste ». En *jus ad bellum*, l'intervention revêt un double aspect : offensif et altruiste. Elle désigne une action militaire outre-frontières sinon outre-mer, dont le motif officiel — sincère ou non — est de *secourir autrui*. La puissance intervenante ne déclare pas défendre ses intérêts nationaux ; elle déclare venir en aide à un État agressé[541] ou bien à une population démunie ou opprimée.

Ceci dit, la notion d'intervention exige une clarification, c'est-à-dire une classification[542]. L'intervention suppose une relation entre telle puissance intervenante A et l'État B sur le territoire duquel l'opération se déroule, soit

---

27 juin 1986, elle a déclaré : « *le principe de non intervention... perdrait... toute signification réelle... si l'intervention pouvait être justifiée par une simple demande d'assistance formulée par un groupe d'opposants dans un autre État* » ; « *l'adhésion d'un État à une doctrine particulière ne constitue pas une violation du droit international* » ; « *si les États-Unis peuvent... porter leur propre appréciation sur la situation des droits de l'homme au Nicaragua, l'emploi de la force ne saurait être la méthode appropriée pour... assurer le respect de ces droits* ».

537 C'est pourquoi les relations interétatiques, au sens juridique, ont un caractère intergouvernemental : elles s'effectuent de gouvernement à gouvernement, pas de gouvernement à société civile.

538 *Id est* l'usage de moyens conçus pour, ou destinés à, provoquer le décès de personnes ou la destruction de biens.

539 L'ingérence ou l'intervention ne vise pas la conquête, mais le changement de politique ou de régime de l'État visé, autrement dit, un changement étranger forcé des orientations ou de l'organisation d'un État.

540 La résolution 3314 de l'AGNU du 14 décembre 1974 énonce pourtant une clause non-justificative.

541 On se situe alors dans l'hypothèse de la légitime défense coalisée ou collective.

542 On a pris l'habitude d'assortir le substantif « intervention » de l'adjectif « humanitaire ». Il existe en fait différents (autres) types d'intervention.

un ou plusieurs auteurs et un destinataire. Il convient de savoir si cette intervention est sollicitée ou non par l'État territorialement compétent, si elle s'effectue ou non dans le cadre d'une OIG régionale, si elle est autorisée ou non par le CSNU voire l'AGNU, si elle se traduit ou non par une occupation voire une administration belligérante, si elle aboutit ou non à des poursuites pénales (sur la base ou non d'une juridiction internationale) à l'encontre des autorités de l'État ayant subi l'intervention. Il convient aussi et surtout de distinguer si l'intervention est ou non constitutive d'un recours à la force armée de par sa gravité matérielle et son intention coercitive de A sur B. Parmi les interventions non constitutives d'un recours à la force armée, figurent, d'une part, les opérations de police, qu'elles soient consenties ou non par l'État territorialement compétent, d'autre part, les « opérations de maintien de la paix » et les « opérations d'assistance humanitaire », consenties par l'État territorialement compétent ou par les protagonistes locaux en cas de guerre civile. Le défaut de consentement transforme les « opérations de paix » et les « opérations humanitaires », de plus en plus mêlées, en opérations coercitives :« imposition » ou « rétablissement de la paix » d'une part, « ingérence » ou « intervention humanitaire » d'autre part. *Il est significatif de la rhétorique — universaliste — du droit international — ne trompant plus personne — que l'on invoque la « paix » et « l'humanité » pour recourir à la force armée.* Certaines catégories d'interventions entrent dans le cadre de la *lex lata* internationale ; d'autres font l'objet de discussions *de lege ferenda.*

Ainsi, depuis les crises kurde en 1991 et kosovare en 1999, l'essentiel du débat contemporain en *jus ad bellum*, renouvelé depuis les crises libyenne et syrienne en 2011 et 2012, porte sur la revendication d'un « droit d'intervention » des États en appui, d'une part, au droit d'assistance aux populations en détresse, d'autre part, au droit des peuples à l'autodétermination[543], au sens du droit à l'autonomie, voire à l'indépendance ou à la démocratie pour tous les peuples. Depuis les attentats du 11 septembre 2001 et la crise irakienne de 2002-2003, une autre revendication s'est ajoutée : le « droit d'intervention » des États en appui à la lutte contre le terrorisme ou la prolifération des ADM[544]. Cette double

[543] Hors situations coloniales, postcoloniales ou d'apartheid.

[544] La revendication relative au droit d'intervention « pour cause sécuritaire » a été traitée précédemment sous l'angle du droit de légitime défense, préventive ou non, face au terrorisme et à la prolifération des ADM, étatiques ou subétatiques. On se concentrera donc, dans cette partie, sur l'intervention pour causes « humanitaire », « autonomiste », « indépendantiste » ou « démocratique ». Il y a cependant un lien entre les deux types d'intervention : face à des États hostiles qui ne veulent ou ne peuvent maîtriser la violence à l'intérieur de leur territoire ou en contrôler la dissémination à l'extérieur, une intervention visant à instaurer ou, du moins, à favoriser l'instauration, même insurrectionnelle, d'un régime stable et démocratique, serait-elle licite ? Pourrait-on intervenir, sans le feu vert du CSNU, contre des dictatures terroristes ou prolifératrices, afin de les désarmer voire d'administrer leur territoire, c'est-à-dire changer le régime en place ?

revendication[545] était d'abord américaine, liée aux doctrines de l'*enlargement* et de la légitime défense préventive. Après la rupture de l'équilibre bipolaire accompagnée de la *revolution in military affairs*, la révision de la politique étrangère des États-Unis provoqua une mutation de la pratique du droit international. Washington recherchait le soutien de l'ONU sans vouloir être lié par le multilatéralisme, d'autant moins que le droit de veto au CSNU n'était plus étayé par l'équilibre militaire des puissances depuis la fin du conflit Est-Ouest[546]. Mais au tournant des années 2010-2020, la remontée de la Russie et, surtout, la montée de la RPC ont entraîné à la fois un rééquilibrage avec les États-Unis, une nette tendance à la multipolarisation, une nouvelle compétition stratégique globale et… une paralysie renouvelée du CSNU, excepté face au jihadisme, qui fait l'unanimité contre lui des grandes puissances.

Quoi qu'il en soit, la notion de « *menace contre la paix et la sécurité internationales* » et son élargissement permettent au CSNU, sur la base du chapitre VII de la Charte, d'intervenir ou d'autoriser l'intervention dans les affaires intérieures d'États, sans que l'article 2 paragraphe 7 y fasse obstacle, par exemple en cas de guerre civile, crise humanitaire, terrorisme international, prolifération nucléaire ou répression excessive. Le Conseil évoluerait de la sécurité collective vers la « sécurité humaine », c'est-à-dire la protection des individus contre les violences ou les menaces de violences de la part d'États, autrement dit, il viserait à garantir une situation caractérisée par l'absence d'atteintes graves et massives aux droits des personnes. Le CSNU peut toutefois être « bloqué » par l'absence de majorité requise ou par le veto de l'un des Cinq, en fonction du dissensus entre puissances atlantiques et puissances eurasiatiques. Le recours à l'AGNU agissant sur la base de la résolution 377 peut s'avérer inefficace, faute d'obtenir la majorité des deux tiers requise, ou insuffisant, l'Assemblée n'adoptant que des recommandations. Contre « l'inertie » du Conseil ou de l'Assemblée monte la revendication, plus doctrinale que positive, du « droit d'intervention » sans l'aval des organes des NU.

La discrimination des belligérants — opérée selon l'arithmétique politique du CSNU — sur le seul critère de l'antériorité du recours à la force armée d'un État contre un autre, a toujours été critiquée par ceux qui prônent le retour à l'évaluation de la guerre selon la *causa*. Ainsi les tenants du « droit d'intervention »… Les États ont-ils le droit de recourir unilatéralement et offensivement à la force armée, au nom soit de l'aide humanitaire, soit de l'autonomie ou de l'indépendance, soit de la démocratie,

545 Plus politique ou morale que juridique.

546 Il est exclu que l'ONU puisse engager une intervention militaire contre la volonté des États-Unis. A l'inverse, les États-Unis sont capables d'intervenir unilatéralement contre l'opinion de la quasi-totalité des États du monde. Pour eux, le dilemme était le suivant : soit sacrifier au multilatéralisme, ce qui limite leur liberté de décision et d'action ; soit rejeter le multilatéralisme, ce qui limite leur légitimité et accroit leur fardeau militaire.

contre des États accusés de violer le droit des populations à être secourues ou à s'autodéterminer ? Cette question renvoie à l'intervention militaire « pour cause humanitaire », ou « pour cause autonomiste » ou « indépendantiste », ou « pour cause démocratique », soit de nouvelles dérogations au principe d'interdiction du recours à la force armée dans les relations internationales. Avant de la traiter, il importe de passer en revue les autres types d'interventions qu'on a mentionnés. Cela permettra, face à la confusion terminologique reflétant l'incertitude de la pratique, de clarifier les concepts pour distinguer les activités. On s'apercevra que la panoplie des opérations armées extraterritoriales qu'on appelle « interventions » renvoie, de manière générale, à une double problématique : passer de la non-coercition à la coercition, soit une escalade ; se passer de l'autorisation du CSNU, soit une revendication.

CHAPITRE PREMIER

LES OPERATIONS DE POLICE

Pour diverses qu'elles soient, les opérations de police à l'étranger peuvent être regroupées en deux catégories, correspondant peu ou prou aux deux notions de police administrative et police judiciaire : la protection des nationaux, la répression des crimes contre la sécurité de l'État ou de ses ressortissants. S'ajoute l'exercice du droit de suite sur le territoire d'un État neutre, s'il y a belligérance reconnue. Les opérations de police extraterritoriales sont licites si elles remplissent les conditions prévues par le droit international. Sinon, la violation de la souveraineté territoriale d'un État par l'introduction d'agents étrangers armés sur son territoire, *a fortiori* s'ils usent de la force, engage la responsabilité réparatrice de l'État, ainsi que, éventuellement, la responsabilité pénale des agents eux-mêmes. Dans tous les cas, le CSNU peut réserver sa décision en vertu du chapitre VII de la Charte, voire l'AGNU en vertu de la résolution 377.

La protection des nationaux

Il appartient à l'État de protéger ses nationaux lorsqu'ils sont victimes de mauvais traitements à l'étranger. Il doit toutefois inévitablement coopérer à cette fin avec l'État territorialement compétent. Un problème se pose donc si celui-ci ne coopère pas et s'il ne peut ou ne veut remplir ses obligations de vigilance ou de diligence. L'autre État peut-il intervenir afin de secourir ses ressortissants abusivement menacés ?

On sait que tout État détient une compétence personnelle sur ses nationaux à l'étranger, mais au seul plan normatif, car il n'a aucune compétence exécutive extraterritoriale. La protection des nationaux en état de détresse doit passer par le consentement de l'État de résidence, titulaire d'une compétence territoriale plénière, et par la coopération entre les deux États. À cet égard, le droit international fournit des instruments en vue d'aménager l'exercice des compétences personnelle et territoriale concurrentes et de concilier la souveraineté de l'État de résidence et le respect des droits fondamentaux des étrangers. Existent la protection consulaire et diplomatique, la coopération interétatique en matière pénale[547] et l'action militaire.

[547] On la traitera plus loin.

1) La protection consulaire s'exerce à l'égard des nationaux ainsi qu'au bénéfice des personnes assimilées aux nationaux : bi- ou pluri-nationaux, concitoyens européens dans le cas des États membres de l'UE, réfugiés, apatrides. La nationalité demeure le lien de rattachement prépondérant. La protection consulaire n'a pas besoin pour s'exercer qu'une violation des obligations juridiques internationales par l'État de résidence ait été commise préalablement, contrairement à la protection diplomatique. Mais les pouvoirs des agents consulaires sont faibles : en dehors de courriers adressés au ministère des Affaires étrangères de l'État de résidence pour l'alerter de la situation, ils doivent se contenter d'en référer à l'ambassadeur qui entreprendra lui-même des démarches et fera remonter l'information, par la voie hiérarchique, jusqu'aux plus hautes autorités de l'État d'envoi. La protection consulaire s'exerce dans le cadre de l'ordre juridique de l'État de résidence et d'un dialogue entre les autorités de ce dernier et les agents consulaires en poste sur place. Elle a un caractère purement administratif et amiable, contrairement à la protection diplomatique qui est une affaire gouvernementale ou « politique ». 2) L'intervention des plus hautes autorités de l'État d'envoi traduit le passage de la protection consulaire à la protection diplomatique, en tant que droit pour l'État d'envoi d'intervenir en faveur de ses ressortissants menacés auprès des autorités de l'État de résidence. En cas de violation d'une obligation internationale par ce dernier, l'exercice de la protection diplomatique a pour conditions, outre le lien de nationalité entre l'État et l'individu séjournant ou résidant à l'étranger, l'épuisement des voies de recours de la part de l'individu dans l'État d'accueil et la conduite irréprochable de l'individu séjournant ou résidant à l'étranger. En France, la protection diplomatique, en tant qu'elle relève de la conduite des relations internationales, est un « acte de gouvernement », insusceptible de recours devant aucun juge français, contrairement à l'exercice de la protection consulaire. À ce jour, la place croissante du respect des droits de l'homme dans l'exercice de la protection diplomatique a certes diminué le caractère discrétionnaire de la décision prise par les autorités nationales ; elle n'a cependant pas abouti à la consécration d'un devoir d'action pour la protection extraterritoriale des nationaux.

3) La protection de la population fait partie de la politique de défense, comme l'intégrité du territoire et la sécurité des institutions. Lorsqu'il s'agit de secourir des nationaux à l'étranger, le fondement juridique de l'intervention ne réside pas dans le droit de légitime défense, mais dans des habilitations exceptionnelles, résultant soit de résolutions adoptées par le CSNU dans le cadre du chapitre VII de la Charte, soit du consentement de l'État sur le territoire duquel la force armée étrangère souhaite intervenir, soit de l'état de nécessité. Il existe un droit, sinon un devoir, de l'État de porter assistance à ses ressortissants en danger, parfois lié à des missions de

protection de l'ordre public international[548]. Mais « l'intervention d'humanité », comme on l'appelait, demeure controversée, plus encore lorsqu'elle était élargie aux compatriotes au sens ethnique voire aux coreligionnaires[549]. Selon le ministère français des Affaires étrangères, le sauvetage ou l'évacuation de nationaux menacés *« relève de la responsabilité qu'a tout État de porter secours à ses ressortissants, au nom de la solidarité nationale, même lorsque ceux-ci se trouvent à l'étranger*[550] ». On peut l'assimiler à l'exercice militaire de la protection diplomatique. Le concept est contesté. C'est pourquoi les États, pour justifier les « interventions d'humanité », préfèrent exciper de la légitime défense, du consentement du gouvernement local ou de l'état de nécessité. À cet égard, John Dugard, un des rapporteurs de la CDI chargés des travaux sur la protection diplomatique, avait souligné : *« il est interdit de recourir à la menace ou à l'emploi de la force comme moyen de protection diplomatique, sauf pour sauver des nationaux lorsque a) l'État de protection n'a pas pu assurer la sécurité de ses nationaux par des moyens pacifiques ; b) l'État auteur du préjudice ne veut pas ou ne peut pas assurer la sécurité des nationaux de l'État de protection ; c) les nationaux de l'État de protection sont exposés à un danger immédiat ; d) l'emploi de la force est proportionné aux circonstances ; e) l'emploi de la force est limité dans le temps et l'État de protection retire ses forces dès que les nationaux sont sauvés ».* On retrouve donc les conditions classiques : subsidiarité ou dernier ressort et probabilité de succès ; défaut de vigilance et de diligence ou déliquescence de l'État ; urgence et nécessité ; proportionnalité ; limitation temporelle, spatiale et fonctionnelle du recours à la force armée, d'où résulte une atteinte minimale à la souveraineté territoriale de l'État[551].

De manière synthétique, on peut dire qu'un État A peut agir sur le territoire d'un État B pour secourir ses ressortissants lorsque leur vie, liberté ou propriété y sont gravement et abusivement menacées (soit une situation

---

548 L'assistance peut être apportée par des troupes stationnant sur place ou pré-positionnées, sur la base d'un accord de défense avec l'État territorialement compétent. Prêtes pour permettre l'exécution plus rapide et plus efficace d'une décision d'intervention à l'étranger, ces troupes sont dites en action extérieure à l'occasion d'une crise, soit pour porter secours à des ressortissants, soit dans le cadre d'une opération de légitime défense, soit dans le cas du déploiement d'une force « de paix » autorisée par les NU.

549 Alors que « l'intervention humanitaire » renvoie à la protection de populations étrangères, « l'intervention d'humanité » concerne la protection de ressortissants à l'étranger.

550 Direction des affaires juridiques, Bureau du droit des conflits armés, *Manuel de droit des conflits armés*. La France est ainsi intervenue dans de nombreux pays d'Afrique noire, au Liban, au Yémen… Selon le *Manuel* susmentionné, « *l'intervention d'humanité est un principe de droit coutumier qui n'a pas fait l'objet d'une codification dans la Charte des Nations unies* ».

551 Cf. Muriel Ubéda-Saillard : « Les aspects opérationnels de l'exercice de la compétence personnelle à l'égard des nationaux à l'étranger », *AFDI*, 2009, pp. 137-171, ainsi que Sébastien Touzé : *La protection des droits des nationaux à l'étranger. Recherches sur la protection diplomatique*, Paris, Pedone, 2007, préf. J.F. Flauss.

de péril pour les personnes). Si elle s'effectue avec le consentement préalable, certain et libre des autorités gouvernementales incontestées internationalement de l'État B, cette intervention, dès lors qu'elle demeure pertinente, est licite. À défaut, ou en l'absence d'autorisation du CSNU, l'intervention[552] n'est justifiée, au titre de la protection diplomatique ou de l'état de nécessité[553], qu'aux conditions suivantes. L'État sur le territoire duquel se trouvent lesdits ressortissants n'a pas la volonté ou la capacité (« *unwilling or unable* ») de remplir ses obligations de vigilance et de diligence ; l'État intervenant applique donc une règle secondaire de réaction au manquement de l'État du for à ses obligations internationales. Éventuellement précédée par une saisie des OIG compétentes, l'opération, effectuée en dernier ressort et avec espérance raisonnable de succès, reste limitée, dans l'espace et dans le temps, au rapatriement des ressortissants ou à leur libération, et ne se transforme pas en blocus, invasion, occupation ou attaque militaires de l'État B, ni en coup de force contre son gouvernement ; face à un État qui ne remplit pas ses obligations, l'atteinte à la souveraineté, à l'indépendance et à l'intégrité de l'État, ainsi qu'à la libre détermination de son peuple, est minimale. Bref, l'opération, par ses moyens et par ses buts, se situe en deçà des critères de gravité matérielle et d'intention coercitive propres au recours interétatique à la force armée ; elle demeure donc une action de police administrative.

La répression des crimes contre la sécurité de l'État ou de ses ressortissants

En vertu de leur compétence dite réelle, les États ont le droit de réprimer les crimes et délits contre leur sûreté intérieure et extérieure, y compris lorsqu'ils sont commis à l'étranger par des étrangers. L'exercice de ce droit comporte des limites, découlant du droit des autres États au respect de leur souveraineté, indépendance et intégrité. Dans un système international homogène, les États ont un intérêt réciproque à obtenir une protection mutuelle vis-à-vis d'atteintes à leurs intérêts fondamentaux fomentées sur le territoire d'autres États. Ce n'est plus le cas dans un système hétérogène. Les États n'en ont pas moins une obligation de vigilance et de diligence à l'égard des autres États, rappelée notamment par la résolution 2625 du 24 octobre 1970. Chaque État a le devoir de prévenir et de réprimer des actes répréhensibles — selon *son* droit pénal, pas celui d'un État tiers — que commettraient ses ressortissants ou résidants à l'encontre d'autres États ou

---

[552] Exemples des opérations menées par Israël sur Entebbé en 1976 (libération des otages de l'avion détourné par des « pirates de l'air » en Ouganda), par l'Egypte sur l'aéroport de Larnaca en 1978 (libération d'otages enlevés par des activistes), par les États-Unis sur Tabas en 1980 (tentative de délivrer les personnels de l'Ambassade américaine pris en otages en Iran).

[553] On parle aussi d'« autoprotection ».

de ressortissants ou résidants d'autres États. La notion de crimes et délits contre la sûreté d'un État étranger désigne *lato sensu* toute aide matérielle apportée à toute entreprise terroriste ou à tout mouvement insurrectionnel, subversif ou sécessionniste, à l'exclusion de la simple expression d'opinions ou de critiques politiques formulées par des opposants ayant demandé et obtenu l'asile politique ou le statut de réfugié[554]. L'État sur le territoire duquel ont été commis lesdits crimes et délits doit prendre les mesures appropriées pour les réprimer (ce qui inclut les faire cesser), à défaut de les avoir empêchés. *Quid*, là encore, lorsque le gouvernement normalement compétent est passif ou, pire, complice ? On retrouve en matière de police judiciaire extraterritoriale le raisonnement suivi en matière de police administrative.

Un État A peut agir sur le territoire d'un État B pour y arrêter sinon y éliminer des individus, bandes ou groupes accusés de crimes à l'encontre de l'État A ou de ses ressortissants, ou y saisir voire y détruire leurs biens. Si elle s'effectue avec le consentement valable des autorités gouvernementales de l'État B, cette intervention, dès lors qu'elle demeure pertinente, est licite. À défaut, ou en l'absence d'autorisation du CSNU, l'intervention ne serait justifiée, au titre de l'état de nécessité, qu'aux conditions suivantes. L'État sur le territoire duquel se trouvent les individus, bandes ou groupes n'a pas la volonté ou la capacité de remplir ses obligations de vigilance et de diligence (il ne les poursuit ni ne les extrade). Effectuée en dernier ressort et

---

554 Cf. Lawrence Preuss : « La répression des crimes et délits contre la sûreté des États étrangers », *RGDIP*, 1933, pp. 606-645. Une révolution est souvent précédée et entourée d'opérations qui intéressent les États tiers, qu'ils les tolèrent ou qu'ils cherchent à s'en protéger. Tant que les préparatifs s'organisent sur le territoire de l'État dont le gouvernement est contesté, ils relèvent des autorités de cet État ; mais la répression interne conduit très fréquemment les révolutionnaires à organiser leur action à partir de l'étranger. Deux types de moyens sont susceptibles d'être développés à l'étranger : la diffusion de la doctrine, les préparatifs matériels. Est-ce qu'un État peut, directement ou indirectement, tolérer ou encourager des activités de propagande visant à la subversion de gouvernements étrangers ? Effectuée par les pouvoirs publics ou des organes des pouvoirs publics, une telle activité engagerait la responsabilité internationale de l'État, et autoriserait le cas échéant l'État lésé à procéder à des contre-mesures, sinon à une action armée. Qu'en est-il de la propagande faite par des particuliers, nationaux ou étrangers ? La responsabilité de l'État à raison des actes de propagande accomplis par des personnes privées paraît devoir être exclue, faute de pouvoir les lui imputer. N'a-t-il cependant pas le devoir de limiter ces activités et de les réprimer ? La doctrine et la pratique dans la seconde moitié du XXème siècle opèrent une distinction entre la simple expression d'opinions ou l'organisation de manifestations d'une part, la propagande en vue d'encourager le meurtre, l'insurrection ou l'agression d'autre part. Il n'existe aucune obligation de punir l'expression de simples critiques politiques formulées, par exemple, par des opposants exilés ayant obtenu l'asile politique. La liberté d'expression des réfugiés est seulement limitée par l'obligation de respecter les lois de l'État d'accueil et son ordre public. L'article 32 de la CG du 28 juillet 1951 autorise cependant les États parties à expulser un réfugié pour des raisons de sécurité nationale ou d'ordre public, en exécution d'une décision rendue conformément à la loi, avec droit pour le réfugié, sauf raisons impérieuses de sécurité nationale, de présenter sa défense et d'obtenir un recours.

avec espérance raisonnable de succès, l'opération reste ciblée, précédée par une saisie des OIG compétentes, limitée à la capture sinon à la destruction des individus, bandes ou groupes, et ne se transforme pas en blocus, invasion, occupation ou attaque militaires de l'État B, ni en coup de force contre son gouvernement (atteinte minimale aux principes de non-ingérence, non intervention et non recours à la force). Bref, l'opération, par ses moyens et par ses buts, se situe en deçà des critères de gravité matérielle et d'intention coercitive propres au recours interétatique à la force ; elle demeurerait donc une opération de police judiciaire. Une condition et une réserve toutefois à une telle qualification. 1) La condition est que l'opération se déroule sur la base et en exécution d'un mandat d'arrêt interne ou international valablement émis par une juridiction pénale interne ou internationale compétente. Même s'il est arrêté de manière illicite selon le droit international public, l'individu déféré devant la juridiction pourra, selon le droit international pénal, être jugé en vertu du principe *male captus, bene detentus* ou *male detentus, bene judicatus*. 2) La réserve suppose de distinguer arrestation et élimination. Une arrestation extraterritoriale permet simplement de contourner le refus d'extradition, sans porter atteinte au droit à la vie ni à la présomption d'innocence de l'individu, qui pourra être jugé par le tribunal compétent de l'État capteur. En revanche, une élimination physique effectuée à la suite d'un usage proactif, et pas simplement réactif, de la force, excédant le droit de police, équivaut à une exécution extrajudiciaire, autrement dit, à un usage des armes exclusif de toute répression pénale.

Au-delà de la répression pénale ou extrapénale des atteintes à la sûreté de l'État ou aux « intérêts fondamentaux de la nation »[555], le recours à la force armée, excédant l'opération de police extraterritoriale, est envisageable de la part d'un État A pour combattre, sur le territoire d'un État B, un groupe ou une entité non étatique hostile à l'État A (hors lutte contre l'invasion, résistance à l'occupation ou lutte de libération nationale)[556]. Si elle s'effectue avec le consentement valable des autorités gouvernementales de l'État B, cette intervention, dès lors qu'elle demeure pertinente, est licite. A défaut, ou en l'absence d'autorisation du CSNU, l'intervention ne serait justifiée qu'au titre de la « légitime défense » et aux conditions de la « légitime défense » en *jus ad bellum*, élargies à une « agression » et à un ennemi non étatiques[557],

---

[555] Selon le Nouveau Code pénal français de 1994.

[556] Les actions militaires israéliennes contre des mouvements palestiniens localisés au Liban, en Syrie, en Jordanie ou en Tunisie, ainsi que les actions militaires portugaises, rhodésiennes ou sud-africaines contre des MLN localisés dans les pays voisins d'Afrique australe, s'inscrivent ou s'inscrivaient dans le cadre de résistance à l'occupation ou de luttes de libération nationale (au sen anticolonial, postcolonial ou anti-apartheid).

[557] Exemples des opérations de l'armée israélienne au Liban contre le *Hezbollah* en 2006 et des opérations de l'armée turque au nord de Irak contre le PKK en 2008, ou encore celles contre *Daesh*.

du moins si le groupe ou l'entité est autonome, *id est* ne se trouve pas sous la dépendance ou ses actions sous le contrôle de l'État B. Dans ce cas-là, il y aurait légitime défense contre l'État B.

CHAPITRE II

L'INTERVENTION SOLLICITEE

L'intervention sollicitée est une exception admise aux principes de non-ingérence, de non intervention et de non recours à la force armée dans les relations internationales. Le consentement de l'État, *dixit* la CDI, est une circonstance excluant l'illicéité. Pour être valable, il doit cependant remplir une série de conditions[558] relatives : à l'autorité d'où émane la demande d'intervention étrangère ; au moment et au caractère de la demande (ni viciée ni forcée, par exemple adressée sous la menace de la puissance intervenante) ; à la légitimité du gouvernement demandeur ; à la compatibilité de l'intervention avec la demande formulée, ainsi qu'avec le droit international applicable et la position des NU.

Ainsi, un État A peut intervenir militairement sur le territoire (terrestre, maritime, aérien)[559] d'un État B à la demande (avec ou sans traité d'assistance préalable) du gouvernement de l'État B[560], pour 1) participer à la lutte contre un mouvement insurgé, y compris sécessionniste, ou une intrusion étrangère[561], ou bien2) maintenir ou rétablir l'ordre public, y compris après un conflit armé[562]. Cette intervention sollicitée (sinon il y aurait occupation en cas de prise de contrôle territorial) n'est justifiée qu'aux conditions suivantes (on retrouve le raisonnement restrictif). La demande émane du gouvernement légal, non pas d'autorités locales ou dissidentes, notamment sécessionnistes, ni, moins encore, de l'opposition. Elle est préalable, c'est-à-dire antérieure et *ad hoc*. Elle est certaine, c'est-à-dire expresse et déclarée, et libre, c'est-à-dire authentique et révocable (elle peut être retirée à tout moment)[563]. Le gouvernement en question ne maintient pas

---

558 Comme l'a rappelé la CIJ dans l'affaire des *Activités armées au Congo* en 2005.

559 Navires et aéronefs compris.

560 Selon le Répertoire français, « *il est admis que les États étrangers peuvent aider le gouvernement légal d'un État en guerre civile dans l'accomplissement de sa tâche* ».

561 Si le mouvement insurgé dépend d'un État C ou se trouve sous son contrôle, il s'agira d'une agression indirecte à l'encontre de l'État B, à laquelle l'État B et l'État A répondront par une légitime défense coalisée (dès lors que l'appel de l'État B à l'État A est valable).

562 Exemple de la Force multinationale d'interposition anglo-franco-italo-américaine à Beyrouth en 1982-1984.

563 *A contrario*, cf. l'intervention de l'URSS en Hongrie le 4 novembre 1956 (Kadar accepta de couvrir l'invasion par une demande d'aide formulée au nom du gouvernement hongrois), celle des États-Unis à Saint-Domingue le 2 mai 1965, celle de l'OPDV en Tchécoslovaquie le 20 août 1968 (Dubcek fut obligé d'avaliser après coup l'invasion).

un régime contraire au droit des peuples à l'autodétermination (colonial, postcolonial ou d'apartheid), ou ne se maintient pas au pouvoir par des violations graves et massives des droits de l'homme, ou ne fait pas l'objet d'une condamnation par le CSNU voire l'AGNU pour menace contre la paix. L'intervention est pertinente, c'est-à-dire conforme à la demande du gouvernement légal, sans dépasser les limites fixées par ce dernier. Elle n'a pas pour but ou effet de mettre l'État militairement assisté sous la dépendance politique de la puissance intervenante, autrement dit, la dépendance militaire ne doit pas devenir dépendance politique, qui transformerait le gouvernement en un fantoche. Elle n'est pas contraire aux décisions *ad hoc* du CSNU ou, du moins, n'est pas condamnée par le CSNU voire l'AGNU.

Le principal problème de l'intervention sollicitée est celui de la concurrence des autorités. Il révèle une dernière condition de licéité : que le gouvernement demandeur soit incontesté internationalement. Il arrive que des autorités différentes prétendent représenter le gouvernement d'un même État : soit parce que le gouvernement légal a été renversé par un coup d'État ou une révolution ou bien chassé par une invasion ou une occupation et qu'il a trouvé refuge à l'étranger ; soit parce que le gouvernement légal s'est maintenu sur le territoire de l'État mais qu'un gouvernement insurrectionnel s'y est également constitué, avec ou sans appui extérieur ; soit parce que deux candidats (le sortant et son rival) ou deux formations politiques prétendent avoir gagné des élections présidentielles ou législatives[564]. Comment déterminer l'autorité en mesure d'émettre valablement une invitation à une intervention extérieure ? L'intervention doit s'effectuer à l'appel du gouvernement légal, c'est-à-dire un gouvernement effectif ou reconnu. Mais il arrive souvent que les États tiers soient divisés. Par exemple, certains peuvent reconnaître le gouvernement nouvellement établi, dès lors qu'il est devenu effectif, même incomplètement, alors que d'autres continuent de reconnaître le gouvernement renversé ou menacé, dès lors qu'il leur continue d'apparaître comme étant légitime ou partiellement effectif. Ou bien, entre un dirigeant sortant qui reste en place et un dirigeant nouvellement élu qui est empêché d'entrer en fonction, certains États optent pour le premier au nom de l'effectivité, d'autres États optent pour le second au nom de la représentativité. Le premier gouvernement pourrait se prévaloir de son installation pour requérir une intervention extérieure ; aux mêmes fins, le second pourrait se prévaloir de sa légitimité. *À défaut d'unanimité ou de quasi-unanimité* des États tiers ou des OIG régionales concernées, le droit international impose un devoir d'abstention, conformément au principe de non-intervention étrangère dans une guerre civile : aucune action militaire

[564] Exemple de la Côte d'Ivoire en novembre 2010-février 2011.

étrangère ne peut se fonder sur des autorités internationalement contestées, si bien qu'il faut s'en remettre à la décision du CSNU[565].

[565] C'est sur les conditions de l'adage *volenti non fit injuria* qu'il convient de s'interroger. Olivier Corten (« 2007 ») s'y emploie *in concreto* pour le cas de l'intervention éthiopienne en Somalie en décembre-janvier 2006-2007, prétendument consenti par les autorités du GFT contre les forces de l'UTI, rapidement défaites par l'armée éthiopienne et le GFT. Pour justifier son opération, l'Ethiopie a invoqué la légitime défense — face à la menace de l'UTI, argumentation contestable *ratione materiae* (la « menace ») et *ratione personae* (un groupe non étatique) — ainsi que le consentement du gouvernement somalien. Or, le CSNU s'était saisi de la question et s'était opposé à toute action militaire. De plus, les autorités somaliennes étaient internationalement contestées. Le CSNU avait mis l'embargo sur les armes à destination de la Somalie, appelé toutes les parties régler leurs différends pacifiquement, autorisé une mission de paix de l'UA. Le CSNU n'a certes pas condamné l'action éthiopienne ; cette absence de condamnation n'équivaut cependant pas à une approbation rétroactive ni implicite. Le cas somalien montre que le consentement comme justification d'une action militaire ne peut être envisagé indépendamment des décisions du CSNU.

CHAPITRE III

LES « OPERATIONS DE PAIX »

Les « opérations de paix »[566], parfois mêlées à des « opérations humanitaires », procèdent de la pratique plus que de la Charte des NU (qui ignore l'expression). Le CSNU a élargi ses prérogatives en vertu de la théorie des pouvoirs implicites fondée sur le recours aux buts et aux fonctions de l'ONU. L'AGNU, elle, s'appuie sur la résolution 377. Les deux organes peuvent décider ou recommander une opération de paix. Est-ce le même organe qui est habilité à terminer l'opération, donc à déterminer sa durée (*ratione temporis*) ou à modifier sa nature, notamment lui donner ou lui ôter un caractère coercitif (*ratione materiae*) ? Le respect fréquent du parallélisme des formes n'est-il que le résultat d'un choix politique discrétionnaire ou doit-il être considéré comme une condition de la légalité de la résolution de modification ou d'extinction ? Il n'y a pas de réponse tranchée. Quant à la motivation au fond de la résolution de modification ou de terminaison, elle peut être de divers ordres : réussite de l'opération ou constat d'échec, difficultés financières, fin du consensus au sein de l'organe des NU, retrait du principal État participant…

Après le Comité spécial des NU pour les Balkans[567], les premières opérations furent l'ONUST, au Proche-Orient, à partir de mai 1948, et l'UNMOGIP, au Cachemire, à partir de janvier 1949. En 1956, l'AGNU créa la FUNU I, puis le CSNU, en 1973, la FUNU II. Entre-temps, d'autres opérations s'étaient déroulées : le GONUL, l'AETNU, la MONUY, l'UNFICYP, l'ONUC. Très ambitieuse, l'opération congolaise tourna au fiasco, précipitant une très grave crise institutionnelle, politique et financière de l'ONU. De 1964 à 1987, trois nouvelles opérations seulement furent montées : la DOMREP, la FNUOD, la FINUL. S'ajouta l'autorisation donnée par le CSNU à la Grande-Bretagne pour qu'elle assure, au besoin par la force, l'embargo pétrolier à l'encontre de la Rhodésie (rés.221 du 9 avril 1966). Le retour du consensus au CSNU, avec la nouvelle politique gorbatchévienne puis la fin du conflit Est-Ouest, permit de mettre en place et en œuvre de nombreuses opérations, sortant de la quadruple limitation des OMP supervisées par le SGNU : limitation des préalables (cessez-le-feu),

---

566 Dont la liste est longue.

567 Créé le 19 décembre 1946 pour enquêter sur des violations alléguées du territoire grec par l'Albanie, la Yougoslavie et la Bulgarie.

des objectifs (médiation), des modalités (pas ou peu de coercition), des moyens matériels et financiers. De 1988 à 1992, en quatre ans, les NU créèrent autant d'opérations que durant les quarante années précédentes. Aussi l'*Agenda pour la paix*, publié le 17 juin 1992, à la demande du CSNU réuni le 31 janvier, s'efforçait-il de programmer les opérations que le Conseil pourrait entreprendre ou autoriser. Quatre « types idéaux » de forces d'intervention étaient envisagés : des forces préventives qui seraient déployées à la demande des parties dans les régions touchées par des crises susceptibles de dégénérer ; des forces de maintien de la paix ; des forces d'imposition de la paix ; des forces de rétablissement de la paix. Les forces de consolidation ou de construction de la paix sont venues plus tard.

L'*Agenda pour la paix*, complété par un *Supplément* le 3 janvier 1995 et par deux autres *Agendas* (*pour le développement* le 6 mai 1994, *pour la démocratisation* le 18 octobre 1996), montre la gradation des actions et la variété des fonctions que les « opérations de paix » sont censées remplir. Puis des principes directeurs ont été édictés, le 1er juin 2001 :*Mise en œuvre des recommandations du Comité spécial des opérations de maintien de la paix et du Groupe d'étude sur les opérations de paix de l'ONU*[568]. Auparavant, la Circulaire du SGNU du 6 août 1999 *Respect du droit international humanitaire par les forces des Nations unies*, renforcée par la résolution 1327 du CSNU du 13 novembre 2000, a rappelé l'applicabilité du *jus in bello* à des opérations qui, dès lors qu'elles prennent un tour combattant, n'ont plus « de paix » que le nom.

Points communs et différences entre les *peace operations*

Les *peace operations* désignent des interventions multilatérales : sauf les OMP entreprises par les OIG régionales compétentes, il n'y a d'opération « de paix », au vrai et strict sens du terme, qu'autorisée par les NU[569], donc au fondement juridique sûr, possiblement étayé en outre par le consentement donc la coopération de l'État territorialement compétent. Elles mêlent l'article 1 paragraphe 1 de la Charte, le règlement pacifique des différends du chapitre VI et l'action en cas de menace contre la paix du chapitre VII.

---

[568] Cf. initialement les deux rapports publiés par Dag Hammarskjöld, en novembre 1956, au moment de la création de la FUNU, ainsi que l'*Etude sommaire sur l'expérience tirée de la création et du fonctionnement de la Force*.

[569] L'intervention militaire franco-britannique dans la zone du canal de Suez, en novembre 1956, prétendument pour s'interposer entre les forces belligérantes israélienne et égyptienne, ne fut à cet égard qu'une grossière manœuvre, en collusion avec Israël, visant en fait à affaiblir le gouvernement de Nasser, qui avait nationalisé la Compagnie universelle du Canal en juillet. En revanche, la Force multinationale d'interposition anglo-franco-italo-américaine à Beyrouth, d'août 1982 à mars 1984, remplissait une mission analogue à celle d'une OIP ou d'une OCP. Mais son fondement juridique reposait sur la sollicitation du gouvernement libanais, non pas sur l'autorisation des NU. La Force a montré que, non seulement l'ONU devait déléguer la conduite des opérations aux États, mais qu'en plus elle pouvait être concurrencée par eux.

Autrement dit, elles vont au-delà des moyens mentionnés aux articles 33 et 34, cependant qu'elles requièrent la qualification de l'article 39 et qu'elles équivalent aux mesures des articles 40 ou 42. La pratique, d'abord improvisée puis accumulant les précédents, est devenue abondante, plus ou moins formalisée. La terminologie demeure embrouillée, et les processus décisionnels comme opérationnels, confus, générant de fréquents échecs, malgré l'émergence d'une « culture stratégique » propre à la *peace operation*. C'est pourquoi il faut examiner leurs points communs et leurs différences.

Les opérations de « maintien de la paix » (*peace-keeping*), d'« imposition de la paix » (*peace-enforcing*) ou de « rétablissement de la paix » (*peace-making*) sont 1) des opérations militaires, 2) autorisées, au terme de négociations diplomatiques plus ou moins contradictoires, par les NU, 3) exécutées par des États ou des OIG régionales volontaires ou demandeurs (soit une composition multinationale), 4) visant à faire cesser un conflit armé international ou interne[570], indépendamment ou non de toute action en responsabilité réparatrice ou punitive. Ces quatre points indiquent respectivement les acteurs et moyens, le fondement juridique, les auteurs, le but des « opérations de paix ». Si l'on revient au but : la cessation des hostilités, on constate qu'il se situe entre la contention et la résolution du conflit armé. La différence entre les OMP, OIP et ORP se situe au niveau des modalités, soit un cinquième et dernier point renvoyant au consentement ou à l'absence de consentement des parties initiales au conflit, donc à l'existence ou non d'un cessez-le-feu préalable à « l'opération de paix ».

S'agissant des OMP, le but doit être atteint par des actions non coercitives consenties (*sic* ?) par les parties (dont il faut identifier les chefs en tant qu'interlocuteurs, ce qui, en cas de guerre civile, peut renforcer la position d'un mouvement insurgé ou aboutir à sa reconnaissance) au conflit armé : par exemple, s'interposer entre les protagonistes, observer le bon déroulement d'accords de cessez-le-feu ou d'armistice, vérifier le retrait de forces étrangères, transférer des prisonniers, patrouiller dans les zones démilitarisées, prévenir un retour des combats. S'agissant des OIP, le but doit être atteint par des actions coercitives limitées non consenties par les parties au conflit ou telle partie au conflit : par exemple, désarmer les protagonistes ou tel protagoniste, démobiliser et reconvertir les ex-combattants, rétablir et maintenir l'ordre public intérieur, interdire l'accès à telle zone ou assurer la sécurité dans telle zone, protéger des populations civiles, aider un gouvernement à instaurer ou à restaurer son autorité. S'agissant des ORP, le but doit être atteint par des actions coercitives non consenties par la partie au conflit visé : on se trouve ici clairement dans un

[570] Or, la Charte n'a pas été conçue pour s'occuper de conflits internes. D'où la publication de l'*Agenda pour la paix* en 1992, qui prévoit « *de faire respecter par la force les accords que l'Organisation des Nations unies est censée garantir* ».

cas de guerre autorisée par les NU (Corée 1950, Irak 1991). OMP, OIP et ORP peuvent être suivies par des OCP ou par la restauration de l'État et du gouvernement dont le territoire aurait été annexé (Koweït 1991). Les OMP, supervisées par le SGNU, reposent sur le chapitre VI de la Charte ; les ORP, sur le chapitre VII ; les OIP sont un mixte de chapitre VI et VII. Dans les trois cas, fondement juridique, auteurs, buts et acteurs sont identiques, réserve faite de la différence — qu'on verra dans la section 2 — entre troupes *des* NU et troupes autorisées *par les* NU. Les modalités, elles, changent, et l'armement avec : léger et destiné à un usage défensif pour les OMP, dans lesquelles nul *peace breaker* ou nul ennemi n'a été désigné et auxquelles ne participent généralement pas des troupes ressortissantes des États membres permanents du CSNU ; plus conséquent et plus offensif pour les OIP ; lourd et offensif pour les ORP, dans lesquelles un *peace breaker* ou un ennemi a été désigné et auxquelles participent le plus souvent des troupes ressortissantes des États membres permanents du Conseil. S'agissant des OMP, on sait que les OIG régionales compétentes, ou tel État membre mandaté par l'OIG régionale, peuvent les entreprendre sans l'autorisation du CSNU ou de l'AGNU[571].

Quant aux opérations, plus complexes, de « construction de la paix » (*peace-building*), elles désignent des missions civilo-militaires — s'il n'y a pas administration internationale du territoire concerné — voire des administrations civilo-militaires — s'il y a AIT — autorisées par les NU, exécutées par des États ou des OIG régionales volontaires ou demandeurs, visant à : assurer la gestion d'une ville dans l'attente de son rattachement à un Etat[572] ; permettre la réintégration d'une région à son Etat[573] ; préparer l'accession d'un territoire et d'une population à l'autodétermination ou à l'indépendance[574] ; stabiliser un pays ou consolider la paix après la fin d'un conflit armé (par exemple, assurer l'ordre et la sécurité, faciliter le retour des réfugiés ou déplacés, contribuer ou veiller au bon déroulement d'accords de paix ou d'élections, collaborer à la répression des crimes internationaux commis durant le conflit armé, participer à la reconstruction des

[571] Exemples, avant 1990, des opérations de l'OEA : Costa Rica-Nicaragua (1948, 1955), Equateur-Pérou (1955, 1981), Honduras-Nicaragua (1957), Panama (1959), Saint-Domingue (1965), Honduras-Salvador (1969, 1976), Costa Rica-Nicaragua (1978), La Grenade (1981) ; de la LEA : Koweït (1961), Liban (1976) ; de l'OUA : Sahara (1978), Tchad (1979).

[572] Voir l'administration des NU à Trieste de 1947 à 1954.

[573] Voir les opérations des NU au Katanga en 1961 ou la mission de l'ATNUSO pour la Croatie (rés.1037 du CSNU du 15 janvier 1996).

[574] Voir l'AETNU pour la Nouvelle-Guinée occidentale (1962-1963), le GANUPT pour la Namibie (1989-90), la MINURSO pour le Sahara occidental (1991), l'ATNUTO pour le Timor oriental (1999-2002), la MINUSS pour le Sud-Soudan (2011). Après 1945, s'était appliqué le régime de tutelle pour les territoires ultramarins qui étaient détachés des « *États ennemis* » (art. 77-1-b de la Charte des NU).

infrastructures ou des institutions)[575]. On y reviendra lorsqu'on traitera de l'occupation et des AIT, les NU, ainsi que les OIG ou les États contributeurs, (co-)administrant ou non le territoire, en viennent à participer, avec les parties locales, à des transitions politiques ou à des processus constituants érigeant la démocratie libérale en modèle. Mais l'existence ou le risque d'existence de groupes armés hostiles aux nouvelles institutions ou à la présence étrangère a pour conséquence que l'OCP (volet civil) s'accompagne d'une OIP (volet militaire) aux côtés des nouvelles autorités[576].

La composition et le statut des forces « de paix » et le droit applicable à leurs missions

Examinons d'abord la composition, ensuite le statut, enfin le droit applicable à la Force mandatée.

Composition

Les forces mandatées par les NU sont composées de personnels et de matériels fournis par des États contributeurs et déployés sur le territoire d'un autre État ou d'une collectivité non autonome. Ne jouent ni les articles 43 et suivants de la Charte ni les projets issus de la résolution 377, le SGNU n'ayant, pas plus que le CSNU ou l'AGNU, de forces permanentes à sa disposition. Dans tous les cas : OMP, OIP, ORP, OCP, on retrouve la délégation de l'ONU aux États ou aux OIG régionales, l'ONU étant incapable de mener des opérations (qu'elles soient de police ou de guerre) et devant en confier l'exécution à ses États membres. La spécificité « onusienne » concerne les OMP (hormis celles entreprises par des OIG régionales). Les forces des OMP sont les « casques bleus », c'est-à-dire des troupes placées sous commandement du SGNU[577], arborant les couleurs des NU, dont le financement est assuré par l'ONU[578]. À des fins de sécurisation ou lorsque le consentement des protagonistes locaux est incertain, les

[575] Les missions les plus marquantes ont été celles de la MIPRENUC puis de l'APRONUC, de la MINUHA, de la MINUBH, de la MINUK, de la MANUA, de la MANUI, de la MINUL, de la MINUSMA ou de la MINUSCA.

[576] Exemples : *Uphold Democracy* aux côtés de la MINUHA, la KFOR aux côtés de la MINUK, INTERFET aux côtés de l'ATNUTO, la FIAS aux côtés de la MANUA.

[577] Le SGNU est muni depuis 1992 d'un Département des affaires politiques, d'un Département des opérations de maintien de la paix, d'un Département des affaires humanitaires, d'un représentant spécial du secrétaire général assumant sur le terrain la liaison entre le SGNU d'une part, le commandement de la Force et les commandants des unités d'autre part. Le DOMP comprend un sous-secrétaire général et un assistant spécial au sous-secrétaire général, avec un conseiller militaire, un bureau exécutif et une unité d'analyse, ainsi qu'un bureau logistique et un bureau opérationnel couvrant différentes zones géographiques.

[578] Les États-Unis, le Japon, la RFA, la Grande-Bretagne, la France fournissent 62% du budget des OMP, lequel est approuvé annuellement par l'AGNU et sa Commission des finances.

troupes de maintien de la paix *des* NU, c'est-à-dire les « Casques Bleus », voient élargies leurs prérogatives militaires, ou bien elles sont renforcées voire remplacées par des troupes de maintien, d'imposition ou de rétablissement de la paix autorisées *par les* NU[579]. Il s'agit cette fois de forces nationales ou multinationales, placées sous commandement national ou multinational (OTAN, UE, CEDEAO, UA…), arborant les couleurs de leur pays ou de l'OIG, dont le financement est assuré par l'ONU et par le ou les États ou les OIG concernés.

Les Etats contributeurs aux opérations (fréquemment un *leader* parmi eux) doivent se mettre d'accord sur le type d'unités fournies, la chaîne de commandement, la composition de l'état-major international et la langue de travail de cet état-major, le partage des coûts de l'opération, le règlement des contentieux qui pourraient survenir suite à des dommages aux personnes ou aux biens, le droit international applicable à l'opération... Ces dispositions font généralement l'objet d'un arrangement interallié (*memorandum of understanding*)[580] ou de restriction d'emploi nationale (*caveat*) quant aux conditions et aux circonstances d'usage des armes. Sauf fort commandement opérationnel de la part de l'Etat *leader*, notamment en cas d'opération militaire coercitive (ORP), le MOU supplée mal à l'hétérogénéité des forces de la coalition (sur tous les plans, matériels, personnels, expertise, renseignement, entraînement, langue, traditions, culture militaire), au flottement de la chaîne de commandement, à la complication de la gestion financière, de la responsabilité judiciaire ou du droit international applicable.

Chaque militaire garde son allégeance à son Etat d'origine et demeure lié au droit ou à la juridiction de son Etat d'origine. Celui-ci met à disposition de l'ONU, non pas des agents, mais un *service collectif*[581]. Les contingents nationaux fournis relèvent à la fois de leur commandement national, celui des unités, et du commandement international, celui de la Force mandatée, lui-même subordonné au SGNU (OMP, OCP) ou au CSNU (OIP, ORP). Les commandants des unités reçoivent des instructions de leur Gouvernement

[579] Exemples : l'UNITAF a aidé l'ONUSOM ; la KFOR, la MINUK ; INTERFET, l'ATNUTO puis la MANUTO ; *Licorne*, l'ONUCI ; *Turquoise*, la MINUAR ; *Barkhane*, la MINUSMA. Ou encore l'IFOR puis la SFOR ont succédé à la FORPRONU. Dans d'autres cas, les NU ont autorisé directement une OIP : exemples de l'ONUC au Congo-Kinshasa (rés.169 du 24 novembre 1961), de la MINUSIL au Sierra Leone (rés.1289 du 7 février 2000), de la MONUC au Congo-Kinshasa (rés.1493 du 28 juillet 2003).

[580] Cf. le *Modèle d'accord sur le statut des forces pour les opérations de maintien de la paix*, adopté par la résolution 45/594 de l'AGNU du 9 octobre 1990, et le *Projet de modèle d'accord entre l'Organisation des Nations Unies et les Etats membres qui fournissent du personnel et de l'équipement à des opérations de maintien de la paix des Nations Unies*, adopté par la résolution 46/185 de l'AGNU du 23 mai 1991.

[581] Le commandant en chef de la Force internationale est recruté sur une base individuelle, à l'instar des agents civils internationaux, mais les autres militaires sont recrutés par les Etats qui contribuent à la mission.

respectif et, via leur Gouvernement, des organes compétents de l'ONU ; ils rédigent des rapports à leur Gouvernement respectif et, via leur Gouvernement, aux organes compétents de l'ONU. On retrouve donc la séparation entre direction politico-stratégique (SGNU ou CSNU) et commandement opérationnel (état-major international de la Force), le maintien d'un rattachement organique national (commandement national des contingents), la distinction entre commandement opérationnel (état-major de la Force) et commandement organique (commandant national des contingents).

Statut

Le statut des forces étrangères est défini, s'agissant des troupes de maintien de la paix *des* NU, par la Convention du 13 février 1946 sur les privilèges et immunités des NU et par la Convention du 9 décembre 1994 sur la sécurité du personnel des NU et du personnel associé[582]. S'agissant des autres troupes, il faut distinguer s'il y a consentement ou non de l'État hôte. 1) Dans le premier cas, l'entrée, le séjour, la circulation et la sortie des forces étrangères, ainsi que l'inviolabilité de leurs biens et l'immunité (civile, pénale ou administrative) de leurs personnes (en service ou hors service) vis-à-vis des juridictions de l'État du for, sont réglés par un accord, appelé *status of force agreement*, entre les NU, les États contributeurs et l'État hôte. Le SOFA trouve son fondement juridique dans les articles 104 et 105 de la Charte, ainsi que dans les Conventions du 13 février 1946 puis du 9 décembre 1994[583], sur laquelle s'est développée la pratique des OMP. Pour l'essentiel, le SOFA confirme le pouvoir de police et de justice des autorités militaires sur leurs troupes déployées à l'étranger, ainsi que leur pouvoir de

[582] Par personnels des NU, il faut entendre les personnes engagées ou déployées par le SGNU comme membres des composantes militaires et civiles des opérations des NU, ainsi que les autres agents ou experts en mission pour le compte des NU, de ses Organisations spécialisées ou de l'AIEA. Par personnels associés, il faut entendre les personnes désignées par un gouvernement ou une OIG avec l'accord de l'organe compétent des NU, ou engagées par le SGNU, une Organisation spécialisée ou l'AIEA, ou mises en place par une ONG liée par accord avec le SGNU, une Organisation spécialisée ou l'AIEA pour mener des activités d'appui à la mission des NU. L'article 9 de la Convention de 1994 incrimine toute atteinte ou menace d'atteinte à leur personne et à leurs biens. Tous ces personnels, même militaires, sont non combattants, puisqu'ils agissent en tant que forces de maintien de la paix. C'est pourquoi, *a contrario*, la Convention de 1994 ne s'applique pas aux opérations coercitives autorisées par le CSNU en vertu du chapitre VII de la Charte, dans le cadre desquelles le personnel engagé est combattant et auxquelles s'applique le droit des conflits armés internationaux (art. 2-2).

[583] Selon le paragraphe 1 de l'article 105 de la Charte, « *l'Organisation jouit sur le territoire de chacun de ses membres des privilèges et immunités qui lui sont nécessaires pour atteindre ses buts* » ; selon le paragraphe 2, « *les représentants des membres des Nations unies et les fonctionnaires de l'Organisation jouissent également des privilèges et immunités qui leur sont nécessaires pour exercer en toute indépendance leurs fonctions en rapport avec l'Organisation* ».

police vis-à-vis des atteintes que pourraient subir les troupes de la part des résidants. Un tel accord sur les facilités, privilèges et immunités, y compris sur le plan douanier et fiscal (exemption de tout prélèvement), n'est toutefois pas nécessaire si l'opération internationale s'effectue sur le fondement d'une décision du CSNU prise en vertu du chapitre VII et si la résolution pertinente (à caractère obligatoire) contient l'équivalent d'un SOFA[584]. 2) Dans le second cas, en l'absence de consentement de l'État hôte, s'applique, non un traité de stationnement de forces étrangères, mais le régime de l'occupation, auquel le CSNU pourra éventuellement permettre de déroger sur certains points. En l'absence d'État hôte, autrement dit, pour certaines OCP, s'instaure un régime d'« administration internationale » œuvrant, avec les autorités locales de fait, à la construction d'un nouvel État, d'un nouveau régime ou d'un nouveau statut d'autonomie…

L'immunité de juridiction civile, pénale ou administrative vis-à-vis des autorités locales stipulée dans les SOFA-ONU, SOFA-OTAN ou autres, a pour contrepartie, outre la responsabilité internationale de l'État d'origine, la responsabilité civile, pénale ou administrative des membres des forces armées devant leur État d'origine ; ils seront donc jugés selon leur loi nationale. Selon le principe de territorialité de la loi pénale, les infractions commises hors du territoire d'un État devraient normalement échapper à la compétence des juridictions de cet État, ainsi par conséquent des infractions commises par des soldats en opération à l'étranger. Mais la loi pénale nationale s'applique généralement, en tout cas s'agissant de la France, lorsque l'infraction entre dans le champ d'application d'un SOFA, notamment un SOFA-ONU ou un SOFA-OTAN. Les militaires relèvent de la juridiction de leur propre État pour toute infraction pénale qu'ils pourraient commettre dans un État hôte, le SOFA permettant une dérogation au principe de territorialité. Toutefois, en l'absence de répression nationale, un État hôte partie au Statut de la CPI pourrait saisir le Procureur de la CPI, en vertu de la compétence subsidiaire de la Cour, du moins si l'infraction entrait dans le champ de compétence de cette dernière (crimes de guerre, crimes contre l'humanité, crimes de génocide). S'agissant de la réparation des dommages, le principe est que, pour toute OMP mandatée par l'ONU, celle-ci prend en charge les dommages causés par les contingents nationaux.

---

[584] S'agissant de forces armées d'un Etat membre de l'OTAN déployées sur le territoire d'un autre Etat membre de l'OTAN, s'applique la Convention sur le statut des forces du 19 juin 1951 (révisé depuis pour tenir compte de l'élargissement de l'Organisation à de nouveaux membres). Cette Convention a servi et sert de modèle-type aux accords passés avec les pays hôtes (« Etats de séjour ») des OMP effectuées par l'OTAN (« Etats d'origine »). De même, de nombreux accords conclus par la France relatifs au statut de ses forces en territoire étranger, notamment dans des pays d'Afrique noire, s'inspirent des règles et principes du SOFA-OTAN de 1951. S'ajoute un autre SOFA modèle depuis le 17 novembre 2003 : le SOFA-UE dans le cadre de la PESC.

Bien sûr, un militaire ne peut être responsable des dommages qu'il occasionne lors de ses missions de combat en respect du *jus in bello*.

Droit applicable

Quel droit est applicable à la Force mandatée ? Il importe de distinguer si l'on demeure en paix ou s'il entre en guerre, même si prévaut en toutes circonstances le « noyau indérogeable » du DIDH.

1) En l'absence de mandat coercitif ou d'engagement *de facto* dans des hostilités, s'applique le droit interne de l'État d'origine, appliqué extraterritorialement. Comme les OMP sont généralement effectuées par plusieurs États pourvoyeurs de forces, *ce sont des droits nationaux qui s'appliquent simultanément* sur le territoire d'accueil des opérations non coercitives. Cela complique la tâche du commandement de la Force. On aurait pu imaginer que les États et l'ONU cherchent à fixer un cadre juridique uniforme (universel) aux « opérations militaires autres que la guerre ». Ils ne l'ont fait qu'en partie avec les Conventions du 13 février 1946 puis du 9 décembre 1994. Dans la pratique, les États ont continué d'appliquer leur droit interne : les troupes envoyées en mission de maintien de la paix (ou d'assistance humanitaire) demeurent soumises aux règles du droit militaire de leur pays d'origine du point de vue du statut des militaires et aux règles du droit pénal de leur pays d'origine en matière d'usage de la force. Mais si l'on passe de la paix à la guerre, autrement dit, si la mission devient coercitive ou si l'opération s'effectue dans le cadre d'hostilités, l'usage de la force ne sera plus régi par le droit pénal interne, qui limite l'usage de la force létale à la légitime défense pour soi ou pour autrui (outre d'autres missions très spécifiques). Il sera régi ou il aura tendance à être régi — selon le mandat attribué ou les règles d'engagement fixées — par le *jus in bello*, qui étend l'usage de la force létale à l'objectif de vaincre l'ennemi en armes.

Tant qu'on en reste à une mission non coercitive, les personnels des NU — personnes engagées ou déployées par le SGNU comme membres des composantes militaires, de police et civiles des opérations des NU, et autres fonctionnaires ou experts en mission pour le compte des NU, de ses institutions spécialisées ou de l'AIEA présents en qualité officielle dans une zone d'opération des NU — et les personnels associés — personnes désignées par un gouvernement ou une OIG avec l'accord de l'organe compétent des NU, ou engagées par le SGNU, une institution spécialisée ou l'AIEA, ou mises en place par une ONG liée par accord avec le SGNU, une institution spécialisée ou l'AIEA pour mener des activités d'appui à la mission d'une opération des NU — qui participent à une opération des NU, font partie des personnels protégés par le droit international humanitaire et pénal, l'article 9 de la Convention du 9 décembre 1994 incriminant toute atteinte ou menace d'atteinte à leur personne et à leurs biens.

2) Lorsque la Force mandatée reçoit un mandat coercitif ou qu'elle se trouve engagées *de facto* dans des hostilités, *c'est un droit commun (universel) qui s'applique* : le *jus in bello*, comme l'ont confirmé la Circulaire du SGNU du 6 août 1999 et la résolution 1327 du CSNU du 13 novembre 2000. Les troupes concernées ne sont donc pas/plus couvertes, par les Conventions du 13 février 1946 et du 9 décembre 1994, qui les assimilent à des non combattants ; inversement, lorsqu'elles n'ont pas de pouvoir de coercition ou qu'elles ne participent pas à un conflit armé, elles bénéficient des immunités prévues dans les Conventions précitées, et elles ne sont pas concernées par le *jus in bello*. Du point de vue du *jus in bello*, les États participant à une action multinationale demeurent responsables des actes de leurs personnels militaires (eux-mêmes responsables pénalement en cas d'infractions graves), y compris lorsque ces actes découlent d'ordres adressés par le commandement de l'ONU ou d'une OIG régionale, à moins que l'ONU ou l'OIG n'exerce un contrôle opérationnel effectif sur les contingents nationaux (dans ce cas, la responsabilité réparatrice pour faits internationalement illicites dommageables sera attribuée à l'ONU ou à l'OIG). La responsabilité suit l'effectivité ; le destinataire ou le titulaire des règles applicables est l'autorité qui exerce en pratique le commandement et le contrôle réels des forces engagées sur le terrain ; à elle donc de vérifier que les décisions ou mesures prises restent conformes au droit international applicable, puisqu'elle en est responsable. On a vu que la solution au problème de la diversité des engagements conventionnels des États œuvrant à l'action militaire collective réside dans l'alignement sur le standard de protection le plus élevé[585].

---

585 Sur ce chapitre, cf. E. Lagrange, *1999*, Y. Petit, *2000*, M. Liégeois, *2003*.

CHAPITRE IV

LES « OPERATIONS HUMANITAIRES »

Que désigne l'appellation générique « aide humanitaire » ? Là encore, la pratique, accumulant les cas, est devenue abondante, parfois mêlée à des « opérations de paix ». La terminologie demeure elle aussi embrouillée... D'autant que se greffent des revendications au fondement juridique incertain, alors que les « opérations de paix », elles, reposent sur l'autorisation des NU, sinon le consentement de l'État territorialement compétent ou des protagonistes locaux.

En temps de paix, l'assistance humanitaire est soumise aux règles générales du droit international. En temps de guerre, elle relève des règles spéciales du *jus in bello*. L'assistance humanitaire désigne l'acheminement, la fourniture et la distribution de biens et de services indispensables à la survie d'une population en détresse, en temps de paix ou de guerre, par les NU, des OIG régionales, des États ou des ONG, à l'appel des États affectés par la crise humanitaire, sans qu'il y ait nécessairement de solidarité d'appartenance (religieuse ou ethnolinguistique) entre les populations secourues et les organismes secoureurs. Lorsque des ONG se passent du consentement de l'État territorialement compétent, l'assistance humanitaire implique l'entrée illégale (infractionnelle) sur le territoire ; on pourrait la qualifier d'« ingérence » humanitaire *stricto sensu*, si le concept d'ingérence ne renvoyait à une relation d'État à État. Lorsque l'assistance ou l'ingérence (selon qu'il y a ou non consentement de l'État affecté) sont le fait d'organisations gouvernementales ou intergouvernementales civiles, on devrait parler d'assistance ou d'ingérence humanitaire d'États. Lorsque ces actions s'accompagnent d'envois de troupes, soit pour effectuer l'aide humanitaire[586], soit pour protéger les couloirs, convois ou zones humanitaires (y compris des camps de réfugiés ou de déplacés), on devrait parler soit d'assistance (avec SOFA) ou d'ingérence (avec régime d'occupation) « militaro-humanitaire », soit d'assistance ou d'ingérence humanitaire « sous escorte militaire ». Malgré la présence d'agents armés sous commandement national ou multinational, l'opération est animée par une logique d'*aide* aux populations, non pas de *combat* contre un ennemi,

---

[586] Les armées disposent des capacités et des moyens pour construire des camps, les ravitailler ou subvenir aux besoins d'urgence. Cf. les directives de l'OTAN 327/2 et 343/1 prises dans le cadre du Centre euro-atlantique de coordination des réactions en cas de catastrophe (*Euro-Atlantic Disaster Response Coordination Center*).

même si elle inclut la réduction des obstacles (étatiques ou non étatiques) à la distribution des secours, y compris par des frappes aériennes. Selon que l'on reste en paix ou que l'on bascule dans la guerre, même sans le dire, le droit applicable aux *humanitarian operations* est le même que celui applicable aux *peace operations :* autant de droits nationaux qu'il y a de contingents nationaux ou bien le droit commun qu'est le *jus in bello.*

Quelle est la licéité des opérations humanitaires ?*De lege lata*, ces dernières sont licites si elles reposent sur le consentement valable du gouvernement territorialement compétent ou sur l'autorisation des NU, le CSNU élargissant la notion de « *menace contre la paix et la sécurité internationales* » ou l'AGNU agissant sur la base de la résolution 377. L'absence de consentement ou d'autorisation oblige les tenants du « droit d'ingérence » à élaborer des constructions normatives *praeter legem* sinon *extra* ou *ultra legem.*

L'assistance humanitaire et ses problèmes

Sans nul doute, l'assistance humanitaire étrangère est juridiquement fondée, puisque, sur le fond, les victimes ont droit au secours et que, dans la forme, l'assistance repose sur la coopération entre l'État territorialement compétent et d'autres États. L'assistance peut revêtir deux modalités : l'envoi de biens, l'envoi de personnels, soit des personnes privées ressortissantes d'États tiers, soit des agents d'États tiers. Les États doivent accepter l'envoi de biens ou de personnes privées lorsque l'aide est destinée à la population d'un territoire occupé. Qu'en est-il lorsque l'aide est destinée à la population de leur propre territoire, y compris une zone insurgée ou sécessionniste ? L'entrée des biens ne peut être arbitrairement refusée. Mais il faut des tierces personnes pour vérifier que les biens sont convenablement distribués. L'entrée des personnes privées est subordonnée à la vérification par l'État récipiendaire du caractère strictement privé, humanitaire et impartial de l'aide ; seul le CICR, selon le Protocole I de 1977 (art. 81), peut exercer sa mission sans l'assentiment préalable de l'État concerné. L'entrée d'agents d'États tiers, elle, est subordonnée à l'acceptation de l'État territorialement compétent.

S'agissant des personnes privées, le rôle des sociétés de secours accréditées dans l'aide aux victimes des conflits armés est mentionné dans une série de dispositions conventionnelles (que l'on examinera en *jus in bello*). Celles-ci fondent l'action à « *caractère humanitaire et impartial* » des ONG, laquelle ne doit pas être considérée « *comme une ingérence dans le conflit armé* »(art. 70-1 P1). C'est en effet la neutralité — pas au sens de l'abstention mais de l'impartialité — qui permettra aux ONG de remplir leur mission — l'aide sans autre prise de position politique — en toute sécurité : ne menaçant personne, elles ne seront menacées par personne. Toutefois, le CICR ou d'autres ONG peuvent offrir leurs services à *toute* partie belligérante, pas à *toutes les* parties belligérantes, autrement dit, à l'une et pas à l'autre — sauf en cas de conflit armé interne, le gouvernement devant donner son accord à la distribution de secours dans les zones tenues par les insurgés (art. 18 P2). Le droit d'initiative humanitaire laisse au CICR ou aux autres ONG une certaine liberté de choix, qui aboutit à subordonner l'obligation d'impartialité à l'impératif du secours. Le critère prépondérant est celui de la souffrance à soulager : elle peut se trouver dans un camp, et pas dans l'autre. L'aide demeurera « humanitaire » tant qu'elle se bornera à secourir, sans aller jusqu'à dénoncer la politique de tel camp. Si le consentement de l'État territorialement compétent demeure requis, c'est afin de donner plus d'efficacité à l'opération humanitaire.

Le problème de l'aide humanitaire 1) réside secondairement dans l'absence d'impartialité reprochée aux organismes secoureurs ; il s'agit là d'un problème plus subjectif qu'objectif ; il sera facile à un gouvernement de motiver l'interdiction d'entrée sur le territoire d'un organisme étranger prenant fait et cause pour des insurgés, par exemple. 2) Le problème principal de l'aide humanitaire est de nature plus objective. Celle-ci — au rebours de l'article 23 alinéa 2-c IVe CG, selon lequel les secours ne doivent pas avantager une partie belligérante en remplaçant les marchandises qu'il aurait autrement dû produire ou fournir — participe à l'économie locale des guerres, étrangères ou, surtout, civiles. Objet de convoitise ou suscitant de l'animosité, l'aide humanitaire doit, par conséquent, ou par ailleurs, être protégée. 3) Le caractère humanitaire de l'opération se trouvera alors altéré par l'escorte militaire, même si celle-ci s'avère nécessaire[587].

1) Les ONG humanitaires peuvent être animées par un certain militantisme, laïc ou religieux. Il leur arrive de pratiquer l'entrée illégale sur le territoire d'États en proie à des crises ou à des conflits afin d'accéder aux populations en détresse, mais aussi pour témoigner ou dénoncer, voire contribuer à la victoire d'une partie (insurgée) ou à la défaite de l'autre (gouvernementale). D'un tel point de vue, l'action humanitaire, en tant qu'*engagement*, n'est pas, ne peut pas et ne doit pas être « neutre » au sens du CICR ou du droit d'assistance humanitaire en vigueur. La « neutralité » de ce type d'ONG est assez proche de la « neutralité » des journalistes : il s'agit d'une neutralité militaire, au sens d'une non-participation aux hostilités, sans neutralité politique, aux fins d'alerter le public en pointant les éventuelles violations du DIH ou du DIDH. Ce type d'ONG entend distribuer les secours, mais aussi alerter et dénoncer. C'est dans cette perspective que les ONG comptent sur la presse pour diffuser l'information et que la presse compte sur les ONG pour recevoir l'information. L'Occident libéral n'a pas le monopole des ONG en général, des ONG humanitaires en

587 La confusion entre opérations humanitaires et militaires a pour conséquence dommageable que les organismes humanitaires — dont le caractère fréquemment occidental n'échappe pas aux populations — ne sont plus perçus comme indépendants, neutres et impartiaux.

particulier. Beaucoup cependant sont américaines ou communient dans l'idéologie des droits de l'homme, avec un *a priori* critique à l'égard des autorités (de l'autorité) de l'État. C'est là l'une des sources de la confusion entre le DIH — la régulation de la guerre — et le DIDH — la limitation du gouvernement.

2) La notion de « crise humanitaire » se déploie de la catastrophe naturelle au génocide, en passant par le conflit armé. Prenons l'hypothèse, fréquente, selon laquelle la crise humanitaire s'inscrit dans une situation de guerre civile. Il arrive souvent que l'aide internationale soit détournée de ses objectifs : en principe destinée aux victimes, elle renforce les factions gouvernementales ou insurgées, lorsqu'elle est dirigée vers les zones qu'elles contrôlent. La distribution des secours elle-même dépend du bon vouloir des parties, qui sont de gros consommateurs d'aide alimentaire et sanitaire. Leur contrôle territorial, ainsi que la manipulation du contexte d'insécurité, leur permettent de s'assurer la réception des fournitures et de s'ériger en interlocuteurs des organismes humanitaires. Les ressources extérieures injectées dans le pays en conflit sont ainsi captées, ou même revendues, en tout cas transformées en « économies de guerre ». Cette captation est un objectif stratégique, qui explique la recherche du contrôle des voies d'accès de l'aide : gares, ports ou aéroports internationaux. Pour masquer ce détournement, les mouvements insurgés se dotent de « branches humanitaires », comme les forces gouvernementales, d'« offices humanitaires ». Dans certains cas, les insurgés bénéficient d'une certaine légitimité vis-à-vis des populations qu'ils dominent[588]. Ils offrent des prestations de sécurité, ou ils maintiennent à distance un pouvoir officiel lui-même considéré comme illégitime ou prédateur, ou encore ils veillent à la redistribution de l'aide étrangère à « leurs » populations. L'aide humanitaire est donc une ressource. Elle est aussi une contrainte. La présence d'ONG ou de journalistes dans les zones de conflit peut inciter ou obliger les parties à faire preuve de retenue vis-à-vis des populations. La violation des règles humanitaires, pour répandue qu'elle soit, ne va pas sans risques : les parties au conflit ne peuvent se désintéresser de leur image internationale. Or, les ONG, du fait de leur articulation avec la presse, influence l'interprétation extérieure des conflits armés internes et l'attention internationale qui leur est portée. À son tour, celle-ci permet aux mouvements insurgés de se faire connaître, de trouver des soutiens dans les pays tiers, voire d'obtenir leur reconnaissance comme belligérants[589].

---

588 Les mouvements insurgés pour exister et durer, doivent sans doute rencontrer un certain soutien et avoir une certaine représentativité.

589 Cf. François Jean : « Aide humanitaire et économie de guerre », in F. Jean, J.-Ch. Rufin : *Economie des guerres civiles*, Paris, Hachette, 1996, pp. 543-589 ; Marc-Antoine Pérouse de Montclos : *L'aide humanitaire, aide à la guerre ?*, Bruxelles, Complexe, 2001.

3) L'aide humanitaire est distribuée dans des zones, acheminée à travers des couloirs[590] et transportée par des convois. Détournée, confisquée ou pillée, elle doit être protégée par l'envoi de forces armées. Cette nécessité, ou encore l'absence d'accord entre belligérants pour créer les « zones humanitaires »prévues par les CG (art. 23 Ière CG, art.14 et 15 IVème CG) ou le P1 (art. 59 et 60), peuvent pousser le CICR ou d'autres ONG à appeler l'intervention de l'ONU, des OIG régionales ou des États. La création d'une « *zone de sécurité* » par le CSNU signifie que l'assistance humanitaire basée sur le consentement ou sur la coopération des parties au conflit se mue en ingérence humanitaire, sous escorte militaire, de manière à contraindre les parties au respect de la zone protégée. Elargissant la notion de « *menace contre la paix* » à la violation du DIH ou du DIDH, le CSNU[591] s'est ainsi reconnu la faculté d'imposer une ingérence humanitaire ou une ingérence humanitaire sous protection militaire sur tel territoire et tel voie d'accès à ce territoire, afin que soit distribuée et protégée l'aide aux populations en détresse[592]. Un tel mandat comprend l'autorisation de recourir à la force, non

---

[590] Version contemporaine du « passage innocent » (*transitus innocuus*).

[591] Voir notamment les résolutions 688 du 5 avril 1991 (*Provide Comfort*), 743 du 21 février 1992 (FORPRONU) ou 929 du 22 juin 1994 (MINUAR).

[592] *Restore Hope* en Somalie a été la première véritable opération humanitaire décidée par l'ONU à l'intérieur d'un État qui ne l'a pas sollicitée, soit la première « ingérence humanitaire armée » autorisée par le CSNU. En janvier 1991, le gouvernement Syad Barré était renversé (il était au pouvoir depuis le coup d'État militaire de 1969). L'existence même de l'État somalien, constitué en 1960 par la réunion des deux Somalie britannique et italienne, était mise en cause. Deux principaux protagonistes émergeaient : le général Aïdid, dirigeant le CSU, actif dans la chute de Barré ; le président intérimaire Ali Mahdi, nommé à Djibouti en août 1991 lors d'une Conférence internationale sous l'égide de l'Italie et de l'Egypte, puis dirigeant l'ANS, fondée en avril 1992. Mais on comptait au moins quatorze mouvements ! A cette mosaïque, s'ajoutait la sécession proclamée de la Somalie du Nord (ex-italienne) le 16 mai 1991. Plus généralement, on constate le gouffre entre une société civile clanique et nomade d'un côté et, de l'autre, le souhait de la « communauté internationale » de voir renaître un État somalien réel. Absence d'État effectif, autorité clanique morcelée prédominante, famine endémique, guerre civile, détournement de l'aide humanitaire internationale : autant de paramètres qui incitèrent les NU à agir à partir du début de l'année 1992. Après l'échec du règlement du conflit, l'ONU tenta de mettre en œuvre une opération humanitaire de grande envergure (rés.733 puis 746 du 23 janvier puis du 17 mars 1992) avec le CICR et le PAM. La nécessité de protéger l'aide humanitaire et l'échec des cessez-le-feu successifs amenèrent le CSNU à associer l'objectif humanitaire et la restauration de la paix (rés.767 puis 775 du 27 juillet puis du 28 août 1992). L'ONUSOM avait été créée afin d'imposer des observateurs militaires pour surveiller les cessez-le-feu et d'envoyer des Casques Bleus pour protéger les convois humanitaires (rés.751 du 4 avril 1992). Impuissants, les Casques Bleus furent renforcés par l'UNITAF, Force multinationale sous commandement américain composée d'une vingtaine de contingents et baptisée *Restore Hope*, dont la mission était l'escorte militaire des convois humanitaires (rés.794 du 3 décembre 1992). Mais elle n'avait aucun mandat pour désarmer les factions somaliennes. Insuffisante, elle fut *in fine* remplacée par l'ONUSOM II, c'est-à-dire, non plus une opération de maintien de la paix et d'ingérence humanitaire armée, mais une opération d'imposition de la paix à des fins de désarmement des factions et, à terme, de reconstruction de l'État (rés.814 du 26 mars 1993).

seulement aux fins de légitime défense (au sens du Code pénal) des troupes concernées, mais aussi aux fins de défense de la zone humanitaire ou aux fins de démilitariser les approches (terrestres, maritimes, aériennes) de la zone humanitaire (ou « zones d'exclusion »). C'est sur la base de ce « droit d'ingérence »humanitaire *multilatéral* que d'aucuns revendiquent un droit d'ingérence *unilatéral*, en arguant que le respect du DIH ou du DIDH — concrètement, le droit des victimes d'être secourues — ne saurait dépendre d'un consensus — purement politique — entre membres permanents ou non permanents du CSNU.

La revendication du « droit d'ingérence » humanitaire

Quelles que soient ses ambiguïtés, l'assistance humanitaire est licite, par son objet et ses modalités. Le concept même d'assistance suppose le consentement valable de l'État territorialement compétent. D'où la question : si un État interdit, empêche ou détourne l'aide, *quid juris* ? D'un côté, les populations ont droit d'être secourues (fond) ; d'un autre côté, l'État doit donner son autorisation (forme). En cas de conflit armé international ou d'occupation, les puissances belligérantes ou les puissances occupantes ne peuvent subordonner la fourniture de l'aide humanitaire qu'à certaines conditions, relatives à l'organisation du passage et de la distribution. En revanche, en cas de conflit armé non international, les termes de l'article 18 P2 diffèrent de ceux de l'article 23 IVème CG d'une part, de l'article 59 IVème CG et de l'article 63 P1 d'autre part. Très clairement, les actions de secours,« *de caractère exclusivement humanitaire et impartial* », ne peuvent être entreprises qu'« *avec le consentement de la Haute Partie contractante* ». Les ONG ne peuvent donc solliciter, en cas de conflit armé interne, que la partie gouvernementale, pas la partie insurgée. Cette différence s'explique par le fait que le conflit interne ne met pas aux prises deux États souverains ou deux sujets du droit de belligérance, mais un gouvernement et une rébellion. L'asymétrie des protagonistes explique que l'aide humanitaire ne puisse être mise en œuvre sur le territoire qu'avec le consentement des autorités officielles, pour éviter de placer sur un même plan gouvernement et rébellion vis-à-vis des tiers.

Après les débats aux NU sur le « *nouvel ordre humanitaire international* », à l'initiative de la Jordanie en 1981, le SGNU présenta un rapport contenant un panorama complet du dispositif normatif dans le domaine du droit humanitaire, des droits de l'homme et du droit du développement, ainsi qu'une description du réseau humanitaire de l'ONU. Pour sortir le DIH du cadre des conflits armés, la délégation vénézuélienne proposa que le DIH s'applique *durante pacis*, par extension de son champ d'application aux réfugiés, personnes déplacées et victimes

---

Mais la mission de l'ONUSOM II n'incombait qu'à des Casques Bleus. Comme il était prévisible, elle échoua complètement.

des catastrophes naturelles ou des oppressions. Sans succès. Au tournant des années 1980-1990, la diplomatie juridique française[593] visa à engager la « communauté internationale » dans un processus de reconnaissance d'un nouveau droit d'assistance humanitaire, qui reposerait sur l'accès aux victimes en toutes circonstances, c'est-à-dire pas seulement en cas de conflit armé et pas seulement sous condition d'autorisation préalable de l'État territorialement compétent. On passerait, toujours dans le cadre de l'état de nécessité, de la protection en faveur des nationaux à l'étranger (« intervention d'humanité ») à la protection de toute personne dans tout État (« intervention humanitaire »). Mais les résolutions pertinentes de l'AGNU[594] ont maintenu les principes de la souveraineté de l'État et de la coopération interétatique même en matière humanitaire. Si elles ont accepté l'extension au temps de paix, elles ont confirmé la condition d'autorisation de l'État normalement compétent. Il appartient à ce dernier de tracer ou d'approuver le tracé des *corridors d'urgence comportant un droit de passage inoffensif*, c'est-à-dire limité dans le temps (provisoire), dans l'espace (circonscrit), dans l'objet (humanitaire), dans l'exercice (non coercitif), même s'ils sont empruntés par une escorte militaire (avec laquelle devra donc être conclu un SOFA).

Les personnes privées ressortissantes d'États tiers ont le droit d'offrir des secours à une population étrangère en détresse. Mais elles ne peuvent la distribuer sur place qu'avec l'autorisation du gouvernement territorialement compétent, excepté le CICR. De simples particuliers ne peuvent être accusés d'ingérence illicite, car la souveraineté d'un État ne peut être violée que par l'action d'un autre État ou des organes *de jure* ou *de facto* d'un autre État. Il n'empêche que les personnels d'ONG pénétrant illégalement dans un territoire étranger, même pour distribuer une aide strictement privée, humanitaire et impartiale, s'exposeraient à être refoulés par les autorités locales, du moins s'il n'y a pas déliquescence de l'État concerné. Dans ce dernier cas, ils devraient trouver la protection de milices locales, ou celle d'États tiers. On retombe donc sur la question de la responsabilité des États face à une crise humanitaire. C'est à l'État territorialement compétent qu'incombe d'abord le devoir d'entreprendre des actions de secours. Les autres États, même voisins, donc susceptibles de connaître des flux de réfugiés, ne peuvent avoir qu'une obligation subsidiaire. Cette dernière est fondée sur le droit d'assistance aux populations en détresse ou sur le droit des individus de ne pas être arbitrairement privé de la vie, qui interdit à l'État d'invoquer le « domaine réservé » pour refuser l'assistance d'États tiers. Aussi l'État touché par la crise humanitaire doit-il motiver son refus à la fourniture et à la distribution de l'aide sur son territoire. Il peut d'autant moins opposer un refus arbitraire que la crise démontre son incapacité à

[593] Emmenée par le trio Mitterrand, Kouchner, Bettati.
[594] 43/131 du 8 décembre 1988, 45/100 du 14 décembre 1990, 46/182 du 19 décembre 1991.

subvenir aux besoins essentiels de sa population. Les motifs suivants sont recevables : la situation d'urgence fait défaut ; les « victimes » sont en réalité des personnes participant à des hostilités (elles ne sont pas « innocentes ») ; l'offre de l'aide est le paravent d'une volonté d'immixtion politique ; elle n'est pas neutre, mais destinée à soutenir un mouvement insurrectionnel ; elle est inutile ou superflue, par exemple si elle livre des biens ou des services ne manquant pas sur le terrain ou si de l'aide internationale est déjà présente.

Lorsque l'État territorialement compétent ne secourt pas les victimes, que peuvent faire les autres États ? Soit l'État concerné fait appel à la « communauté internationale ». Soit il ne le fait pas. Dans le premier cas[595], les actions de secours des États tiers ne posent guère de problème. À moins que des forces rebelles ne s'y opposent ; l'assistance extérieure devra alors s'effectuer sous escorte militaire ; les États répondant à l'appel du gouvernement se verront impliqués dans le conflit aux côtés de ce gouvernement. Le second cas pose *ab initio* davantage problème[596]. Lorsque la situation d'urgence humanitaire se transforme en situation de non-assistance, du fait de l'opposition de l'État concerné aux actions de secours, comment les autres États ont-ils le droit de réagir, eu égard aux principes de non-ingérence et de non-intervention ? Les États tiers ont un droit d'initiative humanitaire[597]. Aussi peuvent-ils proposer leur aide (sans visée politique) ; engager la responsabilité de l'État qui la refuse arbitrairement ; multiplier les pressions diplomatiques ou économiques sur lui, jusqu'à la limite de la menace de recourir à la force armée ; coopérer à cette fin ; saisir les OIG régionales compétentes ou les organes des NU. Mais en cas de refus persistant de l'accès aux victimes, seul le CSNU voire l'AGNU[598], estimant que la crise est susceptible d'affecter la paix internationale, peut ouvrir le territoire, s'affranchir du consentement donc de la coopération de l'État concerné, imposer l'aide et autoriser à cette fin toute ingérence armée, sous la forme d'une « opération de paix » à finalité humanitaire (pas politique, à moins d'un mandat spécifique). L'opération d'assistance aux populations deviendra alors une opération d'ingérence, fondée sur le chapitre

---

595 On peut alors penser que le manquement de l'État à son devoir d'assistance est involontaire.

596 On peut alors penser que le manquement de l'État à son devoir d'assistance est volontaire.

597 Pour certains auteurs, il n'y aurait pas seulement « droit d'ingérence » mais « devoir d'ingérence ». L'expression est purement morale, sans aucun contenu juridique. Le droit d'ingérence est revendiqué comme une exception au principe de non ingérence, hors autorisation du CSNU : ce n'est pas l'ingérence qui est érigé en principe et la non-ingérence en exception.

598 Selon l'article 89 P1, « *dans les cas de violation grave des Conventions ou du présent Protocole, les Hautes Parties contractantes s'engagent à agir, tant conjointement que séparément, en coopération avec l'Organisation des Nations unies et conformément à la Charte* ».

VII de la Charte des NU, contre un État faisant obstacle à l'aide humanitaire (en l'absence d'un SOFA s'appliquera le régime de l'occupation).

Mais on sait que le CSNU peut être « bloqué ». D'où la revendication d'un « droit d'ingérence » sans l'aval du Conseil : ingérence à finalité humanitaire mais sous escorte militaire, soit une nouvelle exception aux principes de non-ingérence et de non intervention. La construction est la suivante. « L'ingérence humanitaire armée » a pour but l'aide aux populations en détresse, l'élimination des entraves à la distribution des secours n'étant qu'un moyen au service de ce but. Pour être licite, disent ses partisans, l'opération (ne préjugeant aucune action en responsabilité réparatrice ou punitive) doit être 1) subsidiaire : elle se déroule lorsque l'État territorialement compétent est impuissant face à la crise humanitaire ou responsable de cette crise, ou lorsqu'il est en déliquescence[599] ; 2) fondée sur le DIH ou le DIDH : le droit des victimes à être secourues et le droit d'accès aux victimes ; 3) limitée dans le temps : celui de l'urgence humanitaire, dans l'espace : celui de la zone de crise et des couloirs d'accès à cette zone, dans l'objet : le secours, dans l'exercice : la protection des convois, couloirs et zones humanitaires. On retrouve donc le dernier ressort, la défaillance ou la faute de l'autorité normale, la nécessité, la limitation et la proportionnalité du recours à la force armée, d'où résulte une atteinte minimale aux principes de non-ingérence, non intervention et non recours à la force, donc à la souveraineté, l'indépendance et l'intégrité de l'État. La quadruple limitation *ratione temporis*, *ratione loci*, *ratione finis* et *ratione materiae* susmentionnée est cependant problématique, spécialement au regard de l'espérance raisonnable de succès[600]. Une opération circonscrite, à but négatif, à court terme, réduisant le temps de l'occupation, dans une logique d'urgence — mettre fin à la crise humanitaire en distribuant les secours puis repartir aussitôt — empêchera-t-elle le retour d'une situation de détresse ? Ou alors il faut envisager une opération ample, à but positif, à long terme, prolongeant le temps de l'occupation voire la métamorphosant en administration internationale, dans une logique de continuum : aider le développement et la démocratie, en allant de la distribution de secours à la reconstruction du pays sinistré[601]*via* une intervention militaire visant à renverser le gouvernement « oppressif ». Instaurer et garantir les conditions pour qu'il n'y ait pas le retour d'une situation de détresse amène à accroître

[599] Pour certains auteurs, il n'y a pas d'ingérence ou d'intervention lorsque l'État est en déliquescence, car l'ingérence ou l'intervention suppose la contrainte sur l'exercice d'une souveraineté, en l'occurrence rendue absente par la déliquescence de l'État. En cas d'intervention, il y aura cependant bien un recours extraterritorial à la force armée, en principe interdit sauf intervention sollicitée, légitime défense ou autorisation des NU.

[600] Sur les dilemmes de l'aide humanitaire, cf. Mary B. Anderson : « 'Aujourd'hui, vous me sauvez la vie, mais pour quel avenir ?' Sur quelques dilemmes moraux de l'aide humanitaire », in J. Moore (dir.), *1999*, pp. 81-104, ainsi que J.B.J. Vilmer, *2012*.

[601] De l'aide humanitaire à l'OCP, du moins s'il y a l'autorisation des NU.

la durée, l'étendue, les objectifs, les modalités de l'engagement initial (*mission creep*)[602].

[602] Selon le degré de puissance de l'État objet de l'intervention, l'opération sera une simple expédition (sans combats durables) ou bien une véritable guerre (avec combats durables).

Chapitre V

De l'operation non coercitive a l'operation coercitive

La multiplication des OMP ou des OAH s'explique fondamentalement, d'un point de vue réaliste[603], par la volonté des puissances intervenantes de stopper la déstabilisation du ou des États en proie à une crise et de limiter les effets de cette crise — à défaut de l'avoir empêchée — sans qu'elles-mêmes entreprennent de recourir à la guerre. Obtenant le feu vert des NU, elles se contentent de s'interposer, de secourir les populations, de tenter de rétablir la sécurité ou de contrôler le conflit local, mais sans (trop) prendre part aux hostilités, ni se ranger (explicitement) aux côtés de l'une des parties, ni résoudre le conflit, leur intervention s'effectuant sans qu'aucun ennemi ne soit désigné. La guerre fait place à la paix lorsqu'il y a victoire de l'une des parties, ou accord entre les parties, ou épuisement réciproque. Or, les OMP ou même les OIP ont ceci de pervers que les conflits armés ne suivent pas leur cours jusqu'au dénouement : victoire, accord ou épuisement, cependant que l'aide humanitaire contribue à alimenter les protagonistes, donc le conflit. Réclamer des cessez-le-feu, envoyer des forces d'interposition, dépêcher des secours, tout cela est devenu un réflexe des NU, sous la pression de l'opinion émue par le spectacle télévisé des victimes ou des combats. Mais il est impossible à des Casques Bleus ou à des ONG de protéger les populations prises entre deux feux ou délibérément attaquées. Surtout, à défaut d'une pression diplomatique (diplomatico-militaire) capable d'enclencher et de faire aboutir des négociations de paix, le cessez-le-feu, l'interposition ou le secours se transforment en une pause réparatrice pour les belligérants, leur offrant l'occasion de reconstituer ou de réapprovisionner leurs forces. Prémunis contre la défaite militaire par l'intervention étrangère, les perdants sont à même de refuser la paix qui leur serait imposée par les gagnants. Ainsi, le cessez-le-feu, l'interposition ou le secours bloquent la conversion de l'état de guerre en état de paix. Autrement dit, l'intervention, sans prise de position, des tiers dans « les guerres des autres » pérennise, complique ou aggrave les conflits locaux[604].

603 Mais elles peuvent aussi s'expliquer, d'un autre point de vue, par les sentiments pacifistes ou humanitaires qui animent, sincèrement, les *leaders* politiques.

604 Cf. Edward Luttwak : *Le grand livre de la stratégie. De la paix et de la guerre*, Paris, O. Jacob, 2002, pp. 94-106.

Cette critique rappelée, évaluons la *summa divisio* — énoncée dans la Convention du 9 décembre 1994 — des *peace* ou *humanitarian operations :* caractère coercitif ou non coercitif ?« Maintien de la paix » et « assistance humanitaire armée », souvent mêlés, relèvent des « opérations militaires autres que la guerre »[605] : les protagonistes locaux, qui ont cessé le feu, sont consentants, même si leur consentement est sous pression ; à leur égard, les forces mandatées, non combattantes, sont (censées être) impartiales, ce qui peut s'avérer très difficile ; la mission qu'elles remplissent n'est pas de nature coercitive au sens militaire (elles peuvent provenir de pays neutres, telles l'Autriche ou la Suède) ; elles n'utilisent généralement leur armement léger que de façon réactive (en légitime défense au sens du Code pénal ou à des fins de police) ; elles ont le droit de transiter par un territoire tiers ; s'applique soit la Convention du 9 décembre 1994, soit un SOFA ou l'équivalent, non pas, ou marginalement, le *jus in bello* (lors des circonstances d'engagement des armes). Tout dépend donc du consentement des parties locales ou du pouvoir de persuasion (ou « diplomatie coercitive ») que possède le CSNU, ainsi que de la crédibilité des forces mandatées (ou « capacité dissuasive »).

À défaut, l'OMP ou l'OAH ne pourra s'effectuer. Les instruments des NU, style Directives d'Oslo de mai 1994 ou Directives MCDA de mars 2003, qui posent le principe de l'assistance militaire à seules fins de compléter les capacités civiles face à une crise, ne suffiront pas. Il faudra passer — avec l'accord des NU, sinon du gouvernement local — à « l'imposition de la paix » ou à « l'ingérence humanitaire armée », souvent mêlées elles aussi : les forces mandatées, dotées d'un équipement plus lourd, n'étant plus impartiales vis-à-vis des protagonistes locaux (elles ne proviennent pas de pays neutres), deviendront combattantes et recourront à une violence proactive pour remplir leur mission[606], avec application du *jus in bello* et, s'il n'y a pas de consentement de l'État territorialement compétent, du régime de l'occupation[607], sauf dérogation accordée par le CSNU, notamment en cas d'OCP[608]. Les résolutions des NU autorisent alors les États ou OIG régionales volontaires ou demandeurs à employer « *toutes les mesures* » ou« *tous les moyens nécessaires* » pour assurer la mission « de paix » ou « d'aide humanitaire ». L'absence de consentement local mène

---

[605] On parle aussi de « gestions de crise » en langage militaire.

[606] Selon la doctrine française d'emploi des forces,« *les actions civilo-militaires ont pour but de permettre aux organisations internationales et aux organismes caritatifs de réaliser leur mission d'assistance et de secours aux populations en détresse en contribuant notamment à la sécurité de l'opération* ».

[607] Tout accord de stationnement pacifique des forces des NU doit s'entendre *rebus sic stantibus* en ce sens que tout dénonciation de l'accord suivie ou non d'opérations militaires aura pour effet de substituer le régime de l'occupation au SOFA.

[608] Dans ce type de situation, les NU ont toujours écarté, au moins en partie, l'application *de jure* du droit de l'occupation pour lui préférer celle du DIDH pertinent.

donc à l'impuissance…ou à la coercition internationales, c'est-à-dire à l'état de guerre, du moins s'il y a combats, fût-il non déclaré et non reconnu.

De l'opération militaire coopérative (sur la base du chapitre VI de la Charte des NU) à l'opération militaire coercitive (sur la base du chapitre VII), il y a à la fois continuité et rupture. Continuité ou cumulativité, le plus souvent explicitée, parce que la distinction entre les deux types d'opérations ne tient qu'à une question de degré dans l'usage de la force, les troupes devant être capables de mener alternativement des missions d'interposition, d'aide humanitaire ou de combat. Rupture ou séquentialité, le plus souvent implicite, parce qu'un *ennemi* est désigné, qu'on use aussi d'une force *létale* et qu'on passe de l'état de paix à *l'état de guerre*[609]. Si l'OMP peut être définie comme une opération conservatoire autorisée par l'ONU sur une base consensuelle, effectuée par des troupes délibérément vulnérables (M. Liégeois), les autres opérations pourraient être définies comme des opérations réformatoires autorisées par l'ONU sur une base discriminatoire, effectuée par des troupes combattantes. Le passage est rendu perceptible par la mutation des RDE, c'est-à-dire les directives élaborées par l'autorité politique ou militaire compétente afin de déterminer les circonstances, les conditions et les modalités selon lesquelles les armes peuvent être utilisées.

Le degré d'engagement va du seuil minimal correspondant à la légitime défense au sens du Code pénal ou à l'action de police conforme aux standards du DIDH au seuil maximal correspondant à l'usage de la force armée ou à l'action de combat compatible avec les règles applicables du *jus in bello* et avec le « noyau indérogeable » du DIDH. En stade intermédiaire, la mutation des OMP en OIP, ORP ou OCP, ou celle des OAH en OIH, entraîne l'extension du concept de légitime défense, autrement dit, l'adaptation d'un concept issu du droit pénal interne aux nécessités d'opérations relevant du droit international public. La légitime défense n'est plus « personnelle » en ce qu'elle ne s'applique plus uniquement aux attaques contre la personne des Casques bleus, mais aussi à celles qui mettent en péril la mission de la Force des NU, notamment la protection de la population civile locale. Du droit du temps de paix au droit du temps de guerre, on passe ainsi de la défense de soi ou d'autrui à la défense d'un intérêt collectif. Selon le Rapport de la Commission d'enquête sur les actions de l'ONU lors du génocide au Rwanda en 1994, les RDE devraient obéir aux principes suivants : la clarté de leur formulation ; la gradation de la violence permise ; la liberté des échelons subordonnés de restreindre les RDE, mais pas de les élargir ; l'adaptabilité en fonction de la situation sur le terrain et des modifications du mandat de la Force ; l'exclusion de toute passivité face à des massacres. En *jus ad bellum*, le critère distinctif d'une opération coercitive autorisée par les NU réside à la fois dans la qualification d'une

[609] Les « soldats de la paix », sans *hostis*, redeviennent alors des « soldats de la guerre », avec *hostis*.

situation, la désignation d'un responsable (le *peace breaker*) et le recours proactif à la force armée. Mais les gouvernements arguent souvent, pour éviter d'avoir à demander l'approbation des Parlements ou pour ne pas effaroucher leur opinion publique, qu'il n'y a pas de guerre, mais uniquement des opérations « de paix » ou « d'aide humanitaire »…

CHAPITRE VI

LA REVENDICATION D'UN DROIT D'INTERVENTION MILITAIRE UNILATERALE POUR *JUSTE CAUSE*

On l'a vu, les exceptions en vigueur au principe d'interdiction du recours à la force armée dans les relations internationales renvoient au *bellum justum defensivum :* légitime défense et sécurité collective. Mises à part l'intervention sollicitée et l'autorisation du CSNU, deux autres exceptions au principe d'interdiction renvoient au *bellum justum offensivum.* 1) La première est consacrée par la pratique de l'AGNU, sur la base d'une interprétation stricte du droit des peuples ou des droits de l'homme. Il s'agit de la guerre (non étatique) de libération nationale, c'est-à-dire anticoloniale, postcoloniale ou anti-apartheid, outre la « réintégration » (étatique) d'un territoire colonial. Elle appartient au passé. 2) La seconde est revendiquée par une partie de la doctrine sinon des États, sur la base d'une interprétation large du droit des peuples ou des droits de l'homme. Il s'agit de l'intervention militaire « pour cause humanitaire », « démocratique », « autonomiste » ou « indépendantiste ». Elle est en discussion. Cette discussion oppose doctrine « souverainiste », s'en tenant à la *lex lata* classique, et doctrine « ingériste », réinterprétant la *lex lata* ou lui substituant une *lex ferenda.* Ladite discussion porte, dans le contexte du système international depuis 1990, sur le pouvoir reconnu au CSNU de déroger au principe de non intervention et sur les motifs d'une telle dérogation, sur l'attribution aux États ou aux OIG régionales d'un même pouvoir dès lors qu'il serait fondé sur les mêmes motifs : le droit de réagir aux violations graves et massives du DIDH ou du DIH — excédant les exigences reconnues de la répression d'une rébellion — pour les faire cesser, voire pour les prévenir, les réparer ou les réprimer. On retrouve dans la doctrine « ingériste », non seulement un raisonnement d'ordre valoriel, mais aussi le raisonnement, d'ordre fonctionnel, qui avait précédé l'adoption de la résolution 377 de l'AGNU, c'est-à-dire le dessaisissement du CSNU au cas où il serait abusivement bloqué. L'inertie du Conseil, c'est-à-dire son manquement à assurer le respect du DIDH ou du DIH ou à secourir les victimes, justifierait l'intervention, c'est-à-dire la prise de responsabilité, des États ou des OIG compétentes.

De la légalité à la légitimité, ou l'interprétation *praeter legem* du DIDH en *jus ad bellum*

Le droit international public en vigueur pourrait être contenu en grande partie dans le principe de non-intervention, puisque celui-ci renferme les principes de non-ingérence et de non recours à la force armée, la protection de la souveraineté, de l'indépendance et de l'intégrité des États, ainsi que celle de l'autodétermination des peuples. L'interdiction de l'intervention renvoie ainsi au *pluriversum* politique et à sa garantie, en bref, à l'indépendance nationale, valeur n°1 du droit international, du moins appréhendé selon les standards des puissances eurasiatiques *hors de leur sphère d'influence*. Classiquement, *l'idéal du droit international public*, exprimé dans les « cinq principes » indo-sino-russes, *est l'indépendance nationale*. Mais l'évolution imprimée aux droits de l'homme par les puissances atlantiques avait simultanément corroboré le tournant « impérial » et « éthique » des relations internationales, volontiers conçues sous l'angle de l'*universum*[610].

Après la fin du conflit Est-Ouest et l'avènement de l'unipolarité militaire américaine[611], la *causa belli* avait fait retour au premier plan du *jus ad bellum*, en liaison, d'une part, avec les idéaux de l'universalisme, exprimés par la double doctrine de la « paix démocratique »[612] et de la « sécurité humaine »[613], d'autre part, avec la politique américaine d'*enlargement* (hors

---

[610] Le droit de veto dont disposent la Russie et la RPC au CSNU a transformé la doctrine de l'intervention au nom des droits de l'homme en paradoxe : un principe « universel » à la recherche d'un consensus entre grandes puissances.

[611] Malgré le maintien d'une bipolarité nucléaire russo-américaine, la montée de la RPC et la diffusion des technologies balistico-nucléaires.

[612] Selon laquelle la démocratisation des États favorise à terme la pacification du monde, car les démocraties, étant pacifiques, ne se font pas la guerre, celle-ci résultant de gouvernements ou de sociétés non démocratiques.

[613] La « sécurité humaine » est le versant politologique du DIDH. Elle signifie la protection des individus contre les violences d'États ou d'entités non étatiques, autrement dit, la prévention, la cessation ou la répression de la violation grave des « droits de l'homme ». La « sécurité nationale », elle, équivaut au droit des États de défendre leur intégrité territoriale et leur indépendance politique. Quant à la « sécurité collective », elle équivaut au droit des États de garantir mutuellement leur intégrité et leur indépendance. Par « sécurité humaine », on entend la sécurité physique, matérielle et juridique des individus. Par « droits de l'homme », on entend les droits libéraux, démocratiques et sociaux énoncés dans les déclarations des droits. Qui doit assurer la sécurité des individus ? Le problème crucial porte sur le rôle de l'État et sur le rapport entre la sécurité des États et celle des individus. D'un côté, la sécurité des États demeure une condition nécessaire à la sécurité des individus. Elle ne suffit cependant pas à la garantir. Tel est l'aspect révolutionnaire du concept. Classiquement, la sécurité des personnes et des biens est assurée par l'État sur son territoire. La « sécurité humaine » conteste à l'État ce monopole de la protection, revers de son monopole de la contrainte. D'une part, l'État peut s'avérer incapable d'assurer la protection, lorsque son autorité n'est plus effective (hypothèse de la « faillite »). D'autre part, l'État peut être la cause de la violence, lorsqu'il abuse de son autorité (hypothèse de la « tyrannie »). Si l'on ne peut compter sur l'État territorialement compétent, vers qui se tourner ? La « sécurité humaine »

Trump)[614], parallèlement au *roll back* de la Russie en Eurasie et au *containment* de la RPC en Asie-Pacifique. À chaque intervention militaire, donc à chaque projection de puissance au-delà de l'Atlantique ou du Pacifique, les gouvernements des États-Unis[615] ont affirmé, sincèrement semble-t-il, qu'ils défendaient des causes « altruistes »[616], même si des intérêts géoéconomiques se trouvaient probablement à l'arrière-plan. Entre le refus principiel du recours à la force et la promotion principielle des droits de l'homme, ils ont dû choisir : l'abstention dans le contexte de la bipolarité, l'intervention dans celui de l'unipolarité, du moins selon l'opportunité politique. La *revolution in military affairs*, qui fut largement une « révolution dans les affaires de l'*US Air Force* », avait étayé le tournant interventionniste, qu'avait également épousé l'OTAN dans ses Concepts stratégiques. En gros, la frappe précise à longue distance servie par le missile de croisière permet et donne la victoire ; elle rend pleinement instrumentalisable l'emploi de la force armée ; elle garantit un minimum de pertes du côté américain ou occidental et elle limite au maximum les dommages collatéraux immédiats chez l'ennemi. Mais le rééquilibrage sino-

---

réhabilite le droit de résistance des individus et le droit d'intervention des États tiers pour protéger les populations voire changer les régimes. La « sécurité humaine » vise au plan mondial le respect des droits de l'homme (au sens occidental). Elle transforme les paradigmes des relations internationales : elle remplace la politique interétatique (de gouvernement à gouvernement) par la politique transnationale (de gouvernement étranger à société civile locale) ; elle fait de la démocratie libérale le seul régime politique légitime ; elle relativise la souveraineté de l'État, en revendiquant la *norme* de la résistance ou de l'intervention pour protéger les populations ou changer les régimes. Deux moments clés à cet égard : la guerre du Kosovo en 1999, celle de Libye en 2011.

[614] Elargir la sphère des « démocraties de marché », comme l'énonçait le *Freedom Support Act* de 1992. Avec ou sans l'ONU, l'objectif est, ou était, de (re)fonder un ordre international démocratique et libéral, non plus seulement à l'échelle « occidentale » mais à l'échelle « mondiale », afin d'intégrer, non plus seulement la RFA et le Japon, mais les « pays émergents » au Sud et à l'Est. D'où le maintien, le renouvellement et l'extension des alliances militaires (OEA, OTAN, ANZUS, traités bilatéraux asiatiques) et des institutions économiques (FMI, groupe de la Banque Mondiale, GATT/OMC, OCDE) créées à l'initiative des États-Unis au lendemain de la Seconde Guerre mondiale et au début de la Guerre froide.

[615] La plupart des Présidents américains, qu'ils soient démocrates ou républicains, sont des idéalistes (armés), qui ont foi en la démocratie et en la mission démocratique de l'Amérique.

[616] Sur vingt ans, le développement des interventions américaines était significatif. 1991 : intervention en « légitime défense collective » contre l'Irak après l'invasion, l'occupation et l'annexion du Koweït. 1993 : intervention « pour cause humanitaire » en Somalie avec l'autorisation du CSNU. 1994 : intervention « pour cause démocratique » en Haïti avec l'autorisation du CSNU. 1999 : intervention « pour cause humanitaire » au Kosovo pour imposer une solution d'autonomie, avec l'OTAN mais sans l'autorisation du CSNU. 2001 : intervention en « légitime défense individuelle » contre l'Afghanistan afin de renverser le régime taliban, sans l'autorisation mais avec l'accord du CSNU. 2003 : intervention en « légitime défense préventive » et « pour cause démocratique » contre l'Irak sans l'accord du CSNU, malgré l'argument de « l'autorisation implicite ». 2011 : intervention « pour cause démocratique » en Libye, avec l'OTAN mais en outrepassant le mandat du CSNU.

russe de la puissance américaine depuis les années 2010-2020 a mis un coup d'arrêt à l'interventionnisme occidental.

Depuis que les États ne disposent plus d'un titre initial et inconditionné, résultant de leur souveraineté, pour recourir à la force armée, un tel recours ne peut se fonder que sur une logique dérogatoire : soit l'intervention sollicitée, mais il faut le consentement valable de l'État territorialement compétent ; soit la légitime défense, mais il faut prouver l'existence d'une agression préalable ; soit l'autorisation du CSNU (voire de l'AGNU), mais il faut un consensus au Conseil (ou à l'Assemblée) ; soit la « réintégration territoriale », mais il faut une situation coloniale. Sinon, la guerre est illégale. Sa justification doit alors passer par une revendication de légitimité. De la légalité à la légitimité, on passe d'un fondement normatif juridique objectif à un fondement normatif moral subjectif. On peut confondre légalité et légitimité. Max Weber disait que la légalité est la forme moderne de la légitimité :« au nom de la loi » est une formule de légitimité. Mais on peut aussi distinguer légalité et légitimité, ce qui amène à les contre-distinguer, à opposer une légitimité invoquée à la légalité établie, à couvrir, effacer ou compenser l'illégalité par de la légitimité. D'un côté, la légitimité est plus éminente que la légalité ; d'un autre côté, elle n'est qu'un pis-aller, puisque faute de fondement légal, on cherche un fondement légitime. Ainsi de l'État qui recourt à la force armée hors consentement du gouvernement territorialement compétent, légitime défense, autorisation du CSNU ou « réintégration territoriale », qui sont les quatre fondements légaux du recours à la force armée dans les relations internationales.

De manière paradoxale, le fondement de légitimité est recherché, sinon trouvé, dans du droit positif, à savoir : secondairement, la Charte des NU ; principalement, le DIDH[617], réinterprété sous l'angle du *jus ad bellum*, afin d'y démontrer l'existence d'une *justa causa belli*[618]. La Charte étant *le* traité contemporain de *jus ad bellum*, elle doit nécessairement intéresser la doctrine « ingériste », mais pas outre mesure, pour les raisons suivantes. Selon la doctrine « ingériste », la Charte ne vise pas seulement la paix, mais la « paix juste », c'est-à-dire la paix dans le respect du droit des peuples et des droits de l'homme. La Charte ne fait pas que garantir le *statu quo* interétatique ; elle énonce des principes de justice[619] susceptibles de servir à

---

[617] Dont le DIH ne serait que la *lex specialis* en période de conflit armé…

[618] Proclamée, plus ou moins contradictoirement, au nom de la paix ou de l'humanité.

[619] L'alinéa 2 du préambule proclame la « *foi dans les droits fondamentaux de l'homme* ». L'alinéa 3 évoque le « *maintien de la justice* ». L'alinéa 7 parle de l'usage de la force « *dans l'intérêt commun* ». L'article 1 paragraphe 1 mentionne « *l'ajustement* »des différends « *conformément aux principes de la justice et du droit international* ». Les articles 2 paragraphe 3 et 40 distinguent la paix d'une part, la justice d'autre part. L'article 14 évoque « *l'ajustement pacifique de toute situation... de nature à nuire au bien général* », notamment « *les situations résultant d'une infraction aux dispositions de la Charte où sont énoncés les buts et les principes des Nations unies* ».

changer l'ordre intra — ou inter-étatique. L'ingérence voire l'intervention deviennent compatibles avec les buts des NU lorsqu'elles visent à faire respecter — selon l'expression de l'article 1er commun aux CG — les droits des personnes. Mais il est facile de rétorquer à cette interprétation que le but principal énoncé par la Charte (dès l'article 1 paragraphe 1) est bien de « *maintenir la paix* », non d'*établir le droit* : c'est« *à cette fin* » que les NU prennent des mesures « *conformément aux principes de la justice et du droit international* ». Tout au long du texte, la « paix » et la « sécurité » viennent avant la « justice » et le « droit »[620]. C'est en vain que la France avait proposé, lors de la conférence de San Francisco, l'introduction dans la Charte d'une disposition selon laquelle « *la violation manifeste... des droits de l'homme... constitue par elle-même une menace susceptible de compromettre la paix* ». Cette disposition a certes refait surface dans la pratique du CSNU, qui n'hésite pas à qualifier de menaces contre la paix les violations des droits des personnes à l'intérieur d'un État, sans que l'article 2 paragraphe 7 de la Charte y fasse obstacle. Mais 1) il faut l'autorisation du Conseil et 2) c'est parce qu'elle affecte la paix que la violation des droits de l'homme intéresse les NU. D'où la confirmation du primat de la paix sur la justice.

Plutôt que vers la Charte, la doctrine « ingériste » se tourne donc vers le DIDH et le DIH, utilisés pour modifier le sens de la Charte. Ce que les organes des NU sont habilités à recommander ou à décider : l'intervention au nom des droits des personnes, dont la violation est assimilée à une atteinte à la paix, les États ou les OIG compétentes devraient également être habilités, car la *causa* prime l'*auctoritas*[621]. Le recours à la force armée resterait conditionné ; il ne serait plus contrôlé par le CSNU ; imposer internationalement la cessation de la violation grave du DIDH ou du DIH dans ou par un État ne dépendrait plus de l'arithmétique politique au Conseil. Le droit international possède deux registres justificatifs : principalement, la légalité ou *lex lata*, la seule qui vaille dans un système positiviste[622] ; subsidiairement, la légitimité ou *lex ferenda*, utilisée lorsque le positivisme ne coïncide plus avec la politique suivie par les États. La philosophie moderne du droit est positiviste. Les États préfèrent la légalité. C'est ce que montrent leurs discours normatifs, notamment l'invocation

620 Dans le cadre du chapitre VII, l'action du CSNU ne se modèle pas sur la mise en œuvre du droit, mais sur la préoccupation de « *maintenir ou rétablir la paix* » (art. 39) ou d'« *empêcher la situation de s'aggraver* » (art. 40).

621 Est légal le recours à la force armée autorisé ou approuvé par le CSNU, c'est-à-dire autorisé ou approuvé par neuf voix sur quinze sans le veto exprès de l'un des cinq membres permanents. Mais sur le fond, ce recours est-il juste ? Inversement, en l'absence de la majorité qualifiée requise, ledit recours est-il injuste ?

622 Même si celui-ci a intégré des notions d'allure jusnaturaliste, telles la paix et l'humanité.

— même abusive — de la légitime défense ou de l'autorisation du CSNU[623]. Lorsque le fondement légal du *jus ad bellum* fait défaut, c'est encore à des sources positives — les conventions du DIDH ou du DIH, dont certaines dispositions sont érigées en obligations impératives *erga omnes* — qu'ils se réfèrent pour donner un fondement légitime au *jus ad bellum*.

De la faculté d'intervention des NU à celle des États

On sait que le CSNU, sur la base du chapitre VII de la Charte, peut s'affranchir en toute légalité du respect de la souveraineté des États ainsi que du principe de non-intervention : il lui suffit de constater une « *menace contre la paix et la sécurité internationales* ». Depuis la résolution 688 du 5 avril 1991, on observe dans les résolutions du Conseil l'élargissement de la notion de menace contre la paix aux situations, y compris purement internes, de crise humanitaire ou de violation grave du DIDH ou du DIH[624]. Cet élargissement transforme aussi bien le concept de menace que le concept de paix. La menace ne désigne plus seulement le risque de guerre entre États ou au sein d'un État, mais la violation grave des droits des personnes. La paix ne désigne plus seulement l'absence de guerre entre États ou au sein d'un État, mais l'absence de violation grave des droits des personnes. Par conséquent, la sécurité — concept qui englobe aussi bien la menace que la paix — renvoie davantage à la « sécurité humaine » qu'à celle des États. Les résolutions du CSNU établissent ainsi un lien entre le DIDH ou le DIH et le DSI. Ce lien est avant tout fonctionnel, puisqu'il vise à permettre au Conseil de prendre des mesures coercitives, non militaires ou militaires, pour faire cesser la violation du DIDH ou du DIH. Le CSNU a-t-il le droit d'exercer de la sorte les compétences que lui attribue la Charte ? La quasi-inexistence

---

623 La référence au CSNU constitue l'argument central constant du discours justificatif des États européens (même si leurs motivations réelles peuvent diverger par rapport à ce discours). Il en va ainsi bien sûr lorsque ces États bénéficient d'une autorisation claire du Conseil (Golfe 1990, Somalie 1992, Rwanda 1994), mais aussi lorsqu'ils n'ont pas obtenu une telle autorisation. Ils invoquent alors une « autorisation implicite » qu'ils cherchent et trouvent dans des résolutions ambiguës (Kosovo 1999, Afghanistan 2001). C'est donc à tort que l'on croit au primat, du côté des États, de l'argumentation légitimiste tendant à contourner le cadre légal existant au nom de considérations d'ordre éthique, pour justifier la participation à des interventions militaires non autorisées par le CSNU et hors légitime défense (cf. B. Delcourt, *2001*, ou O. Corten, « 2004 »). Mais ce qui est vrai du côté des chancelleries, dans les discours adressés à l'ONU ou aux autres États, l'est moins du côté des hommes politiques ou des intellectuels, dans les discours adressés aux journalistes ou à l'opinion publique. L'argumentation légitimiste l'emporte ici. Lors de la « crise irakienne » de 2002-2003, trois discours ont été mêlés : celui de « l'autorisation implicite » du CSNU pour le désarmement forcé de l'Irak, celui de la « légitime défense préventive » contre un État prétendument détenteur d'ADM et lié à *Al-Qaïda*, celui du renversement de la « tyrannie » et de l'instauration de la démocratie.

624 Voir les résolutions à propos du Kurdistan irakien, de l'ex-Yougoslavie, du Haut-Karabagh, de la Géorgie, de la Somalie, du Libéria, de l'Angola, du Mozambique, du Congo-Kinshasa, du Rwanda, du Yémen, du Soudan, de Haïti, de la Libye, de la Syrie…

d'un contrôle de validité des actes du Conseil, tant de la part de l'AGNU que de la CIJ, confirme sa liberté d'appréciation. Au fond, le CSNU remplace le système des puissances protectrices, inefficace, pour s'ériger, *via* la réinterprétation du concept de menace contre la paix, en gardien du respect du droit applicable en période de conflit armé.

Lorsqu'il décide d'agir en cas de crise humanitaire, le Conseil prend des mesures d'assistance ou d'ingérence (selon le consentement ou non de l'État territorialement compétent). Il recommande ou ordonne le libre accès aux victimes ou la sécurité des zones, couloirs ou convois humanitaires. Il envoie ou autorise l'envoi de forces à des fins humanitaires, ou bien il élargit une « opération de paix » en lui ajoutant un mandat humanitaire. Il recommande ou ordonne des mesures destinées à « sanctionner » les violations du DIH ou du DIDH. Les mesures « déclaratives » comprennent le rappel aux parties de leur obligation de respecter le droit applicable ou la condamnation des violations du droit applicable. Ces condamnations permettent d'identifier la ou les parties fautives en faisant pression sur elles pour qu'elles cessent les violations. Les mesures « opératoires » comprennent les actions non armées ou armées, allant de « l'ingérence humanitaire sous escorte militaire » à « l'intervention militaire pour cause humanitaire », ainsi que, plus rarement, la création de commissions ou de juridictions *ad hoc* à des fins réparatrices ou punitives[625], ou encore la saisine du Procureur de la CPI. On sait que le CSNU peut autoriser, sur la base d'un chapitre VII extensivement interprété, un recours offensif à la force armée contre tel État. Les États, eux, n'ont pas une telle prérogative. Aussi les tenants du « droit d'intervention » proposent-ils les constructions suivantes, en l'absence de résolution permissive du Conseil. Ils fondent les « causes altruistes », morales, sur du droit positif, à savoir le DIH et le DIDH. Incluant la critique de l'inertie du CSNU, la doctrine « ingériste » développe deux types d'argumentation :« gradualiste » et « légitimiste ». Toutes deux extrapolent — comme cela a été fait en matière de décolonisation ou de *peace operations* — le droit positif. Mais elles restent dans la logique dérogatoire au principe du non recours interétatique à la force armée : l'intervention est conditionnée par la violation grave des droits des personnes. Elle n'est toutefois plus contrôlée par une instance autre que des États également souverains…

L'argumentation « gradualiste »

Droit d'assistance, droit d'ingérence et droit d'intervention sont les trois étages d'une revendication allant du « libre accès » aux victimes, dès lors qu'elles ont appelé à l'aide, à la « juste guerre » contre l'oppresseur. Globalement, cette revendication repose sur le principe, « indérogeable » en DIDH, de l'interdiction de toute privation arbitraire du droit à la vie, qui

625 Ex-Yougoslavie, Rwanda, Sierra Leone…

englobe le droit des populations en détresse d'être secourues, lui-même partie des « considérations élémentaires d'humanité » en DIH.

D'abord se passer de l'autorisation du gouvernement territorialement compétent ou de celle des NU pour distribuer les secours aux populations : l'assistance humanitaire devient ingérence humanitaire. Ensuite demander la protection militaire des convois, couloirs, ou zones humanitaires : l'ingérence devient armée. Enfin réclamer, après épuisement des voies de règlement diplomatiques, la mise hors d'état de nuire des groupes ou des autorités faisant obstacle à la distribution de l'aide ou, carrément, le renversement des régimes oppressifs, ou encore l'accès à l'autonomie ou à l'indépendance de la population, au cas où elle serait ethniquement ou culturellement distincte de l'État qui l'administre : l'ingérence armée devient intervention militaire « pour cause humanitaire », ou « pour cause démocratique », ou « pour cause autonomiste » ou « indépendantiste » (avec changement du statut sinon du tracé des limites territoriales)[626]. *Last but not least*, l'intervention pourrait avoir un aspect préventif, c'est-à-dire anticiper une situation de détresse ou d'oppression grave, par exemple si le gouvernement local promet, projette ou tente une répression excessive de la population ou d'une insurrection[627].

Du côté des troupes intervenantes, les RDE passent de la légitime défense au sens du Code pénal à l'usage de la force armée compatible avec les règles applicables du *jus in bello*. Combattre et vaincre l'ennemi — le gouvernement adverse, en soutenant l'opposition à ce dernier — devient le but n°1, l'aide aux populations passe au second plan, du moins le temps de la guerre. Ultérieurement, la victoire acquise et l'occupation ou l'administration terminée, on escompte que le nouveau régime (libéralisé, démocratisé ou fédéralisé) ou le nouvel État (s'il y a sécession) respecteront les droits des personnes.

L'argumentation « légitimiste »

Partant du principe qu'est illicite l'assistance à un gouvernement violant gravement le droit des peuples ou les droits de l'homme, une partie de la doctrine considère comme légitime le recours unilatéral et offensif à la force armée contre un tel gouvernement. *Il ne serait pas simplement interdit de l'aider, il serait permis de l'attaquer*. Ainsi, une guerre n'est pas licite

---

626 La guerre du Biafra a offert un premier précédent. Le CICR avait vainement négocié l'accès aux zones rebelles, tout en continuant à fournir assistance aux régions contrôlées par le gouvernement nigérian. Indignée, une partie des secouristes remit en cause les méthodes traditionnelles de la Croix-Rouge, en mobilisant les médias et en se passant de l'autorisation gouvernementale. Puis, face au blocage ou aux attaques des convois alimentaires ou sanitaires, les tenants de l'ingérence humanitaire demandèrent la protection militaire des convois, soit une ingérence armée…

627 Libye 2011. Outre la légitime défense anticipée, existerait l'intervention humanitaire anticipée…

seulement si elle est menée en légitime défense ou si elle est autorisée par les NU, ou une intervention n'est pas licite seulement parce qu'elle s'effectue avec le consentement du gouvernement territorialement compétent. La guerre est licite en *jus ad bellum* si, livrée par des États ou des OIG compétentes, elle vise : à protéger les civils ou à éliminer les obstacles qu'un État met au travers de l'aide humanitaire ; à permettre à une population (à une minorité) dont les droits sont violés d'obtenir l'autonomie voire l'indépendance ; à renverser, en soutien à une insurrection, un gouvernement oppressif ou à le contraindre à changer de politique ; à restaurer un processus de démocratisation interrompu par un coup d'Etat[628]. Bref, c'est un critère de *légitimité politique*, parallèlement à des circonstances d'opportunité militaire, qui doit permettre d'évaluer la licéité ou l'illicéité du recours à la force. L'intervention au Kosovo offrirait un « précédent » plutôt qu'une « exception », malgré la déclaration contraire des États membres de l'OTAN et d'autres critiques. En dehors de l'argumentation légaliste de « l'autorisation présumée » du CSNU, le recours à la force armée de l'OTAN contre un État qui n'avait commis aucune agression, afin d'imposer une solution d'autonomie, a été légitimé par une « cause humanitaire »[629] : stopper la répression serbe, éviter « l'épuration ethnique », protéger la population albanophone. On a retrouvé l'argumentaire de la protection de la population dans l'affaire libyenne en 2011, mais couvert par l'autorisation, même outrepassée, du CSNU.

Le raisonnement des tenants du « droit d'intervention » est le suivant. 1) *Une légitimité internationale est en voie de constitution.* Elle tend à mettre fin à l'indifférence du droit international à l'égard des régimes ou des changements politiques intérieurs. Elle a d'ores et déjà pour fondement les droits des personnes, servis par la démocratie. Elle est précisément illustrée, d'une part, par « l'objectif démocratique » des processus constituants internationalisés, d'autre part, par la « conditionnalité démocratique » de la reconnaissance des nouveaux États ou de leur admission dans certaines OIG, qui témoigne de la superposition croissante du principe de légitimité à celui d'effectivité. 2) En tant qu'obligations impératives *erga omnes*, les droits des personnes doivent être respectés par les États, sujets d'un droit international public qui n'est plus, ou de moins en moins, neutre à l'égard du droit

[628] L'intervention des États-Unis à Haïti, en 1994, afin de restaurer le gouvernement démocratique du Président Aristide renversé par un putsch, s'est effectuée sous le mandat du CSNU. La résolution 940 du 31 juillet 1994, qui autorisait cette opération, a insisté sur le caractère « *unique* », « *exceptionnel* » et « *spécial* » de la situation à Haïti, en soulignant qu'elle ne pouvait être considérée comme un précédent pour intervenir par la force dans les affaires intérieures des États. De manière générale, le CSNU a été confronté à de nombreuses reprises aux conséquences de coups d'État. Devant se prononcer à leur égard, il a oscillé entre l'abstention et la condamnation, voire les « sanctions ».

[629] Ce qui n'a pas vraiment été le cas de trois autres interventions unilatérales dont on reparlera : celles de l'Inde au Pakistan oriental (1971), du Vietnam au Cambodge (1978), de la Tanzanie en Ouganda (1979).

constitutionnel interne. 3) La violation grave des droits des personnes constitue un juste motif d'insurrection des populations ou d'intervention des États tiers. 4) L'État a la *responsabilité* principale *de protéger* ses ressortissants ou d'assurer leur libre détermination[630] ; mais s'il est défaillant, la responsabilité de protéger ou d'assurer la libre détermination passe — on retrouve la subsidiarité — à la « communauté internationale », c'est-à-dire aux États tiers ou aux OIG régionales.

La souveraineté, l'indépendance et l'intégrité de l'État, ainsi que l'accord du CSNU, sont alors provisoirement suspendus, au nom du DIDH, suivant l'idée que ni la souveraineté, l'indépendance et l'intégrité, ni le CSNU, ne doivent couvrir la violation des droits de l'homme. La Charte des NU ne vise pas simplement la paix, mais la *paix juste*, compatible avec le respect des droits de l'homme. Ceux-ci, estimés prioritaires, sont donc opposés à la souveraineté de l'État et ils permettent, le cas échéant, de dessaisir le CSNU, pour justifier une intervention militaire. Celle-ci s'effectue non pas *contra legem* ni même *extra legem*, mais *praeter legem*. La notion de *jus cogens* — implicitement ou explicitement mobilisée — permet en effet de hiérarchiser les normes internationales, en accordant, en l'occurrence, la primauté aux droits de l'homme, sans que l'État violateur puisse invoquer le « domaine réservé » de l'article 2 paragraphe 7 de la Charte des NU ni, plus généralement, la protection de sa souveraineté, indépendance ou intégrité. La violation des normes impératives affectant la communauté internationale dans son ensemble habilite les États à réagir, y compris militairement, l'intervention en réaction à un crime international (la violation grave du DIDH ou du DIH) devenant une cause exonératoire.

Pour que l'intervention devienne « norme », et ne demeure pas décision arbitraire de l'ami à l'ennemi[631] ou du fort au faible[632], elle devrait reposer

---

630 L'autodétermination implique, au plan externe, la souveraineté, c'est-à-dire l'indépendance vis-à-vis de toute domination étrangère, au plan interne, la démocratie, c'est-à-dire le libre choix des dirigeants par les citoyens aux termes d'élections pluralistes. Aussi l'interdiction de l'intervention contre un État est-elle sujette à suspensions unilatérales, donc sans l'autorisation des NU, dans trois sortes de cas, dit Michael Walzer (*1999*) : quand une communauté est engagée dans une lutte de libération au sein d'un État pour obtenir son indépendance ; quand l'armée d'une puissance étrangère a déjà fait intrusion dans le territoire de l'État, à la demande ou pas de l'une des parties au conflit interne ; quand les violations des droits des personnes à l'intérieur de l'État aboutissent à supprimer la possibilité d'autodétermination de la population victime de la violence étatique. Dans ces trois cas, l'intervention à l'encontre de l'État oppressif est sinon légale, du moins légitime, car justifiée par la nécessité de rétablir la possibilité d'autodétermination de la population opprimée.

631 Il n'a jamais été question pour l'OTAN d'intervenir en faveur des Kurdes contre la Turquie.

632 Il n'a jamais été question pour l'OTAN d'intervenir en faveur des Tchétchènes contre la Russie ni en faveur des Tibétains contre la RPC. Il est vrai que « l'espérance raisonnable de succès » permet de réfuter l'objection « deux poids, deux mesures ». Il n'en reste pas moins que les États se trouvent divisés entre ceux qui ont les moyens de dissuader une intervention et ceux qui ne les ont pas.

sur des critères objectifs, à défaut d'une instance indépendante et impartiale à même de juger (dès lors que l'on entend se passer de l'autorisation des NU ou que les États ne soumettent pas leurs différends à la CIJ). Pour éviter des abus, les tenants de *l'intervention militaire « pour cause humanitaire »*[633] proposent trois conditions de licéité, *ante bellum, durante bello, post bellum*, soit une délimitation de la nouvelle exception au principe du non recours interétatique à la force armée. 1) La situation doit être caractérisée par des violations graves et massives — prouvées, pas seulement alléguées — des droits des personnes. Elle impose une réaction urgente. Les victimes ont appelé à l'aide étrangère. Les voies de règlement diplomatiques ont été épuisées par l'obstination de l'État violateur. Le CSNU est bloqué. 2) Face à cette situation, l'intervention doit avoir pour but la cessation — sinon la prévention, la réparation ou la répression — des violations graves et massives des droits des personnes, sans autre visée politique ou économique[634]. Elle doit être limitée à ce qui nécessaire et proportionnée à la poursuite de cet objectif. Elle doit être menée par plusieurs États agissant de concert, le cas échéant par l'intermédiaire d'une OIG régionale, de préférence avec le soutien d'une majorité d'États à l'AGNU[635]. 3) Adéquatement préparée, l'intervention doit être efficace, au sens où elle doit probablement améliorer à terme (quand ?) la situation des personnes, non pas l'aggraver. La sincérité dans la motivation « altruiste » — renouveau laïc de l'ancien critère de la *recta intentio* — ne suffit pas : encore faut-il que l'intervention n'engendre pas une situation pire que la situation initiale.

Ces conditions, où l'on retrouve les critères classiques du dernier ressort, de la mesure et de l'espérance raisonnable de succès, posent au moins trois problèmes. À supposer que l'on puisse constater les faits objectifs que sont le caractère grave et massif des violations des droits de la personne, l'épuisement des voies diplomatiques, la paralysie du CSNU et la multinationalité de l'opération militaire, comment établir l'existence d'un appel en provenance des victimes et qui a le droit de parler au nom des victimes ? Comment vérifier la sincérité des motivations humanitaires des puissances intervenantes, établir la proportionnalité de leurs opérations,

---

633 Cause à la fois la plus solide et la plus prudente, pour trois raisons. 1) Elle se base sur du droit conventionnel, DIH ou DIDH. 2) Une crise humanitaire est une situation objectivement constatable : un État tue ou, *failed State*, laisse mourir en nombre ses ressortissants ou résidants ; en cas de guerre civile, il réprime la population davantage que les insurgés. 3) Par ses buts, l'intervention « pour cause humanitaire » ne remet pas en cause le régime politique de l'État concerné, ni son organisation ou son intégrité territoriales, à la différence des interventions « pour cause démocratique », « autonomiste » ou « indépendantiste ».

634 Joseph Nye ajoute : l'existence d'intérêts nationaux doit renforcer la cause humanitaire. Mais la *realpolitik* viendra altérer le caractère « altruiste » de l'intervention.

635 Antonio Cassese ajoutait : le CSNU a déploré et condamné la situation, mais n'a pu agir. Mais on sait que si la simple condamnation suffisait à donner un signal d'intervention unilatérale, la résolution portant condamnation risquerait de ne pas être votée.

évaluer l'efficacité de leur action ? Les inconvénients entraînés par la guerre sont-ils plus que compensés par les avantages que l'intervention étrangère doit apporter aux populations locales ? Une intervention au sol réussie aboutira à une occupation ou à une administration durables du territoire et de la population de l'État visé : il faudra reconstruire les institutions, et cela, face à d'éventuelles résistances armées[636]...

[636] L'intervention militaire en Libye a revêtu une forme aérienne, en appui aux insurgés, évitant ainsi tout problème d'occupation ou d'administration, à la différence de l'Afghanistan ou de l'Irak. Mais la Libye a sombré dans le chaos...

CHAPITRE VII

L'ILLICEITE *DE LEGE LATA* DE L'INTERVENTION MILITAIRE UNILATERALE

Comment analyser juridiquement la doctrine « ingériste » ? Celle-ci estime que le « droit d'intervention » peut être déduit de textes existants, principalement les conventions du DIDH et du DIH. Il conviendra donc d'examiner, d'abord, le concept de la *légitimité internationale* en voie de constitution ; ensuite, la question de la réaction licite aux violations du DIDH ou du DIH ; enfin, l'éventuelle modification par la voie coutumière du *jus ad bellum* énoncé par la Charte des NU. On ne pourra que constater la conformité au droit positif — fût-il critiquable moralement et politiquement — de la doctrine « souverainiste ».

L'indifférence du droit international public vis-à-vis du droit constitutionnel des États

Au XIXe siècle, les deux tentatives visant à sanctionner internationalement un principe de légitimité intérieur ont échoué : la Sainte Alliance en Europe, au nom de la monarchie et en opposition aux soulèvements populaires ; la doctrine Tobar en Amérique, au nom de la démocratie et en opposition aux coups d'État militaires. Plus tard, en réaction à la doctrine Wilson de non-reconnaissance des gouvernements inconstitutionnels, la doctrine Estrada récusa toute reconnaissance de gouvernement comme étant une ingérence illicite. Depuis 1990, l'émergence d'un principe de légitimité démocratique en droit international n'a pas mis fin à l'indifférence de ce dernier vis-à-vis du régime des États ni à sa neutralité idéologique. À cela, une exception certaine : l'apartheid, et une exception possible : l'interruption par un coup d'État d'un processus de démocratisation suivi par les NU. Mais dans ce dernier cas, ce n'est peut-être pas tant ladite interruption qui est condamnée que la violation des résolutions du CSNU. La doctrine « ingériste », lorsqu'elle dépasse le stade de la « cause humanitaire »*stricto sensu*, se corrèle à une nouvelle conception du droit international, d'où il résulte un nouveau concept de reconnaissance entre États et un nouveau concept d'admissibilité dans les OIG. D'une part, la neutralité idéologique et l'indifférence du droit international vis-à-vis des régimes politiques sont remplacées par une axiologie et par une discrimination des régimes en fonction de leur caractère démocratique ou pas[637]. D'autre part, au critère de l'indépendance politique et de l'effectivité territoriale de l'État est ajouté le critère de la représentativité ou de la légitimité démocratique de l'État. Tel est le paradoxe d'une doctrine universaliste qui contre-distingue les États, qui divise le monde en deux, qui sape le principe de la coexistence pacifique entre États souverains et qui, si les hostilités éclatent, favorise la mutation tendancielle de la guerre interétatique en guerre civile internationale (les puissances intervenantes appelant au soulèvement contre leur gouvernement de la population qu'elles prétendent aider ou libérer). D'où précisément sa non-consécration en droit positif.

La problématique de la reconnaissance d'État ou de gouvernement

Avant même l'intervention, le problème soulevé est celui de la reconnaissance ou de la non-reconnaissance des Etats[638] ou des gouvernements, ainsi que celui de leur admission ou de leur refus d'admission à l'ONU ou dans d'autres OIG.

On sait que le droit international attend d'un État qu'il démontre sa capacité à exercer ses fonctions d'ordre public sur son territoire[639] et à ne pas dépendre politiquement d'un ou plusieurs autres États pour son existence ou son fonctionnement. Il n'est donc pas question de critères issus de la nature du régime politique pour la reconnaissance d'État. La condamnation de l'apartheid a toutefois introduit un critère tiré du droit constitutionnel dans le droit international de la reconnaissance. Ainsi, la non-reconnaissance — exigée par le CSNU — de l'indépendance de la Rhodésie ou du Transkei ne procédait pas d'un défaut d'aptitude à gouverner, mais du refus d'admettre l'avènement ou la consolidation de régimes minoritaires blancs. Positivement, cette fois, la généralisation de la conditionnalité démocratique pour la reconnaissance des nouveaux États (issus de la RFSY ou de l'URSS) puis leur admission à l'ONU, signifierait que, pour être reconnu puis admis à l'ONU, un État ne devrait pas seulement être effectif et indépendant, mais aussi posséder un *régime démocratique*. A cette tendance s'opposent 1) le constat selon lequel le droit international admet la pluralité des régimes

---

[637] Le caractère démocratique étant défini par les élections pluralistes, le parlementarisme et « l'État de droit » (séparation des pouvoirs législatif, exécutif, judiciaire, droits fondamentaux des personnes, contrôle juridictionnel de légalité et de constitutionnalité).

[638] La reconnaissance est l'acte juridique officiel par lequel un État constate, approuve et légitime l'existence d'un autre État, et par conséquent s'engage à respecter la souveraineté de cet État. Un État ne peut mener une vie internationale « normale » qu'à partir du moment où, par la reconnaissance, il entre en relations officielles avec d'autres États. C'est à ce moment là qu'il peut faire valoir des droits que l'État non reconnu n'est guère en mesure d'invoquer, puisqu'on lui refuse la qualité d'État, donc le bénéfice des droits de la souveraineté. La reconnaissance peut être constitutive (un État existe en droit sans exister en fait) ; la plupart du temps, elle est déclarative (elle confirme en droit l'existence de l'État en fait), tout en contribuant à reproduire le modèle étatique de l'unité politique tel qu'il est apparu en Europe.

[639] De manière à ce qu'il remplisse ses obligations de vigilance et de diligence.

politiques, 2) le principe selon lequel tous les États ont le droit inaliénable de choisir leur régime politique sans ingérence étrangère, 3) la discrétionnalité de la reconnaissance ou non des États nouveaux par les États anciens[640].

Quant à l'admission à l'ONU, la Charte a posé des conditions dans son article 4 : être un État, être pacifique, accepter les obligations de la Charte, être capable de remplir ces obligations, être disposé à le faire[641]. Ces conditions impliquent-elles que l'État ait un régime démocratique ? On peut en douter, la lettre de l'article 4 renvoyant bien davantage à des critères d'effectivité qu'à des critères de légitimité. Un État pacifique est-il nécessairement démocratique ? Répondre par oui implique d'accorder crédit à la théorie de la « paix démocratique »... Surtout, la pratique de l'admission à l'ONU a montré que l'examen des conditions a largement cédé la place à un quasi-automatisme. L'admission quasi-automatique de tout nouvel État a été justifiée par l'égalité des États et par l'universalité de l'ONU. Mais l'automaticité n'a pas seulement entraîné une composition hétérogène de l'Organisation ; elle a signifié que les conditions relatives à l'aptitude à remplir les obligations d'un État membre étaient présumées, alors que, souvent, elles n'étaient pas réunies. Non seulement ont été admis des États qui n'avaient rien de démocratiques, mais des entités qui ressemblaient davantage, au plan de l'indépendance et de l'effectivité, à des « pseudo-États » qu'à de véritables États. En dehors de l'apartheid, ou hormis le cas Taïwan, ou sauf veto purement politique à l'encontre, autrefois, de certains États se partageant une même nation[642], l'ONU admet tous les États quel que soit leur régime. Les OIG régionales examinent-elles réellement l'aptitude des États candidats à l'admission à remplir leurs obligations, aussi bien au plan de l'effectivité qu'à celui de la légitimité ? S'agissant des Organisations européennes, on peut répondre par l'affirmative, puisqu'elles ont érigé l'État de droit démocratique parlementaire en *État normal*, seul digne d'admissibilité. Si les critères du « droit public européen » existaient pour l'ONU, l'article 4 de la Charte prendrait une nouvelle signification. Ne pourraient adhérer, voire demeurer, à l'ONU que les États démocratiques, seuls États légitimes en droit international. Les autres, frappés d'illégitimité, ne pourraient y adhérer, voire y demeurer, si bien qu'ils seraient en même temps frappés d'insécurité[643]. Existe-t-il une « obligation de

640 Ainsi, Israël, la RDPC, la RDA remplissent ou remplissaient les exigences d'effectivité et d'indépendance, voire de démocratie ; leur reconnaissance internationale n'en fut pas moins tardive ou partielle. A l'inverse, le Kosovo a été reconnu par une cinquantaine d'États fin 2008, alors qu'il ne remplit pas l'exigence d'indépendance, supervisé qu'il est par l'ONU, l'OSCE, l'UE et l'OTAN.

641 Cf. l'avis consultatif de la CIJ *Conditions de l'admission d'un État comme membre des Nations unies (article 4 de la Charte)*.

642 RDA et RFA, RDPC et République de Corée, RDV et République du Vietnam, RPC et République de Chine.

643 Du moins s'ils n'étaient pas les alliés des « puissances démocratiques » ou s'ils n'avaient pas la capacité de dissuader une intervention étrangère.

démocratie »pour être admis à l'ONU voire ne pas en être suspendu ou exclu ? Sauf le cas des États successeurs de la RFSY, à l'insistance des gouvernements européens, l'AGNU n'a jamais envisagé d'aller plus loin que d'exhorter ses membres à respecter les droits de l'homme. Les admissions effectuées au cours des 46ème et 47ème sessions, soit les riches années 1991 et 1992, peuvent toutes être considérées comme quasi-automatiques. Il y a là un choix délibéré en faveur de l'universalité de l'ONU et de l'égalité des États, fût-ce au détriment de l'homogénéité internationale de l'une et de la représentativité intérieure des autres.

On retrouve dans le domaine de la reconnaissance de gouvernement la même problématique que dans celui de la reconnaissance d'État. La continuité de l'État n'est généralement pas atteinte par un changement de régime ou de gouvernement. Les mutations régulières, opérées conformément au droit constitutionnel de l'État, ne soulèvent pas de difficultés ; les autres États n'ont pas à s'en mêler conformément au principe de non-ingérence dans les affaires intérieures des autres États. Il en va différemment en cas de mutations irrégulières : révolution, coup d'État, guerre civile ou maintien au pouvoir du gouvernement sortant malgré des élections perdues. Deux situations peuvent se présenter : soit le gouvernement se maintient dans la continuité de l'ancien État ; soit le gouvernement revendique l'avènement d'un nouvel État et refuse d'être lié par les engagements internationaux de l'ancien[644]. Cette dernière situation renvoie au problème de la reconnaissance d'État (mutation irrégulière radicale). La première situation renvoie au problème de la reconnaissance de gouvernement (mutation irrégulière modérée). Deux hypothèses peuvent se présenter : un gouvernement est renversé par une révolution, un coup d'État ou une guerre civile, il reste sur une fraction du territoire ou bien il se réfugie à l'étranger, mais il continue de revendiquer sa qualité d'organe de l'Etat[645] ; un dirigeant élu est empêché d'entrer en fonction par le gouvernement sortant, il reste sur une fraction du territoire ou bien il se réfugie à l'étranger, mais il revendique sa qualité d'organe de l'Etat[646]. Que doivent faire les États tiers (autres que celui ayant accordé l'asile) ? Entretenir des relations officielles avec le gouvernement en place (issu d'une révolution... ou s'accrochant au pouvoir) ou avec le gouvernement légal (renversé ou empêché d'entrer en fonction) ? Il existe deux réponses possibles. Selon la première, le principe de la non-ingérence interdit l'institution de la reconnaissance de gouvernement : seule l'effectivité compte ; un gouvernement qui est effectivement maître du territoire et de sa population

---

644 Russie 1917, Chine 1949, Iran 1979. Une telle prétention n'est habituellement pas reconnue par les autres États, qui désirent que le nouveau gouvernement continue à honorer les engagements de l'ancien. A la longue, des accords négociés mettent fin au différend, car l'État révolutionnaire comme les autres États ont besoin de nouer des relations « normales ».

645 Exemple du Cambodge en 1975.

646 Exemple de la Côte d'Ivoire en 2010.

est celui avec lequel il faut traiter, sans qu'il soit question d'examiner sa constitutionnalité ; avec le temps, un gouvernement renversé, empêché ou exilé n'est qu'un gouvernement « fictif ». Selon la seconde, l'institution de la reconnaissance de gouvernement est justifiée par un principe de légalité interne valant légitimité internationale : la régularité du transfert de pouvoir (à l'encontre de toute déchéance forcée) ou bien la représentativité du gouvernement compte autant sinon plus que l'effectivité[647].

Le primat de la coexistence pacifique entre États également souverains

Dans la pratique de la reconnaissance d'État ou de gouvernement, il est clair que l'effectivité prime la légitimité. Il y a à cela une raison normative : l'effectivité ne doit pas ici être considérée comme une donnée factuelle, mais comme un critère légal. Si elle était entérinée, l'introduction en droit international de critères tirés du droit constitutionnel aurait pour conséquences de mettre en cause l'égale souveraineté des États, le principe de leur coexistence pacifique, l'idée même d'une Organisation internationale universelle (du moins tant que tous les États ne remplissent pas les critères idoines de légitimité). Le droit international reflète le modèle du système international généralement reconnu par les États. Ce modèle se structure essentiellement autour du principe de la coexistence pacifique entre États souverains. Ajouter à ce principe :« entre États souverains démocratiques », aboutirait à le métamorphoser, car distinguer, cliver, des États dont le régime politique serait légitime et des États dont le régime politique serait illégitime, saperait la coexistence pacifique[648]. Parler de coexistence pacifique entre États *démocratiques* revient à mettre en cause la coexistence *pacifique* entre tous les États. Face à l'universalisme révolutionnaire et axiologique de la doctrine « ingériste », dont on a dit les effets paradoxaux, le droit international positif maintient un universalisme conservateur et relativiste.

À un certain stade, la doctrine « ingériste » soutient que les États non démocratiques sont illégitimes et que, le cas échéant, l'insurrection des populations ou l'intervention d'États tiers à leur encontre sont légitimes. Mais le droit international en vigueur ne différencie pas les États en fonction de leur droit constitutionnel. Tous sont également souverains ; tous ont également droit au respect de leur indépendance politique et de leur intégrité

[647] L'ONU ou les OIG régionales peuvent trancher le débat dans tel cas concret. Lorsque deux autorités prétendent simultanément à la qualité de gouvernement et se partagent le territoire et sa population, il appartient aux États tiers, sous réserve d'une décision du CSNU prise au titre du chapitre VII de la Charte, soit de continuer à reconnaître le gouvernement ancien (cas le plus fréquent), soit de reconnaître l'opposition comme le nouveau gouvernement. La reconnaissance de gouvernement permet de déterminer le titulaire de la représentation internationale de l'État, autrement dit, de savoir de quelle autorité relèveront les ambassades et consulats, les sièges dans les conférences et Organisations internationales.

[648] D'autant que s'élève l'interrogation : qui décide du caractère démocratique et selon quels critères ?

territoriale ; tous ont également droit au respect des principes de non-ingérence, de non-intervention et de non recours à la force ; tous conservent le droit inaliénable de choisir leur régime politique, un tel choix relevant de la compétence nationale selon l'article 2 paragraphe 7 de la Charte des NU. Il n'y a qu'un seul droit international public pour tous les États, non pas deux droits internationaux pour deux catégories d'États, les démocratiques et les non démocratiques, les premiers bénéficiant de la protection de leur souveraineté, indépendance et intégrité, avec l'accord du CSNU, les autres voyant leurs droits suspendus, même sans l'accord du CSNU[649]. De même que *toute institution s'impose à toute norme inscrite dans cette institution*[650], la structure du droit international, fondée sur l'égale souveraineté des États, impose son horizon de sens à l'émergence d'une légitimité démocratique en droit international. Celle-ci ne saurait altérer la coexistence pacifique entre

[649] Dans son célèbre article sur « l'intervention humanitaire » paru en 1910 dans la *RGDIP*, Antoine Rougier avait déjà pointé la contradiction du « droit d'intervention » avec la souveraineté, l'indépendance, l'intégrité et l'égalité des États d'une part, le maintien de la paix interétatique d'autre part. Mais l'importance de sa critique, comme celle du « droit d'intervention », étaient très secondaires, puisque les États disposaient d'une libre compétence de guerre en *jus ad bellum*. Cette critique a acquis plus de valeur depuis 1945. Trois questions se posaient et continuent à se poser. Un État peut-il être soumis au contrôle juridique d'autres États quant aux actes de puissance publique accomplis par lui et concernant ses seuls ressortissants ? Quels sont les États compétents pour intervenir auprès d'un gouvernement qui viole les « lois de l'humanité » ? Quels actes peuvent justifier une « intervention humanitaire » et quelles sont les limites au droit d'action des États intervenants ? A l'époque, où l'on distinguait peuples civilisés, semi-civilisés et non-civilisés, l'inégalité de civilisation emportant l'inégalité des statuts politico-juridiques, le droit de contrôle d'États sur d'autres États existait vis-à-vis des États sous tutelle (Empire ottoman, Empire chinois…) ou sous protectorat (Siam, Cambodge, Maroc…). Pour le reste, comme il n'existait pas de conventions internationales sur les droits de l'homme, il était seulement possible d'invoquer le droit naturel, dont la sanction de la violation était la résistance à l'oppression et l'intervention étrangère. La violation des droits humains, droits de l'individu universels sinon-droits du citoyen particuliers, devait être le fait de la puissance publique locale et s'avérer suffisamment grave pour constituer une rupture des « lois de l'humanité ». Quant à l'intervention, les grandes puissances en décideraient valablement dès lors qu'il y aurait consensus entre elles et que leur action serait désintéressée (qu'elle obéirait à une motivation purement « humanitaire »). Antoine Rougier pouvait alors conclure : « *dès l'instant que les puissances intervenantes sont juges de l'opportunité de leur action, elles estimeront cette opportunité au point de vue de leurs intérêts… Il se commet tous les jours dans quelque coin du monde mille barbaries qu'aucun État ne songe à faire cesser parce qu'aucun État n'a intérêt à les faire cesser. Toutes les fois qu'une puissance interviendra au nom de l'humanité dans la sphère de compétence d'une autre puissance, elle ne fera jamais qu'opposer sa conception du juste… à la conception de cette dernière, au besoin par la force. Son action tendra en définitive à englober un État dans sa sphère d'influence morale et sociale en attendant de l'englober dans sa sphère d'influence politique. Elle le contrôlera pour se préparer à le dominer. Ainsi, l'intervention d'humanité apparaît comme un moyen juridique ingénieux d'entamer peu à peu l'indépendance d'un État pour l'incliner progressivement vers la mi-souveraineté* ».

[650] Comme le tout prédétermine et assigne la partie.

États[651], donc le *jus ad bellum* en vigueur. Ainsi, le droit international demeure indifférent à l'égard des régimes ou des changements politiques intérieurs. Il ne l'est toutefois pas à l'égard des violences qui les accompagnent éventuellement, puisque le DIDH ou le DIH leur sont applicables, sanctions comprises en cas de violations. Même prouvée, la violation grave et massive des droits des personnes justifie-t-elle une intervention sans l'aval des NU ?

La réaction aux violations graves et massives des droits des personnes selon le droit international en vigueur[652]

Les conventions relatives au DIDH ou au DIH obligent les États à réagir — *conformément à la Charte des NU* — aux violations graves et massives des droits des personnes[653], puisqu'ils doivent les respecter, mais aussi les faire respecter. Le DIDH comme le DIH renvoient aux mécanismes de réaction du droit international général. Selon ce dernier, l'action d'un État sur un autre État est interdite lorsqu'elle est « contraignante » et qu'elle porte sur le « domaine réservé » de cet État. Autrement dit, suivant un raisonnement *a contrario*[654], elle est permise lorsqu'elle n'est pas « contraignante » et qu'elle ne porte pas sur le « domaine réservé ». Que signifie « contrainte » et « domaine réservé » ? Examinons ces deux éléments constitutifs de l'ingérence voire de l'intervention.

1) Une action devient coercitive lorsqu'un État ou un groupe d'États cesse de s'informer, de négocier, de recommander, pour commencer à exiger quelque chose de la part d'un autre État, en assortissant éventuellement de menaces les injonctions, soit une intention d'influencer les choix intérieurs ou extérieurs de l'État visé afin d'atteindre un objectif. Or, selon la Charte des NU, toute action coercitive, entreprise par un État ou une OIG régionale, doit être autorisée par le CSNU. Dans la pratique, toutefois, on sait qu'on entend par « actions coercitives » les actions à caractère militaire et que l'autorisation du CSNU ne joue que pour ces actions-là. Dans l'affaire *Nicaragua*, la CIJ a confirmé que des mesures de type militaire (ainsi des sabotages) ou encore l'aide apportée à un mouvement d'opposition en lutte armée contre le gouvernement (donc adoptant un comportement coercitif à son égard) sont des actes de contrainte illicites. Qu'en est-il des mesures de

---

651 Ce n'est pas là une hiérarchisation des normes à la façon du *jus cogens*, car il ne s'agit pas de « norme » mais de « structure », selon un raisonnement institutionnel, dont les maîtres sont Maurice Hauriou et Carl Schmitt. Cf. aussi Carl Bilfinger : « Les bases fondamentales de la communauté des États », *RCADI*, 1938 II, pp. 133-236.

652 On suivra l'ouvrage de référence d'O. Paye, *1996*.

653 Etant entendu que la répression d'une rébellion n'est pas une violation des droits des personnes, dès lors qu'elle s'en tient aux dérogations admises, y compris internationalement, en cas de crise ou de guerre (civile).

654 Fût-il contestable au regard des dispositions de la Convention de Vienne de 1969 sur le droit des traités.

type économique ? Le problème est de savoir quand une pression économique normale se mue en contrainte illicite. Selon la CIJ, des mesures de type économique (tel l'embargo) peuvent être considérées comme des actions contraires au principe de non-ingérence, lorsqu'elles sont assorties d'exigences à l'égard de l'État visé. Le droit international permet à chaque État d'utiliser son pouvoir souverain de nouer ou pas des relations commerciales, d'accorder ou pas des avantages économiques, selon ses affinités ou ses intérêts. Mais la condition est que ne soit formulée aucune exigence à l'encontre de l'État visé.

2) Pour être illicite, l'exercice de la contrainte doit porter sur le « domaine réservé ». Le critère de l'engagement international permet de déterminer le contenu de cette notion : un domaine pour lequel l'État a conclu des traités n'est plus « réservé » au sens où il exclurait toute réaction d'un État tiers. Le critère de l'engagement international emporte deux conséquences. A) La détermination du « domaine réservé » a un caractère variable, puisqu'elle dépend de l'état des rapports juridiques internationaux. B) Elle a un caractère synallagmatique, puisqu'elle dépend de tous les États parties à l'engagement international. En matière de paix et de sécurité internationales, il n'y a pas de « domaine réservé », puisque les États membres de l'ONU ont accepté de conférer au CSNU un droit d'action sur toute situation conflictuelle. Les droits de la personne, eux, relèvent-ils du « domaine réservé » des États ? Oui, sauf dans la mesure où ils sont protégés internationalement. C'est donc en déterminant l'étendue des obligations internationales en la matière que l'on peut préciser l'étendue du « domaine réservé ». En l'espèce, les engagements conventionnels des États sont variables. Mais certains droits ont acquis une valeur coutumière universelle. Il en va ainsi du « noyau indérogeable » du DIDH et des « considérations élémentaires d'humanité » du DIH. Vis-à-vis d'un État A qui ne respecte pas le DIDH ou le DIH, tout État B lié aux règles coutumières du DIDH ou du DIH ou partie aux conventions, ayant examiné la situation dans l'État A, peut s'estimer lésé, engager la responsabilité de l'État A, procéder à des contre-mesures, demander réparation voire punition (droit de la responsabilité), coopérer avec d'autres États à cette fin, ou saisir le CSNU voire l'AGNU (droit de la sécurité collective).

C'est donc en vain qu'un État invoquerait une atteinte à sa souveraineté pour s'opposer à l'action (à la réaction) d'un État cocontractant — ou de tout État s'agissant de règles coutumières universelles — cherchant à obtenir de sa part le respect de ses obligations internationales. Une telle réaction est licite, du moins si elle remplit les deux conditions suivantes : au niveau des buts, qu'elle vise à amener l'État à respecter ses obligations internationales en matière de droits des personnes, et non à s'immiscer dans d'autres domaines, « réservés » ; au niveau des moyens, qu'elle ne consiste pas en un recours à la force armée, à défaut de résolution permissive des organes des

NU[655]. Les droits de l'homme — si l'on s'en tient à eux — ne sont donc pas caractérisés par la contradiction entre leur reconnaissance et celle de la compétence nationale des États ou par l'absence de sanction en cas de violation. D'une part, les droits de l'homme font partie du droit international conventionnel et coutumier, ils ont cessé de relever du « domaine réservé ». D'autre part, leur sanction en cas de violation se fonde aussi bien sur le droit de la sécurité collective que sur le droit de la responsabilité, tant réparatrice que punitive. Mais la protection des droits de l'homme comme la réaction à la violation des droits de l'homme n'emporte pas *de lege lata* un droit d'intervention militaire unilatérale.

Selon la doctrine « ingériste », une telle intervention, en vertu de ses buts, ne tomberait pas sous le coup de l'article 2 paragraphe 4 de la Charte, ou bien ne tomberait sous le coup de l'article 2 paragraphe 4 que si les mécanismes de maintien de la paix et de la sécurité internationales institués par l'ONU fonctionnaient effectivement. Il y a dans la Charte trois limites au recours à la force : deux limites particulières (que le recours à la force ne porte pas atteinte à l'intégrité et à l'indépendance des États) et une limite générale (que le recours à la force ne soit pas incompatible avec les buts des NU). 1) Le recours à la force « pour cause humanitaire », « démocratique » ou « autonomiste », sinon « indépendantiste », ne contreviendrait pas à l'interdiction de la guerre à l'encontre de l'intégrité territoriale et de l'indépendance politique des États, et serait au contraire compatible avec les buts des NU. En réalité, un tel recours à la force est nécessairement contraire, sinon dans ses objectifs du moins dans ses modalités, à l'intégrité et à l'indépendance de l'État attaqué. L'article 2 paragraphe 4 ne se borne pas au but du recours à la force, mais concerne l'ensemble du recours à la force. L'interprétation *a contrario* de l'article a été rejetée lors des débats idoines, comme en témoignent les grandes résolutions de l'AGNU (2625, 42/22...). 2) Les États membres des NU n'auraient renoncé à leur droit de recourir unilatéralement à la force que dans la mesure où le CSNU remplit son rôle de gardien de la paix et de la sécurité internationales, y compris la protection des droits des personnes face à des violations graves et massives. Faute d'efficacité des mécanismes de la Charte, les États récupéreraient leur droit de recourir unilatéralement à la force pour faire respecter le droit international, notamment le DIDH ou le DIH. En réalité, l'adhésion à la Charte entraîne l'obligatoriété des dispositions de la Charte, notamment l'interdiction du recours unilatéral et offensif à la force armée. De surcroît, les conventions relatives aux droits des personnes comprennent des

[655] Rappelons que même l'opprobre jeté sur les régimes d'apartheid en Afrique du Sud, Rhodésie ou Namibie — qualifiés de menaces contre la paix et la sécurité internationales — n'a jamais autorisé le recours interétatique à la force armée, mais seulement des mesures coercitives à caractère non militaire et l'affirmation de la légitimité de la lutte armée menée par les MLN locaux.

mécanismes de règlement des différends qui n'ouvrent jamais la voie à un recours à la force contraire à la Charte des NU[656].

L'interdiction de violer gravement le DIDH ou le DIDH fait partie de ce qu'on appelle le *jus cogens*, mais l'interdiction de l'agression aussi ! Entre le respect des droits des personnes et le respect de la souveraineté de l'État, c'est le CSNU voire l'AGNU qui doit trancher au cas par cas. Nul recours unilatéral et offensif à la force armée à l'encontre d'un État n'est donc permis en droit international positif… même si seul le CSNU pourra condamner efficacement un tel recours à la force (il sera « bloqué » si l'auteur est un membre permanent ou l'allié d'un membre permanent). Face à un État qui viole les droits de l'homme, les autres États peuvent engager la responsabilité de l'État violateur, multiplier les pressions diplomatiques ou économiques sur lui (par exemple, en instaurant un embargo sur les matériels de police ou de guerre), saisir les OIG régionales compétentes ou les organes des NU. Mais c'est au CSNU voire à l'AGNU, estimant que la violation des droits des personnes est susceptible d'affecter la paix internationale, qu'il appartient d'autoriser le recours à la force armée. L'accord du CSNU voire de l'AGNU demeure la garantie de la licéité d'une intervention militaire. Si le vote d'une résolution autorisant le recours à la force n'est plus considéré comme un préalable obligatoire, on en revient quasiment à libre compétence de guerre des États, seule la conquête demeurant exclue.

Le maintien en l'état du *jus ad bellum* énoncé par la Charte des NU

Le droit international a interdit la guerre offensive unilatérale : il a « centralisé » le *bellum justum offensivum* en l'attribuant à la décision du CSNU. C'est précisément ce noyau du *jus ad bellum*, cet acquis — dont on a certes montré le caractère hégémonique et conservateur — du droit international depuis 1945, que remet en cause la doctrine « ingériste », au nom de *justes causes*. Mais *de lege lata*, aucune disposition de la Charte des NU ou du droit international ne donne la possibilité d'intervenir militairement sur le territoire d'un autre État[657], sans son consentement, en

---

[656] Selon l'article 46 PIDCP et l'article 24 PIDESC, « *aucune disposition du présent Pacte ne doit être interprétée comme portant atteinte aux dispositions de la Charte des Nations unies* ».

[657] On suivra l'ouvrage de référence d'Olivier Corten, *2008*, quoiqu'en étant réservé sur l'argumentaire du *jus cogens*. O. Corten argue que la règle de l'interdiction du recours interétatique à la force armée est du *jus cogens*, donc qu'il est impossible d'y déroger en dehors des deux exceptions primaires que sont la légitime défense et l'autorisation du CSNU. Mais 1) il suppose, plus qu'il ne démontre, l'existence du *jus cogens ;* 2) un tel qualificatif conviendrait à l'interdiction de l'agression, plus qu'à celle du recours à la force, la gradation entre les formes d'emploi de la force, selon leur gravité matérielle et intentionnelle, étant reconnue par le droit positif. La qualification de la règle comme étant du *jus cogens* aurait été

l'absence d'autorisation des NU et en dehors d'une situation de légitime défense ou de « réintégration territoriale ». Ni les conventions du DIDH ou du DIH, ni les résolutions de l'AGNU, ni la CIJ, ni la CDI, ni l'IDI[658], ni les déclarations des États, notamment à l'occasion des débats sur *La responsabilité de protéger* de la Commission internationale en 2001 puis sur *Un monde plus sûr* du Groupe de haut niveau en 2004 et enfin sur le soixantième anniversaire de l'ONU en 2005, ne révèlent l'introduction d'un droit d'intervention humanitaire. N'a été admise que l'intervention autorisée par le CSNU, dont l'élargissement des pouvoirs a ainsi été entériné, non sans mal. C'est pourquoi la doctrine « ingériste » est incapable — et elle le reconnaît — de montrer l'avènement d'un nouveau droit au sens positif — d'où l'appel à une argumentation « légitimiste ».

L'interdiction du recours interétatique à la force armée est une règle conventionnelle, inscrite dans la Charte des NU et reprise dans de nombreux traités, ainsi qu'une règle coutumière. Pour qu'une nouvelle exception soit admise à l'interdiction, il faut que soit adoptée une nouvelle règle conventionnelle ou bien qu'émerge une nouvelle règle coutumière, modifiant la règle conventionnelle antérieure. L'évolution de la règle coutumière, à défaut d'une révision conventionnelle, suppose une pratique étatique répétée, accompagnée1) d'une revendication juridique officielle et suivie 2) d'une acceptation par la communauté internationale des États dans son ensemble, le tout prouvant une *opinio juris* sur l'émergence de la nouvelle règle. D'autre part, il importe de ne pas confondre la forclusion, c'est-à-dire la renonciation à engager la responsabilité d'un État, et la légalisation, c'est-à-dire l'acceptation par d'autres États de la justification qu'avance un État à sa violation de la règle, d'où il résulte que ladite règle n'est plus considérée comme violée mais comme révisée.

---

opérée de manière générale, tant par les États que par la jurisprudence (CIJ) et la doctrine (CDI), sans qu'il n'y ait de remise en cause dans la pratique conventionnelle. Par voie de conséquence, poursuit O. Corten, la règle, indérogeable, n'admet pas de circonstance excluant l'illicéité du point de vue du droit de la responsabilité internationale. Ni les contre-mesures, ni la force majeure, ni la détresse, ni l'état de nécessité ne sont susceptibles d'être invoqués pour justifier, même exceptionnellement, une violation de la règle de l'interdiction du recours à la force. Une telle inadmissibilité découle de la prise en compte de la spécificité de la règle primaire. Elle est confirmée par la Charte, les résolutions de l'AGNU, les décisions de la CIJ, les travaux de la CDI, la pratique des États, ces derniers invoquant le plus souvent la légitime défense ou l'autorisation du CSNU pour justifier leur recours à la force armée dans les relations internationales.

[658] Cf. les résolutions *La protection des droits de l'homme et le principe de non-intervention dans les affaires intérieures des États* (Saint-Jacques-de-Compostelle, 1989), *L'assistance humanitaire* (Bruges, 2003), *Problèmes actuels du recours à la force en droit international-Actions humanitaires* (Santiago, 2007). Par rapport aux résolutions de 1989 et de 2003, réfutant tout droit d'intervention, la résolution de 2007 marque une inflexion, puisque l'IDI ne déclare plus illicites — sans toutefois les déclarer licites — des actions militaires non autorisées par les NU, mais dont l'objectif est de mettre fin à un génocide, à des crimes contre l'humanité ou à des crimes de guerre de grande ampleur…

1) L'invocation d'un droit coutumier nouveau — réserve faite de « l'objecteur persistant » — implique la formulation d'une revendication juridique modificatrice. A) La revendication est tout le contraire de la négation d'un fait : un État accusé de violer la règle et qui conteste cette accusation, demeure dans le schéma de l'application de la règle existante, non de son changement. B) La revendication doit s'effectuer sur le plan du droit international. Or, lorsqu'un État assume les actes qu'il a commis, il ne se justifie pas nécessairement sur un tel plan ; il arrive fréquemment qu'il fasse appel à d'autres registres, telles la politique ou la morale. C) La revendication doit viser une modification de la règle ou de ses exceptions primaires. Or, un État peut s'en tenir à la simple réinterprétation de la règle et de ses exceptions en vigueur, en prétendant que son comportement reste fondé sur le droit positif. 2) L'acceptation du changement de la règle par la communauté internationale implique une approbation par la communauté des États de la modification avérée de la règle. A) L'approbation s'exprime dans les prises de position des gouvernements, non par le biais des résolutions adoptées par les organes des NU, si bien que l'absence de condamnation d'un comportement par le Conseil ou l'Assemblée n'est pas significative d'une approbation. B) Les prises de position des États, notamment les « États particulièrement intéressés », se vérifient dans leurs déclarations unilatérales, ou lors de conférences internationales, ou au sein des OIG, spécialement l'ONU, étant entendu que le CSNU n'est pas le porte-parole de l'ensemble des États et qu'il n'a pas de pouvoir normatif, excepté tout au plus dans le domaine de la sécurité internationale. C) La modification de la règle doit être prouvée, la charge de la preuve appartenant à ceux qui revendiquent la modification, c'est-à-dire déduite de plusieurs précédents démontrant une pratique devenue abondante et une conviction juridique nouvelle.

Où trouver une telle pratique et une telle conviction, attestant une modification coutumière, sinon dans les guerres ayant éclaté et dans les discours officiels les ayant accompagnées ? Or, si les guerres — menées par les puissances atlantiques — du Golfe, du Kosovo, d'Afghanistan, d'Irak, de Libye et du Levant ont toutes été caractérisées sur le plan militaire par le primat de l'*air power*, au plan juridique, elles ont été fort hétéroclites. La guerre du Golfe a été menée avec l'autorisation expresse du CSNU. La guerre du Kosovo et la guerre d'Irak ont vu la mobilisation de l'argumentaire du consentement présumé du Conseil, ainsi que, pour la première, celui d'une cause humanitaire et autonomiste, pour la seconde, celui de la poursuite du désarmement d'un *peace breaker*, de la légitime défense préventive voire d'une cause démocratique. La guerre contre le gouvernement des Talibans puis celle contre le gouvernement de Kadhafi ont été livrées, l'une avec l'accord du CSNU, au nom d'une légitime défense « étirée », l'autre avec un mandat « détourné » du CSNU, au nom d'une cause humanitaire et démocratique. La guerre contre *Daesh*, à cheval sur la

Syrie et l'Irak, a mêlé consentement du gouvernement territorial compétent, légitime défense « étirée », autorisation du CSNU et cause humanitaire. Outre le Kosovo, trois interventions militaires, menées sans aucun mandat du CSNU, sont spécialement intéressantes du point de vue de nos *justes causes :* l'intervention de l'Inde au Pakistan oriental en 1971, celle du Vietnam au Cambodge en 1978, celle de la Tanzanie en Ouganda en 1979[659]. Toutes trois, victorieuses, semblaient réunir les éléments d'une cause humanitaire, puisqu'elles ont permis, sinon visé principalement, la cessation de massacres et de flux de réfugiés, ou, au moins hypothétiquement, la prévention de tels massacres ou flux[660]. Mais l'argumentation indienne, vietnamienne et tanzanienne n'a pas mis en avant la légitimité démocratique, la réaction à la violation grave des droits des personnes ou l'équivalent de la « responsabilité de protéger » (le concept n'existait pas). Plutôt que le DIDH ou le DIH, ont été invoquées la sécurité nationale (mise en danger, selon Delhi, par les flux de réfugiés bengalis) et la défense du territoire (menacé, selon Hanoï ou Dodoma, par les visées khmères ou ougandaises).

Quant à la guerre du Kosovo, elle a confirmé le rejet — par la grande majorité des États[661] — plus que l'acceptation — par les puissances atlantiques — de l'intervention humanitaire. Les puissances intervenantes ont certes mis en avant l'argument de la *juste cause*, en refusant de séparer droit et morale ; mais elles ont insisté sur la nécessité d'obtenir l'accord du

[659] Avant 1945, les interventions ont été effectuées dans le cadre de la protection des ressortissants, des coreligionnaires (exemple de l'intervention des puissances européennes en faveur des populations chrétiennes dans l'Empire ottoman) ou des compatriotes (exemple de l'intervention de l'Allemagne d'Hitler dans les Sudètes, à Dantzig ou à Memel). L'intervention grecque à Chypre en 1974 s'inscrit dans cette logique de la protection des compatriotes. Elle visait à réaliser l'*enosis* des Hellènes (la réunion de la Grèce et de Chypre) en renversant le gouvernement de Makarios. Mais l'intervention de la Turquie, co-garante de l'indépendance de Chypre depuis les accords de 1959 signés avec la Grande-Bretagne et la Grèce, entraîna la partition de l'île.

[660] Au Pakistan oriental, l'intervention indienne a permis de satisfaire l'aspiration des Bengalis à l'indépendance et de faire cesser la répression militaire par le gouvernement d'Islamabad, qui avait interrompu le processus électoral. Au Cambodge, l'intervention vietnamienne a mis fin au génocide en même temps qu'au régime des Khmers rouges, remplacé, il est vrai, par un gouvernement à la dévotion de Hanoï. En Ouganda, l'intervention tanzanienne a contribué décisivement au renversement d'Amin Dada. Au Kosovo, l'intervention de l'OTAN a fait cesser la répression serbe et permis de réaliser l'autonomie de la province, en attendant son indépendance (2008).

[661] Les 133 membres du G77 à l'ONU, les 115 membres du MNA, les 57 membres de l'OCI. Les pays non alignés ont déclaré par consensus, le 24 septembre 1999 : « *nous rejetons le soi-disant 'droit d'intervention humanitaire' qui n'a aucune base légale ni dans la Charte de l'ONU ni dans les principes généraux du droit international* ». Plus tard, dans leur traité d'amitié et de coopération du 16 juillet 2001, la Russie et la RPC ont déclaré qu'elles « *s'efforceront conjointement de consolider le rôle primordial des Nations unies et du Conseil de Sécurité dans les relations internationales, et de contrer toutes les tentatives de changer les normes fondamentales du droit international par l'utilisation de concepts tels que 'l'intervention humanitaire' et la 'souveraineté limitée'* ».

CSNU et elles ont argué d'une autorisation « implicite » puis « rétroactive » ; elles ont qualifié leur action d'« exception » et non de « précédent »[662]. De très nombreux États ont protesté, condamné l'intervention et récusé le « droit d'intervention ». Quant à la CIJ, devant laquelle la RFY avait attrait dix États membres de l'OTAN, elle a constaté que sa compétence pour trancher la question du recours à la force armée n'avait pas été reconnue par lesdits États membres, mais elle a aussi tenu à signaler incidemment que l'intervention militaire « *soulevait des problèmes très graves de droit international* ». Le droit international positif n'a donc pas été radicalement remis en cause, malgré la combinaison des registres de la légalité et de la légitimité. En effet, les États intervenants ont justifié leur comportement en se fondant sur les règles établies. Ils n'ont pas revendiqué la formation d'une nouvelle règle, laquelle n'aurait certainement pas reçu l'approbation des autres États. Les puissances atlantiques aussi préfèrent conserver le principe de l'interdiction de l'intervention — même si, comme d'autres puissances, elles s'en écartent à l'occasion — car elles refusent de revenir au *jus ad bellum* d'avant 1945, trop insécuritaire, et de se contenter de la prohibition de la conquête.

En 2001, les débats à l'AGNU sur la « responsabilité de protéger », avant ceux sur « un monde plus sûr » en 2004, ont été révélateurs : un premier groupe d'États a rejeté tout « droit d'intervention » (notamment le G77, le MNA, l'OCI) ; un deuxième a insisté sur la nécessité d'obtenir une autorisation préalable du CSNU ; un troisième a adopté une position attentiste ; sept États seulement ont semblé défendre la notion (Grande-Bretagne, Pays-Bas, Pologne, Danemark, Suède, Lituanie, Slovénie). Mais celle-ci ne se retrouve pas dans le rapport de la Commission internationale, qui maintient l'exigence de l'autorisation du CSNU, même si elle admet qu'exceptionnellement une action militaire non autorisée par le Conseil pourrait être considérée comme *moralement* justifiée. En 2005, la Déclaration finale du Sommet mondial énonce le « *devoir de protéger des populations contre le génocide, les crimes de guerre, le nettoyage ethnique et les crimes contre l'humanité* » : « *c'est à chaque État qu'incombe de protéger les populations* » ;« *il incombe également à la communauté internationale, dans le cadre de l'Organisation des Nations unies, de mettre en œuvre les moyens... appropriés* », y compris « *une action collective résolue, par l'entremise du Conseil de Sécurité, conformément à la Charte, notamment son chapitre VII, au cas par cas* ». La Déclaration du soixantième anniversaire consacre ainsi la pratique du CSNU, depuis les années 1990, d'autoriser des opérations militaires *ad hoc* pour mettre fin à des crises humanitaires qualifiées de menaces contre la paix.

---

[662] Par exemple, le ministre allemand des Affaires étrangère a déclaré : « *l'intervention au Kosovo... ne doit... pas créer de précédent qui affaiblirait le monopole détenu par le Conseil de Sécurité pour autoriser l'emploi de la force à des fins légales à l'échelon international* ».

Il n'existe donc pas de précédents décisifs témoignant d'une modification par la voie coutumière du *jus ad bellum* en vigueur. Les États intervenants continuent d'invoquer — fût-ce abusivement[663] — le consentement du gouvernement territorialement compétent, la légitime défense ou l'autorisation du CSNU, cependant que les autres États, lorsque ces fondements légaux leur semblent abusivement invoqués, dénoncent largement les interventions. Lorsque l'argument humanitaire est avancé, à destination des chancelleries et pas seulement des opinions publiques, il est associé aux fondements légaux reconnus. L'analyse des interventions des États confirme que celles-ci s'effectuent, non pas en référence à un droit nouveau, mais en référence au droit positif. Les interventions unilatérales demeurent condamnées par le CSNU, du moins lorsqu'elles ne sont pas le fait d'un ou plusieurs membres permanents — ainsi les interventions indienne, vietnamienne et tanzanienne. Il est vrai que ces condamnations ne sont pas toujours suivies de sanctions — ainsi dans le cas indien, vietnamien et tanzanien. On pourrait considérer que l'absence de sanctions signale, non simplement un défaut de consensus au sein du CSNU, mais une forme d'acquiescement tacite, face à des situations de crise humanitaire. C'est ce que déduisent les tenants du « droit d'intervention ». Mais il ne s'ensuit pas que l'absence de sanctions, comme d'ailleurs l'absence de condamnation, équivalent à une transformation du *jus ad bellum* énoncé par la Charte.

Il ressort de l'étude du droit positif la victoire de la doctrine « souverainiste »[664], consolidée depuis le tournant des années 2010-2020 par la (re)montée en puissance de la Russie, de l'Inde et de la RPC, dont les standards internationaux sont les « cinq principes ». On ne saurait cependant s'arrêter au positivisme. Il est clair que le formalisme et le conservatisme du *jus ad bellum* en vigueur tendent à céder au raisonnement *praeter legem* axé sur la *justa causa belli* autonome que représenterait la cessation de la violation grave des droits des personnes. Comme semble l'indiquer l'IDI, dans sa résolution de 2007, une dérogation, en DSI, ou une circonstance dérogatoire, en DRI, à l'interdiction du recours interétatique à la force armée pourrait être la réaction aux crimes de guerre de grande ampleur, aux crimes contre l'humanité et aux crimes de génocide. Le recours à la force armée, contre des ennemis eux-mêmes criminalisés, deviendrait-il admissible pour obtenir la cessation des crimes internationaux, dans un contexte autre que le consentement du gouvernement territorialement compétent, la légitime

---

663 Ainsi des opérations extraterritoriales visant à prévenir ou à réprimer des atteintes à la « sûreté de l'État », ou encore les interventions de grandes puissances dans leur « sphère d'influence », Amérique centrale et Caraïbes du côté des États-Unis (« doctrine Monroe »), Europe de l'Est et Afghanistan du côté de l'URSS (« doctrine Brejnev »).

664 Celle-ci a notre faveur. Pas pour des raisons tirées du juspositivisme. Pour des raisons valorielles. La préservation de l'indépendance nationale, idéal du droit international classique, doit être considérée comme une *juste cause*. Celle-ci n'est pas le monopole des droits de l'homme au sens individualiste de l'expression.

défense ou l'autorisation du CSNU ? Un tel recours a été admis, en faveur des MLN sinon des États tiers, en cas de violation du droit des peuples à disposer d'eux-mêmes, lorsque ces peuples se trouvaient soumis à situation coloniale, post-coloniale ou d'apartheid…

TITRE VII

LE DROIT DE LA NEUTRALITE

On sait que la guerre, en quelque endroit qu'elle éclate, a une portée universelle, par le fait qu'elle rend applicable, du côté des États tiers, le droit de la neutralité, en cas de conflit armé international, ou le principe de non-intervention, en cas de conflit armé interne reconnu. Le droit de la neutralité relève du *jus ad bellum* et du *jus in bello*. Un conflit international ne saurait entraîner l'abrogation ni la suspension des traités en vigueur entre États belligérants et États neutres. Mais le temps de guerre impose son ordre juridique, y compris dans les rapports entre belligérants et tiers, en tant que branche autonome ou en tant que *lex specialis*. Par nature, un tiers n'est pas partie ; il compte pourtant. La guerre, étrangère comme civile, est un duel devant des tiers. Ceux-ci ne sont pas parties belligérantes ; ils font cependant partie de la belligérance. Par leur seule présence, et en l'absence d'autorité supérieure commune incontestable, les tiers contraignent les belligérants, dans la mesure où ces derniers veulent rallier les tiers et dans la mesure où les tiers peuvent faire pencher la balance du conflit armé. Par opposition aux belligérants qui sont les auteurs de la guerre, les neutres apparaissent comme les spectateurs de la guerre. Ils sont en vérité plus que cela. Leur abstention ou leur participation, leur impartialité ou leur partialité, influent sur le déclenchement, le déroulement et le dénouement des conflits armés. Ajoutons qu'en *jus in bello*, ils sont les gardiens du respect des règles applicables, susceptibles de jouer le rôle de puissances protectrices. Aussi est-il indispensable d'identifier les neutres et d'exposer leur situation par rapport aux belligérants, du droit classique au droit contemporain. La matière — floue — ayant été délaissée par la doctrine francophone, l'ambition constructrice du présent livre s'y déploie tout particulièrement.

CHAPITRE PREMIER

LES ÉTATS NEUTRES

Le terme « neutralité » dérive du latin *ne-uter*, qui signifie « ni l'un ni l'autre ». La neutralité est la position des États qui, pendant que d'autres se font la guerre, demeurent en paix avec chacun des belligérants[665]. Dès lors qu'il y a conflit armé entre deux États ou groupes d'États, les tiers sont les neutres, réellement ou fallacieusement. C'est ainsi que la paix dans le reste du monde consiste en la neutralité selon le droit international. Celle-ci est à la fois une façon d'aménager les relations entre les belligérants et les tiers, et une façon de circonscrire la belligérance en soustrayant les espaces territoriaux des États neutres du *theatrum belli* légal. Encore faut-il que l'état de guerre soit reconnu par les parties belligérantes. S'il ne l'est pas, celles-ci ne pourront exiger des États tiers qu'ils se conforment aux règles de la neutralité, ni exercer les droits de la belligérance dans les espaces maritimes ou aériens internationaux. Inversement, les États tiers ne seront pas *tenus* de se conformer aux règles de la neutralité, ni de tolérer l'exercice des droits de belligérance dans les espaces internationaux. Ils auront néanmoins la *faculté* de déclarer et d'adopter une attitude de neutralité, que les belligérants devront respecter, du moins si une telle attitude est réelle.

Il existe deux sortes d'États neutres. 1) Les États neutralisés sont ceux qui ont renoncé, sur la base d'une déclaration unilatérale[666], ou qui ont dû renoncer, sur la base d'une convention internationale[667], au droit de nouer des alliances militaires ou d'accueillir des forces armées étrangères et au droit de participer à toute guerre[668], sauf stricte légitime défense individuelle (le neutre devient alors belligérant). C'est ce qu'on appelle la neutralité permanente ou obligatoire. L'adhésion à des OIG ayant des compétences militaires ou économiques, donc susceptibles de participer à des « sanctions » contre un *peace breaker*, s'effectue alors sous réserve de

---

665 IDI, *Régime de la neutralité* (art. 1er), 1906.

666 Exemple de la Suède depuis 1815 (réserve faite de son adhésion à l'OTAN), de l'Irlande depuis 1921 ou de la tentative du Cambodge après 1957.

667 Exemple de la Suisse depuis 1815, du Vatican depuis 1929, de la Belgique de 1839 à 1914, du Luxembourg de 1867 à 1914 (ou 1940 ?), de l'Autriche de 1955 à 1995, ou de la tentative du Laos après 1962.

668 N'entrent pas dans cette renonciation la participation à des opérations militaires non coercitives, telles les OMP ou les OAH (bien des militaires autrichiens ou suédois y ont participé), ni le droit de passage sur le territoire neutre de forces de « maintien de la paix » ou d'« assistance humanitaire ».

l'abstention militaire ou économique de l'État neutralisé. Ainsi de la Suisse membre de la SDN en 1920 et de l'ONU en 2002 ou de l'Autriche membre de l'ONU en 1955, bénéficiant de la sécurité collective sans les charges, à l'instar de la Suède ou de l'Irlande. 2) Les États tiers sont ceux qui décident de ne pas participer à tel conflit armé, y compris s'ils sont liés à l'un des États belligérants par un accord de défense (chaque État est juge du *casus foederis*). C'est ce qu'on appelle la neutralité occasionnelle ou facultative.

L'État neutre perpétuellement et l'État neutre occasionnellement ont les mêmes droits et les mêmes devoirs du point de vue du régime de la neutralité. La différence entre eux réside dans le *jus ad bellum :* au contraire des seconds, les premiers n'ont pas, dans leurs relations internationales, de compétence militaire coercitive, hors stricte légitime défense individuelle. Mais dans le droit international classique, seuls les États dont la neutralité permanente est reconnue coutumièrement ou conventionnellement par les autres États, ont un droit à l'immunité, dès lors qu'en cas de guerre ils respectent leur devoir d'abstention impartiale entre les belligérants. En revanche, il n'existe pour les États dont la neutralité n'est qu'occasionnelle aucun droit à l'immunité ni aucun devoir de rester neutre, dès lors que le droit international admet la libre compétence de guerre des États. « *Le droit de chaque État de rester en paix, tandis que les autres États sont en guerre, est une qualité de la souveraineté* » (Wheaton). C'est pourquoi tout État jusque-là tiers avait le droit, à son tour, d'entrer en guerre s'il le décidait, cependant que, à l'inverse, il pouvait être attaqué, envahi, occupé ou bloqué par d'autres États s'ils le décidaient. La compétence discrétionnaire de guerre emporte la compétence discrétionnaire de neutralité, et inversement[669]. Un neutre devait-il se montrer solidaire d'un autre neutre dont la neutralité avait été violée ? Les gouvernements neutres ont protesté contre la violation de la neutralité belge par l'Allemagne en 1914, puis contre celle de la neutralité grecque par les Alliés en 1917[670]. Mais la solidarité s'arrête là où commence la neutralité. Les États-Unis ne sont pas entrés en guerre en réaction à la violation de la neutralité belge (sans parler de la neutralité grecque), mais au nom de la liberté du commerce maritime frappée par la course sous-marine allemande. C'est lorsque le droit international interdit la guerre interétatique que les États tiers sont protégés — dans les limites du respect effectif du principe d'interdiction.

---

669 Comme disait le Conseil fédéral suisse, « *le droit des gens laissait à chaque État une entière liberté de décision au sujet de la paix et de la guerre* ».

670 Quant au Luxembourg, il continua à se considérer comme neutre après août 1914 bien qu'il fût occupé, cependant que l'occupant, se considérant comme « de passage », niait avoir violé la neutralité luxembourgeoise. C'est ainsi que l'Allemagne et le Luxembourg refusèrent l'un l'autre de reconnaître un quelconque état de guerre entre eux et maintinrent tout au long de la Première Guerre mondiale leurs représentations diplomatiques respectives. Au contraire, après mai 1940, l'occupation du Luxembourg fut dénoncée par le gouvernement du Grand Duc, qui se rangea aux côtés des Alliés et qui se réfugia à Londres.

Avant comme depuis 1945, les relations entre États belligérants et États neutres étaient et demeurent réglées par le droit international en vigueur. Mais elles sont aussi conditionnées, avec le droit qui leur est coordonné, par des rapports de force. En fonction de ces derniers, on peut distinguer trois types de relations entre belligérants et neutres, même si chaque neutre est censé être l'ami de chaque belligérant et chaque belligérant, l'ami de chaque neutre. En cas d'équilibre, les droits et devoirs des neutres comme des belligérants tendent à être symétriquement observés. Lorsque les belligérants sont plus puissants que les neutres[671], ils assignent un champ clos à la neutralité, qui s'en trouve réduite *de facto*. À l'inverse, lorsque les neutres sont plus puissants que les belligérants[672], c'est à la belligérance qu'ils assignent un champ clos, restrictif. L'existence de tels rapports de force doit être prise en considération pour l'interprétation et l'application aussi bien du droit classique de la neutralité que du droit contemporain.

[671] Ainsi durant les deux guerres mondiales du XXe siècle ou lors des conflits armés internationaux auxquels participent les grandes puissances.
[672] Ainsi lors des conflits armés internationaux auxquels ne participent pas les grandes puissances.

CHAPITRE II

LA NEUTRALITE CLASSIQUE

Selon le droit international classique — dont on verra qu'il est toujours en vigueur — la neutralité signifie que l'*État* qui entend rester à l'écart d'un conflit armé international doit s'abstenir d'y participer militairement — c'est-à-dire ne pas envoyer d'agents armés — et économiquement — c'est-à-dire ne pas livrer d'armes, munitions et matériels militaires — de manière impartiale. Ce devoir d'abstention impartiale, illustré par le maintien des relations diplomatiques normales, inclut l'obligation pour l'État neutre de faire respecter son inviolabilité territoriale, c'est-à-dire ne pas accorder de droit de passage ou ne pas laisser son territoire terrestre, maritime, aérien utilisé par l'un des belligérants, sous peine d'exercice du droit de suite par l'autre belligérant (celui-ci peut attaquer les forces ennemies utilisant ou traversant le territoire neutre).

Ce devoir étatique d'abstention impartiale à la fois diplomatique, militaire, économique et territorial, n'affecte cependant pas la liberté du commerce civil des États tiers avec les États belligérants ; ni la liberté du commerce civil *et* militaire des ressortissants ou résidants des États tiers, en tant que personnes privées physiques ou morales, avec les États belligérants ; ni la liberté des ressortissants ou résidants des États tiers, en tant que personnes privées physiques, de s'engager dans les forces armées des États belligérants[673] ; ni la « liberté morale » de la société civile, c'est-à-dire le droit d'exprimer, notamment par voie de presse privée, sa préférence en faveur d'un belligérant et en défaveur d'un autre, pourvu qu'une campagne de presse hostile ne soit pas organisée et financée par l'État« neutre ». De même, ne sont pas contraires à la neutralité la collaboration d'un État tiers ou de sociétés de secours d'un État tiers à des activités strictement humanitaires aux côtés d'une partie belligérante.

La neutralité classique, étatique, est à la fois « intégrale », « impartiale » et « libérale ». 1) Elle ne sépare pas aspects diplomatique, militaire, économique et territorial. 2) Elle ne discrimine pas les belligérants. 3) Non seulement elle réserve les activités humanitaires, mais elle distingue commerce militaire et civil, État et particuliers, politique étrangère et opinion intérieure. La difficulté d'opérer ces distinctions s'explique par le

---

[673] Ils deviennent alors des combattants à titre de mercenaires ou bien de volontaires internationaux (on retiendra cette dernière hypothèse, licite).

caractère « dual » des produits et par l'imbrication du public et du privé ou par la nécessité de l'autorisation gouvernementale de l'export militaire privé. Du fait de cette difficulté, les États neutres, pour ne pas risquer d'être entraînés dans le conflit armé ou d'être attaqués par tel belligérant s'estimant lésé[674], interdisaient tout ou partie du commerce, civil comme militaire, privé comme public, avec les États belligérants et leurs ressortissants ou résidants (législation d'embargo), prohibaient l'enrôlement dans les forces armées d'États belligérants, voire limitaient la liberté de la presse.

La neutralité classique trouvait toute sa place dans un système international caractérisé par la libre compétence de guerre réservée aux seules entités étatiques, l'égalité des belligérants et la « guerre limitée », la relative homogénéité des États, le libéralisme économique, la distinction paix/guerre et la reconnaissance de l'état de guerre, la présence d'une grande puissance neutre, les États-Unis d'Amérique, qui garantissait la restriction de la « guerre au commerce » menée en haute mer par les (navires de surface des) belligérants européens. De 1914 à 1945 et au-delà, la neutralité reflétée dans les CLH de 1907 n'a pu qu'être remise en cause par la prohibition principielle de la guerre, la discrimination des belligérants et la montée de la « guerre totale », les dissensions idéologiques (entre libéralisme, communisme et fascisme), l'interventionnisme public, la désuétude de la déclaration de guerre voire du traité de paix et la tendance au refus de reconnaître l'état de guerre[675], la disparition d'une grande puissance neutre depuis que les États-Unis ont choisi l'engagement militaire[676], dont l'une des conséquences (aggravée par la course sous-marine et aérienne) a été l'effondrement de la protection de la propriété neutre en haute mer. Plus encore, l'existence même de la neutralité a été mise en question par l'institution de la sécurité collective, cependant que l'intrusion de concepts de la Guerre froide, après 1947, tels la « neutralisation », le « neutralisme » ou le « non-alignement », créait la confusion avec le concept de neutralité en droit international[677]. Le tout aboutissait à une neutralité « à la carte », dont, *last but not least*, l'applicabilité était incertaine vis-à-vis des luttes armées qui opposaient des MLN à certains États.

---

[674] Le contrôle public des transferts d'armements ou le caractère public des entreprises du secteur militaire peuvent mettre en cause l'impartialité de l'État, donc sa responsabilité, au cas où le commerce militaire se limiterait à l'*un* des belligérants.

[675] Outre la pratique de déclarer la guerre sans participer aux hostilités ou celle de participer aux hostilités sans déclarer la guerre.

[676] Dès les années 1920, le système esquissé de prohibition de la guerre tournait, d'un point de vue français ou franco-britannique, autour de la formule : pas de désarmement sans sécurité, pas de sécurité sans sanctions, pas de sanctions sans la collaboration des États-Unis.

[677] La guerre froide n'étant pas la guerre mais la paix, dès lors et tant qu'il n'y a pas de recours à la force armée, elle n'est pas concernée par le *jus in bello* ni par le droit de la neutralité. Les concepts politiques de neutralisation, neutralisme ou non alignement ne sont pas des concepts de droit international.

CHAPITRE III

NEUTRALITE ET SECURITE COLLECTIVE

Dans un système juridique qui admet la guerre, la neutralité joue pleinement son double rôle de régulation des rapports belligérants/tiers et de délimitation du *theatrum belli.* En revanche, si la guerre est interdite entre États, la neutralité perd son sens juridique : si effectivement il n'y a plus de belligérants, il n'y a plus de neutres ni d'espaces neutres ; si la guerre éclate, c'est en violation du principe, donc la partie qui a pris l'initiative du recours à la force armée est « dans son tort », si bien que le droit d'abstention impartiale des tiers entre deux parties belligérantes égales cède au devoir de participation des tiers à la sanction du *peace breaker.* Dans le système classique, on pensait que la meilleure façon pour un État de servir la paix était de se tenir à l'écart de la guerre, sans discriminer les belligérants. À partir de 1919 et plus encore de 1945, l'idée s'est faite jour que la paix devait être assurée par l'interdiction principielle de la guerre et par la solidarité des États tiers à l'égard de l'État qui serait victime de la violation du principe d'interdiction. C'est ainsi que la sécurité collective a été opposée à la neutralité[678]. À la discrimination s'ajoute la réciprocité ou l'équité. Au moins théoriquement, tous les États sont protégés par l'institution de la sécurité collective. Est-il alors possible de rester neutre en cas de conflit armé ? Un État gardant la neutralité jouirait d'une situation privilégiée, n'étant pas contraint de venir en aide aux autres membres, tout en pouvant de son côté demander leur assistance. Selon les systèmes type SDN ou ONU, la neutralité perd sa raison d'être puisque la commission d'une agression d'un État contre un autre État oblige les autres États à venir en aide à l'État agressé (art. 16 SDN, art. 2-5 ONU). Tous les États s'étant engagés à l'assistance mutuelle, ils ne sauraient rester neutres, même si leur participation peut être aménagée (art. 16-3 SDN, art. 50 ONU). Certains gouvernements ou certains juristes ont même prétendu — sans que cette

---

[678] Comme l'affirmait le Conseil de la SDN, le 13 février 1920, « *la notion de neutralité des membres de la Société des Nations n'est pas compatible avec cet autre principe que tous les membres de la Société auront à agir en commun pour faire respecter ses engagements* ». De son côté, le Conseil fédéral suisse avait formulé la contradiction entre la neutralité classique et la sécurité collective, dans son message adressé à l'Assemblée fédérale le 4 août 1919 : « *neutralité et Société des Nations sont deux notions qui s'excluent l'une l'autre. Neutralité veut dire maintien de la paix par non participation aux différends d'autrui. La Société des Nations vise... à assurer la paix par l'action solidaire de ses membres* ».

prétention passe dans le droit positif — qu'un État qui resterait neutre se rendrait coupable de « complicité » avec l'agresseur, de sorte qu'il serait lui aussi passible d'une action collective[679].

Sans aller jusque-là, il semble logique, en cas de belligérance, que le devoir d'abstention impartiale des États tiers soit remplacé par un devoir de participation de tous les États voire de tous leurs ressortissants ou résidants contre le violateur de la paix. Deux argumentations sont favorables à cette évolution : l'une, à la Gribouille ; l'autre, discriminatoire. Le Président Wilson en fit la synthèse lorsqu'il déclara, le 2 avril 1917, que « *la neutralité n'est plus réalisable, ni souhaitable, là où la paix du monde et la liberté des peuples sont en jeu* ». 1) La guerre affecte le monde entier, du fait de l'interdépendance des sociétés : aussi la neutralité n'a-t-elle plus de raison d'être. On précipite donc ce qu'on veut éviter ! 2) Il est possible et nécessaire de distinguer l'agresseur et la victime, dans une société internationale en voie d'unification où la guerre doit être abolie et remplacée par la police, si bien que tous les membres de la société doivent coopérer dans la répression de l'infracteur, la légitime défense devenant une suppléance de la police internationale et la sécurité collective, la police internationale[680]. Même si l'on s'en tient au concept de guerre sans lui substituer celui de police, la discrimination des belligérants emporte le traitement différentiel de ces derniers par les tiers. Reste à savoir qui opère la distinction, selon quels critères et avec quelles conséquences. On y a répondu précédemment. Dès lors qu'un organe international compétent est habilité à décider, avec force juridique supranationale, qu'un belligérant a tort, la neutralité perd sa justification éthique, tirée de l'égalité entre États, à savoir : l'impossibilité pour un État tiers de juger entre deux États belligérants de quel côté se trouve le droit ou le non-droit. Si les États décident, on reste dans l'anarchie des qualifications et chaque État tiers demeure maître de son jugement. Si un organe international décide et si cette décision s'impose à tous les membres de l'Organisation internationale, les États tiers devront agir conformément à ladite décision, donc aider la partie belligérante dans son droit et ne pas aider la partie belligérante dans son tort. Ils devront donc prendre parti, autrement dit, abandonner l'attitude d'abstention impartiale. Bref, il n'y aura plus de neutralité[681].

---

679 Au *Vae victis* infligé à l'État discriminé s'ajoute le *Vae neutris* infligé à l'État passif.

680 Rappelons qu'il ne s'agit là que de fictions juridiques, issues de la transposition des concepts du droit interne au droit international.

681 « *Dans un régime juridique consacrant... la compétence discrétionnaire de recourir à la force, il était... logique d'admettre que les États tiers avaient, eux aussi, une compétence discrétionnaire de faire, ou de ne pas faire, la guerre. Dans ce contexte, chaque État déterminait pour lui-même sa qualité de belligérant ou de neutre avec, dans ce dernier cas, un devoir d'abstention qu'on espérait réciproque. A partir du moment où le droit international a réglementé... cette question, en dénonçant comme agresseur celui qui recourt en premier à la force contre un autre, il est... logique de considérer que les États tiers ont à*

Ou du moins la neutralité ne sera abolie que si l'organe compétent discrimine effectivement les belligérants. Dans le cas contraire, les conditions de la neutralité et la neutralité elle-même subsistent. Il y aurait donc une neutralité illicite face à la guerre illicite (déclarée telle) et une neutralité licite face à la guerre licite (non déclarée telle). En l'absence de discrimination supranationale, la neutralité, subsistante, garderait son contenu classique, sous réserve que les conventions pertinentes (essentiellement les CLH de 1907) demeurées en vigueur n'aient pas été modifiées par voie coutumière. En cas de discrimination supranationale, soit tous les États, y compris ou non leurs ressortissants ou résidants, s'engageraient ou devraient s'engager totalement, soit ils ne s'engageraient pas ou ils choisiraient le degré et les modalités de leur engagement, militaire ou non militaire, purement étatique ou carrément sociétale. Il y aurait donc une neutralité classique, intégrale, impartiale et libérale, posée dans des conventions anciennes, et une neutralité nouvelle, pas simplement dérogatoire par rapport au droit classique car fondée sur des prémisses substantiellement différentes et dont le contenu serait lui aussi substantiellement différent. Cette neutralité non codifiée devrait s'accorder avec la sécurité collective. Que disent le Pacte de la SDN puis la Charte de l'ONU ? Ceux-ci, en tant que traités de sécurité collective ayant fondé des Organisations de sécurité collective, ont consacré l'évolution universaliste et discriminatoire du *jus ad bellum* qui a bouleversé la neutralité. Mais en même temps, la pratique a dû ménager sécurité collective et neutralité, même dans le cas (rare en l'occurrence) où était prononcée une discrimination supranationale effective. En l'absence d'une telle discrimination, le droit classique de la neutralité, énoncé dans des conventions toujours en vigueur et jamais dénoncées, retrouve son applicabilité.

La neutralité et le Pacte de la SDN

Contre un État ayant recouru illicitement à la force armée, c'est-à-dire contrairement aux articles 10, 12, 13, 15 et 17 du Pacte de la SDN, des mesures collectives étaient prévues à l'article 16. C'est là que la neutralité était affectée. Dans le Pacte, l'idée de la solidarité des États ou de « l'indivisibilité de la paix », rendant caduque la neutralité, était mise en vigueur par : la soumission à la SDN des différends entre États membres ; l'obligation pour les autres membres de secourir l'État membre menacé dans son intégrité ou son indépendance ; l'application de « sanctions » contre l'agresseur ou le *peace breaker ;* l'intervention de la SDN même en cas de guerre ne constituant pas une rupture du Pacte ou en cas de guerre opposant des non-membres de la SDN ; l'exigence d'une participation des États tiers

---

la fois le droit de soutenir l'agressé et le devoir de ne pas soutenir l'agresseur » (O. Corten, *2008*, pp. 265-266).

et de leurs ressortissants ou résidants en faveur de l'une des parties au conflit et en défaveur de l'autre. Seules les guerres en dehors (des mécanismes) du Pacte voyaient subsister la neutralité à l'ancienne.

Parmi les « sanctions » de l'article 16, figuraient 1) les mesures économiques, avec leurs conséquences diplomatiques. Lesdites mesures se divisaient en trois catégories : les États membres doivent rompre immédiatement toutes les relations commerciales ou financières avec l'État qui viole le Pacte ; ils doivent interdire tous rapports entre leurs nationaux et ceux de l'État en rupture du Pacte ; ils doivent faire cesser toutes communications financières, commerciales ou personnelles entre les nationaux de cet État et ceux de tout autre État, membre ou non de la SDN. Ce dernier point posait le problème de l'extension du blocus aux États non-membres qui commerceraient avec l'agresseur ou le *peace breaker :* si les non-membres gardaient le droit de commercer, les membres avaient le droit d'intercepter ce commerce selon les règles (classiques) du droit de prise. Donc, d'un côté, les États non-membres de la SDN n'étaient pas concernés par le Pacte, ni par la distinction établie par la SDN entre guerre licite ou illicite, ni par la mise en œuvre des « sanctions ». Mais, d'un autre côté, les non-membres étaient affectés par le fait que les membres pouvaient, dans l'exercice du droit de guerre maritime (ou aérien) contre l'agresseur ou le *peace breaker*, porter atteinte aux intérêts commerciaux des non-membres. À cet égard, le système genevois maintenait le droit (classique) qu'ont les belligérants de s'en prendre au commerce des neutres qui commercent avec l'ennemi. 2) La transition des mesures d'ordre économique aux mesures d'ordre militaire était fournie par deux dispositions. D'une part, les membres de la SDN se prêtent un appui mutuel dans l'application des mesures économiques, ainsi que pour résister à toute mesure dirigée contre l'un d'eux par l'État en rupture du Pacte. D'autre part, ils facilitent le passage à travers leur territoire des forces de tout membre qui participe à une action militaire collective. 3) Parmi les « sanctions » de l'article 16, apparaissaient donc les mesures militaires. Celles-ci, au contraire des mesures économiques et du droit de passage militaire, n'étaient pas obligatoires. Le Conseil de la SDN devait, à l'unanimité, recommander aux États les mesures militaires nécessaires ; ces dernières demeuraient facultatives, en ce qu'aucun État ne pouvait être forcé d'y participer ; les États avaient le droit d'agir *manu militari* contre l'agresseur ou le *peace breaker*, selon leur propre appréciation, ils n'y étaient pas obligés[682].

Au bout du compte, que restait-il de la neutralité ? La neutralité classique continuait de s'appliquer pour les États non-membres de la SDN, notamment

---

682 Comme l'avait déclaré l'IDI dans sa résolution interprétative de l'article 16 du Pacte de la SDN, « *chacun des États membres reste juge du point de savoir si, et dans quelle mesure, il est tenu d'assurer l'exécution de son devoir de garantie par l'emploi des forces militaires dont il dispose* ».

les États-Unis (à l'époque premier exportateur et créancier mondial), ainsi que pour les États membres qui avaient obtenu un statut spécial en ayant la faculté de ne pas appliquer l'article 16, ou encore pour les États membres qui ne constataient pas une rupture du Pacte ou qui refusaient d'exécuter l'article 16. Quant à la neutralité genevoise, elle se trouvait réduite à la « non-belligérance » étatique, puisqu'en cas de guerre illicite selon le Pacte, les États autres que les belligérants devaient accorder l'éventuel passage militaire et participer, ainsi que leurs ressortissants et résidants, aux mesures économiques, mais n'étaient pas obligés de participer aux mesures militaires. Par opposition à la neutralité classique, la neutralité genevoise pouvait être qualifiée de « différentielle », « partiale » (sic) et « totale ». 1) Elle séparait aspects diplomatique, économique et territorial d'une part, militaire d'autre part. 2) Elle discriminait l'agresseur ou le *peace breaker*. 3) Si elle réservait les activités humanitaires, elle ne distinguait pas commerce militaire et civil, État et particuliers, mais seulement politique étrangère et opinion intérieure. Une semi-participation ou une semi-abstention discriminatoire est-elle encore de la neutralité ? Le problème de la compatibilité de la neutralité et des mesures économiques en temps de guerre a fait l'objet de discussions au moment de l'adhésion de la Suisse à la SDN. La notion de neutralité « différentielle » a été proposée et, semble-t-il, acceptée, du moins jusqu'en 1938, lorsque la Suisse est revenue à la neutralité classique, « intégrale »[683]. Un État membre de l'Organisation de sécurité collective pourrait rester neutre s'il accordait un passage militaire ou s'il participait à des mesures économiques ordonnées voire recommandées par l'organe international compétent. Cela est-il compatible avec la

---

[683] Le cas de la Suisse a été spécialement important pour l'interprétation de l'article 16 du Pacte de la SDN. La Suisse avait adhéré à la Société en 1920. Il avait fallu concilier cette adhésion avec la neutralité permanente, fondée sur le traité de Paris de 1815. Le Conseil de la SDN avait expressément autorisé la Suisse à ne pas participer aux mesures militaires prévues à l'article 16 et l'avait expressément dispensé d'accorder le droit de passage militaire. Mais le devoir de participer aux mesures économiques avait été formellement maintenu. Dès octobre 1920, la Suisse rejeta la demande française de laisser passer sur son territoire des troupes à destination de Vilnius, ville lituanienne occupée par la Pologne et dans laquelle devait se dérouler un plébiscite sous la surveillance de contingents fournis par la France, la Grande-Bretagne et d'autres États. En 1935, alors que l'Italie était déclarée en rupture du Pacte pour avoir envahi l'Ethiopie, l'État suisse se contenta de restrictions financières et d'un embargo sur les armes à destination de l'Italie *et* de l'Ethiopie ; il ne prohiba pas l'export ou le transit d'armes, munitions ou matériels militaires effectués par des entreprises privées. Le 29 avril 1938, la Suisse déclara qu'à l'avenir elle ne participerait plus à des mesures économiques. Elle restaura ainsi son ancien statut de neutralité, tout en demeurant membre de la SDN. Durant la Seconde Guerre mondiale, elle s'efforça de tenir la balance égale entre les belligérants, avec lesquels elle entretint des relations diplomatiques tout au long des hostilités. Comme en 1914-1918, les Alliés exigèrent que la Suisse restreignent substantiellement ou même (en 1945) rompent ses relations commerciales avec l'Allemagne, en contrepartie d'un allégement du blocus naval. Courageusement, le Conseil fédéral repoussa ces exigences, contraire à la neutralité classique, dont on peut dire qu'elle est devenue, avec la neutralité permanente, un trait de l'identité politique helvétique.

neutralité ? Il semble peu probable qu'un belligérant considère comme neutre un tel comportement et, si le rapport de force lui est favorable, ne procède pas à l'exercice du droit de suite, à des contre-mesures, sinon à des rétorsions armées, vis-à-vis du « pseudo-neutre ».

Avec le naufrage de la SDN et le retour des petits États du Nord et de l'Ouest de l'Europe à la neutralité classique ou leur retrait de la SDN, à partir de 1938, il apparut que la neutralité genevoise avait vécu. Durant la Seconde Guerre mondiale, les belligérants, notamment sur mer, réduisirent le champ de la neutralité ou forcèrent les neutres à les suivre, ou encore ceux-ci limitèrent leur neutralité à la « non-belligérance » tout en favorisant les uns et en défavorisant les autres. Pourtant, malgré bien des approximations[684] ou des violations, la conviction juridique commune sur la signification de la neutralité continua de correspondre à l'esprit du droit classique, à savoir : l'abstention impartiale, étatique sinon sociétale, aux plans diplomatique, militaire, économique et territorial. Aucun État ne revendiqua son éventuelle « non-belligérance » comme étant le nouveau droit de la neutralité. Le plus important pays non belligérant, du 1er septembre 1939 au 11 décembre 1941, fut les États-Unis. Leur pratique de la « non-belligérance », c'est-à-dire leur soutien économique, financier, logistique, naval à la Grande-Bretagne, fut généralement considérée comme une violation du droit de la neutralité[685]. Si les États belligérants lésés par les « non belligérants » n'adoptèrent pas toujours de suite territoriale, de contre-mesures ou de rétorsions armées, ce n'est pas parce qu'ils considéraient la « non-belligérance » comme fondée en droit, mais c'est parce que cette « non-belligérance » leur était malgré tout plus favorable qu'une entrée en guerre des « non belligérants »[686]. Somme toute, la neutralité est comme la guerre : elle est certes évolutive dans sa pratique comme dans ses règles, mais elle est aussi un état objectivement constatable[687].

La neutralité et la Charte de l'ONU

Tirant leçon du fiasco de la SDN tout en voulant renforcer la sécurité collective et, à travers elle, étayer l'hégémonie des Cinq, les rédacteurs de la Charte des NU ont retrouvé le problème de la neutralité. On sait que la Charte va plus loin que le Pacte, spécialement sur le plan des « sanctions ».

---

684 On parlait autrefois de neutralité « parfaite » et de neutralité « imparfaite ».

685 Cf. R.R. Wilson, H.W. Briggs, E. Borchard, P. Guggenheim, W. Komarnicki, F. Grob, E. Castren, J. Stone, R.L. Bindschedler.

686 « *Ainsi, l'Allemagne n'a jamais approuvé les actes contraires à la neutralité commis par les États-Unis pendant les années 1940-1941, mais elle n'en a pas moins tout fait pour tenter d'empêcher l'entrée des États-Unis dans la guerre* » (D. Schindler, « 1967 », p. 266).

687 Sur cette section, cf. J.B. Whitton, « La neutralité et la Société des Nations », *RCADI*, 1927 II, pp. 459-569 ; Ph. Michaïlides, *La neutralité et la Société des Nations* (thèse), Paris, L. Rodstein, 1933 ; B. d'Astorg, *La neutralité et son réveil dans la crise de la SDN* (thèse), Paris, Sirey, 1938.

En effet, le CSNU peut, de manière « centralisée », constater la rupture de la Charte et imposer, pas seulement recommander, des mesures diplomatiques, économiques ou militaires, en décidant de ces dernières et, à défaut de les exécuter lui-même, en les faisant exécuter par les États membres de l'ONU. On sait également que celle-ci est beaucoup plus universelle que la SDN. La neutralité semble donc condamnée, en ce que, au minimum, toute assistance doit être refusée à l'agresseur ou au *peace breaker*, cependant que le droit de passage militaire doit être accordé aux forces participant à « l'action collective ». Même le retrait de l'ONU ne permettrait pas de restaurer la neutralité, puisque même les États non-membres sont « liés » par l'obligation de non-assistance à l'agresseur ou au *peace breaker*. Cependant, la nécessité d'une décision du Conseil persiste, de même que la différence entre mesures diplomatiques ou économiques, obligatoires pour tous les États comme pour leurs ressortissants ou résidants, et mesures militaires, facultatives, autrement dit, à la discrétion des États volontaires. Globalement, la neutralité onusienne est similaire à la neutralité genevoise : différentielle, partiale et totale, à condition que le CSNU s'engage. Sinon, la neutralité classique demeure ou redevient applicable. Si l'on adopte le raisonnement *a contrario*, on pourrait même dire qu'elle n'est impossible que si le CSNU décide d'imposer à tous les États la participation à des mesures non militaires contre le *peace breaker*. Seule une telle décision rend applicable la neutralité onusienne.

Il est significatif que lors de la conférence de San Francisco, la proposition française, présentée par Paul Boncour, d'insérer dans la Charte une disposition selon laquelle aucun État ne serait autorisé à se réclamer de sa neutralité pour se soustraire à une action collective contre un agresseur, fut rejetée. La Charte n'a donc pas aboli expressément la neutralité. D'autre part, celle-ci n'a jamais été considérée comme un fait internationalement illicite, ni comme un crime international. Mieux, une partie substantielle du *jus in bello* en vigueur est consacrée aux droits et devoirs des neutres, dont l'existence est l'une des principales garanties du respect du *jus in bello* par les belligérants. Des États neutralisés, unilatéralement ou conventionnellement, ont pu adhérer à l'ONU[688]. Néanmoins, le débat sur la

[688] Si le cas de la Suisse a été important pour la SDN, celui de l'Autriche l'a été pour l'ONU. Comme la Suisse en 1815, l'Autriche a été neutralisée en 1955. Elle a été admise à l'ONU, avec son statut de neutralité permanente, sans la moindre difficulté. Parmi les États parties au traité d'État de Vienne du 15 mai 1955 se trouvent quatre membres permanents du CSNU. Ceux-ci ont été convaincus de la compatibilité de la neutralité permanente d'un État avec la qualité de membre de l'ONU. Celle-ci a par là même accepté de ne pas obliger ni inviter l'Autriche à participer à des mesures coercitives à l'encontre d'un *peace breaker* (le CSNU a le droit d'exempter certains États). L'Autriche membre de l'ONU a donc reçu, dès 1955, une forme de neutralité analogue à celle de la Suisse membre de la SDN après 1938. L'Autriche a un droit de légitime défense individuelle, elle bénéficie de la sécurité collective, mais elle n'en a pas les charges, puisqu'elle n'a à participer à aucune « sanction » contre un *peace breaker*. Elle demeure donc sous l'empire du droit classique de la neutralité. De même, en

compatibilité de la neutralité avec la Charte des NU a été relancé après 1945. En principe, la sécurité collective est antinomique de la neutralité, à une réserve près : même d'un point de vue *contra bellum*, la neutralité trouve sa justification en ce qu'elle localise le conflit armé et en ce qu'elle permet la continuation des relations internationales normales entre les tiers d'une part, les tiers et les belligérants d'autre part. C'est ainsi qu'à l'époque du conflit Est-Ouest, la neutralisation de certains États a pu être considérée comme utile à la cause de la paix. Certains auteurs[689] pensent même que la Charte a délibérément maintenu la neutralité, au moins dans certaines hypothèses[690]. Ou bien, de l'avis plus général, c'est la faiblesse du système onusien de sécurité collective, dont le corollaire est la légitime défense, qui rend possible et nécessaire l'institution. La guerre n'étant abolie ni en droit, ni en fait[691], la neutralité subsiste.

---

adhérant aux CE, les États neutralisés ont dû exprimer des réserves. La politique commerciale extérieure relève de la compétence des organes communautaires. Par conséquent, ceux-ci ont la faculté ou même l'obligation, en cas de mesures économiques décidées par le CSNU, de suspendre les ou des relations commerciales ou financières à l'égard du pays visé. Si un État neutralisé, membre des CE, devait, en cas de conflit armé international, participer aux mesures économiques contre un pays, il contreviendrait à son devoir d'abstention impartiale. Il ne serait donc plus neutre, ou bien sa neutralité se réduirait à la non-belligérance militaire étatique.

[689] J.L. Kunz, A. Verdross, Ch. Chaumont, H. Accioly, D. Schindler.

[690] « *La première est le cas d'une guerre pour laquelle le Conseil de Sécurité n'est pas arrivé à constater l'existence d'un acte d'agression, en raison du fait que le Conseil n'a pu réunir le nombre de... voix affirmatives... Dans un tel cas, les États tiers sont autorisés, selon l'article 51 de la Charte, à venir au secours de l'État victime..., mais ils n'y sont nullement obligés. Ils peuvent donc rester neutres. Même solution jusqu'à ce que le Conseil de Sécurité ait pris les mesures nécessaire pour (rétablir) la paix et la sécurité internationales. Mais, même si le Conseil... a constaté... l'existence d'une agression au sens de l'article 39 de la Charte et a décidé de prendre des mesures coercitives contre l'agresseur, la neutralité de* certains *États est encore admissible... Tandis qu'en effet l'article 16 du Pacte de la Société des Nations obligeait tous ses membres dans le cas d'une guerre contraire aux dispositions du Pacte à rompre immédiatement, et de leur propre initiative, toutes les relations commerciales et financières avec l'État en rupture du Pacte et... à faciliter le passage à travers leur territoire des troupes qui devaient participer à une action commune contre ce dernier, la Charte des Nations unies est bien plus souple... L'article 39 n'impose aucune obligation directe aux États de déclencher une sanction contre l'agresseur. Il se borne à charger le Conseil de Sécurité de* constater *l'existence d'une menace contre la paix ou d'une rupture de la paix... Les membres de l'ONU ne sont pas donc obligés... d'intervenir immédiatement et de leur propre volonté contre l'agresseur. Ils peuvent, au contraire, attendre soit une recommandation soit une décision du Conseil de Sécurité avant d'entreprendre une action quelconque. Mais rien n'oblige le Conseil... à faire appel à* tous *les États membres des Nations unies... Le Conseil... est libre de décider* quelles *mesures coercitives doivent être prises... L'Assemblée générale... peut faire des recommandations aux États... De telles recommandations ne sont pas juridiquement obligatoires pour les États. Tout État peut donc déclarer sa neutralité dans un tel conflit* » (A. Verdross, « 1957 », pp. 182-183).

[691] La Charte a posé le principe de l'interdiction de la guerre. Mais pour réellement ôter leur compétence de guerre aux États, il aurait fallu que l'ONU soit en mesure d'exercer cette

Le problème de la compatibilité de la neutralité et de la sécurité collective présente deux aspects. 1) Le système des NU permet-il à la neutralité de subsister, et dans quelle mesure ? 2) Le droit de la neutralité permet-il à un État tiers de participer à des mesures collectives, et dans quelle mesure ? 1) L'opinion a été répandue que la Charte ne laissait plus de place à la neutralité. Mais l'inertie du CSNU, ou lorsqu'il se contente d'adopter des recommandations, ou lorsqu'il exempte certains États, ou sa dépendance vis-à-vis des États pour l'application de ses résolutions, même obligatoires, rendent possible la neutralité. L'absence d'une décision supranationale mettant en cause et en œuvre une responsabilité étatique se répercute sur les rapports entre les belligérants et les tiers : chaque État retrouve alors son pouvoir de décider si tel belligérant est « dans son droit » ou « dans son tort », donc son pouvoir d'agir ou de s'abstenir. Ainsi, la neutralité peut être observée dans les cas suivants : lorsque le CSNU est paralysé ; lorsque le CSNU se borne à recommander l'adoption de mesures collectives ; lorsque le CSNU, après avoir condamné un État et recommandé ou ordonné des mesures collectives, exempte tel État de l'application de ces mesures ; lorsque les/des États refusent d'appliquer les mesures préconisées par le CSNU. À cela s'ajoutent le cas des États neutralisés conventionnellement (Autriche), celui des États membres de l'ONU ayant réservé leur politique de neutralité (Suède, Irlande, Suisse depuis 2002), celui des États non-membres de l'ONU ayant réservé leur politique de neutralité (Suisse avant 2002). 2) Il est certain qu'un État participant à des mesures militaires cesse d'être neutre[692]. En revanche, la participation d'un État à des mesures non militaires ne contrevient qu'à la neutralité classique, pas à la neutralité onusienne. Or, celle-ci s'applique de plein droit lorsque le CSNU s'engage[693].

---

compétence. Or, aucune armée internationale n'a été créée, cependant que les États n'ont pas désarmé.

692 L'abstention militaire constitue le noyau minimum commun de toutes les situations considérées ou ayant été considérées comme des variantes de la neutralité.« *Il est incontestable que les notions de neutralité et de participation à un conflit armé s'excluent mutuellement* » (M. Torrelli, « 1992 »).

693 Toutefois, c'est de manière purement autonome, sans reconnaître l'obligation d'obtempérer à la résolution 232 du 16 décembre 1966 adoptée par le CSNU au titre du chapitre VII, que la Suisse a décidé des mesures économiques contre la Rhodésie. L'Autriche et la Suède ont agi de même. Le 7 août 1990, le ministre suisse des Affaires étrangères, René Felber, a distingué entre les mesures précédemment prises contre la Rhodésie ou l'Afrique du Sud et les mesures prises contre l'Irak après son invasion, occupation et annexion du Koweït. « *La communauté internationale exige une application universelle des mesures économiques. La Suisse ne pouvait dès lors se permettre de rester à l'écart… Les sanctions préconisées par un groupe de pays visaient généralement la politique intérieure d'un pays (Rhodésie, Afrique du Sud). Aujourd'hui, il s'agit, comme le précise la résolution des Nations unies, d'amener un pays agresseur à retirer sans conditions ses troupes, à restituer aux autorités légitimes du Koweït leur pouvoir et à engager des négociations pour résoudre le différend* ». Mais Felber ajoutait : « *le Conseil fédéral a précisé que sa décision était autonome parce que c'est de par*

Le régime contemporain de la neutralité

Après le Pacte de la SDN et surtout la Charte de l'ONU, le problème a donc été de concilier sécurité collective et neutralité, apparemment incompatibles[694]. En effet, l'obligation d'assister l'État victime d'une violation de la paix et de ne pas assister l'État violateur interdit ou empêche l'abstention impartiale. Un compromis a été trouvé, pour ménager à la fois l'obligation de coopération contre le *peace breaker*, la limitation du recours à la force armée et le maintien de la position de tiers à un conflit armé, indispensable à l'application d'une grande partie du *jus in bello*.

Lorsque le CSNU a ordonné des mesures non militaires et militaires contre un *peace breaker*, y compris *post bellum* afin de le contraindre à coopérer pour que sa responsabilité soit mise en œuvre, les États tiers sont libres de participer ou non aux mesures militaires. Mais, sauf s'ils sont exemptés par le CSNU, ils sont tenus, États non-membres des NU compris, ainsi que leurs ressortissants et résidants, de participer ou d'obtempérer aux mesures non militaires. Ils doivent également prohiber l'enrôlement de leurs ressortissants ou résidants dans les forces armées du *peace breaker*. Les États spécialement affectés par la suspension totale ou partielle des contrats commerciaux ou financiers peuvent cependant bénéficier, selon l'article 50 de la Charte, d'une consultation voire d'une aide (pas d'un dédommagement). Le principe de la non-assistance à l'agresseur ou au *peace breaker* justifie la suspension des relations diplomatiques et économiques[695]. L'État qui assisterait la partie en rupture de la Charte serait

---

notre libre volonté que nous appliquerons les mesures que nous avons définies ». Autrement dit, la Suisse, neutre, non-membre de l'ONU à l'époque, demeurait libre de participer ou non aux mesures économiques décidées par le CSNU.

694 À l'instar du traité d'alliance et de la proclamation de neutralité lorsque l'allié se trouvait en guerre.

695 Ainsi, le paragraphe 7 du Manuel de San Remo de 1994 sur le droit international applicable aux conflits armés en mer, énonce que les États neutres ne doivent pas prêter à un État agresseur une assistance autre qu'humanitaire et qu'ils peuvent prêter assistance à un État victime d'un acte d'agression. Entre ce devoir et cette simple possibilité, il y aurait place pour la neutralité. Toutefois, le paragraphe 8 indique qu'au cas où le CSNU aurait pris des mesures économiques en application du chapitre VII de la Charte, les États membres de l'ONU ne peuvent invoquer le droit de la neutralité « *pour justifier un comportement incompatible avec les obligations que leur imposent la Charte ou les décisions du Conseil de Sécurité des Nations unies* », en clair, pour échapper à leur obligation de participer aux sanctions économiques. Mais selon le paragraphe 9, lorsque le CSNU autorise l'emploi de la force, les règles énoncées dans le Manuel ainsi que toute autre règle du droit des conflits armés doivent s'appliquer. De son côté, l'IDI, dans sa résolution de 1975 (*Les conditions d'application des règles, autres que les règles humanitaires, relatives aux conflits armés aux hostilités dans lesquelles les Forces des Nations unies peuvent être engagées*) déclare : 1) lorsque les FNU sont engagées dans des hostilités, les États membres des NU ne peuvent ni se prévaloir des règles de la neutralité pour se soustraire aux obligations qui leur sont imposées en vertu d'une décision du CSNU agissant conformément à la Charte, ni déroger aux règles de la neutralité au bénéfice d'une partie opposée aux FNU (art. 4) ; 2) le fait, pour un État, de se conformer aux règles énoncées dans la présente résolution ne le prive pas de sa qualité de neutre, y

son complice et, à ce titre, serait lui aussi passible de « sanctions »[696]. Seules subsistent la « liberté morale » de la société civile[697], la faculté de collaborer à des activités strictement humanitaires et l'inviolabilité territoriale, à moins que, sur ce dernier point, le CSNU n'ordonne le passage militaire par le territoire neutre (au risque de l'entraîner dans la guerre). S'applique donc une neutralité différentielle, partiale et totale. Autrement dit, la neutralité — le fait d'être tiers à un conflit armé — se réduit à l'abstention militaire de l'État vis-à-vis de l'agresseur ou du *peace breaker*, sans empêcher la participation, y compris celle des personnes privées, aux mesures non militaires à son encontre, ni la prohibition de l'enrôlement à ses côtés.

Mais en cas de simple recommandation ou de simple condamnation par le CSNU, ou en cas de recommandation adoptée par l'AGNU sur la base de la résolution 377, les États sont autorisés à prendre les mesures non militaires envisagées par le Conseil ou l'Assemblée, ils n'y sont pas obligés ; de même, évidemment, s'ils sont exemptés par le Conseil. *A fortiori*, en cas de

---

compris la neutralité permanente, et ne justifie la pratique, à son égard, d'aucune mesure de rétorsion (art. 5). Cf. aussi la règle 95 du Manuel de Tallinn.

[696] Mais encore faut-il que le CSNU ait désigné un agresseur ou un *peace breaker*. Cela n'a pas été le cas lors de l'intervention contre l'Irak en mars 2003. En cette occurrence, la discussion entamée par Olivier Corten (*2008*) sur les effets juridiques de l'assistance d'un État tiers à un agresseur est donc parfaitement vaine. En Irak, les États-Unis et la Grande-Bretagne ainsi que, dans une moindre mesure, l'Australie, la République tchèque, la Slovaquie et la Pologne, plus le Koweït, ont été parties belligérantes. Tous les autres États, excepté bien sûr l'Irak, pouvaient être qualifiés d'États tiers, respectueux ou non des règles de la neutralité. En l'absence d'engagement du CSNU, la neutralité onusienne n'était pas applicable ; seule l'était la neutralité classique, fût-elle adaptée. Le Conseil demeurant inerte, il appartenait aux États de décider. Soit ils considéraient que la guerre contre l'Irak était autorisée par le CSNU ou que les États-Unis et la Grande-Bretagne se trouvaient en état de légitime défense, et ils avaient le droit de s'engager aux côtés de ces derniers ou de les aider. Soit au contraire ils considéraient que l'Irak était victime d'une agression ou d'une rupture de la paix de la part des États-Unis et de la Grande-Bretagne, et ils devaient assister l'un et ne pas assister les autres. Qu'ont fait les États non belligérants ? Certains ont contribué, plus ou moins substantiellement, à l'opération *Iraqi Freedom* et par conséquent n'ont pas été neutres. Ainsi le Koweït, qui a accepté que l'opération soit menée à partir de son territoire ; ainsi la France, la RFA, la Belgique, la Turquie, qui ont laissé leur territoire utilisé pour le transfert de certaines unités américaines ou pour le survol d'aéronefs à destination du Golfe ; ainsi les Pays-Bas, l'Italie, le Danemark, l'Espagne, le Portugal, la Hongrie, la Roumanie, la Bulgarie, de même que la Croatie, la Géorgie et l'Irlande, ou encore Oman, le Qatar, la Jordanie, l'Arabie Saoudite, qui ont fourni un appui logistique. D'autres ont été neutres, en ce qu'ils n'ont contribué en rien à l'opération *Iraqi Freedom*. Ainsi de la Suisse et de l'Autriche, qui ont fermé leur espace aérien aux aéronefs anglo-américains. Si l'on se place dans la logique discriminatoire du *jus ad bellum* contemporain (en vigueur lorsque le CSNU s'engage), les « faux *neutres* » ont violé leur obligation de non assistance à l'agresseur. Si l'on se place dans la logique non discriminatoire du *jus ad bellum* classique (applicable lorsque le CSNU ne s'engage pas), les « *faux* neutres » ont violé leur devoir d'abstention impartiale. Quoi qu'il en soit, l'Irak a protesté, comme d'autres États tiers, et il a entamé des contre-mesures, à défaut d'être capable d'exercer un droit de suite. Le comportement des « pseudo-neutres » n'a donc pas été unanimement accepté.

[697] Du moins dans les régimes libéraux.

mutisme du CSNU, notamment lorsqu'un ou plusieurs membres permanents recourent à la force sans l'accord du Conseil, chaque État retrouve son pouvoir d'agir ou de s'abstenir. Si nulle discrimination supranationale n'est effectivement prononcée, le droit de la neutralité classique retrouve à s'appliquer, l'institution retrouvant simultanément son contenu intégral, impartial et libéral[698]. Dans ces cas-là, un *État* qui entend rester neutre — et dans lesdites hypothèses, il a le droit de rester neutre — doit pratiquer une égale abstention vis-à-vis des *deux* belligérants, aux plans diplomatique, militaire, économique *et* territorial, réserve faite des *activités humanitaires* et des *libertés privées* susmentionnées, ces dernières pouvant être restreintes ou supprimées par la législation interne. Sinon, il s'exposera le cas échéant au droit de suite ou à des contre-mesures de la part du belligérant s'estimant lésé, du moins si celui-ci a reconnu l'état de guerre. En cas de conflit armé international opposant un MLN à un État, les États tiers ont le droit d'aider les MLN et d'accorder asile à leurs membres ou cadres tout en gardant le bénéfice de l'inviolabilité territoriale vis-à-vis de l'État concerné, sauf si ces membres ou cadres poursuivent leurs activités hostiles, à moins que le CSNU ne garantisse cette inviolabilité par l'adoption d'une résolution basée sur le chapitre VII de la Charte[699].

---

[698] C'est précisément dans les hypothèses de carence de la sécurité collective que le droit classique de la neutralité redevient applicable. Ainsi en cas de guerre impliquant un ou plusieurs membres permanents sans l'aval du CSNU.

[699] L'aide ou l'asile accordé par un État tiers aux membres ou cadres d'organisations insurgées relève de la problématique de l'intervention étrangère dans une guerre civile. On la traitera dans la partie du présent ouvrage consacrée aux conflits armés internes.

CHAPITRE IV

NEUTRALITE OU « NON-BELLIGERANCE » ? L'ENJEU DES CONTRE-MESURES

L'un des enjeux principaux de la délimitation et du contenu de la neutralité interétatique porte sur les contre-mesures qu'un belligérant s'estimant lésé aurait le droit de prendre à l'encontre d'un État prétendument, mais faussement, neutre, parce qu'il s'impliquerait assez substantiellement dans le conflit armé international ou parce qu'il favoriserait assez substantiellement le belligérant adverse. À l'instar de l'agression, la neutralité est un concept dialectique. D'autant que le droit de la neutralité repose sur la réciprocité de certains droits et de certains devoirs entre belligérants et neutres. Si la neutralité est strictement entendue, comme simple abstention militaire, le droit de procéder à des contre-mesures, en cas de violation du devoir d'abstention, sera restreint. Si la neutralité est largement entendue, comme abstention étatique, voire sociétale, militaire et non militaire, le droit de procéder à des contre-mesures sera élargi. Dans la première hypothèse, la neutralité ne signifierait plus que « non-belligérance ». Précisément, selon une partie de la doctrine, la désuétude — qui reste à prouver — du statut classique de la neutralité devrait entraîner la formation d'un statut de la « non-belligérance » pour les États tiers à un conflit armé. Sous-entendu : les États tiers auraient le droit de soutenir, non militairement, l'une des parties belligérantes sans encourir de contre-mesures de la part de l'autre partie, puisqu'ils ne violeraient pas le droit international applicable et donc n'engageraient pas leur responsabilité internationale.

Un tel statut existe-t-il en droit international ? En l'absence de nouvelles conventions idoines, on sait qu'une modification par voie coutumière requiert une pratique étatique répétée, accompagnée d'une revendication juridique officielle et suivie d'une acceptation par la communauté des États. Selon le droit international classique, les États ne pouvaient adopter, en cas de guerre interétatique, que deux attitudes : la belligérance ou la neutralité, autrement dit, entrer en guerre ou rester neutres. Les libertés privées, ainsi que l'exercice des droits de la belligérance dans les espaces maritimes et aériens internationaux, atténuaient le caractère tranché de l'alternative. Mais on a constaté que les États adoptaient fréquemment des positions intermédiaires ou transitoires, plus ou moins participatives ou plus ou moins partiales, réduisant la neutralité à l'abstention militaire étatique, appelée

« non-belligérance ». Le droit international contemporain admet-il les positions intermédiaires ou transitoires — que le droit international classique refusait ou ignorait — comme des positions de droit ou les considère-t-il comme de simples positions de fait ? Ne s'agit-il que de « politiques de neutralité », ne mettant pas en cause la conviction juridique sur la « vraie » neutralité, au sens classique ? Ou s'agit-il de la formation d'un nouveau droit de la neutralité, intégrant les prémisses de la sécurité collective même lorsque l'organe international compétent ne prononce pas de discrimination effective ? Dans cette seconde hypothèse, les États remplaceraient le CSNU en décidant par eux-mêmes quel belligérant est « dans son droit » ou « dans son tort » ; ils aideraient le premier mais pas le second ; ils cantonneraient leur neutralité à la « non-belligérance » ; le belligérant défavorisé n'aurait pas le droit d'exercer des contre-mesures voire une suite territoriale. Mais le « non belligérant » peut-il être traité comme un neutre ? La simple abstention militaire étatique au conflit armé suffit-elle pour bénéficier des droits d'un neutre ?

Les violations du droit de la neutralité n'ont pas mis fin à la neutralité, au minimum aussi longtemps que l'État neutre n'est pas entré en guerre ou que l'État belligérant lésé n'a pas tiré argument de la violation de la neutralité pour entrer en guerre contre l'État faussement neutre. Elles n'ont pas mis fin non plus au droit de la neutralité, soit classique, soit onusien lorsque le CSNU s'engage. À défaut de cet engagement, la formule classique :« on est neutre ou on ne l'est pas », garde sa validité. S'il s'engage, le Conseil a le pouvoir en vertu de la Charte d'imposer aux États une neutralité nouvelle, qui n'est pas simplement dérogatoire par rapport au droit classique. Somme toute, en l'absence d'engagement du CSNU, nous pensons que le droit classique s'applique, et que sa violation entraîne pour le belligérant lésé le droit d'exercer des contre-mesures ou, le cas échéant, une suite territoriale, outre le droit de prise dans les espaces maritimes et aériens internationaux. En revanche, lorsque le Conseil s'engage, c'est le droit onusien, réduisant la neutralité à la « non-belligérance », qui s'applique. Dans ce cas, c'est à tort que le *peace breaker* désigné arguerait d'une violation des règles de la neutralité de la part d'États participant aux mesures non militaires ou prohibant l'enrôlement dans les forces du *peace breaker* ; il aggraverait sa responsabilité internationale en exerçant contre-mesures, suite territoriale ou droit de prise. *In fine*, coexistent donc au sein du *jus ad bellum*, deux types de droit de la neutralité : l'un, « centralisé », différentiel, partial et total, lorsque le CSNU discrimine effectivement l'un des belligérants ; l'autre, décentralisé, intégral, impartial et libéral, lorsque le Conseil ne discrimine pas effectivement l'un des belligérants.

TABLE DES MATIERES

PREMIER VOLUME

Structures éditoriales du groupe L'Harmattan

L'Harmattan Italie
Via degli Artisti, 15
10124 Torino
harmattan.italia@gmail.com

L'Harmattan Hongrie
Kossuth l. u. 14-16.
1053 Budapest
harmattan@harmattan.hu

L'Harmattan Sénégal
10 VDN en face Mermoz
BP 45034 Dakar-Fann
senharmattan@gmail.com

L'Harmattan Cameroun
TSINGA/FECAFOOT
BP 11486 Yaoundé
inkoukam@gmail.com

L'Harmattan Burkina Faso
Achille Somé – tengnule@hotmail.fr

L'Harmattan Guinée
Almamya, rue KA 028 OKB Agency
BP 3470 Conakry
harmattanguinee@yahoo.fr

L'Harmattan RDC
185, avenue Nyangwe
Commune de Lingwala – Kinshasa
matangilamusadila@yahoo.fr

L'Harmattan Congo
219, avenue Nelson Mandela
BP 2874 Brazzaville
harmattan.congo@yahoo.fr

L'Harmattan Mali
ACI 2000 - Immeuble Mgr Jean Marie Cisse
Bureau 10
BP 145 Bamako-Mali
mali@harmattan.fr

L'Harmattan Togo
Djidjole – Lomé
Maison Amela
face EPP BATOME
ddamela@aol.com

L'Harmattan Côte d'Ivoire
Résidence Karl – Cité des Arts
Abidjan-Cocody
03 BP 1588 Abidjan
espace_harmattan.ci@hotmail.fr

Nos librairies en France

Librairie internationale
16, rue des Écoles
75005 Paris
librairie.internationale@harmattan.fr
01 40 46 79 11
www.librairieharmattan.com

Librairie des savoirs
21, rue des Écoles
75005 Paris
librairie.sh@harmattan.fr
01 46 34 13 71
www.librairieharmattansh.com

Librairie Le Lucernaire
53, rue Notre-Dame-des-Champs
75006 Paris
librairie@lucernaire.fr
01 42 22 67 13

www.ingramcontent.com/pod-product-compliance
Lightning Source LLC
LaVergne TN
LVHW021137061026
849535LV00002B/272